普通高等教育"十一五"国家级规划教材
江苏省"十一五"重点规划图书
土地科学丛书

资源学导论

(修订版)

彭补拙　濮励杰　黄贤金　周　峰　等编著

东南大学出版社
·南京·

内 容 简 介

本书简述了资源学研究的对象、任务与内容以及发展趋势，系统地概述了气候资源、水资源、土地资源、生物资源、海洋资源、矿产资源、能源资源、旅游资源、社会资源等的特征、分类、评价以及合理开发利用与保护等，简述了循环经济、资源节约型社会以及世界自然资源开发与利用等。

本书可作为高等院校土地资源管理、资源环境与城乡规划及环境学等专业的教学用书，还可以作为土地资源管理、土地规划、城乡规划、环境生态规划专业与相关管理人员的参考用书。

图书在版编目(CIP)数据

资源学导论/彭补拙等编著.—修订本.—南京：东南大学出版社，2014.1（2023.8重印）

土地科学丛书

ISBN 978-7-5641-4421-0

Ⅰ.①资… Ⅱ.①彭… Ⅲ.①资源科学—高等学校—教材 Ⅳ.①F062.1

中国版本图书馆 CIP 数据核字(2013)第 174498 号

资源学导论（修订版）

出版发行	东南大学出版社
出 版 人	江建中
社　　址	南京市四牌楼 2 号
邮　　编	210096
经　　销	江苏省新华书店
印　　刷	苏州市古得堡数码印刷有限公司
开　　本	787 mm×1092 mm　1/16
印　　张	24.5
字　　数	627 千字
版　　次	2007 年 12 月第 1 版　2014 年 1 月第 2 版
印　　次	2023 年 8 月第 5 次印刷
书　　号	ISBN 978-7-5641-4421-0
印　　数	7001—8000
定　　价	55.00 元

(本社图书若有印装质量问题，请直接与营销部联系。电话：025-83791830)

《土地科学丛书》编委会

主　编　彭补拙

副主编　陶培荣　黄方方　濮励杰　周寅康　黄贤金

编　者　（按姓氏笔画为序）

　　　　王腊春　许有鹏　朱继业　李升峰　李春华

　　　　张　燕　张兴奇　张建新　周　峰　周生路

　　　　周寅康　陈　逸　高　超　陶培荣　黄方方

　　　　黄贤金　彭补拙　窦贻俭　濮励杰

修订版前言

区域自然资源是一个统一的整体，但由于管理部门的分割性，往往造成了自然资源管理中的各自为阵，这就会在一定程度上影响自然资源系统的可持续性。同时，资源是资产的来源，虽然随着现代社会的发展，资本、技术等对于自然资源的替代性不断增强，但自然资源在经济社会发展中的基础性地位不但没有削弱，反而由于自然资源短缺以及自然资源开发利用中的生态环境问题日益突出，得到了人类社会前所未有的关注。自然资源问题不但促进了经济社会发展方式的改变——追求资源利用更加高效以及对环境影响最小化的经济社会发展方式，而且也在不断改变着人们的资源伦理观，因此，如何形成符合现代经济社会发展要求、加强节约集约利用资源，并引导资源合理、永续利用的资源学理论与方法，不仅是介绍、传播资源学知识的需要，更是经济社会又好又快发展的需要。

最近，习近平总书记在《关于〈中共中央关于全面深化改革若干重大问题的决定〉的说明》中谈道："我们要认识到，山水田林湖是一个生命共同体，人的命脉在田，田的命脉在水，水的命脉在山，山有命脉在土，土的命脉在树。用途管制和生态修复必须遵循自然规律，如果种树的只管种树，治水的只管治水，护田的单纯护田，很容易顾此失彼，最终造成生态的系统性破坏。由一个部门负责领土范围内所有国土空间用途管制职责，对山水田林湖进行统一保护、统一修复是十分必要的。"为此，本书遵循总论—分论—综论的思路，将自然资源的整体性研究、各类自然资源的深化性分析、自然资源与社会资源的合理配置作为资源学研究的主体。为此，本书从以下方面对资源学概论教材内容进行了相关设计。

第一部分为绪论，是全书的引导和"神"，着重阐述资源的基本概念与类型，资源科学的研究对象与任务，以及资源科学的发展历史与展望，并在此基础上从人地关系角度阐述了人口、资源、环境协调发展问题，以便于人们能够从更高层次上认知与理解资源学问题。

第二部分为各论，着重阐述主要自然资源的内涵、基本特征、分析方法以及开发利用保护的基本策略。所涉及到的自然资源类型有：气候资源、水资源、土地资源、生物资源、海洋资源、矿产资源、能源资源、旅游资源等。同时，经济社会发展的过程，也是自然资源与社会资源配置关系优化与发展的过程，自然资源的开发、利用与保护离不开社会资源的配比，为此，该部分也介绍了社会资源的内涵、特征以及主要类型，同时还阐述了社会资源与自然资源的相互关系与优化配置，这也是合理利用、保护自然资源的重要内容。

第三部分为综论，主要是结合经济社会发展方式的转型以及自然资源管理的需要，分别介绍了循环经济发展、资源节约型社会建设、世界自然资源开发利用和资源信息管理等相关内容,这些内容不仅是从战略角度对前述内容的提升,也是我国落实科学发展观需要长期实施的重要举措,从而切实推进我国经济社会发展方式的转变,加强"生态文明"建设以及自然资源综合管理与决策水平的进一步提高。

虽然南京大学在资源科学研究方面具有良好的基础,1982年就受当时的国家计划委员会——中国科学院自然资源综合考察委员会委托,在我国率先设立了自然资源专业,从此较为广泛地开展了资源科学的教学与研究工作。受包浩生先生、彭补拙先生邀请,当时来自中国科学院地理研究所、南京地理与湖泊研究所、南京土壤研究所以及自然资源综合考察委员会的侯学煜、李文华、石玉林、赵其国、徐琪、龚子同、佘之祥、沈道奇等先生均直接参与授课,使接受授课的学生受益良多,至今记忆犹新。

为了适应资源学教学的需要,1993年编著出版了《自然资源学导论》(吴传钧院士主编的《人文地理丛书》之一,江苏教育出版社出版)一书,该书获得国家教育委员会优秀教材二等奖。但是近年来资源科学研究领域发展迅速,新的理论、方法不断产生,而该书的体系特征,还难以容纳更多的内容。因此,2007年我们在江苏省精品教材《资源科学导论》(科学出版社出版)中依据资源科学及其主要分支学科内容进行编写,从而与该书(普通高等教育"十一五"国家级规划教材)形成"姊妹",使得资源科学的内容更加趋于系统、全面,对该学科的深度发展产生明显的推动作用。这次再版,主要进一步补充了各种资源及其利用的相关最新研究成果,并结合国内外资源利用现状和发展趋势提出了资源开发利用保护的指导方向。

在此感谢资源科学工作者所开展的大量的有意义的研究工作,不仅推进了我国资源科学的发展,也为本书的编写提供了丰富的素材,作者对各位学者的研究成果深表钦佩。

本书由彭补拙、濮励杰、黄贤金、周峰拟定编写提纲。编写分工如下:

第1章彭补拙、张燕;第2章彭补拙、张健;第3章周寅康;第4章濮励杰、朱明;第5章周峰、彭补拙;第6章彭补拙、陈逸;第7章濮励杰、朱明;第8章彭补拙、张健;第9章吴小根;第10章钟太洋;第11章黄贤金、钟太洋、赵荣钦;第12章陈逸、高珊;第13章汤其琪、周洁、黄贤金;第14章王结臣、张健。

感谢包浩生教授在创建南京大学资源科学学科中发挥的重要作用,以及对《自然资源学导论》教材内容架构的贡献,为本教材的编写提供了重要的基础性工作。此时,我们更加怀念包浩生教授。

感谢《自然资源学导论》教材的使用教师及有关同学为本教材编写所提供的有益建议。

感谢东南大学出版社朱珉编辑辛勤的付出。

本书不尽完善之处,请批评指正,以便修编时进一步充实、完善。

编 者
2013年8月22日

目 录

1 绪论 ……………………………………………………………………………… (1)
 1.1 资源的概念与分类 …………………………………………………………… (1)
  1.1.1 资源的概念 ………………………………………………………………… (1)
  1.1.2 资源的分类 ………………………………………………………………… (1)
  1.1.3 资源的特点 ………………………………………………………………… (7)
 1.2 资源科学研究的对象与任务 ………………………………………………… (10)
  1.2.1 资源科学研究的对象 ……………………………………………………… (10)
  1.2.2 资源科学研究的任务 ……………………………………………………… (11)
 1.3 资源科学的研究内容与方法 ………………………………………………… (12)
  1.3.1 资源科学的学科体系 ……………………………………………………… (12)
  1.3.2 资源科学的主要研究内容 ………………………………………………… (13)
  1.3.3 资源科学的研究方法 ……………………………………………………… (15)
 1.4 资源科学的发展历史与展望 ………………………………………………… (16)
  1.4.1 资源科学的发展历史 ……………………………………………………… (16)
  1.4.2 资源科学的展望 …………………………………………………………… (18)
 1.5 资源与人类社会及经济发展 ………………………………………………… (20)
  1.5.1 自然资源与社会及经济发展 ……………………………………………… (20)
  1.5.2 资源管理与国民经济管理 ………………………………………………… (21)
 1.6 人口、资源、环境的协调发展 ……………………………………………… (22)
  1.6.1 人口、资源、环境的辩证统一关系 ……………………………………… (23)
  1.6.2 协调人地关系 ……………………………………………………………… (24)
 主要参考文献 ………………………………………………………………………… (25)

2 气候资源 …………………………………………………………………………… (26)
 2.1 气候资源的概念、特性与作用 ……………………………………………… (26)
  2.1.1 气候资源的概念与意义 …………………………………………………… (26)
  2.1.2 气候资源的主要特性 ……………………………………………………… (28)
 2.2 光能资源与光能生产潜力 …………………………………………………… (29)
  2.2.1 太阳总辐射 ………………………………………………………………… (29)
  2.2.2 光质与光合有效辐射 ……………………………………………………… (31)
  2.2.3 光时 ………………………………………………………………………… (32)
  2.2.4 光能生产潜力 ……………………………………………………………… (33)

2.2.5　光能资源的合理利用 …………………………………………………（34）
2.3　热量资源与光温生产潜力 ……………………………………………………（34）
　　2.3.1　几种热量指标及其农业生产意义 ……………………………………（34）
　　2.3.2　光温生产潜力 …………………………………………………………（38）
2.4　水分资源与气候生产潜力 ……………………………………………………（39）
　　2.4.1　水分资源及其农业生产意义 …………………………………………（39）
　　2.4.2　气候生产潜力 …………………………………………………………（40）
2.5　气候灾害与农业生产 …………………………………………………………（41）
　　2.5.1　旱涝与农业 ……………………………………………………………（41）
　　2.5.2　低温冷害与农业 ………………………………………………………（43）
　　2.5.3　冰雹 ……………………………………………………………………（44）
　　2.5.4　干热风 …………………………………………………………………（45）
2.6　气候资源开发利用与保护 ……………………………………………………（48）
　　2.6.1　合理利用气候资源 ……………………………………………………（48）
　　2.6.2　防御灾害性天气 ………………………………………………………（49）
　　2.6.3　人工调控和改善农田小气候 …………………………………………（50）
　　2.6.4　狠抓污染防治，搞好环保建设 ………………………………………（51）
主要参考文献 …………………………………………………………………………（51）

3　水资源 …………………………………………………………………………（52）

3.1　水与水资源 ……………………………………………………………………（52）
　　3.1.1　水资源的概念与内涵 …………………………………………………（52）
　　3.1.2　水资源特征 ……………………………………………………………（54）
　　3.1.3　中国水资源特征 ………………………………………………………（56）
3.2　水资源评价 ……………………………………………………………………（60）
　　3.2.1　水资源量评价 …………………………………………………………（60）
　　3.2.2　水资源利用评价 ………………………………………………………（62）
　　3.2.3　水环境评价 ……………………………………………………………（64）
　　3.2.4　水资源保护规划 ………………………………………………………（68）
3.3　水资源管理 ……………………………………………………………………（70）
　　3.3.1　水资源管理的概念 ……………………………………………………（70）
　　3.3.2　水资源管理的内容 ……………………………………………………（72）
3.4　水资源可持续利用 ……………………………………………………………（74）
　　3.4.1　水资源可持续利用的概念 ……………………………………………（74）
　　3.4.2　我国水资源可持续利用面临的问题 …………………………………（75）
　　3.4.3　我国水资源可持续利用对策 …………………………………………（77）
主要参考文献 …………………………………………………………………………（80）

4 土地资源 (81)

4.1 土地资源及其特性 (81)
4.1.1 土地资源的概念 (81)
4.1.2 土地资源的基本特征 (82)
4.1.3 土地资源在社会经济发展中的地位和作用 (83)

4.2 土地资源的分类 (85)
4.2.1 土地资源分类的意义和依据 (85)
4.2.2 土地分类体系 (86)

4.3 土地资源评价 (92)
4.3.1 土地资源评价的原则 (93)
4.3.2 土地资源评价的种类和方法 (94)
4.3.3 土地利用能力评价 (95)
4.3.4 土地适宜性评价 (97)
4.3.5 土地经济评价 (98)

4.4 土地利用规划 (99)
4.4.1 土地利用规划的概念及类型 (99)
4.4.2 土地利用规划的任务及在社会经济发展中的意义 (100)
4.4.3 土地利用总体规划 (101)

4.5 土地资源的合理开发利用 (102)
4.5.1 我国土地资源的特点 (103)
4.5.2 我国土地资源和可利用现状问题分析 (104)
4.5.3 我国土地资源可持续利用的对策和措施 (105)

主要参考文献 (107)

5 生物资源 (108)

5.1 生物资源及其特性 (108)
5.1.1 生物资源的概念 (108)
5.1.2 生物资源的特性 (109)
5.1.3 生物资源量的测定 (114)
5.1.4 生物资源与生态环境 (117)

5.2 生物资源的主要类型 (118)
5.2.1 生物资源的分类 (118)
5.2.2 生物遗传性状资源 (119)
5.2.3 生物物种资源 (120)
5.2.4 生物生态系统资源 (122)

5.3 生物多样性 (126)
5.3.1 生物多样性的含义 (126)

5.3.2 生物多样性的经济价值 ……………………………………………… (127)
　　　5.3.3 生物多样性的保护 …………………………………………………… (129)
　5.4 生物资源的合理开发利用与保护 …………………………………………… (132)
　　　5.4.1 生物资源开发利用现状 ……………………………………………… (132)
　　　5.4.2 人类活动对生物资源的破坏 ………………………………………… (138)
　　　5.4.3 合理利用生物资源的主要途径和措施 ……………………………… (141)
　主要参考文献 ……………………………………………………………………… (145)

6 海洋资源 …………………………………………………………………………… (146)
　6.1 海洋资源及其价值与作用 …………………………………………………… (146)
　　　6.1.1 海洋资源的概念 ……………………………………………………… (146)
　　　6.1.2 海洋资源的价值和作用 ……………………………………………… (146)
　6.2 海洋资源的类型及其特征 …………………………………………………… (148)
　　　6.2.1 海洋资源的分类 ……………………………………………………… (148)
　　　6.2.2 海洋资源的基本特征 ………………………………………………… (149)
　6.3 海洋资源的开发利用及环境生态问题 ……………………………………… (155)
　　　6.3.1 海洋资源开发利用现状 ……………………………………………… (155)
　　　6.3.2 海洋资源开发利用中的生态环境和管理问题 ……………………… (158)
　6.4 海洋资源开发综合管理 ……………………………………………………… (162)
　　　6.4.1 海洋资源开发综合利用及其特点与作用 …………………………… (162)
　　　6.4.2 海洋资源开发综合管理的主要任务 ………………………………… (163)
　　　6.4.3 海洋资源开发综合管理的方法 ……………………………………… (164)
　　　6.4.5 部分沿海国家和地区海洋资源综合开发管理举措 ………………… (165)
　6.5 海洋保护区 …………………………………………………………………… (165)
　　　6.5.1 海洋保护区的概念 …………………………………………………… (166)
　　　6.5.2 海洋保护区的主要作用 ……………………………………………… (166)
　　　6.5.3 我国的海洋保护区 …………………………………………………… (167)
　6.6 海洋资源开发利用前景 ……………………………………………………… (167)
　　　6.6.1 海洋矿产资源开发利用的前景 ……………………………………… (167)
　　　6.6.2 海水化学资源开发利用的展望 ……………………………………… (168)
　　　6.6.3 海洋生物资源将面临危机和挑战 …………………………………… (169)
　　　6.6.4 海洋新能源的开发 …………………………………………………… (169)
　　　6.6.5 更加重视对海洋资源的综合开发 …………………………………… (170)
　　　6.6.6 我国海洋产业发展 …………………………………………………… (171)
　主要参考文献 ……………………………………………………………………… (172)

7 矿产资源 …………………………………………………………………………… (173)
　7.1 矿产资源的概念、特点和意义 ……………………………………………… (173)

7.1.1 矿产资源的概念 …………………………………………………………………… (173)
7.1.2 矿产资源的特点与分类 …………………………………………………………… (173)
7.2 矿产资源的估算与评价 ……………………………………………………………………… (178)
7.2.1 概述 …………………………………………………………………………………… (178)
7.2.2 矿产资源的估算 …………………………………………………………………… (182)
7.2.3 矿产资源的评价 …………………………………………………………………… (184)
7.3 矿产资源的可持续利用 ……………………………………………………………………… (191)
7.3.1 我国的矿产资源及其开发利用现状与存在的问题 ………………………………… (191)
7.3.2 可持续开发利用矿产资源的措施和途径 ………………………………………… (195)
主要参考文献 ……………………………………………………………………………………… (198)

8 能源资源 …………………………………………………………………………………………… (199)
8.1 能源的概念、特性和分类 ……………………………………………………………………… (199)
8.1.1 能源的概念 ………………………………………………………………………… (199)
8.1.2 能源的一般特性 …………………………………………………………………… (199)
8.1.3 能源的分类 ………………………………………………………………………… (202)
8.2 各类能源资源的概况及作用 ………………………………………………………………… (204)
8.2.1 各类能源资源的概况 ……………………………………………………………… (204)
8.2.2 能源在社会与经济发展中的作用 ………………………………………………… (213)
8.3 能源利用现状及其对环境的影响 …………………………………………………………… (215)
8.3.1 能源利用现状 ……………………………………………………………………… (215)
8.3.2 能源的构成与分配 ………………………………………………………………… (231)
8.3.3 能源利用产生的环境问题 ………………………………………………………… (234)
8.4 能源发展预测 ………………………………………………………………………………… (235)
8.4.1 世界能源预测 ……………………………………………………………………… (235)
8.4.2 我国能源的发展战略与对策 ……………………………………………………… (237)
主要参考文献 ……………………………………………………………………………………… (241)

9 旅游资源 …………………………………………………………………………………………… (242)
9.1 旅游资源的概念与特点 ……………………………………………………………………… (242)
9.1.1 旅游资源的基本概念 ……………………………………………………………… (242)
9.1.2 旅游资源的特点 …………………………………………………………………… (243)
9.2 旅游资源的分类 ……………………………………………………………………………… (244)
9.2.1 旅游资源分类概述 ………………………………………………………………… (244)
9.2.2 旅游资源分类方案 ………………………………………………………………… (245)
9.3 旅游资源的评价 ……………………………………………………………………………… (248)
9.3.1 旅游资源评价的目的和意义 ……………………………………………………… (248)
9.3.2 旅游资源评价的内容 ……………………………………………………………… (249)

  9.3.3　旅游资源评价的方法 …………………………………………………（250）
  9.3.4　案例分析——南京市旅游资源评价 ………………………………（255）
 9.4　旅游资源的开发与保护 ………………………………………………………（256）
  9.4.1　旅游资源开发的内涵 ………………………………………………（256）
  9.4.2　旅游资源开发的原则 ………………………………………………（259）
  9.4.3　旅游资源开发的模式 ………………………………………………（260）
  9.4.4　旅游资源的保护与可持续利用 ……………………………………（264）
  9.4.5　我国旅游资源开发利用对策 ………………………………………（265）
 主要参考文献 ………………………………………………………………………（267）

10　社会资源 ……………………………………………………………………… 268

 10.1　社会资源及其特征 …………………………………………………………… 268
 10.2　社会资源的分类 ……………………………………………………………… 269
  10.2.1　人力资源 …………………………………………………………… 269
  10.2.2　信息资源 …………………………………………………………… 271
  10.2.3　智力资源 …………………………………………………………… 273
  10.2.4　资本资源 …………………………………………………………… 274
 10.3　社会资源与自然资源的相互关系 …………………………………………… 274
  10.3.1　相互制约 …………………………………………………………… 274
  10.3.2　相互替代 …………………………………………………………… 275
  10.3.3　相互依存 …………………………………………………………… 278
 10.4　社会资源与自然资源的优化配置 …………………………………………… 279
 主要参考文献 ……………………………………………………………………… 281

11　循环经济及其发展模式 ……………………………………………………… 282

 11.1　循环经济及其特征 …………………………………………………………… 282
  11.1.1　循环经济的内涵 …………………………………………………… 282
  11.1.2　循环经济基本特征 ………………………………………………… 284
 11.2　循环经济的提出与发展 ……………………………………………………… 285
  11.2.1　循环经济的提出 …………………………………………………… 285
  11.2.2　国内外循环经济的实践经验 ……………………………………… 290
 11.3　循环经济的主要模式 ………………………………………………………… 296
  11.3.1　循环型家庭生产模式 ……………………………………………… 297
  11.3.2　循环型企业模式 …………………………………………………… 298
  11.3.3　循环型园区模式 …………………………………………………… 300
  11.3.4　循环型社会/区域模式 ……………………………………………… 302
 主要参考文献 ……………………………………………………………………… 305

12 资源节约型社会与生态文明建设 ... 306

12.1 资源节约型社会的内涵 ... 306
12.1.1 节约的内涵 ... 306
12.1.2 资源节约型社会的内涵 ... 306

12.2 生态文明与人类发展 ... 307
12.2.1 生态文明的缘起:从自然权利到生态文明 ... 307
12.2.2 生态文明内涵的不同释义 ... 308
12.2.3 生态文明的内涵辨析 ... 310

12.3 资源节约促进生态文明建设的国际经验 ... 312
12.3.1 推动政府优先节约 ... 312
12.3.2 制定节能法律法规 ... 313
12.3.3 创立政策激励机制 ... 313
12.3.4 发展循环经济 ... 313
12.3.5 实行产品能耗认证 ... 314
12.3.6 采用新型节能技术 ... 314
12.3.7 加大节约宣传力度 ... 314

12.3 资源节约促进生态文明建设的政策选择 ... 314
12.3.1 资源节约型社会建设面临的问题 ... 314
12.3.2 资源节约促进生态文明的政策建议 ... 315
主要参考文献 ... 316

13 世界自然资源开发与利用 ... 317

13.1 世界自然资源分布及特征 ... 317
13.3.1 世界自然地理及自然资源分布概述 ... 317
13.3.2 矿产资源及其分布 ... 318
13.3.3 水资源及其分布 ... 320
13.3.4 森林资源及其分布 ... 321
13.3.5 土地资源及其分布 ... 322
13.3.6 海洋资源及其分布 ... 323

13.2 非洲自然资源开发与利用 ... 324
13.2.1 非洲自然资源开发利用现状 ... 324

13.3 亚洲自然资源开发与利用 ... 327
13.3.1 亚洲自然资源开发利用现状 ... 328
13.3.2 亚洲自然资源开发和利用存在的问题与隐患 ... 331

13.4 南美洲自然资源开发与利用 ... 332
13.4.1 南美洲自然资源开发利用现状 ... 332
13.4.2 南美洲自然资源开发和利用存在的问题及解决思路 ... 336

主要参考文献 ┈┈┈┈┈┈┈┈┈┈┈┈┈┈┈┈┈┈┈┈┈┈┈┈┈┈┈┈┈┈┈┈┈┈┈ 337

14 资源信息管理 ┈┈┈┈┈┈┈┈┈┈┈┈┈┈┈┈┈┈┈┈┈┈┈┈┈┈┈┈ (338)

14.1 资源信息与资源信息管理 ┈┈┈┈┈┈┈┈┈┈┈┈┈┈┈┈┈┈┈┈┈┈ (338)
14.1.1 资源信息及其特征 ┈┈┈┈┈┈┈┈┈┈┈┈┈┈┈┈┈┈┈┈┈┈┈ (338)
14.1.2 资源信息管理 ┈┈┈┈┈┈┈┈┈┈┈┈┈┈┈┈┈┈┈┈┈┈┈┈┈ (340)

14.2 资源信息系统 ┈┈┈┈┈┈┈┈┈┈┈┈┈┈┈┈┈┈┈┈┈┈┈┈┈┈┈ (342)
14.2.1 资源信息系统的概念 ┈┈┈┈┈┈┈┈┈┈┈┈┈┈┈┈┈┈┈┈┈ (342)
14.2.2 资源信息系统的目标与功能 ┈┈┈┈┈┈┈┈┈┈┈┈┈┈┈┈┈ (345)
14.2.3 资源信息系统的级别与等级 ┈┈┈┈┈┈┈┈┈┈┈┈┈┈┈┈┈ (345)
14.2.4 资源信息系统的总体结构模型 ┈┈┈┈┈┈┈┈┈┈┈┈┈┈┈┈ (346)
14.2.5 建立资源信息系统的步骤 ┈┈┈┈┈┈┈┈┈┈┈┈┈┈┈┈┈┈ (347)
14.2.6 资源信息的标准化和规范化 ┈┈┈┈┈┈┈┈┈┈┈┈┈┈┈┈┈ (349)

14.3 资源数据库系统 ┈┈┈┈┈┈┈┈┈┈┈┈┈┈┈┈┈┈┈┈┈┈┈┈┈ (354)
14.3.1 数据库与数据库系统 ┈┈┈┈┈┈┈┈┈┈┈┈┈┈┈┈┈┈┈┈┈ (354)
14.3.2 数据模型 ┈┈┈┈┈┈┈┈┈┈┈┈┈┈┈┈┈┈┈┈┈┈┈┈┈┈ (358)
14.3.3 数据库管理系统 ┈┈┈┈┈┈┈┈┈┈┈┈┈┈┈┈┈┈┈┈┈┈┈ (362)
14.3.4 资源数据库系统 ┈┈┈┈┈┈┈┈┈┈┈┈┈┈┈┈┈┈┈┈┈┈┈ (363)
14.3.5 数据库设计 ┈┈┈┈┈┈┈┈┈┈┈┈┈┈┈┈┈┈┈┈┈┈┈┈┈ (366)

14.4 资源信息系统的实例 ┈┈┈┈┈┈┈┈┈┈┈┈┈┈┈┈┈┈┈┈┈┈┈ (370)
14.4.1 实例1：云南省国土资源厅国土矿产资源管理信息系统 ┈┈┈┈┈ (370)
14.4.2 实例2：基于WebGIS技术的吉林省国土资源信息系统 ┈┈┈┈┈ (373)

主要参考文献 ┈┈┈┈┈┈┈┈┈┈┈┈┈┈┈┈┈┈┈┈┈┈┈┈┈┈┈┈┈┈┈┈┈ (376)

1 绪 论

1.1 资源的概念与分类

1.1.1 资源的概念

资源(Resources)是一个历史的、可变的经济范畴。资源的概念源于经济科学,是作为生产实践的物质基础提出来的,它具有实体性。简单地说,资源就是资财的来源,即"资财之源",或者说,资源是创造人类社会财富的源泉。

马克思认为创造社会财富的源泉是自然资源和劳动力资源,他写道:"劳动并不是它所生产的使用价值即物质财富的唯一源泉。正像威廉·配第所说,劳动是财富之父,土地是财富之母。"恩格斯也明确指出:"劳动和自然界一起才是一切财富的源泉。自然界为劳动提供材料,劳动把材料变为财富。"可见,资源包括自然资源和劳动力资源两个基本要素,体现了人与自然界之间的物质变换关系,即社会生产力诸要素之间的关系。人类作为自然界异化的产物,在其发生、发展的同时,自然界也异化出作为两者中介的资源。自然条件与自然物质是自然界的客观存在,只是在社会发展过程中人类逐步认识到它们的价值,并创造出利用其价值的技术,从而使之成为创造人类社会财富的源泉。从这种意义上说,资源是自然界、人类(劳动力)和文化(科学技术)相互结合的产物。可以说,先有自然界后有人类,人类为满足生存与发展的需要,通过与自然界抗争,创造了人类文化(包括科学与技术)。借助于文化,人类"创造"了资源。毋庸置疑,大部分资源都是人类在漫长的社会发展中利用已获技术、知识和经验所取得的智慧的结晶。资源是动态的,它依赖于人类的智慧和行为相应的扩大或缩小,不能同人类需要和人类能力相分离。所以,资源是一个可变的历史范畴,随着人类社会发展和科学技术的进步,资源的内涵与外延得以不断深化、扩大,资源科学研究也将日益深化和拓宽。

1.1.2 资源的分类

目前,资源学者习惯按属性把资源分为自然资源、经济资源和人力资源三大类别,其中经济资源和人力资源合称为社会资源。自然资源按圈层特征可分为土地资源、生物资源、水资源、气候资源、矿产资源和海洋资源;按利用目的可分为农业资源、药物资源、能源资源、旅游资源等;按特性可分为耗竭性资源与非耗竭性资源、可更新资源与不可更新资源等。

自然资源(Natural Resources)是指自然界存在的、对人类有用的自然物,例如土地、水流、森林、矿产、野生动植物等,即人类可以利用的、自然生成的物质与能量,是自然界中可被利用来为人类提供福利的自然物质和能量的总称。它是人类生存的物质基础。《不列颠国际大百科事典》给出自然资源的定义:"人类可以利用的、自然生成的及其生成源泉的环境能力。前者为土地、水、大气、岩石、矿物、生物及其积聚的森林、草场、矿床、陆地与海洋等;后者为太阳能、地球物理的循环机能(气象、海象、水文、地理的现象)、生态学的循环机能(植物的光合作用、生物的食物链、微生物的腐败分解作用等)、地球化学的循环机能(地热现象、化石燃料、非燃料矿物生成作用等)。"联合国环境规划署(UNEP)定义:"所谓资源,特别是自然资源,是指在一定时间、地点、条件下能够产生经济价值,以提高人类当前和将来福利的自然环境因素和条件。"联合国文献中的解释为:"人在其自然环境中发现的各种成分,只要它能以任何方式为人类提供福利的都属于自然资源。从广义来说,自然资源包括全球范围内的一切要素,它既包括过去进化阶段中无生命的物理成分,如矿物,又包括地球演化过程中的产物,如植物、动物、景观要素、地形、水、空气、土壤和化石资源等。"

自然资源的概念随时间变化,具有动态特征。随着社会和科学技术的发展,人类对自然资源的理解和认识逐渐深化。早在原始社会末期,社会生产力的提高、私有制的形成,为天然物产作为商品进行交换创造了条件,人们开始意识到自然物质是"资财的源泉",从而形成了自然资源的概念。随着认识水平及科学技术的进步,先前尚不知用途的自然物质逐渐被人类发现和利用,自然资源的种类日益增多,自然资源范畴也愈益扩大。18世纪后半期,西方国家开始工业化,大规模的工业生产尤其是现代工业的发展,促使储量有限的化石燃料大量消耗,能源危机不断出现,影响世界经济发展和社会稳定。而且石油、天然气、煤、泥炭等还是化学工业的原料,其产品与人类的衣、食、住、行息息相关,在人民生活中有着极其重要的地位。于是,化石燃料与太阳能、核能等现代社会经济建设和社会进步必需的物质和能量亦应列为自然资源的重要门类。第二次世界大战以来,世界人口激增,工业和城市迅速发展,人地关系日益紧张,陆地上的自然资源承受了巨大压力,许多资源大量消耗,趋于枯竭,全球性资源危机威胁着人类的命运,从而使人们把人类美好的前景寄希望于海洋资源的开发利用,把海洋作为一个独特的资源系统归属于自然资源研究范畴,合理开发利用与保护海洋资源已成为现代自然资源研究的基本内容。因此,目前认识的自然资源主要包括土地、水、矿产、生物、气候(光、温度、降水、大气)和海洋六大资源。

当今,地球表层自然环境的资源化趋向日益鲜明,地球表层的自然环境要素及其构成的自然环境整体几乎都属于自然资源范畴,自然资源与自然环境难以区分。例如,荒无人烟的沙漠、终年冰雪覆盖的高寒山地、难以涉足的高山峻岭,虽属无法开垦利用的土地,但仍有观赏、探险猎奇、考察研究等功能,成为旅游资源,且或许在其地下蕴藏着今后可以为人类提供福利的矿物资源或能源。即使存在对人类社会毫无应用价值的自然环境或环境要素,但从环境的整体效应考虑,自然环境的任何部分或组成要素的变化都有可能导致环境整体质量的改变,所以对环境整体而言仍然是有用之物,亦有自然资源的意义。土地、水体、岩矿、生物和气候等自然物质本质上属于自然环境的组成要素,乃是人类生活与从事生产活动所需的必要条件,并无资源的含义。然而,任何一种自然物质被人类社会认为具有使用价值时,就可称为自然资源。可见,从自然属性来考虑,自然资源与自然环境实为同一种自然物质;从社会属性而言,自然资源仅是人类利用来产生经济价值的自然环境部分,可称为可利用的环境。因此,自然资源研究必须把资源与环境作为统一的整体来考虑,开发利用自然资源应充分考虑对自然环境的影响,妥善处理自然资源开发利用与保护的关系。

自然资源属性(Natural Resources Attribute)指自然资源固有的性质、特点(状态、关系等),包括自然属性与社会属性,前者指资源的组成、结构、功能和边界的性质,具有整体性、层位性和时空性等特点;后者指作为人类社会不可缺少的劳动资料与劳动对象的性质,即具有使用价值,这是区别于自然界中非资源成分的根本所在。至于那些通过人类生产劳动过程而形成的物质,如各种农产品资源等则不属于或不完全属于自然资源范畴。自然资源具有的共性是:可用性、整体性、分布的时空性、有限性。除具有共性之外,各类自然资源也有其个性即差异性(特性),人类要根据其特性合理利用各类资源。自然资源之间的差异性还是资源分类的主要依据。

自然资源分类(Classification of Natural Resources)。人们利用自然资源已有上万年的历史,自然资源的概念和术语也出现多年。但由于自然资源的内涵与外延十分丰富而广阔,并随人类认识不断变化,因而对自然资源分类的认识还很不统一,至今没有一个完善的自然资源分类系统,现在多种多样的分类是从不同角度为说明不同方面的特征而进行的分类。

人类根据自然资源可被利用的特点,从经济学观点将自然资源分为耗竭性的和非耗竭性的、再生性的和非再生性的、能重复利用的和不能重复利用的、恒定的和变动的等类型。据此可以提出如图1.1所示的自然资源分类系统。

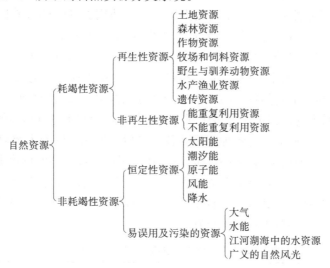

图1.1 自然资源的分类

《辞海》将自然资源区分为土地、矿藏、气候、水利、生物与海洋等资源,但不包括那些由人类加工制成的原材料。《中国大百科全书·地理学》的"资源地理"条目做了类似表述。这是地理学家对自然资源分类的认识。1964年版的《不列颠百科全书》将资源首先划分为土壤、植被、动物、水、矿物、气候及战略资源等七类,做进一步划分时,则可分成可更新性资源(如植被)与水及不可更新性资源(如矿物)两大类。作者认为此处划归于不可更新的资源的矿物资源主要是指那些燃料矿物,很多金属资源是能够重复利用的。1984年版的《简明不列颠百科全书》称"在传统上分为可更新及不可更新两类",前者指森林、野生动物等生物资源;后者指矿产及燃料等。《中国大百科全书·经济学》一书认为:以上分类,一是按存在形式分类,二是按恢复条件分类。此外,在生产管理实践中又有不同的分类,例如按用途与社会经济部门分为农业资源、林业资源、矿业资源、工业资源、水产资源、医药卫生资源、旅游资源及环境等。联合国粮农组织为满足对农业资源利用与管理的需要,将有关自然资源进一步划分出土地资源、水资源、森林资源、牧地饲料资源、野生动物资源、鱼类资源及种质遗传资源等,并曾对自然资源进行逐级分类。在农业自然资源下区分气候资源、水资源、土壤资源、生物资源与遗传资源等;对水资源划分出天然降水资源、地表水资源与地下水资源;就生物资源细分出植物资源、动物资源、昆虫资源、微生物资源等;植物资源中还分出淀粉植物资源、纤维植物资源、油料植物资源、饲用植物资源、药用植物资源、香料植物资源、染料植物资源、能源植物资源等。尽管至今尚难列出一个公认的分类系统,但通常把自然资源按其与人类社会生活和经济活动的关系分为土地资源、水资源、矿物资源、生物资源和气候资源五大门类,它们在资源系统中可以彼此独立存在,都有其个性,如生物资源的可再生性,水资源的可循环、可流动性,土地资源的生产能力与位置的固定性,气候资源的明显的季节性,矿产资源的不可更新性与隐含性的特点。

《中国资源科学百科全书》则以自然资源的属性与用途为主要依据提出多级综合分类(见表1.1)。表中仅列出三级资源分类,还可进行第四级、第五级或更下一级的分类,如生物资源中的植物资源或动物资源均可列出下一级分类,如野生植物资源、栽培植物资源;第五级野生植物资源分类下又可列出淀粉类、油脂类、药用类、纤维类、燃料能源类与香精类等;栽培植物资源中也可划分出下一级分类,如农作物资源、饲料牧草资源、经济林木资源、瓜果蔬菜资源及观赏植物资源等;农作物资源或栽培牧草饲料资源中还可细分出再下一级的资源。由于科学发展水平的原因,对各类自然资源的认识存在差别,有的自然资源可以划分到五级或六级,对有的自然资源的认识只能划分到四级、三级甚至更少。例如,对于太空(宇宙)自然资源系列的认识可能最多达到二级划分的认识水平,所以,不能强求一致。上述分类的物质基础是物种、矿物与各种能源等各种自然生成物。随着人类对物质世界认识的深化和社会经济实力的增强、技术的进步,以前认为无用的或有害的自然生成物可能成为有用的资源,这将进一步扩大自然资源的概念与范畴。例如在远古时代,人类并不认识煤的资源价值,以后才逐步认识到其可做燃料还可提取多种化工原料。因此,自然资源概念具有深广的内涵和外延,对它的分类也将不断发展与完善。

表1.1 自然资源多级综合分类系统表

一级	二级	三级	四级
陆地自然资源系列	土地资源	耕地资源	
		草地资源	
		林地资源	
		荒地资源	
	水资源	地表水资源	
		地下水资源	
		冰雪资源	

(续表 1.1)

一级	二级	三级	四级
陆地自然资源系列	气候资源	光能资源	
		热能资源	
		水分资源	
		风力资源	
		空气资源	
	生物资源	植物资源	
		动物资源	
		微生物资源	
	矿产资源	金属矿资源	
		非金属矿资源	
		能源资源	
海洋自然资源系列	海洋生物资源	海洋植物资源	
		海洋动物资源	
		海洋浮游生物资源	
	海水资源(或海水化学资源)		
	海洋气候资源		
	海洋矿产资源	深海海底矿产资源	
		滨海砂矿资源	
		海洋能源资源	
	海底资源		
太空(宇宙)自然资源系列			

社会资源是在一定时间条件下,人类通过自身劳动在开发利用自然资源过程中所提供的物质和精神财富的总称。狭义的社会资源仅指人类劳动所提供的以物质形态而存在的人力资源和资本资源。广义的社会资源不仅包括物质形态资源,还包括科学技术、信息、管理、文化等非物质形态资源。它包括人口资源、劳动力资源、资本资源、科学技术资源和教育资源。一般将它们分为经济资源和人力资源两大类。

经济资源是人类在生产过程中形成和发展起来的具有经济意义的各种固定资产的统称。如厂矿企业、交通线路、站场码头、运输工具、劳动工具、城市、水电工程等都属于经济资源。经济资源是继续发展生产的基础和条件,其丰富程度是一个国家和地区现有经济实力的重要标志。人力资源又称劳动力资源,是一个国家和地区劳动力数量和质量的统称,它是社会发展再生产的基本条件。

社会资源包括的范围相当广,在当前技术经济条件下,主要是指构成社会生产力要素的劳动力资源,利用自然资源加工创造的生产资料,以及直接为生产服务的商业、运输、信息、通信、科技、管理等非实物形态的资源或劳务。

非实物资源按其功能大致可分为三类:① 流通领域中的非实物资源,指贸易、运输、邮电、通信等服务性劳务。这类资源具有明确的区域性。加强流通领域工作,促进各类资源畅通地从生产者转移到消费者,从生产地到达消费地,便能缩短资源的开发利用周期,提高资源的利用效率。随着高新技术在流通领域的推广应用,跨国公司的发展和世界金融市场、科技市场、信息市场、劳动力市场的兴起,这类资源的服务对象正逐渐从商品性的实物资源扩展到资金、技术、信息等非实物资源,后者在世界进出口贸易额中所占比重正迅速上升。② 科技资源。科学技术是关于科学实验和生产实践经验的总结,是认识自然和改造自然的手段和方法。科技成果本身是一种非实物资源,但经商品化与产业化建立新兴产业或用以改造传统产业以后便物化到生产资料中,生产设备和工艺成为科技的载体,科技就从非实物资源转化为实物资源,通过学校教育或技术培训等方式提高劳动者的生产技术知识和技能,科学技术成为社会生产力的组成部分。③ 科学管理。管理是在企业内部或企业之间按照分工协作原则组织劳动者进行共同劳动过程中创造出集体生产力,是一种非实物资源。社会生产规模愈大,自动化水平愈高,产品制造工艺愈复杂,层次愈多,分工协作关系愈紧密,组织管理的任务就愈繁重,必须借助自动化技术和微电子技术、计算机技术实现管理工作的自动化和现代化,使生产系统和管理系统相互协调,组成一个有密切联系的运行自如的统一整体。

显然,社会资源必须与自然资源结合才能从事生产,但它是驾驭自然资源开发、利用、治理、保护和管理的主导因素,又是社会生产的必要条件之一,对一个国家和地区的经济发展和精神文明建设起着决定性的作用。

作为资源主体的自然资源和劳动力资源的种类、形态、结构和功能随着生产力水平和科学技术水平的变化而变化,表现为:① 自然资源向实物资源演变。经过人类劳动加工的自然资源为实物资源,或者说实物资源是含有物化劳动的自然资源。自然界存在的能直接适合人们需要的自然资源不能满足人类生存和发展的需要,人类通过劳动把自然物变为自身需要的有用物资,实现了把自然资源转换为实物资源,这是人类不同于其他动物的一个划时代的标志。② 从生活资料性的资源扩展到生产资料性的资源。生产力较低的自然经济时期,人类用以制造劳动工具的原材料主要是木材和石料,开发的资源多属生活资料性的;产业革命以后,自然资源的开发利用逐渐从地面资源扩展到地下矿产资源,从生活资料性的资源扩展到生产资料性的资源,后者的开发利用规模大大超过了前者,煤炭、石油、天然气等矿产能源取代木材燃料成为这一时期的主要能源,钢铁、铜、铅、锌、锡、铝等金属材料成为制造生产设备的主要原材料;20 世纪中叶以后,合成化工材料大量涌现,成为当代社会生产三大原材料之一,据统计,80 年代,世界合成染料大约占全部染料的 99%,合成橡胶占同类产品的 70%,合成油漆占 50%,合成纤维占 30% 以上。随着高新技术和高新技术产业的发展,一些高性能的新材料如光纤材料、化合物半导体材料、复合材料、陶瓷材料、新能源材料、超导体材料等陆续进入应用阶段,用这些新材料制造的生产设备将具有轻型、坚固耐用、精细、智能和高效等特性。③ 从实物资源扩展到非实物资源。随着生产力水平不断提高,资源的内涵逐渐从实物形态扩展到非实物形态。自然资源由于经过不同层次的劳动加工衍化为自然资源——能源、原材料资源——制成品资源这一实物资源产品链,即实物资源是自然资源的衍化形态,具体表现为生产力要素中的劳动资料和劳动对象;劳动力资源则衍化为科学技术、邮电通信、文化教育、资本积累等各种非实物形态的资源,在自然资源开发利用过程中物化到各种实物资源中去,从而产生各种实物形态和不同加工深度的资源或资源产品,它们消耗的劳动量转移到直接服务的实物资源中去,从而增殖实物资源的价值量,即非实物资源是劳动力资源的衍化形态。人们有时把实物资源称为生产力要素中的"硬件"要素,把非实物资源称为"软件"要素。④ 劳动力资源的消耗从体力劳动逐渐向智力劳动演变。劳动力是劳动者本身具有的体力和智力的总和。在资源开发利用过程消耗的劳动量中,体力劳动所占比重相对下降而智力劳动所占比重则相对上升。在手工操作技术时期体力劳动占主要地位,劳动者使用的手工工具只是人体器官的延长和体力劳动的扩展;产业革命以后为体力劳动与智力劳动并存时期,由动力机、传动机和工具机组成的现代机器体系,一方面代替了大量体力劳动;另一方面要求具有较多科学技术知识和生产技能的劳动者去创造发明和控制使用这些机器和工艺,因此,智力劳动日趋重要。20世纪70年代以后,智力劳动日益占统治地位,目前一些发达国家的生产已相继进入自动化时期,微电子技术装备起来的控制机已成为自动化机器体系的重要环节,自动化机器体系和机器人的应用不仅愈来愈多地从生产过程排除重体力劳动,而且代替一部分繁重而重复的脑力劳动。有人估计,体力劳动与智力劳动的耗用比例,在机械化初期大概是9:1,机械化中期演变为6:4,到自动化时期则变为1:9。这个估量可能不十分准确,但从发展趋势看无疑是正确的。

社会发展阶段不同,自然资源和社会资源的地位与作用不一样。在自然经济时期,资源的开发多属自然资源初级加工品,主要取决于自然资源的丰度;随着社会生产力的提高,自然资源附加工的次数增多,程度加深,物化在实物中的劳动量增加,人力资源愈来愈成为资源开发利用中的主导性因素,甚至有人认为,发展中国家的战略资源是自然资源,发达国家的战略资源则是社会资源特别是人力与资本,后工业化社会的战略资源将是信息资源。虽然如此,人口与资源之间、经济建设与资源环境之间的矛盾,归根到底,要依靠自然资源与劳动力资源的优化结合求得解决。

1.1.3 资源的特点

资源特征是资源本身特有的、区别于其他事物的征象(标志)。正确认识资源特征是进行资源评价、开发利用和科学管理的前提。实际工作中,对资源特征的分析主要侧重于资源质量、数量、结构、潜力和效益五个方面,特别是强调资源的整体优势与劣势、资源的组合与配套,以及优势资源的开发潜力和制约因素,为资源评价、开发利用与保护整治提供一定的依据。尽管资源种类复杂多样,各有其独自特点,但各种资源也存在一些共同特征,主要是自然特征和社会特征。前者表现为整体性、层次性、地区性、多宜性等特点,规定了资源的使用价值和资源开发利用技术;后者体现为有限性、稀缺性、增值性等特点,规定资源开发利用中需要投入的资金量、劳动量以及资源的价值。

1) 整体性(综合性)

指各种资源的相互依存、相互制约关系,构成完整的资源系统。如地球表层自然环境要素之间的相互依存关系决定着自然资源具有此特点。众所周知,地表植被破坏后,势必加强水土流失,使土地资源损毁,地面蒸发增强,土壤水分减少,地表显得干旱,近地面空气干燥,气候资源质量变差,生态环境恶化,对其周围的生物资源产生不利的影响;同样,土地资源所处的部位、地表形态、地面组成物质也深刻影响当地的气候、水、生物等资源的数量、质量及其空间分布状况。因此,自然界中各类自然资源之间存在着相互依存关系,彼此联系构成一个有机的整体,可称为自然资源系统。整体性决定了人类在改变一种资源或资源系统中的某些成分时,必然引起周围环境和系统内部结构的变化,甚至导致其他资源的损失和破坏。因此,对资源的开发利用要充分认识其整体性特点,做到资源综合开发利用和综合科学管理。

2) 层次性

资源具有的层次性表现在资源的空间范围和构成两个方面。如自然资源系统的结构排列和各类资源内部的组成都具有一定的序列,表现为明显的层位性。如果我们把自然资源看成一个垂直的剖面,则矿产资源主要存在于土地的下层,岩石圈内部;土壤、生物与陆地水资源则位于土地的表层,通常称之为生物圈;气候资源处于最上层,通常称之为大气圈。资源空间范围可大可小,如一个局部地段、自然区域或经济区域,一个国家或整个地球。从组成成分看,由单个资源逐步组成综合资源,如由生物、水、土地、气候、矿产等资源构成自然资源;各种植物、动物、微生物资源组成生物资源;光、温、降水、大气组成气候资源;降水、地表水、地下水组成水资源;各种金属矿产、非金属矿产组成矿产资源;土壤、生物、水、气候、岩石、矿产资源组成更高层次的陆地与海洋资源,陆地与海洋是各类资源的载体,是综合的自然资源;而生物资源从一种植物的化学成分到物种,从物种种群、生态系统直到整个生物圈,都可成为研究和开发利用的对象。

3) 地区性

指由所在地区的自然和社会经济条件决定的资源的空间分布不均衡。不同资源以及同一种资源的地区分布有很大差别,有的丰富有的缺乏,有的集中有的分散,有的质量高有的质量低。如受太阳辐射、大气环流、水分循环、地质构造和地表形态结构等因素控制,自然资源种类特性、数量多寡、质量优劣都有明显的区域差异,分布也不均匀。各类自然资源在空间分布上的差异性表现为具有严格的区域性,不同的自然资源遵循不同的分布规律。气候、水、土地和生物资源分布主要受地带性规律作用,在宏观尺度上表现出明显的地带性特点,也受"非地带"性规律影响。例如,随太阳辐射热量在地球表面的纬度带递变规律,从赤道向极地依次为雨林、季雨林、常绿林、落叶阔叶林、针叶林和苔原;随水分循环的地域差别,从沿海向内陆分别为森林、森林草原、草原、荒漠。地下矿产资源的分布主要受地质构造规律支配,如有色金属矿藏主要分布在地质构造活动活跃的褶皱带。又如,丰富的水力资源往往与高山峻岭地貌相联系,喀斯特地区地表径流缺乏而地下水资源丰富,盐碱土主要分布在缺少降水的干旱地区,大面积的沼泽泥炭通常是高寒地区的天然财富,温带森林草原地带发育着肥沃的黑土,寒冷地区的动物一般都有高质量的皮毛等。分布的区域性还使自然资源开发利用的社会经济条件和技术工艺传统具有地区差异。因而,此特点成为各地比较优势的客观基础,是区域经济形成与发展的基本原因,不同层次、不同规模的资源地域组合也是国家、区域、城市和企业发展的重要物质基础。对于一个国家或大区域而言,土地、水、能源与矿产的总体配套的特点与完善程度,是决定区域经济综合发展的自然潜力,要考虑一个区域的土地资源、水资源和气候资源的地域组合是否有利于农业生产与人类聚居,关键性矿产是否丰富和相互配合从而合乎工业发展的要求。在资源开发时应掌握因地制宜的原则,深入研究其独特的区域性特点,充分考虑区域自然环境和社会经济特点,根据各地资源的组合、数量、质量及地区间的资源互补关系制定科学的开发方案,建立专业化分工明确、彼此密切联系的区域经济系统,才能使资源的开发利用和保护兼有经济效益、环境效益和社会效益。

4) 适宜性与限制性

某类资源适合于作某种用途的特性称为资源的适宜性。如某一种土地资源适合于种植某种作物,某种草地适合于养殖某种牲畜,某种林地适合于某种林木生长,某种水域适合于养殖某种鱼类,不同的矿产资源也有其不同的用途。因此,自然资源的适宜性是自然资源一个固有的特性。土地资源(包括耕地资源、林地资源、草地资源)适宜性是自然资源适宜性的最集中表现,并已广泛用于土地资源评价的实践。资源的功能和用途多种多样,按资源适宜的种类有:
① 多宜性,即可作多种用途,如水资源用于森林资源既可提供多种原料又可涵养水源发电,还可作农业灌溉,森林资源既可提供多种原料又可涵养水源、保持水土、防风固沙、保护环境;

② 双宜性,只适合于两种用途;③ 单宜性,仅适合于某一种用途;④ 不宜性,不适合于任何用途。按资源适合于某种用途的程度,又有高度适宜、一般(或中等)适宜、勉强(或临界)适宜。资源适宜性的范围和程度是相对的,某种资源对某用途可能是高度适宜,而对另一用途可能是一般适宜甚至不适宜。适宜性还与利用的技术、方式相联系。由于资源的多宜性且并非所有的功能及用途均处同等重要地位,因而在实际中应权衡利弊,坚持经济效益、生态效益和社会效益统一的原则,合理进行优化选择。某类资源由于性质所规定不适合某种用途,或限制了某种用途,或限制了某种用途的程度的特性称为资源的限制性。资源限制强调资源的不适宜性与不利因素,它提出了不适宜或不利的原因,以及变不适宜为适宜、变不利为有利的条件与措施。按限制因素的可变性可分为不容易改变即稳定的限制因素和容易改变即不稳定的限制因素;按限制因素的数量可分为多因素限制、双因素限制和单因素限制;按限制的强度可分为轻度限制、中度限制和强度限制。资源限制性也是相对的,对某种用途可能是限制,而对另一种用途可能为无限制或少限制;限制也与资源利用技术与利用方式相联系。

5) 有限性和稀缺性

尽管空间和时间是无限的,但人们在研究具体的事物或现象时,总是将其规定在特定的空间和时间范围内来考虑。社会需要是开发利用资源的前提条件,但在具体的时空范围内,资源是有限的。由于人类社会发展对资源需求的不断增加,多种资源不断地被消耗又不可再生,因此表现出资源有限与稀缺的本质特征。以地球表层为例,其空间范围似乎无限,但人们在现有认识水平的基础上仍然将其上界确定至对流层层顶,下界为岩石圈上部。虽然这样确定的界限尚有争议,也必将随现代科技的进步、人类对自然界认识水平的提高而有所改变,但无论如何在一定的时段内人们总是可以相应的确定一个有限的地球表层的空间范围,存在于其范围内的一切物质或现象,包括自然资源的总拥有量在内都是一个有限的常量。所以,在一定的时空范围内,所有自然资源的数量都不可能是无限的,无论再生资源还是非再生资源都不例外。矿产资源是非再生资源,是在数以百万年计的地质年代里形成的,与人类开发利用的历史相比是不能重复和再生的,其变化趋势是越用越少。宝石、黄金、铂等非再生的矿物资源,尽管可以重复利用,但在地壳中储量有限,也不可能永无止境地加以重复利用,因为在利用过程中必然会产生物质和能量的损耗。即使是非消耗性的恒定性资源,如太阳能、潮汐能、原子能、风能等似乎取之不尽用之不竭,但从某个时段或某个地区来考虑,能提供的能量也是有限的。至于再生性资源,如土地、森林、牧场、野生动物、水产等,不仅其再生的能力有限,而且利用过度使其稳定的结构破坏后就会丧失再生能力,成为非再生性资源。空气、水、生物等再生资源尽管可以周而复始循环再生,但每一时期的循环量也有限,如果不合理利用或管理,不仅会造成污染,如利用强度超过其再生和自净能力,就会使资源质量下降,可利用的资源数量会越来越少,良性循环将变为恶性循环。因此,人类在开发利用资源时必须从长计议,珍惜一切资源。在一定的时空范围内能够被人们利用的自然物是有限的,而人们对物质需求的欲望是无限的,资源的有限性与人类需求的无限性的矛盾表现为资源的稀缺性这一普遍的经济学现象。稀缺度是衡量资源稀缺性的指标,用 $x=n/m$ 表示。其中 x 为某种资源稀缺度,n 为此种资源的需求量,m 为此种资源的拥有量。资源稀缺性是有限性的反映,但与资源的有限性又有区别,它反映一定时空范围内资源与社会需求之间的矛盾。随时间、地点、资源种类不同,稀缺程度也不同,如在戈壁沙漠淡水资源的稀缺性表现得特别突出。稀缺的资源被不同集团或个人占用,有需要的人只能通过交换求得满足,资源就成了商品而进入流通领域。

6）可增值性

资源的开发意味着它的价值增长,表现了资源可增值性特点。自然资源经过加工的层次愈多,物化在实物资源中的劳动量也就愈多,资源的附加价值就愈大。随着社会生产力的发展和科学技术水平的提高,人类利用资源的范围和深度将不断扩大,从而可以相对增加资源数量,提高其质量,使资源价值增大。

上述资源的自然和社会方面的一般特征都表现在一定的"质、量、时、空"四大要素之中。"质"是指资源的成分、含量、性质与用途,以及在一定社会经济条件下,各种资源成分或其整体在被人类开发利用过程中的功能强弱、贡献大小、创造出的财富多少。如某种矿产资源的品位,某种土地资源的适宜性与限制性,通常用高低、优劣、好坏来表示资源的质。"量"是指资源的数量,表示规模、程度、速度。如某一种矿产资源的储量,水能资源的蕴藏量,河川径流量等。它指明了资源的丰富程度,又有绝对量和相对量之分。前者如矿产储量、耕地面积、径流总量等;后者如人均占有资源量、单位面积内某种资源的贮存量等,通常用多少、大小来表示资源的数量。质与量相互依存,资源的质以一定量为存在条件,资源的量又受到质的制约。任何一种资源都具有质与量的规定性,质与量是资源评价的主要依据。资源时空特征是指资源的范畴随时间变化而变化,以及在特定的空间内资源种类、价值、数量和分布状况等都有独特的资源结构和地域组合。资源的"质"和"量"在一定时间存在于一定空间内,并且随时间变化,因地域不同,资源特征有明显差异。

1.2 资源科学研究的对象与任务

1.2.1 资源科学研究的对象

任何一门科学能否成为区别于其他科学的独立学科,取决于它是否有特定的研究对象,而资源科学就是一门有特定研究对象的综合性的学科。我们认为,资源科学是以人与资源关系为对象,研究资源形成、演化、质量特征与时空分布、预测、调控、利用和保护及其与人类社会发展相互关系的科学。它既包括作为人类生存与发展物质基础的自然资源,又包括与其开发利用密切相关的人力、资本、科技与教育等社会资源;既包括全球资源,又包括特定国家或地区的资源;既包括现实资源,又包括历史资源;既包括单项资源,又包括复合资源(一定地域、一定时段的资源系统、资源生态系统和资源生态—社会经济复合系统)。

地球结构最明显的特征是由一系列不同性质的物质圈层构成,每个圈层都有相应的资源:① 大气圈主要由气态物质组成,包括部分液态水和固体颗粒。大气层特别是大气对流层中的光照、热量、水分甚至空气都是重要的气候资源,其中的太阳能、风能还是重要的新能源。② 土壤圈主要由固体物质组成,包含部分气态、液态物质和生物,其主体资源是土地资源,还包括一定的生物资源。③ 岩石圈主要由固体物质组成,还包括部分液态、气态物质,其主体资源是矿产资源和化石能源,还包括地下水资源。④ 水圈主要由液态水组成,还包括溶解和悬浮在水中的固体物质及部分气体和水生生物,其主体资源是水资源、水能资源、淡水渔业资源和海洋资源。⑤ 生物圈是有生命活动的圈层,其主体资源是生物资源,包括动物、植物、微生物及森林、草场。⑥ 人类圈是人类以其特有的智慧和劳动,通过社会生产和生活的方方面面,在对自然资源开发利用过程中发展起来的一个新圈层,也有人称之为智能圈或技术圈,其主体资源是人力、资本、科技与教育等社会资源。人类圈与其他几个由物质自然发展的圈层显著不同,人类虽然也由生物进化而来,但具有主动开发利用和保护管理自然的能力,特别是人力资源具有主观能动性。

各圈层中的自然资源及与其开发利用密切相关的社会资源构成了现代资源科学特有的研究领域与范畴。20世纪70年代之前资源科学侧重各个圈层的单项资源研究,尽管20、30年代就已有自然资源的整体观念,但把资源作为一个整体的综合性研究对象则是在70年代之后才得到应有重视。

1.2.2 资源科学研究的任务

资源科学的研究目的是为了更好地开发、利用、保护和管理资源,协调资源与人口、经济、环境之间的关系,促其向有利于人类生存与发展的方向演进。并且,人类社会进化水平愈高,资源科学研究也就愈将成为人类文明的一个重要方面。就目前而言,资源科学研究的主要任务是:

(1) 阐明资源系统的发生、演化及时空分布规律。时间、空间与运动是无限的,物质与能量也是无限的,资源变异随时随地发生,为使资源系统向有利的方向发展,必须了解系统的变化过程,包括资源属性、资源结构的形式与演变机理等。这是一项基础性工作,并且强调资源的整体功能。

(2) 探索资源系统各要素间的相互作用机制与平衡机理。如地表水与地下水的相互转换与平衡、水土资源的平衡、光温水等气候要素平衡、农林牧用地平衡与草畜平衡等平衡关系分析与资源系统各要素之间关系的探讨。

(3) 揭示资源特征及其与人类社会发展的关系,研究不同时期资源的保证程度与潜力。人类社会、自然资源与地理环境构成了一个相互关联的"人地系统",要协调人地关系,或者说人口、资源、环境与发展之间的关系,寻求持续发展的途径,必须从资源的数量与质量评价入手,分析人口与资源之间的平衡关系,如社会需求与资源供给的关系,分析资源与环境之间的平衡关系,即资源开发与再生、污染排放与环境容量的关系等。

(4) 探索人类活动对资源系统的影响。人类自诞生起就开始了对自然资源的开发利用,特别是在当今科技飞速发展、经济高速增长、人口日益膨胀的情况下,人类活动对自然资源的压力愈来愈大,已是自然资源系统潜在不稳定的重要力源,成为作用于自然资源系统的一个新的重要营力,人类活动的失误会严重危及自然资源系统的稳定性。因此,深入开展资源科学研究、探索人类活动对资源的影响已是人类面临的重要使命。

(5) 研究区域资源开发与经济发展之间的相互关系。自然资源以一定的质和量分布在一定地域,资源科学研究离不开具体的时空尺度。探讨区域资源的种类构成、质量特征与经济发展的关系,如何将区域资源优势转变为经济优势,如何寻求区域资源优势互补,解决区域性资源短缺问题都是区域资源研究面临的主要任务。

(6) 探讨新技术、新方法在资源科学研究和资源开发利用中的应用。自1972年第一颗陆地资源卫星上天以来,遥感已成为资源科学研究的一个重要手段。计算机技术的发展促进了资源数据库与资源信息系统的建立,自动化制图与系统分析方法得到了广泛应用。遥感、遥测与计算机等新技术方法的广泛应用极大地提高了资源科学研究的效率和精度、深度和广度。

资源科学研究中的技术进步将在全球资源的开发利用、保护管理方面产生深远影响。

1.3 资源科学的研究内容与方法

1.3.1 资源科学的学科体系

科学发展的一个重要趋势是走向综合与交叉。为解决当代复杂而严峻的人口剧增、粮食紧张、资源短缺、环境退化和能源危机等一系列全球性问题,形成了一批交叉发展的新学科领域,资源科学就是其中的一个突出代表。它在已基本形成体系的生物学、地学、经济学及其他应用科学的基础上继承与发展起来,是自然科学、社会科学与工程技术科学相互结合、相互渗透、交叉发展的产物,是一门综合性很强的科学。

资源科学按其研究对象的不同分为自然资源学和社会资源学。自然资源学的主要分支学科按其研究对象和研究内容的差异与应用目的不同又可划分为综合资源学、部门资源学和应用资源学三种类型(见图 1.2)。综合资源学研究资源的形成机制和发展规律、区域分异规律及综合区划等基础理论,以及区域自然资源的特征、合理开发利用的原则和方法等,主要分支学科有资源地理学、区域自然资源学等;部门资源学研究各类资源的形成、演化、评价及其合理开发、利用、保护、管理的理论、原则和方法等,主要分支学科包括水资源学、气候资源学、土地资源学、生物资源学、药物资源学、矿产资源学、能源资源学、旅游资源学与海洋资源学;应用资源学将其他科学的原理与方法应用于资源科学,研究资源发生、演化及其与人类相互作用关系的一般性规律,主要分支学科包括资源生态学、资源经济学、资源管理学、资源系统工程学、资源信息学与资源法学。这些分支学科的出现在一定程度上反映了资源学在广度和深度方面的研究水平。综合资源学为部门资源学的研究提供理论基础和方法论,与部门资源学是互为补充、相互促进的关系。实质上综合资源学必然涉及具体资源研究,部门资源学也必然讨论资源科学研究的一般性规律。

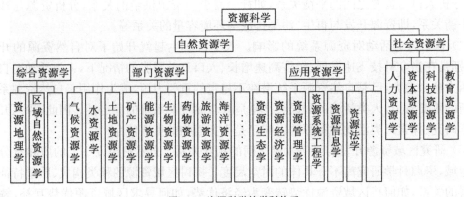

图 1.2 资源科学的学科体系

然而,必须指出,到目前为止,与自然资源开发利用密切相关的社会资源研究都是与各类自然资源的综合或专门研究结合在一起进行的,尽管日益受到重视,但有关人力资源、科技资源、教育资源与资本资源的研究尚未脱离社会科学,形成资源科学研究中独立的学科领域。

1.3.2 资源科学的主要研究内容

(1) 资源地理学。研究资源种类、数量和质量的地域组合特征,空间结构与分布规律,以及资源的合理分配、利用、保护和经济评价,最终提出对资源开发的远景估计与战略规划,并从中揭示资源利用与地理环境间相互关系的学科。研究内容包括资源形成的地理背景与制约因素、区域资源结构、资源评价与区划、资源分布与制图等。

(2) 区域资源学。是综合资源学与部门资源学在具体时空的结合。因为,资源科学研究总要在一定地域进行,不同尺度的区域资源学(全球、国家、省、县)正是一定类别的综合资源学与一定层次的部门资源学在一定地域的具体实践与应用。

(3) 气候资源学。研究气候资源的特征、形成、分布和变化规律及与人类活动相互关系的学科。以气候资源要素及组合为对象,研究其形成数量、质量、时空分布和演变规律,从气候资源的物质、能量和存在状态出发研究气候资源转化为物质产品的理论、方法和途径,进行气候资源评价,探讨气候灾害的发生机理及防御对策等。

(4) 水资源学。研究水资源的分布、循环和运动规律及开发、利用、保护、管理的学科。与水文科学、大气科学和海洋科学关系密切。从大气中的水到海洋中的水,从地表水到地下水都是它的研究对象。研究内容包括水资源调查与评价、水分循环与水量平衡、水资源供需平衡分析、水环境容量与水资源承载力、水资源保护与水资源管理等。

(5) 土地资源学。研究土地资源各组成要素的组合特征及与人类开发利用的相互关系的学科。以土地资源为研究对象,着重研究影响土地利用的要素、特征、空间分布规律及合理利用途径。研究内容包括土地资源组成要素及其不同组合对土地利用的作用、土地资源类型的划分及分类、土地资源调查与土地资源评价、土地资源生产力及其人地关系分析、区域土地资源的保护与开发利用等。

(6) 矿产资源学。研究矿产资源的自然、技术和经济属性及与社会经济发展的关系,以及矿产资源的勘察、开发、利用和管理的一般规律的学科。研究内容包括矿产资源的特点与分布、矿产资源的勘察与评价、矿产资源的开发利用与环境保护、矿产资源供需分析与资产化管理等。

(7) 能源资源学。研究能源资源的分类、特性、数量、分布及合理开发利用与管理的学科。研究内容包括能源分类、能源资源勘察与评价、能源地理与区划、能源资源结构、能源规划、能源综合利用与管理等。

(8) 生物资源学。研究生物资源的形成、分布、演化规律与人类合理开发利用相互关系的学科,是资源科学与生物学之间的一门交缘性学科。研究内容包括生物资源的形成、分类和分布,引种与驯化,有用成分的性质、形成、积累和转化规律,一定区域内生物资源的种类、蕴藏量及其合理开发与保护等。主要分支学科包括森林资源学和草地资源学(按主体植被类型分),也可分为动物资源学、植物资源学和微生物资源学(按生物门类分)等。

(9) 药物资源学。研究天然药物资源的种类、数量、质量、地理分布、时空演化及合理开发、利用、保护、管理的学科。研究内容是药用动物、植物、微生物及药用矿物资源的数量、质量评价,药物资源的种类与分布,药物资源化学,药物资源的开发利用与保护,药物资源更新及新资源的发现等。

（10）旅游资源学。研究旅游资源的形成、分类、分布及开发利用与保护的学科。研究内容包括旅游资源分类、旅游资源普查、旅游资源评价、旅游资源容量、旅游资源区划与规划等。

（11）海洋资源学。研究海洋资源的种类、特性、储量、分布规律及开发利用与保护的学科，是资源科学与海洋科学之间一门交叉性学科。研究内容包括海洋资源的分类，海洋资源调查、勘察与评价，海洋资源管理与环境保护，海洋生物资源的持续利用与海洋空间资源开发等。

（12）资源生态学。研究生物资源之间、生物资源与其他资源和环境因子之间相互关系的学科，是自然资源学与生态学结合而成的边缘学科。研究对象是资源生态系统。研究内容围绕人与资源的关系展开，包括资源生态系统的特点、分类、结构、功能与调控，复合生态系统的资源过程论，资源开发利用的生态效应，全球性或区域性的资源生态问题及对策等。研究的主要任务在于运用生态学的理论和方法阐明自然资源研究中的若干问题，即从资源生态系统中生物有机体与环境相互关系的规律性出发，研究如何更好地调节和控制这种关系；研究资源生态系统中生物有机体之间，生物与环境之间能量转换、物质循环和信息传递的规律，揭示这种自然规律，阐明资源生态系统的结构、功能、形成和发展，以充分发挥自然资源的生产潜力；研究自然资源开发利用中产生的环境生态效应，为自然资源的合理开发利用提供科学依据，有利于维护和改善人类生产、生活和生存的生态环境。以此实现一方面设法改善环境条件，以满足生物有机体对环境的要求；另一方面又要充分发挥生物有机体的生态适应能力，从而最大限度地发挥资源的增产潜力。

（13）资源经济学。把经济学原理与方法应用于资源科学研究形成的研究经济发展与资源开发、利用、保护和管理之间相互关系的学科，是由自然资源与经济科学结合而成的交叉学科。显然，资源问题是伴随着人类开发利用自然资源而产生和发展并日益引起资源数量减少、质量下降和生态环境不断恶化的严重问题，因此，从经济学角度研究自然资源问题，必须同时应用生产力经济学和政治经济学的基本原理，不仅分析、掌握自然资源既是有限的又是无限的这种辩证关系，从生产力经济学的角度研究资源对提高社会生产力的作用；而且从政治经济学的角度研究与资源有关的各方经济利益间的矛盾，即从经济效果学的角度研究计算整个社会经济效益的取得和增长以及各当事人经济效益的分配；同时，在自然资源开发利用与保护中的经济效益问题，还必须运用数量经济学的科学方法。研究内容包括自然资源现实与未来的配置问题以及由此引发的社会后果，资源开发利用的经济问题及其与社会发展的关系，自然资源利用效率与产权安排以及资源稀缺与经济增长的关系等，为资源开发利用保护、制定技术经济政策提供科学依据。

（14）资源管理学。是自然资源学与管理科学结合而成的，应用自然资源学的一个重要分支学科。现代世界人口急剧增长，经济迅速发展与自然资源之间的矛盾是人类所面临的重大挑战，要合理解决这些问题，必须从控制人口、协调发展与资源的关系入手。资源管理学的目的和任务正是为了协调它们之间的关系，根据经济发展对资源的要求进行全面规划，合理开发利用自然资源，达到保护自然资源及生态环境的目的。为此，自然资源的管理必须采取法律、经济、技术和教育相结合的办法才能有效解决自然资源的保护和合理开发利用中的问题；还必须根据资源的性质和特点以及各不同区域的特征，因地制宜地分别采取不同的管理办法和措施。

（15）资源系统工程学。是自然资源学与系统工程学相结合而成的、运用系统工程的原理和方法研究资源问题的学科。研究任务在于运用系统思想以及多学科的基本原理和知识,寻求资源问题(包括资源系统和资源生态系统)中各种错综复杂的内在联系,探求解决问题的途径和方案,定量地表达各种因素之间的联系,并由此建立数学模型,寻求解决复杂问题的最优方案,为自然资源合理开发利用的科学决策提供可行的依据。

(16) 资源信息学。研究资源信息的获取、采集、存储、整理、综合分析、加工处理和开发应用等方面的理论、方法与技术的学科,是资源科学与新技术科学相互结合、相互渗透发展起来的一门交缘性、综合性很强的应用学科分支。它的主要支持学科是信息论、系统论、数学、计算机技术、数据库技术、通信技术、遥感技术和统计学等。资源信息系统是在计算机硬、软件设备支持下,对有关数据进行预处理、输入、存储、查询、检索、运算、分析、显示、更新和提供应用的技术系统,以研究和处理各种空间实体及其复杂关系为主要特征。它实际上是在数据库支持下,把系统理论、系统分析、资源信息采集、自动化制图等新技术结合在一起应用的综合性技术系统。随着各种资源信息系统的广泛建立与应用,资源科学研究开始从定性走向定量、从局部走向整体、从单纯走向综合。

(17) 资源法学。研究用法律手段调整人类—资源关系这一特定现象的学科。它以自然科学和技术科学的理论为依据,以资源法规的形成、发展和实施为研究对象,是在资源科学与法律科学交叉中发展起来的一门交叉性学科。研究内容包括资源法的形成与变迁规律,资源法制度的形成、结构与内容,资源制度的成本与绩效,资源法律体系及实施理论等。

(18) 社会资源(学)。研究社会资源的分类、属性、质量评价与时空特征及与自然资源开发利用的相互关系的学科,是资源科学与社会科学之间一门交叉性学科。研究内容包括人力资源(学)、资本资源(学)、科技资源(学)与教育资源(学)。目前,社会资源研究尚未脱离社会科学领域而形成独立的学科体系。

以上是资源科学研究的学科分类及其体系结构梗概,每个分支学科下仍可做进一步的续分。同其他科学一样,任何学科体系都不是封闭的,随着资源科学研究的日益深化和扩展,资源科学的学科分类和体系框架必将不断完善与发展。

1.3.3 资源科学的研究方法

资源科学不断完善与发展,离不开科学的研究方法。资源系统的复杂性决定了研究方法的多样性。面对研究对象与范畴如此复杂而综合性极强的交叉学科,研究方法更是多种多样,且已形成一个较为完整的方法体系,各方法间既相互联系相互渗透,又具有相对独立性。

对资源科学的研究方法,从思维方式可分为实证、规范和形式化方法三大类;从研究步骤和程序可分为资源调查方法、资源分类与区划方法、资源评价方法、资源规划方法、资源预测方法和资源决策方法等;从信息系统角度可划分为信息采集方法、信息存储整理方法、信息加工分析方法和信息传输方法;从定性与定量化角度可划分为定性描述方法和定量化方法,其中定量化方法包括数学方法、系统分析方法和模型化方法等。

随着资源科学研究的不断深入,定量研究已成为不可或缺的方法,甚至已成为资源研究的主流和趋势,数理方法、遥感技术和计算机技术的广泛应用是促使资源科学研究由定性走向定量的"催化剂",而学科发展追求自身的完善是定量化的内在动力。现代资源科学研究主要采用野外考察、试验与室内分析、模拟、定性分析与定量分析相结合的研究方法。随着航空遥感技术的飞速发展及地球资源卫星、气象卫星等航天技术的广泛应用,野外考察的速度和精度大大提高,资源调查方法改进了一大步,遥感调查已成为资源科学研究的重要手段。资源定位研究,室内实验分析,遥感技术应用与计算机模拟、物理模型仿真相结合,不仅提高了工作效率和研究精度,而且实现了资源时空变化的动态监测,极大地促进了资源科学的发展与完善。

1.4 资源科学的发展历史与展望

1.4.1 资源科学的发展历史

从资源科学角度看,人类社会发展史实际上就是一部自然资源的认知史与自然资源的开发利用史。古代人类已具有关于自然资源利用的原始经验积累,单项自然资源研究在19世纪获得显著进展并形成了相对独立的学科体系,把自然资源作为一个整体而进行的研究则开始较晚,尽管这种资源科学的整体观念早在20世纪20~30年代就已形成,但真正引起重视并得以实施却是在60年代以后。纵观资源科学研究的发展历史,可以划分为三个时期。

(1) 资源科学知识积累时期。从古代到19世纪中期是自然资源的原始利用与零星记载的资源科学研究萌芽时期。

在狩猎—采集型社会,人类利用的主要是生物资源。当人类有意识地把种子撒向大地时,土地成了农业文明时代的核心资源。随着农业生产的发展,从古埃及到古希腊到中国都积累了丰富的资源利用经验,产生了许多有关资源利用与保护的思想,许多政治家、思想家及一些博物学家在有关著作中对自然资源进行了零星记载和简单描述。中国最早有关物候、生物资源、土壤与土地特性、植被分布与生态环境的关系等的记述可见于春秋时期成书的《管子》;战国时代对各种可更新资源的记述大为增加,如《禹贡》、《周礼》、《山海经》、《淮南子》等著作,其中《山海经》有迄今世界最早的关于矿物记述;北魏贾思勰的《齐民要术》既是一本区域农业生产技术的书籍,也是一本关于如何合理利用可更新资源的学术著作;明末《徐霞客游记》、徐光启的《农政全书》也都是记述有关资源及其利用的范例。这类成果均比西方同类著述早上百年或数百年。这些零星而宝贵的经验为18、19世纪开始的各有关学科的专项资源科学研究奠定了基础。

(2) 资源科学孕育时期。从19世纪末到20世纪中叶是各有关学科分别从本学科进行的资源研究向资源与资源利用领域汇合的资源科学孕育时期。

席卷全球的工业革命解放了生产力,蒸汽机使人类不仅需要而且能够大规模开发地下矿产资源,不可更新的地下矿产资源纷纷进入社会化生产过程,成了工业文明时代的核心资源。急剧提高的生产力带来全球性资源需求膨胀的同时,一些与资源研究相关的学科,如生物学、地质学、地理学、农学、经济学及资源利用的工程技术科学,分别从不同角度对同一项或某几项自然资源进行了各自的研究,但彼此很少交叉渗透,仍各自保留着自己学科的理论体系。该时期的资源科学研究工作,从满足生产需要出发,着重探讨自然资源的开发利用,以分类、区划和质、量评价为主要内容。这也是目前资源科学研究最为成熟的领域。较为突出的有20世纪20年代美国的小区域土地利用研究,30年代的流域规划和水土保持工作,特别是1933年开始的田纳西流域开发计划;1930年史坦普领导的全英大比例尺土地利用调查与制图工作;20~30年代世界森林资源调查与统计工作和前苏联在资源调查基础上进行的生产力布局研究等。与土地资源和自然资源密切相关的著作有《世界农业地理》(1917)、《土地经济学原理》(1924)、《耗竭性资源经济学》(1931)、《区域调查与英国农业资源估计》(1931)、《世界资源与工业》(1933)等。中国20世纪初成立"中国科学社",20年代成立"中央研究院",30年代成立"资源委员会",它们及其下属单位对中国的自然条件、自然资源进行了调查、观测与初步研究。各学科积累的有关资源与资源利用的科学知识日益丰富,加上19世纪中叶以来生态学的出现发展,特别是整体观与综合理论的广泛应用,促进了与资源科学有关的各学科与其母体学科日益分野,在资源与资源利用领域汇聚,孕育了资源科学的诞生。

(3) 资源科学逐步建立时期。第二次世界大战之后,全球生产力持续提高,资源科学体系日臻完善,资源科学研究也随之进入了一个新的发展时期。

1948年国际自然保护联盟(1995年更名为国际自然与自然资源保护联盟)成立;1949年联合国经社理事会召开了第一次世界自然资源利用大会;1960年联合国教科文组织专门成立了自然资源研究与调查处(后改为生态处)。20世纪60年代以来,随着资源与环境问题日益尖锐化,国际合作得到了更大发展,"国际生物学计划"、"人与生物圈计划"、"国际地圈-生物圈计划"相继问世,1992年召开了"联合国环境与发展大会"。这一切大大加快了资源科学研究的历史进程。先后见诸文献的综合资源科学研究著作主要有《生态系统的概念在自然资源管理中的应用》(Dyne,1961)、《生态学和资源管理》(Wall,1968)、《地理学与资源》(Negi,1971)、《自然资源的经济评价》(Mints,1972)、《自然资源生态学》(Simmons,1974)、《自然资源经济学》(Banks,1976)、《经济学理论与耗竭性资源》(Dasgupta,1978)、《地理学与资源分析》(Bruce,1979)、《自然资源经济学——问题、分析与政策》(Howe,1979)、《自然与环境资源经济学》(Smith,1979)、《自然资源保护——一种生态方法》(Omen,1980)、《经济学和资源政策》(Batlin,1981)、《资源经济学》(Alan,1981)、《资源物理学》(椎田敦,1982)、《资源地理学》(Ramesh,1984)、《自然资源生态学》(Ramade,1984)、《自然环境经济学》(Krutilla,1985)、《自然资源利用经济学》(Harwick,1986)、《自然资源经济学》(Daniel,1986)和《自然资源与宏观经济学》(Peter & Sweder,1986)等。作为资源科学研究重要支柱的资源地理学、资源生态学与资源经济学研究取得极大发展,国际上以资源地理、资源生态、资源经济为基础的资源管理研究成为研究社会经济体系功能的核心领域。

在中国,20世纪50年代以后,除部门资源研究有较大发展外,资源综合研究也取得重大进展。1956年成立的中国科学院自然资源综合考察委员会根据1956年、1967年科学技术发展远景规划,在西藏、新疆、内蒙古、宁夏、甘肃、青海等地进行了资源综合考察和若干重要资源的专题研究。1979年全国农业资源调查与区划工作展开。1983年中国自然资源学会成立,组织开展了一系列有关资源的学术活动。1992年42卷本的《中国自然资源丛书》开始编撰,1995年开始陆续出版,全面系统地总结了中国资源研究的成果。1994年全国人民代表大会环境与资源保护委员会成立,推进了资源、环境保护及其法制建设。许多高等学校建立了"资源环境学院(系)"或"资源环境研究中心"。这一系列工作促进了中国资源科学研究的发展。国内区域资源考察方面的著作数以百计,有关研究均可散见其中。在资源综合研究领域,先后有自然资源研究的理论与方法、自然资源开发利用原理、自然资源学导论、资源科学纲要、资源经济学、资源地理学、资源生态学、资源法学、资源核算论、资源产业论、资源价值论等方面的专著问世,丰富和发展了中国的资源科学体系。

尽管土地、生物、气候、水、矿产和能源等专门的自然资源研究参差不齐,但都有长足发展。特别是土地资源和能源资源领域,前者从土地类型、土地评价、土地利用、土地承载力到土地经济、土地规划、土地法学与土地管理已构成较为完整的学科体系;后者无论是能源地理学、能源经济学还是石油、煤炭、水力等专门能源研究都已相当深入。此外,海洋资源、药物资源、旅游资源等著述颇丰,冰川、湖泊、沼泽、自然保护区等专门研究也有专论,研究领域日益拓展。随着各单项或专门自然资源研究的日益深入和资源地理学、资源生态学、资源经济学、资源信息学与资源法学研究的成熟,资源科学研究的理论与方法日臻完善,资源科学研究的社会价值和科学意义日益扩展,使资源科学研究在70～80年代开始步入现代科学领域。

全球性环境问题使人们清醒地认识到经济增长决不能以牺牲环境为代价,必须充分考虑经济效益、生态效益和社会效益协调发展。为此,在自然资源研究方向上,地理学家将其研究重点由自然资源的形成、空间分布分析转向自然资源的合理开发利用和经营管理。自然资源概念随之发生变化,不仅是指可利用于人类生产和生活部分的自然资源,也包括了能给予人类精神文明享受的自然环境部分。随着世界旅游事业的蓬勃发展,旅游业成为许多国家和地区的重要经济部门,政府和人民十分关注旅游资源的开发利用与建设保护,从而将旅游资源亦纳入自然资源概念之中,并成为自然资源研究的内容。20世纪70年代以来,全球性问题日甚一日,无论是环境污染、生态危机,还是粮食紧张、资源短缺,都可追溯到自然资源的利用问题,更深层的原因则在于人类需求的日益增长和资源本身的稀缺性、有限性之间的矛盾。随着建立全球生态、经济新秩序的呼声高涨,资源与资源利用成为全球热点。基于这样的社会背景,资源科学研究以其固有的综合性和整体性特点,在一系列新技术、新方法武装下以崭新的姿态展现在现代科学的舞台上,资源科学研究从此进入一个高速发展时期。资源科学研究的重点转向了资源的永续利用与社会经济的持续、协调发展。资源生态、资源经济、资源立法与管理成为主要研究领域,现代资源科学研究以此为生长点充分发展起来。

1.4.2 资源科学的展望

纵观近三十年资源科学研究的理论与实践,不难看出现代资源科学研究的发展趋势:

从个体、局部走向一般、整体,日益注重国际合作和全球性问题研究。"全球化"趋向是资源科学研究固有的综合性和整体性特点在空间尺度上的充分体现,是资源科学研究日益国际化和全球意识日益增强的必然趋势。目前,对资源与环境问题的关心已远远超出了政治家和科学家的范围,成为一项全民性事业。特别是1992年联合国环境与发展大会的召开,在高层强化了资源、环境与发展问题的全球性及全球合作的必要性,使"可持续发展"意识得以广泛传播。人类正是作为一个全球性的特殊物种在改变着赖以生存的地球,只有共享地球资源,具有共同意识协调发展,人类才会有所作为,这就是"全球意识"。这个时代正是以全球意识及其综合性和整体性为特征,这不仅来自于区域间及国家间科技与文化的交流,而且来自于区域间与国家间资源贸易、环境污染和生态危机的相互影响,更来自于人类持续发展与资源永续利用之间的相互依赖。

从静态分析走向动态预测,区域发展模式与可持续发展等战略性研究日趋活跃,"战略化"趋向是资源科学研究固有的综合性和整体性特点在时间尺度上的充分体现。因人口膨胀和科技进步,人类开发利用自然资源的范围日益扩大,被开发利用的资源数量成倍增加,与此伴生的资源、环境和生态问题越发突出,迫使人们不得不从整体、从相互关系、从长远利益来考虑资源永续利用的原则与可持续发展问题。资源战略性研究涉及人口、资源、环境、生态、社会、经济与发展之间的相互关系,涉及各种限制性资源对人类生存与经济发展的承载能力及保证程度;资源保护与资源动用时序、预报、预警和预测等前瞻性工作也是资源战略研究的重要内容;随着人地关系的日益紧张,资源的中长期供求平衡、资源动态监测、区域资源开发战略和经济发展动态模型研究愈来愈成为资源科学研究的重要领域。

从自然评价转向注重社会经济分析,以合理化为内容的资源管理研究正逐步成为资源科学研究的热点。由资源的有效性与稀缺性决定的"管理化"趋向是人类资源关系协调发展走向合理化的基本要求。资源管理的根本依据就是资源的有效性与稀缺性,前者刺激人们不断耗费资源,后者迫使人们探索新资源及资源高效利用的途径。资源稀缺性的重要表现形式之一是资源对于人的反向选择性。在资源占有量极为丰富的历史时期,人对资源的开发利用在种类与品位上具有较大的灵活选择性,当这种优势递减到一定程度时,反向选择性日见其效。资源作为不同群体、不同利用方式的唯一受体,不同利用带来的效益与结果远不一样,这种反向选择性应是当今资源管理的深层依据。近二三十年来,大量与资源管理相关的资源生态学、资源经济学著作的问世,为资源管理研究提供了广泛的理论基础和方法。目前,以资源管理为核心的资源生态和资源经济研究正成为资源科学研究的热点,资源管理是现代资源科学研究的一个根本性方向。

从定性分析转向定量、半定量研究,日益模式化和数量化。数量化首先是学科发展对自身完善的追求。资源科学的数量化研究和数理方法紧密相关,各类经验模型的建立就是数理方法的具体应用。而只有把资源系统模型化,才可能比较准确的了解各因素之间的相互联系和相互制约机制,既可进行定性分析又可同时进行定量化研究,从而摆脱定性描述的滞后状态。数量化最初是描述性统计,统计推理分析和建立经验模式;20世纪70年代以后,运筹学的一些分支如规划论、排队论、图论和对策论等逐步引入并应用,特别是在耗散结构论、自组织理论、协同学和突变论的影响下,多元动态分析开始兴起。计算机的投入使资源信息系统继资源数据库之后普遍建立,促使资源科学研究日益模式化和数量化,也使得资源科学研究的理论分析更加广泛深入。世界资源数据中心等一大批资源数据库和资源信息系统的建立及应用,为资源科学研究的数量化提供了更为有利的条件。

从常规手段转向高新技术应用,研究方法和手段日益现代化。遥感遥测技术(RS)、全球定位系统(GPS)、地理信息系统(GIS)和计算机技术的广泛应用大大提高了资源科学研究的速度和质量。过去从小区域入手,现在遥感技术使区域综合考察发生了质的变化,它不仅提供地面上的资料,补充路线调查和定点观测不足,而且还可获得地面实地调查无法取得的资料和信息,可以进行大规模的综合分析研究。多光谱扫描系统在资源综合考察中的应用,不仅为资源科学研究提供了大量新资料,更重要的是同时取得了整个资源系统的信息,并可以在时间上进行连续定期监测。空间遥感技术及时不断地为人类认识地球、调查资源和监测资源、环境动态变化提供基本图件和科学数据,大大缩短了区域资源调查的时间,工作效率成倍提高。越来越多的科技人员及资源管理、规划和决策人员使用这一技术手段,使资源综合考察方法向现代化转变。计算机科学和空间技术相结合,使资源数据库和资源信息系统成为现代资源科学研究的强大技术手段。在资源数据库的基础上发展资源信息系统是必然趋势。计算机的广泛应用为资源科学的模式化、定量化、全球化和战略化研究提供了便利的技术手段,为复杂的资源系统研究及需求预测分析提供了更多的方便。随着资源数据库和资源信息系统朝着有统一标准、多层次和分布式系统的方向发展,与遥感技术紧密结合、直接接口,以及具有智能分析与决策能力的专家系统等方面的深入发展,必将加速资源科学研究的现代化进程。

1.5 资源与人类社会及经济发展

1.5.1 自然资源与社会及经济发展

资源只有对人来说才有意义,人与资源应该是最基本的关系,资源是人类社会的生产资料与劳动对象,人通过生产活动直接或间接地从资源中获取生存所必需的物资与能量。

1) 自然资源是社会生产劳动的对象

自然界中的天然物质和能量,通常需要通过人类的劳动才能转化成为人类社会必需的食物、原料和能源。但是,人类对自然资源的开发利用,不仅决定于劳动者的体力,更重要的还在于技术水平和管理水平,即是由社会生产力决定的。土地、水体、森林、矿石等自然资源是人类社会生产劳动的基本对象。最早,人类用粗制石器、树枝从事狩猎、捕鱼、采集果实等活动;学会用火和精制石器的出现,人类才进入到刀耕火种、栽种作物和驯养野生动物的时代。随着冶炼技术的发明和耕种技术的提高,人类就有可能开发利用矿石和发展农业,并砍伐森林来营造房屋和用作燃料,大部分自然资源成为社会生产劳动的主要对象。中世纪时期,水利灌溉、航海贸易的发展、风力资源的利用成为社会进步的重要动力。蒸汽机的发明,产业结构发生了空前的变化,现代工业的发展促使人类大量开采化石燃料,尤其是原子技术和空间技术的创造,核能的利用已成为现代社会发展与进步的标志,自然物质与自然能量在社会生产中的应用具有同等重要的意义。

由于自然资源通过人类劳动才能转化为有用之物,产生经济价值,成为社会财富,从而人们以经济价值的观点认为:存在于自然界中的物质和能量,如果在技术上尚不具备开发利用的条件,那么其存在就毫无价值,也就不成其为资源。应该指出,自然资源的价值应该包括自然属性的使用价值和社会属性的经济价值两个部分。当然,具有使用价值的物质加上人类的劳动后才能转化成经济价值,但是,转化成具有经济价值的物质应是劳动产品,并不是天然原料。就社会财富而言,是指对社会和经济发展具有价值的物质,包括具有使用价值的自然物质在内,故有"天然财富"之称。再者,经过人类劳动的自然资源,例如人类耕种的土地,在不断转化为经济价值的同时,仍然保留着自然属性的使用价值,具有天然原料的特性和状态,所以人们仍将其称作自然资源。需要强调,对于人类社会,自然资源的使用价值不仅是加上人类劳动可以转化为经济价值,而且应包括发挥其生态功能来维持有利于人类社会生存与发展的自然环境,为人类造福。因此,存在于自然界中的自然物质与能量,无论是否可以转化为经济价值,只要其使用价值存在,就应属于资源的范畴,是人类社会的天然财富。

2) 自然资源是社会发展的基础

社会的进步与发展,通常以人类生活享受水平的提高来衡量,而生活享受水平的提高又必须在发展社会生产力的基础上向自然界索取更多的自然物质与能量来保证。在现代工业社会里,维持一个人的生活需要,平均每年从地球土壤岩石圈中开挖出 25t 各种物质。因此,人类社会的发展是以自然资源消费量增长为基础。就能源消费量而言,最近 25 年内的消耗量相当于 19 世纪中叶至 20 世纪中叶大约 100 年的数量,或者相当于史前时代至 19 世纪中叶消耗总量的一半。

从生态经济观点来考虑,人类社会对自然资源的需求,不仅是指维持人类种群繁衍的物质生活享受,还包括精神文化生活需求和维护生态环境需求。在原始社会时期,人类从自然环境中取得维持生存的天然资源,基本上依赖于自然界的恩赐就能满足人类有限的需求,人类活动对自然界的影响极为微小,人与自然环境的矛盾基本不存在。随着人口增长,自然资源的社会需求量增大,人口与资源之间产生了供需矛盾,为此人类用发展农业生产来提高自然环境供给资源的能力,以缓解矛盾。但在刀耕火种的原始农垦方式下,森林的毁坏开始导致生态环境的改变,只是当时人类干预自然环境的能力有限,人类对资源开发利用能力不足,人与资源和环境之间的矛盾并不明显。到 18 世纪中叶,人口增加,生产力迅速发展,导致人类掠夺式开发利用自然资源,生态环境质量下降,人地矛盾加剧。尤其是第二次世界大战以来,世界人口剧增,社会生产力迅猛发展,人类以牺牲自然资源为代价换取经济繁荣,生态环境加速恶化,自然环境所能提供的资源难以满足日益增长的人口的需求,从而严重影响世界经济与社会发展,甚至威胁人类的生存,人与自然环境的矛盾非常尖锐。由此可见,人类社会的发展和进步必须协调好人口、资源、环境之间的关系,也就是既能使自然资源得到充分的开发利用以满足人类物质享受和精神享受的需求,又不能超过环境的再生能力以维持持续稳定供给资源的要求。

对于社会发展来说,自然资源还是世界政局不稳定的一个重要因素。在近代史上,帝国主义发动侵略战争均与掠夺殖民地的资源有关,两次世界大战的爆发几乎都是从争夺殖民地资源引起的。从 20 世纪 70 年代开始,北美、西欧一些国家出现石油危机,生产量下降,世界经济曾一度萧条,失业率普遍上升。一些经济发达国家为及早摆脱这种困境,竭力采取各种手段争夺石油开采的控制权,成为多年来中东局势长期动荡不安甚至发生战争的重要根源。当然,一个国家或地区政局不稳定的因素复杂多样,但无论如何,资源问题总是一个不可忽视的重要因素,各国对此十分关注。

1.5.2 资源管理与国民经济管理

资源管理有企业管理和国民经济管理之分。在市场经济条件下,企业范围内的资源开发利用实行严格的计划管理,而对国民经济范围内的资源管理,国家只能采取制定和实施有关方针、政策和资源开发利用规划以及其他有效的宏观管理措施。由于一些超大型、跨行业、跨地区的集团公司和跨国公司的发展,计划管理将通过这些企业逐渐从生产企业向国民经济范围扩展,有可能依靠高新技术和高新产业的发展逐步实现国民经济范围的资源计划管理。

中国的资源开发利用存在两个主要问题:一是自然资源所有权和使用权的法制不健全引发的资源和利益分配纠纷;二是资源掠夺性开发利用而出现的环境污染和生态系统失调。因此,资源管理必须根据兼顾各方利益,局部服从整体,眼前服从长远以及经济效益与环境效应统一的原则,采取法制、行政、经济的管理手段,调节部门间、地区间、企业间的利益分配关系,把资源开发利用中的各项生产要素按一定的比例结合起来,以期达到生产力要素的总体效能。此外,各地区形成的资源在品种、数量、质量以及资源的地域组合方面有很大差别,如南方水资源、有色金属比较丰富,北方煤多,石油资源主要分布在东北、华北、新疆等少数地区,铁矿资源主要集中分布在辽宁、河北、内蒙古、湖北、四川等地;各地区的社会资源、社会经济条件和技术条件也不相同,沿海地区的技术力量和经济实力比较雄厚,中西部自然资源比较丰富。各地区具有不同的资源优势,应因地制宜开发各地的优势资源,打破地区封锁,做到地区间资源互补,发挥全国各地资源的总体效益。

资源管理中需要考虑的又一问题是技术选择。资源开发利用技术涉及的范围十分广阔,包括资源遥感技术、勘探技术、开采技术、原材料技术、产品技术等多种专业技术,这些技术对于各类资源也各不相同。因此,技术和技术结构的选择应区别对待,那些关系经济全局的关键性技术应由国家选定,其余一般的专业技术则由生产单位通过市场机制选定,国家只采用制定和实施各项方针、政策、规划等宏观调控措施加以指导。实行宏观调控措施应充分考虑到中国资源的实际情况有重点地进行。从总体来说,中国的社会生产技术水平较低,是先进技术、常规技术和手工技术并存而手工操作技术仍占相当大比重的技术结构;从资金有机构成角度分析,是劳动(活劳动)密集型技术与资金(物化劳动)密集型技术并存,基本上是一个资源消耗型的技术结构。中国的劳动力资源丰富,近期应注意多发展劳动密集型技术产业,有选择地逐步发展高新技术和高效的常规技术以建立高新技术产业和改造传统产业,提高资金密集型技术在技术结构中的比重。利用先进技术开发资源的利用效率,有步骤地使中国从一个资源消耗型的国民经济体系逐渐过渡到资源节约型的国民经济体系。从自然资源—能源、原材料资源—制成品资源这一资源产品链分析,自然资源转变为能源、原材料资源的规模和速度赶不上制成品发展的需要,能源、原材料是这个链条中的薄弱环节,能源技术和原材料技术要优先考虑。自然界中的自然物大多以化合物形态存在,合成化工材料在社会生产所需的原材料结构中所占比重日趋上升,因此化工技术和生物技术有广阔的发展前景。自然资源的开发正逐渐向海洋扩展,海洋技术愈来愈引起重视。一般来说,实物资源属第一、第二产业,非实物资源属第三产业,必须加速第一、第二产业的技术革新,实行生产过程的自动化,大幅度提高实物资源的产量和质量,为第三产业的发展提供足够的资金、设备和劳动力。因此,在生产系统和管理系统广泛应用微电子技术、自动化技术、计算机技术应成为高新技术的重点发展对象。

1.6 人口、资源、环境的协调发展

人口、资源、环境是当代全球性的社会问题,其中资源问题是最敏感的社会问题。因为,人的衣、食、住、行都与资源息息相关,而且也是人地矛盾的媒介和焦点。所谓"人口过多"实

际上是自然资源的社会供应量不能满足人口增长的需求;所谓"环境恶化"本质上主要是自然资源数量减少、质量衰退影响人类的生活与生存。所以,资源问题是根本性的社会问题。当然,问题的产生主要由人口过快增长引起,其结果又导致全球性环境恶化而影响社会的发展。在人口—资源—环境中,人是主动的,环境是被动的,资源是这个链条的中心环节,整个状况将取决于人如何利用资源。

1.6.1 人口、资源、环境的辩证统一关系

自然资源有两对基本矛盾。一对来自资源系统内部,土地、水、矿产、生物、气候资源的组合与匹配,以组成不同的资源类型与资源结构。一对来自资源系统外部,表现为人与资源的矛盾。《资本论》中引用威廉·配第的话:"劳动是财富之父,土地是财富之母。"这里所说的土地是广义的,即指自然资源,因为土地是资源的载体,因此,人与资源的矛盾也可认为是人地之间的矛盾。两对矛盾往往同时存在,互相交错互为影响,但在具体地区具体时段表现出主要矛盾不同。如在中国的大部分地区表现为资源不匹配的矛盾,从大范围看,北方地多水少,而南方地少水多,能源不足;东半部人口密集经济发达,主要表现为人地矛盾,西半部干旱缺水,水土不匹配;华北地区又处于人地、水土两对矛盾的叠加之处,成为中国人与资源矛盾的焦点。两对矛盾中人与资源矛盾往往起主要矛盾的作用。在人与资源这对矛盾中,人永远占据着矛盾的主要方面。人可以由于不合理地掠夺性滥用资源而造成资源的流失、破坏、退化乃至枯竭,加剧其紧缺程度;人也可以通过自己的智慧合理科学地利用资源,不断提高资源的利用率和生产率,使资源得到节约、高效、持续的利用。

在人与资源关系(人地关系)中还要谈及的一点是资源与环境的关系。资源与环境互为依存互为影响,资源本身就是人类生存环境的一部分,而且是重要的组成部分,是环境能被人们直接利用的那一部分,人类利用了资源也就利用了环境。环境的恶化是资源不合理利用造成资源破坏、流失、污染的结果。因此,保护、治理环境首要从合理利用资源着手。环境是生态资源的动力和条件,资源环境的恶化反过来影响资源的生产力,甚至产生不可逆转的结果,从这个意义讲,保护资源环境也就是保护资源生产力。

环境问题主要是由于人类的生活和生产活动迅速发展而引起,其发展大致经历三个阶段。

原始捕猎阶段:那时"环境问题"是因为人口自然增长、乱采乱捕、滥用自然资源造成生活资料缺乏所引起的饥荒。

农牧业阶段:人类增强了利用和改造环境的能力,刀耕火种、大量砍伐森林、破坏草原,引起严重的水土流失,水旱灾害频繁。

现代工业阶段:人类大规模改变了环境的组成和结构,从而改变了环境中的物质循环系统。特别是20世纪50年代以来,世界人口急剧增长,城市迅速扩展,自然资源的社会需求大幅度上升。在掠夺式开发和不合理利用的状况下,自然资源本身遭受极大的浪费和消耗,同时地理系统的稳定状态不断破坏,造成的环境污染规模宏大,水土流失加剧,土壤盐渍化加重,沙漠化面积不断扩大,生态环境日趋恶化,从而严重阻碍了世界经济的发展,甚至危及人类的生活、生存和发展。

由此可见,环境蕴含着人类赖以生存的资源。就人类的物质生活和所进行的经济建设而言,人口、资源、环境是一个统一体,自然资源是环境的一个组成部分,并对环境起着重要

的调节作用,破坏资源也就是破坏了人类生存的环境,必须把自然资源和环境联系起来作为一个整体看待,才能做到既开发利用资源又保护环境。

1.6.2 协调人地关系

这里所说的人地关系主要是指人类与环境之间的关系,协调人地关系对于自然资源的合理开发利用、保护生态环境具有重要意义。

协调人地关系要做的一件事是处理和协调好开发利用与保护自然资源之间的关系。尽管人类对自然资源的认识和开发利用随社会发展而逐渐加深和扩大,但人类社会的形成与发展离不开对自然资源的开发利用,社会的发展和进步也始终不能脱离自然资源,自然资源不仅是人类生存的物质基础,是发展生产力的基本条件,也是决定地区间关系和国家间关系的重要因素。人类生活与经济建设均需依赖自然物质和能量的不断供应,而且这种依赖性随着世界人口的增长及人民生活享受水平的提高日益加强。在可预见的时期内,地球上的各种自然资源仍是人类开发利用的主体。

开发利用自然资源的目的在于提取自然物质和能量来满足人类生活与社会生产的需要,无疑是一种积极的行动。但是,如果只贪图眼前利益,不顾自然界的承受能力,超负荷开发利用天然财富,势必使自然环境丧失再生性,无法持续使用,影响人类生活与生产。因而,合理开发利用自然资源必然具有保护自然资源永续利用的含义。同样,自然资源保护也不是消极的行为,而是有控制的保存,恢复和改善自然环境的再生性,根本目的仍在于维持人类对自然资源的永续使用。因此,自然资源的开发利用与保护应是统一的整体,两者需很好地结合起来,以维护人地系统的有序性。

尽管知识界人士强调自然资源开发利用与保护同等重要,但根据存在决定意识的原理,作为既是生产者又是消费者的人,总是在满足生存需要的前提下逐步认识到资源保护的重要性,培养出环境意识,对于经济不发达地区的人来说更是如此。这样,人们必须正视现实,因地制宜地开展合理开发利用和保护自然资源的宣传教育,并研究有效的政策和措施来协调自然资源开发利用与保护的关系,尽量把资源开发利用过程中产生的环境负效应减到最小限度,使人口、资源、环境与经济增长之间协调持续发展。

自然资源开发利用与保护是一项极为复杂的综合性研究工作,涉及自然、经济、社会、工程技术等多学科领域,应由自然科学家、社科学家、工程技术专家、行政管理人员共同合作进行研究。自然资源研究应以生态经济学观点和现代系统科学理论为基础,通过单项资源的分析,重点研究自然资源整体的结构、功能、演化与地域分异规律,把人口、资源与环境作为一个系统来探讨自然资源合理开发利用与保护的有效途径和措施,协调各地区与各部门之间的利益,参与区域社会经济发展规划拟定,为方案决策提供科学论据,搞好经济建设和环境建设,促进人类社会健康发展。

还应注意到,在资源开发利用的各个历史阶段中,自然资源和劳动力资源所起的不同作用。在自然经济时期,开发的资源多属自然资源的初级加工品,主要取决于自然资源的丰欠情况。随着社会生产力水平的提高,自然资源被加工的次数增多,加工程度加深,因而物化在实物资源中的劳动量增多,智力劳动正愈来愈成为资源开发利用中的决定性因素。因此,解决资源开发利用中的人口与资源的矛盾将取决于劳动力资源的优势,而不是自然资源的优势。

为此,协调人地关系有必要从以下几方面入手:

(1) 严格控制人口的增长。

(2) 制止对自然资源和自然环境的破坏。

(3) 加强对自然资源的调查研究,制定保护资源和环境的政策和法律,对自然资源实行有偿使用,合理开发利用自然资源。

(4) 建立和扩大各种类型的自然保护区。

(5) 自然资源开发利用必须遵守持续利用原则、保护原则、因地制宜原则和节约原则。

① 持续利用原则。指使用资源的方式与速度不会导致资源的长期衰竭,从而保持其满足今世与后代需要和期望的潜力。协调人口、资源、环境发展之间的关系,兼顾资源、环境、经济、社会各方面的效益,保证资源的可持续利用是资源利用的第一大原则。资源的持续利用是社会、经济持续发展的基础。对可更新资源必须保持其更新、恢复、再生的能力,并尽可能在使用中得到改善;对不可更新资源必须防范将来把它们耗尽的危险,并且必须确保整个人类分享这样的利用中获得的好处。此原则要求在开发利用资源时具备全局观点与协调观点,不能只顾局部利益而忽视全局利益,只顾部门利益而忽视整体利益,这是由资源整体性特点规定的。

② 保护原则。保护是持续利用的前提。对可更新资源,保护资源首先要保护资源生态系统的稳定性和资源更新、恢复、再生的能力,这里的保护不是消极的保护,是要与培育、改造相结合,在保护条件下开发利用资源;对不可更新资源,也要保护其矿床开发条件,使之不至于遭受破坏而不能更好地开发利用。保护资源必须具有长远观点,不能只顾眼前的一时利益,而忽视长远的几代人的利益。

③ 因地制宜原则。根据当地的具体情况采取适当的措施是人类社会经济活动必须遵循的一项基本原则。资源开发利用中的因地制宜原则是由资源的区域性这个基本特点规定的。此原则要求,根据地区的自然条件、自然资源的具体状况采取不同开发利用方式,及采取相应的保护、改造措施;根据地区的资源结构与区域经济社会的特征确定合理的、优化的产业结构;根据地区资源、环境与人口的关系制定科学的发展规划。

④ 节约原则。"节"即"节省","约"即"集约"。它是由资源的有限性与人们欲望的无限性而导致资源的稀缺性这个经济学特点规定的。节约原则要贯彻在资源的开发、利用、生产、消费的全过程。要改变不适当的消费与生产模式,以最高的效率利用资源,以最低的限度生产废弃物;较高水准的生活水平而较低依赖于地球上有限的资源。要提倡资源效益,减少单位产品资源的消耗,提倡资源的综合利用、重复利用、循环利用、一物多用与废物利用,提高资源的产出率和利用率,鼓励使用新的和可更新的资源。

主 要 参 考 文 献

[1] 中国资源科学百科全书编辑委员会.中国资源科学百科全书.北京:中国大百科全书出版社,2000
[2] 包浩生,彭补拙,等.自然资源学导论.南京:江苏教育出版社,1999
[3] 刘成武,黄利民.资源科学概论.北京:科学出版社,2004
[4] 封志明.资源科学导论.北京:科学出版社,2004

2 气候资源

气候资源是一种非常活跃的自然资源,其数量和质量有明显的周期性变化与区域差异,对工农业生产和人民生活有有利和适宜的一面,也有不利和限制的一面。因此,掌握一个地区气候资源的特点及其变化规律,因地制宜地合理利用,趋利避害,充分发挥气候资源生产潜力,无疑是促进国民经济发展和维持社会进步的重要途径。

2.1 气候资源的概念、特性与作用

2.1.1 气候资源的概念与意义

1) 气候资源的概念

气候是地球上生物有机体(包括人类)赖以生存和发展的基本条件,又是人类从事生产、生活的重要环境因素。随着科学技术的发展,气候条件中的物质和能量被人们利用时就可成为一种资源。因此,气候资源是气候条件中可被利用产生经济价值的物质和能量。例如,空气中的氮,在人类掌握了分离、加工等技术以后,制成氮肥加以利用。由于气候资源能够被人类转换为所需要的物质和能量,因此,气候资源进入生产过程后便可成为一种生产力。

气候资源作为劳动对象进入生产过程,主要是通过农作物进行光合作用制取碳水化合物的过程来实现的。一般分为两个相衔接的阶段:第一阶段,是光合反应阶段,这是携带能量的光子流激活植物体叶绿素的过程。太阳能提供植物光合作用的基本能量,为叶绿素利用空气中的 CO_2 和植物吸收的水等物质进行光合作用提供动力。空气中的 CO_2 经过叶片的气孔进入到叶绿素反应中心,为植物光合作用提供原料。第二阶段,是生化反应阶段,经过一系列酶的反应,将 CO_2 变成碳水化合物。热能作用使得分子、离子和原子运动的强度增加,提高了这些微粒间互相撞击的概率,从而在宏观上表现出化学反应速度的提高。

水也是农作物进行光合作用的基本原料。在农作物合成碳水化合物的过程中,水是各种矿物营养元素的唯一传输者,农作物的一切生化反应过程必须在水的参与下才能实现。同时,水还是农作物建造自己的物质来源之一。只有在有水存在的前提下,有机体细胞才能正常进行生理活动。因此,年降水量多少、降水的季节分配、降水的变化和保证率对作物的生育和产量的多少等都有密切的关系。同样,日照时间多少和生长期的长短也与农业生产存在密切的联系。

当然,气候资源和气候条件并不是一成不变的,在不同的生产部门中两者是可以转换的。

例如,在工业生产中,风是一种气候资源,往往被人们利用来发电,成为能源。在农业生

产中,风既起着调节和输送大气中水分和空气热量的作用,使空气中各种成分输送、扩散或稀释,是气候条件中的一个因子;同时,风也是一种能源,可以加以利用来推动风车进行灌溉。不论在工业生产部门,还是在农业生产部门,气候资源都是一种再生性的资源,在一定的限度范围以内,应该最大限度地去利用它。

2) 气候资源在国民经济中的作用和意义

气候资源对人类的经济活动影响甚大。早在战国末期,《吕氏春秋》已有"二十四节气"的记载,表明了气候资源对农业生产的影响早已为人们所注意。20世纪以来,随着科学技术的发展,生产规模不断扩大,国民经济活动对气候资源的依赖性更加明显。气候资源作为一种生产力,在国民经济和生产建设中的作用和意义主要表现在以下几个方面:

(1) 农业生产方面。气候资源与农业生产的关系最为密切,各种农作物的生长、发育都受气候资源的制约。虽然农业技术已有长足进步,但农业生产在很大程度上仍以气候资源为条件。光照、气温、雨量、湿度、风力等依然是决定农业管理、农作物产量和质量的重要因素;作物播种时间、套种品种、估计灌溉需水量、灾害预防等农事活动的安排都与气候资源的时空变化密切相关。根据区域气候资源的特点进行的农业区划可合理解决农业生产的布局问题,充分发挥农业气候资源优势,避免和克服不利的气候条件,合理调整大农业结构,建立各类农业生产基地;确定适宜的种植制度,调整作物结构与布局,提出有效的农业技术措施,达到充分发挥气候生产潜力的目的。

(2) 工业生产方面。工业生产中消耗的氧气以及作为某些工业原料的氢、氮等均来自空气。目前,太阳能利用在工业上也逐步得到推广应用。同时,气候资源的质量对一些精密和具有特殊工艺要求的工业也有一定的限制作用。工业生产过程中的用水,大部分是由降水形式补给河流、湖泊、水库或储存于地下,经抽取再送往工厂供生产使用,其水量的多少往往限制着工厂生产能否顺利进行;水质的好坏,涉及产品的质量优劣或生产成本的高低。酸雨对工业设备等有腐蚀损坏作用。大风、酷暑、严寒、干旱和暴风雪等,迫使油井关闭而停止生产,不仅影响石油的产量,而且还可能造成生产设备的损坏,造成较大的经济损失。

(3) 水利建设方面。堤坝、溢洪道、隧洞等水利工程的主要建筑物都要以气候资源中最大可能降水、一定频率的暴雨洪水、降水时程分配和点面关系等为依据,坝的结构还要考虑风荷载。凌汛与上下游温度差值有关。灌溉与降水和蒸发的关系密切,蒸发直接影响水量的损耗,所以设计水库及灌溉系统,蒸发是需要考虑的一个重要因素。

(4) 交通运输方面。降水量的多少和温度的高低、江河水量周期性的变化直接影响到内河航运等方面的生产活动。海洋航运和港口建设与气候资源有着密切的联系,疾风暴雨、惊涛骇浪常给航运带来严重的经济损失,乃至危害人们的生命;顺风则对航运产生有利的影响;港口建设的方位一般宜与盛行风向大体一致;防波堤的修建必须考虑最多风向和最大风力;海港位置的选择必须考虑雾的出现频率及冬季的冻冰情况等。气候资源的优劣对陆上交通运输也有明显的影响,灾害性的洪水、深厚的积雪、泥石流等常常阻断铁路和公路运输。现代化的飞机虽可全天候飞行,但起落仍不能完全自动化,需目视操纵,因此,云雾、烈风、雷雨等恶劣条件会影响飞机起飞和降落。

(5) 城乡建设方面。气候是城市规划中的一个重要因素,城乡规划须充分考虑利用气候资源为人类生产、生活创造合适的环境。通常,在城市规划中要研究温度、辐射、降水、风和影响大气污染的因子。例如,将排放污染物的工厂布置在下风方向;热带、亚热带地区的室内为避免阳光直接照射,不但街道走向须沿着东南—西北向,而且还要有骑楼和凹廊。所以,不同气候区的城市规划应该不同,有的城市要以加强通风和降低大气污染程度为规划的主要目标;有的城市则首先要考虑防御大风的袭击;有的城市须尽量减弱辐射热和防止从沙漠方向吹来的热风;有的城市地势低洼,防御洪水成为突出的任务。在制定城市建设方案时,气候是城市规划中的一个重要因素。

有些国家对城市规划的某些方面,特别是防止大气与农田污染方面,从法律上加以保证。为防止大气污染和保证安全生产,合理制定大气污染物排放标准,不但要充分考虑地形、生态等特征和大气的自然净化能力,而且还要研究和掌握污染物在大气中扩散的规律。为使城镇的污染物质不超过标准,要进行"总量排放法"研究。即根据当地气象参数、地形、卫生标准等和近地层所能容纳的污染物总量,分析每个工厂和全部工厂污染的影响,以此确定每个排污口的治理方案。

2.1.2 气候资源的主要特性

气候资源不仅具有自然资源的一些共同特点,而且作为一个由许多要素所组成的复杂系统,还具有其自身的特性。

1) 光、温和水的综合效应

构成气候资源的因素很多,作用也不一样,但主要表现为光、温和水的综合作用。光合作用是植物生长的起点,而光是作物光合作用必需的能源;太阳辐射带来的热能是作物生化过程的重要条件,没有足够的温度,作物就不能正常地生长发育;水是作物的命脉,是光合作用和土壤中营养物质输送到植物体内不可缺少的因子。因此,在作物的生长和发育过程中,光、温和水之间彼此不可代替,三者缺一不可。最适宜的温度虽然对植物生长有利,但缺少水分,温度再适宜也不能生存;反之,在适宜的水分条件下,植物超过所能承受的最低和最高温时便受到损害或不能生存。光、温和水的不同组合形成不同的气候资源类型,不仅决定着农业生产类型和结构,而且影响到作物的产量和产品质量的优劣。

2) 时段的有限性和无限循环性

气候资源系统中能量的输送受到太阳辐射的影响和制约,一定时间内一个地区得到的太阳辐射或热量总是有限的,这种有限性表现出气候资源在单位时间内对某些作物生长的限制性。我国东部季风区的温带地区,全年温度偏低,0℃以上的积温2 100~3 900℃,大于10℃的积温在1 700~3 500℃之间,生长期较短,无霜期只有90~160天,这不仅对热带和亚热带作物有明显的限制作用,而且气温低于0℃时,温带作物的生长也受到限制。但是,第一年土地上消耗的热量,翌年又可无代价地重新得到。因此,气候资源是取之不尽用之不竭的再生性资源,具有明显的无限循环性。

3) 在时间上不仅有节律性的周期变化,而且还有异常性

由于受气候形成因素中辐射因子的影响,气候资源中的光热资源随着昼夜、季节更替而发生周期性变化。例如,我国东部季风区,夏季高温多雨,冬季寒冷干燥,年复一年重复轮回。气候资源的这种季节性周期变化的特点,制约着一个地区的土地利用方式和作物的合理布局,使农业生产也具有明显的季节性规律。但是气候资源的周期性变化往往受气候形

成因素的影响,常在大的周期性节奏中发生小的波动而表现出气候资源的异常变化,甚至形成灾害性气候,给农业生产带来不同程度的影响。

4) 空间分布上的区域差异性

由于地理纬度、海陆位置、地形起伏及下垫面性质的不同,不同的地理区域形成明显的光、热、水等气候资源的数量和组合上的区域差异性。例如,我国西北干旱地区地处大陆腹地,阴雨少晴天多,是全国太阳辐射能最丰富的地区之一,全区年辐射总量在$(5.02\sim6.7)\times10^9 J/m^2$之间,全年日照时数在2 800~3 200小时之间;降水少,变率大,季节分配不均,积温的有效性高。只有掌握气候资源的特点和规律性,因地制宜、因时制宜地合理利用气候资源,趋利避害减轻某些不利影响,才能充分发挥地区气候资源的生产潜力,达到稳产高产的目的。

2.2 光能资源与光能生产潜力

太阳辐射是重要的农业气候资源,与农业生产关系密切。它不仅以其热效应给予动、植物一个适宜的环境温度条件,更为重要的是,在光的作用下绿色植物表现出光合效应、光形效应和光周期效应,以维持正常的生长发育,为一切生命包括动物、人类和植物自身制造有机物创造条件,使之得以生存,这些效应是光量、光质和光时对植物作用的结果。

2.2.1 太阳总辐射

1) 太阳总辐射的植物效应

太阳辐射量是指一定时间内投射到单位土地面积上的太阳辐射能量,亦称为光量,单位为焦耳/米^2。单位时间内投射到单位土地面积上的太阳辐射能量,称为太阳辐射能通量密度,也就是光强,单位为瓦/米^2。

光是农作物及其他植物生长、发育的基本要素之一。光也是它们进行光合作用所必需的能源,90%~95%的植物利用太阳辐射中的光能进行光合作用,即植物的绿色部分——主要是叶片细胞中的叶绿体吸收光能,将二氧化碳和水制造成碳水化合物和其他有机物,同时把光能转化为化学能储存起来,这就是植物的光合效应,是一个转化能量、固定能量的复杂化学过程。单位土地面积上植物产量的高低,主要取决于利用光能的多少,而光能潜力的大小又取决于各地光能的数量和质量。从叶绿体的光化学角度分析,光能转化率(即光能利用率)最高为20%~25%,但在自然条件下生长的植物或栽培作物的光能利用率远远低于该值,通常不到1%,短时间最高利用率不超过5%,光能利用的潜力很大。

2) 太阳年总辐射量的分布与变化

太阳年总辐射量的大小取决于纬度、海拔高度和云量多少。一般是纬度愈低,年总辐射量愈大,反之就愈小,且随着云量的增加而减少,随着海拔高度的增加而增大。据研究,我国太阳辐射能资源丰富,太阳年总辐射量大体在$(3.3\sim8.3)\times10^9 J/m^2$之间。$6.0\times10^9 J/m^2$等值线从内蒙古自治区东部向西南至青藏高原东侧,将全国分为两大部分,西部地区地势高,干旱少雨,云量少,太阳辐射强,年值在$(5.3\sim8.3)\times10^9 J/m^2$之间,并呈南高北低的形势,青藏高原大部分地区均在$7.0\times10^9 J/m^2$以上,北部新疆地区大部分在$(5.5\sim7.0)\times$

10^9J/m^2。东部地区,特别是东南部,地势低,阴雨多,太阳辐射较弱,总辐射量较低,年值在$(3.3\sim6.0)\times 10^9 \text{J/m}^2$;最低值在川黔等地,年值小于$4.0\times 10^9 \text{J/m}^2$,其他地区相差不大,多在$(4.0\sim5.0)\times 10^9 \text{J/m}^2$。

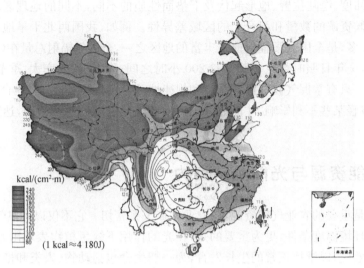

图 2.1 中国年太阳总辐射量分布图

与世界各地相比(见表 2.1),我国的光能资源丰富,大部分地区年总量高于纬度较北的欧洲多数地区以及北美洲的加拿大等国,光量较少的川黔等地与西欧、北欧等地相当。就多数地区及平均状况而言,我国的太阳年总辐射量与低纬度地区各国相近或稍高;与同纬度地区相比,我国的年总量除低于非洲撒哈拉沙漠地区($9.2\times 10^9 \text{J/m}^2$)外,与其他地区不相上下。与美国相比,我国的纬度和面积与之相近,光能分布及其数量也相差不多,年值均呈东低西高的地理分布,量值接近,似有我国略高之趋势。日本阴雨较多,光量少,如东京与我国郑州纬度相近,但年光量仅 $4.23\times 10^9 \text{J/m}^2$,比郑州($4.86\times 10^9 \text{J/m}^2$)低 $6.3\times 10^8 \text{J/m}^2$。

表 2.1 世界各地年总辐射量

地 点	新加坡	东京	纽约	索菲亚	巴黎	伦敦	莫斯科
年总辐射量($\times 10^9 \text{J/m}^2$)	5.74	4.23	4.73	5.48	4.02	3.64	3.73

资料来源:中国科学院自然资源综合考察组.我国的太阳能资源及其计算,1976

各地太阳辐射总量有明显的年变化,一年中的总辐射量以夏季最大,冬季最小,光量和水热同季,这种季节的分配对农业生产非常有利。北部呼玛的 $5\sim 8$ 月总辐射量即达 $2.3\times 10^9 \text{J/m}^2$,占全年总光量的51.5%;南部广州 $5\sim 8$ 月总辐射量 $1.91\times 10^9 \text{J/m}^2$,占全年总光量的42.1%。夏季充足的阳光、丰富的水热资源,可保证植物和作物的良好生长。

太阳总辐射年变化特别是高值时段的出现时间,是安排作物必须考虑的一个方面。作物各生育期的光能利用率不同,播种栽插后逐渐增高,到开花前后的茂盛生长阶段光能利用率达最高,而后逐渐降低,到成熟收获时至零。如果茂盛生长期与光量高值时段一致将得到最好的光能利用效果,从而获得最好的作物产量。我国华北及其他地区的小麦等夏收作物茂盛生长期与光量高值时段(5、6月)一致,光合作用强,是有机物累积多的一个重要原因。

2.2.2 光质与光合有效辐射

1) 光质的植物效应

光质系指太阳辐射光谱成分及其各波段所含能量。

太阳是一个表面近 6 000 ℃的灼热球体,它不断以辐射形式向外传递能量,其光谱波长为0.170~4.000 μm。由于地球大气的影响,到达地球表面的光谱波长只有 0.29~3 μm。太阳光谱各波段所含能量(强度)不同,最大值在 0.49 μm 处,而后向两侧锐减,近 0.17 μm 和 4 μm 波长能量已微乎其微。到达地面的强度最大值稍向较长波段移动,略大于 0.49 μm。植物对不同波长的能量利用率是不同的,波长较短的波段光能利用率较低,波长较长的波段光能利用率较高。

然而,植物在生长发育过程中,并不能吸收利用整个太阳光谱区的能量,而只能利用 0.3~0.75 μm 光谱区的辐射能量,这部分对植物的正常生长发育有实际意义,称为"生理辐射"。通常认为对植物光合作用有益的辐射即具有光合效应的辐射在 0.38~0.71 μm,这个光谱区的太阳辐射称为"光合有效辐射"。各波段的光合有效辐射在植物光合成中的作用也不一样,被叶绿体吸收最多的是红橙光,其次是蓝紫光,而绿光吸收最少。

光质对植物作用的另一个重要方面是光的形态效应。波长 0.72~1 μm 的光对植物生长起作用,其中 0.7~0.8 μm 的远红光对光周期、对种子的形成起重要作用,并控制开花和结果的颜色;0.315~0.4 μm 的光起成形作用,如使植物变矮、叶片变厚等;波长大于 1 μm 的光对植物只起热效应,不参与生化反应;短于 0.315 μm 的光对植物有害。

研究光质对有效控制植物生长、充分利用光能资源、提高作物产量具有重要意义。

2) 光合有效辐射

光合有效辐射是太阳辐射光谱中比重较大的一部分辐射,占总辐射能量的近 50%,可用于植物光合作用、转化固定而形成植物产量,这部分辐射除具有光合效应外,对植物的形态和光周期也有影响。一个地区年光合辐射量以及不同温度期间的光合有效辐射对作物的种类和产量也有一定影响。如我国的年光合有效辐射量与年总辐射量分布趋向一致,呈西多东少的形势,西部地区由南向北逐渐减少,南部在 3.4×10^9 J/m^2,北部只有 2.4×10^9 J/m^2,尽管辐射强度较东部大、数量多,但温度低、降水少,限制了光合有效辐射的充分利用;东部地区虽降水较多,温度较高,但光合有效辐射不够丰富,大部分地区年光合有效辐射量在 $(2.0 \sim 2.4) \times 10^9$ J/m^2 之间,影响作物的高产。≥0 ℃、≥10 ℃ 和≥15 ℃期间的光合有效辐射均随海拔高度和纬度的升高、温度的降低、生长期的缩短而减少。特别是≥15 ℃期间的光合有效辐射,青藏高原除个别地区尚有外,绝大部分地区全年都在 15 ℃以下。在此期间,占国土面积 1/4 的广大高原地区也就无光合有效辐射了,为我国≥15 ℃期间光合有效辐射量最少地区,这里只能种一季喜凉作物。此外,东北北部和内蒙古自治区东部,多在 8×10^8 J/m^2 以下,夏季也只宜种一季喜凉作物。我国广大地区≥15 ℃期间的光合有效辐射在 $(0.8 \sim 2.1) \times 10^9$ J/m^2 之间,适合于多种喜温作物的生长;云南、广西南部、台湾和海南岛等地≥15 ℃期间的光合有效辐射在 $(2.1 \sim 2.5) \times 10^9$ J/m^2 之间,是我国光热资源最丰富的地区,也是多种喜热作物种植的好地区,应予以充分重视。

2.2.3 光时

光时系指光照时间,包括太阳的可照时间和实照时间,即日长和实际观测到的日照时数。

植物开花等现象的发生取决于白天与黑夜、光照与黑暗的交替及其时间长短,这种现象称之为光周期现象。按照对光照时间长短的不同要求,把植物分为短日性植物、长日性植物和中间性植物。短日性植物要求较短的光照时间,只有在光照长度小于某一时数时才能开花,延长光照时间就不能开花结实,原产于热带、亚热带的水稻、玉米等大多数植物属这一类;长日性植物要求较长的光照时间,只有在光照长度大于某一时数时才能开花,缩短光照时间就不能开花结实,原产于较高纬度的麦类、油菜等大多数植物属这一类;中间性植物则不大受光照长度的影响,不论在任何光照长度下都能正常开花结实,西红柿、大豆等植物属这一类。

随着生理生化科学的发展,现已证明,植物的光周期现象是一种低能反应的生理过程,在本质上不同于高能反应的光合作用。这种现象是能量效应引起的形态变化。光的作用在于激发或启动某些关键性反应,从而调控植物生长发育与分化过程,引起这种作用的是波长 $0.66\ \mu m$ 和 $0.73\ \mu m$ 的光。研究表明,用以上两波段的光可成功控制某些植物的开花等形态形成。但是,目前绝大多数农业生产是在自然条件下进行的,人类现在尚不能大规模控制光照长度和光谱成分,所以仍有必要分析光时。

1) 日长

日长表示光合作用时间的长短,即光期。因为植物在阴天或无太阳直接照射时仍然进行光合作用,只是光合作用的程度不同而已。而且,光周期现象是对光暗的反应,与晴阴无关。因此,决定植物光周期现象的是日长而不是日照时数。

日长随纬度和季节成规律变化,在夏半年日长随纬度升高而变长,至极地太阳可终日不落,全为白昼;在冬半年日长随纬度升高而变短,至极地太阳终日不见,全为黑夜。春分和秋分为分界点,此时世界各地日长均为 12 小时。就一地而言,北半球的冬至日长最短,之后逐渐增长,到夏至日长达最大值,继而再逐渐缩短(见图 2.2)。

我国地域辽阔,南北约跨 50 个纬度,日长的地区和季节变化大,有利于发展多种作物和品种,既可种植长日性植物,又可种植短日性植物,是我国植物种类繁多的一个主要原因。鉴于不同地区和季节日长的明显差异,各地在作物的季节安排、品种选择、引进物种时

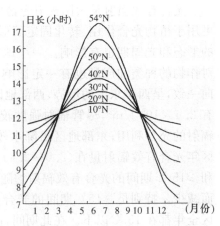

图 2.2 北半球不同纬度地区日长年变化

必须认真考虑。就生长期日长来看,我国南部日长季节变化较小,从光合时间角度分析,有利于作物周年均衡生产;而生长期日长南短北长,北部比南部日长一般长约 2~3 小时,从而使生长期较短的北部增长了光合作用时间,有利于单季高产。

2) 日照时数

日照时数在很大程度上反映了某地光量多少,可反映光量对植物生长发育和光合作用

的利弊程度。

我国日照时数大体呈西多东少的分布格局,内蒙古中、西部,新疆东部,青海、甘肃、陕西、山西北部和西藏的中西部地区最多,在3 000小时以上。东部主要农区日照时数南北有一定差异,南部沿海及台湾、海南岛等地较多,在2 000小时以上;南岭以北的广大长江中下游地区在2 000小时以下;华北和东北南部较多,在2 200~3 000小时之间,东北北部最少,在2 600小时以下,由南至北呈高—低—高—低的分布形势。

我国各界限温度期间的日照时数随海拔高度、纬度和界限温度的升高而减少,生长期的日照时数表现为南方较多,高原和北部较少。但生长期间的日平均日照时数则以高原和北部较长,南方较短。高原和北部温度低,生长期短,可由生长期内日平均日照时间较长而得以弥补,使其日平均光合时间较长,有机物累积较多,一季喜凉作物产量较高。

2.2.4 光能生产潜力

如前所述,太阳辐射是绿色植物进行光合作用的主要能源。在进行作物光能生产潜力估算时,一般考虑以下几点:① 单位时间单位面积投射的总辐射能($\sum Q$);② 能够利用于光合作用的光合有效辐射占总辐射的比率(ε,生理辐射系数);③ 经叶面反射(R,反射率)和漏射(β,漏射率)后被吸收(a,吸收率)的光合有效辐射;④ 被非光合器官无效吸收(P,无效吸收率)部分;⑤ 光饱和限制(r,光饱和限制率);⑥ 通过光合作用机制的效率(Φ,量子效率);⑦ 通过呼吸的耗损(w,耗损率);⑧ 有机物中的水量含量(x,含水率)。作物的光能生产潜力可写成式(2.1):

$$Y_1 = f(Q) = \sum Q \varepsilon a (1-P)(1-r)\Phi(1-w)(1-x)^{-1}H^{-1} \tag{2.1}$$

ε通常取0.49。$a=1-(R+\beta)$。P通常取0.1。在自然条件下忽略光饱和限制率,取$r=0$。Φ取0.224。w取0.30。x取0.14。H为每形成1 g干物质所需要的热量,取1.78×10^7 J/kg。在作物整个生育期间,从出苗前到成熟,叶面积系数由零逐渐增加,对光合有效辐射的吸收率也增大。幼芽即将出土时反射率为零,透射率为1,吸收率为零。生育后期,按奥明格测得的绿色植物叶子的$R=0.10, \beta=0.07, a=0.83$。因此,在整个生育时间里,作物群体的吸收率可写成随叶面积增长的下列线性函数:

$$a = 0.83 \frac{L_i}{L_0} \tag{2.2}$$

式中:L_i为某一段时间的叶面积系数;L_0为最大叶面积系数。

将上述关系及数值代入式(2.1),得到光能生产潜力公式:

$$\begin{aligned} Y_1 &= f(Q) \\ &= \sum Q \times 0.49 \times 0.83 \frac{L_i}{L_0}(1-0.10)(1-0.00)\times 0.224 \times(1-0.30)\times(1-0.14)^{-1} \\ &\quad \times (1.78\times 10^7)^{-1} (\text{kg/m}^2) \\ &= 0.37\times 10^{-8} \sum Q \frac{L_i}{L_0}(\text{kg/m}^2) = 2.47\times 10^{-6} \sum Q \frac{L_i}{L_0}(\text{kg/亩}) \end{aligned} \tag{2.3}$$

2.2.5 光能资源的合理利用

理论计算表明,由于作物对光能的反射、呼吸作用的消耗,以及一部分光能投入非光合作用器官和地面,作物群体的最高太阳光能利用率只有12%。事实上,目前我国农业生产对光能的利用率还很低,平均光能利用率在0.5%以下,农田光能利用率只有世界高产国的60%。全年光能利用率低于12%的主要原因是:低热量的限制,作物不能生存、生长,或利用阳光的效率不高;作物品种的光合能力低;土壤、肥料、水源及病虫害、大风、冰雹等环境因素和自然灾害的限制。

从现有情况来看,提高光能利用率可采用以下可行途径:

(1) 培育提高光效的农作物品种。要求具有高光合能力,低呼吸消耗,光合机能保持时间较长,叶面积适宜,株型、长相有利于田间群体最大限度地利用光能,农产品经济系数高的品种。

(2) 采用合理的栽培技术措施。在不倒伏和不妨碍二氧化碳流通的前提下,扩大叶面积指数并维持较长的功能期,以有利于光合产物的累积、运输,有效地增加收获量。

(3) 充分利用生长季节。采用间套复种和轮作改制,合理安排茬口,不断创造和改善合理的农田群体结构,使之更多地截取阳光进行光合作用,以提高光能利用率。

(4) 提高叶绿体内的光合效率。如抑制呼吸作用、补施二氧化碳肥料、利用人造光源补充光照等,以提高其光合作用效率。

2.3 热量资源与光温生产潜力

植物只有在热量得到充分满足的条件下才可能正常地生长发育,并创造高额稳定的产量,过高或过低的热量不仅影响植物生长发育和产量,而且可造成危害。因此,农业生产上通常把各地生长季节内累积温度多少、夏季温度高低及冬季寒害程度,作为决定植物种类、作物布局、品种类型、种植制度以及质量高低的基本前提。

在进行农业气候资源分析时,通常把各地稳定通过一定限制温度的积温、最热月和最冷月均温、无霜期等作为评价热量资源的重要指标和主要内容。

2.3.1 几种热量指标及其农业生产意义

1) 日平均气温稳定通过0℃的初日、终日、持续日数及积温

据研究,春季日均温稳定通过0℃以后,土壤化冻,牧草萌芽,冬小麦开始返青,春小麦等早春作物可以播种。因此,稳定通过0℃的初日(简称大于等于0℃初日)可以反映一个地区农事活动开始的早晚,稳定通过0℃的终日常与冬小麦停止生长期相当。另外,大于等于0℃的持续日数通常称为农耕期,它反映一个地方农事活动的长短,也可以表示牧草生长天数。

大于等于0℃期间的积温(简称大于等于0℃积温)可以用来反映一个地区农事季节内的热量资源。一个地区大于等于0℃积温的高低,不仅影响作物种类和品种的选择,而且影

响作物的熟制。如我国东北及内蒙古北部大于等于0℃积温小于4 000℃,一般可以一年一熟;华北平原地区在4 500～5 500℃,一年两熟或两年三熟;长江流域以南至南岭地区在5 500～7 000℃,一年三熟;南岭以南地区在7 000～8 000℃,农作物四季可生长,稻作可一年三熟;云贵高原地区在4 500～5 500℃,一年两熟或两年三熟;西北干旱地区在3 000～4 500℃,一般一年一熟;西藏高原大部分地区大都在3 000℃以下,农作物一般难以生长。

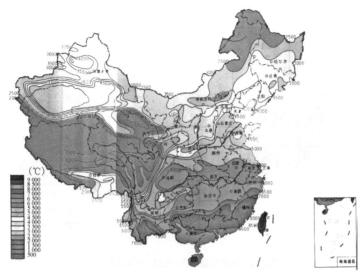

图 2.3　中国≥0℃积温分布图

2) 日平均气温稳定通过10℃的初日、终日、持续日数及积温

日平均气温≥10℃是一般喜温作物生长的起始温度,也是喜凉作物积极生长的温度。一般以10℃以上的持续日期和积温反映喜温作物的生长期和该时期的热量状况。另外,日均温10℃的出现及终止与绝大部分乔木树种的发芽和枯萎大体相吻合,禾本科作物在<10℃时不能结果,大多数春播作物的生长发育起点温度与播种期也在10℃左右。因此,在农业气候资源评价中,≥10℃积温具有最重要、最普遍的意义,它是评价一个地区热量资源的基础。

各个地区≥10℃以上的持续日期和≥10℃积温差异甚大。例如我国东北大兴安岭地区≥10℃以上的持续日数小于120天,东北三江平原及内蒙古北部120～150天,东北南部150～200天,黄土高原及河西走廊150～180天,黄淮海平原200～220天,长江中下游220～240天,四川盆地250～280天,南岭以南300天以上,新疆北部小于150天而南疆则多于200天,青藏高原大部分地区少于150天且不少地区在100天以下。≥10℃积温由北向南逐渐增加,黑龙江北部在1 500℃左右,东北及内蒙古大部分地区2 000～3 000℃,华北平原3 500～5 000℃,长江流域5 000～6 000℃,南岭以南地区6 500℃以上,其中台湾南部和雷州半岛以南、云南元江河谷在8 000℃以上,南沙群岛高达9 000℃以上。我国西北内陆地区的区域差异甚大。

积温具有一定的年际变化,因此,只知道各地积温的平均状况是不够的,还必须分析历年变动情况及积温对农业生产的保证程度。农业生产上一般需要知道80%的保证情况。例如黑龙江玉米晚熟品种作物需要≥10℃积温2 600℃以上,但在≥10℃积温平均值

2 600℃的地方种晚熟品种作物,只有50%的把握,达到2 650℃种植晚玉米才较稳定可靠,而只有在≥10℃积温平均值达2 750℃的地方才有80%的把握。对于多年生作物则要求更高的保证率。因此,若以总积温条件确定种植制度及安排早、中、晚熟作物品种时,必须了解80%保证率下的积温值,这样才能达到可靠保证,这对热量资源不很充分、年际变化大的地区尤为重要。

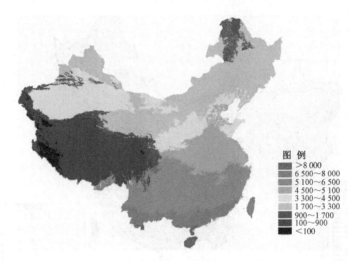

图 2.4　中国热量带图(根据≥0℃积温划分)

3) 最热月平均气温

农作物除要求一定界限温度的持续日数和积温外,还要求一定的高温条件,喜温作物尤其如此。通常以最热月平均气温表示作物需要的高温条件。最热月均温在20℃以上时,能满足一般农作物的要求,如原产于热带高山地区的喜温作物玉米,在我国可种到最热月气温达20℃以上的黑龙江嫩江、绥化地区。最热月气温低于15℃的地区基本上不能种植农作物,而大于15℃的地区,如柴达木盆地和雅鲁藏布江河谷地区,春小麦等喜凉作物可以稳定成熟。最热月温度是影响积温有效性的因子之一,因为积温本身包括温度高低和持续时间两方面的因素,有些地方总积温较高,但最热月温度不高,从而限制了某些喜温作物生长。如棉花要求最热月平均气温23~25℃以上(或月平均气温连续两个月以上超过20℃),否则不能现蕾、开花、结铃、吐絮;我国东部华北平原以南地区,最热月平均气温一般都在26℃以上,有利于棉花生长。又如杭州和昆明≥10℃积温相近,但杭州最热月均温高达28.3℃,而昆明仅19.8℃,因此,前者种植双季稻产量较稳定,后者因热量不足而难以生长。

最热月平均气温与树种的分布亦有一定的关系,凡最热月气温低于10℃的地区乔木绝迹,10~18℃之间的地区逐步由针叶林过渡到针阔混交林,18℃以上则适宜生长乔木中喜暖的阔叶树种。

因此,在农业气候热量条件评价中,将最热月平均气温作为重要的指标之一是十分必要的。

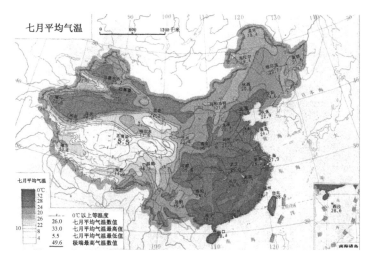

图 2.5　中国最热月平均气温分布图

4）无霜期与最冷月平均气温

在作物生长季节内，地面温度降到 0℃ 或以下时，大多数喜温作物就会受到霜冻的危害，农业生产中经常需分析地面最低温度≤0℃ 的初、终日期及初、终日之间的日数（无霜期），用以衡量作物大田生长时期的长短。因此，无霜期也是评价一个地区气候热量资源的重要指标。

无霜期的长短不仅影响作物的布局，同时影响作物的熟制。例如我国大兴安岭山地无霜期短，仅 100 天左右。东北大部、内蒙古、黄土高原及新疆北部无霜期 100~150 天，只能种植生长期较短的作物，一般是一年一熟。华北平原无霜期约 180~200 天，一般可两年三熟或一年两熟。江淮地区无霜期一般在 220~240 天，可以稻麦两熟。江南丘陵地区无霜期达 270 天左右，可种植双季稻。南岭山地及其以南地区无霜期大于 300 天，终年都能栽种作物。全年无霜的地区可种橡胶、椰子等热带经济作物。

一个地区气温稳定通过 10℃ 的初日之后或终日之前这段时间内，若出现地面温度低于 0℃ 的情况，对于一些对低温敏感的喜温作物（棉花、玉米等）生长不利。10℃ 初日以后出现的春霜会使已经开始生长的作物幼芽、幼苗受冻，而秋霜会使正在生长的大田作物受害甚至造成严重减产。春季终霜出现在 10℃ 初日之后的时间及秋季初霜出现在 10℃ 终日之前的时间越长，作物受危害的程度越重，10℃ 期间热量资源的利用率越低。

冬季温度情况既可以作为一种热量资源，同时又是一种限制性因子。冬季的低温和冷害对一些越冬的一年生作物和多年生木本经济作物的栽培有很大影响，成为热量资源利用的限制条件。在衡量农作物越冬条件时，大多采用最冷月平均气温和年极端最低气温的多年平均值。例如冬小麦全育期需≥0℃ 积温 2 000℃ 左右，但东北、内蒙古大部分地区积温超过 2 000℃ 的地方并不能种植冬小麦，主要是由于冬季严寒使冬小麦不能安全越冬。越冬作物，特别是多年生的木本经济作物，除考虑上述最冷月平均气温和极低温的多年平均值以外，还要考虑极端最低气温。在出现作物无法忍受的低温时，尽管几十年一遇也会使作物遭受毁灭性伤害。因此，一定的临界极端最低温度出现的频率，往往可以作为确定橡胶、柑橘等不耐寒的多年生经济作物合理布局的依据。

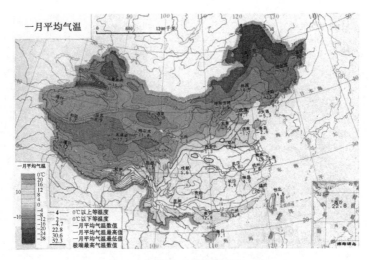

图 2.6　中国最冷月平均气温分布图

2.3.2　光温生产潜力

光是作物进行物质生产的重要能量源泉,但没有适合的温度环境配合,将会限制光合生产潜力的发挥。温度低于作物的生物学下限或高于其上限时,光合产物趋于零。例如,青藏高原终年积雪的极高山地区,太阳辐射值可达 840 kJ/(cm² · a),但因气候严寒,气温低于植物的生物学下限,植物难以生存。因此,需要确定温度订正函数。

目前,温度订正函数的公式很多,且喜温作物与喜凉作物的温度订正函数也有所不同,这里重点介绍莱亨泊(Ccellho D. T)喜温作物(以玉米为代表)的温度订正函数公式和莫拉乌(Moπпdy·X)的喜凉作物(小麦等)温度订正函数的经验公式。

莱亨泊研究玉米生长率的最大生长率比值与温度关系,得到如下分段温度订正函数公式:

$$f(T)=\begin{cases}0.027T-0.162 & 6℃\leqslant T<21℃\\ 0.086T-1.141 & 21℃\leqslant T<28℃\\ 1.00 & 28℃\leqslant T<32℃\\ -0.083T+3.67 & 32℃\leqslant T<44℃\\ 0 & T<6℃ 及 T\geqslant 44℃\end{cases} \quad (2.4)$$

从式(2.4)可以看出,生物学的下限温度为 6℃,这对喜温作物是适合的;生物学的上限温度为 44℃ 也是较适合的;喜温作物最适宜的温度是 28~32℃,较为合理;数学模型选择上,此函数采用分段线性拟合的办法,故其函数值较为接近指数曲线的变化趋势。

喜凉作物的温度订正函数暂采用莫拉乌的经验公式:

$$f(T)=e^a\left(\frac{T-T_0^2}{2}\right)^2 \quad \begin{matrix}(T\leqslant T_0,a=-1)\\ (T>T_0,a=-2)\end{matrix} \quad (2.5)$$

式中: T_0 为最适温度(对喜凉作物采用 20℃); T 为实际温度; a 为参数。

因此,光温生产潜力可用式(2.6)表示:

$$Y_2=f(Q)f(T)=2.47\times 10^{-6}\sum Q\frac{L_i}{L_0}f(T)(\text{kg}/亩) \quad (2.6)$$

2.4 水分资源与气候生产潜力

水分亏缺或水分过多,植物光合速率便要降低,严重时将停止生长甚至死亡。因此,水分是影响农作物产量和质量的重要因素。充分认识水分资源的时空变化规律,做到趋利避害,对发挥气候生产潜力,提高作物产量和质量具有十分重要的意义。

2.4.1 水分资源及其农业生产意义

农作物生命活动离不开水,植物的生长主要依靠同化与蒸腾两个过程来保证,而这两个生理生化过程都必须有水分参加。叶子进行同化作用,制造碳水化合物时,水是必需的营养物质;土壤中矿质盐类要溶于水中才能被根系吸收,并且通过水的动力作用输送到植物体的其他部分;水分还起着调节植株体温的作用。据测定,被作物吸收的水分,仅有不足1%的部分用于制造干物质,99%以上的水分则由蒸腾作用进入大气,因此,作物一生中需要大量的水分。植物制造1g物质所需水分克数称为蒸腾系数,不同作物的蒸腾系数各不相同(见表2.2)。

表2.2 几种作物的蒸腾系数

作物	蒸腾系数(全生育期)	作物	蒸腾系数(全生育期)
小麦	257~774	甘薯	248~264
大麦	217~755	大豆	307~368
高粱	204~298	马铃薯	167~659
玉米	174~406	向日葵	290~709

水分是重要的农业气候资源,水和光、热等因子相配合决定着一个地区气候资源的优劣,制约着农作物的生长发育和产量。因此,要分析各地水分资源的时空变化规律,评价它对农、林、牧业生产的影响,具有十分重要的意义。

地区水分资源包括大气降水、地表水、土壤水和地下水四部分。大气降水是地区农业生产中农业水分资源的主要组成部分,是其他三项的基本来源。但是,仅根据大气降水量的多少,而不考虑水分的消耗及作物正常生长发育对水分的要求,不能正确评价地区农业水分资源的优劣及其农业生产潜力。同时,由于各地热量条件、作物种类不同,作物生长发育不同阶段需水特征各异,地区农业水分的分析评价还应针对不同作物和同一作物的不同发育期分别进行。例如我国大部分地区冬春季都能种植大田作物和经济林果,春作物的生长期约在4~9月,冬作物的生长期在10月至次年5月。各种作物的需水关键时期均在从营养生长向生殖生长转换的时期,春作物大致在7~8月,对冬作物大致在4~5月。7~8月正是北方的多雨季节,约占全年降水量的50%以上,华北及东北大部分地区棉花正值花铃期,玉米、高粱等进入拔节、抽穗、灌浆期,水稻适逢拔节、抽穗、开花期,需水量大,充沛的雨水配合以高温,对此时农作物的生长甚为有利;而长江中下游地区的7、8月处于伏旱期,早稻开始灌浆,需水量增大,如不及时灌溉,保持稻田湿润,将影响产量,特别是梅雨结束较早或出现空梅的年份,危害将更大。4~6月则与我国北方的春旱期和江南地区的春雨季节基本一致。北方的春旱期正值玉米、高粱、谷子等作物播种出苗、冬小麦拔节后的后期生长阶段,缺水将降低作物光合效率,对农作物生育的威胁较大。江南的春雨约占全年降水量的50%,

有利于水稻泡田插秧、拔节孕穗,毛竹春笋的成长和春茶的采摘等,但春雨连绵的低温阴雨天气往往引起水稻的烂种、烂秧,影响棉花、玉米的播种出苗以及越冬作物的后期生育和收获。因此,兴修水利、植树造林、种植草被、合理调整种植制度等,以尽量减轻旱涝灾害,是稳定和提高作物产量的重要措施。

2.4.2 气候生产潜力

在光合作用过程中,植物为维持其生理机能必须蒸散大量水分。据研究,作物产量与蒸散量之间存在一定的比例关系:

$$\frac{m}{m_0} = K \frac{ET}{ET_0} \qquad (2.7)$$

式中:ET_0 为土壤水分供应充足条件下的农田可能蒸散量;ET 为土壤水分供应不充足条件下的农田实际蒸散量;m_0 为土壤水分供应充足、蒸散量达 ET_0 条件下的作物干物质产量;m 为土壤水分不充足、蒸散量为 ET 条件下的作物干物质产量;K 为由作物和地区而定的比例系数。

当考虑的是某种作物并忽视地区性差别引起的 K 值变化时,式(2.7)可简化为:

$$\frac{m}{m_0} = \frac{ET}{ET_0} \qquad (2.8)$$

若把实际蒸散量(ET)与可能蒸散量(ET_0)之比定义为水分订正函数:

$$f(w) = \frac{ET}{ET_0} \qquad (2.9)$$

则水分订正函数与 m 对 m_0 之比值相等,故式(2.9)可写成:

$$f(w) = \frac{ET}{ET_0} = \frac{m}{m_0} \qquad (2.10)$$

式(2.10)中,ET_0 可用水面蒸发量(E_0,按彭曼公式计算)乘以作物系数 e $\left(e = \frac{ET}{ET_0}\right)$ 求得:

$$ET_0 = eE_0 \qquad (2.11)$$

实际蒸散量可以认为等于降水量 R 减去流出量 CR:

$$ET = R - CR = (1-C)R \qquad (2.12)$$

式中:C 为从地表和渗入地下的流出量占降水量的比例系数,通常取 0.20。

将式(2.12)代入式(2.9)便得到水分订正函数的计算公式:

$$f(w) = \begin{cases} \frac{(1-C)R}{ET_0} & 0 < (1-C)R < ET_0 \\ 1 & (1-C)R \geq ET_0 \end{cases} \qquad (2.13)$$

于是得到作物的气候生产潜力公式为:

$$Y_3 = f(Q)f(T)f(w) = 2.47 \times 10^{-6} \sum Q \frac{L_i}{L_0} f(T) \frac{(1-C)R}{ET_0} \quad (\text{kg/亩}) \qquad (2.14)$$

以上计算出的是作物的生物产量,人们关心的是其经济产量的大小。作物的经济产量可从作物的生物量乘以经济系数求得,其中经济系数是经济产量与生物量之比。经济系数一般认为玉米 0.3,水稻、小麦 0.35~0.5,甘薯 0.7 以上。对于不同作物,在不同地区、不同气候条件下,采用不同的栽培方式和管理措施,其经济系数是不一样的。以下计算中统一取较低值 0.35。

按不同的熟制,采用与之相对应时段的不同气候要素(光、温、水)及不同作物不同发育

阶段的叶面积系数与最大叶面积系数之比值,用式(2.14)计算了我国气候生产潜力,其分布规律如下:

气候潜力>1 750 kg/亩的高值区,分布在年降水量>1 600 mm的华南南部及台湾;1 500～1 750 kg/亩的偏高值区,分布在年降水量1 200～1 600 mm的长江下游以南、云贵高原以东、南岭山地以北以及云南高原南缘地区;500～1 500 kg/亩的中值区,分布在年降水量400～1 200 mm的大兴安岭、太行山以东和长江流域以北以及云、贵、川大部及西藏的东南部地区;500 kg/亩以下的低值区主要分布在年降水量400 mm以下的内蒙古、新疆、青藏高原的大部,以及陕、甘、宁、晋的部分地区(见图2.7)。

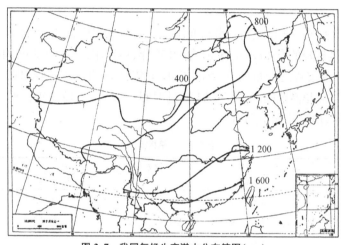

图 2.7 我国气候生产潜力分布简图(mm)

2.5 气候灾害与农业生产

尽管气候是指大气的平均状态,但在季风地区,每年的气候经常偏离平均状态,大的偏离常会对工农业生产产生显著影响甚至成为气候灾害。所谓"气候异常"是指范围大、危害较重的干旱、雨涝、低温冷害、冰雹、干热风等几种灾害,常给农业生产和人民生活带来严重危害。

2.5.1 旱涝与农业

1) 旱涝的发生

在讨论旱涝发生规律之前,首先必须弄清"干旱"与"旱灾"、"雨涝"与"湿润"之间的区别。干旱是一种气候现象,通常是指某地在某段持续的时间里降水量比多年平均值显著偏少,如果这种情况使该地区按照常规安排经济活动特别是农业生产受到缺水威胁时,则称为出现旱象或发生干旱。这种现象通常发生于半干旱、半湿润和湿润气候地区。旱灾是指在某地出现严重的旱象时,社会未能采取必要的有效措施,或措施不力,或无力抵御,从而无法解决维持正常的社会生产和人民生活所需的最低用水量而造成的一种缺水灾祸。

湿润也是一种气候现象,一般是指一个地区或地方常年的气候状况和水分条件,表示水分的供应和水分的消耗基本相等。雨涝则是指一个地区或地方某个时期雨水过多或强度过大，农田排水系统不良等造成的一种水灾，它是一种短时间内暂时的反常气候状况。

它们的共同特点都是以降水的多寡为特征。以往人们常认为湿润地区易涝，干旱地区易旱，而忽视相反的情况。比如处于半湿润、半干旱气候条件下的我国华北地区与湿润条件下的华南地区相比，雨涝出现的机会不仅不少，而且前者还远远大于后者；同样，旱灾不仅经常在干旱地区发生，在湿润气候区亦可能由于持久的缺水而引起。

大范围的旱涝主要是由降水量的异常引起的。基于这种认识，从气象角度出发，使用降水量距平面分比率（$(R-\bar{R})/\bar{R}\times 100\%$（$R$ 为个别年降水量，$\bar{R}$ 为多年平均降水量））结合考虑降水量，基本上可反映旱涝的实际情况。而且用这种指标研究大范围旱涝简单明了，比较客观。具体指标如表 2.3 和表 2.4。

根据表 2.3 和表 2.4 列出的指标，分析我国 1950—1975 年这 26 年间的旱涝情况，可以得出受灾范围较小、程度较轻的有 1950 年、1951 年、1952 年、1958 年、1964 年、1967 年、1970 年和 1973 年；旱涝范围较大、受灾程度较重的有 1953 年、1955 年、1956 年、1957 年、1962 年、1965 年、1968 年、1969 年和 1975 年；旱涝范围大、受灾程度重的时间有 1954 年、1959 年、1960 年、1961 年、1963 年、1966 年、1971 年、1972 年和 1974 年。

表 2.3　干旱指标[①]

旱　期	降水量距平面分率（%）	
	旱	重旱（或大旱）
连续三个月	−25～−50	−50～−80
连续两个月	−50～−80	−80 以上
连续一个月	−80 以上（关键月）	

注：① 中央气象局气象台：1950—1971 年我国灾害性天气概况及其对农业生产的影响，1972 年 6 月

表 2.4　雨涝指标[①]

涝　期	涝（mm）	大涝（mm）
一旬	250～350 （东北 200～300） （华南、川西 300～400）	350 以上 （东北 300 以上） （华南、川西 400 以上）
两旬	350～500 （东北 300～450） （华南、川西 400～600）	500 以上 （东北 450 以上） （华南、川西 600 以上）
一个月	100～200 （华南 75～150）	200 以上 （华南 150 以上）
两个月	50～100 （华南 40～80）	100 以上 （华南 80 以上）
三个月	30～50	50 以上

注：① 中央气象局气象台：1950—1971 年我国灾害性天气概况及其对农业生产的影响，1972 年 6 月

2）旱涝灾害与农业生产

旱涝灾害有明显的季节性地域分布。我国在干旱方面，秦岭、淮河以北地区以春旱或春、夏连旱居多，夏旱次之，个别年份亦有春夏秋连旱；秦岭、淮河以南至两广北部多为伏旱、秋旱，春旱极少；华南秋冬旱或冬春旱较多，个别年份有秋、冬、春连旱，但夏旱很少；西南地区多冬、春旱，川西北常有春旱、夏旱，川东常有伏旱、秋旱。

从我国雨涝时间分布看，华南地区最早，4 月就可出现，但多集中在 5 月、6 月，6 月、7 月

涝区移至长江中、下游和淮河流域一带,7月、8月则多集中于华北、东北和西北地区;沿海各省受台风影响,涝期较长,可持续到9月;西部地区较少有大面积涝害。

在干旱的牧区,全年处于干旱状况,天然降水只能满足极耐旱的植被生存,亩产鲜草量仅10~50 kg;遇上旱年,大多数植物处于一种维持生命状态,几乎没有生长量,尤其是连续干旱年份,耐旱的植被大面积枯死,造成牲畜大量死亡。在半干旱、半湿润地区,春旱严重,主要是春雨少、底墒差、春风大,表土失墒很快,使得干土层不断加深;在重旱年,春播时间干土层深度一般在10 cm以上,有的高达40多 cm,轻壤土的干土层含水量一般接近凋萎湿度,干土层增深,显著影响牧草返青和播种出苗。夏旱则对小麦抽穗扬花以及大秋作物的抽穗都不利,我国南方湿润地区的伏旱期,作物正处于生长盛期或双季晚稻移栽期,农业用水尤为紧张,晚稻常因缺水而不能栽移或旱死,生长的作物因伏旱伴随的高温使光合作用受到一定的抑制,对中稻灌浆也很不利,可能造成秕粒而减产,严重者甚至颗粒无收。

雨涝引起的危害,按其性质可分为两种。一是洪涝,主要由暴雨、长期连续阴雨或冰雪大量融化引起山洪暴发、水体泛滥,造成水土流失,农田淹没,堤坝冲毁,破坏农业生产设施,使农作物、人、畜受损。二是渍涝,由于长期阴雨,低温寡照,土壤水分长期处于过饱和状态,土壤透气性差,植物根系缺氧,丧失生机,烂根死苗,花果、籽实也因低温寡照而霉烂变质,春涝及春夏涝可引起小麦、油菜减产,低温阴雨可造成早稻大面积烂秧;夏涝多由夏雨和连日大雨造成,影响开花灌浆及夏收夏种;秋涝和夏秋涝多由暴雨和连日阴雨造成,对稻、玉米等产量有较大影响,降低棉花品质。

干旱和雨涝灾害不仅直接对农业产生重要影响,而且随着工业生产和城市的不断发展,对工业、交通和城市(如航运、发电、工业和城市用水等)的影响也越来越引起人们的注意。

2.5.2 低温冷害与农业

1) 低温冷害及其指标

低温冷害是指作物在生长期间遭受零度以下的低温危害,致使生长期延迟或使生殖器官的生理机能受到破坏,或两者兼而有之。它是一种威胁农业生产的重大农业气候灾害。

低温冷害主要发生在气温异常偏低年。据研究,从近500年的气候变化趋势看,进入20世纪以来的气候变化基本上属寒冷气候期之后经历一次升温过程后又趋向降温的阶段。尤其是20世纪50年代以来,北半球和我国大范围气温的总趋势都是由暖转为寒冷,但降温季节和年代在各地区有所不同。在我国,50年代夏季偏冷的地区在东北和华北;60年代夏、冬季偏冷地区主要在我国西部;70年代夏季全国大部分地区偏冷,尤以东北冷温害频繁(1969年、1972年和1976年),而南方低温的出现也有增多的趋势,尤以春季低温更明显(1970年、1976年、1978年和1979年)。

确定低温冷害的指标是研究其规律的前提。由于各地气候状况不同、作物品种和农业生产水平不一,作物受害程度也不尽相同,因此,指标的确定是件复杂的工作,至今还没有一个统一的指标。中央气象局气象科学研究院天气气候研究所农业气象研究室根据我国东北夏季低温冻害状况提出:取6月和8月至9月上旬平均气温的"负距平和"作为低温强度指标,负距平和越大,表示夏季低温冷害越强。其划分标准,负距平和≥15℃为低温年,≥25℃为严重低温年。以≥10℃积温负距平面分率为辅助指标,>2%时为低温年,≥7%时为较严重低温年,≥12%时为严重低温年。

秋季冷空气南下带来明显降温,在我国华南称为"寒露风",其他地区则从作物受害角度出发称作"低温危害"或"水稻冷害",也有从气象角度出发称为"秋寒"。一般说来,水稻生长对低温较敏感的有三个时期,即幼穗分化期(抽穗前 25～30 天)、花粉母细胞减数分裂期(抽穗前 10～15 天)和抽穗开花期。研究表明,抽穗开花期较易受秋季低温的危害。我国南方稻区,后季稻以粳稻和籼稻为主,寒露开始日期的划分主要以粳、籼稻抽穗开花期对低温危害的忍受能力为依据,将寒露风开始日期的标准分别定为 5 天平均温度<20℃(对粳稻而言)和 5 天平均温度<22℃(对籼稻而言)。

2) 低温冷害与农业生产

低温冷害类型不同,对农作物的影响和危害也不相同。

(1) 延迟型冷害。主要指营养生长期较长时间的低温危害,使生育期显著延迟,不能充分灌浆成熟,遭霜显著减产。

(2) 障碍型冷害。主要指发生在孕穗期、抽穗期或开花期的短时间异常的低温,造成不育或全部不育而减产。

(3) 混合型冷害。生长期遇低温延迟生育,生长后期又遇低温造成不育而发生大量空壳秕粒。

各种农作物的冷害类型以延迟型冷害为主,水稻、高粱兼有障碍型冷害。我国东北地区低温冷害发生频率甚高,新中国成立以来发生过 8 次,近二十年来出现过 3 次严重的冷害年(1969 年、1972 年和 1976 年),这三年均使东北粮食总产量比上年减产 25 亿 kg 左右,严重影响了国民经济计划的执行和发展。

寒露风于后季稻处于低温敏感的孕穗、开花期出现的几率约占 30%～50%,严重威胁后季稻的高产稳产。我国双季稻种植曾经一度盲目地向温度较低的边缘地区扩展,以及晚熟品种和喜温杂交稻的种植,致使寒露风的危害更加频繁,造成后季稻产量不稳定。例如 1976 年长江中下游晚季稻因寒露风减产 40 亿 kg 左右,1980 年、1981 年均损失 50 亿 kg 左右;广东省 1951～1981 年的 32 年中,共出现重寒露风 11 年,约三年出现一次,严重年份晚季稻减产 5～10 亿 kg。

2.5.3 冰雹

1) 冰雹的危害

冰雹影响范围一般不大,时间不长,但来势凶猛,常伴有狂风暴雨,可以给农林牧业、交通及人民生命财产带来较大损失,是一种重要的灾害性天气。冰雹的直接破坏力主要取决于雹块大小,半径 0.5 cm 的雹块只重 0.5 g,落速 14 m/s,一般不易使农作物受重害,但半径 3 cm 以上的雹块,重上百克至几千克,速度 30～60 m/s,能直接砸毁房屋、农作物,伤害人畜。冰雹对农业的危害程度除雹块大小外,还与积雹深度、降雹的持续时间、范围及农作物种类和所处生长期有关。例如,1971 年 6 月 19 日～25 日,山东省先后有惠民、禹城、寿光、藤县等 40 多个县遭受风雹灾害,最大风力 8～9 级,藤县界河乡还出现了重达 5 kg 的雹块,地面积雹厚达 15 cm 以上,全省有 200 万亩农田受灾。1972 年 4 月 15 日～21 日,我国东半部有 15 个省、市、自治区的 200 多个县出现冰雹大风,范围之广、灾情之重是历年少见的。一些多雹地区,几乎年年都有雹灾危害,例如甘肃省每年都有几十万亩多至200多万亩雹灾发生。

2) 冰雹的时空分布

冰雹的季节变化主要与当地冷暖空气剧烈交锋的季节差异有关。我国的冰雹活动大致可以分为三个时段:2~3月主要分布在西南、华南和江南;4~5月在长江流域、淮河流域和四川盆地;6~9月在西北、华北和东北地区,具有自南向北推移的规律性。根据我国各地冰雹季节变化特征,可分为四种类型:

① 淮河流域及其以南的广大地区属于春季多冰雹。
② 青藏高原和祁连山区属夏季多冰雹。
③ 华北地区属春末夏初多冰雹。
④ 东北和山东半岛以及青藏高原南侧为春秋季多冰雹,属于双峰型。

西北地区,尤其是其东部降冰雹日数的季节变化较为复杂,各种类型交错出现。全国大范围冰雹季节主要集中在4~9月,约占全年冰雹出现总数的84%,其中5、6月为高峰值,各占22%。冬季很少出现大范围的冰雹天气,因大气层结较稳定,零度层高度太低,成雹机会极少。盛夏我国东部35°N以南地区往往受热带高压控制,冷空气不易入侵,成雹机会也很少。大部分地区70%的冰雹集中出现在13~19时之间,以14~15时最多。四川盆地往东至湘西、鄂西南一带受青藏高原影响,夜间冰雹较白天多。

冰雹的地理分布特点一般是山地多于平原,内陆多于沿海,中纬地区多于低、高纬地区,植被少的地区多于植被多的地区;荒漠地区例外,因终年干燥,很少降雹。我国是世界上多雹国家之一,有以下三个多雹带:

① 青藏高原是全国也是全世界最大一片最多雹地区。
② 北方多雹带从青藏高原东北部出祁连山、六盘山,经黄土高原、阴山山地、内蒙古高原至东部大兴安岭,还包括河北省北部和东北的一些地区。
③ 南方多雹带从云贵高原向东出武陵山,经幕阜山到浙闽丘陵,由西南斜向东北再折向东,经过湘西、鄂西的山区断续地呈带状分布。

3) 冰雹的防御措施

① 建立有利于抗雹稳产的农林牧结构。

除了大力种草种树、封山育林、绿化荒山外,农区应适当增加林牧比重,增加抗雹力强的作物种类(如马铃薯、甘薯等块根茎类)比例,作物生育期要避开降雹多的时节。雹灾后应根据不同作物、不同生育期的抗灾能力、季节早晚和灾情来决定是否翻种、补栽或加强田间管理,以促进早生复发等。

② 采取有效的防雹措施。

包括覆盖防雹法,可在小面积上使用;人工消雹法,多用炮击雹云,但效果尚待进一步科学试验验证。

③ 提高降雹天气预报准确率。

2.5.4 干热风

1) 干热风及其危害

干热风是春末夏初出现的一种高温、低湿并常伴有一定风力的天气,群众称为"火风"、

"热风"、"烧风"等,是一种影响范围较大的灾害性天气。中东和非洲临近沙漠各国及俄国部分地区常受严重的干热风危害,我国淮河、秦岭、祁连山以及阿尔金山以北的广大北方地区也常有发生。

干热风天气在我国北方麦区发生的次数相当频繁,作物的生长发育和产量均受其影响,受干热风危害最严重的作物是小麦。据研究,小麦受干热风危害后,一般呈现芒尖干枯或"炸芒"、颖壳变灰白和叶片卷曲,如在雨后暴热条件下,造成青枯干热,受害的籽粒干秕、皮厚、腹沟深等症状,轻者减产5%～10%,重者减产20%～30%,更有甚者可达40%以上。像棉花这种喜高温干旱的作物也常受其威胁,如在棉花的现蕾、开花结铃期遇上比较强的干热风过程,将造成花蕾、花、幼铃的大量凋萎脱落,棉花产量减少。这种现象在干燥地区尤为常见。强烈的干热风甚至可以危及树木的正常生长,使树叶干枯脱落。

2) 干热风的类型及指标

干热风对作物的危害是一个涉及面广、关系较复杂的问题,迄今为止,国内外对干热风的确定尚无统一指标。目前,我国北方广大麦区,根据本地的气象条件、地理环境和小麦发育状况等特点,各自选择适用于本地区的干热风气象指标。现将干热风的类型及指标简述如下:

(1) 高温低湿型

这是干热风的主要天气类型,出现时急剧升温降湿,后持续高温低湿,使小麦灌浆速度快速下降,千粒重降低而减产,如出现在小麦扬花灌浆期则受害较重。

一般认为,高温低湿型干热风指标为:日最高气温≥35℃,14时相对湿度≤25%和14时风速≥3 m/s为重干热风日;日最高气温≥32℃,14时相对湿度≤30%和14时风速≥2 m/s为轻干热风日。这只是一般的情况,各地因气象条件、地理环境和小麦种类等特点不同,其指标应略有差异。

(2) 雨后热枯型

雨后热枯型的危害较高温低湿型更为严重,一般发生在小麦乳熟后期。在高温后有一次降雨过程,且雨后转晴出现高温低湿天气,可使乳熟后期的小麦青枯死亡,因此又称为"送殡雨"、"蒸死"等。其指标为:小麦乳熟中、后期一次雨量5～10 mm的降水过程,雨后2～3天内最高气温≥30℃,14时风速≥3 m/s。

小麦受干热风危害的程度与生长前期的气候条件有关,春季降雨过多或严重干旱,都会使植株发育不良,抗逆性差,危害较重。土壤条件不同,受害程度也有差异,轻壤土受害较轻,砂土、盐碱土受害较重。

3) 干热风的时空分布规律

干热风在我国一般出现于春末夏初,华北平原、汾渭谷地干热风主要发生在5月下旬末至6月上旬,宁夏平原、内蒙古河套地区在7月上中旬,河西走廊在6月上旬至7月中旬,南疆在5月中旬至6月上旬,北疆在6月中旬到7月中旬。

我国北方干热风的地理分布受地形和下垫面的影响甚大。干热风危害区随着海拔升高而减轻,最高不超过1 700～1 800 m。黄淮海平原出现在南宫县至郑州一线以北,分为东北—西南向四片带状冀南、豫东、豫北、鲁西和鲁西北分布的重干热风区,其走向与太行山脉基本一致,这主要与太行山逢风增温作用有关;汾河谷地因地形作用形成以临汾、侯马为中心的重干热风区;关中平原干热风次于汾河谷地;宁夏平原和河套地区除磴口较重外,为轻干热风区;河西走廊受祁连山和北面沙漠的影响,形成敦煌、安西盆地重干热风区;新疆吐鲁番盆地为干热风特重区;塔里木盆地以若羌县为中心,向盆地四周和沙漠边缘减轻;准噶尔盆地以莫索湾为中心向周围减轻。

由此可见,干热风的空间分布是:沿海少,内陆多;湿润地区少,干旱地区多;丘陵山地少,谷地平原多。

4) 干热风的防御措施

(1) 营造农田防护林网和林带是防御干热风的战略性措施,它可降低田间风速和温度,增加农田空气相对湿度。北方麦区许多观测表明,在干热风发生年,林网内农田小麦比对照田灌浆时间延长,灌浆速度增加,千粒重平均增加2~4 g,一般增产3%~15%。

(2) 适时灌溉可调节农田水热状况,有利于小麦生理机能的正常进行,增强灌浆速度,减轻干热风的危害。据徐州农业试验站、山西运城等地的测定表明,浇灌、喷灌、渗灌均能降温增湿,减轻干热风危害,小麦千粒重有明显增加,浇灌浆水和麦黄水的可增产3%~10%。

(3) 配置抗干热风的优良品种,进行作物布局调整。小麦品种之间在抗御高温和干热风性能方面有很大差异。据内蒙古农业科学院对65个春小麦品种抗高温和抗干热风性能鉴定,发现大多数中高秆品种、长芒品种和穗大茎长的品种抗干热风能力较强,而大多数无芒或仅有顶芒的品种和腊质、茸毛多的品种抗干热风能力较差。

(4) 化学防御措施。近年来,各地试验应用石油助长剂、氯化钙、磷酸二氢钾、三十烷醇、硼、草木灰水等防御干热风害取得明显效果,与对照比较,小麦一般增产5%~10%,千粒重增加1~4 g。此外,结合实际用阿斯匹林、醋酸等处理,也有一定效果。

(5) 运用综合农林技术措施,如改革种植制度、调整播期、合理施肥等。

2004年中国主要天气气候事件示意图如图2.8所示。

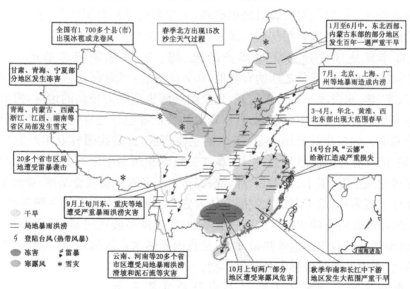

图2.8 2004年中国主要天气气候事件示意图

2.6 气候资源开发利用与保护

气候资源是人类生活和从事生产特别是农业生产中不可缺少的主要物质资源。光、热、水等的数量和组合特征是表征土地资源生产潜力的最重要因素,植物干物质的90%~95%是利用太阳能通过光合作用而合成的。水是一切生命的源泉,热量条件决定着作物种类和熟制。气候资源的数量和质量具有周期性变化波动以及地域的差异,对农业生产有其利、适宜的一面,也有不利和限制的一面。据研究,气候对产量的影响约占5%~25%,气候波动较大、生产力水平较低的国家和地区可能占10%~30%。因此,合理利用气候资源发展农林牧业生产,建立起高效的经济结构,充分利用现代科学技术防御灾害性气候和天气,调节、控制和改善农业气候资源,对促进国民经济的发展特别是农业的高产稳产具有极为重要的作用。

自然资源是人类赖以生存的基础,气候资源也存在如何永续利用的问题。因此,必须遵循资源开发与保护相结合的基本原则。既要充分合理地利用现有的气候资源,变资源优势为经济优势,又要考虑未来的气候和环境变化,保护和优化气候资源,使气候资源做到永续利用,形成生态环境的良性循环。

2.6.1 合理利用气候资源

为了充分合理地利用气候资源,要根据各地区气候资源的特点和变化趋势,避免和克服不利气候条件,以因地制宜适当集中的原则进行农业气候区划,合理调整大农业结构,建立各类生产基地,确定适宜种植制度,调整作物布局,以及各级农业气候区农林牧业发展方向和农业技术措施等。同时气候资源对城市规划、工业布局等都有很大影响。现以我国农业气候区划为例说明如何合理利用气候资源发展农林牧业生产。

1)东部季风地区宜建成优质高产的粮、棉、油、果林等商品基地

东部季风区占有全国五分之四的宜耕地,80%的耕地,当前农业总产值占全国的90%,农业基础好;光、热、水资源及其组合较好,是全国气候生产潜力最高的地区,发展的潜力较大。依各地光热水资源及其组合特点、自然资源的特征等适宜建立优质高产的棉、油、果林等商品生产基地。如东北是我国大豆、玉米的主要产区,也是我国林业生产的主要基地之一,可建成粮、油和林业的商品基地;长江、珠江三角洲和两湖平原等地可建成商品粮基地;黄淮海平原可建成小麦、玉米、夏大豆、棉、油、温带水果和农区畜牧业基地;亚热带东部山丘地区水热条件丰富多彩,适于多层次发展立体农业,尤其适宜大力发展亚热带经济果林木,大量荒山草坡经改良后可建成农区的畜牧业基地;在华南冬暖区可建立"南种北运"的冬季蔬菜基地;海南岛和西双版纳地处热带北部,是我国光热水资源最丰富的地区,终年物质能量转化旺盛,宜大力发展热带林木和热带作物。

2)西北干旱区水资源的有限性与农牧业发展方向

西北干旱区有发达的高山冰川,蕴藏着比较丰富的水资源,日照充足,温差大,但就广大地区来说,水土资源极不平衡,水资源有限,宜发展灌溉绿洲农业,加强集约经营,建立粮食、优质瓜果和棉花生产基地,同时搞好水利设施的配套和渠系防渗,加强灌溉管理,将水的利用系数由现在的0.35左右提高到0.5,以促进农业生产对光温的利用效率,使单产进一步提高。

在不同生态气候条件下形成的各类草原牧草资源丰富,由于不同季节气候变化悬殊,冬、夏季节水热差异甚大,不同季节草场产草量及载畜能力不同,如暖季草场载畜能力为100%,则冬季草场载畜能力:新疆为56.4%,青海仅17.7%。因此,西北干旱地区宜发展季节性畜牧业生产,建立畜牧业稳定发展的重要生产基地。

3) 西南部低纬高原地形地貌的复杂性,因地制宜的发展农林牧业生产

西南部低纬高原丘陵山地居多,岩溶广布。由于地形、地貌复杂,海拔高差悬殊,垂直气候明显,形成了不同类型的局地气候和小气候资源,为农林牧业的综合发展提供了独特的气候生态环境条件。家畜是恒温动物,气温过高或过低都不适宜家畜体内新陈代谢的正常进行,不利于生长发育和增重。如黄牛、马、山羊、猪的最适长膘温度分别为 $8\sim20℃$、$8\sim20℃$、$8\sim22℃$、$16\sim24℃$,气温在 $25.5℃$ 以上时对一些家畜生长发育有不利影响。同一畜种在不同发育阶段或处于不同状况下,其适宜生长温度也有差异。如小猪怕冷,以 $25\sim27℃$ 最适宜;肥猪怕热,以 $18℃$ 左右为宜。区域内夏季温凉,适宜各种家畜正常生长和安全过冬,故宜利用冬暖夏凉的气候优势,大力发展畜牧业,以满足市场的需要,增加农民收入。除此以外,利用山区立体气候资源,建立名特优林业商品生产基地和发展优质水果产业也是增加农民收入的有效途径。

4) 青藏高原气候资源的特殊性,适宜发展高原型农牧业生产

青藏高原海拔高,温度低,热量资源少,日照强,降水不多,形成特殊的高寒环境。一些喜凉耐寒作物从播种至成熟日期较长,形成的籽粒重,产量高,小麦亩产可达 $100\sim1\,000$ kg。具有高原耐寒特色的牦牛、藏绵羊和藏山羊的毛皮质量优良,肉质甚佳。青藏高原东南的边缘地区纬度低,立体气候显著,生物资源极为丰富,是农业品种资源的宝库,宜加以保护和合理开发利用。

5) 半干旱半湿润农牧交错区之间宜发展放牧畜牧业

内蒙古和东北西部的半干旱气候地区,草原辽阔,草质优良,载畜量大,适宜发展放牧畜牧业,是我国重要的畜牧业基地之一。而与其相邻的东北半湿润气候区,耕地面积大,土壤肥沃,是我国重要的商品粮生产基地,有充足的农副产品可供发展家畜,可作为内蒙古东部畜牧业基地的大后方。将以农为主的东北平原和以牧为主的内蒙古东部草原的农牧业生产结合起来,建立放牧与家饲的牧业联合经营方式,对发展肉用牲畜特别是肉用牛的生产十分有利。根据美国发展畜牧业的经验,先利用半干旱地区的天然草场繁殖肉用牛犊,长大后移到东部半湿润农业区的玉米集中产区进行肥育,由各省区之间兴建大型肉类联合企业进行加工销售,既可以提高草原利用效益,也可为东北等地较多的粮食找到就地转化的途径。这对改善和解决肉类特别是牛肉供应具有重要意义,也是有效利用农业气候资源的途径之一。

2.6.2 防御灾害性天气

充分利用现代科学技术成就,不断提高对灾害性天气如旱涝、低温冷害、冰雹、干热风、台风等的监测和预报能力,以便采取有效的防御措施,避免或减轻灾害性天气对工农业生产的影响。具体防御措施可概括为以下几方面:

1) 种树种草,保护和改善农业生态环境

森林和草被具有生物覆盖、生物穿透、生物固氮、生物富集与转化,特别是防风固沙、保

持水土、减少地面径流、延长无霜期、减轻寒冻害及干热风等多方面的作用。

森林的防风效果极为明显。据研究,华南橡胶区营造防护林后,网格内的风速仅为空旷草地上的21%~67%,因而可以在相当程度上减轻台风对橡胶等作物的危害。1976年5月内蒙古昭乌达盟发生了历史上罕见的大风,最大风速达30 m/s,全盟1 320万亩耕地受害达17%,但有林带保护的400万亩耕地和草地(场)均未受害,保证了作物的高产稳产。

林带不仅能减弱风速,而且还能通过乱流交换作用直接影响乱流失热、蒸发耗热和温度的变率,引起防护范围内的温度变化。研究资料表明,林带内在春秋冬三季均有一定的增温作用,在夏季却能起降温作用,一般增减温的幅度在1~2℃之间,松嫩地区春秋增温可达6℃。春秋季的增温,可使生长期延长,内蒙古昭盟赤峰县太平地乡造林后比造林前延长无霜冻期一个月左右。森林在春秋冬季的增温作用可以减轻北方小麦的冻害和南方作物的寒害,如新疆塔城团结农场位于风线上,积雪很少,1977年的冬小麦冻害比较严重,但有防护带的麦田积雪层可保持8~12 cm,冬麦保苗率达90%以上;在华南橡胶区,强大的寒潮可使橡胶遭受不同的寒害,无防护林地区幼树受害率要大些,而在防护林区内,凡是靠近林带背后数行内幼树受害率甚少,随着与林带距离的增大受害率也随之增大。可见,防护林带在橡胶幼树受害的防御上起着明显的作用。

在林带的保护下,农作物的蒸腾和土壤的蒸发均有所减少。森林和草被对涵养水源、减少地面径流和防止土壤冲刷流失具有很大作用。国外资料表明,100 m宽的草地可以阻拦85%的径流。我国延安水保站资料记载,达75%植被盖度的草地比15%盖度的草地泥沙冲刷量减少74%,植被盖度达75%的草地则完全没有冲刷。

2) 修建各类水利设施,提高防旱和防洪排涝的能力

在有条件的地区建设大、中、小型水利工程,发展灌溉事业,可以部分或大部分解决降水季节分配不均造成的季节性干旱。同时,还可以防洪排涝,减轻或消除洪水对沿河沿岸地区的威胁。为此,应整治江河,加高加固堤防,以提高防洪标准。在北方洪涝旱碱渍五灾俱全的地区,应对其进行全面综合治理,以排为主,搞好灌溉渠系配套。

3) 趋利避害,调整种植业结构

加强农业气候分析,根据不同地区灾害的不同程度和发生的时期,采取相应的对策,以趋利避害,提高气候资源的利用水平。如四川盆地≥10℃的积温比同纬度的长江中、下游地区多500℃以上,但由于秋季多阴雨,对晚稻生长不利,而发展小麦、甘薯等旱粮和一季中稻比较有利,故减少双季稻的种植面积可达到增产稳产的效果;秋季阴雨天多对棉花生产不利,可适当压缩棉花的种植面积。甘蔗在热带和亚热带南部产量高,而亚热带北部生长期短,冬季温度低,易受冻害,不能留宿根,且含糖量比热带和亚热带南部约低6%,有些地方的产量仅为25%~40%。长江以南地区,春秋多阴雨,对小麦开花灌浆不利,病害严重,产量低,而油菜成熟期较早,抗湿力较强,宜减少小麦栽培面积,增加油菜种植面积。

2.6.3 人工调控和改善农田小气候

1) 推广生态农业,进一步提高气候资源的利用效率

生态农业具有创造良性生态循环的功能,是进一步提高利用气候资源的有效途径之一,国内外的生态农业已初步显示其效果。生态农业有多种模式,如江苏的粮桑菜牧生产体系、

林农牧渔综合生态系统工程、林茶间作,河南的林枣间作,山东的农桐间作,广东珠江三角洲的桑基鱼塘、蔗基鱼塘、林胶茶间作、稻田养鱼,广大山区的立体农业布局等。

2) 利用化学覆盖物保护和改善农业小气候

化学覆盖物主要是指树脂膜、塑料薄膜和土面增温剂等。近些年来,用它们来保护和改善小气候在园艺和育苗方面发展很快,收到明显效益。例如,地膜覆盖有显著提高地温的特点,可提早播种,延长作物的生长季节;又可加速作物生长发育,缩短作物生育期,为作物栽培北界的北移提供了可能性。其次,地膜覆盖有防止地面水分蒸发和保持土壤水分的作用。目前我国已推广地膜覆盖达 180 万 hm^2 之多,居世界第一位。地膜覆盖的增产效果极显著,一般可达 50% 以上。塑料大棚具有明显的增温和保湿作用,已逐渐地应用到作物育种和水稻育苗等方面,尤其在蔬菜生产方面,国内外都高速发展,为解决蔬菜的淡季供应提供了有利条件。

2.6.4 狠抓污染防治,搞好环保建设

保护和改善生态环境,是关系国家安全,实现经济可持续发展的重要战略措施。要坚持"预防为主,保护优先"的原则,搞好开发建设的环境监督管理,切实避免走先污染后治理、先破坏后恢复的道路。随着经济的不断发展,工业"三废"以及人们的生活废物、废水增加,一定要树立环境保护优先的思想,强化生态环境保护的监督管理,从严执法,严厉打击破坏生态环境的行为。在建设中对资源开发造成的生态环境破坏,必须坚持"谁开发,谁保护,谁破坏,谁恢复,谁受益,谁投入,谁利用,谁赔偿"的原则,确保生态环境得到有效保护。

主 要 参 考 文 献

[1] 包浩生,彭补拙. 自然资源学导论. 南京:江苏教育出版社,1999
[2] 陈海,康慕谊,曹明明. 北方农牧交错带农业气候资源空间特征分析. 自然资源学报,2006,21(2)
[3] 田志会,郭文利,赵新平,等. 北京山区农业气候资源系统的模糊综合评判. 山地学报,2005,23(4)
[4] 杨芳,徐有绪. 青海东部气候资源的利用. 青海草业,2006,15(1)
[5] 艾夕辉,林海,范立张,等. 云南西庄河流域主要栽培作物的农业气候资源分析. 山地学报,2003,21(2)
[6] 黄梅丽,庞庭颐,李社富,等. 德保县农业气候资源的保护对策. 广西气象,2006,27(1)
[7] 丘小军,王宏志. 广西地带的划分与气候资源利用. 广西林业科学,2006,35(2)
[8] 李秋,仲桂清. 环渤海地区旅游气候资源评价. 干旱区资源与环境,2005,19(2)
[9] 刘敦训,孙秀忠,韩秀兰,等. 黄河三角洲城市建设规划中气候资源的利用. 气象科技,2005,33(6)
[10] 侯光良,李继由,张谊光. 中国农业气候资源. 北京:中国人民大学出版社,1993
[11] 白水平. 西北地区农业生态气候资源量化与评价. 自然资源学报,2000,15(3)
[12] 彭玉亮,邢建忠. 关于农业气候资源经济评价理论与方法的探讨. 山东农业大学学报(自然科学版),2005,36(3)
[13] 秦大河. 气候资源的开发、利用和保护. 求是,2005(3)
[14] 温敏,张人禾,杨振斌. 气候资源的合理开发利用. 地球科学进展,2004,19(6)
[15] 杨彦武,于强,王靖. 近40年华北及华东局部主要气候资源要素的时空变异性. 资源科学,2004,26(4)

3 水资源

水是生命之源、生产之要、生态之基。在人类生存生活生产及其繁衍发展过程中,水是不可或缺且无法替代的基础性自然资源、战略性经济资源,也是生态环境保育的控制性要素。在地球生物与生态系统中,水是最活跃的基本要素。不论是自然生态系统,抑或人工生态系统;不论是农业生态系统,抑或城市生态系统,水都扮演着重要而活跃的角色。水的流动性和循环性,决定了水资源的可再生性。然而,在一定时空范围内,水资源的总量是保持基本不变的。因此,与其他可再生性自然资源一样,水资源亦面临适度开发、合理利用、妥善保护和有效管理等问题。在人口、资源、环境与发展(PRED)间关系日趋复杂、矛盾日益显现,以及资源、生态、环境成为人类生存发展重要制约因素的当今,尤为重要。1992年联合国环境与发展大会通过的《21世纪议程》之18章命名为"保护淡水资源的质量和供应:对水资源开发、管理和利用的综合办法",认为"淡水资源是一种有限资源,不仅为维持地球上一切生命所必需,而且对一切经济社会部门都具有生死攸关的重要意义。"[1]在人口众多、经济发展迅速和区域差异显著的中国,更为重要。2011年中共中央1号文件《中共中央国务院关于加快水利改革发展的决定》以及《国务院关于实行最严格水资源管理制度的意见》(国发〔2012〕3号)等,表明了我国对作为基础性自然资源和战略性经济资源以及生态环境控制性要素的水资源的高度重视。

3.1 水与水资源

水是生命之源,是地球生态环境中最活跃和影响最为广泛的因素,是人类经济社会发展过程中无法替代的资源。之所以地球上能生存着高度智慧和文明的人类,就是因为这一星球上存在液态水及其因水而形成的复杂的地球系统。从生命的起源和进化而论,没有水就没有生命,没有水就没有生态系统,没有水就没有人类。水是一切生命、生态的源泉,是人类生存繁衍和发展的源泉,是不可替代的资源。

3.1.1 水资源的概念与内涵

与其他资源一样,水的存在是地球自然环境演化的产物,而水资源是相对于人类或人类有意识的利用而言的。水资源是以自然水为载体的相对于人类生存发展而可为人类利用的物质。

显然,不是地球上所有的水都能为人类所利用。也就是说,水资源的范畴与水的范畴是有所区别的。水是自然的,是地球自然环境的一部分;而水资源是相对于人类而言的,是相对于人类生存发展和利用而言的。因此,逻辑上,水资源仅是水的部分。既然水资源是相

---

[1] 联合国.21世纪议程. http://www.un.org/chinese/events/wssd/agenda21.htm

于人类而言,那么水资源与人类对水的利用的水平,即经济社会和科学技术水平密切相关。

对水资源的概念的认识并不完全一致。美国国家地质调查局(USGS)最早于1894年设立了水资源处,认为水资源是陆面地表水和地下水的总称。《不列颠百科全书》将水资源定义为"自然的一切形态(液态、固态、气态)的水",1963年英国国会通过的《水资源法》改为"具有足够数量的可用水源"。1988年联合国教科文组织(UNESCO)和世界气象组织(WMO)定义水资源为"可以利用或可能被利用的水源,具有足够数量和可用的质量,并能适合某地对水的需求而能长期供应的水源。"[1]《中国大百科全书——大气科学·海洋科学·水文科学》卷定义水资源:"是地球表层可供人类利用的水,包括水量(质量)、水域和水能资源。……对人类最有实用意义的水量资源,是陆地上每年可更新的降水量、江河径流量或浅层地下水的淡水量。"[2]中国资源科学百科全书将水资源定义为:"可供人类直接利用,能不断更新的天然淡水。主要指陆地上的地表水和地下水。"[3]

从上述对水资源的概念、定义以及对水资源的认识,可以看出,水资源具有三个基本特性:有效性、可控性和再生性。所谓有效性是指对人类生存、生活、生产和发展有效的那部分水,与水的自然来源有关,也与人类的开发利用水平或程度有关;可控性是指人类通过一定工程技术措施可以开发利用的那部分水,包括对水多(洪水)的利用、水少(干旱)的调节、水脏(水污染)的净化;再生性是指水资源在流域水循环过程中的形成和转化,具有重复利用和循环利用的含义。因此,我们可以将水资源定义为在可预期的技术经济条件下,当前和可预见的未来能为人类所利用的全部水。显然,水资源是一个动态的概念。

事实上,地球上可供人类利用的水资源在水的大家族中是十分有限的。据美国地质调查局和伍兹霍尔海洋研究所的有关研究,如果把地球上所有的水——海水、河水、地下水、水蒸气,甚至动物和人身体里的水都收集起来,将能形成一个直径为1385 km的"水球"。如果把地球比作一个篮球的话,那么这个"水球"的体积比一个乒乓球还要小一些(见图3.1)[4]。然而,这个"水球"中的水还有大部分无法直接为人类所利用,如果将海水以及咸水湖等这些至少目前还难以为人类所利用的水抽走,只留下淡水(大约占地球水资源总量的2.5%),那么这个"水球"的直径将缩小到160 km。

图3.1 "水球"与地球对比示意图

地球水资源构成可如图3.2所示[5]。

此外,近代科技的突飞猛进,带来了人类对包括水资源在内的资源利用广度、深度和强度的急剧变化,也带来了诸如水环境污染、水生态恶化及至臭氧空洞、气候变暖、生物多样性减少等全球性问题。

因此,作为以自然水为载体,相对于人类生存发展而可利用的水资源,在现代具有其独特

---

[1] UNESCO, WMO. Water Resources Assessment Activities: Handbook for National Evaluation. Geneva: WMO Secretariat, 1988
[2] 中国大百科全书——大气科学·海洋科学·水文科学. 北京,上海:中国大百科全书出版社,1987:738—739
[3] 孙鸿烈. 中国资源科学百科全书. 中国大百科全书出版社,北京:石油大学出版社,2000:318
[4] 王小龙. 美绘制出地球水资源总量示意图,淡水极其稀少. 中国科技网,2012,5,11
[5] 张岳. 中国水资源与可持续发展. 南宁:广西科学技术出版社,2000:2

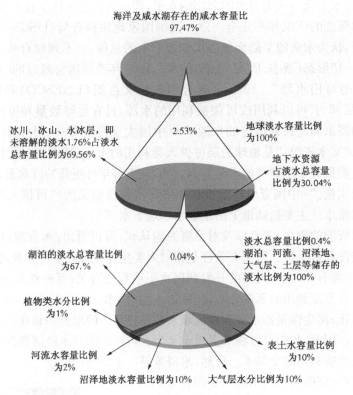

图 3.2 地球水资源构成示意图

内涵:一是水的资源性是与经济社会和科学技术条件密切联系在一起的,因此在不同时期和不同地区,水资源的量并非固定不变。例如,雨水、洪水的利用因水利设施而有显著差异;海水淡化技术也极大地改变着人们对水利用的观念。二是水资源具有多用途性,如饮用、灌溉、发电、航运、养殖、游憩等,即水资源利用呈现整体性和系统性。三是水资源的利用应以不引起水量枯竭、水质恶化以及生态环境退化为前提,即水资源的利用应坚持可持续发展理念。四是在现代经济社会中,水资源具有资产性特征,水权的划分与界定是当今水资源有效管理的基础性课题之一。

3.1.2 水资源特征

与其他自然资源尤其与不可再生性自然资源相比,水资源具有以下鲜明特征:

1) 循环再生性

由于自然界的水循环,一定区域内的水资源可以不断地得到大气降水的补给,从而构成了水资源消耗、流动、补给之间的循环性。水资源的循环性特点是水资源其他特点的基础。就水资源类型而论,地表水和浅层地下水不断得到大气降水的补给,开发利用后可较快地得到恢复和更新,而深层地下水则难以在短期内恢复和更新,利用过程中应强调"流量"而非传统意义上的"储量"。应重视水资源的循环性和可再生性,避免对水资源的耗竭性利用。

另一方面,水资源的循环性是无限的,但在一定时空范围内,水资源的补给量是有限的。从生态系统的完整性和最低因子限制律而论,一般不宜动使用难以恢复的,储存在地表和地下的静态水资源,不能将水资源自然循环的无限性看成是水资源补给的无限性和水资源利用的无限性。

不同的水体,其循环再生的时间(周期)并不相同。最短的大气水的循环周期只需 8 天,而深层地下水的循环周期长达 1 400 年之久,极地冰川之循环周期则更长(见表 3.1)。

表 3.1　地球上各类水体水循环周期

水 体	更新周期	水 体	更新周期	水 体	更新周期
海 洋	2 500 年	高山冰川	1 600 年	河 流	16 天
深层地下水	1 400 年	湖 泊	17 年	土壤水	1 年
极地冰川	9 700 年	沼 泽	5 年	大气水	8 天

2) 时空差异性

受气候条件和地理环境因素的影响,地球上的水资源在时间分配上极不均匀,相应的径流量变化也很大。世界各地,尤其是季风气候区,降水量的年际变化和年内变化都很显著。如受季风气候影响,中国汛期(6～9 月)的降水量和径流量约占全年的 60%～70%,甚至更多,且干旱、洪涝等水灾害时有发生。年际间的降水和径流差异也很大,径流量的年际变化,在我国东南沿海诸河约为 1.9 倍,长江、珠江、松花江为 2～3 倍,黄河为 4～6 倍,淮河、海河甚至达到 15～20 倍。中国主要江河都曾出现过连续多年的丰水和枯水的现象。中国近 500 年各大流域洪涝频次的分析结果表明[1],各流域单元持续 2 年出现流域性洪涝的频次较高,持续年数越长,出现频次越低,最长持续年数不超过 5 年。流域性洪涝多年持续出现频次以海滦河流域、黄河下游、淮河流域和长江下游较高,即中国东部地区持续发生流域性洪涝的频次较高,东西部差异明显。水资源分布的时空差异性造成了部分地区水旱灾害频繁,为水资源合理开发利用带来一定的影响。

受经纬度、海拔高程以及距海洋距离的影响,水资源分布亦存在较为明显的空间差异性。随着纬度增加,降水量明显减少,水资源量亦减少;随着海拔增加,降水量呈递增趋势,水资源量亦相对增加;而随着离海洋距离的增加,大气中的水汽含量递减,降水量随之递减,水资源量亦相对较少。中国就表现出明显的南多北少、东多西少的降水分布特征,考虑到人口因素,水资源量南北与东西差异的表现更为明显,长江流域及其以南地区人口占了中国的 54%,但是水资源却占了 81%;北方人口占 46%,水资源只有 19%。

3) 利害两重性

水在人类经济社会活动中表现出水利和水害的双重特质。一方面,江河湖水能为人类经济发展和社会进步提供灌溉、航行、发电、养殖及至游憩之水利;另一方面,也可能产生干旱、洪涝等水害。事实上,在全球 15 种严重的自然灾害中,水灾发生的频率最高,危害也最大。中国是受水灾影响最为严重的国家之一,约有 100 多万 km^2 的国土面积处于洪水威胁之中,影响到全国约 1/3 的耕地、2/5 的人口和 3/5 的工农业总产值的地区,平均每年水灾面积约 800 万 hm^2。同时,水资源短缺也成为制约中国经济社会可持续发展的瓶颈。近 20 年来,北方地区水资源量明显减少,其中以黄河、淮河、海河和辽河区为最,地表水资源量减少 17%,水资源总量减少 12%,而海河区地表水资源量减少 41%、水资源总量减少 25%。北方部分流域已从周期性水资源短缺转变为绝对性短缺,旱灾问题日益严重[2]。

---

[1] 周寅康. 中国近 500 年流域性洪涝初步研究. 南京大学学报,1996,32(2):309—315
[2] 姚润丰. 缺水成为制约中国可持续发展瓶颈. 中国国土资源报,2007-03-23(1)

此外，水资源开发利用过程中，在对水进行兴利（灌溉、发电、供水、航运等）和除害（防洪、除涝等）的同时，也可能产生诸如土地退化、地下水位下降、次生盐碱化、生物多样性减少等负面生态环境影响。例如，非洲尼罗河阿斯旺大坝，在为当地带来巨大电力资源、下游灌溉便利以及有效减低洪涝威胁的同时，也带来了沿河土地贫瘠（盐碱化）、鱼类减少以及流域生态退化等负面影响。这类影响最初可能是次要性的，但在一定条件下也有可能转变为主导性，应引起学者、政府和大众的关注和重视。

4）利用多样性

水的流动性及其在人类生存生活和生产中的基础性，决定了人类对水利用的多样性，如农业灌溉、工业耗水、城镇生活用水以及生态用水等，表现在发电、航运、渔业、旅游等多方面。有的水资源利用方式需要消耗一定的量，如灌溉；而有的只是利用其环境，不消耗或很少消耗水资源，如航运、发电等。此外，水资源的利用还具有多宜性，往往是一水多用，如既可以航运、发电、养殖、旅游，又可兴灌溉、供水之利。因此，水资源的利用实质上存在一个综合性的问题，即我们在规划和开发利用一个流域、一条河流或一个区域甚至是跨流域的水资源时，除防洪、灌溉、发电等方面外，还应考虑航运、水产、旅游等效益，并且应关注水资源开发利用对生态环境的可能或潜在的影响，实现水资源的可持续利用。如三峡大坝的建设，既可以带来巨大的水能之利，加强长江中下游防洪及改善上游河道航运条件，大坝之工程及其环境建设本身也是新的重要的旅游资源，但对周边及其下游及至长江入海区域的生态环境的影响值得关注和重视。

5）开发整体性

水资源的产汇流一般以流域为单位。就流域而言，在规划和开发利用过程中，存在上下游和左右岸的关系，以及与其他资源利用和周围环境的关系。上游之水资源开发利用可能在一定程度上影响到下游的水资源利用及其生态环境。仍以三峡大坝为例，三峡大坝的建设，在带来巨大的发电、防洪、航运、灌溉以及新的旅游资源之利的同时，亦有诸多方面的（可能的）负效应，主要包括：大量的库区移民带来的难以预期的经济成本与社会成本，库区淹没范围内大量已知和未知的自然遗产、历史文物遗迹与旅游资源的丧失，长江下游及入海口水沙平衡的改变以及可能带来的入海口的蚀退及海水入侵，河流的破碎化（水坝）带来的洄游生物（鱼类）的巨大影响及至可能灭绝，水库库区大量蓄水所可能带来的库区诱发地震等。三峡大坝的建设只要10多年，然其建设所产生的负效应将是长期的，有的将在建成后相当长的时间后才能显现。

因此，流域水资源的规划和开发利用必须具有整体性观念，避免过分强调一方或几方利益而忽视甚至无视可能的负面影响。目前国际上对河流破碎化（建水坝）的日益重视反映了流域水资源利用过程中的整体性观念。2000年前后提出的转传统"工程水利"为综合"资源水利"的观点亦是整体性观念的体现。近期，国务院《关于最严格水资源管理制度的意见》（国发〔2012〕3号），建立了用水总量控制制度、用水效率控制制度、水功能区限制纳污制度、水资源管理责任与考核制度等四项制度，确立了水资源开发利用控制红线、用水效率控制红线、水功能区限制纳污红线等三条红线，是水资源可持续利用的时代体现。

3.1.3 中国水资源特征

1）水资源量

我国多年平均降水总量 6 190 km^3，折合平均降水深 648 mm，低于全球陆面降水的

834 mm 和亚洲陆面降水的 740 mm。全国降水量地区分布极不均匀,分布趋势由东南向西北递减。降水量中,约有 56% 的水量成为陆面蒸发和植物蒸腾,只有约 44% 的水量到达地表,或形成径流,或渗入地下。

我国水资源总量 2.8 万亿 m^3,其中,地表(河川)径流总量 2.71 万亿 m^3,约占全球年径流总量 47.0 万亿 m^3 的 5.8%,仅次于巴西、俄罗斯、加拿大、美国和印尼,位居第六位。

尽管中国水资源总量较大,但人均水资源占有量低,约 2 100 m^3,仅为世界人均水平的 28%,在联合国 2004 年 3 月 16 日"第三届水资源论坛大会"召开之前发表的《世界水资源开发报告》中,中国位列 180 个国家和地区的水资源丰富状况的第 128 位。

2) 水资源特征

除水资源总量丰富、人均占有量少的总体特征外,受地域辽阔、地形复杂、大陆性季风气候等因素影响,中国水资源存在以下特点:

(1) 时程分配不均,年际年内变化显著

受季风气候影响,中国大部分地区降水年际变化大,连续丰水年或连续枯水年时有发生,许多河流会发生 3~8 年的连丰、连枯年。例如黄河和松花江在近 70 年内出现过 11~13 年的连续枯水年,也出现过 7~9 年的连续丰水年。连丰连枯年的年际变化差异极易造成频繁的水旱灾害。

中国降水年际变化大的另一表现是最大年降水量与最小年降水量间的差异悬殊。南方地区最大年降水量一般是最小年降水量的 2~4 倍,而北方地区高达 3~6 倍。降水量较大的年际变幅,势必引起较大的径流变化。例如,长江宜昌站的最大流量为 11 万 m^3/s(历史洪水调查),而实测最小流量仅为 2 770 m^3/s,洪枯径流相差 40 倍;黄河三门峡站的最大流量为 36 000 m^3/s(历史洪水调查),而实测最小流量仅为 145 m^3/s,洪枯相差 248 倍。径流量在时间上的分布不均与稳定供水量需求之间形成了尖锐的矛盾。

时间分配不均除年际变化大外还表现在年内分配中。中国大部分地区冬春少雨,多春旱;夏秋多雨,多洪涝。东南部各省雨季早,雨季长,6~9 月降水量占全年降水量的 60%~70%(见图 3.3)。北方地区黄、淮、海、松辽流域 6~9 月的降雨量一般占全年总降水量的

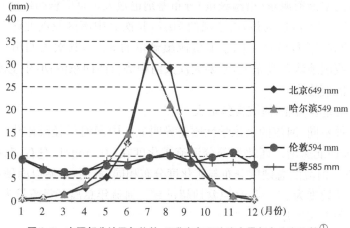

图 3.3 中国部分地区与伦敦、巴黎多年平均降水量年内分布比较[①]

---

① 胡四一. 中国水资源可持续利用及其科技需求. 南京大学第 11 届部长论坛,2006-11

85%,有的年份最大 24 小时暴雨量可超过多年平均降水量。不论南方或北方雨季汛期中,降水多以暴雨形式出现,往往造成严重而频发的洪涝灾害。

(2) 空间分布不均,水土匹配矛盾突出

水资源的区域分布不均,主要是由降水不均造成的。中国降水量从东南沿海至西北内陆逐级递减,依次可划分为多雨、湿润、半湿润、半干旱和干旱五个地带。全国有 45% 的土地面积处于降水量小于 400 mm 的干旱和半干旱地带。由于降水的空间分布不均,导致出现水土资源严重不匹配的现象,如长江及其以南地区耕地面积只占全国耕地的 36%,而水资源却占全国总量的 80%;黄、淮、海流域水资源仅占全国的 8%,而耕地面积却占全国的 40%。水土资源严重不匹配,造成了水资源配置难度增大和天然水环境不利等状况。再加上人口因素、经济发展等差异,水资源与土地资源的不匹配性表现得更为明显(见图 3.4)。

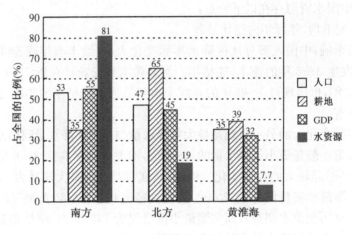

图 3.4 中国水资源空间不匹配情况

中国地下水资源与地表水分布同样不均衡。全国山丘地区平均地下水资源,北方地区为 3.06 万 m^3/km^2,南方地区为 16.5 万 m^3/km^2,二者相差 4.2 倍。

全国各地区的水能资源量(指蕴藏量)分布差别也很大。京广铁路以西占全国水能资源的 90% 以上。其中以西南区为最,占全国的 70%,其次为中南区及西北区。按省级行政单元统计,西藏为全国之冠,约占全国水能资源蕴藏量的 30%,其次为四川、云南、贵州等省份。这主要由于我国地势西高东低,主要大江大河顺势自西向东流动,中上游河流坡度大且汇流面积大等原因而造成。

(3) 天然水质差异明显,河流含沙量大

由于地质条件不同,河流的水化学性质差异明显。中国河川径流矿化度分布与降水分布相反,由东南向西北递增。西北大部分河流矿化度在 300 mg/L 左右,东南湿润带最小,在 50 mg/L 以下。河流的总硬度分布与矿化度分布相同,淮河、秦岭以南硬度普遍小于 3°,以北大部分地区总硬度为 3°~6°,高原盆地超过 9°。河流年总离子径流量为 4.19 亿 t,相当于每平方公里面积上流失盐类 43.6t。

河流泥沙是反映一个流域或地区的植被和水土流状况的重要环境指标。中国每年河流输送泥沙约 34 亿 t。其中外流直接入海约 18.3 亿 t,外流出境约 2.5 亿 t,内陆诸河输沙 1.8 亿 t。全国外流区平均每年有 1/3 左右的泥沙淤积在下游河道、湖泊、水库、灌区和分洪区内。黄河(陕县)平均年输沙量16.0亿t,平均含沙量36.9 kg/m³,为世界之最。长江(宜昌)平均年输沙量14亿t,平均含沙量1.18 kg/m³。海河、淮河和珠江多年平均输沙量分别为1.7亿t、0.27亿t和0.86亿t。总体而言,中国诸河流含沙量均较大,尤其以北方河流最为突出。水中含沙量大,淤积量大,且泥沙易吸收其他污染物,加重了水体污染,增加了水资源开发利用和水环境保护的压力和难度。

除上述自然特征外,我国在水资源利用方面还表现出以下特点:水资源开发强度大(见图3.5),尤以北方流域为最;农业用水比重高,占全国用水总量的62%,部分地区超过90%;工业和城镇生活用水量增长显著(见图3.6、图3.7);水资源紧缺与浪费并重;地下水在北方地区具有不可替代的地位等。同时,也存在水资源开发利用过度,生态环境受损;地下水开采过量,环境地质问题突显;水环境污染严重及水资源开发利用缺乏统筹规划和有效管理等问题。

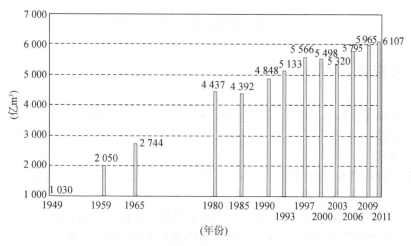

图 3.5 中国水资源开发利用现状图

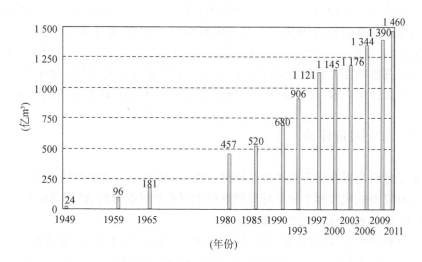

图 3.6 我国工业用水持续增长态势图

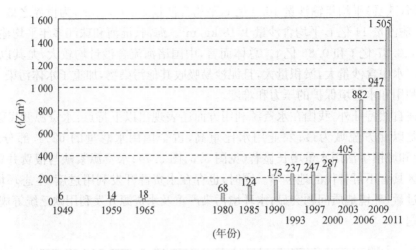

图 3.7 我国城镇生活用水持续增长态势图

3.2 水资源评价

水资源评价是按流域或地区对水资源的数量、质量、时空分布特征和开发利用条件作出全面的分析估价,是水资源规划、开发、利用、保护和管理的基础,为国民经济和社会发展提供水决策依据[①]。

水资源评价包括对评价范围内全部水资源量及其时空分布特征的变化幅度及特点、可利用水资源量的估计、各类用水的现状及其前景、评价全区及其分区水资源供需状况及其预测、可能的解决供需矛盾的途径、为调控自然界水源所采取的工程措施的正负两方面效益评估,以及政策性建议等,是保证水资源可持续利用和管理的基础和前提。

我国自1980年起开展全国性的水资源评价工作。通过多年的努力,先后形成了《中国水资源初步评价》、《中国水资源评价》、《中国水资源利用》等重要成果。在总结全国第一次水资源评价实践的基础上,中华人民共和国水利部于1999年编制并发布了行业标准《水资源评价导则》(SL/T238—1999)。《导则》对水资源评价的基本内容、数量评价、质量评价以及开发利用及其影响评价等作了全面规定,为全国或区域或流域性水资源评价奠定了基础。

根据水资源评价内容,水资源评价可分为数量评价、利用评价和水环境评价等。

3.2.1 水资源量评价

水资源量评价是指在水资源评价基础性工作,包括对评价范围内的水文、水文气象、水文地质等基础资料的统计和系统整理等的基础上对水数量的分析、计算与汇总。

1) 基础资料的收集与初步整理

水资源数量评价中,涉及诸如降水、河川径流、土壤水、地下水、蒸发等水文要素。这些要素通常需以年为单位逐年收集,然后进行统计以获取水文循环各要素特征的有关数据,如

---

①中国大百科全书——大气科学·海洋科学·水文科学.北京,上海:中国大百科全书出版社,1987:738—739

多年平均值、相应的变差系数 C_v(均方差与数学期望之比值)、离差系数 C_s(标准差与平均数的比值)等,并应对有关特征值作出相应的等值线图或分区图等。

河川径流是水资源量的主要部分,但由于流域中河道外用水情况的存在,需对已有观测资料系列中各年用水情况等进行调查,并需根据测流断面以上流域内的河道外用水量进行逐年的资料还原,以恢复到不受人为干扰状态下的"天然的"径流系列,再进行有关统计参数估计。用水还原计算中,往往缺少历年特别是较早年份的实际用水记录,这也是径流还原的重点和难点。我国在 20 世纪 80 年代初期进行的全国第一次水资源评价中,无论是降水量或是径流量,均统一采用 1956—1979 年共 24 年的资料系列,以求流域性或区域性资料的一致性、代表性和可比性。

除径流资料的系统性外,地下水观测资料、蒸发资料等的统计分析亦需与径流资料保持时间的一致性。

此外,除水文气象资料外,水资源评价过程中还需收集评价范围内的自然地理(地形、地质、地貌、土壤、土地利用、土地覆被等)资料。这类资料是水文要素时空变化的原因和条件,对无资料地区水文要素的内插、流域水资源变化情况的分析与预测等具有重要作用。

随着地理信息系统(GIS)的迅速发展,上述资料的收集与整理应依托一定的 GIS 软件(如 ARC/INFO、ARC/VIEW、MAPGIS 等)建立数据库,包括各类图件(如流域水系图、站网面设图、地形图、土地利用图、土壤图等)、数据(如降水、径流、蒸发等),以提高水资源评价的效率和分析能力。

2) 水文要素的分析计算

在基础资料收集与初步整理后,对降水、河川径流、蒸发能力、地下水的水文要素观测资料系列,在选定站点交确定同步的观测期后,进行统计分析与计算。

降水资料的整理包括单站降水资料的多年均值及变差系数 C_v 的分析计算,一般采用矩法初估统计参数后,采用适线法确定,并根据各水文站所控制的流域面积计算各控制断面以上的多年平均径流深。

蒸发能力(水面蒸发)主要是将不同型号蒸发皿的实测资料折算到大面积水体的水面蒸发量后,再进行年、月蒸发能力的统计。

浅层地下水观测资料,一般不直接统计,而是计算地下水的补给量和排泄量,即通过分析确定水文地质参数(如给水度 μ 和降水入渗补给系数 α)。给水度 μ 是单位饱和水分土体在重力作用下排出的水体积与该饱和水分土体体积的比值,其大小与土壤质地、地下水埋深等有关;降水入渗补给系统 α 是降水入渗补给地下水量与相应降水量的比值,其值与下垫面条件、平均年降水深等有关。此外,还有潜水蒸发系数 C(潜水蒸发量与相应水面蒸发量比值)、灌区渠系渗漏补给地下水系数 m(渠系渗漏补给地下水量与灌溉水量比值)等参数。

分析的各类水文要素的统计特征值一般以等值线形式(等值线图)表示,有利于直观地比较分析。

3) 水资源量的计算

水资源量是指一定评价区域范围内,当地降水形成的水资源总量,包括地表水资源量和地下水资源量。

地表水资源量主要是河川径流量,其值是已经过用水还原后的天然河川径流量,包括坡面流和壤中流,根据实测流量资料未加还原处理的实测年径流量,但不包括河川基流量。

地下水资源量是通过水平衡计算的所有渗入或曾经渗入补给到地下的水量,应是河川基流、潜水蒸发、地下潜流之和。由于在估计山丘区地下水资源量时,主要是通过对河川径流的基流分割而得,因此当计算某一范围内的水资源总量时,必须扣除两者间重复计算的水量,如井灌回归水量和山区平原间的侧渗量。

根据降水、地表水、地下水的转化和平衡关系,区域水资源总量可用式(3.1)表示:

$$W = P - E_s = R_s + U_p \tag{3.1}$$

式中:W 为水资源总量;P 为降水量;E_s 为地表蒸发量;R_s 为地表径流量;U_p 为降水入渗对地下水的补给量。

该式从理论上已剔除了地表水和地下水相互转化的重复水量,即河川流量。

扣除重复计算量后的水资源总量并不包括通过专门的人为措施或更多地降水转化为可用水量的情况,但代表了在当前自然条件下可用水资源量的最大潜力。

从水资源潜力而言,水资源量的评价中,还应包括暴雨和洪水的专门分析,如洪峰流量、峰现时间等。此外,对水能、水运、水产等资源特点,亦应作出相应的潜能评价,以作为水资源综合规划、开发、利用、保护和管理时的参考和依据。

3.2.2 水资源利用评价

上述水资源基础评价是对自然状况下水资源的评价,而水资源利用评价是从人类利用角度分析评价可利用的水资源量,是对水资源规划利用保护和管理的前期工作,是水资源评价的有机组成部分,包括水资源开发程度分析、可利用水量与可供水量分析等。

1) 水资源开发程度分析

水资源开发程度分析是对一定区域内各类水工程及措施状况的调查分析,包括水库、塘坝、引水渠首及渠系、水泵站、水厂、水井等的数量、分布及其运行状况等,以为未来可能的工程布局提供依据,为流域水资源开发利用奠定基础。水库是流域内大型的综合性水工程,应调查了解其防洪库容、兴利库容、泄洪能力、设计年供水能力、天然径流调节改变情况及运行状况;渠系等供水工程需了解其设计供水能力、有效供水能力及其运行状况等。

2) 可利用水量和工程可供水量分析

水资源基础评价中的水资源量主要的是河川径流量,是各种年份泛洪水径流和内涝水在内的多年平均值。显然,这一水资源量在实际情况下,由于洪水的时常发生和现实蓄水工程的有限性而不可能被全部利用。即使将来蓄水工程能力大大增强,亦因流域及河道水环境保护以及生态系统维护的需要,也不可能为供水把河川径流全部引到河道外来利用。因此,从供水角度而论,只能有部分河川径流量可用于现实利用,这部分河川径流量就是可利用水量。可利用水量是一定区域内在经济社会与技术条件下可开发利用的水资源量。显然,可利用水量必小于前述的水资源量。

由于河川径流的年际变化和年内变化,在天然情况下有保证的河川可利用水量是有限的。而人口的增加、经济的发展、科技的进步,都有引发增加河川可利用水量的动机和欲望,随之产生各种类型的拦水、阻水、滞水、蓄水工程措施并随人类技术进步和经济发展而发展,可利用水量占天然水资源量的比例亦随之不断提高。因此,河川可利用水量是资金和技术的函数,而不是一个常数。

受地形条件的限制等,河川可利用水量的增长是有限的。一般而言,年际变化和年内变化大的河流,其河川可利用水量占天然水资源量的比例要小些;洪水量占全年河川径流量比例大的河流,其河川可利用水量占天然水资源量的比例也要小些。我国南方河流,如长江、珠江等大河,由于水量丰沛,相对而言其年际变化和年内变化都较北方河流为小,且在当前经济社会发展阶段,引用水量相对于河川径流量来说所占比例不是太大,其可利用水量还有相当潜力;但北方各大河流,如黄河、海河等,其河川径流量相对较小,如黄河上现有的水库蓄水能力占其河川径流量的比例已超过50%(包括超量引水和超采地下水)。

即使不考虑自然条件的约束,可利用水量占水资源量的比例亦不能太高。目前国际上公认的警戒线是40%,即河川可利用水量占水资源量的比例不能高于40%,这是由于流域生态环境的维系需要相当部分的水的缘故。流域生态需水已越来越受到人们的关注和重视。

工程可供水量是指河川径流在蓄、引、提工程的作用下可利用的水量。随着蓄、引、提工程的增加,可利用水量将有所增加。此外,由于上游用水户用水后还有相当部分水量将返回水体,仍可为下游所利用,因此,一条河流总工程可供水量可大于可利用水量。

3) 水资源供需分析

我国自1949年以来开展了规模空前的水利建设,初步控制了大江大河的常遇洪水,大幅度提高了供水能力。全国用水量从1949年的1 000亿m^3增加到1997年的5 566亿m^3。与此同时,水资源短缺日益严重。据《中国可持续发展水资源战略研究综合报告》(2000),全国按目前的正常需求和不超采地下水的条件下,缺水总量约为300亿~400亿m^3。一般年份农田受旱面积600万~2 000万m^3。到2011年,我国用水总量已突破6 000亿m^3,占水资源可开发利用量的74%,但全国缺水量已超过500亿m^3[①]。总体上,因缺水所造成的经济损失大于因洪涝灾害所造成的经济损失。

水资源供需分析是指一定范围内不同时期的可供水量和需水量间的供求关系分析,其目的是通过供需分析,摸清水资源总的供需状况及其存在的问题,预测水资源未来余缺的时空分布、明确水资源规划开发利用与保护管理的主要目标和方向,以实现水资源可持续利用。

从需水角度而言,对各类型各行业需水状况、预期等进行调查分析,了解一定范围内的总需水量。需水类型有农业用水、工业用水、城镇生活用水和生态需水几个方面。其中农业用水是大户。2011年,我国农业用水达到3 790亿m^3,占全国用水总量的62%。农业用水以农田灌溉水为主,而我国农田灌溉水有效利用系数目前仅为0.51,远低于世界先进国家0.7~0.8的水平。

随着资源环境生态约束的日益显著,经济社会的发展,工业与城镇生活需水量呈快速上升趋势,在水资源总量相对稳定的前提下,生态需水问题日益得到重视。如2012年完成的《全国水资源保护规划技术大纲》提出了生态基流与敏感生态需水的概念。生态基流是指为维持河流基本形态和基本生态功能的河道内最小流量。河流基本生态功能主要为防止河道断流、避免河流水生生物群落遭受到无法恢复的破坏等;敏感生态需水是指维持河湖生态敏感区正常生态功能的需水量及过程,主要包括河流湿地及河谷林草生态需水、湖泊生态需

---

① 张雪. 节水,农业必须行动起来. 经济日报,2012-06-04(16)

水、河口生态需水、重要水生生物生态需水等;在多沙河流,要同时考虑输沙水量。敏感生态需水应分析生态敏感期,非敏感期主要考虑生态基流。

对于供水状况,前述的可利用水量和可供水量的分析实际与年份有关,即与年的降水量及其时间分配有关。因此,供水状况的分析采用一定的水文学方法进行分析,通常可采用典型年法,或称代表年法,即通过逐年水文资料分析选择一定保证率下的代表性年份,而后分析计算该年份(典型年)的可供水量,作为水资源供需平衡分析的依据或标准。典型年通常可采用供水保证率(频率)为50%(枯水年)、75%(平水年)、90%(丰水年)等年份,特殊情况下还可选择特枯年与特丰年进行分析。如我国1981年进行全国水资源供需分析时,75%保证率下远景(2000)供水能力为5 707亿 m^3,与同期需水量(6 814亿 m^3)相比,缺水1 063亿 m^3[①]。

水资源供需是一个动态的概念,因此,供水应考虑未来的可能增加的供水能力,而需水亦需考虑未来的需水增长可能。水资源供需分析是一个动态的综合的水资源系统过程,是水资源评价的关键。

3.2.3 水环境评价

上述水资源基础评价和利用评价是对水的自然状况及其可开发程度的分析。随着工业化、城镇化的迅速发展,生态环境问题日益突出和严重。全球清洁饮用水短缺的人数占世界总人口的28%(UNICEF,2000),每年因饮用水污染、卫生设施和家庭卫生条件差而死亡的人数达5 000万(WHO,1996),发展中国家未经处理而排入河流、湖泊与沿海水域的城市污水占总水量的90%(WRI等,1996)[②]。因此,水环境评价已成为水资源评价的基本内容,是水资源规划、利用和管理的重要基础。

1) 水环境评价的基本内容

水环境评价包括天然水体的本底值、河流挟带的悬浮物与泥沙、水中污染物等的含量、成分及其时空变化的分析评价。

天然水本底值,或天然水化学成分含量,是指在天然而不包括人类干扰因素状态下,由于水在水循环过程中降水与径流不断溶解大气中、地表面及浅层地下的各种化学成分而形成矿化的天然水,矿化成分主要有重碳酸根、硫酸根、氯化物以及钙、镁、钠、钾离子(约占天然水离子总量的95%~99%),也含有少量铜、锰、铅、汞等微量元素,以及少量的硝酸盐类、有机物。不同的自然环境将会有不同的矿化成分。常用的水环境一般以三种常见的阴离子(酸根)为分类标准,以金属阳离子为分组依据。天然水化学化类通常分为重碳酸水、硫酸水和氯化水几类,钙、镁、钠等组,分型有Ⅰ、Ⅱ、Ⅲ型。

Ⅰ型水是指水中的钙、镁离子(Ca^{2+}、Mg^{2+})之和小于水中的碳酸氢根离子,即(Ca^{2+}+Mg^{2+})<HCO_3^-,有时Ca^{2+}也可交换土壤或岩石中的Na^+,其特征是矿化度较低,而单位水体中含有的钙、镁离子总量代表水的总硬度。

---

① 李广贺,等.水资源利用与保护.北京:中国建筑工业出版社,2002:97
② 联合国开发计划署,联合国环境规划署,世界银行,等.世界资源报告:2000—2001.北京:中国环境科学出版社,2002:12

Ⅱ型水是指水中钙、镁离子和虽大于碳酸氢根离子,却小于水中碳酸氢根离子与硫酸根离子之和,即 $HCO_3^- < (Ca^{2+} + Mg^{2+}) < (HCO_3^- + SO_4^{2-})$。Ⅱ型水较Ⅰ型水总硬度更大,且出现永久硬度水。

Ⅲ型水是指水中钙、镁离子之和大于水中碳酸氢根离子与硫酸根离子之和,即 $(HCO_3^- + SO_4^{2-}) > (Ca^{2+} + Mg^{2+})$,或水中钠离子小于氯离子,即 $Na^+ < Cl^-$。这种水主要存在于海洋中,或是强烈的矿化地下水,其总硬度和永久硬度均大于Ⅱ型水。

以上三种类型的水是天然水中所常见的。自然界中也存在少量天然水中没有碳酸氢根的水,即 $HCO_3^- = 0$。这类水呈弱酸性,可见于火山水中。

河川径流的化学成分因径流的年际与年内变化而呈相应的变化。汛期因河川径流量大,河水的矿化度和总硬度相对较低,枯水期则相反。此外,地下水因不断地和岩石、土壤接触,其中含有的化学元素较多,有时还含有放射性元素如氡、镭、铀等。

河川水流挟带的泥沙是天然水环境的另一个方面。河流泥沙来源于暴雨对地表的冲刷侵蚀,以及受水流冲蚀崩塌的河岸泥沙。河流泥沙分推移质及悬移质两类,是河床造床运动的基本要素,河口三角洲冲淤平衡的重要物质,亦是河道水营养元素的主要来源和各类水生生物(如鱼类)的营养物质来源。但是,如果一条河流的泥沙含量过高,一方面表明流域水土流失比较严重,另一方面将对河床淤积与水库寿命、渠系淤积、水工建筑物与金属构件的磨蚀磨损等产生严重影响。例如,黄河是中国也是世界上泥沙含量最多的河流,年平均输沙总量高达16亿t,其奇高的泥沙含量对建国后不久我国大江大河上的第一座大型水库——三门峡水库的正常运行及其寿命产生了严重的副作用。

如果把水在自然界中由于自然过程掺进水中杂质的现象作为水的天然本底值,那么,由于人类活动把一些本不该掺进天然水中的有害有毒物质排入水中并超过水体自净能力的现象,称为水污染。水污染主要地来自人类在生产和生活过程中产生的排入水体的大量废水、废渣等污染物,其中也包括了野生生物的排泄物和尸体、腐植物等分解物。水污染源习惯上分为点污染源(如城镇、工矿等集中产生污染物的污染源)和面污染源(即广大农田因大量持续使用农药、化肥,以及有机洗衣粉的大量使用等,被雨水或灌溉回归水挟带进入水体的污染源,以及野生动植物造成的污染物被雨水带入水体的污染源等)。

水污染物可分为无机污染物、有机污染物,又可分为无毒污染物和有毒污染物。无机污染物指各种金属以及酸、碱、无机盐类等(如硝酸态氮、氨态氮、磷酸盐、氯化物等),其中重金属如汞、镉、铅、铜、铬等是具有潜在危害的污染物。砷虽然是非金属,但其毒性及某些性质类似重金属,故归入此类。有机污染物指酚、多环芳烃和各种人工合成的并具有积累性的生物毒性物质,如多氯农药、有机氯化物(如DDT),以及石油类污染物质等。不论是无机污染物还是有机污染物,随着人口的增加、经济的发展、科技的进步等,这些污染物给环境带来的负面影响正在不断加剧,成为世界范围的大问题。

2) 水环境评价标准

对于水体中因人类活动而产生的超过水体自净能力的外来的有害有毒物质的评价,存在不同的评价判断标准。

对于水环境评价标准,不同国家结合本国的具体情况,制定各自的水环境标准。同时,不同的用水对象,其标准亦不相同,如生活饮用水标准一般较高,工业用水标准相对较低等。不论何种标准,一般按物理指标、化学指标和生物指标三类进行制定。物理指标包括温度、色度、浊度、透明度、电导率、嗅、味及悬浮物等;化学指标包括酸碱度(pH)、硬度、溶解氧(DO)、化学耗氧量(COD)、生物需氧量(BOD)、各类金属阳离子、酸根阴离子等;生物指标有浮游生物、底栖生物、微生物(如大肠杆菌)等。

中国在20世纪80年代分别制定了地面水、海洋水、生活饮用水、农田灌溉水、渔业用水、景观娱乐用水等水环境标准,并且形成了《地面水环境质量标准》(GB3838-88),2002年,更新形成了《地表水环境质量标准》(GB3838-2002)。《标准》规定,地面水水域可按其使用目的和保护目标,共划分为5类:

Ⅰ类:主要适用于源头水和国家自然保护区;

Ⅱ类:主要适用于集中式生活饮用水水源地一级保护区,珍稀水生生物栖息地、鱼虾类产卵场、仔稚幼鱼的索饵场等;

Ⅲ类:主要适用于集中式生活饮用水地表水源地二级保护区,鱼虾类越冬场、洄游通道、水产养殖区等渔业水域及游泳区;

Ⅳ类:主要适用于一般工业用水区及人体非直接接触的娱乐用水区;

Ⅴ类:主要适用于农业用水区及一般景观要求水域。

各类水域的水环境要求如表3.3。

表3.3 地表水环境质量标准(mg/L)(GB3838-2002)

序号	分类		项目				
			Ⅰ类	Ⅱ类	Ⅲ类	Ⅳ类	Ⅴ类
1	水温(℃)		人为造成的环境水温变化应限制在:周平均最大温升≤1 周平均最大温降≤2				
2	pH(无量纲)		6~9				
3	溶解氧	(≥)	饱和率90%(或7.5)	6	5	3	2
4	高锰酸盐指数	(≤)	2	4	6	10	15
5	化学需氧量(COD)	(≤)	15	15	20	30	40
6	五日生化需氧量(BOD_5)	(≤)	3	3	4	6	10
7	氨氮(NH_3-N)	(≤)	0.15	0.5	1.0	1.5	2.0
8	总磷(以P计)	(≤)	0.02(湖、库0.01)	0.1(湖、库0.025)	0.2(湖、库0.05)	0.3(湖、库0.1)	0.4(湖、库0.2)
9	总氮(湖、库以N计)	(≤)	0.2	0.5	1.0	1.5	2.0
10	铜	(≤)	0.01	1.0	1.0	1.0	1.0
11	锌	(≤)	0.05	1.0	1.0	2.0	2.0
12	氟化物(以F^-计)	(≤)	1.0	1.0	1.0	1.5	1.5
13	硒	(≤)	0.01	0.01	0.01	0.02	0.02
14	砷	(≤)	0.05	0.05	0.05	0.1	0.1
15	汞	(≤)	0.00005	0.00005	0.0001	0.001	0.001
16	镉	(≤)	0.001	0.005	0.005	0.005	0.01

(续表 3.3)

序号	分类		Ⅰ类	Ⅱ类	Ⅲ类	Ⅳ类	Ⅴ类
17	铬(六价)	(≤)	0.01	0.05	0.05	0.05	0.1
18	铅	(≤)	0.01	0.01	0.05	0.05	0.1
19	氰化物	(≤)	0.005	0.05	0.2	0.2	0.2
20	挥发酚	(≤)	0.002	0.002	0.005	0.01	0.1
21	石油类	(≤)	0.05	0.05	0.05	0.5	1.0
22	阴离子表面活性剂	(≤)	0.2	0.2	0.2	0.3	0.3
23	硫化物	(≤)	0.05	0.1	0.05	0.5	1.0
24	粪大肠菌群(个/L)	(≤)	200	2 000	10 000	20 000	40 000

该标准适用于我国境内江、河、湖、水库等具有使用功能的地表水域,即是水域环境保护的标准,也是水域现状功能划分和水环境评价的依据。水环境评价时,不能用偶测值,而必须采用包括丰水期、平水期和枯水期在内的多次监测值的平均值。

除水质外,其他水环境质量还包括地表水体的排、滞洪涝水的能力、水土流失情况和水的供需情势等,这些方面尚无国家统一标准。

3) 水环境容量

环境容量的概念最早由日本学者于1968年提出,其初衷是建立污染物浓度与环境自净能力间的平衡关系,以实现对污染物的总量的控制。可表示为:

$$Q = KC \tag{3.2}$$

式中:Q 为污染物的控制总量;K 为环境中污染物的浓度;C 为环境容量。

环境容量主要地用于水体和土壤污染负荷容许程度的定量研究。

水环境容量是指满足水环境质量标准要求的最大允许污染负荷量或纳污能力,它以环境目标和水体稀释自净能力为依据,随径流量变化而变化。水环境容量是对水环境系统内在规律的客观反映,与水环境质量标准、水体稀释自净能力、水量及其变化、水体自然背景值等密切相关。具体表现为以下方面:

① 纳污能力,即在一定水文条件下,特定的水功能区满足水环境质量标准要求的最大允许污染负荷量。其中,流域内水体的功能区划以及特定水功能区水环境保护标准的制定,是水环境质量的基础环节,功能区划和保护标准的科学性和合理性与人类对环境系统内在自然规律和水环境价值特性的认识水平密切相关。

纳污能力主要针对水体水质的管理,它以水域中的自净(主要包括物力、生物、化学等)过程为基础,受水体动力特性和水体组分等因素的影响。水体的流速、流向、流动结构的不同将直接对污染物的迁移、扩散方向和强度带来影响。同时,水体本身的组分很大程度上决定了生物和化学过程转化速度。

因水体动力特性不同,水域流动可分为河道径流型、湖泊水库径流型和河口海湾感潮型三种类型。对河道径流型的水域,污染物总体上随水流自上而下迁移、转化,岸边污染带分布形式主要取决于河道纵向和横向流速的大小;对湖泊水库环流型的水域,流动结构主要是以平面的和立面的环流形式存在,该类水域的流速一般较小,与外界水量交换较少,使污染物在该类水域内的扩散作用相对加强,纳污能力主要体现在域内的迁移、扩散和转化上;对河口海湾感潮型的水域,水体的流动方向受潮汐影响而往复变化,余流的强度和方向成为污染物最终迁移方向的决定性因素,纳污能力主要体现在与域外海水地交换性能上。

以单纯经济利益为目的的围湖造田、拦河筑坝、滩涂围垦、岸坡开荒等人类活动,可能对水域的水动力特性产生不利影响,进而降低水域的纳污能力。同样,以改善水域水动力特性的人类活动,如引江济太等措施,则可能较大程度的提高水域的纳污能力。

② 缓冲弹性力,即在满足其服务功能可持续正常发挥前提下,水环境承受人类对其基本要素改变的缓冲弹性程度。缓冲弹性力侧重于流域的生态安全,是针对水环境基本要素集的,由流域生态安全度、区域发展协调度等等影响函数构成一个综合性指标。缓冲弹性力的界定,实质上是在水环境承载要素间相互作用机理认识的基础之上,根据生态安全和水环境系统功能协调平衡的要求,对流域内人类围绕水环境基本要素开展的经济活动进行规范和限制。

相对纳污能力而言,缓冲弹性力的影响因子更为复杂。例如,以防洪为主要目的的河口整治工程,使河口地区的水环境三大基本要素发生较大的变化,河床的下切可能加剧咸潮上溯,分流关系的改变可能带来水体纳污能力的改变,河道型态单一化及河口岸线整治可能对生物栖息地造成影响等等。因此,以单纯防洪为目标的河口整治工程在改善了河道行洪功能的同时,可能对供水、生态等方面的功能产生不利影响。同样,以防洪、供水、发电等为目的的大型水利工程,由于阻隔了流域的物质、能量流通,影响了河道内生物的栖息和迁移,水文、泥沙情势的改变,对于河口生态环境也可能产生巨大影响。

与水环境容量相对的是水资源承载力,是指一定区域(如一个流域、一个行政区)一定历史发展阶段下,以可预见的技术、经济和社会发展水平为依据,以可持续发展为原则,以维护生态环境良性发展为条件,经过合理的优化配置,水资源对区域经济社会发展的最大支撑能力。水资源承载力与环境容量一样,是一个动态的概念,受资源约束、环境条件、科技进步、制度安排等因素的影响。

受自然降水、人为利用以及环境污染等因素的影响,水资源无论在数量、利用以及环境等方面具有动态性。随着水资源评价工作的深入,20世纪90年代后期开始我国形成了水资源年度公示制度,逐年公布当年水资源状况,包括水资源量(降水量、地表水资源量、地下水资源量、水资源总量、蓄水动态)、水资源开发利用(供水量、用水量、用水消耗量、废污水消耗量)、水体水质(河流水质、湖泊水质、水库水质、地下水水质)等方面,是水资源评价的继续和深化。

3.2.4 水资源保护规划

水资源评价是水资源规划的基础。

水资源规划是在掌握流域(区域)水资源时空分布特征、流域(区域)自然条件、经济社会发展对水资源需求的基础上,对水资源进行的统筹安排。水资源规划包括水资源的开发、利用、治理、配置、节约、保护和管理等各个方面,是一个综合性的系统工程。

针对我国当前面临的十分严峻的水资源形势,日益突出的水资源短缺、水污染严重、水生态环境恶化等问题,这里简要介绍《全国水资源保护规划技术大纲》的有关内容。

1) 规划目标

全国水资源保护规划坚持顶层设计理念,以实现水资源可持续利用与水生态系统良性循环为目标,以已有相关规划为基础,坚持水量、水质和水生态统一规划,统筹考虑地表与地下、保护与修复、点源与非点源等方面的关系,科学制定水资源保护规划方案,促进水资源可持续利用与经济发展方式转变,推动经济社会发展与水资源水环境承载能力相协调。

规划分近期(2020年)和远期(2030年)两个目标年。其中近期目标是,到2020年,主要江河湖库水功能区水质明显改善,重要江河湖泊水功能区水质达标率提高到80%以上;城镇供水水源地水质全面达标;地下水超采和区域地下水水位持续下降的态势基本得到遏制,地下水资源储备能力显著提高;主要江河湖泊水生态系统得到基本保护,河湖生态水量得到基本保证;重要生态保护区、水源涵养区、江河源头区和湿地得到有效保护;受损的重要地表水和地下水生态系统得到初步修复,水生态恶化的趋势得到遏制;基本建成水资源保护和河湖健康保障体系。

2) 主要规划内容

(1) 总体规划。根据水资源保护现状及经济发展水平,按照地表水、地下水功能区划及水生态保护的要求,提出规划水平年水质、水量和水生态控制指标,按照水功能区划、水质现状、规划目标、经济发展水平,综合确定总体布局的原则和要求,提出重点规划区域,并提出水资源保护规划的时空布局,制定水质保护、水量保障、水生态保护与修复工程及非工程措施体系。

(2) 污染物入河量控制。在核定水域纳污能力的基础上,综合确定水功能区各规划水平年污染物入河量控制方案,并进行协调性与可达性分析,严格控制入河排污总量。

(3) 入河排污口布局。在入河排污口调查评价的基础上,结合地方经济、产业布局及城镇规划,确定入河排污口禁止区、限制区的位置及范围。如饮用水水源地保护区、跨流域调水水源地及其输水干线、区域供水水源地及其输水通道、重要生态功能的水域应列为禁止设置入河排污口水域。

(4) 内源治理与面源控制。在内源污染与面源污染调查与估算的基础上,针对不同典型区域,提出针对性的污染控制措施。如对于流域重要河段,实施河道、湖泊生态清淤工程,促进区域水系畅通,减轻内源污染;对于围网养殖污染严重的水域,实施围网养殖清理工程;对于农村河道,提出资源化利用农村生活垃圾、污水和人畜粪便等废弃物、减少污染物排放,并提出农药和化肥减施、农村固体废弃物资源化利用、畜禽养殖场废弃物处理利用、农业面源污染监测体系建设等对策措施建议。

(5) 生态基流及敏感生态需求。生态基流是指为维持河流基本形态和基本生态功能的河道内最小流量;敏感生态需水是指维持河湖生态敏感区正常生态功能的需水量及过程,主要包括河流湿地及河谷林草生态需水、湖泊生态需水、河口生态需水、重要水生生物生态需水、输沙需水等。生态基流及敏感生态需水可采用 Tennant 法、90%保证率法、近年最枯月流量法、流量历时曲线法、湿周法等水文学、水力学方法进行测算。在此基础上,针对主要河湖水生态系统保护存在的主要问题,根据水资源条件和水生态特点,合理调配水资源,保障生态用水需求。

(6) 水生态系统保护与修复。基于水生态现状调查及问题识别,从河湖健康与流域生态安全保障的角度,明确主要河湖水生态系统保护和修复的对象;围绕水生态系统保护与修复目标,因地制宜,统筹协调上下游、干支流、左右岸的水生态系统保护关系,明确主要河湖水生态系统保护与修复的方向和重点。从生态需水保障、水源涵养区保护、重要生境保护与修复等方面实施水生态系统保护与修复。

（7）地下水资源保护。在浅层地下水污染脆弱性评价及浅层地下水功能区划分的基础上,从地下水开采总量控制、地下水水质保护、地下水水位控制等方面提出地下水资源保护方案,治理地下水超采,修复地下水环境,保护地下水资源。

（8）饮用水水源地保护。饮用水水源地包括地表水水源地和地下水水源地。在现状调查的基础上,根据水质评价、污染调查、饮用水水源地周边卫生状况等,划分饮用水水源保护区。保护措施包括隔离防护、污染源整治、生态保护与修复等,并落实替代及应急备用水源地方案。

3.3 水资源管理

水是自然系统中的有机组成,其本身也构成一个完整的系统。水资源的开发利用不仅是水资源本身的问题,也涉及与其他资源与环境的关系问题。水资源开发利用的效果与效益有赖于管理。美国田纳西流域的管理、欧洲莱茵河流域的跨国管理等都明显也体现出管理在水资源开发利用及其生态环境保护方面的作用。我国黄河自1972年以来即产生断流,其后断流时间和断流长度逐渐增长,至90年代迅速增加,最长的1997年达到226天的断流时间和704公里的断流长度。经过强化的流域统一管理与调度,已连续多年未出现断流现象,充分体现了管理在其中的作用。

1992年1月召开的国际水与环境会议(ICWE)通过了《都柏林声明》,开宗明义地指出:"淡水资源的紧缺和使用不当,对于持续发展和保护环境构成了十分严重而又不断增长的威胁。人类的健康和福利、粮食的保障、工业发展和生态系统,都依赖于水。但现在我们却处于危险之中,除非从现在起,在十年左右的时间,能够采取比以往更为有效地对水的管理措施"[1],这同样表明了管理的作用。

3.3.1 水资源管理的概念

1992年联合国环境与发展大会签署的《21世纪议程》,对水资源管理应实现的目标曾提出如下的基本内容:

① 水资源管理包括查明和保护潜在的供水水源,并采取富有活力的、相互作用的、循环往复式的多部门协调的方式,并把技术、社会、经济、环境和人类健康等各个方面都相互结合起来,统筹考虑;

② 遵照国家的经济发展政策,并以社会各部门、各地区的用水需要和事先安排好的用水优先顺序为基础,以及根据可持续地开发利用、保护、养护和管理的原则,进行水资源的综合规划;

③ 在公众充分参与的基础上,设计、实施并评价出具有明显战略意义的、经济效益高的、社会效益好的项目和方案;

④ 根据需要确立或加强(或制定)适当的体制、法律和财务机制,以确保水事政策的制定和执行,从而促进社会的进步和经济的增长。

---

[1] ICWE. The Dublin Statement and Report of the Conference// Global Water Resources Issues. Cambridge University Press, 1994

为了改善水资源管理，《议程》还提出了国家层面的水资源管理要求，包括：
① 制定目标明确的有关水资源的国家实施计划和投资方案，并应进行成本核算；
② 实施保护和养护潜在淡水资源的措施；
③ 研制交互式数据库、水情预报模型和经济规划模型，以及制定水资源管理和规划；
④ 在自然、社会和经济的制约条件下，实行最适度的水资源配置；
⑤ 通过需求管理、价格机制和调控措施，实行对水资源合理配置的政策；
⑥ 加强对水旱灾害的预防工作，包括对灾害的风险分析以及对环境和社会影响的分析；
⑦ 通过不断提高公众的觉悟，加强言传教育，征收水费以及其他经济措施，以推广合理用水的方法；
⑧ 实行跨流域调水特别是向干旱和半干旱地区调水；
⑨ 推动开展淡水资源的国际合作；
⑩ 开发新的和替代的供水水源，如废水的再利用以及循环用水等；
⑪ 对水的数量和质量进行综合管理，包括地表和地下水源；
⑫ 促进切用水户提高用水效率，并最大限度地减少浪费水的现象，以推动节约用水；
⑬ 支持用水单位优化当地水资源管理的行动；
⑭ 制定使公众参与决策的方法；
⑮ 开展并加强各级有关部门间的合作，包括发展和加强各种机制；
⑯ 加强对有关水资源信息和业务准则的传播和交流，广泛开展对用水户的教育。

根据上述水资源管理目标与要求，水资源管理可以定义为：对水资源开发、利用和保护的组织、协调、监督和调度等方面的实施，包括运用行政、法律、经济、技术和教育等手段，组织开发利用水资源防治水害；协调水资源的开发利用与治理和社会经济发展之间的关系，处理好各地区、各部门间的用水矛盾；监督并限制各种不合理开发利用水资源和危害水源的行为；制定水资源的合理分配方案，处理好防洪和兴利的调度原则，提出并执行对供水系统及水源工程的优化调度方案；对来水量变化及水质情况进行监测与相应措施的管理等[①]。

中国水资源管理工作正在逐渐完善、加强和提高，1988年全国人大常委会审议通过的《中华人民共和国水法》加强了水资源管理和法制建设。在制定《中国21世纪议程》中，结合我国国情和自然环境特点，提出了水资源管理的基本要求：水量与水质并重、资源和环境管理一体化。其基本目标是：① 形成能够高效率利用水的节水型社会；② 建设稳定、可靠的城乡供水体系；③ 建立综合性防洪安全社会保障制度；④ 加强水环境系统的建设和管理，建成国家水环境监测网。

《中共中央国务院关于加快水利改革发展的决定》（中发〔2011〕1号）明确了新形势下水利的战略地位，提出了我国水利改革发展的指导思路、目标任务与基本原则，从加强农田水利等薄弱环节建设、加快水利基础设施建设、建立水利投入稳定增长机制、实行最严格的水资源管理制度、创新水利发展体制机制等方面进行了全面部署。国务院《关于实行最严格水资源管理制度的意见》（国发〔2012〕3号）明确了加强水资源开发利用红线管理、水效率控制红线管理和水功能区限制纳污红线管理的"三条红线"，严格实行用水总量控制，全面推进节水型社会建设，严格控制入河湖排污总量。

---

①中国大百科全书——大气科学·海洋科学·水文科学。北京，上海：中国大百科全书出版社，1987

3.3.2 水资源管理的内容

水资源管理贯穿在水资源评价、规划、利用、保护的全过程,同时也将涉及与水有关的其他资源环境问题,如与土地资源的关系问题,还会涉及跨地区跨国家间的水的问题。因此,水资源管理十分复杂,水资源管理的内容也十分广泛,这里主要从以下几个角度进行考察。

1) 水资源权属管理

产权是管理的核心,产权明晰是有效管理的基础。但是,由于水的流动性,水的权属问题比较复杂(如与土地权属相比较)。

从权利束而论,对水的占有(排他性)不能成为现实。因此其所有权的确定比较困难,或曰所有权的确定往往是在概念上。从法律建设上,对于水资源的所有权,各国多根据本国实际、社会和历史背景、民族风情和习惯等规定,但大多数国家规定水资源属国家所有。我国在1988年颁布、2002年修订的《中华人民共和国水法》中明确规定,水资源属于国家所有,即全民所有制,并同时说明在农业集体经济组织所有的水塘、水库中的水,属于集体所有,即集体所有制。

为了实现水资源所有权的全民化,对水资源的分配和使用由水行政主管部门进行调控,并在服从国家规定的方针政策原则指导下进行管理,这也是国家所有制下水的使用权及其他物权如收益权等的产权设置及其管理基础。许多国家在使用权方面实行取水许可证制度,有的则明确使用水资源应按规定交纳水费或水资源费,由国家指定的单位或机构收取。为扩大水的使用目的需要对天然水资源进行工程开发和对水流进行控制,如在河流、湖泊上修建闸、坝、引水渠道和管道、打井、泵站等,均需由相应的水管理部门审批,然后授权给有关单位进行施工建设,建成后也要委托有关单位进行管理,以防止无计划地任意开发利用水资源,造成资源的浪费和破坏。

此外,水的权益管理上还有一重要类型,即对水资源的开发利用,如建水库以发电等,这是水资源的开发权。我国以市场经济理念推动下,水资源开发往往采用多投资渠道,以避免以往单一国家投资带来的重建设轻管理等弊端。

2) 需水管理

所谓需水管理是指对各类需水用户进行需水要求分析,使各类需水指标合理化,以达到节约用水合理用水的目的。需水管理的概念是在水的供需关系出现紧张后逐步形成的。20世纪后半叶,由于人口的增长和经济的发展,各类用水量迅猛增长,而供水量则受自然环境的制约不可能无限发展,常滞后于需水量的要求,尤其是有的地区因天然水资源比较贫乏,即使新建供水工程也无力充分满足需水的增长要求,不得不对用水加以限制。在这种情况下,水管理部门不是简单地满足用水户的用水要求,如修建水库,而是要对用水需求进行分析,并和用户一起提出如何降低用水指标和定额,在有限的供水能力条件下使水发挥更大的效益。因此,需水管理最早出现淡水资源特别匮乏的地区,如最早实行需水管理的以色列,其管理核心是节水。我国水资源管理模式正在由供水管理向需水管理转变。以鄱阳湖为例,通过对鄱阳湖现有水利工程的配套、挖潜、改选,提高水的利用效率,一定程度上缓解了水资源供需矛盾。鄱阳湖区周边总节水潜力为每年 25.6 亿 m^3[①]。

[①] 刘菁,郭远明. 我国最大淡水湖"喊渴". 瞭望,2012,37:52—53

需水管理、用水管理和供水管理是在水的供需问题中的不同环节,三者相辅相成。需水管理是这三个环节中最基础的。通过对各类对象需水指标的调查分析与研究,从源头上抓起,管理水的节约利用问题;供水管理是在供水过程中尽量采用各类措施以减少水量在输送过程中的无效消耗;用水管理则是在用水过程中尽量减少不必要的水量浪费,并不断改进工艺和设备以及操作方法以节约用水。三者的配合,以求达到高效用水的目的,在用水效益与供水费用之间寻求适当平衡。

3)用水管理

水的流动性和多用途性,决定了在水资源管理中对用水管理的特殊性。水的使用有消耗性的和非消耗性的,前者如工业、农业、生活用水等;后者如水力发电、航运、养殖等;此外,水的使用将会影响到上下游、左右岸,如上游大量的灌溉用水将影响下游的来水量,从而影响下游区域的用水量;例如水电站承担日调节或调峰荷的作用,发电放水随用电负荷变化而变化,有时多发电则多放水,有时少发甚至不发电则少放或不放水,这就使电站下游的流量、水位发生时高时低的变化,会与下游的航运、天然水产养殖场等要求的水位发生矛盾。又如,黄河20世纪90年代的长时间长距离断流与上游大量无序的灌溉用水甚至争水不无关系。

因此,水资源利用必将涉及用水管理问题,尤其在上下游、左右岸发生用水矛盾时,为减少水的浪费,增加水的利用的有效性,水资源使用权的合理分配成为必然,水资源的成本观念以及价值观念必须建立。水资源的用水管理就是要尽量减少在输水过程中的无效损失,对各类用水户实行计划用水和合理用水的管理,并在产权制度建立基础上采用相应的法律、经济和技术手段进行控制。

4)水质管理

水质管理是对水的质量方面的管理,即通过调查污染源,实行水质监测,进行水质调查和评价,为制定有关法规和标准,制定水质规划等提供基础。

水资源的数量和质量是不可分割的整体。水量管理的同时,对水质的管理同样重要,而且变得日益重要。如缺水问题,如果不重视水资源的质量管理,水质型缺水将日益增多,有水而不能用。为有效开展水质管理,必须采用相应的措施,包括:① 加强对水资源的监测和信息收集;② 定期进行有针对性的水量和水质评价和预测工作;③ 制定水质规划,拟定定期内要达到的水量和水质规划的标准和目标,以及相应的技术和其他措施;④ 制定必要的法规和标准,并加强监督。

1977年召开的联合国水会议上已经提出,"水资源开发项目与其造成的对自然、化学、生物、健康、社会和经济的重大影响之间,有着深刻的内在联系。已确定的环境与保健的总目标是:评价用水户对环境的影响,支持防治以水为媒介的传染病的措施以及保护生态系统"。

1992年召开的环境与发展大会,则提出了更明确的指标:

① 弄清可持续开发利用的水资源以及其他与水紧密有关、且可开发利用的资源,并制定对这些资源的保护、养护和可持续利用的计划;

② 查明所有的潜在可供水源,并拟定对其实行保护、养护和开发利用的计划;

③ 对主要点污染源和具有高度危险的非点污染源所制定的强制性实施标准,开展有效的水污染防治措施;

④ 尽可能参与国际上有关水质监测和管理活动;

⑤ 大力减少与水有关疾病的流行;

⑥ 制定各类水体的生物、卫生、物理和化学质量标准,以不断改善水质;
⑦ 保护水生生态系统和淡水生物资源;
⑧ 制定和淡水、沿海生态系统有关的无害环境管理策略。

5) 法制建设

无论是水资源的产权制度建设,还是水资源的用水管理、需水管理、供水管理,要真正做到有效有序,必须建立相对完整的法律、法规体系。在市场经济条件下,其体系还应体现市场经济共同参与和投资分享的理念。如果说美国田纳西流域的管理的成功主要地由于其特殊的法律制度的话,欧洲莱茵河多国管理以及许多大江大河的成功管理都表明了规章制度建设的作用。目前,我国区域性河流(如湄公河)的管理亦在区域性组织(如湄公河委员会(MRC))的协调下致力于国家间的对水的有序有效利用。

中国曾于1930年由中华民国行政院颁布了《河川法》,这是中国近代的第一部河川管理法规。中华人民共和国成立后,直到1988年经全国人民代表大会常务委员会通过并颁布了《中华人民共和国水法》(简称《水法》)。这是新中国的第一部水的大法,这部水法起草工作历经10年,包括总则(水资源规划,水资源开发利用,水资源、水域和水利工程的保护,水资源配置和节约使用,水事纠纷处理与执法监督检查,法律责任)和附则,共8章82条,规定了:① 在中华人民共和国的水资源属于国家所有,明确了国家对水资源和有管理权和调配权;② 在农业集体经济组织所有的水塘、水库中的水属集体所有;③ 对依法开发利用水资源的团体或个人的合法权益,国家予以保护。在该水法中规定了国家对水资源实行开发利用与保护相结合的方针,开发利用水资源应贯彻全面规划、统筹兼顾、综合利用、讲求效益的原则,并注意发挥水资源的多种功能效益,规定国家要保护水资源,防治水污染,防治水土流失,保护水环境,以及要实行计划用水和节约用水的基本政策,实行用水许可证制度、征收水资源费的制度。

近年来,国家高度重视水资源法规建设,其中最重要的包括2011年中央1号文件《中共中央国务院关于加快水利改革发展的决定》以及《国务院关于实行最严格水资源管理制度的意见》(国发〔2012〕3号),明确了水资源开发利用控制、用水效率控制和水功能区限制纳污等"三条红线",从制度上推动经济社会发展与水资源水环境承载能力的适应性。

3.4 水资源可持续利用

从可持续角度而论,不论是水资源的评价、规划、开发、利用,亦或是水资源的保护、管理,其根本目的是实现水资源的可持续利用。

3.4.1 水资源可持续利用的概念

水资源可持续利用是可持续发展的有机组成。在《21世纪议程》中,对水资源的可持续利用进行了有效的关注。可持续发展的宗旨是保护其资源能满足世世代代延续不断发展的需要,使人口的数量和生活方式维持在地球的承载能力之内。从内涵来看,可持续发展必须处理好近期目标和长远目标、近期利益和长远利益的关系,经济发展应注重速度与质量并存。其中,经济增长方式十分重要,是可持续发展不可分割的一个整体。

我国正处于经济快速增长与经济增长方式由过渡向转变的过程中,其水资源可持续利用应包含以下几方面内容：

① 水资源可持续利用要改变以往(工程)水利相对单一的弊端,强化生态水利、资源水利意识,在注重经济基础价值的同时,重视水资源的生态环境价值和社会价值。

② 水资源可持续利用强调人口、资源、环境和经济协调发展下的利用,即在保护生态环境的同时,促进经济增长和社会繁荣,避免单纯追求经济利益的弊端。

③ 水资源可持续利用要满足代内与代际之间的平等,共享环境、资源和经济、社会效益的公平原则。

④ 水资源可持续利用应遵循生态经济学原理和整体、协调、优化与循环思路,应用系统方法和高新技术,实现生态水利的公平和高效发展。

⑤ 水资源的节约利用和循环利用是水资源可持续利用的一项长久策略,是节约型社会和循环经济在水资源方面的具体体现。合理用水、节约用水和污水资源化是开辟新水源和缓解供需矛盾的有效途径。

3.4.2 我国水资源可持续利用面临的问题

新中国成立50多年来,我国水利建设和水资源利用取得了巨大的成就,干旱、洪涝等水旱灾害的防治以及发电、灌溉等水资源利用为中国经济发展和社会进步发挥了巨大作用。最近10年,是我国水利事业蓬勃的时期,全国累计完成水利固定资产投资32万亿元,其中中央水利投资规模达6205亿元,分别是1949—2001年水利建设投资总量的3.2倍和2.2倍[①]。但是,由于我国人口众多,区域差异明显,水土资源不匹配,尤其是近年来经济持续快速发展带来的(水)资源压力和严峻的水多(洪水)、水少(干旱)、水脏(污染)的现实,与可持续利用目标相比,仍面临诸多问题,且有的问题仍在恶化。归纳起来主要有：

1) 人口增长,人均水资源量降低相对较少

中国巨大的人口基数以及人口再生产特有的巨大惯性,使中国人口仍在继续增加(尽管增长率在下降),高峰约在2030年出现。因此,在未来近20年内,中国的水资源可持续利用仍将面临巨大的人口压力,人均水资源量将进一步降低,这也是水资源利用和水环境保护的最大挑战。

2) 经济快速增长,废污水排放量急剧增长

改革开放以来,伴随我国经济处于高速增长期,工业化和城市化飞速发展的进程,一方面是对水的需求急速增长,另一方面是废污水的排放量也相应急速增长。基于目前废物水的处理和回收利用偏低的现状,如果在可预见的未来工业用水成倍增加、城市化水平快速上升、小城镇快速发展,废污水的排放量将会数倍、甚至十几倍的增加,势必加剧水环境的恶化。据分析[②],如果全国排放污水总量按500亿 m^3 计,就目前的污水处理水平,要满足正常的水资源利用要求,则需要用1.4万亿 m^3 的清洁水资源(本底浓度为零)来稀释;若清洁水资源的本底浓度为每升5毫克,则需要2万亿 m^3 作为稀释水,这么巨大的水量就大大超过

[①] 李力,张雪.治水兴水,利国惠民.经济日报,2012-10-14(6)
[②] 中国工程院"21世纪中国可持续发展水资源战略研究"项目组. 中国可持续发展水资源战略研究综合报告. 2001. http://www.hwc.com.cn

全国可利用的水资源总量。因此,在未来 50 年里,随着经济社会发展和人类活动的增加,中国将面临水资源短缺和废污水处理、水环境治理的三冲压力。

3) 需水增长,供需矛盾尖锐

中国水资源总量为 2.8 万亿 m^3。根据国际上评估标准认为,中国水资源的可利用量大约为 10 000 亿～11 000 亿 m^3。据有关专家估计,我国未来水需求量在 7 000 亿～10 000 亿 m^3,鉴于我国的水资源可利用量及其开发利用难度,在可预见的未来增加 4 000 亿 m^3 的可供水量是困难的。如果在可预见的未来我国的供水总量控制在 8 000 亿 m^3 左右,即净增 2 200 亿 m^3 的供水能力也有相当大的难度。因为过去的 50 年间较易开发利用的水资源大部分已被开发利用,可经济开发的水源不仅受到区域性的限制,而且可开发利用的水资源的难度越来越大,开发的成本、所需的技术和知识越来越多。特别是长期以来,管理体制的部门分割,对水资源的有效利用和管理又人为增加了很多不利因素。因此,中国未来水资源的开发利用将更加艰难,供需矛盾将会更加尖锐。

4) 水工程老化失修,改造任务艰巨

我国现有的水基础设施是未来 50 年经济社会发展的主要保障和物质基础,但却具有很大的脆弱性。目前面临着两大威胁:一是现有水基础设施面临着萎缩衰老的"危机";二是工程保安、维修、更新、配套任务大。因为中国现有水利基础设施大部分 50 年代"大跃进"时期和 70 年代大搞农田基本建设时期兴建的,到 21 世纪中叶,这些水利基础设施将进入百年期。由于种种历史原因,其设计标准普遍偏低,再加上重硬件、轻软件,重骨干、轻配套,重建设、轻管理,因此,许多水利基础设施配套差、尾工大、设备老化失修、管理水平低,运行状况不良,至今没有能充分发挥应有的效益。如果未来若干年,现有水利基础设施不能巩固、提高和充分发挥效益,那么现有水利基础设施存在的问题很可能成为经济社会发展最大的制约因素。因此,随着水利基础设施逐步进入百年期,巩固改造任务愈加繁重。

5) 科技含量低,管理相对粗放

科技进步是提高水资源的有效利用率的决定性因素,一旦科学技术渗透并服务于整个水利,水利基础设施潜力和水资源利用率的提高将会对经济社会发展带来更高的安全保障和新的经济增长。从目前来看,我国科技水平与发达国家相比,存在着很大差距。因此,未来水基础设施效益和水资源利用率的提高,缓解水资源短缺矛盾,很大程度上取决于科技水平和经营管理水平的提高。在水利领域,目前水利科技贡献率只有 32% 左右,水的有效利用和节水技术的应用没有引起高度的重视,过去由于在水利建设的指导思想上,重建设、轻管理,导致了管理机构不健全,管理人员素质较低。因此,我国依靠科技进步、技术创新,提高水经营管理水平,以及管理人员素质的任务十分迫切而艰巨。

6) 水市场机制建设步履维艰

随着市场经济的建立和快速发展,水市场机制的建设已经摆在面前。而水市场机制的建设须结合水的特殊性。由于过去水利一直是以农业服务为主体,因此作为国民经济基础产业,具有公益性,面向全社会的水资源,其市场机制的建设还远落后于其他资源市场化程度。

水如何适应市场经济体制,即水市场如何建设,是当前和今后一段时间内水资源管理的一个难点。单纯从经济运行角度而论,水市场化程度将随国家经济市场化程度的提高而提高,但由于水资源仍然要依靠亿万农民兴修、维护和抗洪抢险,具有公益性,因此水市场化建设过程中至少应考虑到国家目标或政策的约束。一是水价,由于农业用水总量约占 70%,即使考虑节水技术与措施,未来至少仍占50%,农业水价始终受到国家农业政策的约束;二是劳动力,由于水利的兴修和抢险要依靠亿万农民,目前农民主要承担两种工,即义务工,主要是防汛抢险;劳动积累工,主要是开展农田水利基本建设,包括水土保持的小流域治理等。因此,水市场化程度应为国家宏观政策指导下的有条件的市场经济,水利市场化程度不能与国家整体同步提高。

7) 管理体制的分割,影响水资源的统一管理

长期以来,无论是从思想认识还是经济体制上,水利一直没有被视为国民经济的基础产业,直接影响到水的管理体制。目前在分地区、分部门的水资源管理体制中,权属管理部门与开发利用部门相互关系职责不清;地表水与地下水的统一管理体制仍未理顺;供水、用水、排水(包括排污)三者的管理体制很不协调;水污染的防治与水资源的保护,以及城乡供水、水量和水质的管理体制没有结合起来等。这种现行的管理体制和机制,既不利于水资源的有效利用,更不利于生产力的发展。从机构的变革来看,就水利和水电而言,1958年水利和水电合并组成水电部,1978年又分开成立水利部和电力部,1982年又合并为水电部,1988年又分开成立水利部和电力部。这种体制上的反反复复,严重影响水作为资源的统一管理,严重影响水资源管理的效益。事实上,凡是大型综合利用的水库,担负着防洪、发电、灌溉、供水、水运等多目标的任务,往往大坝及其建筑物由水利部门管,水电站由电力部门管,船闸再由交通部门管。一龙治水,多龙管水;或多龙治水,多龙管水,这种管理体制既影响水资源的综合开发、优化配置、有效利用和统一和管理,又束缚了经济社会生产力的发展。

此外,我国北方产粮区,水土资源匹配差异明显,水资源的短缺情况正在加剧(如气候变化、黄河断流)等,也将是我国未来水资源可持续利用的重要制约因素。

3.4.3 我国水资源可持续利用对策

针对上述主要的制约因素或矛盾,结合水资源在我国经济社会发展中的特殊作用、水本身的特殊性以及可持续发展的本质要求,提出如下基本对策。

1) 强化节约意识,建设节水型社会最严格的水资源管理制度

我国是一个水资源不多、缺水严重的国家,人均占有量随人口增加逐渐减少,目前只有世界人口的1/4,被列为世界人均水资源13个贫水国家之一。而人口的持续增长、经济的快速建设、人民生活水平的提高,都离不开没有可替代资源的水。因此,在水资源总量有限的条件下,不实行保护性和持续性的开源节流措施,是无论如何也解决和满足不了供需矛盾和日益增长的用水需求的。节约用水不是权宜之计,而是持续性策略,并逐渐形成节水型社会。

节约用水,建立节水型社会不可能自发的形成,需要政府重视并大量的艰苦工作。这里既有认识的问题,也有政策和管理的问题,还有科学技术和经费投入等问题。但是,只要坚持科学发展观,坚持水资源市场化与公益性相结合,坚持政策引导和目标导向,节水型社会的建设是可以预期的。

就数量而言,农业节约用水最为重要。近年我国农业用的水约占全国用水总量的62%,部分地区高达90%以上。在总的农业用水中,有效灌溉面积6 167万 hm^2,节水灌溉工程面积2 900万 hm^2,其中高效节水灌溉工程面积1 250万 hm^2,仍有相当潜力。如根据相关规划,"十二五"期间,全国将新增节水灌溉工程面积1 300万 hm^2,其中发展高效节水

灌溉面积确保 340 万 hm²；到 2020 年，全国节水灌溉工程面积将达到 5 000 万 hm² 以上[①]。

2) 合理开发水资源，适度增强供水能力

2011 年底我国供水总量 6 107 亿 m³，约占水资源总量 22%，总的开发利用率并不算高，还有较大潜力提高供水能力。但是，我国水资源的时空分布和利用情况极不均衡，需要大力增加供水能力的北方缺水地区，当地水资源开发利用程度已经较高，其地表水的利用率已达 43%～68%，地下水开发程度达 40%～81%。据国外研究经验指出：当地区人均水资源量少于 500 m³，水资源开发利用程度达到 70% 时，如不采取复杂高效用水措施和生态环境保护措施，必将造成严重的社会与生态问题。目前华北地区人均水资源量≤500 m³，按水资源开发控制现状已属于水资源超载区。因此，再增加当地供水量是相当困难的。如采用南水北调引水工程，增加北方用水，无论东线和中线，开发难度和资金投入都越来越大。至于开发西线调水工程解决西北干旱地区的供水缺水问题将更困难。

现在的水资源开发必须与保护水资源、防止水环境污染、改善生态环境和地区经济发展同步规划，有计划的实施，以维持地区人口、资源、环境与发展的协调关系。因此，必须做好综合规划，包括流域或地区的水资源评价、水环境容量及水的承载能力分析，以及从宏观到微观的水资源保护、水污染防治和防洪减灾的全面规划等，以最小的代价取得水资源对持续发展的最大支持和效益。

3) 保护水环境，防止水污染，改善水生态环境

我国目前水环境污染是相当严重的。彻底解决已经污染了的水资源，使污水资源化，必须采取各种技术措施和管理措施。我国制定的经济、城乡和环境建设"三同步"（同步规划、同步实施、同步发展）方针、超标罚款等政策取得了一定成效。但不可否认，这些方针和政策并未扼制住环境恶化的势头，局部改善而整体恶化的趋势仍在继续。

工业是我国水环境的最大污染源，对工业污染源的治理应作为水污染防治的重点。防治水污染的最好途径是加速建立环境保护产业和推行清洁生产技术。环保保护产业是指其产品和劳务用于防治环境污染、改善生态环境、保护自然资源等方面的产业部门，其中包括环保机械和环保用品的制造业。清洁生产技术是包括节省原材料、消除有毒原材料和削减一切排放和废物数量与毒性，将污染尽量消灭与生产过程之中的生产方式与技术。如改革原料路线和产品种类，采用高效低耗的生产工艺及设备，使原料、材料、能源的消耗减至最少，使生产的废物量减至最小，并使废料、废物尽可能的"变废为宝"。

除了积极预防水污染外，对已经污染了的水资源的治理也同样重要。须知预防并不能彻底消灭污染源，例如人类生产产生的废水总是无法避免的，即使采用了清洁生产技术，实现了循环经济，也不可避免地仍要排放一定量的废水，这些废水都需妥善治理。治理的目的是使改善废水水质，保护水体环境不受污染，或是污水资源化而被重新利用。因此，治理和预防是同样积极和不可缺少的措施。尤其是在许多江河湖泊已经受到严重污染的现实条件下，对水污染的防治就更应受到重视。

要管理和保护好水环境，应明确水资源产权，理顺管理机构，由目前条块分割的管理方式逐步过渡到集开发、利用和保护于一体的以流域为单位的企业化管理体制。根据水体功能，制定合理的水质目标和相应的地方水环境质量标准、污染物排放标准。推行总量控制和排污许

---

① 国家农业节水纲要(2012—2020). http://www.huaihua.gov.cn/main/hhmh/zwgk/rdzz/4_37918/Default.shtml

可证制度,有偿使用环境容量。运用市场机制,实行有偿使用,制定合理的水资源价格政策、排放交易政策、配套法规和标准。同时还要加强水资源持续利用的基础和技术研究。

4) 综合治理洪涝灾害,保障生产与社会安全

为了提高现有防洪能力,尽量减少洪灾损失,需要采取工程与非工程相结合的防洪措施。用工程手段控制一定防洪标准的洪水,用非工程措施(包括行政、法制、经济、管理等)减缓工程措施不能防御的洪水而带来的洪灾损失。洪水是自然环境系统的一个组成部分,过分强度对洪水的控制,甚至从政绩等方面考虑万无一失,无论在从经济上还是技术上,都是不可取的。洪水防治应树立疏而非堵的理念。此外,洪水在一定程度上是自然生态平衡和物质循环的反映,没有也不可能完全控制。因此,需要制定有关防洪政策、防洪法、洪水保险和防洪基金等制度,把工程的和非工程的措施结合起来,共同对付洪水灾害和保障社会发展。

防治减缓水旱灾害损失,还应与水土资源综合开发、保持水土、植树造林等结合起来,共同支持再生资源的恢复能力,促进经济社会的持续发展。总之,防治灾害必须是开发性的防治,开发资源必须是与防治不利影响结合起来,贯彻可持续发展的要求。

5) 加强水资源管理,保证水资源持续利用

目前,我国的水资源管理,随着国家经济体制和经济增长方式的转变,正在进行管理体制的改革。但总的来说,还跟不上经济社会发展形势的步伐,显得迟缓无力。譬如,水资源管理部门要求节约用水、保护水质、减少污染,而各行业的生产部门为追求产值却依旧我行我素,不惜浪费水资源,甚至污染水体。类似现象,不仅城市、农村存在,个别的水利部门也存在。因此,加强管理不但现在要强调、要行动,就是将来随着情况变化、科技进步,管理制度的安排和制度变迁也是存在的和需要的。

水资源管理内容繁多,重点要加强水资源产权管理、全国水资源总体开发利用、保护、防治规划和合理配置水资源等管理,研究制定有关水资源政策、法律、协调机制和水资源产业行业管理等。管理的手段,除行政、法律、宣教外,经济和科技手段的结合将越来越重要。

当前水资源(包括地表水和地下水)的开发利用必须严格执行取水许可、交纳水资源费制度和污水排放许可和限制排水总量的制度。地下水的开发要严格限制超采,规定各地地下水位警戒线和停止抽取界线。要认真贯彻《水法》、《水污染防治法》等各项法律法规和制度,依法管水、用水和治水。法规的效果如何,一要看规定是否符合实际,二要看执法严格、违法必究的水资源管理队伍。管水、节水和防治水污染,应加强人民群众的参与,既能提高全民对水资源紧缺的危机感和节水的紧迫感,又可加强人们对水的重要性认识和保护水资源、防治水污染的责任感。

6) 建立水资源核算体系,提高水资源综合效益

加强水资源开发力度,强化水资源科学管理,是提高水资源供水能力的重要措施,但完全依赖国家资金投入,既有实际困难,也影响国力的全面发展。因此,随着国家经济体制改革的深化,要加强和建立基于市场机制和宏观调控相结合的水资源管理体系,转变水资源产业运行机制,提高水资源综合效益。

建立水资源核算体系,明确水资源所有者、使用者和开发者的权利和义务,并逐渐将水资源核算纳入国民经济核算体系,使水资源的储蓄控制和消耗减少在国民经济核算中得到具体表现且水资源的投入产出关系得到有效反映。通过这样,可以明晰水资源的盈亏、供水与用水的轻重缓急、节水与浪费水的效益差异,并可指导协调水资源开发利用保护与经济发

展之间的关系。

在各流域或各地区建立水资源核算制度条件下,按照不同地区、不同时间水资源供需形势、短缺程度和不同取水、用水性质,制定水资源价格标准和收费标准,并依市场机制,允许水商品的经营者有一定的价格浮动范围。制定和改革水价,既要考虑水的本身价值、水商品价值规律,又要考虑用户的经济承受能力,还要为有使用经营权的水资源生产部门和企业获得一定利润、进一步发展创造条件,这样,可在相当程度上抑制水浪费、减少水污染,还可采取激励机制鼓励多开发水源、多供水和节约用水,从而更好地保护水资源和提高水资源利用率。

依靠市场机制和科学技术优化配置水资源,提高水利用率,取得高的社会效益和经济效益。同样地,依靠经济调控和技术手段,还需要提高环境效益。只有优化水资源的配置利用,达到经济、社会和环境综合效益的统一,才能实现水资源持续利用的基本目的和要求①。

主 要 参 考 文 献

[1] 包浩生,彭补拙,等. 自然资源学导论. 南京:江苏教育出版社,1999
[2] 联合国. 21 世纪议程
[3] UNESCO, WMO. Water Resources Assessment Activities: Handbook for National Evaluation. Geneva: WMO Secretariat, 1988
[4] 中国大百科全书——大气科学·海洋科学·水文科学. 北京,上海:中国大百科全书出版社,1987:738—739
[5] 孙鸿烈. 中国资源科学百科全书. 中国大百科全书出版社,石油大学出版社,2000:318
[6] 王小龙. 中国科技网. http://www.stdaily.com. 2012-05-11
[7] 张岳. 中国水资源与可持续发展. 南宁:广西科学技术出版社,2000:2
[8] 周寅康. 中国近 500 年流域性洪涝初步研究. 南京大学学报,1996,32(2):309—315
[9] 姚润丰. 缺水成为制约中国可持续发展瓶颈. 中国国土资源报,2007-03-23(1)
[10] 胡四一. 中国水资源可持续利用及其科技需求. 南京大学第 11 届部长论坛,2006-11
[11] 张雪. 节水,农业必须行动起来. 经济日报,2012-06-04(16)
[12] 李广贺,等. 水资源利用与保护. 北京:中国建筑工业出版社,2002:97
[13] 联合国开发计划署,联合国环境规划署,世界银行,等. 世界资源报告:2000—2001. 中国环境科学出版社,2002,12
[14] ICWE. The Dublin Statement and Report of the Conference//Global Water Resources Issues. Cambridge University Press, 1994
[15] 刘菁,郭远明. 我国最大淡水湖"喊渴". 瞭望,2012,37:52—53
[16] 柯礼聃. 实现需水管理后的华北水市场. 科技导报,1996,9
[17] 李力,张雪. 治水兴水,利国惠民. 经济日报,2012-10-14(6)
[18] 中国工程院"21 世纪中国可持续发展水资源战略研究"项目组. 中国可持续发展水资源战略研究综合报告,2001
[19] 国务院办公厅. 国家农业节水纲要(2012—2020)(国办发〔2012〕55 号)
[20] 冯尚友. 水资源持续利用与管理导论. 北京:科学出版社,2000:18—23

---

① 冯尚友. 水资源持续利用与管理导论. 北京:科学出版社,2000:18—23

4 土地资源

土地资源是人类一切生产和生活活动的载体,在人类社会中发挥着举足轻重的作用。尽管在人类漫长的发展历史中,不同阶段对土地资源问题关心的重心有所偏移,但它与人类社会的紧密关系却明显显现出增强的趋势。

4.1 土地资源及其特性

4.1.1 土地资源的概念

土地是人类居住、生活的场所,是人类赖以生存与繁衍的主要物质基础和基本资源。人类对土地的认识是一个由浅到深,由片面到综合的过程。不同的学科对土地定义也不一样,土地可视为空间、自然、生产要素、消费品、财产和资本。

从地学科学的观点来看,土地是地表的一个区域,包括该区域垂直向上和向下的生物圈的全部稳定或可预测的周期性属性,包括大气、土壤和下伏地质、生物圈、植物界和动物界的属性以及过去和现在的人类活动的结果。考虑这些属性和结果的原因是,它们对于人类对土地当前和未来的利用施加重要的影响。

从经济学的角度来看,土地的概念往往可以看作与不动产的法律概念相似而定义为:土地是受控制的附着于地球表面的、自然和人工资源的总和。这个定义与地学界广义的土地概念相似:土地包括了整个地球表层(水、冰及地面),还包括一些自然现象,如太阳辐射、降雨、风和不断变化的温度,以及相对于动物和其他地点的位置,并且包括了那些人为的改良措施——固定在地球表面而无法移动的建设。

在政治经济学领域,土地的概念则着重在土地的生产利用,即在社会物质生产中土地是实现劳动过程和任何生产的必要条件,起着生产资料(劳动对象和劳动手段)的作用。如马克思所指出的:"在农业中……土地本身是作为生产工具起作用的"。按照列宁的说法,土地是农业中主要的生产资料。除此以外,土地还是社会关系的客体。在土地利用过程中人与人之间发生的相互关系是社会发展的重要基础。

因此,我们可以将土地定义为:土地是地球上由气候、地貌、土壤、水文、地质、生物及人类活动的结果所组成的自然经济综合体,其性质随时间而不断变化,在社会物质生产中起着生产资料的作用。

严格地说,土地与土地资源两个概念是有区别的。土地资源是指在生产上能够满足或即将满足人类当前和可预见到的将来利用需要的土地。显然,与土地的概念相比,土地资源是通过经济效益反映出来的土地特点,即人们经过的投入,从土地上得到了收益,于是产生了价值。土地资源应该是指产生了价值的土地,强调对人类的有用性。但是土地的价值的实现往往除了和土地的自然条件有关之外,还与社会因素有关,这就构成了土地资源的两重性,即它的自然属性与经济属性。从自然属性而言,土地资源是由各自然要素所组成,并在这些要素长期的相互作用、相互影响下形成与发展,同时,也受到现在和过去人类经济活动的影响;从社会属性而言,土地资源是社会的财富,为人类利用和改造,特别是具有可供人类生产和再生产的经济特点,这种再生产的经济特点,往往随着社会经济条件的差异而有所不同。此外,土地的社会特性体现在土地权属以及土地制度等方面。土地权属反映了土地所有者或使用者对土地的占有、使用、收益和处分的权利;土地制度包括土地的所有制度、使用制度,税收制度成为土地重要的特性,土地所有制是土地制度的核心。由此可见,土地资源是一个综合的概念,它既具有自然综合体的特点,也具有可供人类开发利用再生产的经济特点。土地资源与其他自然资源相比,它是一种最基本的资源。它是农、林、牧、副、渔业生产的最重要的物质基础,是人类进行生产和扩大再生产的最重要的生产资料与劳动对象。

4.1.2 土地资源的基本特征

1) 土地资源具有一定的生产力

在农业生产上,土地能够生产人类所需要的动植物产品。土地资源生产力的高低,取决于土地本身(物质和能量输入和输出状况)的性质和人类生产技术水平两个方面。不同性质的土地资源适宜于不同作物、牧草、森林、牲畜的生产和繁殖,因而具有不同的适宜性。提高人类的生产技术水平,就能更有效地充分利用光热条件,调节水分和营养,从而提高土地生产潜力。从这个意义上来讲,土地生产力具有相对的无限性,在合理利用改良培育的条件下,土地生产力可以大幅度提高。但是,如果开发利用不合理,或者只用不养,不保护和不加改良,则土地的生产力将不断衰竭。因此对土地资源的利用,要切忌掠夺式的开发,在用地的同时,必须保护土地、培育土地,这样才能有效地发挥土地资源的生产力。

2) 土地资源的性质具有综合性和复杂性

从组成成分来看,土地资源包括土壤、生物、岩石、水分、空气等,每种组成成分又包括不同的若干组要素。例如,土壤就包括动植物、微生物、矿物质、有机质、空气和水等物质。从个体特征来看,土地资源也具有复杂程度不同的差异,一些复杂的土地资源类型往往是由一些简单的土地资源类型构成的,成分,要素相互交织,使土地资源具备复杂性与综合性的特点。土地也可以理解为生态系统。在这些生态系统中进行着复杂的物质循环与能量转换。因此,在开发利用土地资源时,必须具有综合观点,不仅要注意到经济合理性,而且要注意生态效益,维持生态平衡,确保土地资源的永续利用。

3) 土地资源面积有限性

全世界的土地资源的面积是有限的,陆地只占地球面积的29%左右,地球上只有34%的土地有充足的和可依靠的水源供农作物生长,有1%的土地有灌溉用水。而这些有限的土地在不合理利用的情况下,退化,甚至达到无法利用的地步,从而又减少了土地的有效利用面积。同时,人口在不断增加,人类活动的需求也在不断增加,土地所受的人口压力越来越大,土地资源面临越来越严重的不足与恶化的威胁,这就要求人们更加科学、合理、节约集约地利用土地资源和保护土地资源,来补偿土地面积的有限性。

4) 土地资源具有明显的地域性

分布在地表不同位置的土地资源,永恒地固定在一定的地理位置和地形部位上,从而使各种土地资源都具有明显的地域特征。从自然条件来看,由于地理纬度及距海洋的远近,地质和地貌的变化等,使各地的土地资源的水热差异明显,土地生产潜力发生相应的差异。从社会条件来看,由于不同地域具有不同的社会经济条件和生产技术水平,对土地资源利用的方式也不同。因此,土地的适宜性和开发利用的经济效果也就有地域性的差异。所以,在土地资源的开发利用时,必须强调要遵循因地制宜的原则。

5) 土地资源的不可替代性与功能永续性

土地资源与森林、煤炭,石油等矿产资源不同,在利用上不具有完全替代性,即人类目前无法找到能够完全替代土地资源,实现土地资源功能的物质。而人类目前还无法离开土地而生存。土地资源的这种不可或缺的地位及土地资源的面积有限性,使之成为人类最为宝贵的自然资源之一。功能永续性指土地作为空间可以反复利用而不会泯灭,作为生存存在的基础不会因生物的生长、死亡而消灭,作为人类的生产资料也不会在使用过程中磨损以至报废。但土地资源因其本身的变化以及人类活动的影响而处于动态变化之中,它的变化可能是积极的,也可能是消极的。所以人类必须合理地利用土地资源,让土地的生产、承载和非生物性资源功能永远保持下去。

6) 土地资源的承受性

土地有承受地面物体的能力,是人类生存和生产的立足点,是任何生产过程所需要的空间和基地,这是土地区别于其他自然资源的独特性,没有它基本上一切生产无从谈起。但是,农业和工业利用土地的承受性各不相同,如建筑业,无论房屋或其他建筑体,物体的承载力是由土地的地质特性所决定的。可是,农业对土地资源的利用,不仅为其支持物体的能力,还须依赖土地充分供给养料和水分,使作物发芽、生长及繁殖。由于土地的生产潜力是受气温、日照、水分等因素的限制,因而一定土地面积的承载能力是有限的,往往难以适应农产品生产对土地的更高要求。因此,必须在国民经济建设的各部门和各企业之间合理的分配和使用土地资源,才能尽可能满足全社会对土地资源的需要。

7) 土地资源的自然与社会经济双重性

自从人类在地球上出现以来,土地作为人类劳动的对象,绝大多数都打上了人类经济活动的烙印。一方面,在人类的长期利用和改造之下,土地的各种自然成分已不能保持其本身的原貌,土地上还增加了灌溉系统、梯田、堤埂等人类劳动的产物,土地资源形成和发展的自然过程也深深受到人类经济活动的影响。另一方面,土地资源作为基本的生产资料,它的利用、分配过程,完全是个复杂的社会政治经济过程,因而必须受到社会意识形态各种因素的影响。

4.1.3 土地资源在社会经济发展中的地位和作用

自人类存在以来,人类就与土地资源之间构成了无法分离的依存关系。没有土地,人类就无法生存。在人类发展初期,人类便从土地中直接获得食物及生存的生活资料。随后人类逐步改变着自己与土地的关系,通过对土地资源的利用而达到发展生产,获得进一步的生存与发展,因而土地是人类开展生产活动的对象。特别是有了农业生产活动以后,人类与土地资源的关系更加难以分离。据估计,人类食物的88%由耕地提供,10%由菜地提供,人类消费的蛋白质95%以上来自土地。

1) 土地资源是人类基本的生产资料和生存的重要环境条件

农业生产是一种有机物质的生产活动,而构成土地资源主体的土壤是一切农作物吸取养分的主要源泉,是农作物正常生长发育不可缺少的水分、养分、空气和热量的供应者、调节者。在这里,土地资源既是劳动对象,同时也是一种劳动手段,在农业中是当作生产工具来发生作用,直接参加到农业生产中,是不可缺少的、无可替代的基本生产资料。土地资源的数量和质量以及其利用状况,对于农业生产的发展起着极大的制约作用。当然近年来新兴的无土栽培学(或称水培学)的研究不断取得进展,有些食品与日用工业品及原料可不依靠土地栽培而获得。但是,就当前和今后较长时期内的实际情况来说,显然还不可能以大规模的无土栽培代替现实的土地资源利用,更不能贸然放松对土地肥力的利用和培养。也就是说,尽管随着科学技术的发展,各项新技术不断出现,但土地资源仍旧是农业中的主要生产资料,是人类世世代代共同的永久的财产,是不能出让的生存条件。

除农业生产之外,人类的其他任何活动都要以土地为基础。工业现代化、交通运输现代化等一方面为土地生产力的提高,提供了科学技术和物质装备条件,另一方面却大量占用着土地,并且对土地的需要量与日俱增。

土地资源是人类生存的重要环境条件,又是生产活动以及生活活动的重要环境内涵。环境因素强烈地影响着人类生产和其他活动的质量。由于科学技术发展水平的限制,人类对自然(包括土地)认识的限制或其他社会因素的影响,人类的活动有时不仅不利于环境的改善,相反导致了某种消极影响。水土流失、土地沙化、土地盐渍化、过多施用化肥农药以及不合理的开垦等都造成了土地资源质量下降,从而加剧了人地之间的紧张关系。因此,按自然规律改善和保护土地环境条件,是人类维持生存与发展的重要内容。

2) 土地资源是人类获取主要生活资料和物质财富的源泉

马克思引用威廉·配第的观点进一步指明:"劳动是财富之父,土地是财富之母。"还明确提出:"土地是一切生产和一切存在的源泉。"人类发展至今,早已结束了土地以现成的食物、现成的生活资料供给人类的时代,而是以自己的劳动与土地资源的结合创造出生活资料、物质财富和整个现实世界。

人类的生活资料及其他物质财富的形成,直接、间接地与土地相关。由于可利用土地资源的有限性,特别是适宜于发展农业生产的土地资源开发的潜力更是明显的不足,因此,在研究土地资源利用问题时,必须对农业土地资源格外重视,只有合理利用和保证足够的农业用地,才能满足人类日益增长的物质财富的需求。

3) 土地资源是构成人类社会生产关系的重要客体

土地一旦进入生产领域,随即成为重要的生产资料。当土地资源成为人们之间进行分配的物质之后,更全面地成为反映生产关系(即人们在劳动中构成的相互关系)的客体。土地资源的这种涉及人们间关系的作用,使得通常所说的人们对土地资源的利用不再仅仅局限于人与土地之间的关系,而是进一步渗入到了人与人在土地资源分配利用上的关系。它们在长期的人类历史发展中影响着人们对土地资源的开发利用,使得改变土地资源分配和提高土地资源生产能力时常融合在同一个土地利用问题之中。人们随时需要去谋求一种符合当时社会性质,又与生产力水平相适应的土地资源利用方式。否则,任何其他的土地资源利用方式,将成为阻碍生产力发展的一个环节。

历史经验证明,国家政权总是通过土地资源的分配,构成适应社会性质的土地关系。只有当土地资源的分配利用在人们中构成的生产关系,使直接生产者处于真正的支配地位,成为财富真正的主人的时候,社会的生产力才会有较大的发展。社会主义制度为此造就了最优越的条件。

综上所述,土地资源与人类之间的关系十分密切,且随着人类社会的进步而不断变化,人类的能动、支配作用逐渐加强。然而,人类依然紧紧地依赖于土地资源,通过人类劳动与土地资源结合,为自身谋求越来越多的物质财富。从土地的经济角度看,人类对于土地的每一个举动都影响着土地资源的演变,同时对人类社会产生相应的经济效果和环境效果。人类必须为自身的生存和发展,为创造越来越多的物质财富去认识、利用土地资源,去决策人类的每一个举动。因此,合理开发利用土地资源,提高土地生产力,使土地资源为人类持续创造更多的财富,是关系到社会经济发展,乃至人类生存的大事。

4.2 土地资源的分类

4.2.1 土地资源分类的意义和依据

各种利用土地资源的部门对土地资源都有不同的利用要求。对于农林牧业生产而言,土地的质量与其生产结果直接相关。其他用地部门可能对土地的地理位置、交通条件、工程地质、地面的基础设施建设等有更高的要求。土地资源的合理利用,就是要使利用部门的要求与土地资源属性之间得到最为良好的匹配。因而,充分认识土地资源,掌握它的质量状况,是合理利用土地资源的基本前提,也是土地资源调查的基本目的。

土地资源的划分包括土地分级与土地分类两个内容。

陆地表面可区分出许多在自然特征上相对一致的土地地段,在这些地段内土地质量有较大的相似性,土地利用的效果也大致相同。由于不同土地地段之间的这种地域联系的存在,可将这些具体的地段组合成具有一定的综合特点,内部机构稍复杂的较大土地地段。类似的,还可以在此基础上,将这些较大的土地地段组合成范围更大、内部更复杂的土地地段。因此,土地分级的任务,就是在对土地组成要素进行综合分析的基础上,自下而上合并,或自上而下分出一些等级不同、复杂程度有别的土地单位,这些土地单位构成一个土地等级系统。在这个等级系统中,土地等级越高,彼此相似性越小,差异性就越大;反之,等级越低,彼此的相似性越大,差异性就越小。

土地分级系统,目前尚无统一认识,一般都采用三级制。如按土地自然属性为标志的土地分级体系中,从高到低有土地系统(Land System)、土地单元(Land Unit)、土地点(Land Site);苏联采用地方、限区和相三级;我国1:1 000 000土地类型图中采用土地类、土地型、土地相三级分级系统。

建立土地分级系统是土地分类的前提。在土地分类之前,先要采用地域系统研究法划分一定级别的具体地段,并逐级合并为更高一级的土地单位。然后采用类型学研究方法对同一等级的土地单位进行分类,得到分类级别高低不同的各种土地类型。

分类是人类认识事物的一种手段。通过分类划分事物之间的相似性和差异性,地球上的土地,几乎可以说每一块在诸如形态、肥力、覆盖、抗蚀性、开发历史等各个方面都没有绝对相同的,但许多地块之间却又客观存在着各种各样的内在联系。土地分类是要将全部土地按一定的标准,分在性质类同的部分,以便于分类统计、分类研究、分类管理,从而达到正确地认识土地,合理利用土地的目的。

土地分类是依据土地资源调查成果,研究各地块之间千差万别的土地特征。通过建立相应的分类标准,把基本性状相近的归并在一类中,从而把有明显差异的相互分开。由此可见,土地的特征是相对稳定的。通过建立不同的分类标准,便于得到不同的土地分类体系。

4.2.2 土地分类体系

土地资源分类,随目的不同而有不同的分类方法和分类体系,不同分类体系之间的差别在于分类标志的不同。分类标志实际就是分类的依据。有了分类标志,就可以以此为依据对调查范围内的土地逐一确定其所属类别。由于土地是一种复杂的事物,它在性状、用途、生产性能上都表现出十分复杂的多样性,从而使土地资源的分类较为复杂,常常需要用多个指标,或综合指标来划分。一般来说,低层次的分类中指标较为单一,随着层次的升高,指标的综合性就增强。选择分类指标是土地资源分类中最重要的内容之一,正确而鉴别性强的指标的选取,往往不仅要求有丰富的理论知识和工作经验,而且还与研究人员对研究地区的了解程度有很重要的关系。

国外许多国家对土地资源的分类体系进行了系统研究,并依据分类用途的差异,区分出若干种主要的分类体系。

美国分出五种土地分类体系:① 根据土地自然性状进行的土地分类;② 根据土地利用现状进行的土地分类;③ 为土地潜力评价服务的土地分类;④ 为土地适宜性评价服务的土地分类;⑤ 供实施计划应用的土地分类。

日本按土地规划利用的需要存在着三种分类体系:① 根据土地性状分类;② 根据土地利用分类;③ 为土地质量评价分类。

我国对土地资源的系统研究起步较晚,目前还没有统一的划分。近年来,在农业资源综合调查、土地资源调查、耕地调查和土地资源评价中应用得较多的有以下三种分类体系:

1) 按土地的自然属性作为主要标志划分的土地类型

土地类型是地表的某一地段,包括地貌、岩石、气候、水文、土壤和植被等自然要素在内的自然综合体。土地类型的划分在认识自然、改造自然方面起着重要作用。一方面它是地表某地段全部自然要素(地貌类型、土壤类型、植被类型等)的综合,代表过去全部自然过程的终极产物;另一方面它是衡量和评价土地资源的出发点,是合理利用土地的基础。此外,土地类型的结构和组合,又是认识和划分综合自然地理区域的依据。在综合自然地理区划中,其底层区划主要反映土地类型的结构和组合。

我国进行土地类型划分,主要依据以下三条原则:

(1) 综合性原则

土地分类取决于全部地域分异因素的综合特征,而不是仅仅考虑其中一个单独因素。迭置法是经常采用的一种综合性分析方法,即把全部地域分异因素的类型分布图迭置在一起,得出一定的网格,然后选择其中重叠最多的线条作为土地类型的界线。过去这种方法多采用手工进行,工作强度较大,且精度难以保证。近年来,计算机的地图迭置分析已被广泛应用,使该领域的研究有了明显的进展。

(2) 主导因素原则

在对土地各组成要素综合分析的基础上,根据区域土地分异中起主导作用的因素的地域分异规律来进行土地类型的划分。一般说来,在山地和丘陵地区,通常以地貌为划分土地类型的主导因素;在平坦地区,通常以微地貌因素、土壤质地或水分状况等为土地分类的主导因素。由于植被的分异很大程度上反映了地形、土壤、水分的差异,因此在实际工作中常以植被作为划分土地类型的主要标志。

(3) 生产性原则

按不同的生产需要来确定相应的划分指标。如全国1:1 000 000土地类型图主要是为大农业服务的,所选取的指标都与发展农、林、牧生产密切相关。

现已完成的全国1:1 000 000土地类型图中土地类型的分级是在大尺度水热组合类型(土地纲)基础上进行的。其下共分两级,划分指标是:

第一级类型主要根据引起土地类型分异的大(中)地貌类型进行划分(山区以垂直地带为主要指标)。

第二级类型主要依据引起一级土地类型分异的植被亚型或群系组、土壤亚类划分。

2) 按土地利用现状进行土地分类

土地利用现状指调查当时土地实际所处的土地利用方式。土地利用现状分类是土地利用现状调查中运用的土地分类体系,它综合反映了土地的自然属性和人类对土地的利用特点,并在很大程度上与国民经济部门的划分相适应,因而是土地管理分类体系中应用较为广泛的一种。土地利用现状分类同样是采用等级制分类方法的。在2002年1月1日前我国土地利用现状调查和地籍管理应用最为广泛的是农业区划方案(农业区划Ⅱ即全国土地利用现状分类体系)和城镇土地分类。土地利用现状分类采用了二级分类体系,一级类根据土地用途分为8个大类;二级类依据利用方式、经营方式和覆盖特征分为46个大类,具体如表4.1。城镇土地分类体系中,以用途为主要依据,全国城镇土地为10个一级类,24个二级类,具体如表4.2。

表4.1 土地利用现状分类体系表

级别	类型							
一级	耕地	园地	林地	牧草地	居民点及工矿用地	交通用地	水域	未利用地
二级	灌溉水田、望天田、水浇地、旱地、菜地	果园、桑园、茶园、橡胶园、其他园地	有林地、灌木林地、疏林地、未成林地、迹地、苗圃	天然草地、改良草地、人工草地	城市、建制镇、农村居民点、独立矿用地、盐田、特殊用地	铁路、公路、农村道路、民用机场、码头	河流水面、湖泊水面、水库水面、坑塘水面、苇地、滩涂、沟渠、水工建筑物、冰川及永久积雪	荒草地、盐碱地、沼泽地、沙地、裸地、裸岩石砾地、田坎、其他

表 4.2 城镇土地分类体系表

级别	类型									
一级	商业金融用地	工业仓储用地	市政用地	公共建筑用地	住宅用地	交通用地	特殊用地	水域用地	农用地	其他用地
二级	商业服务业、旅游业、金融保险业	工业、仓储	市政、公用、设施、绿化	文体娱、机关宣传、科研设计、教育、卫生	—	铁路、民用机场、港口码头、其他交通	军事设施、涉外、宗教、监狱	—	水田、菜地、旱地、园地	—

2002年1月1日开始试行土地分类。随着新的《土地管理法》(1998年)的颁布实施,需要进一步明确农用地、建设用地和未利用土地的范围与土地分类的衔接。同时,根据近年来市场经济的发展与土地制度的改革,尤其是土地有偿使用及第三产业的发展,要求对原有城市土地分类进行适当调整。另外为了加强城乡土地统一管理,统筹城乡发展,需要对城乡土地进行统一分类,汇总出全国城乡统一的数据成果和其他调查成果,以利于全国土地成果的扩大利用。根据上述要求,国土资源部在原有分类基础上,修改并颁布试行了新的《土地分类》。该分类体系采用三级分类法,一级地类设三个,即农用地、建设用地、未利用地。二级地类设15个。原土地利用现状分类8个一级地类中的耕地、园地、林地、牧草地及新设的"其他农用地"等5个地类共同构成农用地;原城市土地分类的商业金融、工业仓储、市政、公共建筑、住宅5个地类共同构成了建设用地;原土地利用现状分类中的未利用地(除田坎)和未进入农用地、建设用地的其他水域共同构成未利用地。三级地类设71个,是在原来的二级分类基础上调查,归并和增设而来的。具体分类如表4.3。

表 4.3 现行土地分类体系表

级别	一级地类	二级地类	三级地类
类型	农用地	耕地	灌溉水田、望天田、水浇地、旱地、菜地
		园地	果园、桑园、茶园、橡胶园、其他园地
		林地	有林地、灌木林地、疏林地、未成林地、迹地、苗圃
		牧草地	天然草地、改良草地、人工草地
		其他农用地	畜禽设施用地、设施农用地、农村道路、坑塘水面、养殖水面、农田水利用地、田坎、晒谷场等用地
	建设用地	商服用地	商业用地、金融保险用地、餐饮旅馆用地、其他商服用地
		工矿仓储用地	工业用地、采矿用地、仓储用地
		公用设施用地	公共基础设施用地、瞻仰景观休闲地
		公共建筑用地	机关团体用地、教育用地、科研设计用地、文体用地、医疗卫生用地、慈善用地
		住宅用地	城镇单一住宅用地、城镇混合住宅用地、农村宅基地、空闲宅基地
		交通运输用地	铁路用地、公路用地、民用机场、港口码头用地、管道运输用地、街巷
		水利设施用地	水库水面、水工建筑用地
		特殊用地	军事设施用地、使领馆用地、宗教用地、监教场所用地、墓葬地
	未利用地	未利用土地	荒草地、盐碱地、沼泽地、沙地、裸地、裸岩石砾地、其他未利用土地
		其他土地	河流水面、湖泊水面、苇地、滩涂、冰川及永久积雪

2007年8月国家质量监督检验检疫总局和中国国家标准化管理委员会发布新的《土地利用现状分类》,标志着我国土地资源分类第一次拥有了全国统一的国家标准。国家标准采用一级、二级两个层次的分类体系,共分12个一级类、57个二级类(见表4.4)。该分类体系按照管理需要和分类学的要求,对土地利用现状类型进行归纳和划分,主要特点:一是区分"类型"和"区域",按照类型的唯一性进行划分,不依"区域"确定"类型";二是按照土地用途、经营特点、利用方式和覆盖特征四个主要指标进行分类,一级类主要按土地用途,二级类按经营特点、利用方式和覆盖特征进行续分,所采用的指标具有唯一性;三是体现城乡一体化原则,按统一的指标,城乡土地同时划分,实现了土地分类的"全覆盖",且注重了与建设、农业等各部门使用的分类相衔接。其实施将在理论上有利于避免各部门因土地利用分类不一致引起的统计重复、数据矛盾、难以分析应用等问题,对科学划分土地利用类型、掌握真实可靠的土地基础数据、实施全国土地和城乡地政统一管理乃至国家宏观管理和决策具有重大意义。

表4.4 土地利用现状分类国家标准

一级类		二级类		含 义
编码	名称	编码	名称	
01	耕地			指种植农作物的土地,包括熟地,新开发、复垦、整理地,休闲地(含轮歇地、轮作地);以种植农作物(含蔬菜)为主,间有零星果树、桑树或其他树木的土地;平均每年能保证收获一季的已垦滩地和海涂。耕地中包括南方宽度<1.0 m,北方宽度<2.0 m固定的沟、渠、路和地坎(埂);临时种植药材、草皮、花卉、苗木等的耕地,以及其他临时改变用途的耕地
		011	水 田	指用于种植水稻、莲藕等水生农作物的耕地。包括实行水生、旱生农作物轮种的耕地
		012	水浇地	指有水源保证和灌溉设施,在一般年景能正常灌溉,种植旱生农作物的耕地。包括种植蔬菜的非工厂化的大棚用地
		013	旱 地	指无灌溉设施,主要靠天然降水种植旱生农作物的耕地,包括没有灌溉设施,仅靠引洪淤灌的耕地
02	园地			指种植以采集果、叶、根、茎、汁等为主的集约经营的多年生木本和草本作物,覆盖度大于50%和每亩株数大于合理株数70%的土地。包括用于育苗的土地
		021	果 园	指种植果树的园地
		022	茶 园	指种植茶树的园地
		023	其他园地	指种植桑树、橡胶、可可、咖啡、油棕、胡椒、药材等其他多年生作物的园地
03	林地			指生长乔木、竹类、灌木的土地,及沿海生长红树林的土地。包括迹地,不包括居民点内部的绿化林木用地,铁路、公路征地范围内的林木,以及河流、沟渠的护堤林
		031	有林地	指树木郁闭度≥0.2的乔木林地,包括红树林地和竹林地
		032	灌木林地	指灌木覆盖度≥40%的林地
		033	其他林地	包括疏林地、未成林地、迹地、苗圃等林地
04	草地			指生长草本植物为主的土地
		041	天然牧草地	指以天然草本植物为主,用于放牧或割草的草地
		042	人工牧草地	指人工种植牧草的草地
		043	其他草地	指树木郁闭度<0.1,表层为土质,生长草本植物为主,不用于畜牧业的草地

(续表 4.4)

一级类		二级类		含　义
编码	名称	编码	名称	
05	商服用地			指主要用于商业、服务业的土地
		051	批发零售用地	指主要用于商品批发、零售的用地。包括商场、商店、超市、各类批发(零售)市场,加油站等及其附属的小型仓库、车间、工场等的用地
		052	住宿餐饮用地	指主要用于提供住宿、餐饮服务的用地。包括宾馆、酒店、饭店、旅馆、招待所、度假村、餐厅、酒吧等
		053	商务金融用地	指企业、服务业等办公用地,以及经营性的办公场所用地。包括写字楼、商业性办公场所、金融活动场所和企业厂区外独立的办公场所等用地
		054	其他商服用地	指上述用地以外的其他商业、服务业用地。包括洗车场、洗染店、废旧物资回收站、维修网点、照相馆、理发美容店、洗浴场所等用地
06	工矿仓储用地			指主要用于工业生产、物资存放场所的土地
		061	工业用地	指工业生产及直接为工业生产服务的附属设施用地
		062	采矿用地	指采矿、采石、采砂(沙)场,盐田,砖瓦窑等地面生产用地及尾矿堆放地
		063	仓储用地	指用于物资储备、中转的场所用地
07	住宅用地			指主要用于人们生活居住的房基地及其附属设施的土地
		071	城镇住宅用地	指城镇用于生活居住的各类房屋用地及其附属设施用地。包括普通住宅、公寓、别墅等用地
		072	农村宅基地	指农村用于生活居住的宅基地
08	公共管理与公共服务用地			指用于机关团体、新闻出版、科教文卫、风景名胜、公共设施等的土地
		081	机关团体用地	指用于党政机关、社会团体、群众自治组织等的用地
		082	新闻出版用地	指用于广播电台、电视台、电影厂、报社、杂志社、通讯社、出版社等的用地
		083	科教用地	指用于各类教育,独立的科研、勘测、设计、技术推广、科普等的用地
		084	医卫慈善用地	指用于医疗保健、卫生防疫、急救康复、医检药检、福利救助等的用地
		085	文体娱乐用地	指用于各类文化、体育、娱乐及公共广场等的用地
		086	公共设施用地	指用于城乡基础设施的用地。包括给排水、供电、供热、供气、邮政、电信、消防、环卫、公用设施维修等用地
		087	公园与绿地	指城镇、村庄内部的公园、动物园、植物园、街心花园和用于休憩及美化环境的绿化用地
		088	风景名胜设施用地	指风景名胜(包括名胜古迹、旅游景点、革命遗址等)景点及管理机构的建筑用地。景区内的其他用地按现状归入相应地类
09	特殊用地			指用于军事设施、涉外、宗教、监教、殡葬等的土地
		091	军事设施用地	指直接用于军事目的的设施用地
		092	使领馆用地	指用于外国政府及国际组织驻华使领馆、办事处等的用地
		093	监教场所用地	指用于监狱、看守所、劳改场、劳教所、戒毒所等的建筑用地
		094	宗教用地	指专门用于宗教活动的庙宇、寺院、道观、教堂等宗教自用地
		095	殡葬用地	指陵园、墓地、殡葬场所用地
10	交通运输用地			指用于运输通行的地面线路、场站等的土地。包括民用机场、港口、码头、地面运输管道和各种道路用地
		101	铁路用地	指用于铁道线路、轻轨、场站的用地。包括设计内的路堤、路堑、道沟、桥梁、林木等用地
		102	公路用地	指用于国道、省道、县道和乡道的用地。包括设计内的路堤、路堑、道沟、桥梁、汽车停靠站、林木及直接为其服务的附属用地

(续表 4.4)

一级类		二级类		含 义
编码	名称	编码	名称	
10	交通运输用地	103	街巷用地	指用于城镇、村庄内部公用道路(含立交桥)及行道树的用地。包括公共停车场、汽车客货运输站点及停车场等用地
		104	农村道路	指公路用地以外的南方宽度≥1.0 m,北方宽度≥2.0 m 的村间、田间道路(含机耕道)
		105	机场用地	指用于民用机场的用地
		106	港口码头用地	指用于人工修建的客运、货运、捕捞及工作船舶停靠的场所及其附属建筑物的用地,不包括常水位以下部分
		107	管道运输用地	指用于运输煤炭、石油、天然气等管道及其相应附属设施的地上部分用地
11	水域及水利设施用地			指陆地水域,海涂,沟渠、水工建筑物等用地。不包括滞洪区和已垦滩涂中的耕地、园地、林地、居民点、道路等用地
		111	河流水面	指天然形成或人工开挖河流常水位岸线之间的水面,不包括被堤坝拦截后形成的水库水面
		112	湖泊水面	指天然形成的积水区常水位岸线所围成的水面
		113	水库水面	指人工拦截汇集而成的总库容≥10 万 m^3 的水库正常蓄水位岸线所围成的水面
		114	坑塘水面	指人工开挖或天然形成的蓄水量<10 万 m^3 的坑塘常水位岸线所围成的水面
		115	沿海滩涂	指沿海大潮高潮位与低潮位之间的潮浸地带。包括海岛的沿海滩涂。不包括已利用的滩涂
		116	内陆滩涂	指河流、湖泊常水位至洪水位间的滩地;时令湖、河洪水位以下的滩地;水库、坑塘的正常蓄水位与洪水位间的滩地。包括海岛的内陆滩涂。不包括已利用的滩地
		117	沟渠	指人工修建,南方宽度≥1.0 m,北方宽度≥2.0 m 用于引、排、灌的渠道,包括渠槽、渠堤、取土坑、护堤林
		118	水工建筑用地	指人工修建的闸、坝、堤路林、水电厂房、扬水站等常水位岸线以上的建筑物用地
		119	冰川及永久积雪	指表层被冰雪常年覆盖的土地 指上述地类以外的其他类型的土地
12	其他土地	121	空闲地	指城镇、村庄,工矿内部尚未利用的土地
		122	设施农用地	指直接用于经营性养殖的畜禽舍、工厂化作物栽培或水产养殖的生产设施用地及其相应附属用地,农村宅基地以外的晾晒场等农业设施用地
		123	田坎	主要指耕地中南方宽度≥1.0 m,北方宽度≥2.0 m 的地坎
		124	盐碱地	指表层盐碱聚集,生长天然耐盐植物的土地
		125	沼泽地	指经常积水或渍水,一般生长沼生、湿生植物的土地
		126	沙地	指表层为沙覆盖,基本无植被的土地。不包括滩涂中的沙地
		127	裸地	指表层为土质,基本无植被覆盖的土地;或表层为岩石、石砾,其覆盖面积≥70%的土地

3) 按土地资源性状分类

土地资源分类是在土地资源评价的基础上形成的分类系统。中科院自然资源综合考察委员会编制的《中国1∶1 000 000 土地资源图》,其土地资源分类就采用土地潜力区——土地适宜类——土地质量等——土地限制型——土地资源单位五级分类系统:

(1)土地潜力区。土地潜力区的划分以气候和水热条件等为依据,反映区域间的产生潜力对比。作为土地评价"零"级单位。同一区内,具有大致相同的土地生产潜力,包括适宜的农作物、牧草;林木的种类、组成;熟制和产量,以及土地利用的主要方面和措施。将全国划分为9个潜力区:华南区、四川盆地—长江中下游区、云贵高原区、华北—辽南区、黄土高原区、东北区、内蒙古半旱区、西北干旱区和青藏高原区。

(2) 土地适宜类。土地适宜类反映了土地对农、林、牧三业的适宜性,是在土地潜力区范围内依据土地对农、林、牧业生产的适宜性划分。在划分时,尽可能按主要方面划分,但对那些主要利用方向尚难明确的多宜性土地则作多宜性评价。共划分为8个土地适宜类:宜农耕地类、宜农宜林宜牧土地类、宜农宜林土地类、宜农宜牧土地类、宜林宜牧土地类、宜林土地类、宜牧土地类、不宜农林牧土地类。

(3) 土地质量等。土地质量等反映的是在土地适宜类范围内土地对农、林、牧三业的适宜性程度和生产力的高低程度。土地质量等按农、林、牧三业的适宜程度各分为三个等级,即一、二、三等宜农,一、二、三等宜林,一、二、三等宜牧,分别用阿拉伯数字1、2、3表示,不宜农林牧类用数字0表示。宜农耕地类用一位数表示;其他均用三位数表示,第一位表示宜农等级,第二位表示宜林等级,第三位表示宜牧等级。

(4) 土地限制型。土地限制型是在土地质量等范围内,按限制因素种类及其强度划分。同一土地限制型内的土地具有相同的主要限制因素和要求相同的主要改造措施。土地限制型的划分:无限制(o)、水文与排水条件限制(w)、土壤盐碱化限制(s)、有效土地厚度限制(c)、土壤质地限制(m)、基岩裸露限制(b)、地形坡度限制(p)、土壤侵蚀限制(e)、水分限制(r)、温度限制(t)。土地限制型的表示方法为:将限制型的英文用小写斜体字母放在质量等的右上角,限制强度则用小号阿拉伯数字1、2、…表示,放在英文字母的右上角。

(5) 土地资源单位。土地资源单位是土地适宜性评价的基层分类单位,也是基本制图单元。它表明土地的自然类型或利用类型,由一组具有较为一致的植被土壤及中等地形,或经营管理与改造措施上较相同的土地构成。土地资源单位用阿拉伯数字1、2、3、…表示,放在土地质量等的右下角,按图幅自行顺序编排。例如$333_1^{w^2}$,其中,"333"表示三等宜农、林、牧;"w^2"为水文与排水限制,限制强度为2级;右下角的1表示该土地资源单位为谷地沼泽杂类草草地。

土地分类是土地评价的基础和前提,没有对土地科学系统地分类就很难进行土地资源的评价。一方面,通过对土地的类型划分,就能比较系统全面地研究土地资源的形成及其影响自然特性的自然生活条件,揭示其发生、演变、属性特征以及组合的地域差异,从而探索改造与利用土地资源的措施和途径。另一方面,从方法论上来看,土地评价必须在一定的土地评价单元(在图上对应于制图单元)上进行。根据不同的土地评价的目的要求,以及根据不同的成图比例尺等因素,土地评价单元形成的特征指标有所差异,但任何土地评价单元都是相应的土地分类的结果。土地分类是土地评价的基础亦从方法论上得以证明。

有关为土地资源评价进行的土地资源分类的程序和方法等,将在"土地资源评价"一节中具体说明。

4.3 土地资源评价

土地资源评价就是根据土地资源的特定使用目的,对土地的性状进行评估的过程。借助土地资源评价,可以对土地资源的性能进行综合性的、定性的或定量的质量鉴定,在全面考察土地构成各要素的组成状况、区位状况、基础设施状况的基础上,阐明土地对某种用途的适宜程度和限制程度,阐明土地的生产潜力和经济效益以及对周围环境有利与不利的后果;阐明土地生产能力的提高与增加经济收入所必须采取的措施。

4.3.1 土地资源评价的原则

依据不同的目的,土地资源评价有不同的方法。各种方法有不同的评价原则。参照联合国粮农组织的《土地评价纲要》以及最近国内外在土地评价方面的进展,可以概括以下几条原则。

1) 土地资源评价要针对具体的土地利用要求进行

土地资源具有明显的多宜性特征,某块不适于发展农业的土地可能适宜于发展旅游业或科学研究等的利用。即使就同一块土地的利用方式而言(如农业利用),不同的利用对象对土地质量的要求也不一致。如发展水稻栽培的土地就要求有充分的水源保证,适宜水稻栽培的土地大多为泛滥平原和低地,既有灌溉水源,又容易排水;从土壤质地方面还要求以壤质或粘质土壤为宜,砂质土壤漏水漏肥,不宜发展水稻。若要在该块土地上发展园艺,就必须根据花木、水果的不同生长要求,对土地的各种特性进行新的衡量。因此,在进行土地评价之前,必须尽可能明确评价的具体目的,如果评价目的含糊不清,评价的针对性不强,那么其评价结果的可靠性和作用就会受到影响。当然在许多场合,评价目的是隐含的,如土地生产潜力评价,虽然没有明确的说明,但它主要是为大农业服务的目的是很明显的。评价目的的具体程度还与评价地区的范围及成果表示的比例尺有关。一般而言,随着调查范围的缩小和比例尺的增大,对土地利用的要求也将越具体和明确,而土地资源评价的对象和目标也越具体。

2) 土地利用的效益与投入分析,是评价土地适宜性程度的重要指标

任何土地资源一旦被利用就必然有投入,即使是原始人类从土地上采集野果也需要付出努力。如果对土地没有投入,即使土地本身有生产潜力也发挥不出来,或者很少发挥出来。各种土地用途的适宜性大小差别是通过将投入(如种子、肥料、农药、劳力)同产品或其他收益作比较而得出来的。同种土地用途,不同地块间的适宜性程度的差异也是根据这种比较之后得出的。因此,当任何一块土地有多种适宜性时,首先应从其投入和产出之间进行比较,确定其最佳用途。当然进行投入产出分析时,还要注意土地的长期效益与短期效益之间的关系,一般是以土地利用所获的长期稳定的收益来作为土地评价依据。

土地利用的经济效益不是确定土地利用方式的唯一因素。如我国华南橡胶宜林地,从其经济效益评价并不是最适宜的利用。但是,从国家建设需要出发,必须将某些勉强适宜的土地也划为橡胶用地。另一个类似问题就是在粮食、棉花用地与经济作物用地之间比较时,往往是经济作物比粮食、棉花的效益高得多,造成这种差异的主要原因之一是我国现行农产品价格之间的非可比性,自从某些经济作物产品价格放开之后,这种不可比性就更加明显。因此,为了稳定粮食用地,评价中会同时考察各种土地利用的社会效益,以考虑土地利用的适宜性程度和选择土地利用方式。

3）土地评价要切合当地的自然、经济和社会条件

不同国家,甚至同一国家的不同地区,其自然条件和社会经济技术条件都有一定的差异。特别是土地适宜性评价,是在一定的土地利用方式、一定的投入水平条件下,土地对某种土地利用的适宜性的量度。如果土地利用方式和投入水平变化了,则相应的用之于衡量土地特征的"尺子"也要发生变化,得出的结果也自然有很大差异。例如,对土地评价影响很大的美国农业部土壤保持局制定的土地利用可能性分级系统,是用以评价大农业用地的一个体系,它是适合于类似发达国家那种高度集约化和现代化经营的土地条件下的评价方案。该方案本身虽然没有明显地强调它的土地利用方式前提条件,但从它的诊断因子选择及指标的划分等都可以看出,该方案所评价出的土地利用可能性等级是以类似于美国的生产条件及生产方式为前提的,若照搬照抄到我国或其他第三世界国家,则难以反映土地本身利用的差异。

4）土地评价要以土地的持续利用为前提

土地利用的适宜性程度的高低,除了考虑土地的投入与产出之外,必须确保不会因此导致土地退化或其他生态问题。例如,有的土地对某种土地利用短期内似乎十分有利,但可能引起水土流失、土壤次生盐渍化、土地沙化、土壤板结等许多问题而导致土地质量下降。如毁林开荒、草原开垦等,往往在最初显现出明显的经济效益,但几年之后,便会由于土地的严重退化而出现土地的生产能力下降,并导致生态环境问题,这种例子在国内外屡见不鲜。

4.3.2 土地资源评价的种类和方法

土地资源评价的方法一般是由它的目的和任务决定的。而且土地评价涉及的深度和成果的精度对评价方法和评价指标都有相当大的影响。由于土地评价在目标、指标、过程等方面相互不同,因而划分评价种类以及采用的相应方法有多种不同的方式。

以土地评价指标类型归类,可将土地评价区分为土地质量评价与土地价值的评价。土地质量评价是对土地本身的各种特征进行比较和量度,在于反映土地的自然属性。土地价值的评价除了选取有关土地自然生产力属性的指标之外,必须考虑与社会经济因素密切相关的土地的区位属性,依附于土地之上的不动产的属性等反映土地的社会经济属性的指标。土地价值的评价主要用以比较、评定土地价值水平的差异和程度。

根据衡量土地资源的"尺子"的差别,可将土地评价划分为适宜性评价、生产力评价和经济评价三种。土地适宜性评价是通过对土地的特有属性与特定土地用途的利用要求进行对比,从而达到鉴别土地对某种特定用途的适宜性和限制性等级。如水稻用地的适宜性评价就是以水稻的各种生态要求(温度要求、肥力要求、水分要求、土壤要求等)为"尺子",对土地的各种自然属性进行衡量,从而达到鉴别土地对水稻生长的适宜性或限制性程度。土地生产力评价是通过对土地自然和社会经济属性的综合鉴定,根据土地生产力的大小来划分土地的等级。土地生产力除了与土地自然肥力有关之外,还与投入水平、劳动者的技术水平与管理水平有关。因此,土地生产力评价的结果反映的不仅是土地自然属性的差异,而且是综合了社会和经济等各方面的农业生产环境因素条件,这种评价在考虑选择综合性的农业生产基地时往往更具有参考意义。土地经济评价则运用土地现实利用中劳动耗费与提供产品量的对比关系来评价土地的价值水平。在这一过程中,经济的可比指标被作为评价土地的"尺子"。

土地适宜性评价土地生产力评价,土地经济评价三者之间绝不是孤立存在的,实际上它

们相互贯穿在一起。土地适宜性评价是对土地基本属性的描述,土地的生产力评价和经济评价一方面反映了包括自然属性在内的综合属性差异;另一方面,它们都必须在适宜性评价的基础上进行,因而土地适宜性评价是其他评价的基础。

对土地自然属性的鉴别,除了土地适宜性评价之外,还有土地自然能力(或潜力)评价。最代表性的土地自然能力评价方案是美国农业部土壤保持局于1961年出版的书中由克林格尔(A. A. Klingbiel)和蒙哥玛力(P. H. Montgomeny)提出的土地利用能力分级系统。该系统是根据一般农作物能持续生产的潜力和限制因素,划分潜力单位,这个过程也可以说是以大农业生产的土地质量要求为尺子对土地进行量度,从而比较土地的适宜性与限制性程度。所以,广义来看,该评价系统与适宜性评价也有很大的相似之处。许多人甚至认为二者没有差别。联合国粮农组织的《土地评价纲要》中提出"土地评价是当土地用于特定目的的时候,对土地现状进行估价的过程"。很明显,这里土地评价的范围也包括土地自然能力评价。

尽管土地评价的方法因不同的评价目的、不同的研究深度等变化很大,但从一般性来看,可归纳为土地自然属性评价与土地经济评价两大类。

土地自然属性评价方法可分为直接评价法和间接评价法两大类。直接评价法是直接通过试验来认识土地的各种自然属性,从而作出比较和鉴别。这种方法在大范围内运用有实际困难。因为很难使大量土地都处于相同的生产条件下,若要根据试验区的经验性结论外推到整个大的评价区域,则可能出现较大的误差。而且直接评价法还常受到资料、经费、人员、时间等的限制。因此,迄今的土地质量评价、土地适宜性评价都是采用间接评价法。

所谓土地间接评价法就是通过分析土地各组成要素(土壤、地貌、气候、植被等)的属性对土地生产力的影响,综合评定出土地质量或土地适宜性的等级。土地间接评价的步骤如图4.1所示。

土地经济评价一般在土地自然质量评价的基础上进行。就是通过选取有关的经济要素和划分各项指标,制定出评价分级表等,对一定区域综合体加以评价。具体步骤将在后面加以专门介绍。

4.3.3 土地利用能力评价

土地利用能力评价又称土地潜力评价(Land Capability Evaluation),主要依据土地的自然属性及其对于土地的某种持久利用的限制程度,就土地在该种利用方面的潜在能力,对其作出等级划分。土地利用

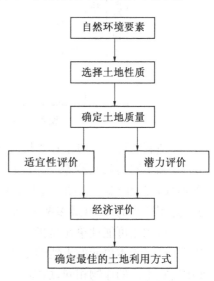

图4.1 土地间接评价法的步骤

能力评价是针对大农业生产的土地利用要求进行的。土地利用能力评价在西方国家较普遍,对我国也有较大影响。该评价系统虽各国使用时各不相同,但本质上都来源于美国农业部土壤保持局1961年提出的土地利用可能性分级系统。

美国的土地利用可能性分级体系是美国农业部控制土壤侵蚀计划的一部分,可使土地在指定的情况下永续利用不致退化。这个系统按照土地利用可能性与土地的限制性将土地分为三个等级。自上而下,最高级为土地利用可能性级,其次为土地利用可能性亚级,最低

级为土地利用可能性单元,这个单元根据土壤制图单元而定。土地利用可能性之间,根据土壤性质和气候这两个影响土地利用、经营管理和生物产量等的因素划分为八级,这与目前我国土壤普查中所采用的八级分类制相同。

这个分类制各级用罗马字表示,从Ⅰ至Ⅷ级,土地在利用时受到的限制程度和破坏程度越来越大(见图4.2)。其中Ⅰ~Ⅳ级在良好的管理下可生产适宜的作物,如农作物、饲料作物以及牧草和树木。Ⅴ级土地适于发展一定的饲料作物和牧草、树木等,但不适于农作物。Ⅵ级一般适宜于放牧、生产水果和其他观赏作物。Ⅶ级适宜于有限的放牧和植被。Ⅷ级只适于野生动物活动。

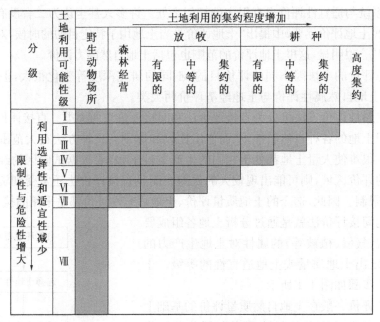

图4.2 土地利用可能性分级与土地利用程度关系

土地利用可能亚级是在土壤气候对农业起的主导作用相同的情况下,根据不同的限制性因素和不同的限制性等级进行的进一步划分。土地利用可能性亚级所受到的主要限制因素为:(e)侵蚀限制;(w)排水限制;(s)耕层限制;(c)土地的温度与湿度限制。亚级的表示方法是用适当的一个(最多两个)小写字母加注在表示某级的罗马字母后面,如$Ⅱ_e$、$Ⅲ_{ws}$。

土地利用可能性单元是指一组土地对于植物的适宜性和对相同的土地经营的反应都很相似。即对于本单元的土地的土壤、水和植被可以采用一套极为相似的经营方法。同一单元中适宜生产的作物相同,所需采取的土壤保护措施相同,土地的生产力相同。

该评价系统分级简单,只是定性的八级分类制,只要在解译土壤特性的基础上进行,较为容易掌握。而且该方案只是对土地的自然属性加以评价,不考虑投入和管理水平的影响,所考虑的限制性性质等可根据不同区域特点而修改,具有变通性较强的特点。但该方案是根据发达国家的土地经营管理水平设置的,需要在土壤资料详细的地区有条件地进行,并且该评价结果没有考虑不同限制性因素之间的关系,不能评出对某种特定作物的适宜性。

4.3.4 土地适宜性评价

土地适宜性评价就是把具体的土地利用方式对土地的要求与土地单元的每一个组合相互匹配,通过匹配最后把上述的组合划归到每一个土地适宜性等级中。土地适宜性评价可分为定性评价、定量评价两种不同方法,根据时间尺度又可分为当前的适宜性评价与潜在适宜性评价。

土地资源适宜性分类体系(或称评价等级体系)是由联合国粮农组织提出的《土地评价纲要》规定的。它指出土地适宜性分类就是按照对指定的用途的适宜性进行评价和归类。这个归类过程可以是自下而上的逐级归并过程或自上而下的逐级划分过程。现将《土地评价纲要》中采用的逐级递降的四级分类法,具体简述如下:

1) 土地适宜纲(Orders)

反映土地适宜性的种类,表示土地对于所考虑的用途是否适宜的定性评价。它有"适宜"和"不适宜"两个纲,分别用字母"S"和"N"表示。

2) 土地适宜级(Classes)

反映土地适宜性的程度,是在适宜性纲内按照适宜性程度从高到低递减的顺序编类分列的,用连续的阿拉伯数字表示。通常分为3~5级的适宜性,它们各组的名称与含义为:高度适宜级(S_1)、中度适宜级(S_2)、勉强适宜级(S_3)。投资和费用在确定土地适宜性级别中占重要地位。高度适宜表示不需要增加额外的投资和费用,中度适宜表示需要增加投资费用方可维持该土地的永续利用,产出仍大于投入。勉强适宜表示需增加必要的投资才能使这种土地利用方式在该土地单元维持,即使这样,也使收支仅仅勉强达到平衡。

在"不适宜纲"内通常也分为两种适宜级:暂时不适宜级(N_1)和永久不适宜级(N_2)。暂时不适宜级是指土地虽在目前受到严重的限制,但是今后随着社会经济因素的改变和进步,将有可能使这类土地提高到"适宜纲"内。永久不适宜级一般指土地受到无法克服的自然限制性因素的限制,而无任何有效地持续利用的可能。

3) 土地适宜性亚级(Subclasses)

反映限制性因素的种类,它显示土地适宜级内因限制性因素的种类的不同,而表现在土地经营管理方面或者所需的技术措施方面的明显差别。一般情况下,多以一个代表某一个主要限制性因素的小写字母来表示土地适宜性亚级。例如 S_2m 与 S_3e 分别表示主要受水分限制的中等适宜亚级的土地和受侵蚀因素限制的勉强适宜亚级的土地。如果土地受到两种同等重要的限制性因素的作用,则可同时列出该两种限制性因素的代号,例如 S_2me。

由于高度适宜级(S_1)土地几乎不受任何限制,所以该级土地内不存在亚级划分。至于"不适宜纲"内的土地,由于不会投入经营与使用,所以没有必要进行亚级和适宜性单元的划分。

4) 土地适宜性单元(Units)

在土地适宜性亚级内进一步细分的土地适宜性单元,主要是进一步反映土地在它的生产特点和经营条件方面存在的一定差异性。所以属于同一适宜性单元的土地,无论在生产利用上、改造措施的难易程度或规模上都具有极为相似的一致性。

4.3.5 土地经济评价

土地质量可以运用土地的自然特性指标和土地的社会经济特性指标进行评价。前者为土地的自然质量评价，后者则为土地的经济评价。两者之间的根本区别在于土地经济评价视土地为生产资料而不是单纯的自然体。这如同分布在不同地区的水稻土或其他土地，其自然性状和肥力相似，归属于同类土地，但由于区际间在地理位置、交通条件和农业生产专业化和集约化水平等社会经济条件方面存在着很大的差别，致使同类土地上的产量和效益方面存在差异，最终归属于不同的经济评价等级。理论上说，根据等量费用效益投入于不同质量土地上的差异，可以评价出土地的质量差异。但是，现实生活中等量的劳动耗费条件是难以得到满足的。为了解决这个问题，使得在土地经济评价中把产量及其劳动耗费结合在一起加以考虑，一般就采用不同质量土地上的劳动耗费与相应的产量之间的对比方法来实现。

土地经济评价一般还可以继续划分为单项经济评价、综合经济评价、土地资源经济评价和土地的国民经济评价。

鉴于目前对土地经济评价的理论、对象和方法在学术界存在不同的看法，因此在评价指标上一般有三种不同的选择：① 按开垦生荒地的全部费用；② 按级差地租；③ 按单位面积的总产值和纯收入。由于指标不同，故评价方法上也有差异。

目前广为应用的评价指标是产量、产值、纯收入。作物产量是农业生产中的一项重要指标，可以在一定程度上反映土地的质量。但由于任何一类土地都存在着对不同的作物不同的适宜程度的特点，仅按一种作物产量来对比土地质量是不可能全面反映其差异的。一般可以把各主要作物的产量标准化（如折成饲料单位）来累计各种作物的产量。

为了比较各种作物产量和所需费用，可以运用价值指标即总产值和纯收入。按总产值指标能够从单位面积产量的角度来评价土地的肥力，按纯收入则可以从单位面积上的收益率（利润率）角度评价土地的相对质量。

土地经济评价级分可按式（4.1）计算：

$$A=\frac{B\times 100}{B_{100}} \tag{4.1}$$

式中：A 为某类土地按总产值或纯收入评定的级分；B 为该类土地上单位面积的总产值或纯收入；B_{100} 为级分为 100 分对应的总产值或纯收入。

此外，也可以比产量（单位面积的生产费用的分摊某作物的绝对产量）作为土地经济评价指标，其评价级分可按式（4.2）计算：

$$A_C=\frac{D\times 100}{C} \tag{4.2}$$

式中：A_C 为某块地按某种作物成本确定的评定级分；D 为级分为 100 分对应的该作物单位成本，即单位面积土地上生产费用与产量之比；C 为待评价土地上该作物单位产量成本。

还可以采用级差地租来评定土地质量。土地质量的优劣是产生级差地租差异的基础，而土地的位置（地块同市场、交通枢纽点的距离等）的差别也是形成级差地租的重要原因。

按级差地租来评定土地，一般采用三项指标：总产值、费用回收率和级差收入。三项指标之间存在密切联系。级差收入可视为总产量与费用回收率两项指标的函数。各项指标可按式(4.3)～式(4.5)计算：

$$M_j = \frac{N_j}{R_j} \quad (4.3)$$

式中：M_j 为第 j 类地上第 i 种作物的费用回收率；N_j 为第 j 类地上第 i 种作物的基准产值；R_j 为第 j 类地上第 i 种作物的基准费用。

$$I = I_P - I_{\min} \quad (4.4)$$

式中：I 为级差收入；I_P 为纯收入；$I_{\min}$ 为最低社会必要纯收入；I_P 为 $N-R$。

$$I_{\min} = K(S_t + S_C) \quad (4.5)$$

式中：S_t 为固定生产资金；S_C 为为获得产品所耗费的流动资金，等于扣除折旧后的全部费用；K 为总生产资金（包括固定资金和流动资金）的效果系数，等于纯收入与总生产资金之比，一般取 $K=0.15$。

在以上计算基础上，按式(4.6)计算各待评价土地的级分：

$$A = \frac{B}{B_0} \quad (4.6)$$

式中：A 为某类地的评价级分；B 为某类地的评价指标值；B_0 为级分为 100 分的相应评价指标值。

应当指出，级分为 100 分的地类可以是最优地类（封闭式）或任一地类（开放式）。

评价地域（企业、区、省等）加权平均级分可按式(4.7)计算：

$$A_C = \frac{\sum A_P}{\sum P} \quad (4.7)$$

式中：A_C 为评价地域加权平均级分；A_P 为各类地的评价级分；P 为各类地的面积。

当评价地域因距离遥远，其运转费用超过单位面积平均费用 5% 时，应加入地理位置修正值。

最后应将评价成果，按其类型和等级进行分类统计，填入土地质量统计表内。在此基础上应用土地统计方法对土地质量评价成果进行分析，为土地质量统计管理提供科学的依据。

4.4 土地利用规划

4.4.1 土地利用规划的概念及类型

1) 土地利用规划的概念

土地利用是人类通过一定的行动，利用土地的特性来满足自身需要的过程。

土地利用规划是指在一定规划区域内，按照国家社会经济可持续发展的要求以及区域的自然、社会经济条件，对土地资源的开发利用、治理保护等在时间和空间上所作的安排和布局。因此，土地规划的主要任务体现在两个方面：一是在国民经济各个用地部门之间和农业各业之间合理的分配土地，使之形成一个与经济结构相适应的合理的土地利用结构；二是把各种用地尽可能配置在合适的土地利用类型上，以形成各种用地合理的空间组合和布局格式，从而达到最佳的经济、生态、社会效益。

2) 土地利用规划的类型

根据不同的划分目标,土地利用规划有不同的划分体系。按照规划的性质和目的分为经营型土地规划、研究型土地规划、管理型土地规划。经营型土地规划侧重于对土地进行经营活动取得的经济效益的研究;研究型土地利用规划指为某种特定目的而研究土地的利用规律从而为其利用提供论证;管理型土地规划指为管理和计划服务,在解决土地问题的同时,调整土地利用者由于使用土地而出现的各种矛盾和问题。

根据规划范围和任务不同,土地规划分为区域性土地规划和部门内土地规划,前者称为土地利用总体规划,后者称为部门用地规划。

我国依据当前土地事业发展的新形势及土地利用规划面临的任务将土地规划分为:

(1) 土地利用总体规划

土地利用总体规划主要是进行国民经济各部门及农业各业的用地结构确定、调整和配置,制定土地合理开发、利用、整治和保护的措施。

(2) 土地利用专项规划

土地利用专项规划是为特定目的而指定的部门或跨行政区界线的区域综合规划或单项规划,如黄淮海平原盐碱地综合治理、三江平原沼泽地开发治理规划等。土地利用专项规划是土地利用总体规划的深化和补充,在土地利用总体规划的宏观指导下进行组织和安排。

(3) 土地利用规划设计

土地利用规划设计是微观的土地利用规划,在土地利用总体规划指导下对各项用地的具体安排,是土地利用总体规划和专项规划的继续和深入,是规划实施的最终依据,如耕地规划设计、林地规划设计、牧草地规划设计和居民点规划设计等。

4.4.2 土地利用规划的任务及在社会经济发展中的意义

1) 土地利用规划的任务

土地规划的任务主要在于根据国家和区域发展战略的要求,结合区域的自然生态和社会经济条件,寻求符合区域特点的土地资源优化配置。具体来说主要有以下任务:

(1) 分析土地利用问题。土地规划首先必须把握社会经济的发展情况,查清土地利用现状,分析土地后备资源的开发潜力,对土地供需状况进行合理预测,评价土地的适宜性和限制性,估算土地资源的承载力,从而确定土地利用规划中需要解决的主要问题。

(2) 明确土地利用目标和基本方针。土地利用目标是合理组织土地利用的努力方向和要求达到的目标,根据区域社会经济发展的要求、土地利用需要解决的问题、土地开发潜力、上级规划的指导和控制等方面来确定。在明确土地利用目标的基础上,拟定土地利用的基本方针,以进一步确定土地利用的方向。

(3) 拟定土地利用控制性指标。在我国人地矛盾十分尖锐的现实国情下,拟定土地利用的控制性指标,以保证土地资源的可持续利用和社会经济的可持续发展。依据土地利用目标和基本方针,上级下达的控制性指标,结合当地的实际情况拟定土地利用控制性指标。我国土地规划采用的控制性指标主要包括耕地保有量、基本农田保护率、建设占用耕地数、土地开发复垦整理补充数、退耕还林面积等。

(4) 土地利用结构和布局调整。土地利用结构和布局调整是为了实现土地利用的目标,贯彻土地利用的基本方针,落实土地利用的控制性指标,具体调整和确定各类用地的规模和结构,并在时间和空间上进行布局的过程。主要工作在于确定规划期末各类用地的规模,规划期内各类用地增减变化的指标调整以及调整后各类指标在空间上的落实。

(5) 制定实施规划的政策和措施。土地规划能否达到预期目的德关键在于实施,而规划实施的关键又在于是否有切实可行的配套政策和措施。土地规划的任务之一就是要研究目标和政策和措施之间的关系,分析采取何种政策、措施才能更有效地实现规划的目标,从而制定形之有效的政策和措施。

2) 土地利用规划在社会经济发展中的作用

土地规划在强化城乡土地统一管理、保护耕地、生产力布局调整、产业结构调整和缓解人地矛盾等方面都具有重要的作用,主要表现在对土地利用的控制、协调、组织和监督四个方面。

(1) 有效控制土地的利用。随着社会经济的发展,各部门、各行业都需要占用土地,而我国人多地少,尤其是耕地资源严重不足,因此人地矛盾日益突出。为了保持人口与土地特别是人口与耕地之间的平衡关系,国家必须通过土地规划来控制部门、行业的用地结构和规模,对土地利用实行有效的控制。

(2) 合理协调相关用地的关系。通过土地规划一方面实现区域人口、资源、环境的和谐统一;另一方面通过对国民经济各部门、各行业用地的合理分配,解决它们之间土地需求的矛盾,确保各产业之间的协调发展。

(3) 组织土地利用。宏观上,通过土地规划,合理分配国民经济各部门、各行业的土地资源并在空间上加以落实,正确处理好土地开发、利用、整治和保护间的关系,以法律的形式确定下来作为国民经济各部门、各行业共同遵照的规范;微观上,通过土地规划的细部配置,为土地利用专项规划提供依据。

(4) 监督土地利用。以土地规划为依据对各部门的土地开发、利用、保护等情况进行监督和检查,以保证土地资源的合理利用。

4.4.3 土地利用总体规划

1) 概述

土地利用总体规划是城乡建设、土地管理的基础,是落实土地用途管制制度的重要依据,是实现最严格的土地管理制度的一项基本手段。它的有效实施有利于解决各种土地利用问题,加强耕地和基本农田的保护,优化城乡用地结构和布局,节约集约利用土地,协调土地利用与生态环境的关系,以保证国民经济的持续、稳定、协调发展(国务院办公厅 32 号文件(2005)《国务院关于转发国土资源部关于做好土地利用总体规划修编前期工作意见的通知》)。

我国土地利用规划按行政管理体制分为全国、省、市、县、乡五级。上级规划是下一级规划的控制和依据,下一级规划是上一级规划的具体落实,相互之间形成一个完整协调的规划体系。规划的主要内容包括以下几个方面:① 在土地利用现状分析、土地适宜性和土地需求量预测的基础上,根据国民经济和社会发展计划的要求,提出规划期间土地利用的目标和任务,制定土地利用方针。② 协调各项用地的要求,制定各部门、各类用地的调整控制指标,并确定重点建设项目的用地规模和范围。③进行土地利用规划分区,确定各分区的土地利用原则、限制条件和管理措施。④制定实施规划的政策和措施,并对规划实施的可行性与效果进行评价。

2) 土地利用总体规划的编制

(1) 准备阶段。准备工作包括成立规划领导小组和规划办公室,拟定和上报规划工作方案与工作计划,并报同级人民政府批准;落实规划经费和人员以及进行业务培训。从业务角度看主要完成规划任务书和工作计划的编制。

(2) 调查研究阶段。这一阶段的主要工作是根据需要收集和调查有关文件和资料,进行专项研究,并进行相应的外业调查和核实。

(3) 编制规划阶段。在整理分析资料的基础上,对土地利用现状、潜力、适宜性、城镇化水平和土地供需预测进行专题研究,根据国民经济和社会发展计划的要求以及当地的实际情况确定规划目标和方针,进行土地利用结构布局与分区,编制各类用地规划平衡表,拟定用地指标,制定实施规划的政策和措施,从而形成规划送审稿、规划说明书和主要图件等。

(4) 规划审批和公布实施阶段。土地利用总体规划按法定程序和批准权限审批后,报送上一级人民政府有关部门备案,最后由当地人民政府正式公布实施。经过批准的规划应该向群众公布并进行宣传,取得人民的支持,以利于规划的监督实施。

3) 土地利用总体规划的实施

规划的制定只是土地利用计划管理的第一步,更重要的是必须组织实施。为保证规划的实施,除了在规划过程中要有各部门和公众的参与,规划后要取得有关立法团体或政府的批准外,还需要做到以下几点:

(1) 规划必须和其他土地管理措施相结合,采用必要的行政、经济、法律措施来实施规划,同时其他土地管理措施也要以土地利用总体规划为依据,要使有关规划管理的行政、经济和法律措施都有利于和促进土地利用总体规划的实施。

(2) 要组织必要的规划实施情况检查。检查的目的一方面是检验规划本身是否符合实际,以便通过一定的法律程序使之得以修订;另一方面是检查执行中存在的缺点和错误,以便及早采取相应的措施来解决。

(3) 要加强土地监测和土地统计工作。土地监测和土地统计是编制规划的重要信息来源,同时又是检查监督规划实施情况的重要手段。土地利用是个发展变化的历史过程,土地利用规划必须不断地修订,方能符合实际工作中不断变化的需要。为了准确地把握土地利用变化的趋向,必须加强日常的土地监测和土地统计,为土地利用总体规划的完善提供依据。

4.5 土地资源的合理开发利用

土地资源的开发利用是人类利用自然最悠久、最基本的活动。经过数千年的人类利用和改造,土地的面貌发生了很大的改变。尽管不同的地区表现程度有差异,但普遍地表现出森林和林地的减少,土地质量的退化、草场的退化、土地的沙化及次生盐渍化等。下面以我国为例,说明土地资源的特点及合理开发利用的主要对策。

我国人口众多,人均土地资源占有量低于世界平均水平,由于自然和社会历史方面的种种原因,使我国在相当一段时期内将面临越来越严重的土地资源短缺、土地生产潜力下降等问题。

4.5.1 我国土地资源的特点

1）土地资源类型复杂多样

由于我国地域辽阔,水热条件区域差异大,地形复杂。在地形和气候条件的基础上发育的与各地环境相适宜的自然植被与土壤类型更多,特别是人类长期生产活动的干预与影响,使我国的土地资源类型构成极其复杂多样。根据中国1:1 000 000土地资源图可知,我国土地类型多达2 700种,土地资源的类型不同其适宜性潜力也不相同。这一特点表明,我国土地利用方式多种多样,对各种产业尤其是农林牧副多种经营、全面发展提供有利条件,同时,也必须注意因地制宜且综合利用土地。

2）土地资源丰富,但相对面积小

我国有960万 km^2 的土地,居世界第三位。但是,我国又是一个人口众多的国家,在占世界有常住居民的7.07%的土地上,居住着占世界22.8%的人口。因此,土地资源相对面积很小。从总量上看,我国耕地、林地与草地总量分别位居世界第四、五位与第二位,总量位居世界前列,但中国众多的人口大大抵消了土地资源绝对量大的优势,中国人均耕地1.52亩,林地2.65亩,草地3.04亩,分别是世界人均水平的27.6%、24.09%和26.67%,即人均土地面积不到全球水平的1/3(见表4.5)。所以针对人均土地资源相对量少的劣势,我国的土地利用需要走资源节约型的农业发展道路。

表4.5 中国土地资源占世界的比例

土地类型	绝对数量(亿 hm^2)	总量占世界比例(%)	总量在世界上的排位	人均数量(亩)	世界人均(亩)	人均占世均比例(%)
耕地面积	1.3	7.1	4	1.52	5.5	27.6
林地面积	2.27	3.3	5	2.65	11	24.09
草地面积	2.6	9.3	2	3.04	11.4	26.67

资料来源:根据国家统计局2000年中国统计年鉴数据结合2002年人口数据整理。

3）山地多,平地少,耕地比重低

根据中国地貌的区划资料,山地、丘陵和高原的面积约为633.7万 km^2,占总土地面积的66%,平均面积约为326.3万 km^2,仅占总土地面积的34%。与平地相比,山地、丘陵的高度与高差大,坡度陡,土层通常较薄,石质含量高,土地的适宜性往往比较单一,大都不宜被农业利用。目前我国土地垦殖指数仅为13.8%,耕地比重低。

4）不同适宜性土地的地区分布不均匀

我国东部及东南部为湿润、半湿润区,平地占有相当比重,土地的水、肥、土、气、热组合条件较好,土地的适宜性,特别是平地土地适宜性较广,绝大部分为宜农林牧型,全国90%以上的耕地集中于此,同时也是我国重要的林区,生产潜力较高。青藏高原平均海拔4 000 m以上的高寒地区,绝大部分目前尚难利用。西北内陆半干旱与干旱区,尽管有大面积平地,光热条件好,但干旱少雨,地表水资源缺乏,戈壁、沙漠、盐碱地面积大,在无水源的条件下,目前大都不宜利用或只宜轻度牧用。干旱区的东部为适宜多种牧草生长的草原与荒漠草原,适宜牧业利用,是重要的牧区,但生产力仍然很低,在无水源的条件下也难以农用。

5) 后备土地资源不足

据中国 1∶1 000 000 土地资源图,我国可供进一步开发利用的后备土地资源为 1.46 亿 hm^2,若当作林牧用地,人均 0.16 hm^2,而不能利用的裸地和海拔 4 000 m 以上利用率很低的土地占土地面积的 35.2%,人均 0.36 hm^2 左右,两者形成鲜明对比,这说明我国可以扩大的土地面积的后备资源极其有限。

4.5.2 我国土地资源和可利用现状问题分析

1) 耕地面积有限,可利用的耕地资源不足

改革开放以来,我国的经济一直保持着高速发展的态势。但这种增长主要靠外延扩展,经济增长的同时伴随着耕地的大量减少。据统计,1996 年底我国耕地第一次调查结果为 19.51 亿亩,到 2003 年底统计结果为 18.51 亿亩,7 年间全国耕地净减少 1 亿亩。耕地面积减少的原因,首先是农村结构调整,占耕地总量的 61.0%,其次是建设占用土地,其余是灾毁耕地。就耕地减少的幅度来说,东部沿海地区大于内地,原因在于东部沿海地区二、三产业发达程度高于内地,占用的耕地相对而言较多。2010 年,我国的耕地面积为 18.26 亿亩,虽然逼近"18 亿亩红线"的最低要求,但相关部门对于耕地保护政策的提出功效日渐显露,有效地遏制了我国耕地面积迅速减少的态势。

据《全国土地整治规划(2010—2015 年)》,我国集中连片分布的耕地后备资源仅为 0.67 亿亩,而且主要集中在生态环境脆弱的西部地区,若贸然开垦,势必造成对当地自然环境的破坏。即便按开垦 60% 计,也只能增加 0.40 亿亩耕地,若将退耕还林、还草、还湖计划在内,那么总体而言需要生态退耕的耕地数量大于可能开发的数量,我国耕地资源不足。

2) 土地利用粗放,浪费严重

我国人均土地少,土地资源十分紧缺,但利用粗放,浪费严重。首先是城市用地盲目扩张,土地利用率低,1986—1996 年,全国城市非农业人口增长 59%,而同期城市用地却扩大了 106.8%。据统计,1997 年全国非农建设占用而未用闲置的土地有 174.7 万亩,到 2004 年 6 月,全国城镇建设规划用地约为 5 790 万亩,全国设立的各类开发区(园区)6 866 宗,带有相当程度的盲目性。农村的非农建设用地占地广而利用率低,农村居民点散、乱、空现象比较普遍,全国农村居民点用地 2.77 亿亩,农村人口人均居民点用地远超过现行 150 m^2 的上限。我国牧草地、林地的利用粗放,产出率低,现今牧草地的产草量仅是 20 世纪 50 年代的 1/2~1/3;单位面积的森林,其木材蓄积量不及世界平均水平的 2/3。草地资源质量和数量的下降,直接影响到畜牧业的经济效益。

3) 土地生态环境遭到破坏

由于不合理的土地利用而直接导致土地环境的破坏,如水土流失严重,沙漠化土地不断扩大;超载过牧、草地产量退化;盲目围湖造田,滥渔滥捕,破坏水体生态系统;土地污染问题日益严重等。由于乱砍滥伐森林,森林质量下降,郁闭度偏低,造成水土流失,据统计,全国每年流失土壤约 50 亿 t,水土流失面积达 35 600 万 hm^2。沙漠化、盐碱化影响范围涉及黑龙江、吉林、辽宁、河北、山西、内蒙古、宁夏、陕西、甘肃、青海和新疆等十多个省区,212 个县(旗),约 3 500 万人口。据最新调查统计,全国已累计有 135 万 km^2 的沙漠化、盐碱化土地,占全国土地面积的14%,而且每年还在增长中。目前,我国改良草和人工草地已达到332.5 hm²,但其面积不及牧草地面积的1.25%,天然草地长期超载放牧,投入建设少,导致草地产草率降低,草地退化。20世纪50年代以来,全国围湖造田共100多万hm²,占陆地水域的1/10,仅湖北省湖泊面积就从解放初期的83万hm²缩小到23万hm²。江西省48 000 hm²的淡水渔场已减少一半,水污染、水体生态系统恶化严重影响淡水产品的质量和捕捞量。随着工业的发展,大量污染物以"三废"形式排入环境当中,特别是其中的有毒废水,严重污染江河等水体和农田。此外,大量施用化肥、农药造成农田污染,近年来,全国每年有20多万t农药、1 700多万t化肥进入农田,导致土壤污染,直接影响农产品质量。我国耕地遭受城市、工业、化肥、农药等污染的面积已达1.46亿亩(截止到2003年)。

4) 土地利用不当,造成土地质量下降

重用轻养或只用不养,忽视了养用结合和土地保护措施,土地利用强度超过了土地生态系统的阈值,从而造成土地质量下降。许多地方重灌轻排或只灌不排,从而抬高了地下水位,引起土壤盐渍化和次生潜育化,据有关资料统计,我国目前有盐渍土地面积9 913万km²。不少地方有机肥施用量减少,施肥结构不合理,投入与产出、有机肥与无机肥及氧、磷、钾之间比例失调,已成为农业增产的重要限制因素。全国第二次土壤普查结果表明,我国耕地中缺磷土壤面积占59.1%,缺钾土壤面积占22.9%,有机物质低于0.6%的土壤面积达13.8%,中低产田占耕地面积的79.2%。基于以上情况,需要科学合理地利用土地,注重耕地的地力产出,使用和保护相结合,采取改良措施提高土地质量。

4.5.3 我国土地资源可持续利用的对策和措施

1991年联合国可持续土地管理会议上,将土地可持续利用定义为:将技术、政策和旨在使社会经济原则和环境关系一体化行为结合起来,即同时考虑保持或提高生产或服务(生产性),降低生产风险(安全性),保持自然资源潜力和防止土地、水质的退化(保护性),具有经济活力(活力性),被社会所接受性(可接受性)的土地管理方式。结合我国土地资源和社会经济发展的特点,《全国土地土地总体规划纲要》中,提出了我国土地资源可持续利用的内涵,即科学合理地利用、开发、整治和保护土地资源,实现土地资源的可持续利用与社会、经济、资源、环境的协调发展,满足社会经济长期发展的需要,达到最佳的社会、资源、环境和经济效益。

一个国家的土地资源面积是有限的,如何利用土地资源,才能达到生产性、安全性、保护性、活力性、可接受性的统一,具体来说是如何协调人与土地、人与人的关系,以达到人与自然的和谐统一。目前,我国的城市化发展,农村结构调整占用了大量的耕地,我国的耕地面积在7年间减少了近1亿亩。另外,在土地利用中出现了各种各样的问题,要解决好这些问题,缓解人地关系紧张的矛盾,就需要我们树立可持续利用的理念,政策措施不只是制定好,更要实施好。结合我国目前土地资源现状,我国的土地资源管理需要做好以下几个方面的工作:

1) 合理控制人口增长,减轻土地的承载压力

我国人口基数大,人口增长快,伴随着人口的急剧增长,土地承载力增大,人们不顾自然规律,对土地资源采取掠夺式开发,从而造成土地资源的严重破坏和生产性能的降低,土地生态环境的平衡性被打破了,引发了诸如水土流失等问题的出现,而这些又反过来影响土地

的产出水平及效益,最终陷入土地利用恶性循环的怪圈。所以,必须有效控制人口增长,减轻土地的承载压力,从而从源头上确保我国土地资源可持续利用的实施。

2) 加强耕地保护,确保基本农田的保有量及质量

耕地保护得如何,直接影响到我国的粮食保障问题。由于我国人均耕地少,并且农业产业结构调整和工业化、城市化的发展势必占用耕地,耕地资源随之减少,但是我国的粮食需求以及由此产生的对于耕地资源的需求却在不断增加,所以说保护耕地具有重要的战略意义,也是我国土地资源管理的核心任务。目前,全国在册基本农田面积现有15.89亿亩,这对于我国这样一个人口大国来说,要保持"一要吃饭"的问题显得尤为紧张,所以"十一五"规划提出了保护基本农田的总要求:总量不减少,质量不降低,用途不改变,保护好基本农田有利于确保国家粮食安全,促进土地节约、集约利用,促进农民增收,保障农村稳定,同时,也能维护好农村自然生态安全。基本农田是自然生态系统的重要组成部分,发挥着湿地、绿地、景观等生态功能,既是饭碗,又是生态田。

3) 节约集约利用土地

我国农村土地利用历史悠久,但一直以来经营规模狭小,存在着农业土地利用效率低的问题;对于非农业用地也存在着土地利用浪费和利用效率不高的问题,如空心村、城中村、土地闲置问题。所以一方面要立足内涵挖潜,提高建设用地的利用率,另一方面提高土地占用成本,以促进土地集约利用水平,使土地的合理和可持续利用成为可能。对于农业用地而言,增加投入,不断改善土地利用的环境条件,大力推广适用的农业技术,因地制宜,提高土地产出率;开展农田基本建设,治理中、低产田,挖掘土地生产潜力,推进适度规模经营,优化配置土地资源。此外,强化土地复垦制度,推行"谁复垦谁受益"的原则,逐步提高土地复垦率,用好每一寸可用土地,搞好土地整理,有效利用土地资源,通过土地整理,不仅可以增加耕地,补充建设用地,保持耕地占补平衡,而且可以改善生产条件、城乡建设布局和生态环境,促进土地资源可持续利用和发展。

4) 搞好土地整治,提高土地质量,改善生态环境

我国土地利用过程中存在水土流失、土地沙漠化、盐渍化、土地污染、水环境系统破坏、草地资源数量质量减少、林地资源减少等各种问题,如果对于这些问题慎重处理,采取一些改良措施,利用法律手段,明确权属问题等方式就可以弱化问题带来的后果。土地整治是土地资源开发利用保护和治理工作的总称。当前我国土地整治要着重搞好以下几个方面的工作:一是搞好水土保持,重点做好我国大江大河源头及上游的水土保持工作,退耕还林、退草,恢复森林、草原系统涵养水土的功能,兴建必要的水土保持工程;二是治理土地退化,包括治沙、治碱、治潜育化、治土地污染,利用生物化学和工程等措施对土地的各种"病症"进行治理,遏制我国土地质量退化。土地治理是过程,而不是结果,治理过后需要在对土地进行有效保护的前提下合理利用,需要制定相关法律,将权利和责任明确到单位和个人,达到标本兼治的效果。

5) 强化土地规划的科学性和权威性

土地利用涉及国民经济和社会发展的各部门、各行业,如何有效、科学的用地需要各个方面的协调,土地利用总体规划的实施有助于解决用地分配的时空布局问题。编制规划前需要做好土地资源的调研、评价工作,摸清家底,了解供需状况;编制规划时需要综合考虑各方面的要求,不仅要协调好各部门、各行业用地的要求,而且要协调好人与自然的关系,做好规划的环境评价工作,以实现经济、社会、生态综合效益的最大化;规划的编制着重在于能否

实施好,一个有效、科学、合理的规划若得不到落实,而只是文本的价值,将有损规划的权威性,也违背了编制规划的初衷。所以不仅要求编制规划坚持科学性、综合协调的原则,而且规划的实施也必须强化土地规划的科学性和权威性。另外,要加强规划的公众参与性,对规划的实施情况进行监督。

6) 不断完善和促进土地持续利用的政策体系和制度规范

以土地持续利用为目标的土地资源管理离不开政策和制度支撑。这一政策体系和制度规范不仅包括土地政策体系本身,而且还涉及土地政策与农业政策、社会政策、经济政策、企业改革政策、生态环境保护政策、城市发展政策等之间的相互关系问题。因此,只有加强相关政策之间的协调,才能促进土地持续利用以及社会经济、生态环境的健康发展。对于土地政策体系内部宏观政策体系(如土地利用规划等)必须与微观行为(企业、农户的土地利用行为)相互协调,主要通过土地价格、税收、金融政策等的科学运行来得以保障。

主 要 参 考 文 献

[1] 包浩生,彭补拙. 自然资源学导论. 南京:江苏教育出版社,1999
[2] 封志明. 资源科学导论. 北京:科学出版社,2004
[3] 陈永文. 自然资源学. 上海:华东师范大学出版社,2002
[4] 濮励杰,彭补拙. 土地资源管理. 南京:南京大学出版社,2006
[5] 刘成武,等. 资源科学概论. 北京:科学出版社,2004
[6] 薛平. 资源论. 北京:地质出版社,2004
[7] 中华人民共和国年鉴,2010
[8] 全国土地整治规划(2010—2015),2012

5 生物资源

生物是自然界中最活跃的物质形式,在自然界的物质循环、能量交换和信息传递中起着十分重要的作用,同时生物也是人类生活必需的资源和生存的基本环境条件。生物资源是一种可更新资源,它具有与其他自然资源不同的特点,同时也具有重要的经济价值,随着生产的发展和科学技术的进步,其作用和用途愈来愈被人们了解和重视。随着世界人口的增加和科学技术的进步,生物资源的承载能力与人类需求之间的矛盾日益突出。只有合理利用它,才能使其增殖、繁衍,不断满足人类对它永续利用的需求,不断保持生态环境的良性循环。

5.1 生物资源及其特性

生物资源可为人类直接或间接地提供原料、食品及其他的效益,包括生态环境和经济效益。在自然资源中,生物资源具有一些特殊的性质。这些性质,对于人类如何合理开发利用生物资源起着重要的作用。

5.1.1 生物资源的概念

生物资源是指在目前的社会经济技术条件下,人类可以利用与可能利用的生物,包括动植物资源和微生物资源,既包括作为物种的个体部分,也包括决定个体性状的基因部分和作为生态系统组成的群体部分,是对人类具有现实或潜在价值的基因、物种和生态系统的总称。基因是包含在生物个体内的遗传信息,通过遗传和变异来维持生物性状的代间传递和不断产生新的性状;物种是人类开发利用生物资源的基本形式,多样化的物种满足了人类生产生活的不同需要;而生态系对于维持生态平衡、促进物种关联与分化以及积累生物量具有重要意义。

生物资源属于自然资源范畴内的一种可更新资源,在天然或人工的维护下可以更新、繁衍和增殖,反之,在环境条件恶化和人为破坏下也可以解体和衰亡,有时这一过程具有不可逆的特点。因此在人类合理开发利用生物资源的过程中,使之不断更新、繁衍和增殖,是摆在我们面前的一个重要任务。

生物资源不仅为人类提供了丰富的食物和大量用作燃料、住所、衣服、药品和其他必需品的物质,而且还提供了娱乐和丰富的文化生活场所。因此,生物资源成为农、林、牧、副、渔业经营的主要对象,并能为工业、医药、交通、建筑等提供必要的原料和能源,为旅游业提供一定的物质基础。

据估计地球上曾经有过 5 亿多种生物。地球形成十几亿年后,最原始的生物细菌开始出现,在以后的 30 多亿年间,生物赖以生存的地理环境曾发生过多次重大变化,生物在自然选择和本身的遗传与变异共同控制下,不断地发生分异与发展,旧种逐渐灭亡,新种相继产生,不断演化和发展而形成今日地球繁荣的生物界、丰富的生物资源。现在大约有数百万种生物,其中占压倒多数的是无脊椎动物和植物。物种的数量以热带地区最多,向两极逐渐减少。过去的生物灭绝大都是自然发生的,只是到了 5 万年前,人类打猎、采集食物和农耕等活动开始,对生物赖以生存的自然环境施加了更多的影响,尤其是近 400 年以来,人类活动的影响日趋加剧,导致了大量人为因素造成的物种灭绝。根据最近的土地利用趋势,预计到 2050 年物种丧失量将达到 180 万种或更多,大概相当于现在全部生存物种的三分之一,其规模不亚于过去数百万年间发生过的灭绝。因此,如何根据生物资源的特性,合理利用和保护生物资源,就成为当前国际科学界最密切关注的问题之一。

5.1.2 生物资源的特性

1) 生物资源的多样性

地球上生物物种极为丰富,据估计全世界有 1 300 万~1 400 万个物种,但科学描述过的仅有约 175 万种,大多数现存物种尚未被记录与描述(见表 5.1)。一般而言,对高等植物和脊椎动物了解比较清楚,对无脊椎动物、微生物的了解十分有限。每年有大量的物种被发现和记录。无脊椎动物,尤其是微生物数量巨大。有文献记录的微生物中的细菌和病毒,不到估计量的 1%。对于可能存在的物种数目,普遍认可接受的数字是约 500 万种,但也有很多科学家认为总数可能超过 1 000 万种。

表 5.1 全球不同类群的生物种数

类群名称				已描述的物种数目	估计可能存在的物种数目
域	界	门	纲	(万种)	(万种)
原核生物	病菌			0.4	40
	细菌			0.4	100
真核生物		真菌		7.2	150
	原生生物	原生动物		4	20
		藻类		4	40
	植物	高等植物		27	32
		软体动物		7	20
		脊椎动物		4.5	5
	动物	原腔动物	线虫纲	2.5	40
		节肢动物	甲壳纲	4	15
			蛛形纲	7.5	75
			昆虫纲	95	800

Heywood V H. Global Biodiversity Assessment. Cambridge University Press, 1995

目前我国已知高等植物约有 27 000 余种,隶属于 353 科,3 184 属,其中 190 属我国所特有。乔木树种 2 000 余种,特别是裸子植物,全世界共有 12 科、71 属、近 800 种,我国就有 11 科(其中南洋杉科为引种栽培)、71 属、240 余种。其针叶树的总种数约占世界同类植物的三分之一,其中的银杏、银杉、金钱松、台湾杉、白豆杉等,都是我国特有的珍稀孑遗植物。被子植物占世界总科数的53%以上,其总种数仅次于马来西亚(约45 000种)和巴西(40 000种),居世界第三位。被子植物中富含古老的类群和特有的种,如珙桐、香果树、昆栏树、连香树、鹅掌楸、水青树等(见表5.2)。许多中外植物学家认为,我国植物最丰富的西南地区,可能是被子植物出生的摇篮和分化中心。在丰富的植物种类中有许多十分珍贵而稀有的树种。现已被列为国家重点保护的珍贵树种有银杉、水杉、紫檀、铁力木等300余种。

表5.2 中国主要植物种类

分类名称	科 数	占世界总科数比例(%)	属 数	占世界总属数比例(%)	种 数	占世界总种数比例(%)
种子植物	301	—	2 980	—	24 550	—
被子植物	291	53.5	2 946	23.6	24 357	10.8
裸子植物	10	100	34	59.6	193	28.5
苔藓植物	106	70.0	480	50.0	2 100	10.0
蕨类和拟蕨类植物	52	80.0	204	46.0	2 600	22.0

(刘明光,1999)

我国约有兽类414种、鸟类1 175种、两栖动物196种、爬行动物315种、鱼类2 000种。在这些丰富的动物种类中,有许多珍稀特有的动物资源,其中以大熊猫、金丝猴、白唇鹿、褐马鸡、黑颈鹤、黄腹角雉、扬子鳄等为代表。经济价值较高的鹿、麝、麂、黄羊等的种类和资源也十分丰富。属于国家一级保护动物的达90多种,以大熊猫及金丝猴、藏羚、扬子鳄等为其重要代表。属于二级保护动物的有水鹿、红腹角雉、大鲵、小灵猫等230余种。

我国是世界淡水生物资源最丰富的国家之一,仅鱼类就有800余种,其中半数以上是我国特有种类,有许多具有较高的经济价值和重要的科学研究价值。例如在东北的黑龙江水系、新疆的额尔齐斯河水系生长的一些冷水性鱼类,如大马哈鱼、哲罗鱼、细鳞鱼等,虽非我国所特有,但具有重要的经济价值。在东北的几条河流中还生活有圆口纲的八目鳗的三个种,作为一个重要的进化单元,具有重要的科学意义。黄河、长江中下游平原地区,是现在生存着的一些淡水鱼类的起源和发育中心,除青、草、鲢、团头鲂等已驯养的养殖品种外,野生的白鲟、胭脂鱼、鲸鱼、鳡鱼、鲖鱼、铜鱼等既是经济鱼类,又是我国特有品种。

丰富的动植物区系和复杂的自然条件,形成多种多样的生物类型。仅以陆地生态系统而言,除赤道雨林外,几乎所有北半球的植被类型在我国都有分布。森林包括寒温带针叶林、温带落叶阔叶林、亚热带常绿阔叶林、热带季雨林和雨林。除森林外还有灌丛、草原、荒漠、冻原和高山植被以及隐域性的草甸、沼泽和水生植被。中国植被分类中仅高中级单位就包括10个植被类型组、29个植被类型和70余个群系。

2)生物资源的可再生性

生物资源可以不断自然更新和人为养殖扩展,这是它的基本特性。生物资源和非生物资源的根本区别在于生物资源可以不断地自然更新和人为地繁殖扩大。同时,生物资源生命过程的进行可维持一定的生物储量。生物资源可再生性的实质是生态系统中的能量流动和物质循环,使生物资源得到不断的更新和发展。从这种意义上来讲,生物资源是无限的、可永续利用的。在适宜的生态条件下,生物资源可以通过个体增长、繁殖后代等过程来维持和增加其资源量,它的资源量是一个变数而不是常数。在正确的管理和维护下,生物资源量可以逐渐增加,但如果利用不合理,其资源量就会越来越少,并产生退化、解体、生物物种灭绝和生态系统丧失，而且这一过程是不可逆转的。所以，生物资源的可再生性也是有一定限度的。在利用生物资源时，必须注意不能"竭泽而渔"，必须首先保护这种不断更新的生产能力，以达到长期利用的目的。

人们利用生物资源可再生的特征，可栽培和扩大植物的生长范围、驯化和培养优良的动物种。如我国在19世纪后期从英国南部海滩引入了一种耐盐耐淹的海滩先锋植物大米草，从开始的21株草苗发展到54万亩，大米草人工植被种植以后，使原来的光海滩发生了一系列的变化，既提高了滩涂土壤的肥力，又起到了保滩护岸的作用。近几年来我国还驯化、引进培育成功了一批优良牧草种子，建立了人工优良牧草种子繁育基地；对数百种我国野生和国外引进的优良牧草品种进行了驯化、引种、培育，获得了很好的成果。又如，我国野生动物的驯养工作也有很大的发展，已经建立了相当数量的驯养场，饲养的品种有马鹿、水貂、果子狸、大灵猫等等。从而使生物资源不仅从种属的种类、范围上得到扩大，而且个体数量上也得到极大的增殖。

生物资源中的植物、动物和微生物是构成生态系统的极为重要组成部分，其中用光合作用自制养料为营养方式的绿色植物是自然界的生产者；自己不能制造养料，以摄食他物为营养方式的动物，则是自然界的消费者；一般自己不能制造养料，以分解和吸收动植物残体为主要营养方式的是微生物。这三者之间是紧密相连，缺一不可的。只要生态系统中能量流动和物质循环畅通无阻，这个系统就不会受到削弱或间断，生物资源就能源源不断地更新和发展。生物资源之所以是一种再生性资源，其实质就在这里。因此，如何运用这一规律，掌握这一极为重要的特性，使生物资源不断地再生，并获得最高的生产力，是极为重要的。

3）生物资源的地域性

由于地球自然条件的复杂性，以及生物区系迁移的历史因素和不同的人类活动影响等，生物资源的数量、质量以及生物类型等方面表现出明显的地区差异。

世界上的很多物种分布广泛，几乎在全球各大陆均有分布，称为广布种。比如鱼鹰在除极地外的不少湖泊、河流和海滨地区均有分布。而有的物种分布只局限于特定的区域，称为特有种。比如珙桐科、钟萼树科和杜仲科只分布于我国的部分地区，为我国的特有种。另外有少数物种分布范围极其局限，只严格分布于一个小的区域内，或者分布虽广，但个体极其稀少和分散，称为稀有种。比如我国的大熊猫、扬子鳄等物种虽然分布很广，但其种群密度极低，都属于稀有种。从蕴藏量和使用量的角度看，广布种构成了生物资源的主要部分，但稀有种、特有种因其稀缺性和独特性，具有广布种无法相比的高价值。

在各自然地带中，有些地带物种丰富，如热带地区的物种占世界全部种数的三分之二左右，湿润热带森林仅占陆地面积的7%，却占有全部物种的50%左右，在这些森林中至少生长着9万种，甚至可能多到12万种维管束植物。厄瓜多尔西部的里约帕勒克研究站，在1.7平方公里的面积内发现了1 025种植物，这是世界上记载植物种最多的地方。反之，在整个北温带却只有5万种有花植物，加拿大广阔的冻原和北方森林仅发现22种蛇。如果全球有500万种生物，其中拉丁美洲的热带森林可能生存着100万种植物和动物，在南亚和东南亚约有75万种，非洲约有33万种。

世界的有些地区，地理或生态的隔离促进了物种形成，并且也造成物种迁移的困难，因此物种特有现象突出。如夏威夷有花植物的种或变种的数量多达2 400种以上，其中97%是特有种。在非洲南部的马拉维湖中有200多种丽鱼科鱼，除4种以外全部是特有种。

生物资源在地球上不是均匀分布的,生物多样性丰富的国家主要集中于热带、亚热带地区的少数国家,包括巴西、哥伦比亚、厄瓜多尔、秘鲁、墨西哥、扎伊尔、马达加斯加、澳大利亚、中国、印度、印度尼西亚、马来西亚等12个国家(见表5.3)。中国高等植物和脊椎动物物种数占全球物种数的10%左右,是全球少数几个物种多样性最丰富的国家之一。

表5.3 世界有关国家生物物种及濒危物种数

国家	哺乳动物		鸟类		高等植物	
	物种 2004年	濒危物种 2007年	物种 2004年	濒危物种 2004年	物种 2004年	濒危物种 2007年
中国	1 801	351	1 221	20	32 200	446
孟加拉国	735	89	604	24	5 000	12
印度	1 602	313	1 180	121	18 664	247
印度尼西亚	2 271	464	1 604	18	29 375	386
伊朗	656	75	498	18	8 000	1
以色列	649	79	534	53	2 317	
日本	763	190	592	41	5 565	12
缅甸	1 335	118	1 047	34	7 000	38
韩国	512	54	423	21	2 898	
老挝	919	77	704	30	8 286	21
巴基斯坦	820	78	625	70	4 950	2
菲律宾	812	253	590	16	8 931	213
斯里兰卡	504	177	381	42	3 314	280
泰国	1 271	157	971	41	11 625	86
越南	1 116	152	837	17	10 500	146
埃及	599	59	481	9	2 076	2
南非	1 149	323	829	19	23 420	73
加拿大	683	77	472	57	3 270	1
墨西哥	1 570	579	1 026	71	26 071	261
美国	1 356	937	888	55	19 473	242
阿根廷	1 413	152	1 038	120	9 372	42
巴西	2 290	343	1 712	25	56 215	382
委内瑞拉	1 745	166	1 392	9	21 073	68
法国	665	117	517	14	4 630	7
德国	613	59	487	15	2 682	12
意大利	610	119	478	11	5 599	19
波兰	534	38	424	47	2 450	4
俄罗斯	941	153	645	20	11 400	7
西班牙	647	170	515	14	5 050	49
土耳其	581	121	436	10	8 650	3
英国	660	38	557	60	1 623	13
澳大利亚	1 227	568	851	74	15 638	55
新西兰	424	124	351		2 382	21

摘自世界银行《2008年世界发展指标》。

在我国,动植物种类的一半以上集中在云南、四川和西藏的东南部。植被类型的地域差异从我国的植被图上就可以看出,分成寒温带针叶林区、温带针阔叶混交林区、暖温带落叶阔叶林区、亚热带常绿阔叶林区、热带雨林季雨林区、温带草原区、温带荒漠区和青藏高原高寒植被区等八个大区。我国农业方面的生物资源的地域差异也很明显,如果作一个粗线条的划分,东从大兴安岭起,斜向内蒙古高原南侧,连接黄土高原,再斜向青藏高原东部连一条线,这条线的东南侧为农区,西北侧为牧区。而我国森林主要分布在降水大于 400 毫米的地区。

生物资源的地域差异性是人类开发利用它的重要依据之一,也是不同类型生物资源繁殖种群、扩大分布区、提高品质等的限制因素之一。

4)生物资源的可解体性

各种生物资源,其遗传潜力的基因库存在于该种生物的种群之中,任何生物的个体都不能代表其种的基因库。人类的干扰和自然灾害等容易引起物种世代顺序的破裂,从而威胁到种群的繁殖和生存。当种群个体少到一定数量时,这种生物的遗传基因便有丧失的危险,从而导致物种的解体。

自 20 世纪以来,由于全球气候的变化和生态环境的恶化,一些生物物种正迅速走向濒危甚至灭绝,地球实际物种数正在迅速减少(见表 5.3)。国际自然与自然资源保护同盟(IVCN)列举了受到威胁物种的三种主要类型:① 已濒于灭绝的物种,即因近期种群更新受到威胁而处于危险中的物种;② 因种群数量或地理分布范围日益下降而长期处于脆弱状态的物种;③ 稀有种。根据研究成果报道,在温带地区的加拿大、美国等近 20 个国家约有四分之一的哺乳动物受到威胁,其中德国、荷兰、奥地利和西班牙受到威胁的哺乳动物占到 40% 以上。瑞士、荷兰、奥地利和西班牙受到威胁的鸟类达到 33%~60%。丹麦 5 种爬行动物中的 4 种以及 14 种两栖动物的个体数量正在急剧减少。在非洲各国,全球性濒危哺乳动物种类和濒危物种数量比例不同,其中扎伊尔达到 17%,尼日利亚达到 18%。南非西南部的"开普敦植物王国"是世界上植物种类最丰富和最具特色的地区,在 6 000 多种植物中,特有种占 70%,由于农业活动等影响,至少使 2 000 种植物受到威胁。

由于生物物种本身的特性,使得有些物种比其他物种更为脆弱。许多受威胁物种的种群都是小型的或地方性的,比如美国密歇根北部格特兰有一种苔莺,目前已经减少到大约只有 400 只,这种孤立或近亲繁殖的种群,在遇到各种自然灾害时易受到伤害。岛屿物种也是十分脆弱的,它们几乎在没有任何捕食者或食草动物情况下生长发育的,缺乏正常的防御机制和能力,当人类将捕食动物或食草动物引进岛屿时,许多乡土种就被消灭了。比如 16 世纪欧洲人到南大西洋的圣赫勒岛上定居,引进的山羊泛滥成灾,岛上 33 种特有植物已有 22 种灭绝。繁殖速度缓慢的动物,往往是大型哺乳动物或鸟类,它们可以代表另一类脆弱状态的生物类群,比如加利福尼亚的秃鹰,现在野生的数量不足 10 只,这种鸟至少要长到 6 岁才能繁殖,一对秃鹰本身的更新需要 10~15 年时间。有些动物需要广阔的面积才能维持自己的种群,比如在几个非洲天然野生公园中,1 只非洲狮需要 40 km^2 的地域才能找到足够的捕获物。

5)生物资源的周期性

生物资源的大多数内在功能,特别是生物量积累量、干物质成分、种群密度、生态幅、系统稳定性等都呈现出一定的日变化、季变化、年变化和年际变化,表现出周期性的特点。这种变化或多或少是由生态系统中生物活动的周期性变化决定的。

单位面积内活的生物干质量称为生物量,这是一个不断变化的数值。比如绿色植物白天生物量大而夜晚生物量小,草原牲畜在仲秋时节生物量积累最大,而大多数生态系统在达到顶级之前的生物量最大。同时生物体内的糖类、蛋白质、脂肪等干物质成分以及各种特殊化学物质常在昼夜之间和不同季节之间相互转化,特别是植物在成熟之前水分含量偏多,而糖类等干物质较少。在种群范围内单位面积的个体数量称为种群密度,它也明显地表现出年际周期变化,比如许多果树品种都有"大年小年"现象。生态幅是指一定生物种类对生态因子的适应范围。在不同发育阶段,生物的生态幅变化很大,许多植物的生态幅在繁殖期(花期)最窄,称为生态临界期,这一期间生物对外界干扰极为敏感。

6) 生物资源的相对稳定性

生物在一定范围内具有减缓外部压力,维护自身稳定性的自我调节能力,这决定了生物资源在受到外界环境压力的情况下,可以保持相对的稳定状态。生物资源的相对稳定性主要表现在三个方面。首先表现在生物及生态系统抵御外部压力而保持稳定的能力,称为抵抗性,比如荒漠植物在干旱来临之时会关闭部分甚至全部气孔来保持水分;而冷血动物壁虎可以通过在一天不断移动位置来适应气温的日变化。其次表现在生物及生态系统在经受干扰后保持原有功能的能力,称为缓冲性,比如草类在经过一定程度的啃食后仍可不断更新生长。再次还表现在生物及生态系统在经受外部干扰而被破坏后,自然恢复并接近原来平衡点的能力,称为恢复性,比如森林在经历火灾之后,可通过自然演替,达到新的顶级状态。生物资源的相对稳定性保证了生物资源在人类适度的开发利用中可以恢复和不断补充,但这种稳定性只是相对的,有其严格的阈值,一旦开发强度超过这一阈值,生物资源必然受到破坏,乃至资源枯竭。

5.1.3 生物资源量的测定

生物资源量是一个综合性的概念,其大小由该生物的分布区面积、种群密度、分布格局和生物量、生产力等指标来确定。

1) 生物资源的分布区面积

分布区面积表示生物资源分布的大致范围和实际覆盖面积。它一方面通过显示该生物在全球或一定区域出现频率的大小来区分资源是广布种、特有种还是稀有种。不同的分布区类型具有不同的资源价值特征,广布种具有较大的现实或潜在资源量,有利于大规模的开发;特有种构成地方特产生物资源的主题,有重要的开发价值;稀有种应为主要的资源保护对象,开发应在保护的前提下进行。另一方面,实际覆盖面积是估算资源蕴藏量的重要参数,它影响人类对资源的开发规模。

生物资源的实际分布面积是在分析分布区图的基础上,在各分布点进行地面样方调查而获得的。此外也可以在深入研究该资源的生态条件的基础上,以气候、地貌等的适宜性来间接推测资源分布。现代遥感技术更为测算资源覆盖面积提供了快捷和高精度的手段。

由于工作量太大以及其他一些原因,实际分布面积的调查极少在全球范围内进行。在大多数情况下,调查是在较小的区域内进行的。无论是对于种群还是群落,都可以通过地图学方法在图上量算出资源的实际分布面积。

2) 种群密度

统计种群密度最直接的方法是计算种群中每一个个体,如一个岛屿上所有的棕榈树、湖泊中所有的鲤鱼等等,但这种方法工作量太大,也很难保证能统计到所有的个体。航空遥感方法可以用来调查大型哺乳动物和疏林中乔木的密度,但应用范围有限。最常用的方法是样地法,这种方法对所有植物和部分移动范围较小的动物适用。调查时在若干样方中计算种群的全部个体,然后以其平均数推广估计整个种群的密度。样方的选择必须有代表性,并通过随机采样来保证结果的可靠性,这种可靠性由数理统计中的方差和显著性来检验。

对于不断移动的动物,直接统计个体数比较困难,可以应用标志重捕法。在调查样地上,捕获一部分个体进行标志,经一定期限进行重捕。根据重捕中标志比例与样地总数中标志比例相等的假设,来估计样地中被调查动物的总数。对于许对动物,由于获得绝对密度十分困难,相对密度指标往往成为有用的资料,诸如捕获率、遇见率、洞口率、粪堆数等等。

3) 生物量与生产力

广义的生物量是生物在某一特定时刻单位空间的个体数、重量或其含能量,可用于指某种群、某类群或整个生物群落的生物量。狭义的生物量仅指以重量表示的,是指某一时刻单位面积内实存生活的有机物质(包括生物体内所存食物的重量)总量,可以是鲜重或干重。与生产力是不同的概念,某一特定时刻的生物量是一种现存量,生产力则是某一时间内由活的生物体新生产出的有机物质总量。

全球生态系统的生物量受温度、降水等气候因素的制约,表现出一定的地带性,热带雨林的植物量高于 400 t/hm^2,而在干旱荒漠地区则不足 10 t/hm^2。

在一定时间内单位面积上活植物体所产生的有机物质总量称为总第一性生产力,如果减去自身呼吸消耗的物质,剩余数量则是净第一性生产力。在此时间初末所测生物量的差值是表面生长量,实际生长量还应加上这段时间由于死亡、凋落损失部分和被其他生物摄食部分。

对于多数草本植物群落,生物量的测定是采用采样称重法,即随机选取一定数量的样方,在样方中将不同种的个体分别连根取出,直接称重即得鲜重,如果烘干后再称重得到的便是干重。严格地讲,生物量是指其干重,鲜重可以用干/鲜之比来换算。将各个植物种的单个生物量累加,就得到群落的生物量。

对于多数木本植物,生物量的测定是通过对标准木的分析,建立生物量估算模型,进而推广到整个同类型森林群落。具体做法是,先根据立木径阶或断面积分布,选择并收获一定数量的成组标准木,获得其各部分器官的干重,然后建立标准木的测树因子(胸径、基径等)与标准木各部分器官干重两组变量之间的回归模型,从而计算出森林群落上层乔木的生物量。

由于有季节变化,尤其是短期生植物的生长量会是任一时刻生物量的好几倍,这样测定的数据与实际年生产力会有很大的差别。为了减少这些误差,也为了在国际上建立标准化的测算方法,人与生物圈计划中设立了一个项目"生物生产力及其与人类福利的关系",项目已在 20 世纪 70 年代中期完成。这个计划对世界上主要生物群落都做了研究,目的在于提供有关生物生产力的可比较信息(见表 5.4)。

表 5.4 生物圈中的净第一性生产力及有关特征

生态系统类型	面积(百万 km²)	净第一性生产力(干重)			生物量(干重)		
		正常范围 (g/(m²·年))	均值 (g/(m²·年))	总量 (10亿 t/年)	正常范围 (g/(m²·年))	均值 (g/(m²·年))	总量 (10亿 t/年)
热带雨林	17.0	1 000～3 500	2 200	37.4	6～80	45	765
热带季雨林	7.5	1 000～2 500	1 600	12.0	6～80	35	260
温带常绿林	5.0	600～2 500	1 300	6.5	6～200	35	175
温带落叶林	7.0	600～2 500	1 200	8.4	6～60	30	210
北方森林	12.0	400～2 000	800	9.6	6～40	20	240
疏林与灌木	8.5	250～1 200	700	6.0	2～20	6	50
稀树草原	15.0	200～2 000	900	13.5	0.2～15	4	60
温带草原	9.0	200～1 500	600	5.4	0.2～5	1.6	14
冻原与高山	8.0	10～400	140	1.01	0.1～3	0.6	5
荒漠与半荒漠	18.0	10～250	90	1.06	0.1～4	1	13
裸地(岩、沙、冰)	24.0	0～10	3	0.07	0.01～0.2	0.02	0.5
耕地	14.0	100～4 000	650	9.1	0.4～12	1	14
沼泽(木本与草本)	2.0	800～6 000	3 000	6.1	3～50	15	30
湖泊与河流	2.0	100～1 500	400	0.8	0～0.1	0.02	0.05
陆地总量	149	—	782	117.5		12.2	1 837
开放性海洋	332.0	2～400	125	41.5	0～0.005	0.003	1.0
上涌带	0.4	400～1 000	500	0.2	0.005～0.1	0.02	0.008
大陆架	26.6	200～600	360	9.6	0.001～0.004	0.001	0.27
藻盘与藻礁	0.6	500～4 000	2 500	1.6	0.04～4	2	1.2
河口湾	1.4	200～4 000	1 500	2.1	0.01～4	1	1.4
海洋总量	361	—	155	55.0	—	0.01	3.9
海陆总量	510	—	336	172.5		3.6	1 841

　　如果说测算第一性生产力都有很多困难的话,那么测定第二性生产力的困难就更多了。所以通常采用的测算方法是用净生长效率(净生长效率＝用于生长的能量÷消耗掉的能量)。例如牧场上的莱牛,其净生长效率为 4%;猪、鸡和鱼的效率大致相等,可达 20%左右,这显然只适用于现代集约饲养方法。在天然系统中,效率要低得多。例如坦桑尼亚草原部分的净第一性生产为 747 kcal/(m²·年),实际上要略高,因为并非全部植物都被动物消耗掉;而食草动物的生产率仅为 3.1 kcal/(m²·年),净生长率仅为 4.1‰。英国北部落叶疏林地的净第一性生产为 6 247 kcal/(m²·年),其中只有 14 kcal/(m²·年)被食草动物消耗,净生长效率仅为 2.2‰。可见,第二性生产不仅受第一性生产限制,还受第一性产物被食草动物利用的程度以及它们转化为动物组织的效率限制。

　　生物生产力的全部讨论对于资源过程的意义可用两个字来概括:极限。它包括到达地球的太阳辐射总量的极限,以及由于入射能量中一般仅有 0.1%～0.3%转换为净第一性生产力的光合潜力局限。在无机养分方面也存在极限,无论是其供给量的相对短缺,还是其循环周期之漫长而言,都是如此。此外,由于食物链上的每一环节都有能量损失,第二性生产及后续各级生产的局限就更为严重。同时我们还应看到,通过分解者产生的有机物质流也是大量的,其资源价值还未得到应有重视。

5.1.4 生物资源与生态环境

生物有机体不能离开生态环境而存在,同时生物又是构成环境的最基本要素之一。保护和合理利用生物资源对于协调和恢复生态系统的平衡、改善生态环境、提高生态系统的生产力等方面,均具有极为重要的意义和作用。

1) 生物资源与生态平衡的协调

生物系统由生产者(绿色植物)、消费者(动物)和分解者(微生物)三大类生物的个体和群体所构成,按它们的生物学特征和生命活动规律,既有其自身的生长发育的时间顺序,又占有相应的空间位置,依它们的营养序、个体数量、生产率和生物量,排列成从大到小的"能级"——营养金字塔,形成个体和个体、种群和种群之间相互依存、物能流动的体系。

环境系统是由非生物的生态因子综合而成的生态环境,光、热、水、气和矿质营养等主要生态因子,一方面表现其自身特有的变化规律,另一方面它们之间相互补偿、协调和限制,在不同程度上影响生态环境的性质,从而影响到生物系统的组成结构和生命活动。

生态系统则是含有生命活动的开放性系统,是由生物系统和非生物环境系统组成。当生态系统处于相对稳定状态时,生物系统内生物之间,生物与环境系统之间出现高度的相互适应,并相互联系、相互制约,维持某种协调,使能量流动、物质循环和信息传达达到某种相对平衡的状态,通常称为生态平衡或自然界的平衡。显然,这种平衡是一种动态的平衡,即各自的能量和物质输入和输出基本上保持在平衡的水平上。生态系统作为一种自然资源,由于它在一定压力下具有自我调节和更新能力,因而它是一种可更新的自然资源。但如果超出了一定的压力范围,就会破坏生态系统的自我调节和更新能力,打破生态平衡。

2) 森林资源的生态环境效益

森林生态系统组成复杂、生产力高,是人类最大的生物资源金库之一。它不仅提供各种木材和林副产品,更重要的是其覆盖面积大、稳定性高,对维持生态平衡、提高环境质量等起着巨大的作用。

森林是生物圈中最大的陆地生态系统,具有最高的光能利用率和最高的单位面积生物量和生产量。生物圈的平均光能利用率为 0.2%～0.5%,森林则为 0.5%～1.5%,而热带雨林达到 3.5%。全部陆地的生物量(干重)约为 18 370 亿 t,占全球总生物量的 99% 以上,而森林的生物总量约为 16 500 亿 t,占全部陆地生物量的 90% 以上。每年陆地生态系统提供的净生产量约为 1 175 亿 t,其中森林所提供的占 65% 左右。森林有如此巨大的净生产量和如此高的光能利用率,必将对生物圈的能量循环和生态环境的调节和改善产生重大影响。

森林具有调节气候、涵养水源、保持水土、防风固沙、防治和减少自然灾害、净化环境、卫生疗养、风景旅游、消除噪音等多种生态环境功能。森林和林带能降低风速、减少蒸发、提高空气湿度,使热量交换趋于稳定、减少温差等。森林能吸收大量的太阳短波辐射和林地的长波辐射,对降低温差效果尤为显著,春秋季节日温差的降低,可延长无霜期、减少冻害,有利于作物生长。森林上方乱流加强,所吸收、储存的能量大,有助于降水的增加。一亩林地和一亩裸地相比可以至少多储水 20 m³,因此森林是积聚和储存水分的中心,有"绿色水库"之称。据估计,全球得到的森林降水价值为 2 6897 亿美元,是全球每年林业总产值的 20 余倍。日本全国森林覆盖率64%,森林土壤年储水量达到 3 200 亿 t,森林防治流失泥沙 57 亿 m^3,栖息鸟类 8 100 万只,提供氧 5 200 万 t,吸收二氧化碳 6 900 万 t,仅这六项生态环境效益的价值就达 128 320 亿日元,相当于日本国民生产总值的 10%以上。大兴安岭作为全国最大的国有林区,2005 年率先启动森林资源价值核算。经初步测算,大兴安岭林区的森林环境效益约为每年 780 亿元,其中森林固碳供氧、保育土壤和涵养水源所占比重较大,分别占森林环境效益的 33.7%、25.9%和 24.8%。有关专家建议,为保障大兴安岭在维护区域生态平衡和国家生态安全中发挥重要作用,应尽快将森林资源价值纳入绿色国民经济核算体系。

3) 遗传资源与环境污染治理

随着生物科学技术的发展,动植物遗传基因资源正在扩大应用于环境污染的防治中。氢气是无污染的优良燃料,单位质量的氢气燃烧产生的能量是天然气的 3.5 倍、石油的 4.3 倍、木材的 9.3 倍,而且燃烧后的产物是水,不产生污染。但目前难以推广的原因在于氢气的规模生产十分困难。日本科学家应用基因工程,把大肠杆菌的氢气生产能力提高 3 倍以上,还将霉菌的淀粉基因转入大肠杆菌,进一步转化为酵母菌,实现了直接利用淀粉生产乙醇,节能 60%。每年全球绿色植物生产的碳水化合物高达 2 000 亿 t,若将其中一小部分转化为乙醇,可以大大缓解能源短缺以及由于传统能源工业带来的环境污染问题。

通过遗传工程,还可以创造分解污染物的"超级生物",从而克服天然微生物分解效率较低的缺陷。比如美国科学家已经找到可以分解芳烃、萜烃、多环芳烃、脂肪烃的细菌,并把这些细菌的基因联接起来,转移到一个细菌,创造了可以同时分解四种石油烃的"超级细菌"。此外,现在已经创造出能分解剧毒甲基汞的细菌,并正在努力创造能分解塑料、尼龙等物质的"超级生物",这都有可能极大地改变环境污染防治的技术和手段。

5.2 生物资源的主要类型

5.2.1 生物资源的分类

生物物种的分类通常是以种为基本单位,然后根据亲缘关系把共同性比较多的一些种归纳成属,再把共同性较多的一些属归纳成科,如此类推而成目、纲、门、界。因此从上到下的分类等级顺序为界、门、纲、目、科、属、种。在各分类等级之下根据需要建立亚级分类等级,如亚门、亚纲、亚目、亚科和亚属。比如黄连,它在生物分类系统的等级和种属于植物界>种子植物门>被子植物亚门>双子叶植物纲>古生花被亚纲>毛茛目>毛茛科>黄连属>黄连种。

而生物资源的分类不同于生物物种的分类,其分类方法因分类标准和角度不同而多种多样。最常见的是按生物资源的自然属性划分为植物资源、动物资源和微生物资源三大类。在植物资源中又以群落的生态外貌特征划分为森林资源、草地资源、荒漠资源和沼泽资源等;动物资源按其类群可分为哺乳动物资源、鸟类资源、爬行动物资源、两栖动物资源以及鱼类资源等;微生物可以进一步分为真核微生物、原核微生物和非细胞形微生物。

按生物资源的用途和经济价值,植物资源又可以进一步分为食用植物资源、药用植物资源、工业用植物资源、环境植物资源以及植物种质资源；动物资源又可以进一步分为食用动物资源、药用动物资源、毛皮用动物资源、观赏用动物资源、狩猎用动物资源、役用动物资源；微生物资源又可以进一步分为食用微生物资源、农业微生物资源、工业微生物资源、能源微生物资源、医药用微生物资源和环境保护微生物资源。

根据生物资源的生长习性以及与人类的依存关系，可以划分为野生生物资源和非野生生物资源两类。野生生物资源是在没有或较少人类干预的原始天然状态生境中的生物种属；非野生生物资源的生长基本上或完全依赖于人类的种植或饲养，例如栽培作物、人工水产养殖等。

按生物生存的生态环境，生物资源可分为陆地生物资源和海洋生物资源。陆地生物资源按生物特征与人类的关系又可分为野生动物资源、驯化动物资源、野生植物资源、栽培植物资源和微生物资源。海洋生物资源主要包括海洋动物资源、海洋植物资源、海洋养殖生物资源和海洋微生物资源等等。

联合国粮农组织将生物资源划分到农业资源，向下划分为牧地和饲料资源、森林资源、野生动物资源、渔业资源和遗产种质资源。

生物资源还可以根据其利用层次和价值来源的不同分为生物遗传性状资源、生物物种资源和生态系统三种类型，这三种类型处于生物资源不同的价值层次，其利用方式和特征也有所不同。

5.2.2 生物遗传性状资源

遗传性状是生物资源一切价值的基础和来源，也是生物资源更新的基础。遗传性状的利用和管理对维持生物资源生存和发展很重要，而且对农业的价值特别明显。中国是全球最集中的栽培作物起源中心之一，大豆、水稻、茶树、猕猴桃、菜豆、柑橘、芝麻、杏、桃等最初都是在中国驯化栽培，然后传往世界各地的。我国农业历史悠久，地域辽阔，保留了大量的作物品种和丰富的遗传性状资源。目前全国在生产上起重要作用的大豆优良品种有907个，小麦有472个；各种家畜的地方品种有200多个，其中生猪就有100种左右。在世界上驯养动植物的遗传资源日趋缩小的今天，中国丰富的遗传性状基因更具有全球意义。

农业和林业中可以利用遗传多样性以提高生产率、增加生产。在同一块田地里可以种植几个品种以降低收成损失，并且可以培育新的品种以最大程度地增加产量或适应不利的、变化的环境条件。喀麦隆北部的马萨（栽培5个品种的珍珠粟）、菲律宾吕宋岛的伊富高（命名200多个马铃薯品种）和安第斯山的农民（栽培了数千个马铃薯品种，其中1 000多个已经命名）都高度利用了多样化的农业系统。1930—1980年期间，美国植物育种专家利用遗传性状资源至少使水稻、大麦、大豆、小麦、棉花和甘蔗的产量增长50%，西红柿产量增长3倍，玉米、高粱和马铃薯的产量增长4倍。我国于1973年成功培育籼型水稻杂交稻，在全国推广后，1976—1985年10年累计增产水稻9亿t。

遗传性状资源的另一大贡献是不断提高和保持作物的抗逆性。从基因角度作物抗虫害主要的方法是通过引入对某种害虫的遗传抗性而增加作物产量，但是自然选择常有助于这些害虫很快克服这一抗性，因此必须定期引入新的遗传抗性以保持作物较高的生产率。这要求作物有充足的种质资源，即大的基因库。杀虫剂只是暂时征服害虫，只有不断提高作物的遗传抗性才能有效地抑制虫害。

遗传工程出现后,可用于遗传育种的遗传性状资源的范围从该作物的其他品种发展到了该种的野生亲缘种。作物的野生亲缘种已经对农业生产作出了巨大的贡献,特别是在抗病方面。比如从印度中部的一个野生水稻的标本中获得抗体,使亚洲四种主要水稻有两种具有了抵抗力。栽培小麦可以从野生小麦中获取遗传信息,抵抗真菌病害、干旱、冬寒和酷暑。近年来,国际上越来越重视作物野生近缘种的研究和保护工作,1974年IBPGR建立了国际农业研究顾问组(CGIAR)来进行作物种质的收集和保存工作,现已有300多万份作物种质标本入库。我国也进行了这方面的工作,已经收集和保存野生大豆5 000余份、野生水稻近200份。

遗传性状资源在非食用植物物种的育种计划中也具有重要性。在牲畜育种中,利用遗传性状资源已经明显增加了产量,在过去的30年中,美国平均牛奶产量翻了一番,在一个品种中因遗传改良的获益至少占增长量的25%。我国近年来由于遗传性状资源的应用,已使市场猪肉瘦肉率提高了70%以上。在内蒙古西部,阿尔巴斯白山羊的培育成功,使每只羊的产绒量提高了3~4倍。

5.2.3 生物物种资源

世界上已经驯化的物种资源和野生物种资源(包括动物、植物和微生物)提供了人类几乎全部的食物、大部分的药物和部分纤维素、能源等。但即使如此,人类已经广泛利用的生物物种资源不足全部生物记载种类的1%,众多物种作为潜在资源,留待人们去认识。

1) 食物来源

人类目前已利用了大约5 000种植物作为粮食作物,但只有150种左右进入世界市场,而提供了世界上绝大部分粮食的作物不到20种。小麦、水稻、玉米这三种作物约占人类直接从植物中获取的消耗热量的60%和蛋白质的56%。

很多最重要的粮食作物都集中属于少数几个被子植物科。现已驯化的栽培植物中约有1 000种隶属于4个大科,它们是禾本科(小麦、水稻、玉米、大麦、高粱、小米、燕麦等作物,为人类提供了80%的热量消耗)、豆科(大豆、花豆、菜豆、豌豆等富含蛋白质,达到21%~40%,成为人类重要的植物蛋白来源)、蔷薇科(梨、苹果、桃、山楂等)和茄科(马铃薯、辣椒、番茄等),其次是十字花科(油菜、甘蓝、白菜等)和葫芦科(南瓜、西葫芦、黄瓜等),其余的种类属于160多个种的多样化类型。

作为人类食物成分的另一类生物资源是食用菌,目前主要有香菇、平菇、金针菇、木耳、银耳等真菌。2011年全球食用菌产量达到3 600万t,已成为人类重要的食物来源之一。

由动物构成的人类食物比重比植物少。人类食物中三分之一的蛋白质由动物提供,在发展中国家约为20%,在发达国家接近55%。多数动物食物仅从少数几种驯养动物获得,主要是牛、羊、猪、鸡、鸭、鹅等。鱼类占全球总蛋白质供应的6%和动物蛋白质的24%(包括动物喂养中所用的鱼产品饲料)。

从全球看,野生动物的贡献只占人类食物的一小部分,但是在一些区域,野生物种的重要性要大得多。在7个东南亚国家中,70年代中期消耗的动物蛋白质中有一半以上来自野生鱼类,在秘鲁亚马孙河流域的一个地区,鱼类约占当地人食用动物蛋白质的60%。一般情况下,野生动物种在发展中国家人民食物中所起的作用比在发达国家大。

此外,很多已知价值的野生种,当其成为驯化种时会产生意想不到的效果。而一些区域性粮食作物种在将来可能以更广阔的应用规模而起重大作用。

2) 药物来源

世界上很多药物直接取自植物、动物或微生物的个体及其构件。发展中国家 80% 的人口靠传统药物进行治疗,发达国家 40% 以上的药物依靠生物资源。尽管现代许多药物是化学合成的,但其原材料却多取自野生生物。美国四分之一的药物中包含有活性植物成分,这些药品的价值每年可达 200 亿美元。我国传统医学利用野生生物入药已有数千年历史,中草药的绝大部分取自野生动植物,记载的药用植物有 5 000 多种,其中常用药物 1 700 多种,比如人参、天麻、田七、杜仲等等,都是名贵的中药材。

生物资源的医用价值并不局限于植物化合物,相当多的动物也提供了重要的药物来源。现在已知 500 多种海洋动物可以提取抗癌药物,许多海洋无脊椎动物对防治高血压、心脏病、神经错乱及一些病毒引起的疾病有作用。比如水蛭素是珍贵的抗血凝剂,某些蛇毒制剂可以控制高血压等等。

药用微生物是另一类重要的药用生物资源。青霉素的提取标志着一个医学的新时代,20 世纪 70 年代以来,西方寻找天然药物的努力已经明显从动植物转向微生物,因为它们廉价,容易搜集、培养和筛选,并且很容易在实验室内生长,以使有效化合物的生产达到商业规模。真菌中作为中药的有灵芝、银耳、马勃、冬虫夏草和雷丸等。西药微生物主要有三大类,即生产维生素的微生物、生产氨基酸的微生物和生产抗生素的微生物。

3) 工业原料与能源

植物和动物是主要的工业原料,微生物则以其特殊的生化过程参与工业流程。生物资源是多种工业的原料来源。比如从油茶、茶、山胡椒、黑壳楠、山苍子、蓖麻、油桐、马尾松等植物中提炼出来的油脂,既是日常生活资料,也是主要的工业原料,被广泛应用于制皂、油漆、涂料、润滑油、香料和医药。油脂水解得到的油脂酸和甘油是食品、化妆品、医药、皮革、纺织、造纸、橡胶和国防工业的重要原料。蓖麻、黄麻、亚麻、罗布麻等都是著名的纤维原料,它们是制造绳索、包装用品、编制用品、纸张等的原料;根据纤维的化学性质和化学成分,还可以用它们生产多种有价值的化工原料。例如通过水解制造果糖酸、乙酰丙酸;纤维素的乙酸脂可被用于生产人造纤维、人造羊毛、赛璐珞、电影胶片等等。芦苇、龙须草、小杂竹等都是重要的造纸原料。芳香植物富含芳香油,它是花、果、叶、茎和根中的带有挥发性、具有香味的有机混合物,是生产香精和香料的重要原料,天然植物的香精和香料广泛用于食品、饮料、香烟、糖果、牙膏、香皂、日用化妆品和其他工业。

植物自人类学会钻木取火开始就成为人类最基本的能源,至今仍为世界上大多数人所继续使用,大约 8% 的工业能源直接来自植物,民用能源则更多。在许多相对落后的发展中国家,植物性能源在工业和民用能源中所占比重则更大,仅民用烧柴、建筑、烧砖瓦、制作烟胶片等就要耗费大量的木材,大约木材采伐量的四分之三被用作薪材烧掉,从而为世界 25 亿人口提供着最基本的能源。发展沼气等能源也离不开生物,沼气池需要不断添加植物性垃圾和农作物秸秆作为微生物的基本培养基质。同时,生物资源又是其他能源的潜在来源,石油、煤炭、天然气等都是由过去的植物和其他生物的遗骸转化而来的,可以说是间接的生物能源。

近年来,国内外发展了利用植物能源的新技术,采用近代工艺和化学的新成就,从植物体内提取碳水化合物和碳氢化合物,分离提取液体燃料,如酒精、甲烷、植物精油、液化树脂等。我国也在研究这类植物能源,利用松根蒸油、桉叶油、芸香科植物精油及樟油等,可以代替汽油开动汽车。据研究,每吨植物干物质可以转化成 283 m^3 的甲烷,相当于 1.25 桶原油。因此,生物资源对于能源工业的发展具有广阔的前景。

4) 旅游观赏价值

生物资源,特别是野生动物和观赏植物在心理、文化和精神上同样具有其自身的作用,具有重要的旅游观赏价值。利用生物资源及其生境开展旅游活动促进了旅游业的进一步发展。1983 年由世界自然保护联盟(IUCN)首先提出了"生态旅游"的概念,在短短 30 年的时间里,生态旅游业以前所未有的速度迅速发展壮大,并掀起了一股全球性的"生态旅游"热潮。据加拿大野生生物局统计,早在 1990 年全球生态旅游业产值就已达 2 000 亿美元,并且每年还以 10%~30%的增长率在迅速发展(Lindberg,1991)。肯尼亚的野生动物作为吸引游人的旅游资源,已经成为继咖啡之后的第二大外汇收入来源。

我国同样有许多珍奇的动物富有旅游观赏价值。比如大兴安岭的柳雷鸟,随着春夏秋冬四季变化不断改变羽毛的颜色;在西北戈壁滩上,有鸟鼠共穴共生的特有现象;此外四川卧龙的大熊猫、西双版纳的孔雀和大象、青海湖鸟岛的鸟类、大连蛇岛的数万条蝮蛇等,都足以引起旅游者的浓厚兴趣。我国观赏植物的种类同样十分丰富,仅常用装点园林建筑的林木花卉就有近千种,牡丹素有"国花"之称,在国际上享有盛誉。其他的如芍药、杜鹃花、菊花、茶花、梅花等历来为观赏名花,不仅可以美化园林,而且可以增加旅游价值。

5) 科学研究价值

生物资源中有些生物具有奇异功能和结构,它们为人类的先进技术设备提供了关键性的启示,具有相当的科学研究价值。动物的走、跑、飞、游的原理,鸟类、海龟等的星象导航和地磁导航系统,蝙蝠、海豚等的超声波回声系统等,现在已经在交通设计、定向、导航、探测、调节控制以及生物合成系统等方面为人们所效仿和应用。比如那些水中运动速度很快的鱼类,流线型的身体在游动中能均匀地分开水流,减少水流对身体的阻力,这种结构和功能给鱼雷、潜艇的设计以关键的启示。现在这些研究已经发展成为一门很有前途的学科——仿生学。

近年来,生命科学的发展日新月异,利用现代基因工程技术,转移动植物和微生物基因,可以培育出新品种、创造出新物种,已经充分显示出其巨大的科研价值和实用价值。比如利用野生小麦、大豆、水稻、甘蔗等改良农作物,培育高产优质、抗病虫害和抗逆境能力强的新品种。

微生物在基因工程更是大有作为,科学家已经发现,微生物可以作为基因的供体,把它的优良性状提供给其他生物;也可以作为基因的载体,把一个生物的优良性状携带给另一个生物;还可以作为基因的受体,接受别的生物基因,并在细胞内复制和表达。微生物具有繁殖快、容易实现工厂化生产等优点,如果把植物或动物的基因移植到微生物中去,就可以多快好省地生产生物产品。

5.2.4 生物生态系统资源

1) 森林资源

目前全球森林面积大约在 30 亿 hm^2 以上,其总面积仅次于全球荒漠的面积,但在人类过度的开发下林地正逐步缩小,1979年以来的20年中平均每年减少面积约600万 hm²。森林资源在全球分布极不平衡,首先是自然气候和土壤等因素造成了热带地区和寒温带地区广阔的森林带和内陆及西海岸无林区的鲜明对比。其次是由于历史和人口的原因使中国、印度和西欧等区域缺少大面积的森林,森林覆盖率相对较低(见图5.1、表5.5)。

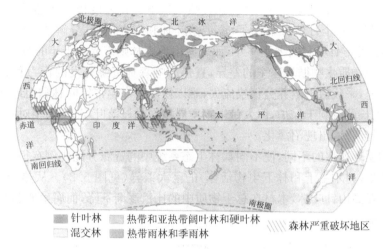

图 5.1 世界主要森林资源分布

表 5.5 我国与部分国家森林覆盖率的比较

国家	森林面积		森林蓄积		人均森林面积		人均森林蓄积		森林覆盖率	
	(千 hm²)	排名	(百万 m³)	排名	(hm²/人)	排名	(m³/人)	排名	(%)	排名
全球	3 952 025	0	434 219	0	0.624	0	68.542	0	30.3	0
中国	195 452	5	13 721	6	0.145	144	10.151	112	20.36	139
俄罗斯	808 790	1	80 479	2	5.663	13	563.52	8	47.9	49
巴西	477 698	2	81 239	1	2.673	29	454.57	13	57.2	34
加拿大	310 134	3	32 983	4	9.721	5	1 033.89	5	33.6	91
美国	303 089	4	35 118	3	1.033	50	119.65	35	33.1	95
印度	67 701	10	4 698	10	0.063	178	4.35	124	22.8	129
瑞典	27 528	22	3 155	15	3.064	26	351.14	15	66.9	20
日本	24 868	23	4 249	13	0.195	126	33.26	71	68.2	18
芬兰	22 500	25	2 158	23	4.314	16	413.81	14	73.9	12
挪威	9 387	56	863	44	2.049	32	188.35	21	30.7	105
韩国	6 265	69	502	60	0.130	149	10.43	108	63.5	25

根据联合国粮农组织《2005年全球森林资源评估报告》结果整理

全球森林资源的类型分为热带雨林、热带疏林、刺灌丛、红树林、亚热带常绿阔叶林、地中海型常绿硬叶林、温带落叶阔叶林、寒温带针叶林和各类人工林。其中热带雨林和寒温带针叶林是目前世界上比较连片分布和保持一定原始状态的森林,提供了世界木材和其他林产品需求的绝大部分;其余类型,包括人工林多为斑块状分布,具有区域性价值。

森林资源中最大分布面积以及最大的第一性生产力和生物量积累都出现在热带雨林,其还具有其他类型无法比拟的高生物多样性,为众多的物种提供了栖息的场所。而人工林的第一性生产力仅次于热带雨林,但由于其群落结构简单,干物质移出周期短,生物量的积累为各类型中最少(见表 5.4)。

长期处于稳定状态的森林生态系统,从土壤中吸收总的矿物质量和给土壤的总归还量,应该是保持平衡的。而由凋落物造成的损耗,是凋落物的腐殖质化和矿质化的结果。

在生物循环完成之前,这两种转化速度是很重要的,但转换速度明显和气候,特别是温度有关,通常在寒冷气候下转化速度慢,在炎热气候下转化速度快。在热带雨林,有机凋落物当年内或者只需几个月就分解掉了,温带落叶林和南方松林,分解掉一年的累计量需要 2~3 年的时间,北方针叶林需要十多年,而一些山地森林则需要几十年的时间。

生态系统中物质生物循环速率的差异,直接影响森林资源开发的行为和后果。热带雨林生物循环迅速,采伐后土壤养分很快流失,难以恢复。寒温带针叶林和山地针叶林分解缓慢,采伐周期太长虽有利于保护,但大量干物质滞留在枯枝落叶层,不仅相对降低蓄积量,而且容易导致逆行演替,出现沼泽化。

由于生物循环速率的不同,使不同森林生态系统中的资源分配比例有很大差异,尤其表现为有效资源量(树木主干和林下生物活体)的巨大差异(见图 5.2)。从热带雨林、暖温带常绿阔叶林到亚高山针叶林,木材在总干物质中的比重逐渐下降,而腐殖质和凋落物所占的比重呈上升趋势。

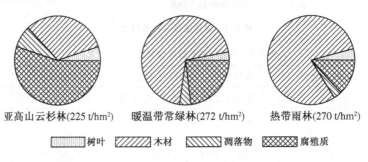

图 5.2 不同森林生态系统中叶子、木材、凋落物和腐殖质中有机碳的含量
(Larcher,1975)

2) 草地资源

在由于降水较少或其他因子的限制而使树木无法生长的地方,森林让位于另一类以草本植物为优势种的生态系统,即草地。草地资源是一种可更新资源,是农业资源的重要组成部分。在人类干预以前,原生草地面积约占地球陆地面积的 40%~45%。由于人类的耕作和放牧活动,面积日渐缩小,19 世纪末叶以来,稳定在 22%~25% 之间。现代世界草地面积为 34 亿 hm^2(FAO,1991 年),约占地球陆地总面积的 24%。

草地几乎出现在全球每一个纬度带,在热带少雨地区分布有热带稀树草原,全球热带稀树草原面积约有 150 万 km^2;温带半干旱地区分布有温带草原,主要分布在欧亚和北美大陆的内陆,全球温带草原面积约有 900 万 km^2;高纬度极地附近分布有苔原,全球苔原面积约 800 万 km^2;其他各种灌丛组成的群落、杂类草组成的草甸和各类人工草地,在全球约有 1 800 万 km^2。

从分布上看,全球用作永久放牧场的草地约有 3 000 万 km^2,以亚非以及南美所占比重较大。但总的来说,不像森林资源那样分布得不均一,各大洲都有一定面积的草地(见图 5.3、表 5.6)。但当今分布于各大陆的草地大都已远不是自然生态系统,人工草地大面积地替代了天然草地,天然草地也完全处于人类的控制和干扰之下。

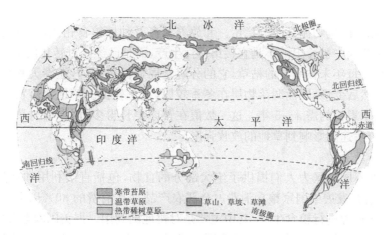

图 5.3 世界主要草地资源分布

表 5.6 全球不同区域永久性草地资源面积

区　域	草地面积 (万 km²)	占国土面积比例 (%)
欧洲(不含前苏联)	93	18.86
苏联	374	16.69
亚洲	735	26.70
中国	177	18.51
中北美洲	372	16.60
南美洲	413	23.15
非洲	844	27.85
大洋洲	464	54.52

(FAO,1971)

构成草地生态系统的第一性生产力主体是多年生草本植物,它们生长迅速、更新速度快(一般不超过一年)。在表 5.7 中的四类草地中,热带稀树草原无论是第一性生产力还是太阳能固定量都达到最高,而半荒漠灌丛草地只及前者的十分之一。

草地中第二性生产力比第一性生产力更具资源价值。这一点十分重要,因为人们更为关心系统总能量中转化为动物生物量的部分。草地生态系统具有资源价值的第二性生产力一般远远大于森林(见表 5.7),这是因为森林中第一性生产所支持的动物多数不具食品或其他明显用途。

表 5.7 全球主要草地资源类型的第一性和第二性生产力

草地类型	面积 (百万 hm²)	第一性生产力 (干重,10 亿 t·年)	固定能量 (kcal/(m²·年))	第二性生产力 (干重,百万 t·年)	动物生产量 (10 亿 t)
热带稀树草原	15	10.5	11.72	300	220
半荒漠灌丛	18	1.3	1.26	7	8
温带草原	9	4.5	8.37	80	60
极地苔原	8	1.1	2.51	3	3.5

(Lieth,Whittaker 和 Likens,1975)

草地生态系统的生物循环十分稳定。和放养家畜及种植粮食相比,养分的移出量要小得多,这是由于草地中被移出的不是直接第一性生产,而是已经经过转化的第二性生产。在草地中,凋落物是每年未被取食的枯草,它的分解是周期性进行的,在春天和夏天旱季来临之前分解迅速,然后变慢,因而凋落物层在冬季较厚,夏季较薄。草地凋落物的半衰期约三年,分解一年的积累物约需4~5年。这一数值在苔原要长得多,而在稀树草原则要稍快一点。凋落物的分解速度影响到草地的放牧强度。

3) 农业资源

农业生产在不同地区为人们提供了绝大部分的食物,包括直接利用和通过家畜转化。20世纪90年代初,发展中国家粮食消费占全部农产品食品消费的80%以上。农业生产的基础是利用农业资源进行粮食生产,其中主要是对耕地的利用。据美国农业部的报告,全球现有最大可耕地面积约为32亿 hm^2,而实际已经耕作的面积约14亿 hm^2。在欧洲和亚洲,80%以上的可耕土地已被利用,发展潜力很小。而在南美洲和非洲,耕作比分别只有11.3%和21.6%,但是降水的不规律和土地退化已经大大降低了那里新开发耕地的可能性。20世纪80年代初,全球平均每人拥有可耕地0.74 hm^2,实际耕地0.32 hm^2。人口的增加不断对耕地增加提出新的要求,但实际上由于各种土地利用形式之间的矛盾以及土地退化的加剧,自20世纪60年代至今,全球耕地增加量不足3%,大部分粮食需求压力落到了提高农业生态系统的生产力上。

农业生态系统是生物资源作为农业资源的利用对象,其利用特点是物质的输入和输出较大,而且周转速度较快。平均净第一性生产力为干重650 $g/(m^2 \cdot 年)$,每平方米生物量约为1 kg,前者略高于温带草原,而后者几乎少于所有的自然生态系统。农业资源的主体是农田中的谷物生产量。这一数值由于种植季节长短、品种差异、耕作方式及投入的不同而变幅很大。比如我国双季稻的南方高产区与高原单季作物区相比,单产量相差十倍以上。

从20世纪60年代到20世纪末,全球粮食产量翻了一番,这增长部分约92%来源于单位面积产量的提高,仅有8%的新增粮食产量来源于新开垦区。耕作方式的改进、作物新品种的不断推广和替代以及对农业投入的增加使过去40年中农业生态系统的生产力显著提高,目前已经达到近3 000 $kg/(hm^2 \cdot 年)$,其中发展中国家平均2 600 $kg/(hm^2 \cdot 年)$,发达国家4 200 $kg/(hm^2 \cdot 年)$。尽管如此,生产力提高的幅度也只能勉强抵消人口增长的压力,而在不少发展中国家,每个居民平均获得的食物量反而有下降的趋势。通过全球农业生态系统生产潜力模型测算,特别是日照充足的西北干旱区的高潜力数据,以及对绿色革命予以的厚望,不少经济学家对农业前景充满乐观的估计。如 Collin Clark 依据农业生态系统的最大生产潜力,预计全球现有耕地可以养活140亿的人口。但20世纪90年代以来世界粮食产量的徘徊局面为这种乐观主义投下了阴影,频繁的农业自然灾害不断告诫人们,农业收成总是处于气候条件的支配之下,除了严格控制人口增长,人类别无选择。

5.3 生物多样性

5.3.1 生物多样性的含义

1992年在里约热内卢召开的联合国环境规划署世界首脑会议之际,《生物多样性公约》

(CBD)开放供各国签署,标志着生物多样性问题被明确地摆在了国际议程上。在1992年的里约环境与发展大会上,150多个国家签署了《生物多样性公约》,该公约于1993年12月开始生效。在《生物多样性公约》中"生物多样性"(Biodiversity)的定义是:"所有来源的形形色色生物体,这些来源除其他外包括陆地、海洋和其他水生生态系统及其所构成的生态综合体,这包括物种内部、物种之间和生态系统的多样性"

生物多样性通常包含三个层次的含意:① 遗传多样性,包括一个物种内个体之间和种群之间的差别,即指所有遗传信息的总和,它包含在动植物和微生物个体的基因内;② 物种多样性,指一个区域内动植物和其他生物的不同类型,即生命机体的变化和多样化;③ 生态系统多样性,指一个地区内各种各样的生境,即栖息地、生物群落和生物圈内生态过程的多样化。有时还增加第四个方面,即功能多样性,指一个生态系统内生物的不同作用,比如植物的作用是吸收能量,而食草动物的作用在于使植物的生长受到控制。

生物多样性中每个水平的多样性都具有实用价值。比如某些玉米品种具有抵抗某些害虫的独特天性,农民遇到虫害时,可以选用这些特性避免使用大量农药或避免重大损失,这是遗传多样性的价值。物种多样性为我们提供大量野生和家养的植物、鱼类和动物产品、工业品、药品、食物、燃料等等。多样性在生态系统中可以为人类提供各种服务——水、气体、营养物和其他物质的循环,并具有旅游、娱乐效益。

自1992年在里约热内卢签署了《生物多样性公约》以来,生物资源流失的速率仍在增加。经济上的压力是世界上大多数的生物资源和生物多样性消亡的主要原因。我们知道许多毁坏性的活动可以带来直接的经济价值,我们也知道许多生物资源本身有着显著的经济价值,而且往往这种经济价值比前者那类使用有着更高的价值,但在实际决策时,由于某些原因,常常倾向于获取那些显而易见的经济价值。这些经济决策上的失误是解释任何生物多样性丧失的关键。

5.3.2 生物多样性的经济价值

1) 生物多样性经济价值的含义

生物多样性被认为是生物及其与环境形成的生态复合体以及与此相关的各种生态过程的总和。则所谓生物多样性的经济价值就应该是"生态复合体以及与此相关的各种生态过程"所提供的具有经济意义的价值,实际上它与生态系统的功能所提供的经济价值很相似,只是它更强调了基因、物种、生态系统和景观各个层次的作用及其价值。

生物多样性作为一种自然资源,属于公共所有物,不存在市场交换和市场价值。可是为什么要从经济角度,并用货币来表示其价值呢?主要有两点原因:① 货币是人们常用的表达效用、福利和价值的标尺,它便于公众理解生物多样性的价值,并且使政府在制定持续利用生物多样性政策时,能够将其纳入到整个国民经济体系中;② 生物多样性的维护和经营的成本是用货币来表达的。

从概念上讲,自然资源的总经济价值包括了它的可利用价值和非利用价值。可利用价值可以被进一步分成直接利用价值、间接利用价值和可选择价值,即可能的利用价值。非利用价值在定义上还有些分歧,一般认为可分为遗产价值和存在价值。

目前,国际上通行以支付意愿(WTP)作为指标来衡量生物多样性的价值。可利用价值是对自然资源的实际利用,它表达了人们利用这种价值的WTP。可利用价值进一步分为三类,其中直接利用价值是人们愿意支付一定的货币来获得某种直接利用的生物产品所形成的价值,比如中药材等;间接利用价值通常是生态系统的功能所提供的效益,人们会愿意为在林中游憩等对生物多样性的间接利用而支付一定的货币,从而形成了资源的间接利用价值;而可选择价值是个人为维护将来一天对财产可能的利用的支付意愿,它有些像保险价值,常常介于可利用价值与非利用价值之间。

因为非利用价值是一种模糊的和难以表达清楚的经济价值,因此常常从动机的角度来描述它。常见的有替代动机和替代价值(替代消费是通过想象来体验或享受别人对生物多样性效益的消费,替代动机是指人们对替代消费的WTP,由此产生生物多样性效益的替代价值)、利他主义动机和利他主义价值(利他主义是指为他人和生物着想,人们由于为他人和生物着想的WTP是利他主义动机,生物多样性的效益由此产生的价值是利他主义价值)以及遗产动机和遗产价值(人们为了自己的后代能利用生物多样性效益的WTP)等等。

2) 生物多样性经济价值的特点

(1) 外部经济性。外部经济效益是指不通过市场交换,某一经济主体受到其他经济主体的活动影响,分为外部经济和外部不经济。生物多样性的经济价值能给社会带来多种效益,属于典型的外部经济效益。生物多样性的价值主要表现在其作为环境财产的外部价值上,而不是表现在作为产业的内部价值上。

(2) 公共所有性。不通过市场交换而用以满足公共需求的财产或服务产品被称为公共所有物。公共所有物的两大特点是非涉他性和非排他性,而且不能在市场交换,也没有市场价格和市场价值。生物多样性的使用价值同样具有这种无价格和非市场价值的特性。

(3) 社会资本性。生物资源在作为生产资本运作过程中,同时发挥公共效能。以森林为例,它是森林所有者从事林业经营活动的个体资本,森林在实现其作为生产资本效能的过程(林业生产过程)中,同时发挥了涵养水源、保护环境等公益效能,这些公益效能都表明森林具有社会资本性。

(4) 空间流动性。生物多样性所提供的一些利益,它们的使用价值往往不能就地实现,可能会通过某种通道在空间流动,到达一个具备适当外部条件的地区,实现其使用价值。这种现象称为生物多样性价值在空间上的流动。

生物多样性价值在空间上的流动有着其内因和外因。生物多样性所提供的价值在其有效实现前,要有一个积累过程,在空间上流动的过程也常常是其积累的过程,比如各个森林系统所流出的溪流要在流动中汇集成河流,这是内因。由于生物多样性所提供的可利用价值许多是间接的,如果要获得这种间接的价值就需要一个转化过程,这样外部所提供的转化机制就十分必要了。人们为了利用这部分价值就一定要提供将潜在的价值转化为使用价值的条件,比如为了利用河流量,就必须建造水电站。通常外部提供的实现转化的设施与价值的源存在着空间差,这就是导致生物多样性所提供的价值在空间流动的外因。

3) 生物多样性丧失与其经济价值的关系

从地球出现生命到现在,物种灭绝过程是始终存在的,现在的几百万个物种是曾生存过的几十亿个物种的幸存者。地质时期的物种灭绝是自然过程引起的,而今天,人类活动无疑是造成灭绝的主要原因。据粗略的估计,物种灭绝的平均"背景速率"是:每一个世纪有90个脊椎动物种灭绝,每27年有一个植物种灭绝,但在过去的一两百年中,由于人类活动,物种灭绝的速度大大加快了,尤其在海岛和热带雨林地区。

由于世界上最多样化的生态系统(特别是热带雨林地区)被迅速破坏,已导致大多数专家得出结论,即在今后 20~30 年内,地球上物种的四分之一可能将处于严重的灭绝危险中。生物多样性被破坏,特别是热带雨林植被被大量破坏,必会大大改变碳、氮等营养元素和微量元素的分布,使营养元素和微量元素在地球系统中的循环遭到破坏,从而给自然生态系统和人类社会带来巨大影响。

物种多样性及其生境遭破坏是当前最重要的环境问题之一,也是国际社会关注的问题。1992 年在巴西里约热内卢联合国人类环境会议上,与会国家专门签署了《联合国生物多样性公约》,它和另一项早一个月签署的《联合国气候变化框架公约》是当前国际环境保护方面最重要的两项公约。

生物多样性丧失的主要原因是在于个人同社会之间在生物多样性的使用和保护成本及利益上存在着根本的差异。个人成本与利益只关注那些环境的即时使用者看得见的损失和获取,如农民、工业家和消费者;而社会成本与利益所关注的是与社会相关的损失和获取的增长。社会与个人的利益通常并不一致。某些对个人有益的东西将侵害社会的利益。有些时候,对于那些对社会和个人均有益的东西,个人却认为没有任何体制可以为自己捕获这种"全局价值"。所以,从这种个人(农民、工业家和消费者)的观点出发,就要毁坏生物多样性。但是,从把社会作为一个整体的观点出发,就要寻求可持续利用生物多样性的途径。

为什么个人和社会的利益会相悖呢?第一,自由运行的市场是建立在狭隘的自我利益上的。上游的污染者并不去考虑他强加给河流下游使用者的成本——外部不经济性,这就是"市场的失误"。第二,政府有干涉市场的习惯,他们这样做可能出于最良好的愿望,可不幸的是许多干涉是与环境利益相悖的,尽管它们看起来是在服务于某些社会目的,这就是"干涉的失误"。第三,许多保护行动是为了得到的是所谓"全局利益",如果一个地区从其所实施的对生物多样性的保护中得不到利益,它将不再对照顾那些生物资源有兴趣,由此出现了"全局占有的失误"。

生物多样性价值的空间流动性是造成所谓"全局占有的失误"的重要原因。生活在森林周围的居民,尽管他们拥有森林却无法获得森林生态系统所提供的涵养水源,调节河流量的利益,他们为维护森林所付出的代价,包括直接用于森林保护的付出和由此失去的发展机会,通常得不到补偿,而导致了资源拥有地区的居民相对与绝对贫困化。

市场的失误、干涉的失误和全局占有的失误通常是相互交织和互为因果的,它们反映了人们认识上的局限性,所以有理由说:正是人类对自然界以及自身在其中地位认识上的失误,最终导致了生物多样性的丧失。

5.3.3 生物多样性的保护

一般而言,生物多样性的保护措施分为就地保护和迁地保护两种方式,前者是主要措施,后者是补充措施。普遍认为生境的就地保护是生物多样性保护最为有力和最为高效的保护方法。就地保护不仅保护了所在生境中的物种个体种群或群落,而且还维持了所在区域生态系统中能量和物质运动的过程,保证了物种的正常发育与进化过程以及物种与其环境间的生态学过程,并保护了物种在原生环境下的生存能力和种内遗传变异度。

建立自然保护区是全球生物多样性保护的主要方式。自1872年世界第一个自然保护区——美国黄石国家公园建立以来，全球自然保护区事业迅速发展，到20世纪90年代初，一个遍布世界、类型较为齐全的自然保护区网络基本形成。1992年在委内瑞拉召开的第四届世界国家公园和保护地大会，强调人类与保护地之间的紧密联系，确认保护地对于生物多样性保护的重要作用，并探索区域性保护管理的新途径。《加拉加斯行动计划》为之后十年开展保护地集体综合战略行动提供了一个全球框架，该计划要求各国在2000年之前至少将10%的森林、草地、湿地、海洋等生物群落纳入保护管辖范围。2003年在南非召开的第五届IUCN世界保护地大会，讨论了保护地体系内存在的差距，确定了提高保护效率的管理方法，并探寻新的法律程序与合作关系，《德班协定》和《德班行动计划》比较总结了典型保护地的经验教训，并对保护地的发展前景和实施机制达成共识。

在世界保护区大会的积极推动下，全球保护区体系继续扩大。据世界保护区数据库(WDPA)对全球219个国家和地区约13.8万个保护区的统计，截止到2009年，世界保护区总面积已达2 100多万 km²，平均约占领土总面积的10.9%，已有约11.6%的陆地面积及约6.3%的海域受到了保护。

中国自然保护区的建设虽然起步较晚，但是总体发展速度较快，目前已成为世界上保护区建设比例较高的国家之一。中国自然保护区始于1956年建立的鼎湖山自然保护区，经过近60年的努力全国已建立各类自然保护区2 531个，总面积15 188万 hm²，其中国家级自然保护区303个，面积9 365.6万 hm²，分别占全国自然保护区总数和总面积的12%和61.7%，陆地自然保护区占陆地国土面积的比例为15.19%。

中国自然保护区组成结构中，各种类型保护区的面积与数量有较大的差别（见图5.4）。其中，野生动物类型、荒漠生态系统类型、森林生态系统类型、内陆湿地和水域生态系统4种类型面积总和高达自然保护区总面积的94.38%，而其余5类仅占5.63%。森林生态系统类型、野生动物类型、荒漠生态系统类型多分布在我国西部，其总面积比例达76.52%。中国的领海广阔，但对海洋生物多样性的保护力度却较薄弱，海洋与海岸生态系统类型的面积仅占0.66%。

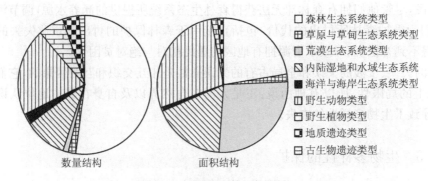

图5.4 中国自然保护区类型结构

在建立自然保护区的过程中，如何通过合理的规划设计使生物多样性得到最充分的保护，是影响生物多样性就地保护效果的关键。随着近年来景观生态学的崛起，景观规划设计在生物多样性保护中的意义已引起生物学家的高度重视，景观设计将在环境日益人工化的情况下，仍然可以通过林地、绿带、水系、水库和人工池塘及湖泊的巧妙布置来使生物多样性保持在很高的程度。

总起来讲,生物多样性保护可分为两种途径:以物种为中心的途径和以生态系统为中心的途径。保护战略上的两种不同途径也体现在以生物保护为目的的景观规划设计中:以物种为出发点的规划途径和以景观元素为出发点的规划途径。尽管两者都考虑物种和生态基础设施的保护,但前者的规划过程是从物种到景观格局,而后者是从景观元素到景观格局。

以物种为出发点的景观规划途径强调:使景观生态规划具有意义的充分必要条件是选准保护对象,并对其习性、运动规律和所有相关信息有充分的了解,以此为基础来设计针对特定物种的景观保护格局。一个整体优化的生物保护景观格局是由多个以单一物种保护为对象的景观最佳格局的叠加与谐调。这可以说是最有效和科学的生物保护途径。但是,这一途径一开始就将可能遇到难以解决的问题,即什么物种应优先保护。一般从三个方面的标准来选择:① 目前的稀有、特有性,受胁状态及其实用性,大型哺乳动物和那些被列入国际濒危物种名单之列的物种显然应作为首选的保护对象。② 物种在生态系统及群落中的地位。保护对象应对维护整体生态平衡有关键作用。③ 物种的进化意义。一种杂草可能本身很不起眼,在群落内也表现不出重要意义,但却有可能对进化史及未来生物多样性的发展有重要价值。用进化的观点来进行生物多样性保护比被动地保护现存的濒危物种更具有意义。

以景观元素为出发点的途径并不基于单一物种的深入研究来做景观规划,而是把生物空间等级系统作为一个整体来对待。集中针对景观的整体特征如景观的连续性,异质性和景观的动态变化来进行规划设计。规划的第一步不是确定单一物种作为保护对象与研究其特性,而是首先分析现存景观元素及相互间的空间联系或障碍,然后提出方案来利用和改进现存的格局,建立景观保护基础设施,包括在现有景观格局基础上,加宽景观元素间的连接廊道、增加景观的多样性、引入新的景观斑块和调整土地利用格局。

这一规划途径的一个典型代表是所谓的综合利用模式,这一模式包括一个绝对保护的核心区和周围缓冲区。沿核心区向外人类活动强度逐渐增加。核心区是生物多样性等级系统中任一层次上的某一节点。这一理想的景观格局实际上是一个等边六角形。在这样一个六角形中,景观的生态多样性和稳定性通过多层次的生态过渡带和补偿区网络来实现。

以景观元素为导向的规划从整体上来设计全面的、包容的景观格局,对于景观这一复杂的系统来说,这似乎是合理的,问题是,这种从形式出发的景观格局设计是否能满足内容即物种的保护需要? 景观格局是为谁而设计的?

尽管生物保护的景观规划途径有所不同,但一些空间战略都被普遍认为是生物多样性保护的有效措施,包括:

(1) 建立绝对保护的栖息地核心区。这是自然保护中最传统的战略,其基本思想是将保护对象(残遗斑块或濒危物种栖息地)尽量完整地保护起来,并将人类活动排斥在核心区周围的缓冲区以外。

(2) 建立缓冲区以减少外围人为活动对核心区的干扰。缓冲区或过渡带的功能是保护核心区的生态过程和自然演替,减少外界人为干扰带来的冲击。通常的方法是在保护核心区周围划一辅助性的保护和管理范围。

(3) 在栖息地之间建立廊道。对抗景观破碎化的一个重要空间战略是在相对孤立的栖息地斑块之间建立联系,其中最主要的是建立廊道,通过廊道将孤立的栖息地斑块与大型的种源栖息地相连接,有利于物种的持续和增加生物多样性。

(4) 增加景观的异质性。实验观察和模拟研究都显示,景观异质性或时空的斑块特性有利于物种的生存和连续及整体生态系统的稳定。许多物种需要两种或多种栖息地环境。景观的空间格局与时间更替一样可能会显得杂乱无章。但这种动态和交替抹去了景观中的剧烈性的变化,使系统保持稳定。

(5) 在关键性的部位引入或恢复乡土景观斑块。这是一种代价很高的生物保护战略,恢复栖息地或在关键性的部位引进乡土栖息地斑块,作为孤立栖息地之间的"跳板",或增加一个适宜于保护对象的栖息地,这样可以大大增强生物多样性保护的效果。

5.4 生物资源的合理开发利用与保护

5.4.1 生物资源开发利用现状

1) 森林资源的开发利用

(1) 森林资源的利用方式

森林资源有效性和持续性直接由开发的方式和强度决定的。保护性开发建立在对森林资源的深入研究和严格监测的基础上,对生态系统的基本结构和生产力不会造成较大影响。对种群增长和资源量的研究以及对系统阈值的测定是保护性开发必要的条件。有计划的树木择伐、对个别野生动物的少量捕猎、开展森林旅游以及利用下层植物适度放牧等可以看做是保护性开发。而作为国家公园和水源涵养林的利用方式可以看做是典型的保护性开发。

另一类开发方式是破坏性开发,这种开发方式在当今随处可见,一次开发后森林生态系统往往产生很大破坏,原有的结构不复存在,资源再生能力明显下降,甚至完全退化。对森林的皆伐是典型的例子,其次是刀耕火种式的农业(对热带雨林区破坏尤为严重),还有无计划地捕猎和过度放牧。清除天然森林营造人工林和果园,在一定时期内会取得较大的第一性生产力,但肥力下降和不稳定性随后便会显现出来,也是一种破坏性开发的形式。

现代森林开发的各种方式,包括自然保护、水土保持、水源涵养、木材生产、采集和狩猎、放牧和耕作等,它们之间表现出不同程度的相互兼容性和排斥性(见表5.8)。这对我们采取正确合理的森林资源开发方式具有一定的指导意义。

表 5.8 森林资源的各种利用方式的相互兼容性

利用类型	保护区	土壤保护	水源涵养	用 材	狩 猎	旅 游	放 牧	耕 种
保 护 区		+++	+++	—	—	+	—	—
土壤保护	+++		+++	+	++	++	+	—
水源涵养	+++	+++		++	+++	+++	+++	+
用 材	—	+	++		++	+++	++	—
狩 猎	—	+++	+++	++		++	+++	—
旅 游	+	++	+++	+++	++		+++	—
放 牧	—	+	+++	++	+++	+++		—
耕 种	—	—	+	—	—	—	—	

+++:完全兼容;++:处理得当可以兼容;+:需要特别管理方能兼容;—:不兼容

(2) 我国森林资源的利用现状

我国不仅是世界上木本植物种类最多的国家之一,同时由于我国复杂多样的自然条件,形成了针叶林、阔叶林、针阔混交林、落叶阔叶林、落叶常绿阔叶混交林、热带雨林、季雨林、红树林、灌木林等多种森林类型。根据第七次全国森林资源清查(2004~2008)统计,全国森林面积 19 545.22 万 hm^2,森林覆盖率 20.36%。活立木总蓄积 149.13 亿 m^3,森林蓄积 137.21 亿 m^3。除港、澳、台地区外,全国林地面积 30 378.19 万 hm^2,森林面积 19 333.00 万 hm^2,活立木总蓄积 145.54 亿 m^3,森林蓄积 133.63 亿 m^3。天然林面积 11 969.25 万 hm^2,天然林蓄积 114.02 亿 m^3;人工林保存面积 6 168.84 万 hm^2,人工林蓄积 19.61 亿 m^3,人工林面积居世界首位。

在全国第六次与第七次森林资源清查期间,我国森林资源变化主要呈现以下几个特点:

一是森林面积蓄积持续增长,全国森林覆盖率稳步提高。森林面积净增 2 054.30 万 hm^2,全国森林覆盖率由 18.21% 提高到 20.36%,上升了 2.15 个百分点。活立木总蓄积净增 11.28 亿 m^3,森林蓄积净增 11.23 亿 m^3。

二是天然林面积蓄积明显增加,天然林保护工程区增幅明显。天然林面积净增 393.05 万 hm^2,天然林蓄积净增 6.76 亿 m^3。天然林保护工程区的天然林面积净增量比第六次清查多 26.37%,天然林蓄积净增量是第六次清查的 2.23 倍。

三是人工林面积蓄积快速增长,后备森林资源呈增加趋势。人工林面积净增 843.11 万 hm^2,人工林蓄积净增 4.47 亿 m^3。未成林造林地面积 1 046.18 万 hm^2,其中乔木树种面积 637.01 万 hm^2,比第六次清查增加 30.17%。

四是林木蓄积生长量增幅较大,森林采伐逐步向人工林转移。林木蓄积年净生长量 5.72 亿 m^3,年采伐消耗量 3.79 亿 m^3,林木蓄积生长量继续大于消耗量,长消盈余进一步扩大。天然林采伐量下降,人工林采伐量上升,人工林采伐量占全国森林采伐量的 39.44%,上升 12.27 个百分点。

五是森林质量有所提高,森林生态功能不断增强。乔木林每公顷蓄积量增加 $1.15m^3$,每公顷年均生长量增加 0.30 m^3,混交林比例上升 9.17 个百分点。有林地中公益林所占比例上升 15.64 个百分点,达到 52.41%。随着森林总量的增加、森林结构的改善和质量的提高,森林生态功能进一步得到增强。中国林科院依据第七次全国森林资源清查结果和森林生态定位监测结果评估,全国森林植被总碳储量 78.11 亿 t。我国森林生态系统每年涵养水源量 4 947.66 亿 m^3,年固土量 70.35 亿 t,年保肥量 3.64 亿 t,年吸收大气污染物量 0.32 亿 t,年滞尘量 50.01 亿 t。仅固碳释氧、涵养水源、保育土壤、净化大气环境、积累营养物质及生物多样性保护等 6 项生态服务功能年价值达 10.01 万亿元。

六是个体经营面积比例明显上升,集体林权制度改革成效显现。有林地中个体经营的面积比例上升 11.39 个百分点,达到 32.08%。个体经营的人工林、未成林造林地分别占全国的 59.21% 和 68.51%。作为经营主体的农户已经成为我国林业建设的骨干力量。

第七次全国森林资源清查结果表明,我国森林资源进入了快速发展时期。重点林业工程建设稳步推进,森林资源总量持续增长,森林的多功能多效益逐步显现,木材等林产品、生态产品和生态文化产品的供给能力进一步增强,为发展现代林业、建设生态文明、推进科学发展奠定了坚实基础。

同时,从清查结果看,我国森林资源保护和发展依然面临着以下突出问题:

一是森林资源总量不足。我国森林覆盖率只有全球平均水平的 2/3，排在世界第 139 位。人均森林面积 0.145 hm^2，不足世界人均占有量的 1/4；人均森林蓄积 10.151 m^3，只有世界人均占有量的 1/7。全国乔木林生态功能指数 0.54，生态功能好的仅占 11.31%，生态脆弱状况没有根本扭转。生态问题依然是制约我国可持续发展最突出的问题之一，生态产品依然是当今社会最短缺的产品之一，生态差距依然是我国与发达国家之间最主要的差距之一。

二是森林资源质量不高。乔木林每公顷蓄积量 85.88 m^3，只有世界平均水平的 78%，平均胸径仅 13.3 cm，人工乔木林每公顷蓄积量仅 49.01 m^3，龄组结构不尽合理，中幼龄林比例依然较大。森林可采资源少，木材供需矛盾加剧，森林资源的增长远不能满足经济社会发展对木材需求的增长。

三是林地保护管理压力增加。清查间隔五年内林地转为非林地的面积虽比第六次清查有所减少，但依然有 831.73 万 hm^2，其中有林地转为非林地面积 377.00 万 hm^2，征占用林地有所增加，局部地区乱垦滥占林地问题严重。

四是营造林难度越来越大。我国现有宜林地质量好的仅占 13%，质量差的占 52%；全国宜林地 60% 分布在内蒙古和西北地区。今后全国森林覆盖率每提高 1 个百分点，需要付出更大的代价。

2) 草地资源的开发利用

(1) 草地资源的利用方式

从人类对草地资源开发利用的历史来看，草地资源的利用方式可分为集约型牧业、定居型牧业、游牧型牧业、狩猎地、自然保留地和直接获取野生植物。

人类文明初期，即采集狩猎时代，草地基本处于纯自然状态，次级生产者主要是偶蹄类的草食动物和肉食动物。人类主要通过狩猎获取资源。这种利用方式在现代社会已经处于次要地位，仅仅在一些原始部落和保留地延续着，此外狩猎旅游也可以算作这种方式。

农业时代，人类开始驯化野生动物，包括牛、羊、骆驼、马等等。越来越多的草地被用来放养家畜以获取更多和更高质量的动物蛋白来源，形成牧业。野生动物被迫让出它们的领地，种群下降或消失。早期的牧业是游牧式的，牧民带着他们的牲畜不断移动地方，以寻找新的草地，留下放牧过的草地自然更新。随着人口的增加和行政边界的确定，游牧式的牧业大多数转为定居牧业。

工业化社会利用草地资源方式的主要特征是大规模集约型农场。在大规模集约型农场中，人工培养的优秀牧草（部分地）取代了天然草地，经过改良的家畜品种具有高的生产力和较强抗逆性，大大提高了生态效率。草地资源在集约牧场中得到深加工，输出的产品除了分选的肉、蛋、奶之外，还有各种熟制食品、毛皮制品、动物骨粉以及一些化学提取物等等。

除了进行动物性资源生产之外，直接获取第一性生产也是草地资源开发利用的一种方式，主要包括采掘药用植物和野生蔬菜。中药中广泛使用的甘草、麻黄、黄芪和柴胡等多来自草地。此外，采集发菜、蘑菇以及近年来兴起的采挖野菜都使利用草地的方式得到扩展。

(2) 我国草地资源的利用现状

我国是世界草地资源大国，草地面积 39.829 万 hm^2，占全国总土地面积的 42.05%，为耕地的 37 倍，林地的 31 倍。它由三大部分构成，但划分标准不同。20 世纪 80 年代全国草地资源普查时规定：林地郁闭度<0.3，灌木郁闭度>0.4，荒漠、沙地、裸地的植被总覆盖度

>0.5 归属草地。

由于我国版图辽阔、生态条件多样,形成草地类型繁多,共有 18 个类、21 个亚类、124 个组、824 个型。其中面积最大的是高寒草甸类,占全国草地面积的 16.22%。以它为主体和高寒草原等其他草地类共同构成了高寒草地,是青藏草地畜牧业的基础。温性荒漠类面积居全国草地面积第二位,占 11.47%。以它为主体与山地草地结合,共同构成了西北荒漠草地,成为当地畜牧业的基础。温性草原类的面积居第四位占 10.46%,与其他温性草地类共同构成了温性草地,是我国北方草原畜牧业的基础。

草地资源是重要的可再生资源,在国民经济中具有十分重要的地位。它对牧区实现草畜平衡、对农区实行"粮、经、草"三元种植,发展草食家畜,加快农村和农业结构调整都具有重要作用。草地畜牧业或草地农业的发展将成为保障我国食物安全、改善食物结构的重要途径之一。

我国草地资源饲草产量为 $300\sim4\,500$ kg/hm^2,太阳能利用率大致为 0.1%~1.4%。除南方草山草坡外,其生产能力与北美草地相似,并具有如下特点:

一是植物种类组成较复杂,生物多样性强。比如温性草甸草原类每平方米平均有 20 种植物,温性典型草原每平方米 15 种左右,温性荒漠类每平方米 11 种,高寒草甸类每平方米 40 种以上。多种植物长期共存一方面可以有效地利用自然环境,另一方面可以促进群落的稳定性。

二是饲用价值高。我国草地植物,多数适口性好,具有较高的饲用价值。禾草粗蛋白质含量达 8%~16%,豆科植物粗蛋白质含量达 15%~26%,草群中有毒有害植物数量少,适于家畜放牧采食。

三是饲草产量变化幅度大,饲草供应不平衡。由于受水热条件的制约,饲草产量多是单峰型,饲草供应存在着明显的季节性差异,对草地畜牧业影响较大。

同时,我国的草地资源利用仍面临诸多问题,主要表现在:

一是草地资源保护不善。由于历史的原因,草地资源的地位与作用尚未被人们充分认识,"重农轻牧、重牧轻草,重建轻管、重用轻保"的思想普遍存在,把草地作为宜农荒地开垦的现象时有发生。自 20 世纪 50 年代以来,经过四次大开垦,已有 1 930 多万 hm^2 优良草地被开垦种粮。由于人们在天然草地上滥挖药材、乱搂发菜、淘金、开矿等,使草地植被遭受严重破坏。目前天然草地每年以 65 万~70 万 hm^2 的速度减少。

二是草地资源利用不合理。在一定的时间内在单位草地面积上由光、水、热量所决定的草地植物自然生产力是有限的,即草地负载能力有限。自新中国成立以来,牧区牲畜增长 3 倍多,严重超载过牧;草地放牧制度沿用自由放牧,因畜多草少,草地不能倒场轮牧,牲畜终年反复啃食和践踏固定的草地,致使草地不堪重负,不同程度地发生退化、沙化、盐渍化。目前我国天然草地 90%出现不同程度的退化,草场产草量下降 50%~70%。

三是草地资源建设投资不足。我国天然草地主要分布在从大兴安岭起,向西南到横断山脉的斜线以西部分,集中分布在藏、蒙、新、青、川、甘、滇等省区,约 33 亿 hm^2,属牧区经济类型的草地 30 亿 hm^2,它们分别占全国草地面积的 82.5%和 75%。这些区域自然条件差,高寒、干旱、海拔高、土壤膺薄、植被低矮和稀疏,生态系统十分脆弱,自然灾害频繁。因此,生态环境和草业经济都急需加强建设。20 世纪后半叶,虽然进行了许多建设项目和投资,但因地域广阔,草原建设费平均每年不到 0.03 元/hm^2。由于投入不足,造成只用不建或难建,建设速度赶不上草地"三化"(退化、沙化、盐渍化)速度,出现"点上前进、面上后退"的矛盾。

四是草地资源集中区经济落后和生活贫困。我国天然草原大多分布在边区、山区、老区和少数民族地区等贫困地区,贫困面广、程度深,人口多,脱贫后返贫率高。经济的落后加快了草地资源的"三化"速度。

3) 农业资源的开发利用

(1) 农业资源的利用方式

从人类社会出现农业生产以来,人类就开始了对生物资源的农业利用,从利用方式来看,出现了原始农业、传统农业、免耕农业、石油农业、农林业系统和生态农业等多种利用方式。

在农业生产产生的初期,人类处于一种刀耕火种的原始利用阶段,这种利用方式生产力水平低下,投入少、产量低,并且对生态环境有一定破坏,称为原始农业。目前除在极少数处于原始状态的部落地区,这种利用方式已经不复存在。

目前广大发展中国家对农业资源的利用方式是传统农业。这种利用方式一般生产规模较小,在小片耕地上斑块种植各种地方作物品种,常常缺乏系统的排灌系统,化肥投入很少,产量一般较低,土壤的肥力主要依靠轮歇来恢复。传统农业一般采用的作物品种较多样,而且彼此交错分布,要求精耕细作,人力投入要求高,对生态环境的破坏一般比较小。

免耕农业在北美地区得到广泛使用,它以尽量减少对土地的翻耕,从而有利于保持土壤结构、防止水土流失为特征,对土壤的保护起到了良好的效果。

石油农业是在人口增长和粮食贸易竞争激烈的压力下出现的,以机械化、肥料化、水利化、化学化、集约化为标志,生产力极高,生产规模大。作物品种比较单一,往往根据市场选择高产品种进行大规模种植,化肥和农药的投入都远远高于传统农业,农田水利设施系统完整、完善,全部生产过程,包括播种、除草和收获等都采用机械化作业。投入水平高,产量也很高,但对生态环境的破坏也十分严重。大量使用农药常对人体产生毒害并严重威胁野生生物的生存;化肥的使用会造成土壤的板结和下游水体的富营养化;而大规模的引水灌溉加剧了水资源危机并在半干旱地区导致土壤盐渍化。尽管如此,石油农业目前仍是全球粮食贸易的主要商品来源。

农业生产的发展由原始农业发展到传统的有机农业,再发展到目前的石油农业,农业生产率得到了巨大的提高,但对生态环境和生物资源的污染、破坏却日益严重。为在保证农业生产率提高的基础上,保护和改善生态环境,农林业系统、生态农业等利用方式得到了前所未有的重视。

农林业系统作为传统农业的发展,已经存在数百年,但在近十年重新受到了高度重视。农林业系统的特点是将疏林和农作物结合在一起,形成多层结构的生态系统,上层稀疏的乔木(或灌木)有利于提高空气湿度、降低风速和减缓气温变化,为农田改善小气候。树木的凋落物经分解后可以增加土壤肥力,树木还提供了不少益鸟的栖息地,有利于控制害虫。农林业系统典型的例子比如我国海南岛的橡胶—茶—粮食作物系统、陕北的锦鸡儿(豆科灌木)—旱作系统以及南美洲的金合欢(豆科乔木)—旱作系统等。

生态农业是把农业当作一个开放的生态、经济、技术复合人工系统,遵循自然规律和经济规律,运用生态学原理、系统工程方法和现代科学技术,因地制宜地规划、组织和进行农业生产。生态农业按照生态规律指导和发展农业生产,生产力高,投入水平少但产量也很高,有利于维护生态平衡、保护生态环境。

(2) 运用生态学原理发展生态农业

我国自古以农立国,传统的中国农业具有生态农业的某些特点。比如在耕作制度上创造了精耕细作,合理轮作、间作和套种以及封山育林等等。这些传统的农业生产技术有利于农业生产的发展和生态环境的保护。但由于种种原因,我国在农业生产中也出现了不少违背生态规律的现象,导致农业生产发展速度缓慢和农村生态环境的恶化。目前我国正处于由传统农业向现代化农业转化的阶段。国内外的经验和教训证明,没有农业生态的良性循环,就不会有真正的农业现代化。生态农业自20世纪70年代以来,已在世界各地广泛发展,我国在这方面走在世界前列,全国已基本形成了国家、省、试点县三级生态农业管理和推广体系,全国开展生态农业建设的县、乡、村已达到2 000多个,已有7个生态农业示范点被联合国环境规划署授予"全球500佳"称号,生态农业建设面积达670万 hm^2,占全国耕地面积7%左右。

生态农业有效的运用农业生态系统中生物成分之间的相互协调和互补的功能原理,物质和能源多层次多途径转换原理,通过劳动密集、技术密集、知识密集相结合的高度集约化经营,通过提高太阳能的利用率和生物能的转化率,促进农副业废弃物的再循环利用(见图5.5),实现无废物、无污染生产,减少投入、增加产出,实现经济、社会、环境的综合效益。

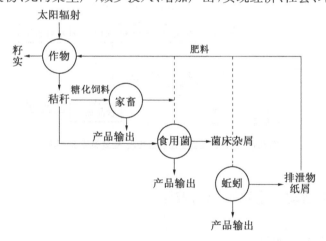

图5.5 作物秸秆的多级利用(马世骏等,1987)

生态农业是在传统的有机农业和石油农业的基础上发展而来的,具有整体性、区域性和高效性的特点。所谓整体性是指生态农业是多层次、多目标、多系统的统一整体,系统各组分之间彼此联系、相互影响。所谓区域性是指生态农业是建立在合理利用当地自然资源和社会经济条件的基础上的,不同地区的资源状况、劳动力状况以及社会历史、风俗习惯、经济基础和科技水平都有所差异,不能生搬硬套,应该因地制宜。高效性是指生态农业具有经济、生态、社会三方面的综合效益。经济效益上可以降低农业成本和消耗,提高农业产量和产品质量;生态效益上可以保持水土、整治国土、绿化和净化环境、减少自然灾害;社会效益上能为社会提供更多的物质产品和精神财富,能为社会保护野生生物资源和自然景观。

由于生态农业的区域性,我国不同地区出现了多种类型、多层次的生态农业模式,包括以农业为主体的"农业型"、农林并重的"农林型"、半农半渔的"农渔型",也有以水产养殖为主的"渔业型"、以植树造林为主的"林业型",还有农林牧副渔多业并重的"综合型"以及以兴办沼气为起点的"能源型"。图5.6是北京市大兴县留民营建立的"能源型"生态农业系统的内部物质、能量循环示意图。它以改善和保护生态的动态平衡为指导思想,以沼气能源的获取和综合利用为中心环节,串取农林牧副渔和加工业,以求得最优化的经济效益和生态效益。

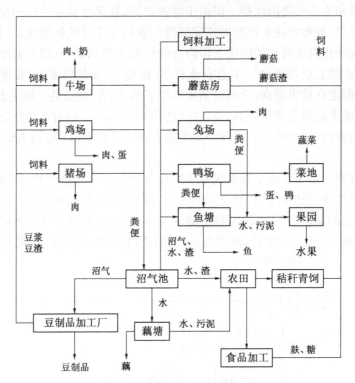

图5.6 北京留民营生态农业物质、能量循环示意图

5.4.2 人类活动对生物资源的破坏

1) 对森林资源的破坏

人类对森林资源的不合理利用和过高的利用强度已经使森林资源受到广泛的负面影响和破坏,主要表现为森林面积的锐减和生物多样性的降低。

森林锐减和物种灭绝被认为是当今5大全球性环境问题之一(其余4个问题是温室气体排放引起的全球变暖,平流层臭氧耗损、淡水资源短缺和土地荒漠化)。根据国际环境与发展研究所(1987)资料,在人类活动干扰以前,全球有林地面积60亿hm^2,到1954年全球林地面积减少为40亿hm^2,其中温带森林减少了32%~33%,热带雨林减少了15%~20%。近40年来,全球森林,尤其是热带雨林的减少速度明显加快,平均每年减少80万公顷,相当于一个奥地利的国土面积。温带地区由于开发和定居较早,早在几个世纪以前森林就大规模减少,从而造成今天温带落叶林岛状的山地分布格局。

森林的不断减少直接导致生物多样性的消失和物种灭绝。据估计,地球上曾经有5亿个物种,目前尚有 500 万～1 000 万个物种。从地球出现生命到现在,物种灭绝过程是始终存在的,但在过去的一两百年中,由于人类活动,物种灭绝的速度大大加快了,尤其在海岛和热带森林地区。根据弗兰克尔等(1981)资料,在近代历史上灭绝的哺乳类和鸟类中有 75% 是岛栖物种。表 5.9 列举了一些代表性海岛上特有维管束植物种属受威胁和灭绝的情况,其中有几个海岛稀有、受威胁或灭绝类型占 90% 以上。

表 5.9 某些海岛上特有维管束植物受威胁情况

海岛名称	总 数	稀有、受威胁或灭绝数(%)
罗德豪岛	78	75(96%)
圣赫勒拿岛	90	86(96%)
诺福克岛	48	45(94%)
亚森欣岛	11	10(91%)
罗德里格斯岛	55	50(91%)
胡安费尔南德斯岛	119	95(81%)
赛希尔群岛	49	40(81%)
模里西斯岛	280	194(69%)
加那利群岛	612	407(67%)

热带雨林是地球上最多样化的生态系统,由于种种原因,目前对仍保留着的热带雨林数量尚没有一致的估计,现有估计数从 8 亿～12 亿 hm^2 不等。但一致认可的事实是:热带雨林被破坏的速度正在加速。据最保守的估计,全部热带国家热带雨林的年平均消失速率约为 0.6%,相当于每年消失的热带雨林面积为 730 万 hm^2。这是掺合了造林和自然再生后的净数字。据联合国粮农组织 1981 年推算,按此速度,所有郁闭的热带森林将在 177 年内被砍伐干净。

生物多样性被破坏,特别是热带雨林植被被大量破坏,必会大大改变碳、氮等营养元素和微量元素的源、汇分布,使营养元素和微量元素在地球系统中的循环遭到破坏,从而给自然生态系统和人类社会带来巨大影响。

对森林资源的过度开发还使大量养分不断从生态系统中移走,使森林土壤养分不足,正常的生物地化循环受到干扰,进而削弱了森林资源的天然更新能力。表 5.10 显示了松林、针阔叶混交林、阔叶林和农田在一个生产周期(森林为 100 年,农田为 4 年)中因生物量移出而产生的养分流失。

表 5.10 森林资源破坏导致的土壤养分流失

生态系统类型	养分流失总量(kg/hm^2)		
	磷(P)	钙(Ca)	钾(K)
松 林	424	468	38
针阔叶混交林	890	466	74
阔叶林	1 930	483	106
农田生态系统	2 420	7 400	1 060

2) 对草地资源的破坏

除了由于草原生态系统自身的脆弱性和再生性缺乏正确而全面的认识,加上管理上出现的问题,人类对草地资源只用不养,甚至采取掠夺式的开发,盲目开垦、滥牧、抢牧和乱牧的现象普遍存在,从而造成草地资源数量和质量的退化。

对于开垦者而言,盲目开垦是无偿的,而且可以获得较大的眼前利益,但却会引起土壤的严重风蚀,从而引发土地荒漠化。对美国、澳大利亚等 32 个国家和地区的草原进行分析研究,其中 14 个面临严重退化、9 个为中等退化、9 个为低等退化。我国在 1966~1976 年期间,仅内蒙古就开垦了 1 460 多万亩的草地。在农区和半农半牧区开垦小片草原的现象更为严重,有的地方甚至全部被开垦。滥牧主要表现为过度放牧,据我国北方和青藏高原等 10 个牧业省区统计,建国后,牧场放养牲畜头数增加了 2~3 倍,而草场面积却在减少。此外,抢牧和乱牧的现象也有表现,特别是在边界草场、农牧交界带,过牧主要发生在饮水点和居民点附近。如不考虑草场的载畜量,而单纯追求牧畜存栏头数,必然会引起这种现象的发生,比如内蒙古的鄂尔多斯市 1963 年仅超载 2.3%,而近年来超载却高达 50% 左右。滥樵主要表现在砍取烧柴、破坏灌木。干旱荒漠草原的灌木丛是牲畜冬春避风的场所,也起着防风固沙的作用。但有人将其视为无主资源,任意砍作燃料。据调查,内蒙古鄂尔多斯市乌审旗有 1.3 万户群众依靠挖沙蒿作为燃料维持生活,平均每年破坏草场 50 万亩,全旗每年砍挖沙蒿、沙柳在 10 亿斤以上,20 多年仅烧柴一项就引起沙化面积 300 万亩。

对草地资源掠夺性开发的结果,使草地植被急剧退化,主要表现在以下几个方面:一是草群变稀疏低矮,产草量降低;二是草质变差,草群中优良牧草减少,杂草、毒草增多;三是生境条件的旱化、沙化和盐渍化,鼠害、虫害增多。据估计,我国内蒙古地区退化的草场面积在 15 000 万亩以上,占草场总面积的 1/3,产草量下降了 40%~60%。新疆阿勒泰地区近年来各类草场产草量均有下降,减少值在 9.2~70.0 kg/亩之间,草场中针茅、伏地肤等优良牧草普遍减少,而角果等粗劣草种增加,草群的适口性和营养价值变坏和变低。

草地退化及其质量下降明显地影响了畜牧业的发展。据我国 10 个牧业省区的统计资料,1949—1965 年的 16 年间牲畜头数增加了 1.54 倍,而 1966—2000 年的 35 年间仅增加了 1.72 倍。不仅牲畜头数发展缓慢,而且牲畜质量也有所下降,品质普遍退化,羊胴体的体重平均下降 2.5~5.0 kg,牛胴体体重平均下降 5~25 kg。每只羊的长毛量由几 kg 下降至仅 1 kg 左右,同时牲畜的死亡率也有所上升。

3) 对生态环境的破坏

生物资源的退化直接导致了地表植被的减少,从而造成了土壤侵蚀、水土流失和土地荒漠化等问题,破坏了生态环境,也威胁着人类以及生物资源自身的生存。

土壤侵蚀会给农业带来严重的后果。美国每年水土流失丧失的表土达 30 亿 t,密西西比河每年带走钾 162 万 t,磷 6 万 t。美国受风和水侵蚀的土地面积已经占到其国土面积的一半,印度占到四分之一。水土流失使哥伦比亚每年损失沃土 4 亿 t,埃塞俄比亚 10 亿 t,印度达 60 亿 t。土壤侵蚀已使危地马拉的土地丧失了 40% 的生产力,土耳其达 75%。我国水土流失的面积有 22.25 亿亩,约占国土面积的六分之一,每年流失泥沙 50 亿 t,相当于全国耕地被剥去 1 cm 厚的肥土层,由此损失的氮、磷、钾等元素达 4 000 多万 t。

历史上的黄土高原曾经森林密布、草木繁盛,7 000~8 000 年前是我国农业出现最早的地区。但由于漫长岁月的毁林开荒、过度放牧,黄土高原的森林砍伐殆尽,庇护土地的天然植被荡然无存。据不完全统计,黄土高原水土流失面积达 45 万 km^2,占总面积的 80%,每年因水土流失冲走的氮磷钾养分达 3 800 万 t,相当于全国每年生产的化肥总量。同时,大量泥沙注入黄河,使黄河河床淤积,下游河床平均每年增高10 cm。

据统计,全球目前水土流失面积2 500万km²,占全球陆地总面积的17%,每年冲刷流失的土壤达257亿t,美国仅此一项每年损失70亿～180亿美元。水土流失不仅发生在干旱半干旱地区,湿润气候条件下同样会发生非常严重的水土流失,只要人类滥砍滥伐森林,破坏地表覆盖的植被,水土流失就是不可避免的。

沙漠化是指沙漠环境持续扩大,一般发生在干旱或半干旱地区。由于气候干燥,降水量减少而且集中在局部地区,风力活动强劲,生态系统十分脆弱。沙漠化正成为一个举世瞩目的环境问题,目前,受沙漠化威胁的土地面积达3 800多万km²,影响到20亿人的生活,约占世界人口的三分之一。其中,亚洲占32.5%、非洲29.9%、大洋洲16.5%、中北美洲11.6%、南美洲8.9%、欧洲最小占2.6%。而且,目前全球每年沙漠化土地达600万hm²,相当于一年就吞掉两个比利时的土地。我国沙漠化发展的速度也很快。目前,我国的沙漠面积和沙漠化面积越来越大,已达到168.9万km²,占国土面积的17.6%,主要分布在北纬35°至56°之间的内陆盆地、高原,形成了一条西起塔里木盆地,东到松嫩平原西部,东西长4 500 km,南北宽约600 km的沙漠带,并以每年2 460 km²的速度扩展。在扩展的沙漠土地中,约有91%是由于人们不恰当的经济活动(滥垦、滥牧、滥伐、上游兴修水利等等)所造成的。

5.4.3 合理利用生物资源的主要途径和措施

1) 加强生物资源的科学经营管理

生物资源是一种再生资源,除开发利用外,还存在更新的问题。因此,生物资源经营管理的中心课题在于充分利用生物资源可再生的特点,将利用和更新相结合,以便在扩大再生产的基础上实现永续利用的目的。近几十年来,不少国家对生物资源,特别是在森林资源的经营管理上,围绕上述中心问题,开展和加强了工作。

(1) 开展生物资源的普查、评价和预测工作

世界上不少国家普遍查清了生物资源,特别是森林资源。瑞典、荷兰、美国、日本和苏联建立了森林资源连续清查制度,定期掌握资源消长动态,瑞典、荷兰、日本每隔5年进行一次,美国每隔10年进行一次,到目前为止,都已经进行了3次以上全国性森林资源普查。这为高经营管理水平提供了重要的基础和依据。

自1973年我国第一次在全国范围内进行较全面的森林资源清查,至2008年止,我国已连续7次进行了全国森林资源清查。各次全国森林资源清查成果都不同程度地客观反映了当时全国森林资源现状,尤其从第二次全国森林资源清查后,我国建立了国家森林资源连续清查体系,开展了全国森林资源监测,取得的成果为国家及时掌握森林资源现状、森林资源消长变化动态,预测森林资源发展趋势,进行林业科学决策提供了丰富的信息和可靠依据。

(2) 严格控制采伐、载畜、捕捞量

森林的采伐、草场的载畜、渔场的捕捞等生物资源的开发利用,不能违背自然规律。因此,对森林应合理采伐,采伐量与生长量基本相平衡,或采伐量略低于年生长量,更新跟上采伐,使之永续利用,发挥林区在木材生产和水源涵养、确保农业生产上的双重作用。瑞典、荷兰、美国、罗马尼亚等木材生产国,年采伐量都低于年生长量,瑞典每公顷年采伐量与年生长量之比为0.83∶1,荷兰为0.77∶1,美国为0.75∶1,罗马尼亚为0.96∶1。因此,这些国家的森

林更新跟上了采伐,森林面积和森林蓄积量均有不同程度的增加。

对于草场,要控制牲畜头数,禁止草场超载,实行以草定畜,确定各类草场的最适利用界限。畜草之间实际上也是投入和产出的关系,因此,应根据各地草场资源和生产力的特点,合理配置畜群,重点保护公畜、母畜、良种畜,果断处理商品畜,做到量草定畜,永续利用草原资源。我国主要牧业省区的最大牲畜量如表5.11所示。

表5.11 我国主要牧区的最大载畜量

省 区	1990年		2000年	
	(万羊/总可利用面积)	(只羊/km²)	(万羊/总可利用面积)	(只羊/km²)
内蒙古	124	8 432	125	8 500
新 疆	88.2	4 410	89	4 450
青 海	152.2	5 255.5	182	6 284.5
甘 肃	169	2 205.5	171	2 231.6
宁 夏	214	584.2	215	587

2) 制定法律和政策,保护生物资源,促进产业发展

法规在保护生物资源,促进生产发展方面具有极为重要的作用,任何方针政策的实施都需要有法律的保证。因此,加强法规是各国普遍采取的首要措施,这些法律对整顿林权、加强经营管理、保护和扩大森林资源等,起到了决定性的作用。美国至今虽然尚无全国性的综合森林法,但许多联邦或州都已颁布了林业法令,这些法规对美国林业发展不同程度地发挥了积极的作用。

我国宪法明确规定"国家保障自然资源的合理利用,保护珍贵的动物和植物。禁止任何组织或者个人用任何手段侵占或者破坏自然资源"。我国新中国成立以来曾建立了一系列的法律法规,对合理利用和保护生物资源、加强生物资源的管理起到了积极的作用。这些法律法规主要有:《中华人民共和国森林法》、《中华人民共和国草原法》、《中华人民共和国野生动物保护法》、《中华人民共和国水土保持法》、《中华人民共和国环境保护法》、《中华人民共和国森林法实施条例》、《中华人民共和国陆生野生动物保护实施条例》、《中华人民共和国自然保护区条例》、《退耕还林条例》等等。然而,我国有关生物资源的立法迄今还不是很完善,许多重要的生物资源至今尚无立法,另外,一些法规往往仅从某一各部门的利益出发,而不注意全面的自然保护。另一方面由于缺乏强有力的执法机构,对发动群众参与执行有关法律规定的认识不足、宣传力度不够,因而使法律不能真正地贯彻执行。

必须强调指出,可更新资源的政策与立法必须与其他方面的立法与政策,如人口政策、能源政策等相互配合才能有效地贯彻实施,并见诸成效。另外,法规的指定必须要从我国的实际出发,一方面他应该反映政府对这一问题的基本立场,又要反映群众的实际情况及其对法律的认识和支持的程度,否则,脱离实际的"严格"的法令,会由于人民为了生存而藐视它的存在,使政策和法令无法实行,甚至取得相反的效果。

3) 加强宣传教育和人才培养

合理开发利用和保护生物资源,必须充分利用群众与生物资源的机会和场所,广泛进行宣传;也可利用电视、电影、广播及通俗读物等进行生物资源和管理知识的宣传。同时,不要只热衷于宣传,而更要重视实践,做好各项实际工作。

日本把每年4月2日、3日、4日三天作为爱林日,普及爱林思想,开展造林活动,1950

年在每年的 3~5 月设国土绿化周或绿化月,在全体国民中广泛深入地开展绿化活动,从 1977 年开始每年以育树为中心还进行一次育树节活动。为了及时地推进绿化活动,1973 年成立了日本绿化中心,目的是开发绿化技术,收集提供情报和培养技术员。为了有效地推动植树造林运动,通过各种宣传活动提高国民对森林作用的认识,了解森林与人类生活的关系,使人们懂得植树造林不仅是为自己利益的行为,也是应该具备的为子孙后代和为国家民族利益着想的道德观念,并把这种思想变为人们自觉的行动,植树造林活动将更加扎实而卓有成效。

在我国,1979 年全国人大常委会将每年 3 月 12 日定为全国"植树节",积极开展全民植树活动,广泛动员全社会参加林业建设。采取因地制宜,讲究实效,多林种结合,乔灌草结合等措施,注意造林质量,提高成活率,加快绿化祖国的步伐。

要重视智力投资,通过多种途径提高领导和群众,特别是在生物资源战线上工作的干部、农民和工人的科学水平,普及有关生物资源管理和保护的知识。教育和培训大致可分为三类:对大学生物资源专业学生的教育;对中小学的普及性自然保护教育;对成年人的临时性的宣传教育。各类生物资源管理干部的技术人员也可深入到企业、学校和广大农村传授技术和进行技术监督,介绍一些生物资源合理开发利用和保护的具体措施。

4) 制定生物资源开发利用和保护规划,建设自然保护区

世界各国普遍重视指定长远规划,使经营管理纳入利用与保护、采与育结合永续利用的轨道。日本早第二次世界大战后,于重新颁布森林法的同时,即制定了《关于森林资源的基本计划》,1973 年曾加以修改,提出在森林总面积保持不变的前提下,到 2021 年人工林将由 1971 年的 890 万 hm^2 增加到 1 314 万 hm^2,天然林将由原来的 1 537 万 hm^2 减少到 1 113 万 hm^2,森林总储量有 20.8 亿 m^3 增加到 36.1 亿 m^3,并对一级生产力的森林、防护林及木林产量均进行了规划。美国于 1975 年划出 480 万 hm^2 自然保护区,其中 94% 在国有林内,还计划把自然保护区的面积进一步增加到 1 000 万 hm^2。1974 年美国国会通过《森林与放牧地可更新资源规划法》,要求林务局制定长期规划,以确保美国未来有足够的森林资源,同时要求保持环境质量,还要求林务局定期(每 10 年)向国会提交可更新资源评定报告和一项长期可更新资源规划(每 5 年修订一次,每次订出 45 年目标)。

过去,我国有关部门长期对生物资源在国民经济和社会发展中的作用认识不足,各种规划对其总是开发利用,以上缴利税的多少作为企业考核的标准,而忽视生物资源更新和维持再生产的必要投入及资源保护,从而造成资源大量消耗,形成了生态恶性循环。近年来,我国重视了生物资源的开发利用和保护,制定了长远的科学规划。1986 年 12 月国务院环境保护委员会通过的《中国自然保护大纲》,要求把自然保护纳入国家经济社会发展计划,使国家经济和社会发展建立在保护自然资源(包括生物资源)、保护生态平衡的基础上。要求各有关主观部门都要对本部门开发利用自然资源的工作,统筹安排,开展跨部门的协作,共同搞好资源的保护的开发利用。

5) 加强生物资源集约经营,不断提高生产量

实行集约经营,不断提高生物资源的生产量,是实现扩大再生产的基础。其具体措施有:采用良种;促进更新和人工造林;提高采用容器苗在造林中的比重;增施肥料;沼泽地排水;改变采伐方式;加强草原建设,治理退化草场;护林防火;防治病虫害和鼠害等。比如美国在提高森林的集约经营强度中,选用良种壮苗,全国共有种子园 4 500 hm^2;容器苗在苗木

总产量中的比例占5%,并有迅速增加的趋势;全国施肥面积已达15万hm^2;重视森林保护,1970年全国处于森林防火组织保护下的土地达3.65亿hm^2,防火和灭火的经费开支约2亿美元,加上采伐剩余物处理和计划烧除等方面的开支,共计约3.2亿美元。

6) 加强生物资源的科学研究

生命科学是当今科学研究的重要前沿征地之一,它在宏观与微观两个方面不断发展,并形成不同的研究水平。这里我们不可能对生物资源研究的各个方面作全面的论述,仅从资源学研究方面来看,至少有以下几个方面的问题需要开展多学科的综合研究。① 国民经济发展对生物资源需求量的预测及资源保证程度;② 重点地区生物资源数量及质量的调查及其生态—经济学评价;③ 生物资源的保护与增殖的方法和技术;④ 生物资源系统的结构与功能;⑤ 生物资源的多层次利用的综合效益的发挥;⑥ 人类活动对生物资源的影响及其环境后效;⑦ 专业性、地区性和全国性生物资源信息系统的建立。

在生物资源研究的理论和方法上,也正在经历一场深刻的技术革命,它突出表现在对生物资源管理的指导思想由过去的单纯的索取和利用,转变为开发利用与考察整治保护相结合的轨道;在研究的任务上,从长远为主到紧密的结合当前的国民经济建设;在研究方法上从过去的线路调查为主,发展到线路调查与定位或半定位研究相结合;在研究的空间安排上从过去以区域考察为主,向全国发展,同时,对全球性的重大问题也在开始部署力量;在研究的路线上,由单学科走向综合,进而对系统的总体进行研究,即由综合考察阶段,发展到对总体的研究阶段,这就要求,对生物资源的研究从狭隘的生物学家的小圈子中解放出来,不仅要更加紧密与地学联系,同时要与数理化学科进行渗透,而在解决生产实际问题上还要与经济学、社会科学进行合作,还要吸收技术科学的成就来武装。在进行科学研究时还要注意科学技术人员、行政领导以及当地群众的全面参加,方能使生物资源的研究更为有效,使研究的成果能尽快在时间中开花结果。

7) 开展生物资源的管理与保护的国际合作

当代生物资源管理与保护的重点特点是广泛的开展国际合作。这是因为:第一,当代人类对自然资源的开发和利用所采取的行动,其规模之大,影响的深远程度,往往超出国界,甚至具有全球性的特点。一个国家排放到大气中的污染物资可以影响到另一个国家的生物资源。例如有些发达国家排放到空气中过多的二氧化硫气体造成酸雨,往往使其他国家的湖泊、河流和森林的生产力降低;由于滥伐森林、燃烧石油及城市扩大等造成的空气中二氧化碳浓度的增加,可以使大温度,特别是两极地区温度升高,这种气候变暖会给某些地区带来好处,而给另外一些地区则造成损害;第二,某些生物的存在不受国界的限制,例如一些动物和迁徙的鸟类,其活动的范围和迁飞的路线,往往会跨越几个国家;第三,有些地区的生物资源属于不用国家的公物。例如公海中的生物资源。公海的生物资源虽然不如大陆架那样丰富,但它是一个独立的生态系统,是海洋动物重要的栖息场所,因此公海的物种应该被认为是人类共有的资源。

第二次世界大战以后,成立了许多国际组织,进行生物资源的开发利用与保护工作的组织和协调,其中影响较大的国际机构包括国际自然与自然保护联盟(IUCN)、世界野生动物基金会(WWF)、联合国教科文组织(UNESCO)及其生态司组织的人与生物圈计划(MAB)、联合国粮农组织(FAO)、联合国环境规划署(UNEP)、国际林业研究机构联合会(IUFRO)和世界动物保护协会等等。开展生物资源方面的国际合作,不仅可以促进生物资源的合理开发和保护,同时也可以促进科研水平的提高,避免不必要的重复建设。

主 要 参 考 文 献

[1] 彭补拙,濮励杰,黄贤金. 资源学导论. 南京:东南大学出版社,2007
[2] 赵建成,吴跃峰. 生物资源学. 北京:科学出版社,2008
[3] 于建荣,娄治平. 生物资源与生物多样性战略研究报告(2010—2011). 北京:科学出版社,2011
[4] 朱昌雄. 农业生物资源与环境调控. 南京:中国农业科学技术出版社,2007
[5] 王磐基,丁圣彦. 生物资源概论. 开封:河南大学出版社,1992
[6] 武吉华. 自然资源评价基础. 北京:北京师范大学出版社,1999
[7] 刘秀珍. 农业自然资源概论. 北京:中国林业出版社,2009
[8] 刘明光. 中国自然地理图集. 第二版. 北京:中国地图出版社,1993
[9] 中国自然资源丛书编委会. 中国自然资源丛书·野生动植物卷. 北京:中国环境科学出版社,1995
[10] 中国自然资源丛书编委会. 中国自然资源丛书·森林卷. 北京:中国环境科学出版社,1995
[11] 中国自然资源丛书编委会. 中国自然资源丛书·草地卷. 北京:中国环境科学出版社,1995
[12] 安妮·马克苏拉克(Maczulak. A.). 生物多样性:保护濒危物种. 北京:科学出版社,2011
[13] 环境保护部. 中国生物多样性保护战略与行动计划. 北京:中国环境科学出版社,2011
[14] 陆建身. 中国生物资源. 上海:上海科技教育出版社,1997
[15] 衣华鹏. 生物地理学. 北京:科学出版社,2012
[16] 傅伯杰. 景观生态学原理及应用. 北京:科学出版社,2001
[17] 陈波,包志毅. 景观生态规划途径在生物多样性保护中的综合应用. 中国园林,2003,(05)
[18] 王军,傅伯杰,陈利顶. 景观生态规划的原理和方法. 资源科学,1999,(02)
[19] 于娇,纪凤伟. 生物多样性保护的景观生态规划研究. 安徽农业科学,2012,(28)
[20] 李慧蓉. 生物多样性和生态系统功能研究综述. 生态学杂志,2004,(03)
[21] 肖金学,王文强,廉振民. 中国生物多样性研究现状分析. 安徽农业科学,2007,(34)
[22] 常罡,廉振民. 生物多样性研究进展. 陕西师范大学学报(自然科学版),2004,(S2)
[23] 俞孔坚,李迪华. 生物多样性保护的经管规划途径. 生物多样性,1998,6(3)
[24] 郭中伟,李典谟. 生物多样性的经济价值. 生物多样性,1998,6(3)

6 海洋资源

6.1 海洋资源及其价值与作用

海洋是资源的宝库,蕴藏着大量的矿物、生物、海水化学、海洋动力等资源,对人类社会经济的发展起着很大的作用。因此,海洋资源的开发利用是现代海洋科学研究的核心,是世界各国资源开发利用中最重视的问题之一。海洋可持续发展成为全人类面临的重大课题。

6.1.1 海洋资源的概念

海洋约占地球总面积的71%,占地球总水量的97%。海洋既是地球自然环境的天然调节水库,又是人类开发利用的一个新的资源领域。同时,海洋是联结世界各大洲的纽带。海洋资源的开发和海洋运输在世界经济发展中起着越来越重要的作用。

研究海洋资源,必须对海洋资源这一概念要有一个明确的理解。而人们对海洋资源的理解是随着科学技术的不断进步,对海洋的认识不断深入而有所不同。目前,人们对于海洋资源通常有广义和狭义两种不同的理解。

从狭义上讲,海洋资源是指海水中存在的生物(包括人工养殖);溶解于海水中的化学元素和淡水;海水运动,如波浪、潮汐、海流等所产生的能量;海水中贮存的热量;海底蕴藏的资源,特别是海底的矿产资源,以及在深层海水中所形成的压力差,海水与淡水之间所具有的浓度差等等。总之,海洋资源指的是与海水水体本身有着直接关系的物质和能量。

从广义上理解,海洋资源除上述所指的物质和能量之外,还把水产资源的加工,海洋上空的风,海底地热,乃至于港湾,沟通地球各大陆的海上航运,在海上建设的工厂、城市,海底隧道,海底电缆,海底贮气液罐,海滨浴场,海洋娱乐场所(驶帆、钓鱼、潜水),海中公园,水下观光设施,海上飞机场,海中通讯等等都包括在海洋资源之列。总之,一切沿岸海洋空间的利用都属于此范畴。也就是说,不论是水体本身还是空间利用,凡是可以创造物质财富的物质和能量以及设施、活动,都可以称之为海洋资源。

这种广义的理解或许过于广泛。但是,海洋上的风、海底地热、港湾、滨海的渔场、海洋娱乐场所、海中公园等,无疑应属海洋资源,它们可分属于海洋风能资源、海底地热资源、海洋航运资源和海洋旅游资源等。

6.1.2 海洋资源的价值和作用

海洋与人类的关系极为密切,生命起源于此,正是由于她的惠施,生命才得以生存、进化和发展。海洋控制着地球的气候,调节大气的温度和湿度。海洋中的藻类每年产生360亿t

氧气,为大气含氧量的3/4,同时吸收占大气2/3的二氧化碳,从而保持了大气中气体成分的平衡,维系地球上的生命。海洋中蕴藏着非常丰富的资源,这些资源的开发利用,在社会经济发展中的价值和作用,主要表现在以下几个方面:

1) 海洋资源开发是经济建设的重要组成部分

海洋是一个巨大的资源宝库。据统计,海洋石油和天然气可采总储量为2 500亿～4 000亿t。从大洋的锰结核中可以提炼4 000亿t锰、88亿t铜、164亿t镍、58亿t钴,此外,还有20多种其他元素。海洋中煤储量估计为整个地球全年开采水平的900倍,可靠储量估计为全球每年开采水平的230倍。溶于海水中的矿物储量更多,其中包括40亿～50亿t铀、1 700亿～2 000亿t锂,每平方公里海水中大约含有3 750万t矿物。

海洋拥有的潮汐能、波浪能、海流能、海水温差能、盐度差能十分巨大,仅潮汐能就有10亿多千瓦,每年可产生12 000多亿度电。据专家们估计,仅仅是英吉利海峡一处的潮汐能就能保证整个欧洲对电力的"最大"需求。

海洋生物资源极为丰富,全球的生物量中世界海洋提供43%,世界海洋每年产生的自游生物的总量为2亿t,为世界目前渔业年产量的3倍。

海洋资源的开发促进了世界经济的发展。20世纪60年代,海洋资源的开发事业迅速兴起;进入70年代,其发展规模迅速扩大,1975年世界海洋资源开发的总产量已达1 100亿美元,其中海底石油和天然气占50%,海洋运输占30%,渔业和其他产值占10%左右。到1980年,总产值超过2 500亿美元,短短5年,其产值就增加1倍。对于沿海国家来说,海洋资源的开发已经成为国家的重要经济支柱之一,对稳定国家经济有着十分重要的作用。挪威是传统的海洋渔业和海洋运输的国家,自从北海石油开发兴起后,国家收入的55%～85%来自北海油田。美国科学院自60年代来对海洋开发的经济价值和作用进行了研究,结果表明,过去十年的海洋投资,获得4倍以上的收益。美国1972年国民产值中海洋资源开发占2.6%,约306亿美元。1980年美国海洋开发投资估计已超过1 000亿美元。英国在北海开发油田后,由石油进口国变为出口国,国家经济得到振兴。1994年,第49届联大向全世界公布1998年为国际海洋年,以提高人们对海洋重要性的认识,提高地球上每一个公民保护海洋及其生态环境的自觉性。国际社会普遍认为,海洋是21世纪人类社会可持续发展的宝贵财富和最后空间,国际政治、经济、军事和科技活动都离不开海洋。目前世界60%的人口和2/3的大中城市集中在沿海地区,预计到2025年将有接近75%的人口生活在沿海地区。美国大西洋沿岸的"波士顿"城市群面积虽不到美国国土面积的11.5%,却集中了约4 500万人口,占美国人口总数的15%左右,制造业产值占全美的30%以上,成为美国经济发展的中心和世界经济的重要枢纽。日本东海道城市群面积约为10万平方千米,占日本总面积的20%,人口近7 000万占全国总人口的61%,集中了日本工业企业和就业人数的2/3、工业产值的3/4和国民收入的2/3,是日本政治、经济、文化、交通的中枢[①]。

我国的海洋资源也十分丰富。1978年以前,我国海洋仅有渔业、盐业和沿海交通运输三大传统产业,主要海洋产业总产值只有几十亿元左右。20世纪90年代以来,除了规模日益增长的传统海洋产业之外,海洋石油工业、海洋旅游业也已发展成为主要的海洋产业,海洋化工、海水利用、海洋医药、海洋农牧化、海洋能发电等,也正在逐步成为规模越来越大的

---

① 王敏旋. 世界海洋经济发达国家发展战略趋势和启示. 新远见,2012,3:40—45

独立产业。2020年前后深海矿产资源也将进入商业性开发阶段。2005年,全国主要海洋产业总产值达到16 987亿元。海洋产业增加值达到7 202亿元,相当于同期国内生产总值的3.95%;而到2011年我国海洋生产总值达45 570亿元,占国内生产总值的9.7%。海洋经济已成为国民经济的重要支柱之一。海洋资源在国民经济中的地位和作用正在稳步提高。

2) 海洋资源的开发,促进和带动了其他产业的发展

海洋资源的开发,产生了新的产业和产业群。产业与产业之间,产业群与产业群之间都紧密相关,一个产业的兴旺发达往往会带动一系列产业的发展。如海洋石油工业的兴起,会影响和推动钢铁、冶金、土木建筑、造船(平台)、运输、化工、机械、仪表、电子、深海工程、海洋调查勘探、环境保护、海上救捞、海洋预报等一系列工业和工程技术的发展。海洋渔业、盐业、海水淡化、海洋能发电等产业的兴起,同样也会带动一系列工业和工程技术的发展。总之,每一项海洋开发都会产生新的产业和产业群。大批海洋产业的兴起,势必会影响一个国家工业的布局和产业结构。

3) 海洋资源的开发,可以促进科学技术的进步

在20世纪前期,世界海洋资源的利用只限于部分资源的利用,主要是渔业。那时海洋采矿业、海水化学、建材的开采、海洋能源和动力技术等这些方面还未出现。这些方面的根本改变是由现代科学技术革命引起的。科学技术革命把生产力提高到崭新的水平,并大大扩大了海洋科研的深度和广度,为全面研究和开发海洋资源创造了条件。同时,海洋资源的进一步开发,又将大大促进现在科学技术的发展。

6.2 海洋资源的类型及其特征

6.2.1 海洋资源的分类

海洋辽阔广大,资源种类多样,储量丰富,从而有"蓝色的聚宝盆"之美誉。为了加强海洋资源的开发利用与管理,有必要对内容十分繁杂的海洋资源进行系统的、科学的分类,现对各种类型海洋资源的特征进行简要阐述。

由于人们对海洋资源进行分类的原则和依据不同,其分类方法也不一致。

第一种,按资源的属性,把海洋资源分为生物资源、矿产资源、海水化学资源和能源资源4种。此种分类方法简单明了,又能体现海洋资源的属性、特征和分布状况,是一种比较合适而为人们广泛采用的分类方法。

第二种,按资源的来源进行分类,海洋中的资源主要来自太阳辐射、地球本身的贮藏和地球与其他天体的相互作用等三方面。来在太阳辐射的海洋资源,系指海底石油、天然气、海水中的波浪、海流、温差、压力差以及各种生物,它们都是直接或间接的接收并利用太阳的辐射,都是太阳能的不同转换方式和储存方式,太阳能是这些资源的再生基础。由于这类资源所占的比重最大,因此,又有人将它们称为第一类资源。地球本身贮藏的资源,主要是指海水溶解的各种化学元素和海底沉积的部分矿藏,它们与太阳的辐射直接关系不大或根本无关。这些资源中的大部分在地球形成之初就已经存在,或它们遍于大陆地壳之中,经各种外力作用最后才汇集到海洋中来,还有少部分是海底火山爆发岩浆中的一些物质直接溶于海水中。因此,有人把它们称为第二类资源。地球与其他天体相互作用而产生的资源,系指

海洋中的潮汐和潮流，它又称为第三类资源。

第三种，按资源能否恢复，把海洋资源分为再生性资源和非再生性资源。海洋中的动植物、海水淡化、波浪、潮汐、海流和温差能等属于再生性资源，它们的共同特点是再生速度快，被利用之后，短期内可得到恢复，甚至是取之不尽，用之不竭。而海洋中的石油、天然气以及其他金属矿产资源则为非再生性资源。

第四种，将海洋资源划分为可提取和不可提取两类。持这种观点的人，把生物资源、矿产资源和化学资源称之为可提取的资源，因为它们可以直接拿来为人类所利用。而波浪、潮汐、海流、温差能等被称为不可提取的资源，因为这些能源人们不能直接利用，而必须把它们转化为另一种能量形式，才能服务于人类。

后三种分类方法，各有其特点，但也存在一些问题。按来源进行分类的方法不仅较复杂，而且由于只注意了"能源来源"这一种因素，使得其他来源于海水物化特性的资源，如海水压力差、浓度差发电和海水淡化等，就无所归属；按其再生性特征来划分，这是目前自然资源科学中比较普遍采用的一种资源分类方法，但对海洋资源来说并无实用意义。第四种方法也欠妥，因为从理论上讲，能量是可以提取的，只是提取的方式不同，将海洋资源分成可提取和不可提取是欠妥的。

6.2.2 海洋资源的基本特征

1) 海洋矿产资源

海洋矿产资源，包括石油、天然气、滨海沉积砂矿、深海海底矿藏等。具有种类多样、储量极为丰富、分布十分广泛等特点。现分述如下：

(1) 石油和天然气

世界海洋矿产，从资源角度看，以石油、天然气最为重要，储量也相当丰富。据调查，世界上已探明的油气盆地约有 400 个，其中的半数分布于陆地和深海之间的大陆架和大陆坡上，少数位于向深海延伸处。据估计，海底油气的可能储量为 5 500 亿 t 石油和 260 万亿 m^3 的天然气，其中以现代的开采技术水平，可开采的约 2 300 亿 t 石油和 200 万亿 m^3 天然气。而可采油气数量的 60% 以上分布于大陆架。海底生油气方面有开发前途的面积大约为 6 000 万～8 000 万 km^2，其中约 1 300 万 km^2 位于深度 200 m 以内海域，占大陆架面积的将近 50%。预测海洋沉积岩中碳氢化合物的地质储量，为全世界储量的 60%～70%。在海底石油储量中，最大的是波斯湾，马拉开博湖居第二，北海占第三位。海底天然气储量，仍以波斯湾居第一，北海第二位，墨西哥湾为第三。

我国近海宽阔的大陆架中，蕴藏着丰富的油气资源。经 20 多年的调查，证实我国海域分布着 16 个以新生代沉积物为主的中、新生代沉积盆地，其中主要沉积盆地具有面积大、沉积速度快、有机质丰度高、热演化条件好、储集层发育、圈闭类型多及生、储、盖层配合适当等有利的石油地质条件。据估计，这些盆地石油储量达 48 亿～150 亿 t，天然气储量可达 2.8 兆 m^3。

(2) 近岸带滨海沉积砂矿

近岸带是人类最先向海洋索取矿物资源的地区，在近海地带深厚的沉积层中，广泛分布着含金属和非金属的砂矿，不仅矿种多，储藏量大，而且还具有工业品位要求低、开采方便、选矿技术简单、投资小等特点,因此,目前海底矿产资源开发中,近岸带滨海砂矿的产值仅次于海底石油,列居第二位。

滨海砂矿中的矿种有:金、铂、金刚石、贵金属及宝石砂矿,金、铂主要分布于菲律宾、美国阿拉斯加和俄勒冈州沿岸、俄罗斯库页岛西部至堪察加半岛外海以及日本东京等地。金刚石的最大产地是西南非洲。锡砂矿主要产于印度尼西亚、泰国一带,俄罗斯的拉普帖夫海,以及英国的康沃尔近海海底;磁铁砂矿亦是海砂中常见的矿物,虽然开采价值不大,但缺乏铁矿资源的少数岛国仍在进行开采,其中以日本开采的规模最大。日本全国铁矿资源不过2亿t,其中磁铁矿占80%。此外,其在菲律宾吕宋岛的西海岸、澳大利亚、新西兰半岛、俄罗斯、斐济群岛的海滩和浅海区,以及阿拉斯加的布里斯托尔湾等地也有分布。重矿物砂矿中富含锆石、金红石、钛铁和独居石等,它是滨海砂矿最重要的类型,可以从中提取锆、钛等多种稀有金属元素,主要分布在印度、澳大利亚、美国、斯里兰卡、巴西和新西兰等地的沿岸。此外,滨海的砂、沙砾和贝壳等非金属矿分布更为广泛,均是建筑上需要量很大而又不可缺少的材料。

在大陆边缘地区,除了石油和砂矿以外,还有磷钙石、海绿石和煤、铁、铜等各种矿产资源。其中磷钙石和海绿石为自生矿物,一般产于外大陆架和大陆坡上,而铁、铜、煤等金属和非金属矿,则生成于海底松散沉积层下面的基岩之中。

我国滨海砂矿资源也很丰富。现已发现有钛、锆、铍、钨、锡、金、硅和其他稀有金属等,广泛分布于辽东半岛、山东半岛、福建、广东和台湾的沿海、南海诸岛的周围。主要类型有:锆石—钛铁矿—独居石—金红石砂矿、钛铁矿—锆石矿、独居石—磷钇矿、铁砂矿、锡石砂矿、金砂矿和沙砾等。

(3) 深海海底矿藏资源

深海海底的主要矿产是锰结核和含金属泥沉积物。两者虽然在成因上有某些相似之处,但各具不同特点。

世界深海海底锰结核的储藏量极大,估计总储量约有15 000亿~30 000亿t,并仍在继续堆积,其量每年达1 000多万t。仅太平洋1 800万km^2的范围内,在表层1 m厚的沉积物中,结核就有1万多亿t,可提取锰2 000亿t、镍90亿t、铜50亿t和钴30亿t。这四种金属的储量分别相当于陆地上储藏量的200倍、120倍、15倍和1 250倍(见表6.1),如果按照目前世界金属消耗量计算,这些金属足可以供全世界使用1 000年之久。锰结核中除铁、锰、铜、镍、钴含量特别丰富,都达到开采要求的品位外,还含有30多种金属元素、稀土元素和放射性元素,其中有些稀有分散元素和放射性元素的含量也很高,如铍、铈、锗、铌、铀、镭和钍的浓度要比海水中的浓度高几千至百万倍(见表6.2)。

表6.1 太平洋海底锰结核中的金属储藏量

项 目	铜	镍	钴	锰
世界陆上矿山储藏量(t)	3.5亿	0.75亿	0.024亿	10亿
1970年世界资源消耗量(t)	700万	57亿	2.2万	660万
陆上资源开采年限(年)	50	130	110	150
太平洋表层1 m厚沉积物中的金属储藏量(t)	50亿	90亿	30亿	2 000亿
太平洋底金属资源开采年限(年)	700	1.5万	13.6万	3万

表 6.2 太平洋锰结核的平均金属含量与海水和地壳中元素平均含量的比较(重量百分比)

元素	结核	海水	地壳
Fe(铁)	14.00	1×10^{-7}	4.20
Mn(锰)	24.20	1×10^{-7}	0.10
Cu(铜)	0.53	2×10^{-7}	0.01
Ni(镍)	0.99	2×10^{-7}	0.02
Co(钴)	0.35	4×10^{-8}	2×10^{-3}
V(钒)	0.054	3×10^{-7}	0.02
Cr(铬)	0.001	1×10^{-2}	0.03
Zn(锌)	0.047	5×10^{-7}	0.02
Mo(钼)	0.052	1.2×10^{-2}	1×10^{-3}
Ga(镓)	0.001	3×10^{-9}	1×10^{-4}
Sr(锶)	0.081	8×10^{-4}	0.035
Zr(锆)	0.063	22×10^{-10}	0.025
Y(钇)	0.033	3×10^{-8}	5×10^{-3}
La(镧)	0.016	3×10^{-8}	6.5×10^{-4}
Yb(镱)	0.0031	2×10^{-10}	8×10^{-4}
Ce(铈)	1.34×10^{-2}	5.2×10^{-10}	2.9×10^{-3}
Be(铍)	3×10^{-4}	6×10^{-11}	4×10^{-4}
Ge(锗)	6×10^{-4}	6×10^{-9}	4×10^{-4}
Nb(铌)	8.5×10^{-3}	1×10^{-9}	32×10^{-5}
Tl(铊)	1.7×10^{-4}	1×10^{-9}	1×10^{-5}
U(铀)	4.2×10^{-4}	3×10^{-7}	4×10^{-4}
Th(钍)	5×10^{-3}	5×10^{-9}	1×10^{-3}

从化学成分看,锰结核中主要是铁、锰、硅的氧化物和水分,其次是钙、镁、碳酸盐及钙的硫酸盐和磷酸盐,其中二氧化锰和三氧化二铁两者的含量占50%以上(见表6.3)。

表 6.3 深海底锰结核的化学组分(%)

组分	含量		
	最高	最低	平均
MnO_2	63.2	11.4	31.7
Fe_2O_3	42.0	6.5	24.3
SiO_2	29.1	6.0	19.2
Al_2O_3	14.2	0.6	3.3
$CaCO_3$	7.0	2.2	4.1
$CaSO_4$	1.3	0.3	0.8
$Ca_3(PO_4)_2$	1.4	微	0.8
$MgCO_3$	5.1	0.1	2.7
H_2O	28.8	3.7	13.0
难溶于盐酸的组分	38.9	16.1	26.8

锰结核在世界各大洋中广泛分布,其中以太平洋深海底锰结核的品位最高,储量最大。在北太平洋,在布莱克海台、佛罗里达半岛东西海底的红黏土区和凯尔维海底山区有较多的富集,俄罗斯在北大西洋东部海域也发现了锰结核的富集区。在南大西洋和印度洋,陆源碎屑和洋中脊的物质有大量供给,沉积速率较高,但只在一些封闭的海盆或海底高地上沉积特别缓慢的区域才生成锰结核。

深海海底含金属泥沉积物中富含铁、锰、锌、铜、铅、银、金等金属成分,常见于含有高盐度卤水和某些深海区构造活动带。含金属沉积物具有黑、白、黄、蓝、红等各种颜色,呈泥状、粘土质粉沙和沙质,主要成分是氧化铁和氢氧化铁,占70%~80%;其次是粘土,占10%;碳酸盐含量常在15%以下。沉积物中含铁蒙脱石、闪锌矿(ZnS)、隐晶质针铁矿($Fe_2O_3 \cdot nH_2O$)、铁闪锌矿($Zn,Fe)S$)、黄铁矿(FeS_2)、黄铜矿($CuFeS_2$)等金属硫化物以及锰菱铁矿$[(Mn,Fe)CO_3]$和水锰矿($MnO_2 \cdot nH_2O$)。含不同矿物的沉积物层互相迭置,具有层状、细纹理状构造特征,各种金属含量异常富集。有些硫化物沉积层内的锌含量超过10%,铜含量高达4%。

目前,在红海中的"阿特兰蒂斯"海渊、"发现"海渊、"链"海渊和"海洋学"海渊都发现有这种沉积物。这些海渊大都位于红海中部的强烈构造破碎带上,其形成与地壳运动密切相关。除红海外,在其他20多处海域的深海底,也发现含金属泥和热卤水,如东太平洋海隆的鲍尔海渊、南太平洋等地,另外,印度尼西亚外海的班努伍哈海底火山附近有好几个高热流区。今后在深海底的构造断裂带、海底地形深窄海区,还可能发现更多的含金属沉积物矿产。

2) 海洋生物资源

世界海洋生物资源中,尤以渔业资源与人类生活的关系最为密切,成为人类开发的重要对象。据统计,世界海洋生物有20万种,其中有18万种动物,2万种植物,共同构成了一个巨大的海洋生物资源系统。

鱼类是海洋生物资源的主体。海洋鱼的种类繁多,估计达2.5万种,我国海域中约有2千种。世界海洋主要经济鱼类仅数百种,在捕获的海洋鱼类资源中,鳀科鱼类占1/4,鳕科鱼类占1/5,鲱科鱼类占1/10,鲭科鱼类占1/20。

海洋鱼类资源,根据其生态习性的不同,可以分不同类别:从适应水温情况来看,可以分为热带性鱼类,如金枪鱼、旗鱼、鲽鱼、鲣鱼、鲨鱼、飞鱼等;温水性鱼类,如鳀鱼、鲱鱼、鲹鱼、鲷鱼、小黄鱼、大黄鱼、带鱼等;冷水性鱼类,如鳕鱼、牙鲆等。从分布水层来看,可以分为浮游性鱼类(或称中上层鱼类),如鲐鱼、鲹鱼、鳀鱼、鲥鱼和金枪鱼等;底栖鱼类(或称中下层鱼类),如鳕鱼、鲽鱼、牙鲆鱼、鲈、海鳗等;还有时上时下的,如小黄鱼、带鱼、鲍鱼等。

太平洋海域辽阔,岛屿繁多,条件特别优越,适于海洋生物生活,因此,鱼类资源非常丰富,这里有著名的秘鲁渔场,以及千岛群岛至日本海的北太平洋渔场和我国的舟山渔场等。大西洋的渔业资源也很丰富,主要渔场有从挪威沿岸到北海的大西洋东部渔场和纽芬兰渔场。印度洋渔业资源也很丰富,主要集中于西部,占印度洋鱼产量的2/3左右,东部只占1/3左右。我国近海水质肥沃,生产力较高,是各种海洋动物栖息、索饵、生长、产卵的良好场所,海洋渔场面积达280万km^2,近海鱼类1500多种,主要经济鱼类有70多种,包括大小黄鱼、带鱼、墨鱼、鲳鱼、马鲛、马面鲀、鲐鱼、兰圆鲹、海鳗、青鱼、竹夹鱼等。我国近海分布着许多渔获量很高的渔场,如黄渤海渔场、舟山渔场、南海沿岸渔场、北部湾渔场、吕四渔场、大沙渔场、闽南渔场等。前四者被称为我国四大渔场。

海洋除了拥有丰富的鱼类资源外，还有许多其他重要的无脊椎动物资源，从浅水海滩到万米深海均有分布。既有行动敏捷、以其他动物为食的掠食者，也有以海藻为食、活动缓慢的底栖者，还有以过滤方式取食的定居者。

海洋无脊椎动物门类很多，在16万种无脊椎动物中，经济价值较大、目前人类已加以利用的约130种。例如，软体动物门的乌贼、章鱼、柔鱼等（属夹足纲）；贻贝、牡蛎、扇贝、蛤、蚶（属瓣鳃纲）；鲍鱼、红螺等（属腹足纲）。属节肢动物门甲壳纲的有对虾、龙虾、蟹等；棘皮动物门海参纲等。腔肠动物门钵水母纲的海蜇等。

在海洋里，除鱼类外的脊椎动物资源也较丰富。爬行动物中的海龟，种类不多，全世界共7种，生活在热带海洋里。海鸟的种类约356种，其中真正的以海为家，除生殖期外，整年甚至一连几年都不着陆的，约150种，如信天翁、海燕、海鸥、鸬鹚、鹈鹕、军舰鸟等。另一类是完全丧失了飞翔能力，翅膀变成了游泳工具，如南极企鹅。

海兽是生活于海洋里的哺乳动物，包括鲸目、鳍脚目、海牛目的全部和食肉目的海獭。在海兽中以鲸的种类、数量最多，各大洋均有分布，经济价值最大，与人的关系也最密切。全世界海鲸约90种，我国海域中已知的约30种，不仅有著名的大型鲸种，如蓝鲸、大须鲸、拟大须鲸、黑露脊鲸、抹香鲸等，更有大群的海豚。鳍脚类海兽同样是重要的海洋资源，包括海狮、海象和海豹，世界各海区都有分布。海豹有18种，主要分布于北冰洋、太平洋、北大西洋及南极海域、地中海等地。海象仅一种，是北极特产。海狮类分布于北太平洋和南极海域，共有18种。我国海域中的鳍脚类动物已知有4种，其中海豹、北海狮、髯海豹只偶有捕获，数量最多的是斑海豹。

海藻是重要的海洋生物资源之一，其种类很多。按其色素、形态结构和生活史等可分为绿藻、褐藻、甲藻、眼虫藻、硅藻、金藻、黄藻、蓝藻、隐藻和轮藻等11大门类，以浮游藻类居多，几乎占所有藻类的90％以上，但其个体甚小，不能直接为人们所利用。一般所说的海藻资源主要是指褐藻、红藻、蓝藻、绿藻等定生藻，其中有生产价值的首推褐藻和红藻。含有红藻素的红藻有4千多种，绝大部分分布于海洋，如著名的紫菜、石花菜等。褐藻因含褐色素而得名，1 500种中只有少数分布于淡水，人们熟知的海带、裙带以及鹿角藻、绳藻和长达几百米的巨藻等都属此类。绿藻中常见的有石莼、浒苔和礁膜等。

海洋资源不仅种类繁多，而且生产量巨大。有人估计，每年约生产1 350亿t有机碳，在不破坏生态平衡的情况下，每年可提供30亿t水产品，至少够300亿人食用。海洋给人类提供食物的能力，等于世界所有陆地耕地资源面积农产品的1 000倍。还有人从蛋白质的生产上估计，认为世界各海洋每年能生产各种海洋动物蛋白质约4亿t，相当于现在世界海洋动物年总产量的8倍多，也相当于世界人口对整个蛋白质需要量的7倍左右。

从整个海洋生物来说，以浮游植物数量为最多，浮游动物次之，鱼类更少。据有人计算，世界海洋浮游植物的重量约5 000亿t。根据转化率，做理论上的推算，海洋里现有浮游动物应为500亿t，小型鱼类50亿t，大型鱼类5亿t。从含碳量上推算，作为捕捞对象的生物资源可能有2亿t。鱼体可食率为40％～70％，若以平均55％计算，就可得到1.1万t吨鱼肉，折合动物蛋白质为2 200万t。丰富的海洋资源，为人类对食品和蛋白质的需求提供了重要的供应源。

3）海水化学资源

广阔的海洋不仅孕育出千千万万个生命，蕴藏着富饶的矿产，而且海水本身还富含着无比巨大的化学资源。

海洋化学资源是指海水中含大量化学物质而言,根据测定,海水中含有陆地已发现的100多种化学元素中的80多种。根据海水中各化学元素含量的多少,大致可分为两类:海水中元素含量在 1 mg/L 以上的称为常量元素;含量在 1 mg/L 以下的称为微量元素。此外,根据海水中元素的性质,可以把它们分为金属元素和非金属元素两大类。金属元素如钠、镁、钙、钾、铷、锶、铜、锌等;非金属元素如氯、溴、碘、氧、硫、磷等。尽管海水中化学元素的浓度很小,但由于地球上海水体积巨大,达13.7亿 km^2,所以海水中各种元素的总储量相当可观(见表6.4)。例如,黄金是一种稀有的宝贵金属,尽管海水中含量极微,但总量可达500万 t 以上;制造核弹的原料铀有45t之多;而镁高达1 800万亿 t。

表6.4 海水中所含各种元素的数量

元素名称	元素浓度(每1 t海水中所含元素的克数)(g/t)	元素总量(t)	元素名称	元素浓度(每1 t海水中所含元素的克数)(g/t)	元素总量(t)
氧(O)	857 000	$1\,174 \times 10^{15}$	钒(V)	0.002	2.74×10^9
氢(H)	108 000	148×10^{15}	锰(Mn)	0.002	2.74×10^9
氯(Cl)	19 000	26×10^{15}	钛(Ti)	0.001	1.37×10^9
钠(Na)	10 500	14×10^{15}	锑(Sb)	0.000 5	0.68×10^9
镁(Mg)	1 290	1.8×10^{15}	钴(Co)	0.000 5	0.68×10^9
硫(S)	855	1.19×10^{15}	铯(Cs)	0.000 5	0.68×10^9
钙(Ca)	400	0.55×10^{15}	铈(Ce)	0.000 4	0.44×10^9
钾(K)	380	0.5×10^{15}	钇(Y)	0.000 3	4.1×10^8
溴(Br)	67	0.095×10^{15}	镧(La)	0.000 3	4.1×10^8
碳(C)	28	0.035×10^{15}	氪(Kr)	0.000 3	4.1×10^8
锶(Sr)	8	$11\,000 \times 10^9$	氖(Ne)	0.000 1	137×10^6
硼(B)	4.6	$6\,000 \times 10^9$	镉(Cd)	0.000 1	137×10^6
硅(Si)	3	$4\,100 \times 10^9$	钨(W)	0.000 1	137×10^6
氟(F)	1.3	$1\,780 \times 10^9$	氙(Xe)	0.000 1	137×10^6
铜(Ac)	0.6	820×10^9	锗(Ge)	0.000 07	96×10^6
氮(N)	0.5	680×10^9	铬(Cr)	0.000 05	68×10^6
锂(Li)	0.18	247×10^9	钍(Th)	0.000 05	68×10^6
铷(Rb)	0.12	164×10^9	银(Ag)	0.000 04	50×10^6
磷(P)	0.07	96×10^9	钪(Sc)	0.000 04	50×10^6
碘(I)	0.06	82×10^9	铅(Pb)	0.000 03	41×10^6
铟(In)	0.02	27×10^9	汞(Hg)	0.000 03	41×10^6
钼(Mo)	0.01	13.7×10^9	镓(Ga)	0.000 03	41×10^6
铁(Fe)	0.01	13.7×10^9	铋(Bi)	0.000 02	27.4×10^6
锌(Zn)	0.005	7×10^9	铌(Nb)	0.000 01	13.7×10^6
硒(Se)	0.004	5.5×10^9	铊(Tl)	0.000 01	13.7×10^6
铀(U)	0.003 3	4.5×10^9	氦(He)	0.000 005	6.8×10^6
锡(Sn)	0.003	4.1×10^9	金(Au)	0.000 004	5.5×10^6
铜(Cu)	0.003	4.1×10^9	铍(Be)	0.000 000 6	8.2×10^5
砷(As)	0.003	4.1×10^9	镤(Pa)	2×10^{-9}	2 740
镍(Ni)	0.002	2.74×10^9	镭(Ra)	1×10^{-10}	137
钡(Ba)	0.002	2.74×10^9	氡(Rn)	0.6×10^{-15}	8.2×10^{-4}
铝(Al)	0.002	2.74×10^9			

我国渤海和濒临的黄、东、南四大海的总面积为 470 多万 km²，体积约 400 多万 km³，在这巨大的海域中同样蕴藏着巨大的化学资源(见表 6.5)。

表 6.5 渤、黄、东、南四海中所含主要元素数量表

元素名称	元素总量 (t)	元素名称	元素总量 (t)	元素名称	元素总量 (t)	元素名称	元素总量 (t)
氧(O)	3.35×10^{15}	锶(Sr)	3.1×10^{10}	镍(Ni)	0.8×10^{7}	锗(Ge)	2.7×10^{5}
氢(H)	0.4×10^{15}	硼(B)	1.8×10^{10}	钡(Ba)	0.8×10^{7}	铬(Cr)	1.9×10^{5}
氯(Cl)	7.2×10^{13}	硅(Si)	1.1×10^{10}	铝(Al)	0.8×10^{7}	钍(Th)	1.9×10^{5}
钠(Na)	4.0×10^{13}	氟(F)	0.5×10^{10}	锰(Mn)	0.8×10^{7}	银(Ag)	1.4×10^{5}
镁(Mg)	0.5×10^{13}	磷(P)	2.7×10^{8}	钛(Ti)	0.4×10^{7}	铅(Pb)	1.1×10^{5}
硫(S)	0.3×10^{13}	碘(I)	2.3×10^{8}	锑(Sb)	1.9×10^{6}	汞(Hg)	1.1×10^{5}
钙(Ca)	0.2×10^{13}	钼(Mo)	0.4×10^{8}	钴(Co)	1.9×10^{6}	氦(He)	1.9×10^{4}
钾(K)	0.1×10^{13}	铁(Fe)	0.4×10^{8}	硒(Se)	1.5×10^{6}	金(Au)	1.5×10^{4}
溴(Br)	2.5×10^{11}	锡(Sn)	1.1×10^{7}	钨(W)	0.4×10^{6}	铍(Be)	2.3×10^{3}
碳(C)	1.1×10^{11}	铜(Cu)	1.1×10^{7}	氙(Xe)	0.4×10^{6}	镭(Ra)	0.4×10^{3}

海水中主要化学元素的相对含量是比较恒定的，氯占 55%，钠占 31%，其次是镁、硫、钙、钾，共占 8.7%，再次是溴、碳、锶、硼共占 0.3%，以上 10 种元素共占 95%。

海水的平均盐度约为 3.5‰，世界海洋含盐的总重量约为 5 亿亿 t，若全部提取出来，平铺在陆地上，那么整个陆地就会盖上 150 m 后的盐层。海水中的大多数元素是以各种盐的形式存在，其中主要的盐类有氯化钠、氯化镁、硫酸钠、氯化钙和氯化钾等，其中氯化钠占 80% 左右。

目前，开发利用海水化学资源已达到工业规模的有淡水、食盐、镁和溴等。

6.3 海洋资源的开发利用及环境生态问题

海洋资源的开发利用已引起人们的重视，并从各个方面不同程度地进行着海洋生产活动。但是，鉴于海洋资源及其分布的特点，以及人类开发利用海洋资源的经济和技术等条件的限制，目前海洋的开发主要是在海岸带及大陆架区域进行，开发的重点是海底油气资源、生物资源及海水化学资源等。在海洋资源开发利用过程中，产生的环境生态问题普遍而严重。进行海洋资源开发的科学管理，必将促进海洋资源的开发以及人类社会经济的发展。

6.3.1 海洋资源开发利用现状

1) 海洋资源开发的特点

海洋是一个连续的永不停息运动的水体，环境条件与陆地截然不同。海洋资源类型多种，总量巨大，但相对浓度却很低，目前能开发利用的还很有限，这就使海洋资源的开发具有以下特点：

(1) 开发难度大，技术要求高

海洋开发技术，大致可分为几类：第一，各种开发活动共同需要的基础技术，如运载工具、各种作业平台、潜水技术、海上作业必需的航海定位技术、各种海洋设施系留技术、海洋

建筑技术和防腐技术等。第二,各种海洋资源开发(回收)的专门技术。第三,海洋探测、监视和环境预报、服务方面的技术。所有的海洋技术,都要受严酷的海洋条件的制约,所以对于材料性能和三防技术,都要比陆地上严格的多。海洋技术不是陆上技术的简单延伸,而是一个新的技术体系。同时,开发每一类资源都需要不同的技术,形成产业群。各类资源的开发活动之间相互制约,互相影响,有的是互相冲突。各种海洋开发活动要受海洋环境和生态系统的制约,开发活动也会对海洋环境和生态系统产生影响,可以导致良性循环,也会引起恶性循环。

(2) 开发投资大,成本高,风险大

经济效益最好的潮汐能发电,其成本是火力发电的 1.6～4 倍。海水淡化虽已商业开发,但造水成本高,目前只能用于能源丰富、严重干旱的中东地区。大洋锰结核开采技术已基本解决,也因为成本高、经济效益差,至今仍未商业性开采。

(3) 国际性

海洋资源(如洄游鱼类)、海洋污染、海洋灾害性天气都是没有国界的;海洋科学研究活动、国际水域管理,都必须依靠国际合作,才会有满意的结果。海洋科学技术的进步,开洋开发的扩大,必然会使围绕海洋权益斗争和科学技术的国际合作都变得更加突出。

海洋开发的这些特点,决定了海洋开发必须有科学的管理,周密的计划,完善的立法和统一的技术规范和技术标准。

2) 海洋资源开发利用现状

(1) 海洋矿产资源开发利用现状

石油和天然气 目前,已有 100 多个国家和地区进行过海洋地质勘探。1990 年全世界海上油田,年产原油 7.5 亿多 t,占世界原油总产量的 20% 以上,海底天然气产量为 3 479 亿 m^3。到目前为止,海底石油的开采绝大部分是来自大陆架海域。对海底石油的勘探,已不断从浅海带向较深的水域推进,世界海底石油探井的最大水深可达 2 287 m,额定钻井深度为 7 620 m。我国的海洋石油和天然气的开采正在快速发展,1991 年,海上石油产量 239 万 t;2005 年,海洋原油产量突破 3 000 万 t,海洋天然气产量达 627 721 万 m^3;2010 年,海洋原油产量 4 709.98 万 t,海洋天然气产量则达 1 108 905 万 m^3。

金属和非金属矿 在西南非洲滨海地带从 1968 年开始开采金刚石,每日生产金刚石 10 万 Ct(克拉)①。海底金刚石砂矿勘探始于 1961 年,卢得立次湾海底从 1962 年投产,1965 年金刚石产量为 21.8 万多克拉。锡是滨海砂中可提取的产品之一,1973 年泰国从近海生产了 600 多 t 锡精矿,其他产锡砂地区还有待于开发利用。印度尼西亚和泰国 1977 年的锡砂矿产产值达 1.9 亿美元。日本在东京湾从 1961 年到 1964 年共产出铁矿砂 700 万 t。印度是世界上有蕴藏多种矿物砂矿的国家之一,早在 1906 年就开始开采锆石、钛铁矿、金红石和独居石。澳大利亚于 1962 年就在东海岸开采出金红石 21.1 万 t,锆石 13.6 万 t,1966 年还在海岸的滨海砂和沙丘中开采锆石 2.7 万 t,金红石 500t,1970 年开采钛铁矿 64 万 t。美国已采出锆石 550 万 t,钛铁矿 2 000 多万 t,金红石 300 万～350 万 t。近 20 年以来,世界滨海重矿物砂的开发有了很大的增长。

锰结核是最引人注目的海底矿产资源,美、英、加、日、德、比、荷等国的 17 个公司已经组

---

① 1 Ct 相当于 200 mg

织了深海采矿四大国际财团,资本共1.9亿美元,他们尝试用连续操作的吊斗、泵吸取和在海底聚集再向上提升等技术采集矿石,并进行了从矿石中提炼镍、铜、钴等重要金属的技术研究,这些工作都取得了一定的成绩。

用地下采用法开采海底基岩中的矿产已有悠久的历史。海底煤矿开采最多的是英国、日本、智利和加拿大等国,其中日本是海底煤炭开采最多的国家,年产煤5 000多万t,有8 500人在海底巷道作业。智利海底煤炭产量占全国的83.9%,加拿大占38.7%。此外,还有不少国家在海底开产铁、锡、镍、铜、金、汞和石灰石等矿。近岸的沙砾是重要的建筑材料,日本、英国、丹麦、荷兰等国采量较多,年挖采量约7 000万t以上。浅海甲壳和文石可作为制造水泥的原料,年产值在1亿美元以上。

(2) 海洋生物资源开发利用现状

世界海洋鱼类、无脊椎动物和藻类的总捕捞量,1980年达7 550万t,为1938年的3.6倍。这种高强度的增长是海洋渔业积极发展的结果。1950年世界渔业已恢复到第二次世界大战前的水平。1951—1960年世界年平均捕捞量为3 628万t,至1970年年平均捕捞量增加到5 561万t,这确实是世界渔业"黄金时代的十年"。从1970—1980年,世界年平均捕捞量为7 032万t。但是捕捞量的增长速度低于世界人口的增长速度,从而导致按人口计算的鱼类消费的下降。近年来,世界海洋渔年产量都已超过在1.3亿t左右,特别是由于过去30多年来海产品的捕捞和消费量增长迅猛,使得海洋渔业资源受到严重威胁。

有关分析结果显示,未来20年中,全球渔业生产的年平均增长速度约1.5%左右,渔业增产跟不上世界人口增长步伐。加上全球绝大多数渔业资源遭到破坏或过度捕捞,渔产品供应短缺将进一步加剧,短缺的结果将直接导致渔价飞涨。由于过度捕捞,野生鱼的产量已接近其再生能力,捕捞产量开始停滞不前,但全球对水产品的需求量有增无减。于是养殖业成为弥补水产品供求巨大缺口的主导力量。目前,世界水产品总量的增加几乎都来自养殖业的大发展,尤其是发展中国家养殖业的发展。养殖产量占到食用鱼产量的30%。其中,亚洲国家占世界养殖产量的87%。在可预见的将来,这种状况仍将持续。到2020年,养殖份额将从目前的30%上升到40%,水产养殖业将成为解决人类水产品供应的主要渠道。

海洋水产是我国传统的海产产业,历来是主要海洋资源开发国之一。改革开放以来,我国渔业在大农业中率先进入市场,极大地调动了广大渔民的生产积极性,渔业生产一日千里,水产品产量一直保持着高速增长势头。2004年,全国水产品产量达到4 850万t,约占全球水产品总量的1/3。从1989年以来,已连续16年位居世界水产品生产之首。水产品人均占有量37 kg,高出世界平均水平约16 kg。水产品进出口总额达到110亿美元,其中出口额为65亿美元,居大宗农产品出口榜首。尤其是养殖产量已占到世界养殖总产量的70%以上,是世界上唯一养殖产量超过捕捞产量的国家。作为快速崛起的水产大国,我国渔业具备广阔的发展前景。2010年,我国海洋渔业增加值达到了2 851亿元。

(3) 海洋化学资源开发利用现状

海洋化学资源种类繁多,储量丰富。尽管对其中的许多种类要求迫切,但由于至今尚未创造出有效的从海水中提取许多有用成分的技术方法,因此,人类提取利用的部分却甚微小,而所利用的仅限于那些提炼起来较之陆地上开采的经济效益更大的化学资源。基于这一原则,海水化学资源的开发利用,迄今仍主要是利用海水提取食盐、镁、钾和溴。

海水中溶解的食盐是非常丰富的,其总量约为4亿亿t。食盐这种结构比较简单的化合物,提取的方法也比较简单易行。一般采用盐田天然蒸发法制盐。盐田法目前的效益尚小,因为用 1 000 m³ 海水只能制盐约 1.3 t,其余的镁化物和卤化物等则随母液泻入大海。此外,还采用电渗析法和冷冻法从海水中提取食盐。目前全世界每年从海水中生产食盐 5 000 万 t,其中大部分是用盐田天然蒸发法(或称太阳能蒸发法)制得。电渗析法今后会有更广泛的用途。

海水中含有大量的镁,但其浓度仅 0.13%,且多见于氯化物中,较少见于难以溶解的硫酸盐化合物中。由于这些盐类溶解与形成结晶是同时进行的,因此用简单的蒸发法不可能从海水中提取镁。首先要使之氧化,产生氢氧化镁的沉淀,而与钠、钾、钙分离。然后进行电化学处理获得。目前,美国、挪威等 11 个国家采用上述方法每年从海水中生产氧化镁 200 多万 t,约占全世界镁的年产量的 1/3 左右。

钾在海水中的浓度不高,且与海水中的钠、镁构成复盐,因此从海水中提取钾确有一些技术难题。现在,仅日本从海水中提取钾,年产量约 1 万 t。

世界海洋中溴的含量仅 0.065%,但它是从海水中提取的第一种化学元素,因为陆地矿石中溴的含量微不足道。目前世界每年从海水提取的溴总产量约几十万吨,其中大部分是美国生产的,英国、法国和日本等国也有一定的产量。

如果说溶于海水中的化学元素是人类宝贵的资源,那么溶剂本身的重要性也毫不逊色。目前,淡水资源不足已成为全球性的迫切问题之一,解决此问题最有效的途径是海水淡化。1970 年全世界生产淡水的大型设备已达 800 个,总生产能力达 125 万 t/天。近十年,海水淡化工业发展迅猛,海水淡化将成为供水事业的一个极为重要的组成部分。

我国海水化学资源的开发利用,至今主要是利用海水制盐,现有盐田面积 3 760 km²,其中有效生产面积 2 700 km²。目前,我国盐产量居世界第一位,2010 年全国产海盐达 3 286 多万 t,占全国盐产量的 70% 以上。海洋盐业总增加值 65.5 亿元。在海盐的综合利用方面,主要是利用海盐卤水提取镁、溴、钾等化工原料。另外,海水淡化已取得进展,某些小型淡化装置已开始生产,以供用特殊的需要。

6.3.2 海洋资源开发利用中的生态环境和管理问题

1) 某些海洋生物资源的衰竭

人类食物中蛋白质的 6%、动物蛋白质的 17% 是由水产资源提供的。有 32 个国家从海产食物中获得 34% 以上的动物蛋白质,11 个国家海产品的消费量是世界平均消费量的 2 倍。海产品在贸易上也十分重要,但是,目前至少有 25 种最有经济价值的鱼类资源已严重衰竭,世界捕获量比过去减少 700 万 t,约减少 10% 左右,尤其是大西洋西北及东北、地中海、太平洋西北及东北等五个海区渔业资源明显衰竭,同时使鲸、海牛、海龟等 5 种动物濒危。

新中国成立以来,我国海洋水产品的产量虽然不断提高,然而,质量明显下降,在捕获物中,传统的经济鱼类的比例逐渐缩小,而小杂鱼的比例却逐驱上升。如在东海及渤、黄海的渔业中,带鱼、大黄鱼、小黄鱼为其主要捕捞对象,仅渤、黄海的小黄鱼,历史上的最高产量达 10 万多 t,而近几年来,其产量已不足最高年产量的 1/10。大黄鱼主要分布在东海及黄海,最高年产量近 20 万 t,而 70 年代以来的年产量已不足其 1/2。带鱼的产量在我国海洋渔业中居于首位,近几年的年产量仅达最高年产量的 2/3 左右,且捕获物中以幼龄鱼为主。此外,在我国海洋渔获组成中占有一定地位的鲱鱼、长干、鲐鱼、鱿鱼等,产量均趋下降。例如马面豚是一种低质鱼,原来它并非是捕捞的经济鱼种。在 70 年代传统捕捞鱼种衰退后,它得到大量的繁育条件,从而被开发利用。1980 年马面豚的年产量达 16.1 万 t,之后不断增加,1985 年达到高峰为 42.7 万 t,1990 年降低到 33.7 万 t 的产景,到 1993 年,其年产量仅为 7.6 万 t。马面豚资源逐步在中国海域退出可利用的鱼类系列之后,代之而起的是鲐参等。

造成海洋生物资源衰竭的原因主要是过度捕捞,其捕捞能力远远超过了资源的再生能力。如我国在 1955~1975 的 20 年间,机动渔船增加了 40 倍,总马力增加了 50 倍,而捕捞总量仅增加 1 倍。过度捕捞不仅不能保留足够数量的产卵亲体,而且连其幼体亦难幸免。其次是海岸低地和滩涂,特别是港湾和红树林沼泽地的污染和破坏,使世界 2/3 水禽和鱼贝类的觅食场所和栖息地遭受破坏,直接影响水生生物的生存,造成重大的经济损失,甚至使一些地区的渔业破产。

2) **海洋环境污染及其危害加剧**

由于工农业生产、生活及海洋资源开发本身所引起的世界海洋污染与生态环境破坏比较严重,并由继续恶化的趋势。

目前,开采海底石油作业区越来越多,规模也日益增大。在石油开采和运输过程中,由于各种事故或工业废水的排放等造成石油污染,每年进入海洋的石油多达 1 000 万~1 500 万 t,约占世界石油总产量的 5‰,从而影响和危害海洋生物的生长。前苏联每年排入里海的石油上百万吨,使那里的梭鱼几乎绝迹,鲟鱼每年减产 500 万 kg。日本的濑户内海曾是日本最大的渔场,鱼产量曾占日本沿海渔业总产量的 1/4,现在这里一些重要的经济鱼、虾和蟹类近于绝迹。海鸟也因羽毛被石油粘住不能飞翔而死亡,仅北大西洋和北海海区死于石油污染的海鸟就达 15 万~45 万只。

汞、镉、铅等重金属对海洋的污染也越来越严重。全世界每年因人类活动而进入海洋中的汞达 1 万 t 左右,铜 2 万 t 左右。日本每年由神通河注入富山湾的汞达 3 000 多 t。这些重金属被鱼贝类蓄积到体内,人吃了以后再人体内累计,达到一定数量后能直接造成危害,经常吃含汞的海产品就容易患水俣病。由镉污染而引起的"骨痛病",从 1967—1971 年,日本已有 28 人被此病折磨致死,潜在性患者达 1 000 多人。

进入海洋的有机物质,除一部分为动物所摄取外,大部分被分解为二氧化碳、水和营养盐,引起海水缺氧,导致包括经济鱼、贝类在内的海洋生物的大量死亡,甚至使局部海区产生"赤潮"或变成"死海"。"赤潮"引起生物大量死亡之后,尸体分解消耗水中大量的溶解氧,又会造成鱼贝类窒息而死,有时赤潮生物所分泌的毒素还能直接把鱼贝毒死。如 1976 年美国纽约州的河口区,在 14 000 km² 以上的范围内,因三角洲赤潮而使海洋生物,特别是丽文蛤大量死亡。

人工合成的化学农药,特别是有机氯农药被雨水冲洗,流入海洋后也会造成严重的污染。近年来,主要用于电机制造、化学工业以及船舶油漆中的多氯联苯对海洋的污染能抑制浮游植物的光合作用,使鱼贝类的繁殖衰退,并能富集到鱼贝体内。据研究,通过事物链而富集到鱼体内的 DDT 农药,要比大气中大 57.2 万倍,并可通过经济鱼和贝类进入人体,威胁到人类的健康。

温差、潮汐、波浪等发电站以及一些大型的海水淡化工厂生产过程中所排放的大量热废水，会使局部海域的海水温度升高，如一座 10 万 kW 的发电站，每秒钟要排放 7t 热废水。据估计，1980 年日本每秒钟有 6 500 m³ 的电厂热废水排入海洋；美国发电厂的热废水等于美国所有河流总流量的 1/5。热污染会引起海洋生物的生长发育规律及生理活动的变化，甚至会导致海洋生物的死亡。

在 80 年代，各国对于向海洋处理和处置废弃物，特别是对放射性物质排放的关注大大加强了。因为固体废弃物影响渔业和其他海上活动，破坏海上娱乐场所，影响鱼贝类的繁殖生长，有的直接威胁着生物的生命安全。海洋放射性污染对海洋生物有潜在性的危险，且由于它参与某些生命的代谢循环，从而将增加人类癌症和白血球增多症的发病率。

我国近岸的海湾、河口、港口及与大中城市毗连的局部海域，污染和生态环境破坏较为严重。据国家海洋局资料，我国沿海地区有各类工矿企业 8 万家，人口 4.5 亿左右，每年排入我国近海水域的工业废水和生活污水总量在 50 亿～70 亿 t 之间，这些废水或经过简单处理、或未经任何处理直接排放入海，疏浚物的年排放量已达 6 000 万～7 000 万 m³。随着我国沿海地区人口的增长及工农业生产的持续发展，我国近海的有机物污染日趋严重，局部海域富营养化问题日益突出，加之营养盐类大面积超过正常标准，我国沿海赤潮发生频率以令人难以置信的速度增高，而且由南向北挺进。1990 年从南到北相继发生较大面积的赤潮 34 起，为 1961—1980 年总和的 1.5 倍。1991 年共发生赤潮 38 起。21 世纪以来，赤潮灾害日益频繁，2000—2010 年，我国近海共发生赤潮灾害 861 起，平均每年 78.27 起。2000—2003 年，我国的赤潮灾害发生数逐年上升，2003 年达到 119 次，为历史新高；2004—2010 年赤潮发生次数总体上呈现下降趋势，但仍远远高于 2000 年的 28 次[①]。近海污染还对海洋生物的生长和繁殖、群落结构以及区系分布构成严重威胁，如胶州湾的潮间带生物种类已从 50 年代的 177 种减至现在的 17 种。海洋污染还可造成景观恶化、娱乐场所破坏等不良后果。

我国海洋主要污染物是石油、有机污染物以及汞、镉、铅、锌、砷、铬和酚、氨氮等。对全海区的污染物进行的评价表明，全海区以石油和 COD 污染为主，分别占等标污染负荷比的 44.17% 和 34.52%。流入东海的污染区最多，其等标污染负荷比占 49.2%；其次为南海，占 25%；黄海占 14.7%；渤海最小，占 11.1%。对各海区的评价结果表明，渤海的污染负荷比以石油为最高，占 55%；其次为 COD，占 23.6%；第三位是酚，占 16.8%，3 项共占 95% 以上。黄海也是石油占首位，为 38.6%；挥发酚占第二位，为 31.9%；再次是 COD，3 项共占 92% 以上。东海则以 COD 占首位，为 44.6%；其次为石油，占 44.4%，两项共占 89% 以上。南海也是石油第一位，其次为 COD，二者各占污染负荷比的 39.6% 和 26.5%，两项共占 66%。

对近海海域的检测表明，石油的检出率达 93.2%，超标率为 51.2%，均值浓度 0.055×10^{-6}，超过国家一级海水标准（0.05×10^{-6}），石油超标区域自北向南呈带状围绕大陆东缘分布。东海的长江口—杭州湾，南海的珠江口、粤西，黄海的大连湾、胶州湾和黄海北部，渤海和莱州湾都是石油污染比较严重的海域。辽东湾北部、莱州湾、滦河口、鸭绿江口、杭州湾和黄海北部则是 COD 高值区。此外，锦州湾的重金属、大连湾的砷、胶州湾的铬污

---

① 兰冬东，马明辉，梁斌，等. 我国海洋生态环境安全面临的形势与对策研究. 海洋开发与管理，2013-2. http://www.cnki.net/kcms/detail/11.3525.P.20130125.1724.201302.59_016.html

染也较严重。

对各海区进行污染趋势预测表明,我国近海水域石油污染的范围和程度都是第一位的,其次是 COD 污染。COD 污染主要来源于大陆,主要集中于排污口附近水域,但其污染程度严重。渤海湾和大连湾已达到富营养化程度,赤潮屡有发生。就全水域来说,如不对排污源实施控制,1990 年以后,长江口南岸一线将受到较严重的污染。此外,珠江口虎门海峡和大连湾臭水套,都是水质可能严重文化的水域,水质可能降到 3 类标准。由此,将对这些海域的生态环境构成较大威胁。特别是污染物入海量最大的地区同时也是经济鱼、虾、贝类产卵、洄游和集中的场所。污染对海洋渔业可能产生严重影响。

3) 海岸带管理不善对生态环境破坏的影响

海岸带自然资源的保护和合理利用,被视为世界海洋资源开发最为重要的课题之一。而海岸带是陆地、海洋和大气交汇地带,水和空气相互影响形成了波浪和水流;土地和大气构成了陆地上生物生存的环境;陆地和海洋之间相互作用,形成侵蚀、淤积和水下世界形形色色的生存空间。距海岸带 200 km 的范围不仅视为大洋海岸带,而且也被视为近海和边缘海的主要部分。各种形式的海洋资源的开发利用主要是在这最浅的、狭窄的地带进行。如海洋水产 50% 以上,海底油气资源(可供利用的)70% 左右,河口和港口周围集中稠密的人口和许多极为重要的工业等,均分布在这里。因此,海岸带是人类现代文明对海洋影响的令人难忘的缩影。

由于海岸带管理不善,缺乏对海洋资源开发利用的全面规划,缺乏科学的论证和统一的经营管理体制,从而带来了一些生态环境的不利影响。

例如,我国在辽河口沿岸、渤海湾、黄河三角洲、江苏沿岸、杭州湾及珠江三角洲等几处主要海区围垦滩涂 1 000 万亩,在经济上起了很大的作用。江苏围垦的 200 万亩滩涂地,已成为重要的粮棉基地。但是,有的围垦土地因淡水资源缺乏而不能发挥土地优势;有的围垦破坏了固有的苗种基地和养殖场所,造成海产品减产和质量下降。据不完全统计,从 1958—1979 年,全国沿海被围垦的传统养殖滩涂面积约 100 万亩。广东省由于盲目围海,每年损失养殖量约 1.6 万 t,还造成一些传统特产的绝种。此外,还有的围垦因改变了固有的水文地貌,造成一些其他损失,如广东牛田洋的围垦导致汕头港北水道的淤浅和外栏门沙滩的扩大。

海岸海湾是一种不可再生且不可多得的资源,对于沿海城市或经济发达的地区来说,海岸线是很宝贵的财富。不适当的围垦、盲目修建工程、使河流改道,都可能导致港口水深条件改变,甚至完全失去使用价值。如广东龙江的改道入海,导致了神泉港口门地形的灾变,出海航道弯曲变浅,口门不断西移,洪水季节排水不畅,影响港口安全和危及当地人民的生命财产安全。太阳河的改造以及港北港口门的不适当整治,使该港几乎变成"死港",给当地水运和地方经济建设带来严重影响。粤东沿海为了防止咸潮上溯,在河口附近筑闸,使入海淡水径流减少,从而削弱了港湾冲淤的能力,引起潮水改向,泥沙运动和沉积随之发生变化,港湾淤积加速。这些不合理的开发活动所产生的后果,往往是潜在的、深重的,也是难以根除的。

过度捕捞和海洋污染是造成海洋渔业资源衰竭的两大主要原因。此外,栖息地的破坏,也是海洋生物资源衰竭的重要原因。海岸滩涂、港湾、河口、湿地、红树林等,受开发影响而遭受破坏,都深刻地影响到海洋生物资源。

6.4 海洋资源开发综合管理

现代海洋资源开发大多数企业规模大和资本雄厚,因此没有严格的科学管理,就会失去竞争能力。同时,海洋资源中心的中心问题是如何使海洋资源长期稳定的发挥最大效益,这就要求对海洋资源开发进行综合管理。

6.4.1 海洋资源开发综合利用及其特点与作用

1) 海洋资源开发综合管理的概念

由于对海洋资源开发综合管理的确切含义,目前还没有统一的认识,通常理解为是政府为了维护海洋管辖权,保护海洋资源和环境,对海洋及其环境和资源,组织各种海洋开发活动所进行的综合性的指导、计划、组织、协调合控制活动。

2) 海洋资源开发综合管理的特点

(1) 海洋资源开发综合管理的管理者是政府的行政机构和官员,管理的目的是维护国家的海洋权益,合理开发海洋资源,保护海洋生态环境,维护海上安全秩序。

(2) 海洋资源开发综合管理具有很强的科学技术性。首先,这种管理要建立在对海洋的科学认识基础上,因此它本身就需要许多科学研究工作配合;其次,海洋资源开发综合管理离不开各种现代化的技术手段,例如,监视船舶污染、监测赤潮现象,要采用航空遥感技术。

(3) 海洋资源开发综合管理是一项跨部门的工作。它不是一个行业内部的工作,而是涉及各有关行业的活动。例如,海洋渔业资源管理,既包括对渔民捕捞活动的管理,防止酷捞滥捕;又包括防止海上爆破损坏渔业资源,防止倾倒废物破坏渔业水域环境。

(4) 海洋资源开发综合管理具有一定的国际性。其中主要包括:海洋环境的联合监测和保护;在两国以上水域洄游的渔业资源,两国以上渔业联合作业渔场的合作养护和管理问题;国际通航水道的利用和管理问题。这些均使海洋管理中存在一种跨国性的政策问题。

3) 海洋资源开发综合管理在海洋管理中的意义

20 世纪 30 年代海底石油、天然气的开发;沿海国家对海洋生物资源的过度捕捞,已显示出海洋生物资源的衰退之势,作为相邻国家或鱼源国,应对生物资源的保护作出必要的努力;潜艇和各类军用舰只活动的增加,使得有关国家感到了某种威胁。海洋上一系列实践给人们带来了海洋观念的改变,开始认识到沿海国家为了自己的海洋权益,需要对面临的海域进行综合管理。过去所实行的行业分割型管理是无法保证国家在海洋的整体权益,也无法保住海洋自然的合理平衡。沿海国家应把海洋作为一个统一的自然地理区域,进行统一的政策,综合管理海洋资源开发等,这对海洋管理理论和实践的发展无疑是一个重要的推动。它的最大意义是变革了海洋的管理方式,使人类更加重视其与海洋的协调。同时,也标志着国家的海洋观念的重大变化,只有将海洋作为一个完整的"空间"区域,应用综合的方法,进行全面管理,充分的协调各行业的海洋开发与利用活动,延伸国家海上利益,充分实现国家的海洋权益等。

6.4.2 海洋资源开发综合管理的主要任务

1) 海洋权益管理

海洋权益管理是指运用国家力量或专门的管理队伍,采用尽可能的先进装备技术手段和可行的方式,根据国内、国际海洋法律、法规,对国家管辖海域实施有效管理,防止外来的侵犯、损害和破坏,以保证国家的海洋权益。海洋权益管理的面具体任务主要有:内水和领海的权益管理;海洋专属经济区的权益管理;200海里专属经济区的出现,扩大了沿海国家管辖的海域;大陆架的权益管理,沿海国家把大陆架看作水体覆盖着的国土,其上的各种海洋资源,沿海国家拥有全部的主权权利;海洋岛屿的权益管理,海洋岛屿是国家蓝色国土的一个组成部分,它不仅具有国家领土的权益,而且还享有岛屿周围一定范围的水域利益;公海资源的权益管理,公海资源是人类共同继承的财产,全人类都享有其权益,并可以参与公海资源的管理。

2) 海洋资源管理

海洋资源管理的目标是通过海域的功能区划和开发规划,指导、约束海区资源开发利用,形成合理的海洋产业布局;通过海区海洋生产力的研究和预测,确定开发的合理规模、适当的发展速度和数量指标,实现资源持续利用的目的;通过海洋自然条件的研究和新技术、新方法的使用,提高海洋可再生资源的生产力;通过政策协调工作,减少或避免海域的破坏,提高海域的整体效益。总之,海洋资源管理的目标是保证海洋开发的良性循环和最好的功效。

3) 海洋环境管理

海洋环境管理重点应放在:海洋倾废管理;防止海洋矿产资源勘探开发污染管理;海洋生态环境管理,其核心是防止海洋的污染及其他的人为破坏;组织建设和管理海洋污染监测、监视网,它们是实施海洋环境管理的基础,也是了解海域环境质量、污染状况及其时空变化的基础,是预测未来趋势的依据。

4) 海洋自然保护区的管理

海洋自然保护区是指把需要保护的海洋资源、环境和遗迹等对象,连同分布的海域,以及必要的陆域,相对完整的选划出来,采取特殊措施而加以保护的区域。建立海洋自然保护区的目的在于通过建区保护必须保护的对象,使之得以保存、正常延续或者恢复发展,保证人类享用海洋资源的持久性。

5) 海洋立法和管理

海洋立法既是海洋资源开发、综合管理的一项基本任务,也是实施海洋资源开发综合管理的途径和手段。

海洋立法的任务在于:制定全局性的国家海洋综合型法律;制定部门海洋法律和海区海洋法律;实施海洋基本法而制定的各类条例、规定和实施办法。

海洋立法的原则和程序。海洋立法的原则,首先应坚持我国管辖海域的资源与空间属于国家全民所有制;其次,体制上贯彻统一管理与分级部门管理相结合;第三,总体效益原则;第四,要保持和《宪法》一致性原则及与有关法律以及国际海洋公约相协调原则等。海洋立法的程序可分为四个阶段:一是立法项目的提出和调研;二是组织力量编写草案;三是法律草案审议;四是法律草案通过并颁布。

加强海洋立法的措施:加强海洋立法调研和立法预测工作;研究编制海洋立法规划;加强海洋立法工作的进程,近期首先要加强国家海洋权益和资源管理方面的法律规定;建设海洋执法管理队伍。

6) 建设、管理海洋公用基础设施,开展广泛的社会服务

海洋事业的特点是装备技术条件高,投资数量大。建设现代海洋开发事业就必须具有一定的装备技术和社会物质力量。海洋公用基础设施包括开展海洋调查、研究、开发、利用等活动所必需的,具有公共使用特点的海洋装备与设施条件,如海洋调查船、码头基地、飞机、潜器、实验县城、实验站、观测和监测站、通信传递系统、定位系统、标准计量、资料处理系统、环境预报服务系统等。这些设施和保障系统,都有公用的条件,应该由国家海洋综合部门统筹安排,有计划的建设,并组织好公益服务,以便充分发挥海洋公用基础设施的作用。

6.4.3 海洋资源开发综合管理的方法

海洋资源开发综合管理的方法,是指国际执行海洋管理职能和实现管理任务的方式和途径。管理方法按其内容和对管理对象施加影响的方式、性质,可以划分为行政方法、法律方法、经济方法等。这些方法各具特点,各有所为,互为补充,不可替代。

1) 海洋资源开发综合管理的行政方法

它是指国家海洋管理机关运用行政手段,按照行政方式,通过行政程序,直接管理海洋的一种方法。所谓行政手段:① 指各种海洋政策,包括国家统一的海洋政策(如领海、专属经济区和大陆架海域制度的基本政策,与邻国划分海域界线的政策等);② 行业海洋政策(如海洋资源开发养护政策、海洋科技政策、海洋环境保护政策等);③ 海洋规划(包括10年以上的长远规划、5年的中期规划和短期的年度规划)的规定,它是海洋资源开发事业未来发展的蓝图,使海洋政策的客观表现和具体化,也是海洋资源开发利用和管理的重要依据;④ 行政命令、指示、决议、决定等行政文件。行政方式指按行政系统、行政层次、行政区划进行管理。行政程序主要是发布命令,贯彻实施,检查监督和调节处理。

2) 海洋资源开发综合管理的法律方法

海洋资源开发综合管理的法律方法是指国家行政机关运用法律手段,依法管理海洋的一种方法。它不仅指那些以强制手段调整海洋资源开发活动中各种关系,使其符合管理目标的活动,也指那些依法保证行政方法、经济方法等其他方法有效实施的活动,不仅指司法机关通过司法程序进行刑事制裁,同样也指国家行政机关依法通过行政程序进行制裁或经济制裁。

法律手段包括国际海洋法与国家关于各管辖海域的法律制度和所有调整我国海洋活动中各种关系的法规。法律方法较之行政方法具有更大的权威性、强制性、规范性和稳定性,因此,它是实施行政方法和经济方法的保证。同时,法律方法适合国家对海洋资源开发进行统一的、综合管理的要求,也是国家管理涉外海洋事务的有力武器。

3) 海洋资源开发综合管理的经济方法

它是指国家海洋管理机关运用经济手段间接管理海洋的方法。所谓经济手段主要有税收、利润、财政援助、收取费用以及奖金、罚款等。运用经济方法管理的实质是贯彻物质利用

原则,使社会经济利用重新分配,从而调节海洋活动中各种经济关系,使海洋活动中各种经济组织的活动方向、规模和发展速度等沿着有利于资源合理开发、利用和保护的方向发生变化,达到海洋资源开发综合管理的目的。

6.4.5 部分沿海国家和地区海洋资源综合开发管理举措

进入21世纪,发展海洋科技成为世界各沿海国家的重要战略举措,一些国家和地区陆续制定了一起列海洋科技发展战略和政策,以期为海洋经济发展和海洋综合管理提供强有力的科技支撑。

1) 美国发布《海洋行动计划》

2003年和2004年,皮尤海洋委员会和美国海洋政策委员会先后公布了两份政策报告:《规划美国海洋事业的航程》和《21世纪海洋蓝图》,向政府提出200多项有关海洋科技创新体系和管理水平的建议。对此,美国政府于2004年发布了《美国海洋行动计划》。根据计划,美国今后海洋研究的重点为:海洋变异与气候变化相互影响、海洋健康与人类健康相互关系、海洋资源勘探和可持续利用、防灾减灾、海洋生态系统、海洋教育、海洋综合观测系统等。

2) 加拿大出台《海洋发展战略》

加拿大2002年出台了《加拿大海洋发展战略》,其中"加深对海洋的研究"是重要内容之一。措施包括:广泛收集海洋资料,提高海洋基础资料的精度;提高航行用海图的制作能力;研究全球气候变化;保护海洋资源;加强海洋科学和技术专家队伍建设等。2004年,加拿大出台《加拿大海洋行动计划》,加强海洋科技发展是其中的重要组成部分。该计划指出,政府必须为海洋技术发展和实现产业化创造良好的宏观环境。为此,加拿大政府采取了诸多措施:制定了海洋技术和产业发展路线图;建立了海洋科学和技术方面的共同组织,以实现技术创新及信息方面的共享;充分发挥政府采购在促进海洋新技术产业化方面的重要作用。

3) 欧盟制定《海洋综合政策》

2007年欧盟通过《欧盟海洋综合政策》及《行动计划》,指出要加大对海洋研究与技术的投入,发展能够在保护环境的同时促进海洋产业繁荣的环境友好型技术,使欧洲的海洋产业,例如蓝色生物技术产业、海洋可再生能源产业、水下技术与装备产业及海洋水产养殖业等迈入世界先进行列。同时指出,为了发展海洋科技,必须建立"海洋观测与资料网络",支持建立欧洲海洋科学伙伴关系,加强科技界、产业界与决策者之间的沟通与对话。

4) 澳大利亚出台《海洋研究与创新战略框架》

2009年,澳大立业出台《海洋研究与创新战略框架》,旨在建立更加统一协调的国家海洋研究与开发网络,将参与海洋研究、开发及创新活动的所有部门协调起来,包括政府部门、研究机构及涉海企业等,以充分挖掘海洋资源,为社会经济发展服务。其中提出了发展海洋观测、建模与预报,发展海洋科技,促进技术转移等多项政策措施。

6.5 海洋保护区

海洋保护区是各国加强海洋资源保护和管理所采取的主要方式之一。海洋保护区的概念是于 1962 年世界国家公园大会（World Conference of National Parks）上首次被提出。1988 年，在哥斯达黎加举行的国际自然保护联盟（INCN）第十七届全会决议案中，明确了海洋保护区的目标在于："通过创建全球海洋保护区代表系统，并根据世界自然保护的战略原则，通过对利用和影响海洋环境的人类活动进行管理，来提供长期的保护、恢复、明智地利用、理解和享受世界海洋遗产"。

6.5.1 海洋保护区的概念

国际自然保护联盟将海洋保护区定义为"任何通过法律程序或其他有效方式建立的，对其中部分或全部环境进行封闭保护的潮间带或潮下带陆架区域，包括其上覆水体及相关的动植物群落、历史及文化属性"。而目前我国海洋管理部门和大多数学者认可的海洋保护区定义是"以海洋自然环境和自然资源保护为目的，依法把包括保护对象在内的一定面积的海岸、河口、岛屿、湿地或海域划出来，进行特殊保护和管理的区域"。

海洋保护区有不同的分类标准。国际上，通用的分类标准是 1978 年国际自然保护联盟发布的《保护区分类、目标和标准》，将海洋保护区分为以下六个类别：

（1）严格意义的保护区和荒野区；
（2）用于生态系统保护和娱乐的国家公园；
（3）用于自然特征保护的自然纪念地；
（4）通过有效管理加以保护的生境/物种管理区；
（5）用于保护和娱乐的陆地/海洋景观保护区；
（6）用于自然生态系统的可持续利用的资源管理保护区。

6.5.2 海洋保护区的主要作用

作为一种建立在海洋环境及其资源环境保护基础上、充分体现海洋生态系统服务价值的预防性综合管理工具，海洋保护区的作用主要体现在以下几个方面：

（1）保护生物多样性

海洋保护区使自然群落、营养结构及食物链免受人类活动的过多干扰，使原有生态系统的组成和功能得以恢复和维持，保护珊瑚礁、红树林、海草床等关键生态系统，使受威胁的、珍稀的以及濒危的海洋生物得以生存。

（2）养护渔业资源

海洋保护区通过在特定范围内禁止\限制捕捞和禁止一切破坏性开发活动，有效地消除意外捕获死亡率和环境破坏引起的间接死亡，保护重点物种产卵个体的丰度、密度和生物量，增加目标物种个体的平均大小和年龄，为产卵集群、索饵集群以及洄游集群提供庇护场所，并为脆弱物种的可持续利用和渔业的长期稳定发展提供可能。

（3）海洋科学研究的基地

海洋保护区通过控制保护区内人类活动作为一种获得环境本底值的实验手段，借助一定的标准规范和指标体系合理的评估复杂变化的影响程度和根本原因，从而制定出更有效的科学决策和管理模式。

(4) 海洋教育的平台

海洋保护区能提高全社会的海洋意识和热情。优美的自然风光、丰富的海洋生物和原生态的海洋景观能吸引大批游客前来休闲娱乐,以及进行海洋科普教育活动。

6.5.3 我国的海洋保护区

《中华人民共和国海洋环境保护法》规定,凡具有下列条件之一的,应当建立海洋自然保护区:(一)典型的海洋自然地理区域、有代表性的自然生态区域,以及遭受破坏但经保护能恢复的海洋自然生态区域;(二)海洋生物物种高度丰富的区域,或者珍惜、濒危海洋生物物种的天然集中分布区域;(三)具有特殊保护价值的海域、海岸、岛屿、滨海湿地、入海河口和海湾等;(四)具有重大科学文化价值的海洋自然遗迹所在区域;(五)其他需要予以特殊保护的区域。

此外,我国法律规定,凡具有特殊地理条件、生态系统、生物与非生物资源及海洋开发利用特殊需要的区域,可以建立海洋特别保护区,采取有效的保护措施和科学的开发方式进行特殊管理。

1990年,国务院首次批准建立了河北省昌黎黄金海岸自然保护区、广西山口红树林生态自然保护区、海南大洲岛海洋生态自然保护区、海南省三亚珊瑚礁自然保护区、浙江省南麂列岛海岸自然保护区5个国家级自然保护区。截至目前,全国已建有各级、各类海洋保护区200余处,保护面积超过330万公顷。

1995年,我国有关部门制定了《海洋自然保护区管理办法》,贯彻养护为主、适度开发、持续发展的方针,把各类海洋自然保护区划分为核心区、缓冲区和试验区,加强海洋自然保护区建设和管理。① 核心区。核心区是保护区内未经或少经认为干扰的自然生态系统,或是虽然经过破坏,但有希望逐步恢复成自然生态系统的地区。在核心区内,除经沿海省、自治区、直辖市海洋管理部门批准进行的调查观测和科学研究活动外,禁止其他一切可能对保护区造成危害或不良影响的活动。② 缓冲区。缓冲区是指核心区外围一定面积的区域,只准从事科学研究探测活动。在保护对象不遭认为破坏和污染前提下,经该保护区管理机构批准,可在限定期间和范围内适当进行渔业生产、旅游观光、科学研究、教学实习等活动。③ 试验区。试验区是缓冲区外围的区域,可以从事科学试验、教学实习、参观考察、旅游以及驯化、繁殖珍稀、濒危野生动植物等活动。在该保护区管理机构统一规划和指导下,可有计划地进行适当开发活动。

6.6 海洋资源开发利用前景

海洋资源的开发是今后世界社会经济发展的重大课题之一。展望今后海洋资源的开发利用,概括起来有以下几个方面:

6.6.1 海洋矿产资源开发利用的前景

在石油天然气方面,虽然人们估计石油生产增加的极限较早的到来,但是可以预料的是石油仍然将作为一次性能源的供给来源占有相当重要的地位。鉴于目前被发现的主要油田75%以上是海洋油田,且主要集中于大陆架,大陆坡地区为数很少,因此,人们对它将来的期望是很大的,开发海底油气的作业区将逐渐向大陆坡、深海区发展。目前,海洋石油的产量已超过30t,占世界石油总产量的一半。在陆地许多传统油气田储量逐渐枯竭的情况下,海洋作为这类短缺燃料的补充来源的作用将更显著增强。2005年,我国海洋石油产量为3 336万t,预计今后五年中国将有1 200亿元的投资用于海洋石油开发。普遍的观点认为,如果中国未来15年经济增长维持在7%左右,原油需求将至少以每年4%左右的速度增长。在此背景下,更多地从海洋开发石油,已成为中国石油发展的新战略之一。

大陆架区的矿产资源还会有更多的发现,例如,有的国家已经从90 m以下的水深区发现了大量的海滨砂矿。对海底锰结核矿资源的开发,不少国家在如何开采的问题上斗争十分激烈。联合国有关决议指出"深海锰结核资源是人类共同的财富",并多次召开国际海洋法会议,以谋求做出法律上的规定,但一直未能达成圆满协议。有些国家准备抢先开发。但从发展情况看,对锰结核的勘探开发活动趋于国际化。

6.6.2 海水化学资源开发利用的展望

海水化学资源综合利用技术,是从海水中提取各种化学元素(化学品)及其深加工技术。主要包括海水制盐、苦卤化工,提取钾、镁、溴、硝、锂、铀及其深加工等,现在已逐步向海洋精细化工方向发展。我国经过"七五""八五""九五"科技攻关,天然沸石法海水和卤水直接提取钾盐、制盐卤水提取系列镁肥、高效低毒农药二溴磷研制、含溴精细化工产品及无机功能材料硼酸镁晶须研制等技术已取得突破性进展。"十五"期间开展了海水直接提取钾盐产业化技术、气态膜法海水和卤水提取溴素及有关深加工技术的研究与开发。"十一五"期间,将重点研究开发海水预处理技术、核能耦合和电水联产热法、膜法低成本淡化技术及关键材料,浓盐水综合利用技术等;开发可规模化应用的海水淡化热能设备、海水淡化装备和多联体耦合关键设备[①]。

从海水中提取微量元素,随着科学技术的发展必将引起工业部门的极大兴趣,从经济和技术因素考虑,颇有前途的是金和铀。有些国家正在大力研究用海水炼金的工业方法,但尚未见端倪,因为所有的现代技术的经济效益都依然太低。许多国家都在试图应用核燃料,以满足能源需要。日本已试验出可采用1 g高效吸收剂从海水中提取0.5~0.6 mg的铀,这是海水炼铀工业的起步。

海水淡化,是开发新水源、解决沿海地区淡水资源紧缺的重要途径。海水淡化是指从海水中获取淡水的技术和过程。海水淡化方法在20世纪30年代主要是采用多效蒸发法;20世纪50年代~80年代中期主要是多级闪蒸法(MSF),至今利用该方法淡化水量仍占相当大的比重;20世纪50年代中期的电渗析法(ED)、20世纪70年代的反渗透法(RO)和低温多效蒸发法(LT-MED)逐步发展起来,特别是反渗透法(RO)海水淡化已成为目前发展速度最快的技术。据国际脱盐协会统计,截至2001年底,全世界海水淡化水日产量已达3250万 m^3,解决了1亿多人口的供水问题。这些海水淡化水还可用作优质锅炉补水或优质生产工艺用水,可

---

① 卢布,吴凯,杨瑞珍,等.我国"十一五"海洋资源科技发展的战略选择.中国软科学,2006(7):42—47

为沿海地区提供稳定可靠的淡水。国际海水淡化的售水价格已从 20 世纪 60 年代、70 年代的 2 美元以上降到目前不足 0.7 美元的水平,接近或低于国际上一些城市的自来水价格。随着技术进步导致的成本进一步降低,海水淡化的经济合理性将更加明显,并作为可持续开发淡水资源的手段将引起国际社会越来越多的关注。

6.6.3　海洋生物资源将面临危机和挑战

在过去的几十年中,由于海水污染和过度捕捞,使海洋生物资源受到了极大的损害,甚至导致了部分海洋鱼类濒临灭绝,因此如何解决好海洋生物资源的保护和人类生活需要之间的矛盾,以及如何确定合理的开发利用的规模将成为海洋生物资源开发面临的主要问题和挑战。

以我国为例,近年来我国海洋环境面临污染严重并不断扩大,氮、磷等营养盐污染明显,海洋生物资源和生态环境的破坏在不断加剧的问题。陆源污染物和海上污染物的直接排放已使中国沿岸海域受到不同程度的污染,尤其是海域的有机污染加剧。近岸海域水质据《1997 年中国环境状况公告》表明:一类海水占 13.7%,二类海水占 21.4%,三类海水占 6.5%,超三类海水占 53.4%,其中劣于四类水质的严重污染面积约为 30 000 km^2,几乎相当于海南省的陆地面积。而与此同时,我国四大海区均存在过度捕捞现象,如广东及港澳地区拥有的捕捞渔船超过 6 万艘,功率 350 万 kW,捕捞强度成倍超过南中国海的资源承受能力。南海渔业资源潜在渔数量为 $(2.46\sim 2.81)\times 10^9$ kg,而 1997 年捕捞量已达 3.7×10^9 kg,超过可捕量的 25%~30%。带鱼、小黄鱼、鲅鱼等传统经济鱼类曾是渤海优势渔业资源和专捕对象,而现在不仅形不成鱼汛,而且个体偏小,有些仅有筷子长;小清河口附近的银鱼、河蟹等濒临灭绝;而 1994—1996 年的鳗鱼苗大战、1997 年的海蜇大战、1998 年的中华绒毛蟹苗大战以及过度、无序的捕捞,已对其种群生存造成灭绝性的影响。此外,赤潮次数和规模也由增大趋势,据统计,我国 1997—1999 年 3 年间,由于赤潮而造成的直接经济损失超过 20 亿元人民币。其他处珊瑚礁、红树林等海洋生物生态系统的破坏也时有发生。

为此,在未来的海洋资源的开发利用中,要做到以下几点:首先要加强依法治海,完善海洋生物管理法规。其次要严格控制污染排放,治理旧的污染源,防治新的污染源。再次,要加强勘探工作,争取不断发现新的海洋物种,为有效的开发利用和保护海洋生物打下基础;还要发展替代资源,开辟新的资源场所,从而可以缓解对稀缺资源的需求,延长可供持续利用的时间及满足生产需求和消费需求,保证资源的可持续利用。由于不合理的开发利用和环境污染,许多经济价值较高的水产资源(如鱼、虾、蟹、贝、藻)正面临过度采捕的威胁,传统渔场的渔业资源正减少,传统渔业效益下降,为此发展新渔场,发展远洋渔业和发掘新种群是我国水产业发展的关键。最后要加强研究,制定合理的捕捞量,允许捕捞许可证转让等[①]。

6.6.4　海洋新能源的开发

海洋新能源包括潮汐能、海流能、波浪能、温差等和盐差能等。这些海洋能源不仅数量

---

① 罗瑞新,林炜. 我国海洋生物资源及其可持续利用. 广东教育学院学报,2005,25(5):88—93

巨大，而且是清洁能源以及可重复利用的能源，因此如何解决相关的技术问题，充分利用这些新型的海洋能源，对于解决全球性的能源危机以及环境污染问题具有重要的意义。

目前，潮汐发电已经在全球推广。我国目前共拥有浙江乐清湾的江厦潮汐试验电站、海山潮汐电站、沙山潮汐电站、山东乳山县的白沙口潮汐电站、浙江象山县岳浦潮汐电站，江苏太仓县浏河潮汐电站，广西饮州湾果子山潮汐电站，福建平潭县幸福洋潮汐电站等 8 座潮汐电站，总装机容量为 6 000 kW，年发电量 1 000 万余度。我国潮汐发电量，仅次于法国、加拿大，居世界第三位。而海流能、波浪能的发电已经进入装机试验阶段，不久的将来也将投入使用。目前，由于海洋温差能开发利用的巨大潜力，海洋温差发电也正受到各国普遍重视。日本、法国、比利时等国已经建成了一些海洋温差能电站，功率从 100～5 000 kW 不等。上万千瓦的温差电站也在建设之中。其他如盐差能发电是利用河口海域咸淡水之间盐度的明显差异，把化学能转化为电能，日本、美国、以色列、瑞典等国均在进行研究、试验。我国的温差能发电和盐差能发电也处于研究试验阶段。相信在不久的将来，对于海洋新能源的利用将越来越受到各国的重视。

6.6.5 更加重视对海洋资源的综合开发

从海洋资源开发利用的经济、生态环境和社会的综合效益考虑，今后必将更加重视对海洋资源的综合开发，主要表现在以下几个方面：

1) 朝联合企业方向发展

20 世纪 50 年代，大型淡化厂就多和电厂结合。提取化学物质需要处理大量海水，必然要消耗很大的能量。如从海水中提取 1 t 碘，要处理 2 000 万 t 海水；提取 1 t 铀要处理 4 亿 t 海水，而提取这么多海水需要很大的动力。因此，在海上建立这一类联合企业较为适宜，既可减少输送电力的费用，又满足化工厂的用电需要。

2) 能源的开发与养殖结合

海洋波力发电有消波作用，在波浪发电装置的后面，必然形成一片广阔的的消波区，为发展海水养殖创造了良好的环境，起到浮动鱼礁的作用；同时波力泵把海底深层富含营养的物质提上来，可以提高海水农牧场的产量。

又如养殖巨藻既可获得食物，又可用以养鱼，同时还可建立相应的设备生产甲烷作能源，还可和提取化学元素相结合，因为一些海洋生物对一些化学元素的富集能力很强，如海藻吸附碘、铅、溴，章鱼富集铜，水母富集锌、锡、铅等。培养富集能力强的生物，并创造适宜的条件加速其富集和生长，成熟后沿着特制的管道遣送到自动化化学联合企业进行综合利用。

3) 海洋资源的综合开发利用

海水中具有多用途的物质，如果一次提取海水后，可按一定的工艺流程，先脱镁，再制盐、提溴，分离钾肥等，这样既可以一次获得多种产品，又大大降低成本。采用这种方法综合处理 400 万 t 海水，就可以得到 10 万 t 食盐、3 万 t 芒硝、5 000 t 镁、5 000 t 石膏、2 400 t 硫酸钾以及 100 t 硼酸、600 t 重水、700 kg 锂、480 kg 铷、200 kg 碘、10 kg 铀和大量淡水。

今后，海洋资源的综合开发利用，还表现在海岸带空间利用上，如日本在海岸带空间利用的规划中，计划在海上修建交通基础设施，如海上桥梁、公路、浮动平台及海上机场；在海上安排工业企业、仓库、油库和码头;扩大陆地面积,如堆建领土和人工岛;规划和改造沿岸经济区;修建水下公园、海上旅游中心;修建护岸设施等等。我国对于海岸带的深水港湾、各种生物资源、矿物、旅游等极其宝贵的空间资源,从国民经济全局和海岸带的整体出发,将以港口的建设、滩涂围垦、水产增养殖和能源设施建设为重点,综合开发利用,并对海滨旅游资源的开发给予高度的重视。

海洋矿产资源开发中,锰结核的商业生产、海水铀的提取技术以及海底热水矿床的商业生产将有一定的发展,将建立海水资源的回收工厂等等;海洋石油资源的开采将采用无人海底石油生产系统;在海洋空间利用中将进行海上城市的建设;深潜技术、海底居住以及建立人工岛都将有很大的发展;将有无人或载人的资源勘探和作业艇活跃在数千米的深海;将用超声波翻耕水下养殖场,遥控水下自动机械收割海藻;人们将制造"人工鳃",直接利用海水中的氧气;利用海洋雷达技术进行海洋资源的调查等;海洋能源利用将使波浪、温差发电实用化。

6.6.6 我国海洋产业发展

我国是一个海洋资源十分丰富的国家,21 世纪以来我国海洋生产总值大幅提升,产业结构不断优化,已经成为新的经济增长点和带动东部地区率先发展、构建开放型经济的有力支撑。

为了摸清我国海洋"家底",我国于 2003 年启动了"908"专项项目,这也是我国海洋发展史上投入量最大、调查要素最多的海洋环境基础调查工作。2003 年,国务院发布了我国第一个指导全国海洋经济发展的纲领性文件《全国海洋经济发展规划纲要》,提出"到 2005 年,海洋产业增加值占国内生产总值的 4% 左右,到 2010 年达到 5% 以上"的增长目标。在此指导下,我国海洋经济蓬勃发展,各产业发展迅速。2011 年,我国海洋生产总值达到 4.56 万亿元,比上年增长 10.4%。2011 年,国务院相继批准了《山东半岛蓝色经济区发展规划》、《浙江海洋经济发展示范区规划》和《广东海洋经济综合试验区发展规划》,确立了三大海洋经济发展试点地区发展规划。至此,在"十一五"沿海地区布局的基础上,从北到南 11 个沿海经济区的发展规划先后上升为国家战略,发展海洋经济上升到了前所未有的战略高度。此外,国务院又批准了浙江舟山群岛新区、平潭综合试验区和横琴半岛规划区,标志着我国海洋经济正在延伸。以环渤海地区、长江三角澳洲地区和珠江三角洲地区为代表的区域海洋经济发展迅速,2011 年,三大区域海洋生产总值占全国海洋生产总值的比重达 87.7%,沿海地区"3+N"的经济区发展布局形成,我国海洋经济发展步入了快车道。

与此同时,海洋经济产业结构也得到了不断优化。在三次产业结构上,以海洋渔业为主体的第一产业比重逐步降低,第二产业比重进一步提高,包括海洋交通运输业、滨海旅游业等在内的第三产业持续保持稳定增长,三次产业结构已由 2003 年的 28∶29∶43 调整为 2010 年的 5∶47∶48,呈现出"三二一"的产业格局。此外,海洋产业的区域布局也得到了优化。沿海各省区市在发展海洋经济过程中,充分发挥自身优势,选择优势产业。如辽宁的海洋船舶工业位居全国第一;山东的海洋渔业、海洋生物医药业、海洋盐业和海洋电力工业居全国领先地位;上海的海洋船舶工业和交通运输业在全国领先。不断优化的海洋产业结构,提高了我国海洋产业的国际竞争力。我国海洋油气业发展迅速,2010 年海洋油气产量首次超过

5 000万t油当量,跨入海洋油气生产大国的行列。

　　海洋经济高速发展的背后,是海洋科技不断创新的支撑。2008年,我国出台了《全国科技兴海规划纲要(2008—2015年)》,大大促进了海洋科技成果的转化和产业化,新兴海洋产业不断涌现。在海水利用方面,成功实施了电力或化工行业万吨级海水循环冷却技术工程示范,实现了以海水代替淡水作为工业循环冷却水,并降低运行成本50%。在海洋电力方面,2007年,地处渤海辽东湾的我国首座离岸型海上风力发电站投入使用;2010年,亚洲第一座大型海洋风电场——上海东海大桥10万kW海上风电场项目开始为40万户家庭供电。在海洋生物医药方面,我国已有7个海洋药物获国家批准书投产,约有15个海洋药物获省级批准,全国生产海洋药物的企业有20多家。在海洋油气装备制造能力方面,2012年,我国自行研制的"蛟龙"号载人潜水器在7 000 m级海试中创造了最大下潜深度7 062 m的新纪录,实现了我国深海技术发展的新突破和重大跨越,标志着我国深海载人技术达到国际领先水平,使我国具备了在全球99.8%的海洋深处开展科学研究、资源勘探的能力。

主 要 参 考 文 献

[1]　包浩生,等.自然资源学导论.修订版.南京:江苏教育出版社,1999
[2]　罗钰如,等.我国海洋开发战略研究报告//国家海洋局.中国海洋学.我国海洋开发战略研究报告论文集,1985
[3]　崔清晨,等.海洋资源.北京:商务印书馆,1981
[4]　金维克.海洋资源——食物、能源和矿产.北京:科学普及出版社,1985
[5]　鹿守本.海洋资源与可持续发展.北京:中国科学技术出版社,1999
[6]　陈永文.自然资源学.上海:华东师范大学出版社,2002
[7]　刘成武,等.自然资源概论.北京:科学技术出版社,1999
[8]　郑杨.我们共同的挑战:海洋、气候变化和可持续发展.经济日报,2010-9-17(10)
[9]　郑杨.海洋科技发展前景广阔.经济日报,2011-6-14(12)
[10]　王琳琳.为什么要建立海洋保护区.中国环境保护报,2012-10-9(8)
[11]　刘松柏.海洋产业成为新的经济增长点.经济日报,2012-9-12(13)

7 矿产资源

资源短缺、环境恶化和人口膨胀是当今世界面临的三大难题,在资源问题中,矿产资源又具有举足轻重的地位。我国在目前以及以后可以预见的相当长的时期内,大约80%的工业原料和95%的能源仍需取自矿产品。可见,矿产资源是人类生存、经济建设和社会发展的重要物质基础。

7.1 矿产资源的概念、特点和意义

7.1.1 矿产资源的概念

目前,由于人们对矿产资源的理解不尽相同,因此,其定义亦有所差别。我们认为,矿产资源是指经过一定的地质过程形成的,赋存于地壳内或地壳上的固态、液态或气态物质,就其形态和数量而言,在当前或可以预见的将来它们能成为经济上可以开采和提取的矿产品。

矿产资源既是一个自然的概念,又是一个经济的概念。在理解矿产资源概念时,应强调以下三点:① 矿产资源来源于地壳,但不仅来自地壳内,也包括地壳上的固、液、气三态聚集物。② 矿产资源不仅限于已经发现的,也包括目前尚未发现而在可以预见的将来可发现和利用的。例如我们说我国沿海大陆架石油资源潜力很大,即包含了这一层意思。③ 资源的概念是一个历史的概念,矿产资源也不例外。随着经济的发展和科学技术的进步,矿产资源的界限亦越来越宽。第一颗原子弹制成以前,人们只能开采和提炼百分之几的铀矿石,而现在,这个品位的数值已下降了两个数量级之多。因此,矿产资源的概念,其内涵和外延随生产力的发展而相应的变化。

7.1.2 矿产资源的特点与分类

1) 矿产资源的特点
(1) 矿产资源主要是来自地壳的资源

矿产是无生命的物质(包括无机质和有机质),其中有固体(煤、金属等)、液体(石油、汞等)、气体(天然气)。但大多数矿产是固体,而液体、气体矿产亦均埋藏于固体地壳中。

矿产资源主要来自大陆地壳(包括大陆架地壳)(见表7.1),其次来自海水和湖水(咸水湖),极少来自大洋地壳。

表7.1 构成大陆地壳的九种主要元素含量

元 素	O	Si	Al	Fe	Ca	Mg	Na	K	Ti
含 量(%)	45.2	27.2	8.0	5.8	5.1	2.8	2.3	1.7	0.9

地球质量约为 6.5×10^{21} t,由将近100种元素组成,尽管每种元素在地球中的绝对含量(总吨位)很大,但由于绝大部分元素都很分散,即相对含量很低,因此极不容易提取出来。有些元素虽然在地球中很集中,如地心的金属核,集中了大量的铁和镍,地幔富含铁和镁,但开采技术受限制,也难以开采。目前,最深的钻井刚逾1.2万m(俄罗斯贝加尔湖,井深12 260 m),最深的矿井只达到4 000米(南非的金矿井)。而大陆地壳的厚度约30～40 km,大洋地壳的厚度约5～10 km,加上水深就有10～15 km,因此,埋藏于地壳较深处的矿产目前因技术限制是无法开采利用的。

我们知道,地壳是由岩石组成的,岩石是由矿物组成的,矿物是由元素组成的。含有用元素的矿物叫有用矿物,含有用矿物并达到一定量的岩石才叫矿石。含有用元素或有用矿物的矿石,必须富集在一起,其中有用元素的含量必须远远超过它们在地壳中的平均含量(又称丰度),才具有开采价值,才叫矿床。据估计,可采矿石的总体积大约占整个地壳体积的1%。

(2) 矿产资源的不可更新性

前文已提及,某种有用元素或有用矿物在地壳中富集的含量达到了在当前技术和经济条件下具有开采价值的程度,才叫矿床。然而,有用元素或有用矿物的富集是经历了几百万年、几千万年、几亿年甚至几十亿年的漫长历程。随着科技发展,人口的增加,人们开采利用这些经过漫长地质历史时期富集起来的矿石时,其提取速率却是十分惊人的。一个矿,往往几年、十几年,最多几十年就开完了,只有极少数矿石可延续开采上百年。所以,矿产资源相对于人类社会的发展而言,是不会再生、不可更新的。它不像森林资源那样,只要合理利用,经过一定时期还可再生、再长和不断更新。

石器时代的人只限于利用再生资源,吃的是兽肉、野果,烧的是朽木枯枝,穿的是兽皮、树叶,饮的是河水、湖水,这一切似乎都是取之不尽,用之不竭的。到了罗马帝国时代,由于大量开采铜、锡、铅、银、金等矿产,不久这些金属在地中海、欧洲一带枯竭,罗马帝国也衰落了。近代所谓的"能源危机","资源枯竭"都与矿产资源的非再生性直接关联。Meadows等于1972年发表的《增长极限论》,就提出了确定矿产资源和能源的限度问题。简言之,在人类历史进程中,尽管科学技术的不断发展使矿产资源开发的种类和范围越来越广,甚至出现替代品,但矿产资源的有限性依然是不容忽视的。

(3) 矿产资源分布的极不均匀性

矿产资源在地球上的分布是极不均匀的,它们不像生物资源那样具有明显的地带性,且有人居住之地就有生物资源存在。矿产资源往往分布在人烟稀少的地方,或离城市较远的山区。金属矿床多半分布在山区,油气矿床常常埋藏在地下较深处,这给开采和运输带来极大的困难。在需要原料、燃料的地方及附近往往没有矿;而在不需要原料、燃料之地却有矿,这也就给工业布局带来了困难。

当然,矿产资源在分布上的不均匀并不是无规律可循。例如,金属矿床多分布在火成岩或变质岩地区,燃料和非金属则多分布在沉积岩地区。各类岩石的分布状况完全取决于各个区段的地壳发展历史。由于地壳构造及其物质组成在空是分布上常呈镶嵌状格局,相邻地块之间的差异又比较大,因而造成了矿产资源分布的不均匀性。优质、易探、易采的矿产目前在世界上已是屈指可数。为解决矿产资源的不足,只有采用"开源"与"节流"并重的途径,既要扩大矿物原料的来源,包括找新的、用贫的、开发潜在的、人造代用等,使有限的资源得到最大限度的利用，又要努力改进采矿方法，提高选矿、冶炼的技术水平，努力探索综合利用、循环利用等途径，使矿产资源的人为损失减少到最低限度。

世界各地矿产资源盈缺不齐、贫富不均是普遍特征，这是由地壳内部物质分布的不均匀和地质历史时期各种有利于成矿的地质作用的活动范围分布不均匀所致。矿产资源的这一特点也是造成我国矿产品大量调运的原因（如北煤南运，南磷北运），亦是适应资源条件，发挥优势、合理布局的主要课题。在国外，这常常是工业大国对第三世界资源强取豪夺，从而引起国际纠纷的一个主要因素。1991年以美国为首的多国部队与伊拉克的海湾战争以及2003年美国再次率军攻打伊拉克，正是与伊拉克所在地中东石油富集区息息相关。2000年美国是世界上最大石油消费国，其消费量占世界的四分之一强，达5.5亿t，目前，每年除自产外，消费量的一半以上靠进口，即同时美国也是世界最大的石油进口国。其进口石油主要来自中东、拉丁美洲、加拿大、墨西哥和几内亚湾地区，约占进口量的二分之一，另外也从西欧和北非进口。以日本和"四小龙"为主体的亚太地区，石油总进口量达6.7亿t，其中，日本是仅次于美国的世界第二大石油进口国，2000年进口量2.64亿t，其中79%来自中东，部分来自东南亚，少量来自中国。西欧是世界最大的石油进口地区，2000年进口石油4.99亿t，其中以法国、意大利、德国进口量最大，进口石油主要来自中东，其次有俄罗斯、北非，部分来自几内亚湾以及拉丁美洲。又如南非，因其集中了占世界总储量近四分之三的铬，三分之一的锰，二分之一的金和铂，还有大量的铀和金刚石，超级大国对其盛行的种族主义熟视无睹。此外，世界近三分之一的锡分布在东南亚，近四分之三的铝分布在热带国家。

人类利用矿产资源的历史在一定程度上改变了它们的分布格局。我国早在3000多年前的商代即开始采铜，又接着开采铁，因此我国的富铁矿和富铜矿相对较少。从地质条件看，我国是一个富有锡、钨、钼、银、铅、锌、锑、汞的国家，但由于锡、银、铅、汞的开采历史悠久，使用得较早、较多，因此目前只有钨、锌、锑的储量居世界首位，锡、铅、汞则退居第二位。英国在19世纪，铅产量曾占世界铅总产量的50%，铜产量占世界的45%，铁产量占世界的30%，而现在英国本土的这些矿床几乎早被开采完了。

矿产资源不仅在世界上的分布很不均匀，其生产格局和消费格局也很不吻合。石油的主要产地在中东，主要消费地则在日本、西欧、中国和美国。许多国家，某些矿产很丰富，而另一些矿产很贫乏。这必然造成矿产在国与国之间的交流，任何国家都避免不了某种矿产的短缺与进口。美国有许多矿产资源，如铂、铬、钛、铝、锰进口率均在90%以上。对于发展中国家，有些矿产资源暂时可以自给，而随着工业的迅速发展，就有可能出现短缺；一些原以为贫乏的矿种，由于经济发展、技术进步，发现了新的储量，又可以自给。

矿产资源的消费在世界上的分配也是很不均衡的。占世界人口约四分之一的发达国家，消费了矿产资源总产量的85%（按其价值），其中占世界人口6%的美国，消费了世界上几乎一半的矿产量，如石油就消费了世界总产量（30亿t）的三分之一，即10亿t（1990年）。而占世界人口多达四分之三的发展中国家，仅消费世界总矿产量的15%。

由于矿产资源的非再生性和分布上的不均匀性，品位高的富矿、易开采的浅矿和交通便利的近矿就开采得最早、最快。贫矿、深矿和远矿也随着工业化的发展逐渐得以开采，并且开采的层位越来越深，矿石运输距离越来越远（如上海宝钢的铁矿石主要来自澳大利亚，需远洋运输），临界品位也越来越低。

另外，许多有用元素在地壳中的平均含量很低，尤其是稀有金属，其丰度基本只有几个

$\times 10^{-6}$,而这些稀有元素虽然需求量或许不太多,但对于现代工业却又必不可少。汞的丰度约为 0.1×10^{-6},其临界品位 0.1%,二者相差 1 万倍,因此在地壳中找到汞矿的几率很低,大约只有万分之一。另一些丰度较高的元素,如铁、铝,其临界品位又要求很高,达 $20\% \sim 30\%$,两者相差也有 $3 \sim 4$ 倍,而铁和铝又是工业上大宗使用的金属,需求量极大。

(4) 矿产资源的共生和伴生性

矿产资源通常有多种组分共生或伴生的特点,这种客观存在决定了矿产资源的合理开发利用必须走综合利用的道路,同时,科学技术的日益发展也为人们对矿产资源的综合利用提供了条件。随着矿产资源短缺形势的日趋加剧,如何对有限资源做到物尽其用已成为世界普遍关心的问题。国外一科学家曾指出:"矿产资源的合理利用是我们时代特大的科技问题之一,科技思维的注意力应当集中到矿产资源的综合利用问题上。"这是颇有道理的。

自然界的矿产资源大多数都不是单独产生的,而是多种矿物相伴出现的。在区域分布上表现为平均含量相差不大的若干矿种或元素组成的,称为共生;更多情况下,往往是以一种矿为主,另外相对含量较少的若干矿种或元素组合在一起,称为伴生。常见的有铬、镍、钴、铂伴生;铅、锌、银伴生等。这种多组分的矿产资源随着主成分矿种的开发完毕,其伴生矿产的开发利用亦开始,并进入多种伴生矿产的综合开发。例如,内蒙古原云鄂博铁矿成分十分复杂,已发现有用元素 20 多种,各种矿物百余种,其中可以综合利用的稀有、稀土矿物 30 多种;我国最大的甘肃铜镍矿,不仅是我国目前最大的铂矿产地,同时还伴生有金、银、钴、硒、碲、硫、镉、镓、锗等有用元素;湖南郴州钨矿是一个以钨、锡、铋、铜为主的综合矿床;四川攀枝花铁矿共生有钒、钛、钴、镓、锰等 13 种主要矿产。这些矿床都是拥有多种矿产的综合性矿床,这类矿床在我国较多,虽然可以一矿多用,但矿石的选冶技术条件十分复杂,在开采利用上难度较大。

另外,矿产资源赋存状态隐蔽,成分复杂多变。在自然界中绝无雷同的矿床,因而对它们的寻找、探明以至开发利用,必然伴随着不断探索、研究的过程,并总有不同程度的风险存在。现在矿产资源开发利用的特点就是开采品位日益低贫,开发、处理过程更加复杂、艰巨,风险程度日益增加,因此开发利用总费用日渐上升。为使投资取得最佳经济效益,针对矿产资源利用探索性强、风险大的特点,既要强调矿产资源开发前的准备工作,包括项目可行性研究等,又要考虑到开采条件,包括综合利用的技术、经济和交通等社会经济条件,使有限的矿产资源达到最佳合理开发利用的目标,这是矿产资源诸特性所决定的。

2) 矿产资源的分类

矿产资源的种类很多,并随着经济发展的需要和生产力水平的不断提高,矿产资源的外延和内涵在不断扩大,其种类也逐渐增多。根据不同的分类依据和标准,矿产资源的分类也有不同的体系。一般而言,从人类利用的角度出发,矿产资源可分为两大类:提供燃料的能源资源和提供原料的物质资源。前者包括化石燃料和核燃料,后者包括金属原料和非金属原料。化石燃料包括煤炭、石油、天然气等,核燃料包括核聚变燃料和核裂变燃料。金属原料包括黑色金属和有色金属两类。非金属原料包括建筑材料,化工原料、化肥原料和其他原料,如图 7.1 所示。

近 50 年来,矿产资源中燃产和原料两大类的产值比例不断变化。燃料产值不断增大,由 1950 年的 50% 增至 1980 年的 70%,而原料的产值则相应的从 1950 年的 50% 下降到 1980 年的 30%,其中非金属原料占 17%,金属原料占 13%。这说明,能源产值的加速增长是社会发展和工业化迅速发展的标志之一。

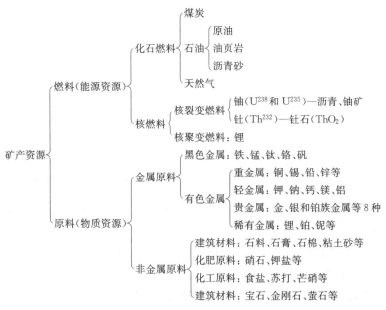

图 7.1 矿产资源的分类

3) 矿产资源的意义

由于矿产资源具有上述诸特点,以及它的储量、质量和地理分布的区域性,因此对于经济区划的制定和生产力布局的规模、投资、建成时间等具有决定性的影响,它往往被视为是资源地理学最重要的研究内容。

考察人类社会的发展历史,不难发现,矿产资源的开发利用程度,不仅反映当时人类科学技术的发展水平,从一定意义上看,还是人类社会发展阶段"划时代"的重要标志,石器时代、青铜时代、铁器时代、蒸气时代、电器时代到电子时代,体现了人类科学技术发展的广度和深度。

随着社会生产力的发展,人们对矿产资源的依赖程度逐渐增强,石油和金属几乎是工业化和现代化社会不可缺少的物质。同时,农作物产量的提高与农机、化肥和动力消耗的增加十分密切,如北美(美国、加拿大)粮食的单位面积($1\,000\,m^2$)产量由 1950 年的 250 kg 增加到 1970 年的 500 kg,农机的消费增加了一倍,化肥的消费量增加了近 20 倍,动力的消耗增加了两倍。可见,要提高单产,就要进一步消耗矿产资源,目前所谓的"石油农业"就是大量使用和施用了矿产资源的缘故。工业化以前,生物资源是人们主要的衣、食、住的物质来源;工业化之后,矿质原料和化石燃料逐渐成为人们生活资料和生产资料的主要来源,传统的动、植物纤维(棉、毛、麻、丝)逐渐为合成纤维所替代,这些人造纤维的原料和燃料也都是矿产。因此,工业化社会的物质繁荣是建立在大量开采和利用矿产资源的基础上的。

另外,矿产资源的开发利用程度,如矿石的开采量、金属的生产量以及矿石(或金属)的进口量多少,在某种意义上反映了一个国家工业化进展程度,三者随时间变化而变化。如图 7.2 所示,图中 A 表示矿石开采量。一个新兴工业国,采矿量急剧增大,当矿石的开采量超过新增量时,储量下降,采矿量将下降,有的矿甚至枯竭。B 表示金属生产量。一个鼎盛的工业国,金属生产量日益增大,并达到顶峰,矿产则相应减少,不足部分只能靠进口和回收废品补充。C表示矿石进口量。一个工业化逐渐衰退的国家,国内矿产资源近乎枯竭,金属生产量则主要依赖于进口。

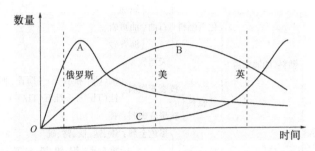

图 7.2 英、美、俄罗斯三国采矿量、金属生产量、矿石进口量与时间的关系

矿产资源是人类社会可持续生存和发展的重要物质基础,是永恒的基础资源,发达国家的实践证明,矿产资源的基础地位并没有因发展水平的提高而改变,变化的是资源利用方式。目前,西方发达国家虽已进入后工业化社会,但仍然消耗大量的矿产资源,这些资源除一部分是国内直接生产外,大部分来自世界其他国家,主要是发展中国家。在某种意义上可以说,是广大发展中国家的矿产资源产业在支持着发达国家经济,这也正是发达国家加强对世界资源控制和争夺的原因。发达国家本身矿产资源产业所占的比重在不断减少,这是经济全球化过程中世界产业结构调整的结果,而不是发达国家不需要矿产资源。对于我国这样一个正在实现工业化的发展中国家来说,矿产资源的基础地位更是不容置疑的,这是由中国经济发展所处的阶段决定的。目前,我国工业化水平仍然较低,在今后一段时间内,我国仍将处于加速实现工业化的阶段,仍需要消费大量的矿产资源。因此,提供矿产资源及其加工产品的矿产资源产业仍将发挥重要作用。

7.2 矿产资源的估算与评价

7.2.1 概述

矿产资源的估算与评价是一项十分艰巨复杂而又非常重要的工作。每一个国家都需要查清矿产家底,这就必须了解实际上已经发现了什么矿产;了解的情况已达到什么程度,即什么算是已发现的,它与未发现的之间的界线何在;如何处理已知其存在但低于国家现行使用标准的那一部分资源。弄清一个具体矿床目前能否生产是一回事,而具体划定能生产与现在尚不能生产的资源又是一回事,因为这一界线随开采技术条件、社会经济条件等的变化而不变化。若要将这条界线划好,对矿产资源报告的要求就相应提高。诸如以上这些问题,迫切需要一种全国性统一的矿产资源分级方案。这个方案必须适应社会经济发展的需要,又能清楚、合理地区分各种地质、经济条件下的矿产资源。就目前而言,我国尚无统一的矿产资源分级分类文件。

矿产资源分级系统既是管理全国矿产资源的依据,又是资源估算与评价结果对资源量划分的准则。由于历史的原因,世界各国以及各国际组织使用着不同的分类系统。现在世界上大致存在着两种资源分级体系:一种是前苏联首先采用,我国基本仿效,1960年为原经互会各国接受的体系;另一种是美国的分级系统,目前已在加拿大等其他许多国家中使用。联合国于20世纪70年代后期在使矿产资源分级标准化方面作了巨大的努力,并提出了一个新型的分级系统。大体上说,前苏联与联合国分级系统采用字母与数字代号对各级资源进行命名,然后用定义来规定每一级别的严格含义;美国分级系统则采用扫描式的术语,然后根据每一矿种规定各级的分界与定义。

下面分别简单介绍美国、联合国及我国的矿产资源分级方案:

1) 美国矿产资源分级方案

美国地质调查所1980年831号通报介绍的各级资源之定义如下:

(1) 查明的资源

系指位置、品位、质量和数量由特定地质依据得知或估算的资源。已发现资源包括经济的、边界经济的和亚经济的三部分。为了反映地质上可靠程度的不同,这些从经济上划分的资源又可分为确定的、推定的与推断的。此外,确定的加上推定的部分统称为探明的资源(见图7.3)。细分的依据是:

① 确定的资源。根据露头、探槽、坑道或钻孔揭示的规模所计算的矿量,其品位和质量是根据详细取样结果计算的。调查、取样和测量的点距较密,地质特征已经查明,因而资源的规模、形态、深度和矿物含量均已很好地确定。

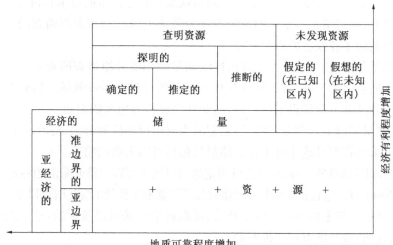

图 7.3 美国矿产资源分级方案(1976,Mckelvey)

累计产量	查明资源		未发现资源
	探明的	推断的	概率范围
	确定的		假定的或假想的
经济的	储 量	推断储量	+
边界经济的	边界储量	推断的边界储量	+
亚经济的	探明的亚经济储量	推断的亚经济资源	
其他产出	包括非传统的和低品位的物质		

图 7.4 美国矿产资源分级方案(1980,不包括储量基准)

累计产量	查明资源			未发现资源
	探明的		推断的	概率范围
	确定的	推定的		假定的或假想的
经济的	储量基准		推断的 储量基准	＋
边界经济的				＋
亚经济的				＋
其他产出	包括非传统的和低品位的物质			

图7.5 美国矿产资源分级方案（1980，储量基准部分）

② 推定的资源。矿量、品位和质量是根据类似用于求确定资源的资料计算得出，但进行调查、取样和测量的点距较稀或分布不当。其可靠程度不如确定资源，但足以推测观测点间的延续性。

③ 推断的资源。矿量、品位和质量是根据确定的和（或）推定的资源以外还有延续部分的假设进行估算的，而这种假设具有地质依据。推断的资源可有也可没有取样或测量提供的资料。

储量基准，系查明的资源的一部分，它能满足现行采矿和生产实践所要求的最低的、具体的、物理和化学的标准，包括对品位、质量、厚度和深度所要求的标准。是指可以估算出储量的原地探明资源——确定的加推定的。除包括那些在已确定的技术和目前经济条件下可以利用的资源外，还包括在一定计划范围内成为经济上可供利用方面确有潜力的资源。储量基准包括目前属于亚经济的查明资源。

推断的储量基准，指从中可以估算出推断储量的那部分原地查明资源。定量估算主要是以对矿床地质特点的了解为依据的，并且可以未进行过取样或测量。估算是根据在储量基准以外还有延续部分的假设来进行的，而此种假设是有地质依据的。

储量，系储量基准的一部分，在进行测定的当时可以经济地开采、提取或生产，无需规定当地有哪些开采和提取设施才可工作。储量只包括可以采收的物质。

边界储量，储量基准的一部分，在进行测定的当时处于可以经济开采的边界的，其主要特点是经济上的不确定性。它包括了那些在经济或技术因素发生假设的变化时可以生产的资源。

经济的，是指在规定的投资条件下开采、提取或生产是可以盈利的，这一点是已经确定的，已由分析证明，或是确有根据推断的。

亚经济资源，指不符合储量和边界储量的经济标准的那一部分查明资源。

(2) 未发现资源

根据推断是存在的资源，它是由查明资源以外那部分矿床组成的，按其品位与自然地理位置来看，这类资源可以分为经济的、边界经济的以及亚经济的。根据地质上的可靠程度，未发现资源又可细分下面两部分：

① 假定资源。指和已知矿很相似的那一部分未发现资源。在同一产区或地质上类似区域内有理由预期它是存在的。如果勘探证实了它的存在并获得了关于它们的质量、品位和数量方面足够的资料，那么它们将被划归已发现资源那一级。

② 假想资源。这一部分未发现资源既可以是在地质上认为有利但未作过矿产调查的地区可能产出的一些类型矿床，也可以是经济潜力尚未被认识的一些类似矿床中的资源。如果勘探证实了它们的存在，并获得了有关它们的品位、数量和质量方面足够的情报，那么

它们将升级为已发现资源。

③ 限制性资源和储量。指任何一级资源和储量中被法律和法令限制开采的部分。如限制性储量就是指达到了对储量的一切要求,但被法律或法令限制不得采掘的那一部分或那种矿种的储量。

2) 联合国资源分级方案

联合国资源分级方案如图 7.6。在这个分级系统中,具有三个基本等级,其标记为 R-1、R-2 和 R-3。这三个等级是按照地质上的可靠性划分的,它们都是指原地矿产资源。这个系统所包括的矿产资源是预期今后几十年内有经济价值的,时间的具体长短视具体矿种而定。

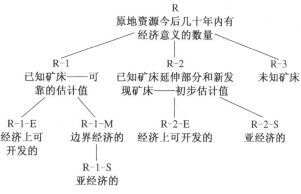

图 7.6 联合国矿产资源分级方案

三个基本等级的定义如下:

(1) R-1 级。包括矿床中的原地资源,这些矿床已详细研究过,确定了产出模型、规模,以及个别矿体的实际品级。一些与开采和加工有关的主要特征,例如矿石品位分布、矿物成分与有害杂质成分等,通过对矿体的直接揭示,结合地质和物化探数据的有限外推,已经基本搞清楚。

已经在相对较高的可靠性水平上估算了它们的数量,虽然对某些矿床的估算值误差可能高达 50%。这些估算值主要被用于采矿设计。

(2) R-2 级。提供的是直接与已发现矿床相联系的原地资源估计值,但与 R-1 级包含的资源不同,这里的估计值是初步的,是主要根据地质认识得出的,而这些认识只有一些点上的测量结果为依据,产出模型、规模与形状是根据与附近的 R-1 级矿床类比加以推定的。这一级可信程度不如 R-1 级,估计值误差可以大于 50%。R-2 级估计值绝大多数用于规划进一步的勘探工作,使之最终升为 R-1 级。

(3) R-3 级。这一级的资源是未发现的,但被认为存在于有可能发现的已知类型的矿床之中。原地数量之估计值绝大多数是根据地质上的外推、地球物理和地球化学指标、或者统计类比作出的。这一等级中任何矿床的存在与规模必须是推想的,在今后几十年内可能被发现,也可能不被发现。R-3 级的估计值意味着勘查机会的大小与原料长期供应的前景,它们可靠性低的程度应通过变化范围的说明来加以反映。

每一等级又可进一步细分如下:

E:在具体国家或地区内,在具有可应用工艺的,占主导地位的社会经济条件下,这类原地资源是可以开发的。

S:原地资源平衡表,它并不被认为具有现实意义,但由于可预见的经济或工艺的变化而可能变为有意义的。

E 和 S 亚级特别适用于对 R-1 级资源的细分,也适用于 R-2 级,但 R-3 级一般不再细分。

上述分级方案是针对原地资料的。对于某些矿产,如石油、天然气、铀,资源估计值更通常是报道可采收的数量。对于有关可采收量的等级和定义,目前尚未取得一致意见。

3）中国的矿产资源分类分级方案及其比较

苏联的分类方案为：先将矿产资源按勘察程度的高低分为勘察的和初步评价的 A、B、C_1、C_2 级储量及属于预测性质的预测资料 P_1、P_2、P_3 级。其中 $A+B+C_1$ 级储量大体相当于已验证的资源，C_2 级储量约相当于美国推测的储量，$P_1+P_2+P_3$ 的预测量大致相当于美国的未发现资源。再按技术经济可行性分为平衡表内储量（当前技术经济条件下可以开发利用的各级储量）和平衡表外储量（当前技术经济条件下不能开发利用，但一旦条件允许，即可开发利用的各级储量）。

中国的矿产资源分类分级方案是沿用苏联的分类规则并结合我国当前工业技术经济条件和长远发展需要而做出的，经多次修改成为如表7.2所示的分类分级方案。

表7.2 中国矿产资源分类分级方案（1993）

经济技术条件	资源总量							
	探明储量					(预测)	资源量	
	A	B	C	D	E	F	G	
a 亚类为能利用的 b 亚类为尚难利用的	储量 储量						资源量	

a 亚类，指不仅矿体采选冶加工技术等内部建设条件符合工业指标要求，而且如交通运输、供水供能等矿区外部建设条件也符合当前要求的那部分表内储量；b 亚类，指采选冶加工技术等内部建设条件符合要求，而外部建设条件差，需改善之后方可开发利用的那部分表内储量。

表中能利用（a 亚类及 b 亚类）储量中的 $A+B+C+D$ 级储量与美国的"储量基础"（储量＋边际储量）大致相当，其中 a 亚类部分与美国的"储量"部分类似。能利用储量中的 D（部分）＋E 级储量（对特殊矿种仅限于 E 级）与美国的推测储量基础相当。

综上所述，一个合理的矿产资源分级方案，不仅有利于摸清家底，而更重要的是有利于制订出符合实际的国民经济建设计划。资源应包括储量以及具有一定矿物富集，但现在尚不够开采品位的那一部分岩石，因其将来总会被利用。因此，在矿产资源分级方案中，需要确定一个合理的、有进行评价必要的下限，即通常所说的最低工业品位等。考虑到资源可能在将来的经济技术条件下才能被利用，这些界限不能定得太高，以免丢失资源；但定得太低，又可能把普通岩石都当成了资源。由于界限的划定直接影响到矿产资源的估算与评价，因此，制订或修改矿产资源分级方案具有举足轻重的地位和意义。

7.2.2 矿产资源的估算

由于矿产资源的不可更新和与国民经济建设的密切关系，矿产资源的估算就显得极为重要。人们迫切想了解各类矿产资源在目前的开采速度下到底能维持多久。然而，估算矿产资源远比对生物资源（如森林蓄积量等）或水资源的估算要困难得多。因为：① 矿床在地下，层位有深有浅，看不见，摸不着；② 矿石成分复杂，组合状况多种多样，品位高低不一；③ 矿体不规则，有大有小，有厚有薄，同一层也不相同，且有时层次很多；④ 延体延伸不规则，变化复杂。目前，估算矿产储量的方法很多，公式不一。一般采用下述公式：

$$R = VdG \tag{7.1}$$

式中：R 为某元素（金属）的总重量；d 为矿石容重（重量/单位体积）；G 为矿石品位（金属元

素重量/单位矿石质量);V 为矿体或矿层的总体积。
$$V=Ah \quad (7.2)$$
式中:A 为面积;h 为平均厚度。

根据近年全世界消费(生产)某些矿产资源的吨位,来估算已探明的世界总储量到底还可以开采多久(年数),称为静态储量指数,简称矿藏的"寿命"。这里不考虑以后新发现的矿藏,也不考虑以后消费量的扩大,即假定储量和产量都不增加。

由表 7.3 可知,到 2060 年,大陆地壳中可采的铜、锌、铅、镍、锡、钨、汞矿藏也许都将开采完。汞在 2000 年以前可能就被开采光了。诚然,这种判断并非十分正确,但却可以看出某些矿产资源在供求方面的大趋势。如何解决矿产资源的枯竭危机呢?除了努力寻找发掘新的矿源以外,人们提出了以下几种办法:

表 7.3 世界各主要矿种(金属)的寿命

矿产种类	世界总储量 (亿 t)	1977 年产量或消费量 (万 t)	矿藏寿命 (年数)
铁	931	49 500	188
铝	52	1 700	306
锰	22	1 100	200
铬	8	300	266
铜	5	800	63
锌	1.6	600	26
铅	1.3	400	33
镍	0.6	70	86
锡	0.1	20	50
钨	0.018	4	45
汞	0.002	0.8	25

1) **降低临界品位**

临界品位的降低,意味着储量的增加,矿产资源总量亦随之增加。目前,易开采的、品位高的矿床大部分均已开采或正在开采,今后,随着经济发展的需要,势必转向开采贫矿。如何确定临界品位是一个十分重要的研究课题,它不仅取决于科学技术水平,即技术上能否把有用物质提取出来,而且取决于经济上是否能取得效益。例如,含铜的矿物主要是硫化物,从铜的硫化物中提取铜,需要消耗一定的能源,铜矿的品位越低,消耗的能源就越多。当品位高于 0.3% 时耗能的变化不太大;当品位低于 0.3% 时耗能显著增加,其他矿石亦存在类似情况。这种耗能变化急剧的转折点时的品位,即是临界品位。从长远的角度看,降低临界品位是今后发展趋势之一。

2) **人工合成矿产品**

由于矿产资源分布不均,许多国家无法找到所需矿床,从国外大量进口,经济上不合算,就设法采取人工合成的方法。例如金刚石集中产地在南非,供求悬殊,价格昂贵,目前世界上大部分金刚石都是人造的,还有人造云母、人造红宝石等。

3) **寻找代用品**

人类利用资源的历史就是用一种物质代替另一种物质的历史。翻开人类社会发展史,铁取代青铜,青铜取代石器,石油取代煤等等。铝和塑料制品的崛起,充分说明了随着社会发展,人们生活水平的提高,人们对许多产品的需要也在发生变化。今后的发展方向应该是,一方面尽可能用再生资源替代非再生资源,尽快开辟新能源,另一方面尽可能节约能源。

4) 回收废旧金属

矿产资源的形成过程,即成矿过程,是自然界有用元素或有用矿物的漫长的富集过程,即从分散到集中的过程;而人类开采利用矿产资源,则是相对从集中到分散的过程。把破旧的废品回收利用,又是一个从分散到集中的过程,这一过程使矿产资源的利用得以延续,物尽其用。金属矿产资源在消费过程中的扩散情况如图7.7。

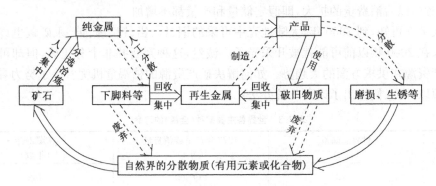

图 7.7　金属矿产资源在消费过程中的扩散情况

总而言之,从资源的综合利用和节资省能的角度,回收废旧金属乃至利用人类废弃物(垃圾等)是将来努力的方向,尽管目前在经济技术上尚存在一些问题。

5) 向海洋要矿

目前,矿产资源的开发利用主要局限在大陆地壳,矿产资源枯竭亦指大陆,而海洋这个宝库却一直没能大幅度地开发。随着大陆地壳几千年的开发史的进展,以及科技水平的日益提高,向海洋要矿不仅十分必要,而且已成为可能。目前全世界来自海洋的矿产在其总值中尚不到10%。向海洋要矿,迫切需要解决的是能源问题,只有开辟新的能源途径,大幅度降低能源价格,才有可能从海水或海底沉积物中提取足够的矿产资源来。

7.2.3 矿产资源的评价

1) 矿产资源评价的内容和依据

(1) 矿产资源评价的内容

矿产资源评价的最终目的,是弄清一个地区或一个国家的矿产资源的现状与可能具有的潜力。其具体内容应包括以下几个方面:

① 矿产资源的类型。即某区域蕴藏何种矿产或以何种矿产为主的矿产组合。类型的确定往往成为工业部门性质的决定因素。

② 矿产资源的储量。即某种矿产所含矿物的数量达到临界品位以上且集中埋藏的资源数量。矿产资源储量的多少取决于临界品位的高低,而临界品位的高低往往取决于社会经济技术条件状况。如我国和美国在黄金开采的临界品位上就相差几十倍。1959年4月前地质部全国矿产储量委员会曾制定《矿产储量分级暂行规范》,将矿产资源储量划分为四类五级:第一类,开采储量为 A_1 级。用开采隧道或钻探配合开采巷道所圈定的储量,可以作为编制企业生产计划的依据。第二类,设计储量 A_2BC_1 级。经过详细勘探,用坑道、钻孔圈定的储量或钻探网所控制的储量。可以作为矿山企业设计和基建投资的依据。第三类,

远景储量 C_2 级。根据地质测量资料或地球物理勘探方法确定分布边界的储量，可以作为进一步勘探设计之用，也可配合 C_1 级，作为小矿设计用。第四类，地质储量。根据区域地质测量和矿产分布规律进行预测的数量，只能作为矿产普查设计之用。

③ 矿产资源质量。即矿产资源的品位及伴生或共生状况。品位的高低及伴生或共生状况，直接决定可采量的多少以及工业部门发展的前景，但又受技术条件的制约。随着科技的发展，以前仅能提取某一矿物或元素的矿产，现在已逐步过渡到矿产资源的综合开发利用上来。

④ 开采条件。包括自然条件和社会经济技术条件。具体包括矿区的地理位置、资源组合状况、交通运输条件、劳动力状况等，直接或间接影响着矿产资源的开发利用。

⑤ 矿区区域组合状况。直接决定了区域工业体系的建立以及经济的整体发展。

(2) 矿产资源评价的依据

矿产资源评价是指对未知区的矿产资源量的预测评价，就其本身而言，即建立矿产资源量与地质条件之间关系的评价模型，包括数学的、地质的和经验的。其评价的理论依据主要有以下几条：

① 地壳矿产资源富有度理论。从理论上讲，地壳内不存在完全没有资源（价值）的地区，也不存在资源完全枯竭的地区。该理论的重点在于确定矿产资源评价的基本任务和目的要求，从理论上阐明矿产资源存在于地壳内的客观事实和对它作出评价的终极目标。

② 类比理论。美国学者 D. P. Harris 于 1965 年建立的矿产资源同地质环境之间的定量关系指导原则表明，在一定地质条件下产出一定的矿床，相似地质条件赋有相类似的矿床。矿产资源评价步骤采用"由已知到未知"的原则。

③ 地质理论和模型理论。地质理论是建立矿产资源评价模型的基础。模型理论的建立使矿产资源评价这项繁杂的工作在现有的成矿理论指导下，建立在直接或间接使用矿床的成因地质模型的地质理论基础之一。

④ 地质解释理论。矿产资源评价地质解释理论，就是通过评价人员掌握的地质理论和积累的经验，补充矿产资源评价模型尚没有包括的那部分矿产资源信息，并转化为地质和资源量概念。

⑤ 地质变量的分解和综合理论。该理论告诉我们，数学地质方法为矿产资源评价提供了科学的评价方法，达到最佳综合（或分解）地质数据的目的，为准确评价提供了方法学基础。

以上介绍的仅是矿产资源评价中的主要理论基础，还有很多理论或思想，限于篇幅，不再详述。

2) 矿产资源的地质评价

矿产资源评价的理论与方法，是矿产资源评价工作中一项关键的技术工作。矿产资源评价的基本问题是确定矿产与地质环境的相互关系，从而估计潜在资源的数量、品位与分布。这是一个十分复杂的问题。即有了高质量的原始资料，又有了许多曾经在个别地区获得成功的方法，也并不能保证具体地区的评价获得圆满成功。20 世纪 50 年代，美国学者 H. Allais、D. P. Harris、J. C. Griffiths 等开始研究和探讨矿产资源评价的方法问题。H. Allais 首先建立评价模型，后来 D. P. Harris 应用多元统计建立地质统计模型（MG）和主观方法试验，总结了主观概率模型（SP），试验和探索工作一直延续到 70 年代。国外不少大型的矿产资源评价计划中都经常利用主观方法。

国际地质直辖市计划第 98 项执行以来,试图对现有的资料评价方法全面地予以评论。1976 年在挪威召开的首次会议上,卡基尔和克拉克等从方法学的角度,将已有的方法归纳为 6 种,即区域价值估计法、体积测量估计法、丰度估计法、矿床模拟估计法、特尔菲估计法和综合估计法。目前,这些方法对我国已产生了广泛的影响,现简单介绍如下:

(1) 区域价值估计法

首先选择一个与待评价区地质环境类似,资源比较丰富且研究程度较高的地区作为控制区,并主要根据该区矿产之已知储量和已知采矿石量计算出该区单位面积矿量和单位面积价值,然后把它们类推到待评价区。

(2) 体积测量估计法

在已知含矿盆地或含矿构造先求出矿体体积与整个有利于含矿之地质体的体积比,将这一比值应用到地质环境与控制区相类似的待评价区,估算出矿产资源总体积。

(3) 丰度估计法

通过矿产储量与元素地球化学丰度的经验关系,根据待评价区该元素的平均丰度估计潜在的资源量。或者,也可以先求出控制区一定深度内某元素的总量与区内形成矿床的总量之比(即富集系数),然后将该比值应用于待评价区,估算出在矿床中可能达到的潜在资源量。

(4) 特尔菲估计法

根据若干名有经验的专家对待评价区资源反复多次的评价意见,经过权衡和综合,估算出待评价区的资源。

(5) 矿床模拟估计法

根据对控制区已知矿床地质环境全面的系统的描述,建立起反映特定类型矿床的模型,然后将该模型应用于待评价区。这种方法适用性广,可以用于整个国家,也可以用于一小块面积上,但以评价相当大的地质环境更为有效。矿床的规模、品位和分布都能估算。

(6) 综合估计法

组合或合并上述资源估计方法中的任意两种、多种或全部方法,对待评价区综合进行的资源预测。

根据近几年国内外发表的有关资源评价的实例,对照以上 6 种方法,可以看到:

① 这 6 种方法中,区域价值估计法是一种经济学和地质学互相结合的方法,特尔菲估计法是一种处理成组信息的技术,严格地说,它们均不能被认为是一种地质评价或地质预测方法,因为一般它们指出的是整个评价区的资源潜力,而不能从空间上指示出资源的可能分布。

② 体积测量估计法实际上一直广泛地用于石油、煤、大型铁矿、砂岩型铀矿以及其他许多种沉积矿产评价中;矿床模拟估计法实质上继承了地质工作中根据有利的成矿地质环境与成矿标志进行评价的传统工作方法;丰度估计法在多金属矿床以及稀有和放射性元素的找矿工作中被广泛应用。总之,这 3 种方法都是在传统方法基础上发展起来的,朝着定量化方向发展。

③ 在这 6 种方法中,没有列入纯粹的经济学方法,也没有列入一些缺乏地质依据或很少使用的方法。

④ 这 6 种方法都是经过较大范围使用并被认为效果明显的。例如美国对石油资源的

多次评价,应用了特尔菲估计法和体积估计法;铀资源估量规划用了体积测量估计法、矿床模拟估计法和主观方法;加拿大、北欧等国对多金属矿产的评价应用了丰度估计法和矿床模拟估计法;美国对阿拉斯加州矿产资源的评价应用了区域价值估计法等等。

⑤ 影响很大的主观概率法没有被单独列出,但在很多资源评价中都采用了。如美国铀资源估量规划和阿拉斯加资源评价等都有专家的主观评价。因此,主观概率法不应忽视。

⑥ 所有的评价方法实际上都只是确定资源的地质可靠性,不涉及经济上的可用性,没有明确所采用的资源分级方案,但从字里行间看,所用的是美国方案。

目前,国内外仍在不断地探求新的、更有价值的矿产资源评价方法。总之,更强调地质依据的全面性,而且在具体的评价规划中,所用的方法都有自己的特色。例如,美国地质调查所的费奇、麦克卡曼等在研究圣朱安盆地砂岩型铀资源时,发展了一种称为"成因地质模型"的方法,其中采用的是三态离散变量,所沿用的"特征分析"较之波特波尔等原来的算法有所发展。哈里斯对同一盆地进行评价时,在原来的主观概率法基础上作了较大的改进,形成了评价体系法等等。

3) 矿产资源的经济评价

矿产资源的合理开发利用,是一个复杂的庞大的系统工程,经济因素是一项十分重要的因素。从历史上看,矿产资源的经济评价确实受到优先考虑。在西方,以每吨金属成本不高于市场价格作为开发和利用资源的出发点。在这一原则指导下,出现了他们独特的资源政策。例如,美国工业所需的 32 种战略原料中,有 23 种主要靠国外供应。除进口像铬、锰、锡、铂等美国国内欠缺的矿产外,同时也进口国内储量较丰富但因经济和环境等因素尚不能经济开采的矿产,如铜、铅、锌。70 年代与 40 年代相比,除铬、锰、镍、磷等矿产的保有储量有不同程度减少外,其余 16 种矿产的储量都有所增长,其中石油、天然气、铝土矿增长近 1 倍,钼、钾、硫、汞、银、金、锌、铁、铜增长 1~5 倍,铀增长 6.5 倍以上,石棉 11 倍,锡 20 倍,铝 26 倍。但因国外价格低,国内有矿也不开采。

矿产资源的经济评价,实质上指其从勘探、开发到利用所消耗的,最终表现为矿产品的价值之评定。由于开发利用的整个时间过程很长,其中的不确定因素使这种"生产"要承担更多的风险,长期以来人们一直在研究以何种指标来预测结果为佳的问题。所以,有必要首先分析哪些因素影响其经济价值。

从整体上看,影响矿产资源经济价值的因素可分外在因素与内在因素两方面。所谓外在因素指经济发展水平、资源政策、市场供应关系以及政治上的特殊需要等。内在因素则指地理因素、矿床的自然价值、采收效率、投资效率等。有关外在因素属矿产经济学范畴,在此不再叙述。下面着重介绍确定合理的开采品位指标。

在我国,品位指标一般由政府机关规定。近年来,由于强调了经济效益,这一问题引起了学术界的注意。

国外在确定矿石品位指标中,多采用传统的收支平衡法,基本计算公式为:

$$边际品位 = \frac{采选费}{(金属价格 - 冶炼费) \times 回收率} \tag{7.3}$$

由此可知,品位指标不是一个单纯的技术指标,而是一个根据经济价值的大小变动的技术经济指标。那种不分矿床条件,不论时间地点,简单地规定一个脱离经济概念的一成不变的指标的做法,不利于矿产资源评价。在我国,矿种的品位指标规定得偏低的是多数。

制定品位指标时，一方面应争取较好的经济效果，同时要考虑尽量充分地利用资源。我国一切矿产资源由国家统购统销，不能简单地以国家收购价格作为求算最低品位的标准。同一矿种的矿山，条件优劣相差很大，通常应以矿山产品的平均成本加一定利润和税金作为收购价格。但若单纯地以此作为收支平衡法求算品位指标的标准，则将有近半数以上的矿山矿石的储量由于产品成本高于收购价格而变为开采不经济，显然不太妥当。但若大幅度提高国家收购价格，则不仅给国家加重负担，而且使一些矿山可轻易获利，造成新的问题。1982 年，刘恩充、刘叙古提出"经济限额"或"成本限额"用以评价各种矿产资源，其含义是：条件最劣但尚应开采利用之矿石所生产的产品的最高允许成本。这一限额的作用是：凡是矿产品成本不小于限额的矿石都有开采利用价值，大于限额的没有开采利用价值。经济限额一般要比收购价格高，至于高到何种程度，则需通过分析研究资源保有情况以及国家的需要和生产能力现状而定。

如何制定资源利用的经济限额呢？

金属矿山产品（一般指精矿或铀的水冶产品）的成本与矿块地质品位、金属回收率、采选费用等影响因素的关系，可用式(7.4)说明：

$$M = \frac{100c}{\alpha(1-\gamma)\varepsilon} \tag{7.4}$$

式中，M 为精矿含金属每吨的纯成本（元）；c 为用于每吨矿石的开采费、选矿(水冶)加工费以及相应的运销费、管理费（元）；α 为矿石品位（%）；γ 为由于采矿贫化引起的品位降低率；ε 为选矿(水冶)回收率。

成本限额 M_L 是指在最劣条件（即开采品位为允许的最低品位 $\alpha_{低}$ 的矿石）时的产品成本：

$$M_L = \frac{100c}{\alpha_{低}(1-\gamma)\varepsilon} \tag{7.5}$$

可见，影响矿产资源成本因素除 α 外，还有 c、γ 和 ε。它们取决于：① 矿床地质和水文条件；② 矿体产状和空间位置；③ 矿石加工性质；④ 采、选(水冶)技术水平；⑤ 矿床开采方式；⑥ 采矿方法；⑦ 选用的选砂(水冶)流程；⑧ 所在地的经济地理条件。

因此，可得到下列结论：

(1) 同一矿种，不同矿床，当采用统一的 M_L 作为制定品位指标的依据时，因地质、地理条件等方面的不同，使采用的采、选(水冶)方法和费用，开采贫化率，以及选矿(水冶)回收率各异，最终使各矿床的品位指标不同。

在对未发现资源作出估算时，如果按上级规定的统一的 M_L 作为标准，评价者可邀各个领域的专家对当地各项费用作出估计，然后考虑该矿产资源中有多少符合经济开采条件的矿石量与有益组分含量。

(2) 采、选(水冶)技术的发展，会影响各个因素的变化，因此，相应的会引起品位指标的变化，如再加上供需情况和资源情况的发展变化对成本限额的影响，则品位指标就更需要了。因此，评价矿产资源时，应该不仅估计其平均品位，还要尽可能获得品位分布的数据，以及相应的矿石吨数和金属吨数。

(3) 就具体矿种而言，上级机关可以通过改变 M_L 来加大或限制该种资源的利用，以利于提高经济效益和保护矿产资源。

下面以铀矿为例，简要说明成本限额的制定办法。

首先,求出各实际矿床不同品位的储量分布数据,作出以不同品位指标($\alpha_{低}$)为限额的矿石吨数(W)的变化曲线,如图7.8。从该曲线上即可得到与任一 $\alpha_{低}$ 相应的 W_i。然后通过资料分析,选取与不同品位指标相对应的 c、ε、γ 等值。从而计算出当采用不同 $\alpha_{低}$ 时的 M_L、总金属吨数 Q,以及可回收金属吨数 Q',并求出 Q' 的总平均单位产品成本 $M_{均}$。将 M_L、$M_{均}$、Q、Q' 等值绘成曲线,如图7.9。

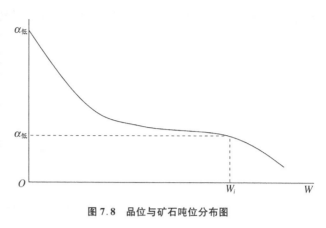

图 7.8　品位与矿石吨位分布图

这些曲线说明在不同成本限额 M_L 的条件下,金属储量 Q 和回收金属 Q' 的变化情况。

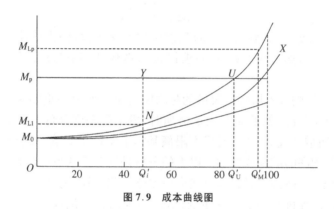

图 7.9　成本曲线图

将诸矿床相应值分别总和的 M_L-Q' 绘成汇总曲线。图中 M_P 为收购价格的水平线,当取任意的 M_L 时,可得到相应的 Q'。曲线控制面积 O-M_0-N-Q'_i 代表生产产品 Q'_i 时的总成本 S,即:

$$S = \int_0^{Q_i} M_L dQ'$$

矩形面积 O-M_p-Y-Q'_i 为总收入 I,即 $I=M_p \cdot Q'_i$。两面积之差 M_0—M_p—Y—N 为总利润 P,即 $P=I-S$,直线与 M_L—Q' 曲线交点 U 是最高利润点,相应的回收金属量为 Q'_U。当 Q' 自 Q'_U 向右移时,则出现负利润(亏损),而且越往右其值越大。总利润等于最高利润与负利润之代数和,当移至 Q'_m 时,曲线趋于直立,则 Q'_m 值不再增大而达到最大值,但此时总利润也最小。为了既做到经济上比较合理(即具有较高的总利润值),又使资源利用程度保持较高水平(即 Q' 值也要较高),只能从 Q'_U 与 Q'_m 之间选择可采目标。

再作盈亏分析图,如图7.10。曲线 S—Q' 为实收总金额吨数与企业总成本之间的关系曲线。图中增加了不变成本一项(即固定折旧总值),直线 OX 表示不同的 Q' 值与总毛收入 I($I=M_p \times Q'$)的关系。直线与曲线的总坐标差为总利润。以作图法可以容易地求得最高利润点 Q'_U,即作平行于 OX 的曲线切线,切点的横坐标即为 O'_U。结果与图7.9同,图中 $Q'_U = 0.82 Q'_m$。此点资源利用程度较低。为了多回收金属,选其右侧的 Q'_R 作为目标,并从图7.9中 M_L-Q' 汇总图中可得与 Q'_R 相对应的 M_{LR} 即为所求的成本限额。由图可得

$Q'_R = 0.94 Q'_M$,说明 M_{LR} 作为成本限额时,资源利用程度较高,总利润也较高。

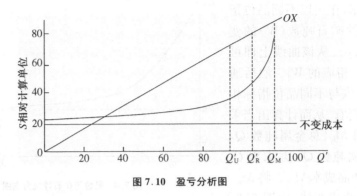

图 7.10 盈亏分析图

当 M_{LR} 确定后,即可得:

$$\alpha_{低} = \frac{100c}{M_{LR}(1-\gamma)\varepsilon} \tag{7.6}$$

又因为 C、ε 都取决于 α,因此式(7.6)只能用迭代法求解,即先估计一个近似的 $\alpha_{低1}$,据此求得相应的 C_1 和 ε_1,然后代入式(7.6)求得 $\alpha_{低2}$,迭代到其值与前次值 $\alpha_{低1}$ 相差小于某一规定值为止。

根据以上分析,影响成本限额最灵敏的是收购价格。而另一重要因素是储量(资源)中不同成本比重的分布状况,如低成本比重增加时,成本限额则降低。在前两点不变的前提下,当采选费用普遍增加或减少时,对成本限额基本上不产生影响,只引起资源利用程度的减小或增加以及总利润的减少或增加。以上的分析是针对已获得一定有经济价值的储量的资料而言的,对于未发现资源的估计,自然会更粗略一些,风险也更大。

与矿产资源经济评价有关的另一重要问题是:何时投入勘探、勘探到什么程度为宜等等。为了以较少的投资获得较好的勘探效益,应注意以下几项:

① 关于勘探时间。实质是勘探资金合理投放量和投放时间问题,以个旧锡矿为例,从实际投资额可知,在 1980 年的前、后两个阶段中,地勘和建设资金均在 1 亿元左右,而贴现值前期为后期的 5.73 倍;投产矿山扩建工程所开发的资源,其地勘投资原值为 1 583 万元,贴现值到 1982 年(投产)则为 1.51 亿元,是原值的 9 倍。说明资金投入时间越早,累计偿还资金越大,会影响总体的经济效益。因此,勘探时间是一个重要的经济问题。勘探时间的确定,必须根据矿床条件和可能的建设规模,选择分期勘探和建设的方案。

② 关于勘探程度。个旧锡矿的一个重要特点是大矿体数量少而储量比例大,应该在抓紧掌握成矿规律的基础上进行勘探。由于大矿体的储量误差在计算总的保险度中占有举足轻重的地位,因此应侧重大矿体和富矿体的勘探程度。经济收益愈早,资金收益愈高,则偿还投资能力愈强。为了保证较短时间内偿还投资,必须有足够的高精度的先期可采量。从这里也可看到在矿区范围内对未发现资源总量预测和评价的必要性。

③ 关于勘探手段。主要取决于矿体的变化、勘探阶段、埋藏特点,以及经济因素等。

④ 其他因素。根据个旧锡矿的经验,有以下一些因素对经济效益影响显著:

第一,生产规模。30 多年的经验和统计数字表明:当锡产量为 2 500~3 000 t/年时,每吨锡金属产品利润可达 1 500~2 000 元;产量低于 1 000~1 200 t/年时,企业就亏损。因此,在客观条件可能,技术经济合理的条件下,应尽可能提高生产规模。

第二，出矿品位。出矿品位与开采过程中的损失、贫化关系很大。据统计，20世纪40年代损失贫化率比50年代高2~5倍，由此引起出矿品位降低。初步估算，每出1 t矿石因此造成的经济损失为11.5元，全部开采的总经济损失达4.85亿元；以50年代损失贫化率计，则损失资金2.73亿元，可见经济潜力之大。

第三，产品价格。合理的产品价格不仅有利于提高本区的经济效益，而且可以保护资源。按照收支平衡原则，以国内价格计算，锡的最低经济品位为0.38%；而以国际市场价格计算，则为0.183%。如果以后者为准，对低品位矿石，甚至锡品位为0.1%~0.2%的表外矿石顺便回收都是有利的。

个旧锡矿的这一分析，特别是其中一些值得注意的问题，有着比较广泛的意义，我们可以从中获得必要的教益。

总之，矿产资源的经济评价，目前尚处于发展阶段，其中的方法很多，但不很完善，有待于在今后工作的实践中检验和提高。从发展情况看，有些方法是成功的，不仅能正确地进行矿产资源开发利用的经济可行性研究，指导开发利用的合理性、正确性，亦有益于本身理论方法的进一步完善，具有广阔的发展前途。

7.3 矿产资源的可持续利用

7.3.1 我国的矿产资源及其开发利用现状与存在的问题

1) 我国主要矿产资源的储量及其在世界所占的地位

我国是矿产资源大国，成矿条件优越，矿床种类齐全。截至2004年底，我国已发现171种，探明储量的矿产有158种，能源矿产10种，金属矿产54种，非金属矿产91种，水气矿产3种。已发现矿床、矿点20余万处，经详细勘查的有2万余处。不少矿产资源的储量在世界上都占有重要的地位。1999~2010年，我国实施了为期12年的新一轮的国土资源大调查，累计新发现矿产900余处，其中，大型特大型152处；铁锰等黑色金属70处，铜铅锌等有色金属370多处，金银贵金属250处。新发现矿（化）点1 100多处、化探异常2.6万个、高精度磁测异常2 400多个，揭示了我国铁、铜、铅锌、铝、锰、钨、锡、金、银等重要矿产的巨大资源潜力。

据国土资源部储量司负责人介绍，2011年，新探明大中型矿产地共132处，其中大型矿产地52处，中型矿产地80处。新增查明资源储量的主要矿种分别为：煤575.1亿t，铁23.8亿t，铜381.5万t，铅445.4万t，锌883.3万t，铝土矿2.0亿t，钨47.1万t，锡27.2万t，钼323.5万t，锑28.9万t，金743.6 t，银26 803 t，硫铁矿3.8亿t，磷11.5亿t，钾盐760.7万t。全国石油勘查新增探明地质储量13.7亿t，同比增长20.6%，是新中国成立以来第9次超过10亿t的年份；新增探明技术可采储量2.66亿t，同比增长21.4%；新增探明地质储量大于1亿t的盆地有5个，分别是：鄂尔多斯盆地新增4.43亿t，塔里木盆地新增1.98亿t，渤海湾盆地新增1.97亿t，准噶尔盆地新增1.95亿t，渤海海域新增1.37亿t。全国天然气勘查新增探明地质储量7 659.54亿m^3，同比增长29.6%；新增探明技术可采储量3 956.65亿m^3，同比增长37.6%；新增探明地质储量超过千亿立方米的大气田有2个，分别为长庆苏里格气田和南方元坝气田。全国煤层气勘查新增探明地质储量1 421.74亿m^3，同比增长27.5%；新增探明技术可采储量710.06亿m^3，同比增长27.0%。

中国陆上页岩气地质资源潜力和可开采资源潜力分别为 134 万亿 m^3 和 25 万亿 m^3。2012 年 11 月份,国土资源部宣布,在我国内蒙古中部大营地区,新发现了一处国内最大规模的世界级铀矿,这一发现同时打破了我国此前没有世界级铀矿的局面。

我国目前已经探明的黑色金属矿产资源有铁、锰、钛、钒和铬,前四种均较为丰富。其中铁矿石保有储量为 457 亿 t,位居世界第 3 位。然虽然我国铁矿储量丰富,但富矿严重不足,平均品位为 33%,比世界铁矿石平均品位低 11 个百分点,且比较分散,不易开发。锰矿质量较差。钛铁矿储量居世界第一。铬铁矿虽探明有一定储量,但主要集中在西藏、内蒙、甘肃等边远高寒地区,开采条件较差。

有色金属和贵金属矿产资源品种齐全,资源丰富,具有明显的优势,钨、锡、钼、锌、锑、汞、铋等矿产的储量均居世界前列。钨的储量为世界其他各国储量的 3 倍多,锑的储量占世界储量的 44%。铝、铅、铜、镍矿的探明储量亦较多。金、银以及铂族金属等贵金属在我国产出较少,主要是伴生矿床,需要综合回收利用。

我国稀有、稀土和分散元素矿产品比较齐全,已探明储量较多。稀土、锂矿占世界第一位,铌、钽、铍矿均居世界前列,但品位一般比较低,且多为伴生矿。在非金属矿产中,磷、硫资源丰富,磷矿居世界第二位,但大都以贫矿为主,分布不够均匀;钠盐和芒硝探明储量居世界前列,资源远景很大;硼的储量居世界首位;钾盐短缺,天然碱储量也不足。

用作冶金辅助原料的非金属矿产中,菱铁矿和萤石资源丰富,菱铁矿的储量居世界第一,为我国传统出口矿产;石灰岩和白云岩分布广泛,质量优良;耐火粘土和硅石的储量较多;高铝新型耐火原料蓝晶石、红柱石、硅线石等有一定远景。建材及其他非金属矿产有一定优势,矿产品种多,质量好,滑石、石墨、膨润土、水泥原料、大理石、沸石以及珍珠岩、蛭石等矿产资源丰富,畅销国内外。金刚石资源少;宝石资源有待进一步查清。

总之,我国已探明的矿产资源,是国家的宝贵财富,对保障国民经济及社会的可持续发展具有重要的意义,是我国社会主义事业顺利建设的重要物质基础。

2) 我国矿产资源的地理分布特点

矿产资源是自然界产出的资源,其分布受到地质成矿条件的制约。地质构造特点控制了矿产资源在时间和空间上的形成及分布特点。

(1) 分布广泛,相对集中的矿产资源

① 铁矿。1999 年底我国已探明储量的矿区有 1 830 处,铁矿石保有储量为 457 亿 t,广布于全国各省、区,但又相对集中于河北、辽宁、四川,其储量占全国总储量的 52.4%;山西、安徽、湖北、内蒙古、山东和云南的储量占全国的 26.4%。

② 铜矿。已探明储量的矿区有 918 处,铜矿保有储量 6 218 万 t。除天津外,其余各个省(区)均有分布。主要集中于长江中下游、川滇、山西中条山、甘肃白银厂和昌都地区这五大片区,储量占全国总储量的 76.8%。

③ 煤矿。已探明储量的矿区有 5 345 处,煤炭资源总量 10 142 亿 t,广布于全国各省区,并主要集中在秦岭—大别山一线的北方和西南地区。北方保有储量占全国煤矿总储量的 87.64%,其中主要集中于山西和内蒙古,两省的储量占全国总储量的 63.7%。

④ 磷矿。已探明储量的矿区,除青海、西藏、上海、北京、天津以外,其余省区均有分布,我国现有磷矿区 511 处,磷矿石保有储量 132.5 亿 t。集中分布在西南和中南地区,占全国总储量的 77.53%。其他地区分布零星,且多属低品质磷矿。

⑤ 稀土。已探明的储量约 1 859 万 t,稀土矿物种类丰富,包括氟碳铈矿、独居石矿、离子型矿、磷钇矿、褐钇铌矿等,稀土元素较全。资源总量的 98% 分布在内蒙古、江西、广东、四川、山东等地,尤以内蒙古包头的稀土资源最为丰富。

(2) 分布广泛,相当集中的矿产资源

① 钨矿。已探明储量的矿区 252 处,主要集中在湘东南、赣南、粤北、闽西和桂东地区,其储量占全国总储量的 86.3%,是驰名中外的南岭钨矿成矿区,同时也是我国钨矿最有远景的地区。

② 铝矿。已探明储量的矿区 315 处,铝矿保有储量 22.91 亿 t。主要集中分布于山西、河南、贵州、广西四省(区)。山西省储量占全国总量的 29.88%,河南占 17.55%,广西占 14.33%,以上 4 省(区)共占全国总量的 81.91%。

③ 锑矿。已探明储量的锑矿 111 处,主要分布于湖南锡矿山、广西大厂、甘肃崖湾、云南木利和贵州晴隆五处,占全国总量的 80%。

④ 石棉。已探明储量的矿区 45 处,分布在 23 个省(区),但主要集中分布于青海芒崖及四川石棉,储量占全国总量的 66%。陕西宁强黑木林,青海祁连小八宝,云南墨江—元江三处储量约占全国总量的 21%。

⑤ 云母。已探明储量的矿区 45 处,分布于全国 18 个省(区),其中主要集中在新疆、四川、内蒙古等地,其储量分别占全国总储量的 65.2%、16.4% 和 6.9%。

(3) 分布局限,选择性强的矿产资源

① 铂矿。主要集中分布于甘肃,占全国总量的 57.9%;其次分布于云南、四川,占总量的 33.8%。

② 金刚石。已探明储量的矿区仅分布于山东、辽宁和湖南和江苏 4 省,主要集中在辽宁和山东两省,其储量分别占全国总量的 52.74%、44.58%。湖南和江苏两省占全国总量的 2.68%。

③ 钾盐。已探明储量的矿区 36 处,钾盐保有储量 2.87 亿 t。全国已探明的钾盐资源储量主要分布在青海省柴达木盆地,以及新疆罗布泊盐湖,以盐湖卤水为主。

④ 硅藻土。已探明储量的矿区 354 处,分布于吉林、云南、浙江和山东等省份,其中吉林的储量占全国总量的 53.7%。总体的分布情况是东部和西南地区较多,西北地区较缺乏。

由于我国矿产资源分布的不均匀性,要求资源型产业的布局尽可能根据矿产资源的分布、规模以及交通等条件来建立。

3) 我国矿产资源开发利用中存在的问题

中国是世界上最早开发利用矿产资源的国家之一。早在旧石器时代,中华民族的祖先就开始使用燧石、石英、玉石等矿物。新石器时代,开始烧制彩陶,制作玉器和铜器。夏商时期开始使用并制造铜器。春秋战国时期,铁矿在中国得到了广泛的开采和使用。我国古代矿业在隋唐时代,进入了繁荣时期,在全国许多地区采矿业都获得发展。在此之后,直至新中国成立之前的一千年间,矿产资源的开发利用活动发展非常缓慢。新中国成立以后,矿产勘察与开发获得了突飞猛进的发展。政府大力加强地质工作,明确要求地质工作要走在国民经济建设的前面,提出了"开发矿业"的战略方针,使矿产资源勘察开发得到了极大的发展,为我国经济建设提供了大量的能源和原材料,也为国家财政创造了巨大的收益。

就人类历史的时间概念而言,矿产资源属于不可再生的自然资源。但由于长期以来,有关部门单位对矿产资源的基本特点以及开发过程中资源可持续利用和保护工作的重大意义认识不足,加上体制上的缺陷,管理、立法等环节没有跟上,形成多数矿山探、采、造、冶、加工等方面技术水平落后,管理不善,小矿山掠夺式开采,综合利用长期徘徊不前,造成了资源的极大浪费。

中国地质科学研究院最近提出的《矿产资源与中国经济发展》(社会版)报告,对我国资源状况作出了"未来20~30年内中国现有资源的供应将不可持续"的判断。报告指出,除煤炭以外,我国主要矿产资源都已告急。中国油气资源的现有储量将不足10年消费,最终可采储量勉强可维持30年消费。到2020年,中国石油的进口量将超过5亿t,天然气进口量将超过1 000亿m^3,两者的对外依存度分别将达70%和50%。2012—2014年,中国将迎来2.4亿~2.6亿t铁的消费高峰期,未来20年缺口将达30亿t;2019—2023年,将迎来530万~680万t铜的消费高峰期,未来20年缺口将达5 000万~6 000万t;2022—2028年将迎来1 300万t铝的消费高峰期,未来20年的缺口将达1亿t。可见,我国矿产资源形势是极其严峻。目前,在矿产资源的开发利用环节中存在的问题主要表现为以下几方面:

(1) 矿业粗放经营,矿产资源利用效率低

近20年来,我国矿产资源的开发基本保证了国民经济建设和社会发展对矿产品的需求。但是这种对需求的保证并未建立在矿业可持续发展的基础之上,我国矿产资源后备储量正逐年减少,在未来的几十年内将出现严重不足。主要是因为我国对矿产资源的开发利用整体上是粗放型的,具体表现在矿山企业开采技术落后,装备水平差,效率低,部分矿山企业,缺乏资源保护和忧患意识,急功近利、采富弃贫、经营粗放、效益不高,一些优势资源未能转化为经济优势,并且资源回收率低,造成资源的极大浪费。比如我国稀土资源经过半个多世纪的超强度开采,其保有储量及保障年限不断下降,包头稀土矿主要矿区资源仅剩三分之一。我国不仅呆矿相当多,现有储量中只有60%可供开发,35%可以采出;而且已开发的矿产资源总回收率只有30%,共、伴生矿产资源综合利用率不到20%(国外平均在50%以上)。单位产值所消耗的能源和原材料是发达国家的几倍到十几倍。2003年,我国消耗的各类国内资源和进口资源约合50亿t,而创造的GDP仅相当于世界的4%。矿业的粗放经营与低效率利用,造成的资源短缺已成为我国经济可持续发展的"硬约束"。同时,我国以重化工为主要特征的发展阶段与产业技术水平加剧了资源供需矛盾,2003年重化工业产值占工业增加值的64.3%,而印度重化工业占的比重不足20%,我国单位GDP消耗的物质资源数量远高于发达国家现有水平,粗略估计,约为印度的3倍、美国的10倍、日本的20倍、德国的6倍。对资源的基础性作用重视不够,一些地方把发展简单地理解为GDP的增长,为了增长,不惜一切代价忽视资源和环境问题的解决,这种经济增长模式最终将导致地区矿产资源的枯竭,区域经济急速衰退。许多典型的资源型城市,如辽宁阜新、黑龙江鸡西等,已不同程度地出现了结构性衰退的迹象。据2001年统计数据,目前我国有426座产业结构单一、以采掘和原料工业为主导的资源型城市(镇),人口达31 084万人,可见矿业城市在城市中占有较高的比重,是我国城市的重要类型,对全国经济社会的稳定和发展具有举足轻重的作用。如何解决好资源型城市的发展问题已成为关系国计民生的重大问题。

同时,矿业的粗放经营与低效率利用造成的矿产资源结构性短缺给国家安全问题带来了巨大的隐患。资源安全是指一个国家或地区可以持续、稳定、及时和足量地获取所需自然资源的状态,或指一国或一地区自然资源保障的充裕度、稳定性和均衡性。资源安全是国家安全的基点。但到目前为止,我国还没有真正意义上的保证国家安全的矿产资源储备,而只有矿产资

源的自然储备,且自然储备量严重不足,部分矿产主要依赖进口满足供应需求。如我国在1993年成为石油净进口国之后,对外石油依赖度不断上升。目前,我国进口石油的62%来自中东。中东局势的恶化,特别是考虑到美国对伊拉克进行军事打击,其实际目的在于控制和支配中东的石油资源,将使我国经济受到石油制约的可能性提高,生存安全将受到霸权和区域强权的威胁。同时还应考虑,美国不断加大在印度洋的军事存在,构成对我国海上石油运输安全的隐患。

树立和落实科学发展观已成为当务之急,必须建立科学高效的用能机制,从可持续发展的角度开发和使用能源,我国21世纪头20年的奋斗目标是力争在2020年人均GDP达到3 000美元以上,而这一过程更要走以降低资源能源消耗为核心的新型工业化道路。

(2) 矿产资源开发利用对生态环境破坏严重

由于目前矿产资源的采、选、冶过程中排放的废气、废水、废渣治理率低,矿物冶炼排放的大量废气,尤其是燃煤产生大量有害烟尘和二氧化硫,造成严重的大气污染。矿区废液的排放严重破坏了小流域生态,不仅污染了土壤、地表水体,还使得流域内的林木、牧草及农作物受害减产甚至绝收。由于地表水体被污染,大量的开采地下水资源成为必然,然而过度开采地下水不仅不能缓解水资源短缺,而且会加剧地质灾害。近几年来,地方办矿发展较快,但因我国长期以来对矿山开发诱发的灾害问题未引起足够的重视,防范不力,乱采乱挖,废石废渣乱堆乱放等现象屡禁不止,不仅占用了大量土地,给农业发展带来了极大的威胁,而且会引起崩塌、滑坡、泥石流和地面沉降等重大地质灾害。以华北、西北地区问题尤为严重。

(3) 矿产资源勘探、开发等环节缺乏完善的管理手段

目前,全国各地地方办矿面广量多,很多地区存在着与国有企业争原料、争场地的矛盾。如不经批准就乱采乱挖,破坏了矿产资源;有些矿种大材小用,利用不当。太行山地区曲阳大理石矿,采挖时炮轰、锤敲,把本来完整的大理石炸得破碎不堪。涞源铜矿中伴生有不少铅锌矿,但因不重视综合利用而白白浪费。种种问题的存在,主要是因为我国现行矿业管理体制不完善,还缺乏市场经济条件下对矿产开发的"三率"(开采回采率、采矿贫化率、选矿回收率)进行监督,以及对乡镇矿业的发展没有进行正确引导的有效途径与手段,也存在矿产资源管理立法不够完善的问题。如《矿产资源法》的相应配套法规尚不完整,缺乏适应社会主义市场经济条件下矿产资源管理的具体规定,更缺乏一部适应我国国情的《矿业法》。这些都会影响到我国矿产开发秩序的建立和矿业的健康发展。

7.3.2 可持续开发利用矿产资源的措施和途径

在我国的现代化建设中,矿产资源具有十分重要的战略地位。从我国国情出发,站在可持续发展的高度研究我国矿产资源供需形式,提出对策措施,对于保障国民经济及社会可持续发展和国家安全具有重要意义。

1) 加速地质勘察技术创新,积极发展基础性、公益性地质勘测

地质勘察工作要注重科技创新,提高国土研究和资源保有程度。发展深部矿勘查技术。使我国的勘查开发平均深度从400 m以上延拓到400～800 m,以大幅度扩大我国的矿产资源基础;发展先进的勘查、采矿与选矿技术,争取使我国的"三率"提高3～5个百分点;通过提高现有矿产资源的利用水平来扩大资源的保有程度;发展海域矿产资源勘查开发技术,提高海洋油气及其他矿产的产量,扩大我国矿产资源远景基础,为海域矿产资源的商业性勘查

开发做好资源和技术准备。

加快技术更新步伐,主要是提高成熟、适用技术的普及率。对现有的勘察、开发和综合利用技术重新评价论证,进行全面清理,定期公布并淘汰一批对资源环境破坏严重、工艺落后的技术,同时大力推广适用技术,充分发挥现有的生产设施和人才力量。在此基础上建立以商业性地质勘察为主体的地质勘察工作新格局。新格局的建立最根本是国家要做好基础性、公益性地质工作,减少商业性勘察风险,为引导商业性勘察投资方向提供基础。基础性、公益性地质矿产调查的内容主要包括区域地质和区域矿产地质调查、区域水文地质、工程地质、环境地质调查、区域地质物理调查、区域地球物理调查、区域地球化学调查、遥感地质调查、地质灾害调查、矿产资源前期预测评价及与上述区域性调查工作相关的科学技术研究等。其目的是为国家进行宏观调控提供基础性资料和依据,为政府履行矿产资源规划、管理、保护和合理利用服务,为社会公众提供公益性矿产资源信息。建议将基础性地质勘察工作作为扩大内需和实施西部大开发战略的重要内容,明确列入国家基础设施的建设范围,像重视铁路、高速公路等基础设施建设一样,大力向我国紧缺而又有资源潜力的石油、天然气、锰、铜等矿产的勘察倾斜,向西部地区矿产勘察倾斜。现有的投入规模尚不能满足社会对基础性、公益性地质勘察工作的需要、难以拉动商业性地质勘察投资。

2) 促进资源开发与环境保护协调发展

矿产开发对环境的影响只有限制在环境可承受的范围内,才可保证人类社会的可持续发展。人类社会长期以来是以牺牲自然环境为代价的,这种后果将影响人类自身生存与发展,世界各国对此已取得共识。矿产勘察与开发是改变自然的活动,从业者有责任保护自然环境。在这方面,首先要严格控制新建矿山项目和鼓励在建或废弃矿山的生态环境建设;对新建矿产资源开采项目提高准入的经济技术与环境要求;设置新建矿山特别是小型矿山的最低门槛,有效控制矿山企业数量,提高矿山企业的办矿质量;促进矿产资源开发与环境生态保护的协调发展;禁止新建对生态环境产生不可恢复利用的破坏性影响的矿产资源开采项目,并鼓励废旧金属及其他资源的回收利用,提高"三废"综合利用率。此外,还需要:

(1) 对于将要勘查与开发的矿产要防、治结合,在勘察与开发设计中要列入防止破坏环境的措施以及恢复环境的工作内容;

(2) 对正在勘察与开发的矿山要按照有关法规边开发边治理;

(3) 对已关闭矿山,加强对环境变化和影响的动态监测。防止潜在的环境退化,并由国家负责逐步组织治理。

要进一步完善国家环保法律、法规中有关矿业方面的内容,并制定适合我国经济发展阶段的矿产开发的具体环保要求(加矿山环境保护法规),并由国家矿产勘查、开发管理部门列入矿产勘查与采矿立项的工作内容中去;实施矿山开发全过程的环境管理,并纳入该地区社会经济发展规划。

3) 建立符合市场经济机制运行的矿业新秩序

我国传统的矿业管理体制、经售体制越来越不适应社会主义市场经济发展的要求,应逐步建立和完善适应社会主义市场经济要求的矿产资源管理体制和运行机制,实现矿产资源利用方式和管理方式的根本转变,以适应社会主义市场经济和国际竞争的需要。其重点大致包括以下几个方面:

(1) 制订适合于我国国情的《矿业法》,实行依法治矿、依法管矿、依法开矿,以实现经济社会可持续发展和资源、环境可持续利用为最终目标,以加强宏观调控、推进产业结构战略性调整为主线,依靠科技进步,充分利用"两种资源、两个市场",加强管理,拓展服务领域,通过法制保障更好地发挥地质矿产工作在我国经济现代化、社会现代化和城市现代化进程中的作用。

(2) 宏观调控与市场配置资源相结合。在通过依法行政、加强执法力度、完善规划体系和产业政策来加强政府对矿产资源宏观调控的同时,充分发挥市场机制优化配置资源的基础性作用,调节资源配置,优化生产结构,转变资源利用方式和方向,引导生产要素合理有序流动,实现矿业可持续发展。

(3) 建立全球矿产资源和矿产工业信息系统。完善地质资料汇交制度、矿业权人勘察开发利用情况报告制度和矿山监督制度,对矿产资源勘察、开发利用状况进行系统的监测,及时、准确地掌握全国范围和重点矿区的矿产储量增减、资源利用水平、矿山生态环境等的动态变化及规划实施情况。开展矿产可供性研究及相应政策措施研究,建立面向社会的开放式规划管理信息系统,为政府决策提供便捷、有效的服务,接受社会对规划实施情况的监督,以规划管理信息化带动规划管理科学化和服务社会化。

4) 适当拓宽矿产勘查和矿业开发方面的国际合作

早在20世纪50年代,我国就已初步开展了油气勘察和开发方面的国际合作,并取得了良好的效果。在世界经济国际化的大趋势不断增强的形势下,国际矿产的勘察与开发合作日益活跃。我国作为矿业大国进入国际矿业大市场是国内与国际市场的共同需求,符合国家利益。

首先,要充分利用国外资源,实行国内外资源互补。我国紧缺的矿产,如石油、富铁矿、铜矿、锰矿、铬铁矿、钾盐、金刚石等,国外均较丰富;而我国的不少优势矿产,如稀土、钨、锡、锑、煤、石墨、菱镁矿、滑石、重晶石、萤石、叶蜡石等又是国外所需。因此,进行国内外资源的互补是必要的,其关键在于制定与实施有效利用国外资源和开拓国外矿产品市场的战略措施。如原油要减少出口,增加石油储备;充分利用国外富铁矿资源,加速国内钢材出口,以出养进等。

除扩大进口贸易外,还应支持国内企、事业单位到国外进行风险勘察、开发矿产资源,采取独资或合作方式直接参与开发,建立海外矿业供应基地,或与有关国家建立长期稳定的矿产供求关系。在此过程中,国家对到国外从事矿产勘察与开发的企、事业单位要给以优惠政策,尤其是风险勘察阶段,应给以风险贷款,由国家承担一定风险。对优势矿产的出口,既要扩大企业出口经营权,又要加强宏观调控和管理,维持价格均衡;要从政策上多鼓励出口高附加值及深加工产品,不鼓励甚至限制未加工或粗加工资源性矿产品出口;要从比较利益原则出发,对其他矿产实行有进有出的战略,对于国内资源不足但精加工(冶炼、炼油)能力过剩的矿产,可采取出口成品、进口原料,并力争大出多进的战略等,以提高矿产品外贸的国际支付能力。

总之,以不同的形式加强矿业勘察与矿业开发方面的国际合作,是发展我国矿业、满足我国国民经济建设对矿产资源需求的一条重要途径。

5) 构建稳定、安全和经济的矿产资源储备体系建立战略矿产储备体系

矿产资源的保证程度涉及国家的安全。在和平时期为保证同家经济和社会发展及稳定,除了本国的政治因素外,获取足够的资源保证是重要的物质基础。在战争期间,关键性的战略矿产资源更是国家取得战争胜利的重要保证条件之一。因此,对任何一个国家而言,矿产资源储备问题都是涉及国家安全的关键性问题。以石油为例,1962年经合会组织(OCED)提出储备60天石油需要的建议。1980年国际能源机构(IEA)规定各石油进口国有义务保有相当于90天净进口量的石油储备。同时,欧共体把储备要求亦提升为90天。

1993年美国的石油储备近 2 亿 t,储备要求达 99 天。日本、德国、意大利的储备分别为 7 807 万、4 016 万 t、2 127 万 t。法国、英国、加拿大和荷兰的石油储备均超过 1000 万 t,可用天数依次为 75 天、76 天、70 天和 226 天。前苏联解体后,美国石油储备有所减少,但目前仍有近 1 亿 t。美国能源部 1997 年 8 月新出台的战略计划中仍强调要加强储油基础设施的建设,使储备石油由 1997 年的每天 370 万桶,提高到 2000 年的每天储备 420 万桶。其他战略矿产资源,如铂、稀土、钴、铂、镍、锡、钨等,这些主要发达国家亦都有储备。

我国虽属矿产资源大国,但矿产资源安全形势严峻。为此,应尽早建立矿产资源安全供应的顶替系统,逐步建立适合我国国情的战略矿产储备体系,增强抵御突发事件、国际局势动荡和国际市场风险的能力。当前,要研究确定与我国经济发展规模相适应的储备种类与指标,建立战略矿产储备的法律制度、经济政策、管理体制和技术方法。重点实施石油等重要短缺、战略矿产的储备制度。树立全民保护和合理利用资源的自觉性,将"节约资源"作为与"控制人口、保护环境"同等重要的基本国策。坚持开源与节流并举,节约优先的方针,合理使用、节约和保护水、土地、矿产、能源、森林资源。充分利用国际国内两个市场、两种资源,重点利用国际贸易分工,购买重要矿产满足国内市场需要。调整产业结构,转变生产方式和消费模式,用循环经济理念指导区域发展、产业转型,充分发挥产业集聚和工业生态效应。加快发展低耗能、低排放的第三产业和高技术产业,用高新技术和先进适用技术改造传统产业,优化地区产业布局,实现基础设施的最大共享。通过经济和行政的手段,限制高耗能、高耗水、高污染和浪费资源的产业,以及开发区的盲目发展。建立可持续消费模式,走紧凑型城市化道路;建立综合运输系统,最大限度地控制建筑和交通能耗的快速增长。

主 要 参 考 文 献

[1] 包浩生,彭补拙.自然资源学导论.南京:江苏教育出版社,1999
[2] 宋瑞祥.'96 中国矿产资源报告.北京:地质出版社,1997
[3] 苏彪,田春荣.1996 年中国石油进出口状况分析.国际石油经济,1997,5(2)
[4] 曹异生.我国有色金属供需状况及前景预测.世界有色金属,1994,(8)
[5] 中国矿床编委会.中国矿床(中册).北京:地质出版社,1994
[6] 国家统计局.当代中国之最.北京:中国统计出版社,1994
[7] 朱训.中国矿情·第一卷:总论·能源矿产.北京:科学出版社,1999
[8] 朱训.中国矿情·第二卷:金属矿产.北京:科学出版社,1999
[9] 朱训.中国矿情·第三卷:非金属矿产.北京:科学出版社,1999
[10] 陈毓川,等.矿产资源与可持续发展.合肥:中国科学技术出版社,1999
[11] 2002 中国资源报告:153—154
[12] 程裕淇,等.大地中的宝藏——实说中国的矿产资源.北京:清华大学出版社,2002
[13] 刘玉强,龚羽飞.我国主要矿产资源及矿产品供需形势分析与对策建议.矿产与地质 2004,18(3)
[14] 高等学校(矿业)"十五"规划教材——矿产资源学:282—292
[15] 2004 年中国国土资源可持续发展报告:55—65
[16] 中国地质调查局.国土资源大调查矿产资源调查评价成果精编,2010-6
[17] 国土资源部.中国矿产资源报告(2011),2011-11
[18] 国务院新闻办.中国的稀土状况与政策白皮书,2012-6

8 能源资源

人类生产和生活离不开能源,能源资源有时被称为人类社会的生命线,是社会发展、实现现代化和提高人民生活水平的重要物质基础,是一个国家经济发展的重要支柱,在国民经济中占有十分重要的地位,而且影响到世界政治局势的变化。同时,能源消费水平在一定程度上也是衡量一个国家或地区经济发展和人民生活水平的重要标志之一。

8.1 能源的概念、特性和分类

8.1.1 能源的概念

能源是能量资源或能源资源的简称,关于能源的定义,目前约有 20 多种。《科学技术百科全书》定义为:"能源是可从其获得热、光和动力之类能量的资源";《大英百科全书》定义为:"能源是一个包括所有燃料、流水、阳光和风能的术语,人类用适当的转换手段便可让它为人类自己提供所需的能量";《日本大百科全书》定义为:"在各种生产活动中,我们利用热能、机械能、光能、电能等来做功,可利用来作为这些能量源泉的自然中的各种载体,称为能源。"我国的《能源百科全书》定义为:"能源是可以直接或经转换提供人类所需的光、热、动力等任一形式能量的载能体资源。"由此可见,能源是一种呈多种形式的,且可以相互转换的能量的源泉。

《中国大百科全书》将"能源"定义为:可产生各种能量(如热量、电能、光能和机械能等)或可做功的物质的统称,是指能够直接取得或者通过加工、转换而取得有用能的各种资源,包括煤炭、原油、天然气、煤层气、水能、核能、风能、太阳能、地热能、生物质能等一次能源和电力、热力、成品油等二次能源,以及其他新能源和可再生能源。可以概括地说,凡是能够提供某种形式能量的物质或物质的运动都可以称为能源。

8.1.2 能源的一般特性

能源资源除具有自然资源的一些共同特性外,还具有其本身的一些特点。

1) 多样性

地球上的能源主要有六种形式:① 辐射能(直接太阳辐射);② 运动能(水力、潮汐、风力、波浪);③ 生物能(木材、油脂等);④ 化学能(煤、石油、天然气等);⑤ 原子能(铀、钍、锂等);⑥ 传导能(地热、温泉、地下热水等)。

地球上最主要的能源是太阳能。被地球截获的太阳能开动着地球表面上的大气"热机",驱动着广阔大洋中的海水流动,哺育着地球上的一切生命,并被储存和转化成地下的化石燃料。每天到达地球的太阳能大约相当于 5 千亿 t 煤的能量。被植物接受(照射到植物表面)的1%的太阳能中,50%被反射掉,另外50%当中又有90%以上用于蒸腾,只有4%用于光合作用。也就是说,到达地球表面的太阳能只有0.02%用于光合作用。而在光合作用产生的能量中,50%用于植物本身的吸收,只有50%被积累下来,即只有达到地表的0.01%的太阳能被存储在有机体内。被动物食用的植物有机体大约只占植物总量的1%。

2) 转化性

人类使用最方便的能源是次生能源——电力,许多原子能也都被转化为次生能源。最常规的化石燃料转化成最常用的电力往往必须经过从燃料到热、从热到机械能、从机械能到电力这三个步骤。

(1) 从燃料到热

作为能源使用的化石燃料都要经过燃烧而转化为热。热可以直接利用,也可以通过热机转化为机械能,再通过发电机进一步转化为电能,然后输出供用户使用。世界上通过热这个环节而被利用的能源占90%左右。

燃料中的化学能在炉内转化为有效能的程度称为第一效率,即炉子的效率。

$$第一效率 = \frac{有效热}{燃料热值} \tag{8.1}$$

各种炉子的第一效率为:电站锅炉90%~94%,工业炉50%~70%,家用煤气50%,家用煤炭炉10%~20%。一般说来,炉子越小,效率越低,相对来说,污染也越严重。

(2) 从热到机械能

把热转化为机械能比燃料的化学能转化为热要复杂得多。煤或其他燃料在炉中燃烧后产生高温,把热传给锅内的水使其变成具有一定温度和压力的蒸汽,蒸汽进入汽缸,在膨胀过程中推动活塞,经过连杆转动曲轴输出机械功。

按照热力学第二定律,热机不可能将热源传给工作介质(水或蒸汽)的热 Q_1 全部转化为机械功 W,必有一部分热量 Q_2 传给冷源,热机的输出功率只有 $W=Q_1-Q_2$。热机将热量转化为机械能的程度叫热效率。

$$\eta = \frac{W}{Q_1} = \frac{Q_1-Q_2}{Q_1} = 1 - \frac{Q_2}{Q_1} \tag{8.2}$$

由式(8.2)可知,Q_2 越小,热效率 η 越高。或者说,做功以前的蒸汽温度 T_1 越高,做功以后的蒸汽温度 T_2 越低,则热效率越高,即热量转化为机械功的部分越大。

(3) 从机械能到电力

燃气轮机是大型火力发电厂及工业动力、大型船舰的主要动力装置,它把往复式活塞结构改为旋转式叶轮机械,热效率比蒸汽机要高。燃气轮机是用油、气做燃料同高压空气混合在一起燃烧,产生高温燃气直接进入汽轮机做功。燃气温度 T 可达1 000 K以上,排气温度则在400~600 K之间。为充分利用余热,还可将排气引入回热器,利用它来预热进入燃烧室的压缩空气或将排气引入余热锅炉来加热产生水蒸气,再通过汽轮机做功。

在燃烧化石燃料发电过程中,发出的电能与燃料的潜能(即热值)之比就是整个火力发电装置的实际效率 $X=E/P$。其中,X 为发电效率,E 为获得的电能,P 为燃料所含的潜能。平均来说 $X=30\%$,即燃料潜能的70%在燃烧过程中变成了余热散失到环境中,而这些余热很难再加以利用,因为它们的温度不比环境温度高多少。这70%的损耗包括两部分:一部分是由于利用技术不完善造成的浪费;另一部分是任何完善技术也无可避免的、遵照热力学第二定律必须交纳的"过境税"。锅炉或热装置的效率是第一效率,整个发电过程的效率则是第二效率。第一效率与第二效率之差越大,说明发电装置的改进潜力就越大。

3) 地域分布的不均一性

地球上任何一种能源都有一定的地域分布,而这种分布又受各种地带性和非地带性因素的影响和制约,因此,能源资源有明显的地区性差异。如太阳能的大小决定于纬度、海拔高度和云量的多少,我国太阳能年总量分布的高值和低值中心都处于北纬 $22°\sim35°$ 之间,青藏高原海拔高、云量少是一个高值中心,四川盆地云量多是全国低值中心。又如石油资源的分布受非地带性因素的制约,分布在世界各地的含油沉积盆地内,沉积岩的面积、体积和有机物的丰富程度,以及运移、储存石油的地质条件决定了石油资源的多少。能源分布的不平衡在一定程度上影响到一个国家生产力的布局和经济的发展。

4) 双重性

各种能源既有它的优势也有它的缺点或不足之处。能源利用的正效果是促使经济发展,负效果是污染环境,即一方面是能源资源,另一方面又是污染来源,具有双重性的特点,因而使能源问题复杂化。有的能源开发利用时可能对环境造成一定程度的危害,有的能源则不会造成对环境的危害。目前,全世界利用的能源中 90% 是化石燃料,这种被广泛利用的能源一方面通过开动各式各样的机器促进社会经济的发展,给人类带来福利,另一方面通过在能源利用过程中产生的废物对自然环境造成污染,也给人类带来危害。如煤炭资源的优点是储量大,开采量尚可不断增加;不足之处是当煤炭需要量不断增加时,采煤费用急剧上升,对环境造成严重污染,同时煤矿工人工作也有一定的危险性。石油资源的优点是适合于生产各种形式的能源,加工也较容易,但石油储量日益枯竭,按目前储量估计只够再用 $40\sim50$ 年,分布又极不均匀,只埋藏于少数国家和地区;油轮损坏、漏泄及烧油等都会造成环境污染,破坏生态平衡。水能资源的优点是不会污染环境,在一定条件下还可以改善环境;缺点是局限性较大,只限于少数地区;水利工程的建设会带来移民等一系列问题,水坝的破裂将会发生大的水灾等。太阳能是一种取之不尽用之不竭的能源,不会造成环境污染;但需要强烈而足够的日照及巨大的收集太阳能的面积,价格昂贵,能源输送过程中损失巨大等。因此,要根据各种能源资源的特点,充分发挥其优点,克服不足之处。

5) 能源品质的差异

能源的品质,主要是看单位重量燃料全部转化成热量时其焦耳数是多少。根据形式和种类可将能源归纳为储存式能源和流动式能源,前者包括化石燃料、核燃料和生物燃料,后者包括太阳能、水能、风能、海洋能和地热能。储存式的化石燃料和生物燃料大都通过燃烧转化为热,因此可用热值来评价其品质。原煤的热值约为 21 000 kJ/kg,石油的热值约为 42 000 kJ/kg,可见,石油的品质比煤要高出一倍。不同煤的含碳量和热值也不一样,无烟煤最高,其次为烟煤,再次为褐煤。流动式能源的品质主要是看其能流密度,即一定空间或面积内从某种能源那里所能接收到的能量;或者这种能全部转化成为电力时每平方米受能面积上的功率有多大(瓦数是多少)。太阳能和风能的能流密度很小,每平方米 100 W 左右,水力的能流密度大些,核能的能流密度最大。

评价能源品质,有一个能源转化效率问题。凡是能得到较高燃气初温、热效率较高的能源可称为高品位能源,否则就是低品位能源。凡是能够直接转变成为机械能或电能的能源(如水力),其实际效率(第二效率)或者说品位就比必须先经过热这个环节的能源(如化石燃料)高一些。应该根据品位(初温)的高低适当选择热机,合理利用能源。例如,地热的初温大多在200~300 ℃以下,是低品位能源,用于发电不可能有高的热效率,但用于供应热水或取暖又有些可惜。

评价能源的品质高低还涉及能源的某些物理特性、地理特性或技术特性。人们希望能源能够按照需求或大或小、或快或慢、连续不断地供应能量,这就要求储存能源,满足供应的连续性,即不用时可以储存起来,用时可以立即产生能量。太阳能和风力较难储存,供应也很不稳定,而化石燃料和核燃料则较易储存,也容易做到连续供能。由于用户往往不在能源产地附近,要实现能源的连续性,还必须考虑能源的运输难度。因此,能源的地理分布也必然影响到它的实用价值的高低。例如,靠近工业发达而能源又较为稀缺地区的两淮煤矿的实用价值就比远离消费市场的山西煤矿要高些。能源的品质高低还取决于开发和利用它的设备费用的高低。能源密度小的太阳能和低品位的地热能,如果用于小规模的供热,其设备费用不算太高,但如用于发电,其设备费用就很昂贵,约为每千瓦几千元到上万元;而火力发电和水力发电的设备费用就较便宜,每千瓦约为几百元到一千元。随着科学技术水平的发展和交通状况的改善,取决于物理特性、地理特性和技术特性的能源品质也会发生相应的变化。

目前,评价能源品质时,特别强调能源的可再生性和非再生性以及它们的环境效应(污染程度)。属于非再生能源的核燃料和化石燃料对环境的危害性和污染程度比较大,属于可再生能源的生物燃料对环境的污染比较小,太阳能、风能、水能和地热能基本上是没有污染的能源。营造薪炭林,建设沼气池,合理利用生物能源,还可以改善环境,增加肥料,促进农业生产。

8.1.3 能源的分类

自然界能源的种类很多,性能差异甚大,它们的分类也各种各样,众说纷纭。如果进行综合分析,可以从以下几个方面进行分类:

按能源的使用状况,可以分为常规能源和新型能源。前者指在当前已被人类社会广泛利用且利用技术成熟、使用比较普遍的能源,如可再生的水能、生物燃料和不可再生的石油、煤炭、天然气等;后者又称为非常规能源,指在当前技术和经济条件下,尚未被人类广泛、大量利用,但已经或即将被利用或可能加强利用的能源,如太阳能、风能、地热能、海洋能、生物能、氢能以及用于核能发电的核燃料等能源。由于新型能源的能量密度较小,或品位较低,或有间歇性,按已有的技术条件转换利用的经济性尚差,还处于研究、发展阶段,只能因地制宜地开发和利用。但新型能源大多数是可再生能源,且资源丰富,分布广阔,是未来的主要能源之一。按能源的性质,常规能源和新型能源均可进一步划分为燃料能源与非燃料能源(见表8.1)。

按能源的成因,可分为天然能源(又称一次能源)和人工能源(又称二次能源)。前者即以自然界中天然形式存在的能源;后者即一次能源经过人为加工转换为其他形式的能源。直接来自自然的能源大都要转换成热能、机械能和电能才能为人们利用。无论是天然能源还是人工能源,人们不仅可以把它们当作能源使用,也可以当作物质使用。如拦河筑坝蓄水发电是将水作为能量来使用,但工农业生产和人民生活中的用水则是将水作为物质来利用;同样,煤和石油等既是能源的燃料,又是重要的化工物质原料。

表 8.1 能源分类表

按使用状况分	按性质分	按成因分	
		一次能源（天然能源）	二次能源（人工能源）
常规能源	燃料能源	泥煤（化学能）	煤气（化学能）
		褐煤（化学能）	焦炭（化学能）
		烟煤（化学能）	汽油（化学能）
		无烟煤（化学能）	煤油（化学能）
		石煤（化学能）	柴油（化学能）
		油页岩（化学能）	重油（化学能）
		油砂（化学能）	液化石油气（化学能）
		原油（化学能、机械能）	丙烷（化学能）
		天然气（化学能、机械能）	甲醇（化学能）
		生物燃料（化学能）	酒精（化学能）
			苯胺（化学能）
			火药（化学能）
			余能（化学能）
	非燃料能源		电（电能）
		水能（机械）	蒸汽（热能、机械能）
			热水（热能）
			余热（热能、机械能）
新型能源	燃料能源	核燃料（核能）	沼气（化学能）
			氢（化学能）
	非燃料能源	太阳能（光能）	
		风能（机械能）	
		地热能（热能、机械能）	激光（光能）
		激光（光能）	
		潮汐能（机械能）	
		海水热能（热能）	
		海流、波浪动能（机械能）	

徐寿涛. 能源技术经济学. 长沙：湖南人民出版社，1981

地球上的天然能源大致分为四类：① 来自地球以外的太阳能；② 来自地下的地热、核燃料与化石燃料；③ 来自海洋的潮汐能、波浪能、海流能和温差能；④ 采自地面的水能、高山冰雪储能以及动植物储能。根据是否能够"再生"、"更新"，天然能源又可分为再生能源和非再生能源（见表 8.2）。前者一般称之为"取之不尽，用之不竭"的能源；后者不能重复生产，总有一天会被人类耗尽。化石燃料是储量有限容易枯竭的不可更新的非再生资源，而且是造成环境污染的主要根源。非再生资源的储量有两种，即可采储量与潜在储量。前者是指已经探明的，在技术上和经济上都具有开采价值的储量；后者则除了包括可采储量以外，还包括那些尚未完全探明或在技术和经济上还不具备开采价值的储量。通常所说的储量，一般是指已探明的可采储量。

表 8.2 一次能源分类表

按来源分	按再生性分	
	再生能源	非再生能源
第一类能源（来自地球外壳）	太阳能	无烟煤
	水能	褐煤
	风能	烟煤
	海水热能	石油
	海流动能	原油
	波浪动能	天然气
	生物燃料	油页岩
	（雷电能）	石煤
	（宇宙射线能）	油砂
第二类能源（来自地球内部）	地球能	核燃料
	（火山能）	
	（地震能）	
第三类能源（来自地球和其他天体的作用）	潮汐能	

注：括号中的能源现在尚未利用或利用不成熟

8.2 各类能源资源的概况及作用

8.2.1 各类能源资源的概况

1) 石油与天然气资源

世界石油资源主要集中分布在以下地区：地质构造稳定区与活动带的过渡带，尤其是靠近活动地带的稳定基底上，如北非、中东波斯湾、乌拉尔山两侧、西伯利亚，南北美洲沿科迪勒山系东侧；沿古地中海区（包括地中海南侧的北部）、印度河流域、孟加拉国至印度尼西亚、墨西哥湾；大陆板块两侧的大陆架区，如西非、北海、美国的加利福尼亚。上述三个地区交叉重合地带石油资源尤为丰富，如波斯湾、墨西哥湾等。

据美国《油气杂志》资料，2011 年底世界石油估计探明储量 2 086.61 亿 t，中东国家 1 095.35 亿 t，占世界总储量的 52.49% 左右，超过 25 亿 t 的国家有 14 个；天然气探明储量约 188.23 万亿 m^3。我国有 246 个沉积盆地，沉积岩总面积达 545 万 km^2（其中陆上 424 万 km^2，海上 1.21 万 km^2），沉积岩总体积 2 203 万 km^3，其中生油岩体积 504 万 km^3，油气资源相当丰富。据估计，截至 2011 年底我国石油剩余储量为 202.63 亿桶（约 27.76 亿 t），列世界第 14 位。2011 年我国石油勘查新增探明地质储量 13.70 亿 t，同比增长 20.6%，是新中国成立以来第 9 次超过 10 亿 t 的年份。新增探明技术可采储量 2.66 亿 t，同比增长 21.4%。2011 年石油新增探明地质储量大于 1 亿 t 的盆地有 5 个，其中鄂尔多斯盆地新增 4.43 亿 t，塔里木盆地新增

1.98 亿 t,渤海湾盆地新增 1.97 亿 t,准噶尔盆地新增 1.95 亿 t,渤海海域新增 1.37 亿 t,合计新增探明地质储量 11.71 亿 t,占全国新增探明地质储量的 85.5%。

我国天然气储量约有 47 万亿 m^3,目前已探明资源储量 4.7 万亿 m^3,约占世界探明储量的 2.49%。陆地主要分布在陕甘宁鄂尔多斯盆地中部地区、四川盆地川东地区、新疆塔里木盆地和青海柴达木盆地四大气源区;近海主要分布在渤海、东海和南海三大气源区。其中陆上四大气田的地质储量超过全国的 60%以上。2011 年新增探明地质储量超过千亿立方米的大气田有两个,分别为长庆苏里格和南方元坝。2011 年全国新增探明地质储量大于 300 亿 m^3 的盆地有四个,其中四川盆地新增 2 783.70 亿 m^3,鄂尔多斯盆地新增 2 297.17 亿 m^3,塔里木盆地新增 1 083.88 亿 m^3,松辽盆地新增 398.05 亿 m^3,合计新增探明地质储量 6 562.80 亿 m^3,占全国新增探明地质储量的 85.7%。

2) 煤炭资源

世界煤炭资源储量非常大,占全球化学能源储量的 78.9%,远远超过石油、天然气的埋藏量。2010 年末,世界煤炭探明可采储量为 8 609.38 亿 t,按目前生产速度可开采 100 多年。就煤炭质量而言,世界煤炭资源中,硬煤占 $\frac{3}{4}$,褐煤占 $\frac{1}{4}$,亚洲国家优质煤(发热量大于 5 700 kcal/kg)占总资源的比重较高。世界主要产煤国家的煤炭储量如表 8.3。用石油当量表示,在所有探明储量中,经济上可回收的煤炭数量约等于 3 万亿桶原油,即等于现已探明原油储量的 4~5 倍,未探明的储量可能大大超过已知储量。

表 8.3 2010 年末世界主要采煤国家煤炭储量(亿 t)

国　家	无烟煤和烟煤	次烟煤和褐煤	合　计	占世界比例	R/P(储采比)
美国	1 085.01	1 287.94	2 372.95	27.6%	241
俄罗斯	490.88	1 079.22	1 570.10	18.2%	495
中国	622.00	523.00	1 145.00	13.3%	35
澳大利亚	371.00	393.00	764.00	8.9%	180
印度	561.00	45.00	606.00	7.0%	106
德国	0.99	406.00	406.99	4.7%	223
乌克兰	153.51	185.22	338.73	3.9%	462
哈萨克斯坦	215.00	121.00	336.00	3.9%	303
南非	301.56	—	301.56	3.5%	119
哥伦比亚	63.66	3.80	67.46	0.8%	91
加拿大	34.74	31.08	65.82	0.8%	97
波兰	43.38	13.71	57.09	0.7%	43
印度尼西亚	15.20	40.09	55.29	0.6%	18
巴西	—	45.59	45.59	0.5%	大于 500 年
希腊	—	30.20	30.20	0.4%	44
巴基斯坦	—	20.70	20.70	0.2%	大于 500 年
匈牙利	0.13	16.47	16.60	0.2%	183
世界总计	4 047.62	4 561.76	8 609.38	100%	118

资料来源:BP Statistical Review of World Energy,2011

世界各地都有煤炭资源,但煤炭资源主要集中在北半球,占92.2%,南半球仅占7.8%。北半球又主要分布在北纬30°~70°之间的北温带广大地区,占世界煤炭资源的70%。世界许多国家都有一定的煤炭储量,但已知储量中大部分集中分布于中国、美国与俄罗斯。据地质学家推测,包括南半球在内的世界很大一部分地区都有相当大的煤炭储量,世界煤炭资源很可能大大超过目前统计的储量。海底煤炭未估算在最乐观的煤炭资源估计数内,但可以相信,同石油资源一样,在近海底下也有大的煤炭储量。事实上,北海南部大气田的天然气正是由煤矿床形成的。

我国从早古生代至第四纪各时期地层中几乎都有煤炭分布,大部分煤炭资源主要形成于古生代的石炭纪和二叠纪,特别是中晚石炭纪在华北地区构成我国最大、最重要的近海型含煤地层;中生代晚三叠纪到侏罗纪,温暖潮湿的气候由我国西南向东北逐渐推移,也是重要成煤时期,这一时期成煤面广,除东北、西南、华南的部分地区外,多数形成内陆型煤系。

我国煤炭资源的地区分布不均,华北地区占总储量的71.13%,西北9.05%,华东8.65%,西南5.16%,东北3.68%,中南2.33%。目前已探明储量的地区分布为:华北占60.17%,以西南11.3%,西北9.23%,东北8.73%,华东6.58%,中南3.7%;其中山西省探明储量达2 000亿t,约占全国的八分之一,而且质量、品种均居全国首位。

我国的煤炭资源探明储量近几年又有增加,若把埋藏深度在2 000 m以内的预测储量计算在内,2011年我国煤炭总储量达50 592亿t。2011年我国煤炭产量达35.2亿t,多年居世界第一。

3) 水能资源

水流由势能变为动能,推动机器运转,成为一种能量的来源。水能资源是指蕴藏在陆地地表流水中的能量资源,是一种可更新资源。

水能资源是人类最早利用的能源之一。早在3 000年以前,人类就创造了水车、水磨,以及利用落水冲击水轮来提水灌溉、碾米、磨粉,成为不少机器的一种动力。蒸汽机发明后,煤代替水力成为工业的主要动力。至19世纪末第三次产业革命开始,电的发明给能源利用带来了新的革命,水能资源的利用再次受到人们的重视,从直接利用发展到水力发电阶段。

水能利用具有以下优点:① 水能是可以再生且又干净的常规能源,较之太阳能、地热能、波浪能等可再生能源,技术经济条件成熟,而且作为水电"燃料"的水,在利用过程中不发生化学变化,不会产生环境污染;② 在开发水能的同时,可因地制宜地发展综合利用,一水多用,如防洪防旱、灌溉、航运、给水、养殖,并利用水库风光发展旅游业,可创造巨大的社会、环境和经济效益;③ 水能利用是一次能源与二次能源(即水能与电能)同时完成的生产过程;④ 水电站建造成本低、启动快,水电站成本仅为火电站的三分之一至五分之一,生产效率比火电站高;⑤ 廉价的水电可促进高耗能工业的发展。

水能资源很丰富,世界水能资源主要分布区有:亚非拉的赤道地带,该地区雨量多,水能丰富;东亚与南亚的山麓迎风地带,如我国南部、西南部,印度东北部,中南半岛,日本等地区;中纬度地区大陆西岸,该地区处于西风带,雨量多,季节分布均匀,如北美洲西岸,西欧、北欧与南欧地区。据英国"国际水电与大坝"系列出版的调查统计,世界河流水能资源理论蕴藏量40.3万亿kW·h,技术可开发水能资源14.37万亿kW·h,约为理论蕴藏量的35.6%;经济可开发水能资源8.08万亿kW·h,约为技术可开发的56.22%,为理论蕴藏量的20%。发达国家拥有技术可开发水能资源4.81万亿kW·h,经济可开发水能资源2.51

万亿 kW·h,分别占世界总量的 33.5% 和 31.1%;发展中国家拥有技术可开发水能资源共计 9.56 万亿 kW·h,经济可开发水能资源 5.57 万亿 kW·h,分别占世界总量的 66.5% 和 68.9%,可见世界可开发水能资源主要蕴藏量在发展中国家。截至 2009 年,发达国家可开发水能资源已经超过了 70%~80%,像欧洲的冰岛、挪威,水能资源利用比例达到 90% 以上,而发展中国家才开发 20%~30%,所以今后大规模的水电开发主要集中在发展中国家。20 世纪 50 年代以来,世界水能资源开发速度很快。据统计,世界各国水力发电量 1950 年为 3 360 亿 kW·h,到 1998 年达 26 430 亿 kW·h,增长 6.87 倍;水电装机容量 1950 年为 7 200 万 kW,到 1998 年达 67 400 万 kW,增长 8.36 倍。以世界经济可开发电量 8.08 万亿 kW·h 计算水能资源开发程度,1950 年仅开发 4.15%,到 1998 年达到 32.7%。

全球 157 个国家和地区的水能资源调查结果以及一些国家的水能资源如表 8.4、表 8.5 所示。

表 8.4 全球 157 个国家和地区的水能资源调查(万亿 kW·h)

地区		理论蕴藏量	技术可开发	经济可开发	经济可开发比重(%)
世界总计		40 000	14 370	8 082	100.00
发达国家			4 810	2 510	31.10
发展中国家			9 560	5 570	68.90
其中	北美洲、中美洲	6 130	1 660	1 000	12.37
	南美洲	6 766	2 665	1 600	19.80
	亚洲	19 400	6 800	3 600	44.54
	大洋洲	600	270	107	1.32
	欧洲	3 220	1 225	775	9.59
	非洲	4 000	1 750	1 000	12.37

表 8.5 一些国家的水能资源(万亿 kW·h)

国别	技术可开发	经济可开发	国别	技术可开发	经济可开发
(1) 中国	1 923.3	1 260.0	(13) 委内瑞拉	260.7	103.5
(2) 巴西	1 300.0	653.5	(14) 瑞典	130.0	90.0
(3) 俄罗斯	1 670.0	600.0	(15) 墨西哥	160.0	80.0
(4) 加拿大	981.0	536.0	(16) 法国	72.0	71.5
(5) 刚果	774.6	419.2	(17) 意大利	69.0	54.0
(6) 印度	660.0	443.6	(18) 奥地利	753.7	53.7
(7) 美国	528.5	376.0	(19) 西班牙	70.0	41.0
(8) 挪威	200.0	179.0	(20) 印尼	41.6	40.0
(9) 哥伦比亚	200.0	140.0	(21) 瑞士	41.0	35.5
(10) 阿根廷	172.0	130.0	(22) 罗马尼亚	40.0	30.0
(11) 土耳其	215.0	123.0	(23) 南斯拉夫	27.0	27.0
(12) 日本	135.6	114.3	(24) 德国	25.0	20.0

中国水能资源理论蕴藏量、技术可开发和经济可开发水能资源均居世界第一位，其次为俄罗斯、巴西和加拿大。

我国的水能资源有三大特点：① 资源总量十分丰富，但人均资源量很少。2005年我国大陆水力资源理论蕴藏量在1万kW及以上的河流共3 886条，水力资源理论蕴藏量年电量为60 829亿kW·h，平均功率为69 440万kW；技术可开发装机容量54 164万kW，年发电量24 740亿kW·h；经济可开发装机容量40 180万kW，年发电量17 534亿kW·h。按技术可开发量计算，至今仅开发利用20%。但人均占有量仅有2 400 m³，为世界人均水量的25%，居世界第119位，是全球13个贫水国之一。② 水能资源分布不均衡。从河流看，我国水能资源主要集中在长江、黄河的中上游，雅鲁藏布江的中下游，珠江、澜沧江、怒江和黑龙江上游，这七条江河可开发的大、中型水能资源都在1 000万kW以上，总量约占全国大、中型水电资源量的90%。全国大中型水能100万kW以上的河流共18条，水能资源约为4.26亿kW，约占全国大、中型资源量的97%（见表8.6）。按行政区划分，水能资源最丰富的是西南地区的四川、云南和西藏，分别占全国的22.2%、15.3%和29.7%，可开发水资源比重分别为26.8%、20.7%和17.7%；最少的是山东省，仅占全国的0.1%。③ 江、河来水量的年内和年际变化大。我国是世界上季风最显著的国家之一，冬季多由北部西伯利亚和蒙古高原的干冷气流控制，干旱少水，夏季则受东南太平洋和印度洋的暖湿气流控制，高温多雨。受季风影响，降水时间和降水量在年内高度集中，一般雨季2～4个月的降水量能达到全年的60%～80%。降水量年际间的变化也很大，年径流最大与最小比值，长江、珠江、松花江为2～3倍，淮河达15倍，海河更达20倍之多。

表8.6 全国各流域水能蕴藏表

流 域	理论出力（万 kW）	年发电量（亿 kW·h）
长 江	26 801.77	23 478.4
黄 河	4 054.8	3 552
珠 江	3 348.37	2 933.2
海河、滦河	294.4	257.9
淮河	144.96	127
东北诸河	1 530.6	1 340.8
东南沿海诸河	2 066.78	1 810.5
西南国际诸河	9 690.15	8 488.6
雅鲁藏布江及西藏其他河流	15 974.33	13 993.5
北方内陆及新疆诸河	3 698.55	3 239.9

资料来源：中国产业研究院。

4）核能

核能是一种目前世界上除煤、石油、气和水能外最成熟、最重要、最廉价而丰富的能源。社会的发展使地球上可利用的矿物质动力资源越来越少，只有核能特别是核聚变能却是取之不尽、用之不竭，可供人类大规模长时期开发利用，是今后最有发展前途的能源之一。

核燃料可分为裂变核燃料和聚变核燃料，一般不加注明的核燃料系指裂变核燃料。核裂变主要是以铀235作燃料，美国、南非、澳大利亚、加拿大等国储量较大。我国的铀矿资源比较丰富，据西方估计，按金属铀计算约为80万t。世界各国正在进行的铀矿地质勘探工作使核燃料储量可望有较大幅度增长。此外,随着采矿和选矿技术的进步,成本的降低,不少目前在经济上暂时没有开采价值的铀矿将会成为宝贵资源。

2010年世界核能总消费量占世界一次能源消费总量的5.22%。世界核能消费量,美国、法国、日本位居前三位。美国为1.922亿 $t_{油当量}$,占30.7%;法国9 690万 $t_{油当量}$,占15.5%;日本6 620万 $t_{油当量}$,占10.6%。中国内地为1 670万 $t_{油当量}$,位居第九位,占2.7%。

表8.7 2004—2010年世界核能消费量(百万 $t_{油当量}$)

国家及地区	2004年	2005年	2006年	2007年	2008年	2009年	2010年 消费量	2010年 占总量的百分比
美 国	187.8	186.3	187.5	192.1	192	190.3	192.2	30.7
加拿大	20.3	20.7	22	21	21.1	20.2	20.3	3.2
墨西哥	2.1	2.4	2.5	2.4	2.2	2.4	1.3	0.2
北美洲合计	210.2	209.4	212	215.4	215.4	212.9	213.8	34.2
阿根廷	1.8	1.6	1.7	1.6	1.6	1.8	1.6	0.3
巴 西	2.6	2.2	3.1	2.8	3.2	2.9	3.3	0.5
中、南美洲合计	4.4	3.8	4.8	4.4	4.8	4.7	4.9	0.8
比利时和卢森堡	10.7	10.8	10.6	10.9	10.3	10.7	10.9	1.7
保加利亚	4.4	4.2	4.4	3.3	3.6	3.4	3.5	0.6
捷克	6	5.6	5.9	5.9	6	6.2	6.3	1
芬 兰	5.5	5.5	5.4	5.6	5.4	5.4	5.2	0.8
法 国	101.7	102.4	102.1	99.7	99.6	92.8	96.9	15.5
德 国	37.8	36.9	37.9	31.8	33.7	30.5	31.8	5.1
匈牙利	2.7	3.1	3	3.3	3.4	3.5	3.6	0.6
立陶宛	3.4	2.3	2	2.2	2.2	2.5	—	—
荷 兰	0.9	0.9	0.8	1	0.9	1	0.9	0.1
罗马尼亚	1.3	1.3	1.3	1.7	2.5	2.7	2.6	0.4
俄罗斯联邦	32.7	33.4	35.4	36.2	36.9	37	38.5	6.2
斯洛伐克	3.9	4	4.1	3.5	3.8	3.3	3.3	0.5
西班牙	14.4	13	13.6	12.5	13.3	11.9	13.9	2.2
瑞 典	17.3	16.4	15.2	15.2	14.5	11.9	13.2	2.1
瑞 士	6.1	5.2	6.3	6.3	6.2	6.2	6	1
乌克兰	19.7	20.1	20.4	20.9	20.3	18.8	20.2	3.2
英 国	18.1	18.5	17.1	14.3	11.9	15.6	14.1	2.2
欧洲其他国家	1.8	1.9	1.9	1.9	2	1.9	1.8	0.3
欧洲和欧亚合计	288.2	285.5	287.2	276.1	276.7	265.1	272.8	43.6
中东合计	—	—	—	—	—	—	—	—
南 非	3.4	2.9	2.7	2.8	2.7	3.1	3.1	0.5
非洲合计	3.4	2.9	2.7	2.8	2.7	3.1	3.1	0.5
中 国	11.4	12	12.4	14.1	15.5	15.9	16.7	2.7

(续表 8.7)

国家及地区	2004年	2005年	2006年	2007年	2008年	2009年	2010年 消费量	2010年 占总量的%
印度	3.8	4	4	4	3.4	3.8	5.2	0.8
日本	64.7	66.3	69	63.1	57	65	66.2	10.6
巴基斯坦	0.5	0.6	0.6	0.6	0.4	0.6	0.6	0.1
韩国	29.6	33.2	33.7	32.3	34.2	33.4	33.4	5.3
中国台湾	8.9	9	9	9.2	9.2	9.4	9.4	1.5
亚太地区合计	119	126.2	128.7	123.3	119.7	128.2	131.6	21
世界总计	625.2	626.8	635.4	622.1	619.2	614	626.2	100

资料来源：BP Statistical Review of World Energy，2011。

5) 生物质能

许多生物质能可以直接或间接作为能源。使用最广泛的生物质能是木柴，它是最古老的能源，现在仍占有不容忽视的地位。在1973年石油危机冲击以前，木柴和其他生物燃料在发达国家几乎不再用作能源，但此后有些国家又开始恢复使用。美国、挪威、瑞典等国供住宅取暖的木柴使用量从70年代中期至今已增加近1倍，美国与加拿大一次能源的3%~4%来自木柴，其中大多数来自林产工业。生物燃料在第三世界国家起着极为重要的作用，特别是薪柴，通常是发展中国家的主要能源来源（见表8.8）。根据2008年第七次全国森林资源清查结果，除港、澳、台地区外，我国现有森林面积约29亿亩，活立木总蓄积145.54亿 m^3，森林蓄积133.63亿 m^3；天然林面积17.95亿亩，天然林蓄积114.02亿 m^3；人工林保存面积9.25亿亩，人工林蓄积19.61亿 m^3，人工林面积居世界首位，其中产生的薪柴是我国农村中的主要能源。农作物秸秆是生物质能的另一种重要形式，估计我国年产秸秆7亿t左右，其中作为燃料的达3.76亿t左右。

表8.8 1995—2020年世界生物质能消费（百万t煤当量）

国家和地区	1995年 消费量	1995年 占终端能源消费比重(%)	2020年 消费量	2020年 占终端能源消费比重(%)
中国	206	24	224	13
东亚	106	25	118	13
南亚	235	56	276	35
拉美	73	18	81	10
非洲	205	60	371	59
发展中国家合计	825	34	1 071	22
其他非OECD国家	24	1	26	1

资料来源：IEA. 世界能源展望1998年版。

6) 太阳能、风能资源

太阳能、风能与其他资源相比在利用上有以下特点：

(1) 能量大，且用之不尽、取之不竭

太阳内部由于氢核的聚变热核反应而释放出巨大的光和热，是太阳能的来源。在氢核聚变产能区中,氢核稳定燃烧的时间可在60亿年以上。也就是说,太阳至少还可像现在这样无限期地被利用。

太阳射出的能量,地球上仅获得二十亿分之一,其余部分都散射到太空中去了。即使是这一点能量也相当可观,地球表面一年中可获得 7.034×10^{24} J 的能量,相当于燃烧200万亿 t 烟煤发出的热量。据古斯塔夫逊计算,太阳能量在地球和太阳间是 $1\,400$ W/m^2,而地球表面每秒钟获得的能量为 350 W/m^2,换算为电力,一年约相当于 $1\,580\,000$ 万亿 kW·h。

风能是太阳能的一种转化形式,据古斯塔夫逊估计,全球边界层内的风能总量为 1.3×10^{15} W,约相当于一年中 11 400 万亿 kW·h 电力的能量,约为目前全世界每年燃烧能量的 3 000 倍。

(2) 分布广泛、分散使用,就地可取、不需运输

如果将 10 m 高处密度大于 150~200 W/m^2 的风能作为有利用价值的风能,全世界约有三分之二的地区能达到这个数值。太阳能一般大于 5 664 kJ/(cm^2·年)就有实际利用价值,若大于 700 kJ/(cm^2·年)则为利用价值较高的地区,世界上约有二分之一的地区可以达到这个数值。由此可见,它们分布广泛,可分散使用。同时,它们不像化学能源那样因分布不均和工业布局的不均衡造成煤炭和石油的运输,而就地可取不需运输,显示出其优越性。

(3) 不污染和破坏生态环境

利用太阳能和风能不会给大气带来污染,也不破坏生态环境,是一种清洁安全的能源。

(4) 周而复始,可以再生

太阳能与风能是自然界中可以不断生成并有规律得到补充的再生资源,而化学燃料的形成必须经过漫长的地质历史时期,短期内是无法恢复的。但近期内靠太阳能、风能代替煤炭、油气等能源还不太可能,因为目前还没有充分而完善地利用这些能源所需要的技术。

(5) 能量密度低

标准状况下空气密度为 1.225 (kg·s^2)/m^4,仅为水密度的七分之一。733 m/s 风速时其能量密度为 0.02 kW/m^2,而同流速时水的能量密度为 20 kW/m^2,相同流速下要获得与水能同样大的功率,风轮半径要相当于水轮半径的 27.8 倍。太阳能在晴天平均能密度为 1 kW/m^2,昼夜平均为 0.16 kW/m^2,能量密度也很低,故须装置相当大的受光面积才能采集到足够的功率。所以,它们都是一种能量密度极其稀疏的能源,给利用带来一定的问题。

(6) 能量不稳定

太阳能、风能对天气和气候非常敏感,是非恒定性的随机能源。虽然各地区的太阳辐射和风的特性在较长时间内有一定的统计规律可循,但其强度在不断变化之中,不但各年、季间有变化,甚至在短时间内有无规律的脉动变化,太阳能还有昼夜有规律的变化。这种能量的不稳定性也给利用带来了困难。

由于能量密度低和不稳定这两大困难,把这两种能源转变为既经济又可靠的电能存在着很多技术问题,这也是多少个世纪来其一直发展得较为缓慢的原因。但是,随着现代科学技术的发展,太阳能和风能的利用在技术经济上已有所突破,有的已进入商品性应用领域。

7) 海洋能源

近20年来,能源危机使开发利用新资源的研究加速进行。1981年,联合国在内罗毕举行的新能源和可再生性能源会议上,着重讨论了包括海洋能源在内的各种新能源的发展目标和战略,以及许多具体开发技术问题。新能源的开发研究已引起全世界的广泛重视。

海洋能源是新能源之一。广义上讲，除了海洋本身具有的能量外，海洋能源应包括海底油、气资源，海水的氢、铀资源和海洋生物能资源等。但现在通常所说的海洋能源主要指海洋本身蕴藏的能量，即潮汐能、波浪能、海潮流能、海洋热能、海水浓度差能等。

海洋能资源丰富，可以再生，不会枯竭；海洋能源开发无需燃料，干净，不会造成环境污染，不占用陆地空间，还可大搞综合利用，这些优点正是目前常规能源缺乏或面临的难题。和其他新能源一样，海洋能源密度小，开发利用设备庞大，工程技术难度大，对工程材料要求高，费用大。但是，近几十年的研究表明，全世界海流的运动能量约为0.5亿kW，波力资源的总能量为27亿kW，潮汐能功率为30亿kW，温差能的功率为5亿kW，换算成电量功率约为20亿kW，浓度差能的功率约为26亿kW。

表8.9 全球海洋能资源

类 型	(万亿 kW·h)/年	(EJ/年)
潮汐能	22 000	79
波浪能	18 000	65
海洋热能	2 000 000	7 200
盐差能	23 000	83
总 计	2 063 000	7 400

资料来源：WEC,1998；WEC,1994；Cavanch et al.。

据调查，我国海洋能资源中，大陆沿海可开发利用的潮汐能装机容量为2 100万kW，年发电量约620亿kW·h，其中92%以上集中在华东地区的上海、浙江和福建等经济发达省市；大陆沿岸波能约1.5亿kW，可利用的约3 000万～3 500万kW；海洋热能主要在南海，粗略估计可开发利用的约5亿kW；各海河口的海水浓度差能估计也在1亿kW以上。

8) 地热能

地球深处蕴藏着巨大的热量。地热由地层（地壳、地幔等）、岩石中放射性元素衰变而产生。地下深度愈大，温度就愈高，5 km深处温度达300℃以上。由于不渗透岩层的覆盖，地热常以过热蒸汽和各种不同温度的温泉形式到达地表。地球每年向大气散发的热量相当于380亿$t_{标准煤}$。以目前技术可以到达的深度，即以地表以下10 km的范围计，储存的地热能就相当于$3.57×10^{16}$ $t_{标准煤}$。如果以整个地球而言，那简直是一个无限的热源。全世界已探明的储量共$2.1×10^{24}$ J(见表8.10)。据2007年1月全国地热(浅层地热能)开发利用会议初步估计，全国主要沉积盆地距地表2 000 m以内储藏的地热能相当于2 500亿$t_{标准煤}$的热量。

表8.10 世界地热资源

资 源		温度 (℃)	资源 (J)	发电潜力 (J)	供热潜力 (J)
探明		各种温度	$2.1×10^{24}$		
预测		<100	$3.6×10^{25}$	0	$2.6×10^{24}$
		100~150	$3.8×10^{24}$	0	$2.7×10^{28}$
		150~250	$1.1×10^{24}$	$1.7×10^{22}$	$6.8×10^{22}$
		>250	$7.3×10^{22}$	$9.0×10^{22}$	$3.5×10^{21}$

注：$1×10^{22}$ J:27.77万kW·h

资料来源：世界能源会议．可再生能源

地热能基本类型有两种：① 水热型，地下水从周围储热岩体中获得能量成为热水，温度高于 150 ℃ 为高温热水，50～150 ℃ 之间为中温热水，这是最常见的地热能；② 干热岩型，地热区无水，而岩层温度很高，在 100 ℃ 以上，利用时需要凿井将地面水送至灼热的岩层形成热水或蒸汽，然后提升到地面使用。

8.2.2 能源在社会与经济发展中的作用

1）能源是推动社会发展的原动力

历史表明，能源发展的每一次飞跃都引起生产技术的变革，大大推动了社会生产力的发展。人类历史上经历了三个能源时期，即柴草时期、煤炭时期和石油时期。

古代人类以薪柴为主要燃料，并使用一些简单的水力、风力机械动力从事生产活动，在相当长的时期内，生产力与生活水平都很低，能源主要用于做饭、取暖，少部分用于生产。

18 世纪产业革命后，蒸汽机成为生产的主要动力，大大发展了以商品生产为特点的资本主义经济，人类社会进入新的历史阶段。随着生产力的发展，科学技术的进步，社会劳动生产率有了极大的提高，使用能源的种类、方法、形式与技术也在不断变革。产业革命使人类社会从以薪柴为主要燃料的时代进入了以煤炭为主要能源的时代，蒸汽机代替了人力、畜力，商品经济日益发展。19 世纪 70 年代，电能开始被广泛使用，电动机代替了蒸汽机，电灯代替了油灯，电力成为工矿企业的基本动力，促使了社会经济的巨大发展。

20 世纪 50 年代，由于中东、北非、美国及拉丁美洲的石油、天然气的大规模开发，并进入消费领域，世界石油与天然气的消费量便超过了煤炭，世界能源由以煤炭为主转向以石油、天然气为主。石油的大规模使用，对促进世界经济繁荣起到了极为重要的作用。发达国家依靠石油和天然气创造了人类历史上空前的物质文明。

2）能源消费直接影响国民经济的增长

能源消费增长与国民经济发展有一定的比例关系，这个比例关系一般用能源消费弹性系数来表示：

能源消费弹性系数 = 年平均能源消费率 / 年平均国民经济发展增长率

我国能源消费弹性系数变化如表 8.11。

表 8.11　我国 1984—2006 年能源消费弹性系数变化

年份	能源生产弹性系数	电力生产弹性系数	能源消费弹性系数	电力消费弹性系数
1984 年	0.61	0.48	0.49	0.49
1985 年	0.73	0.66	0.60	0.67
1986 年	0.34	1.08	0.61	1.08
1987 年	0.31	0.91	0.62	0.91
1988 年	0.44	0.85	0.65	0.86
1989 年	1.49	1.78	1.02	1.78
1990 年	0.58	1.63	0.47	1.63
1991 年	0.10	0.99	0.55	1.00

(续表 8.11)

年 份	能源生产弹性系数	电力生产弹性系数	能源消费弹性系数	电力消费弹性系数
1992 年	0.16	0.80	0.37	0.81
1993 年	0.26	1.09	0.45	0.79
1994 年	0.53	0.82	0.44	0.76
1995 年	0.80	0.79	0.63	0.75
1996 年	0.28	0.72	0.59	0.74
1997 年	−0.54	−0.52	—	—
1998 年	−0.37	−0.36	—	—
1999 年	0.18	0.82	0.16	0.80
2000 年	0.29	1.12	0.42	1.13
2001 年	0.80	1.11	0.41	1.12
2002 年	0.51	1.29	0.66	1.30
2003 年	1.39	1.55	1.53	1.56
2004 年	1.42	1.51	1.59	1.52
2005 年	0.95	1.30	1.02	1.30
2006 年	0.66	1.32	0.87	1.32

资料来源：国家统计局

能源消费弹性系数愈高则能源消费愈大，能源消费弹性系数为 1 左右时比较正常，一般稍高于 1。1973 年世界能源危机以前，大多数工业发达国家能源消费弹性系数一般都在 1 以上，如 1962—1977 年间，美国平均为 1.1，日本为 1.4，意大利为 1.76，加拿大为 1.2，联邦德国和法国为 1.02；能源危机以后，能源消费弹性系数都大幅度下降，1972—1977 年间，这些工业发达国家大都在 0.5～0.75。

3) 能源是社会经济发展的重要物质基础

能源生产与消费不断增长，人们才享有更高的物质与精神文明。因此，能源是建设国家的重要物质基础。

现代农业对能源的依赖性越来越明显，据 A.D. 施米特总结美国能源与农业的关系，大约有六分之一的能源用于食品系统生产、加工、销售、运输与食品消费的准备，这个食品系统结成一个链，其中每一环都不可缺少。能源在农业中的形式是肥料与农药、农用机械驱动、动物饲料加工、卫生设施、建筑物采暖与制冷、抽水灌溉。美国约有 3% 的能源总消费量用在农庄，农庄用能的分配为：常规农田作业 30%，运输 25%，灌溉 20%，家禽、牛奶家畜生产 12%，谷物干燥 8%，其他 2%。粮食离开农庄后，大量能源用于食品加工、包装、冷冻以及向批发和零售市场的运输。把农庄生产出来的未加工状态的粮食转变成可销售的食品形式消耗的能源占美国能源总消费量的 70%；约有占能源总量 2.5% 的能源用于批发仓库、超级市场和其他销售点中的照明、采暖和制冷。最后，大约有 4.25% 的能源消耗于消费者的消费准备和伴随着消费的冷藏、烹调、洗涤碗碟和垃圾清理等。食品系统中使用的能源，四分之三靠目前最缺乏的石油与天然气供给，电能只占 15%。

工业同样离不开能源，工业发展的历史也就是不断扩大能源利用的历史。所有工业大国的兴起总是与其钢铁工业的发展紧密相关,因此,这里仅以钢铁工业与能源的关系来说明能源在工业中的特殊地位。钢铁工业是最大的工业能源消费者。据统计,世界粗钢产量的能源消费量约占世界能源总消费量的7%,能源危机、油气价格的上涨直接影响着世界钢铁工业的发展,迫使许多国家采取新工艺,减少能源在钢铁中的消耗,钢铁工业的世界平均能耗从1950年的1.6 $t_{标准煤}/t_{粗钢}$下降到1980年的0.89 $t_{标准煤}/t_{粗钢}$。我国粗钢产量的能源消费量约占能源总消费量的10%,我国平均每吨钢能耗较发达国家的平均水平高40%~60%。

从未来的发展趋势看,用焦炭冶金法(高炉—转炉)生产粗钢仍将在一些传统的工业国家保持主导地位,但仅能在一些拥有相当数量的炼焦煤资源或能够保证从外部获得炼焦供应的国家和地区进行。对于焦煤冶金法来说,能源的原料结构将明显地向固体能源转换,这些能源有炼焦煤、焦炭和粉焦。钢铁冶金厂建立了自己的炼焦厂或与厂外炼焦企业实行联合以后,可将焦炉煤气和高炉煤气进行混合,用这种混合煤气能弥补其他燃料供应的不足。因此,在采用固体燃料的基础上,钢铁冶金企业就能实现"能源自给自足"。用直接还原法生产海绵铁主要在能源不需要进口且没有炼焦资源的国家中发展,用电炉生产粗钢集中在拥有丰富天然气或石油能源的一些国家中发展。用直接还原法生产的海绵铁、用电炉生产的粗钢产量占世界钢总产量的比例将进一步增加。

8.3 能源利用现状及其对环境的影响

8.3.1 能源利用现状

1) 石油和天然气

从20世纪50年代开始,石油、天然气的开发利用速度十分惊人,成为世界上的主要能源。2010年世界石油产量总计约39亿t,比2000年增长9.62%,其中俄罗斯5.051亿t,沙特阿拉伯产量4.678亿t,美国3.391亿t,伊朗2.032亿t,中国2.030亿t,加拿大1.628亿t,墨西哥1.463亿t。2010年世界天然气产量总计约31 960亿m^3,其中美国6 610亿m^3,俄罗斯5 889亿m^3,加拿大1 598亿m^3,伊朗1 385亿m^3,卡塔尔1 167亿m^3,挪威1 064亿m^3。

由于近年世界石油探明可采储量增加缓慢而开采量不断增加,各国石油储采比逐步下降,一般在(30~50):1之间,主要产油国已下降到(15~30):1,美国下降得更多,人们日益觉察到石油资源和石油时代正在衰落,迫使各国节约、减少石油消耗量,并转向其他能源。

开采石油的最终目的是通过炼油制成各种为人类利用的石油产品。利用原油炼制成的各种产品目前已达2 500余种之多,大致可分为四类:第一类是燃料,包括汽油、柴油、煤油等;第二类是润滑油,包括飞机油、汽缸油等;第三类是沥青、石蜡、石油焦等;第四类是各种化工原料,包括乙烯、丙炔、丙烯、各种芳香烃类等。

自1993年起,我国变为石油净进口国,未来我国对石油的进口依赖将越来越大,进口原油在我国经济发展中将起到越来越重要的作用。2010年我国石油产量约21.71亿t,天然气产量950亿m^3。目前,我国石油消费持续增长,连续十多年超过产量增长速度。2000—2003年石油消费量增长19.6%,同期产量仅增长4%,石油消费弹性系数高达0.7,远高于发达国家0.35~0.4的水平。石油供需缺口拉大,2006年我国石油对外依存度已达

47.0%。我国石油、天然气后备储量不足已成为紧迫的问题,加强地质勘探,增加探明储量,是发展我国石油工业的关键。2000 年,我国原油加工能力达到 2.3 亿 t/年,有大、中、小型炼油厂 50 家以上,分布在 21 个省、市、自治区,其中加工能力在 50 万 t 以上的有 35 个左右,达到 5 000 万 t/年的炼油厂有 23 座,这在世界上是名列前茅的。我国炼油厂虽多,但东北多西南少的布局不甚合理。为改变这种状况,我国一些石油经济学家曾提出:"原油利于长途运输,炼油不妨分散布局,油品力求就地供应,运输必须统一流向。"根据这个方式进行布局调整必将对我国采油、炼油工业的发展更为有利。我国炼油加工深度还不够,石油资源的利用还很不充分,这是今后石油资源利用中需要注意和改进的问题。表 8.12 为 2011 年我国石油消费情况。

表 8.12 2011 年我国石油及主要石油产品消费情况

石油及其相关品种	2010 年(万 t)	2011 年(万 t)	同比增长(%)
石油	45 826.9	47 640.7	4.0
原油	43 927.3	45 367.3	3.3
成品油	24 446.0	26 293.2	7.6
汽油	7 158.9	7 738.0	8.1
煤油	1 749.5	1 838.2	5.1
柴油	15 537.5	16 717.0	7.6
燃料油	3 220.7	3 309.9	2.8
液化石油气	2 279.6	2 404.9	5.5
石油沥青	3 019.6	2 836.4	−6.1

2007 年 5 月,我国首次在南海北部陆坡获取到优质的天然气水合物样品,成为世界上继美国、日本、印度后第 4 个采集到天然气水合物的国家。天然气水合物存在于海底或陆地冻土带内,是由天然气与水在高压低温条件下结晶形成的固态笼状化合物。1 m³ 的天然气水合物可释放出 164 m³ 的天然气。据估算,世界上天然气水合物所含的有机碳总量相当于全球已知煤、石油和天然气的两倍。相关资料表明,我国南海陆坡和陆隆区所拥有的天然气水合物总量达 643.5 亿~772.2 亿 t 油当量,相当于我国陆地和近海石油、天然气总资源量的二分之一。我国获取到优质的天然气水合物样品在一定程度上缓解了我国石油、天然气后备储量不足的局面。

2) 煤炭

煤曾经是世界上主要的商品燃料,世界许多国家都不同程度地开发利用煤炭资源,世界煤炭产量总体上呈持续增加态势,总产量从 1996 年的 45.2 亿 t 上升到 2010 年的 72.73 亿 t。1999 年我国煤炭产量为 10.79 亿 t,美国 9.93 亿 t,印度 3.22 亿 t(见表 8.13);2000 年我国煤炭产量为 10.50 亿 t,2005 年高达 21.4 亿 t,2010 年则达到了 32.4 亿 t。

近 30 年石油产量急剧增长,成为工业发达国家的主要能源。然而,人们已省悟到"石油时代"正在迅速走向其终点,许多工业发达国家的能源政策中都规定加速煤炭的开发利用,以取代昂贵而短缺的石油。全世界煤炭的消费量正在不断增长。不久的将来,煤炭将代替现有的石油、天然气重新成为世界的主要能源。由于在煤炭的开发利用中伴随着比较严重的环境污染,因此各国都在研究和发展采煤用煤的新设施和新技术,煤炭气化技术发展迅速,前景光明。

表8.13 不同年份世界主要国家煤炭产量(百万t)

国家或地区	1999年	2000年	2010年
中国	1 079	1 050	3 240
美国	993	978	1 076
印度	322	322	422
澳大利亚	304	307	458
俄罗斯	252	255	291
南非	220	232	276
德国	205	200	87
波兰	172	170	109
乌克兰	83	83	73
印度尼西亚	74	73	364
加拿大	73	72	65

我国煤炭资源的开发利用条件在世界主要产煤国中是比较好的,有许多有利条件,但也存在一些不利因素。我国北方煤田大多地质构造简单,煤层赋存稳定,以中、厚煤层为主,适于机械化开采;南方煤田中,西南地区煤层较薄,但赋存较稳定,可以正规开采;江南煤田的地质构造复杂,煤层倾角变化大,厚薄不稳定,开采较困难。我国的煤炭资源基本供国内消费,出口量不足每年产量的1%。我国煤炭消费的最大特点是产销地区不平衡,东部地区经济发达,煤炭消费量多,但煤炭资源的分布却是西多东少,南北差异则更大,由此形成了"北煤南运"、"西煤东调"的运输格局,造成煤炭运输长期紧张。为此,在大力发展铁路运输的基础上,应积极采用内陆水运、海运、公路、输煤管道等多种运输方式,形成综合运输网络,以缓和目前煤炭运输的紧张状况,达到充分利用煤炭资源的目的。除此以外,还应削减低效低产煤矿数量,淘汰落后产能,加强煤炭行业集中度,实现煤炭资源高效有序的开采利用。

3) 水能资源

全世界目前在建的水电总装机容量超过105 000百万W,它们通常是水利综合开发项目的一部分,这些水利综合项目同时还提供灌溉、工业生活供水、防洪、改善航道等效益。由于目前开发的水能资源局限于经济合理的范围,因此,全球对水电的经济性评价基本一致,在生态环境条件允许的地区,现有水电的经济性优于燃煤、燃油发电和核电。迄今为止,亚洲(84 400百万W)是水电装机容量最大的地区,然后依次为南美洲(14 800百万W),非洲(2 403百万W),欧洲(2 211百万W)和中、北美洲(1 236百万W)。各洲水电发展情况见表8.14。

发达国家水能资源的开发利用率很高,大型水能资源基本开发完毕。从水能资源开发利用程度看,英国为90%,德国为76%,美国为39%,加拿大为47%,法国为95%,意大利为90%,瑞士为98%,日本为68%。发展中国家拥有的可开发的水能资源约占全世界的65%,但开发利用程度只有4%左右,开发利用的潜力很大,特别是中国、印度将是大中型和小型水电开发的重点地区。

表8.14 全世界水电开发和水能资源综合表

非洲	亚洲
18个国家在建水电总装机容量＞2 403百万W	27个国家在建水电总装机容量＞84 400百万W
水电站(20.3百万kW)年发电量＞76 000百万kW·h	水电站(225百万kW)年发电量为754 000百万kW·h
技术可开发水能资源	技术可开发水能资源为6 800万亿kW·h
25个国家的水电供给＞50%全国电力	9个国家的水电供给＞50%全国电力
规划水电总装机容量＞60百万kW	规划水电总装机容量＞156百万kW
大洋洲	欧洲
水电站(13.1百万kW)年发电量42 200百万kW·h	23个国家在建水电总装机容量＞2 211百万W
技术可开发水能资源为270万亿kW·h	水电站(173.2百万kW)年发电量567 000百万kW·h
8个国家的水电供给＞50%全国电力	7个国家的水电供给＞50%全国电力
规划水电总装机容量约为50百万W	规划水电总装机容量＞8 000百万W
中、北美洲	南美
5个国家的水电总装机容量＞1 236百万W	7个国家在建水电总装机容量14 792百万W
水电站(157.2百万kW)年发电量702 500百万kW·h	水电站(108.2百万kW)年发电量512 238万亿kW·h
技术可开发水能资源为1 660万亿kW·h	技术可开发水能资源为2 665万亿kW·h
6个国家的水电供给＞50%全国电力	10个国家的水电供给＞50%全国电力
规划水电总装机容量＞9 358百万W	规划水电总装机容量为35 480百万W

资料来源：汪秀丽,董耀华.世界水能资源与水电开发综述.水利电力科技,2003,29(4):3~14。

我国水能资源的开发利用比西方晚40多年。1949年前,我国水电建设发展缓慢,至1949年全国装机容量仅36万kW,年发电量12亿kW·h(未包括台湾省,下同),分别占全国电力总装机容量的17.6%和年发电量的24.5%,水电装机容量居世界第20位,年发电量居世界第21位。新中国成立后,尤其是改革开放以来,水电事业有了突飞猛进的发展,水电建设技术已具世界水平。2010年,装机达到1.25亿kW,占总装机容量的28%;20世纪90年代的年均增长达433万kW,遥遥领先于世界其他国家,水电装机容量居世界第二,仅次于美国。但目前,我国水能资源的开发程度仍较低。近年来,随着能量需求急剧增加、开发技术和输电水平的提高,开发的重点逐渐由我国东部转向西部地区,长江中上游、黄河上游及红水河的梯级开发建设已经开始,我国水能资源的开发利用正不断向前发展。

4）核能

铀矿中提取的天然铀主要是铀^{235}和铀^{238}的混合物,它们的区别在于原子核结构不同,质量不同。两种同位素的化学性质虽相同,核性质却大不一样。在中子作用下,铀^{235}很容易裂变,是现在核电站所用的核燃料;铀^{238}却难裂变,不能直接作核燃料。在1 000 t天然铀中只有7 t铀^{235},其余为铀^{238}。按现有原子能电站消耗的铀^{235}数量推算,现有铀^{235}资源仅能满足人类30~50年的需要。在未来核能发展中特别有意义的是核增殖反应堆,它可充分利用占天然铀储量99%以上的铀^{238}作燃料,使它在反应堆中与一个中子结合转变为可裂变的核燃料钚^{239}。通过核增殖反应堆使可裂变的铀资源扩大近百倍,世界铀矿资源便可满足世界上千年的需要。一些工业发达国家已经制造出增殖反应堆,并且日臻完善。

核聚变也称热核反应。太阳主要由氢构成,太阳内部的温度很高,于是重氢不断发生热核反应放出能量,这就是太阳发光发热的能量来源。可从海水中提取核聚变燃料同位素重氢(氘、氚),每千克核聚变燃料产生的能量比核裂变高 650 倍,每吨海水提炼出的氘的能量相当于 6 600 t 汽油。据估计,天然存在于海水中的氘有 45 万亿 t,而一座 100 万 kW 的核聚变电站每年只需要 304 kg 左右的氘。因此,可以说氘是取之不尽、用之不竭的能源。

从能量大小来看,1 kg 铀^{235}通过裂变反应释放的能量相当于燃烧 2 500 t 煤释放的能量,一座 100 万 kW 的大型火电站每年耗煤 300 万~400 万 t,相当于每天 8 车的运输量,核电站燃料的运输和储存比火车运煤便利、经济得多,有相当强的经济竞争能力。一般来说,每千瓦时核电的成本比火电低 20%~50%,特别是在那些远离煤矿、油田的地区,核电站更具有无可争议的优越性。因此,很多国家都将发展核电作为解决能源问题的一项重要国策,从而使核电在各种电力增长率中居于首位。根据国际原子能机构 2011 年 1 月公布的最新数据,目前全球正在运行的核电机组已经达到 442 个,还有正在建设的核电机组 65 个,核电发电量约占全球发电总量的 16%。而至 2010 年底,全球已经有 60 多个国家提出了发展核电的计划,包括阿联酋等这样的富油国家。来自国际原子能机构的预测,全球核能发电量在今后 20 年将会提高一倍。

核电站反应堆中的冷却水(轻水或重水),流经核燃料元件表面,把裂变产生的热能带出来,通过蒸汽发生器时,又把热量传给二次回路中的水,使其变成蒸汽驱动汽轮机发电。核反应堆起着化石燃料炉的作用,核燃料的"燃烧"速度由控制棒调节。这就是核电站运行的工作原理。核反应堆的形式多种多样,主要有轻水堆(包括压水堆和沸水堆)、重水堆、高温气冷堆、改进型气冷堆、快中子增殖堆和石墨冷水堆等,它们的技术较为成熟,达到了工业化水平,尤以前两种堆型应用推广得更为普及。目前全世界正在运行的核电站中,压水堆占 50%左右,其次是沸水堆约占 30%,重水堆占 5%。

自 1954 年前苏联第一台核电机组投运以来,国外全部核电机组的总使用时间已超过 2 000 台/年,积累了丰富的运行经验,一般性事故概率比其他工业部门少。由于对环境保护要求高,核电站严格控制放射性物质排放。正常情况下,核电站周围的居民每人每年从核电站受到的辐射剂量只有 1~2 mrem(1 rem=10^{-2} Sv),仅为天然本底(每人每年从天然本底接受的辐射剂量约 100 mrem)的 1%~2%。据统计,美国核电站在 1969—1979 年期间共发生 169 次可能引起堆芯损坏的事故,最严重的一次是 1979 年 3 月发生的三里岛核电站 2 号机组堆芯损坏事故。事故中,电站不得不向周围环境排放放射性物质。但据专家估计,电站周围 50 mile 范围内居民受到的平均辐射剂量也只有 1 mrem,仅为一次 X 光透视辐射剂量(50 mrem 以上)的 2%。1985 年苏联发生了切尔诺贝利核电站核泄漏事故,在世界各地引起震动,影响很大。但据 1986 年初在法国召开的第 13 届世界能源会议分析,比较一致的看法是:"任何人都不应低估前苏联核电站事故的影响,然而因此就不把核能作为解决世界能源的一种重要途径则是一种短视的观点。"事实上,目前在核电站辐射防护方面有严格的规定和相应的安全措施,辐射防护已发展成一门新兴学科,成立了国际辐射防护委员会,制订了国际辐射防护标准。苏联核电站事故发生后,加拿大、法国、德国、意大利、日本、英国和美国 7 个经济发达国家都声明,切尔诺贝利核事故不会影响他们发展核电站的计划。2011 年 3 月,因为发生里氏 9.0 级的特大地震导致日本福岛县第一和第二核电站发生核泄漏,日本政府紧急决定疏散周围 10 km 的居民,随后又将疏散范围扩大到 20 km,此次核泄漏事故等级被定为最高级。事实上,核电站安全运转和核废料处理等问题业已解决,核污染事故可以避免,核能是安全清洁的能源这一观点正为越来越多的人接受,预期今后核电将会进一步得到发展。

我国核电工业刚起步,当前中国已建成的核电站共 870 万 kW,有秦山一期(30 万 kW)、秦山二期(2×60 万 kW)、秦山三期(2×70 万 kW)和大亚湾(2×90 万 kW)、广东岭澳核电站(2×100 万 kW)、江苏田湾核电站(2×100 万 kW)4 座核电站,这 4 座核电站的建设也为我国核电事业的进一步发展奠定了基础,将对促进我国经济的更快发展起到极其重要的作用。

核燃料的相对运输总量很小,而且可以长期储存,国际上核燃料的供应并不紧张。国内现已探明的铀资源可以保证 2 000 万 kW 核电的运行,因此核燃料资源应不成问题。

5) 生物质能

根据 2007 世界可再生能源报告,全球生物乙醇产量从 2005 年的 330×10^8 L 增长到 2006 年的 390×10^8 L;其中,美国的产量为 183×10^8 L,增幅达 22%,超过巴西。巴西的燃料乙醇消费量从 2005 年的 150×10^8 L 增长到 2006 年的 175×10^8 L,巴西燃料乙醇供应了非柴油机动车燃料的 41%,机动车中有 70%左右采用"混合燃料"。欧盟的燃料乙醇产量增长迅速,2006 年增长了 77.8%,但绝对数相对于巴西和美国仍然较少。

2006 年生物柴油产量的增长幅度远远高于燃料乙醇。生物柴油的产量从 2005 年的 39×10^8 L 增长到 2006 年的 60×10^8 L,增幅达 53.9%;其中,欧盟的生物柴油占了世界总量的 75%,产量从 2005 年的 3.6×10^8 L 增长到 2006 年的 4.5×10^8 L,增长了 25%,主要由德国、法国、意大利和波兰引导。2006 年德国的生物柴油产量为 2.8×10^8 L,占近一半的全球总产量。

2006 年全球生物质能电力装机容量达到 45 GW,比 2005 年增加约 2.3%。其中,德国、匈牙利、荷兰、波兰和西班牙等国家生物质能电力生产的年增长率在 50%~100%之间;澳大利亚、奥地利、比利时、丹麦、意大利、韩国、新西兰和瑞典的年增长率在 10%~30%之间。生物质能电力装机容量主要在欧盟和美国,各自占了世界生物质能装机容量的 22.2%和 16.9%。发展中国家也有一些小项目在进行,例如泰国的"小电力生产商"计划让泰国至 2005 年底建成 50 个生物质电力项目,总装机容量达到 1 GW。甘蔗渣电厂在一些国家,如菲律宾和巴西的制糖工业中得到发展。世界范围内,生物质发电站预计到 2020 年将会增加 30 000 MW 以上。

生物质能对富国、穷国的重要性差别很大。在工业化国家、前东欧集团和中东,生物质能仅占总能源消费的 2%~3%;美国是工业化国家中消耗生物质能最多的国家,生物质能约占美国总能源消费的 4%;在西欧,生物质能约占总能源消费的 3%,奥地利、瑞典和荷兰的生物质能消费占总能源消费的比重分别为 12%、18%和 23%,欧盟到 2010 年生物质能占其总能源消费的 8.5%;发达国家消耗的生物质能占世界生物质能消耗的 10%,约占其总能源消费的 3%。在非洲、亚洲和拉丁美洲,生物质能大约占总能源消费的 $\frac{1}{3}$,一些最贫穷的国家,像安哥拉、孟加拉、埃塞俄比亚、莫桑比克等,80%~90%的能源依靠生物质能,发展中国家的生物质能消费占世界总生物质能消耗的 90%。估计有 20 亿人的家用能源主要是生物质能,发展中国家约 80%的农村人口和 20%的城市居民的能源消费依靠生物质能。

以薪柴、秸秆等生物燃料作为能源,浪费相当惊人。因为薪柴、秸秆的热转换效率只有 10%～15%,以目前试行的有效省柴炉灶的热转换效率 20%～30%计算,也有一半的生物燃料是虚耗的。如以我国 1.7 亿农户计算,至少浪费 2.5 亿 t 生物燃料,相当于 7 000 万 t$_{标准煤}$。另一项损失是生物燃料中含有的有机氮随燃烧而散失掉,以现在行之有效的借沼气池保存的氮含量计,全国因烧柴而散逸的氮相当于 500 万 t 硫酸铵或 600 万 t 碳酸铵,这些有机氮若通过目前耗煤较多、效率较低的小化肥厂生产的话,则需消耗相当于 2 000 万 t$_{标准煤}$。以上两项,使我国农村每年要虚耗 9 000 万 t$_{标准煤}$。

为改变上述局面,宜采取多种措施,增加生物质的生产,如营造薪炭林、种植白杨、榕树、沙枣、洋槐等速生树;种植甘蔗、向日葵等速生高产植物;发展海洋种植业,培植褐藻、巨藻和巨型海带。植物学家们正在寻找和培育"能源树",已经找到的有银合欢和"石油树"。银合欢是热带豆科木本植物,遍布北纬 30°和南纬 30°之间,繁殖力特强,一个月可长 1 m,2～4 年可轮伐一次,伐后很快就能萌芽更新;我国海南岛和巴西分别发现了"石油树"——油楠树和苦配巴,它们同属苏木亚科乔木,只要在这种树的树干上钻孔,就能流出一定量的油,沉淀过滤后可以直接用作柴油机燃料,"石油树"的发现,引起许多国家的注意。在菲律宾阿巴耀省发现一种野生植物——汉加树,它的果子里含 16%纯酒精,这种树从栽种到结果只需三年,每年开花三次,每株树一次可结果 15 kg。

许多生物学家在探索进一步提高植物的光合作用效率。现在各种农作物在不同的水肥和气候条件下,只能将 0.003%～0.3%的太阳能转换成固定碳(碳水化合物即生物质),假如植物固碳的实际光合效率能达到 3%,那么世界生物质总量将增加十倍左右。太阳光中有 50%是绿色植物不能吸收的紫外线和红外线,其中近红外光占很大份额。自然界中存在一种光合细菌可以利用近红外光进行不放氧的光合作用,如果采用遗传工程的基因移植方法,将光合菌的色素系统和植物的色素系统结合起来,植物的光合效率将能大大提高。此外,减少植物叶片对光的反射和透射,培育光呼吸较低而暗呼吸较高的作物品种,也能提高植物的光合效率。理论上讲上述方法是可行的,但实际上要达到目的尚需经过漫长的艰难路程。目前正在取得比较显著进展的是太阳能生物学制氢,即利用生物方式将太阳能转换为氢能。

提高现有生物质能源利用效率则是更实际、更有效的措施。生物质直接燃烧的热能有效利用率只有 10%左右,如果利用生物质、畜粪和城市污水、废液生产沼气——甲烷和一氧化碳等化合物,热能利用率可提高到 30%～50%。另一种有效方法是从生物质中加工提炼乙醇和各种烃类。南非利用木材生产液体燃料,每年有 500 万 t 木材和加工剩余物用于生产酒精,年产 100 万 t,相当于该国液体燃料用量的 11%;其还计划营造能源林,进一步增加酒精产量。巴西成功地用甘蔗生产大量酒精,解决了汽车燃料,引起各国的重视。美国、法国、罗马尼亚等国家也都在发展沼气和酒精的生产。

据计算,地球陆地上一次生长的生物质能量为 190×10^{19} J,海洋里生物质能为 110×10^{19} J,世界目前每年消费能源约 5.5×10^{20} J。由此看来,生物质能源的潜力不小,经过努力,它能够给人类提供更多的效益。

6) 太阳能与风能的利用

(1) 太阳能的利用

地球上的各种能源几乎都和太阳能有着直接或间接的关系,太阳能资源的开发利用量取决于技术的类别和发展程度。太阳能利用技术主要分热利用技术和太阳能发电技术。热利用包括太阳能热水器、太阳房、太阳能空调等；发电技术包括太阳能光伏发电、太阳能热发电等技术。近几年，太阳能在建筑上的应用受到许多国家的关注，并已投入大量资金进行研究与开发，这是因为建筑物的能源消耗量相当大，如发达国家建筑物能源消费约占终端能源总消费的30%～40%。目前太阳能的利用大致分为低温热利用、光电和热发电三个系统。

① 低温热利用系统。太阳能低温热利用的范围极为广泛，包括太阳灶、太阳能热水器、太阳房、烘干机、蒸馏器、制冰机等无需聚光的太阳能利用装置，采用选择性涂层的集热器或真空管集热器，工质温度最高可达150℃。

太阳灶的基本原理是通过光—热转换装置获得热能来加热食物或炊具，其结构样式有箱式太阳灶、聚光式太阳灶和太阳能蒸汽灶三种。我国太阳灶数量在国际上名列前茅，估计目前使用的太阳灶有205万台，每年可替代能量大约180万吨标准煤。

太阳能热水器是热利用商业化程度最高、市场最大的技术，使用十分广泛。1998年世界太阳能热水器保有量已约5 409万 m^2 集热面积，以色列已有80%的家庭使用，日本占20%，澳大利亚法律规定在北部新建的房屋都要安装热水器。太阳能热水器在我国正逐步推广，2010年，我国太阳能热水器集热面积年产量约为3 000万 m^2，约合2 100 MW_{th}，总保有量约1.5亿 m^2，约合10 500 MW_{th}，占到全球保有量的七成以上。

被动式和主动式太阳房也有较大发展。被动式太阳房是从法国发展起来的，很多国家都很重视。初步估计，采取被动式采暖可节约25%～80%采暖期所需的热能。主动式太阳能采暖、空调是美国太阳能利用的重点项目之一，现已进入第四轮试验，商业建筑也已大体进入第二轮和第三轮试验，已建成40幢政府建筑物作为主动式太阳房的示范。然主动式太阳能采暖、空调系统投资大，限制了它的发展，有待进一步研究降低成本。我国已建了45幢被动式太阳房试验楼，效果较好。华北地区的被动式太阳房可节约采暖用煤70%～80%，而相应的造价仅提高15%～20%。

太阳能低温热利用在农业和工业上已都有应用，农业上的应用更具有现实意义。太阳能温室已比较普遍。太阳能烘干机，不论是采用自然对流方式还是采用强迫对流方式，用以烘干谷物、干果、农副产品以及木材等，都有试验性装置在运行。太阳能蒸馏器和制冰机，由于其经济竞争性差，有待改进。

② 太阳能光电系统。太阳能电池无运动部件，运行可靠，使用寿命长，蓄能问题可以利用蓄电池来解决，是很有发展前途的系统。目前太阳能电池的生产量很小，但增长迅速。全世界太阳能电池的生产量1975年为50 kW，1977年为700 kW，1980年为2 000 kW，2000年增加到300 MW，2005年上升到1.8 GW，2010年达到27.4 GW。影响更快增长的主要问题是原料和电池生产成本太高。

太阳能电池的制造现有三种方法。第一种方法，仍然以单晶硅为原材料，但不用高纯的电子器件及硅，以求降低原材料的制备成本；第二种方法，改用非晶硅、多晶硅以及硅薄膜为原材料，这个方法可能见效较慢，但一旦突破，就会有飞跃进展；第三种方法，采用硫化镉、砷化镓以及其他半导体为原材料。带有聚光装置的砷化镓电池，效率比硅太阳电池高得多，运行时又要用水冷却，有可能构成既供电又供热的全能系统；硫化镉电池研究较多，但防止其衰变的关键问题尚未突破。

太阳能光伏发电是太阳能技术中发展较快的一种。过去10年，太阳能光伏工业平均以

20%的速率增长,1997年世界太阳能电池光伏组件生产达122百万W,1998年达到157.4百万W,2001年超过400百万W,商业化电池效率已从过去的10%～13%提高到12%～15%,光伏发电累计总装机为1 200百万W。目前国际光伏市场上仍以晶体硅太阳能电池为主,约占世界光伏电池产量的70%以上。预计到2050年左右,光伏发电将达到世界总发电量的10%～20%,成为人类的基础能源之一。目前光伏电池主要用作居民特别是边远地区居民独立电源、独立工业电源、户用和电站并网系统以及消费品。近年来农村电气化和建筑一体化系统发展迅速。发达国家正在实施大规模光伏电池发电计划和国际援助项目。2001年世界光伏发电总容量约1.7 GW_p,预计到2020年,世界光伏电池销售量可达3～20 GW_p,累计25～100 GW_p,按照WEC/IIASA的经验曲线预测,价格可降到1998年的三分之一至五分之一,市场十分广阔。

目前我国太阳能电池的效率比国际商品低2%左右,而成本却高出2～3倍,主要用作偏僻地区铁路车站信号装置以及航标灯电源。

③ 太阳能热电站。太阳能热发电尚在商业示范阶段,主要有槽式线聚焦发电系统、塔式聚焦发电系统和碟式聚焦发电系统,三种发电方式工作原理大同小异,主要是太阳聚焦方式不同。目前太阳能热电站有两种系统:中央接受式的塔式电站和分布式电站。前者适用于大型发电系统;后者适用于中、小规模发电系统或直接用来提供动力。

美国、法国、意大利、西班牙等国已建成11座中央接受式太阳能热电站,这些试验电站每千瓦的建设投资达10 000～20 000美元,主要是占投资约二分之一的定日镜造价太高,即使今后每千瓦电站投资降到2 000～3 000美元,仍然比常规电站的投资高得多。所以,这类热电站的前景并不乐观。比较有前途的还是小型分布式电站或太阳能热机。

各个国家生产水平、地理、气候、能源资源等条件不同,对于能源的需求也不同,对太阳能利用的前景有多种预测。然而,美国新编制的能源发展规划认为,对太阳能的发展要定量评价它的前景是很困难的,原因是有关太阳能的利用技术实际上仍处于刚起步阶段。太阳能应用技术的经济特性因技术类型不同、使用地区条件不同而不同,很难一概而论。仅以光伏发电技术为例说明其经济性现状和演变趋势。目前光伏电池组件成本比前几年下降了32%,组件造价在3美元/W_p左右,组件售价4美元/W_p;2005年以前,结晶硅电池制造成本可从2.5美元/W_p降到1.5～2.0美元/W_p(>25(MW·V)/年),2015年降到1美元/W_p(>100 MW_p/年);2005年薄膜电池(aSi,CdTe,CiGs)可降到1.0～1.5美元/W_p,2015年降到0.5～1.0美元/W_p;屋顶和落地并网系统的BOS目前为2～6美元/W_p,随着BOS的改进,电力电子部件实现经济规模、光伏电池与建筑一体化以及标准化,2005年可降到1～2美元/W_p,总成本可降到2～4美元/W_p。从太阳能技术的市场前景看,近期太阳能利用最大的市场是热水系统。欧盟准备在2010年之前安装1亿m^2的太阳能热水系统为居民提供热水。目前欧洲市场的太阳能热水器销售量超过200万m^2,2010年全世界太阳能热水器的安装量将达到2亿m^2,相当于发电装机300百万kW。

(2) 风能的利用

风能是一种十分普遍的资源,尤其是那些位于沿海的地区和国家,风力资源十分丰富。专家估计,全球可开发的陆地风能资源量可达96亿kW。考虑到海上的风速要比平原沿岸高20%,很少有静风期;海水表面粗糙度低,海平面摩擦力小,因而风切变小;海上的湍流度低,海面与其上面的空气温度差比陆地表面与其上面的空气温差小,又没有复杂地形对气流产生影响,因此,海上风能资源比陆地大,发电量高,而且可延长风电机组的使用寿命,降低发电成本。

决定风能资源量的主要因素是风速,功率与风速之间呈三次方的关系。但是决定风能可开发量的因素则要复杂得多,除风速外,还有风向、风频、地形、地貌和风能利用技术水平。就现有技术条件而言,过高和过低的风速都无法利用。毫无疑问,随着风能利用技术的进步,人类可以开发利用的风能资源会越来越多。

制订能源规划、能源政策时,风能资源是一个重要的依据。在一些常规能源短缺而风能资源又非常丰富的国家和地区的能源结构中,风能占有相当的比重。据估算,在这些地区,风电可以满足大约15%~25%的电力需要。在我国能源中风能的比重非常小,但在内蒙古、新疆、甘肃、青海和沿海及岛屿等风能资源丰富的地区,风能占一定的地位。

① 风能系统的作用。风能系统的设计,是一个设法在能量需求与可以得到的风能之间求得平衡的过程,除了选取好的地点以及购买一台或建造一台适当的风力机械之外,还必须选择合适的储能系统。这一设计过程如图8.1所示。

由图8.1可见,掌握风能资源是风能系统设计中的首要问题。风力机的基本原理是利用风具有的动能来推动轴转动,所以风的能量和功率是风电系统设计的出发点和依据,也是使用者选择风力发电机种类的出发点和依据,设计者掌握了风能资源,就可以确定风能系统的设计状态和可用工作范围。要使风力机能转动、运转、停机以及保证整个系统安全有效,评价安装风力机的具体地点的风力资源也是一个非常关键的问题,只有充分了解一地区的风能资源,才能使风力机达到预期效果,而且获得最大的经济效益。

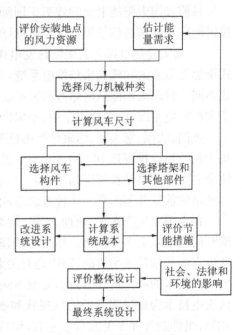

图 8.1 风能系统设计过程

风能的储存与风能资源有着很大关系。储存能量的多少是以大于或等于某一风速如$\geqslant 3$ m/s 或 $\geqslant 4$ m/s 的风速为依据,这和水库蓄水一样,蓄少了不够枯水季使用,蓄多了再下雨又有漫溢的危险。储存风能设备的大小和$\leqslant 3$ m/s 或$\leqslant 4$ m/s 风速的小风持续时间的长短有直接关系,时间愈长,蓄能设备就要求愈大。对于独立运行的风力机来说,若一地小风持续在十天以上,不但要配蓄能设备,还要有其他能源来补充;对并网运行的风力机,也要考虑大风丰电期和小风亏电期的合理安排。

② 风能利用。风能利用的研究经过了一个漫长曲折的过程。在西方发展资本主义以前,由于社会生产力很低,风能的利用还占很重要的地位。20世纪初,北欧一些国家的风能利用曾占总耗能的30%;后由于蒸汽机的普遍使用,风能利用率显著下降;1973年西方发生石油危机以来,风能又重新受到重视,不论是在普遍利用风能的欧美各国,还是在发展中国家,都在进行风能方面的试验研究工作。

风能利用技术主要有两类:一类为风能的直接利用,如风力提水、谷物加工、盐业加工和风帆助航等;另一类为间接利用,是通过将风能转换为电能而加以利用。后一类成为目前世界风能利用的主要方式。从风力中获得原始能量,一般是用旋转、直线或摆动等方式使机械运动,这种机械运动可用来抽动液体,也可转换为电力、热能或燃料。其用途大致如下:

(1) 利用风能提水饮用或灌溉

大多数情况下,只要把风机转轴的圆周运动转换成垂直方向的线性运动,不用发电机就可以抽水。

灌溉是农业生产中耗能较多的一项作业。在美国,34%的农业能源用于灌溉,而在美国大平原南部,灌溉提水用能约占所灌农田耗能量的50%。目前美国、澳大利亚、荷兰、丹麦、印度、日本、新西兰等国都在使用风力提水,解决农业、牧场灌溉和生活用水。我国利用风力机提水灌溉也有很好的经济效益,如江苏兴化用风力提水每亩水费为0.8元,而用柴油机为6元,电力为4.70元。由于风力提水灌溉最经济,所以人们认为目前风能利用的经济效果是提水。我国研制的风力提水机有适合南方的低扬程大流量和适合北方的高扬程小流量两种。风力提水在我国农田灌溉、提海水制盐、提海水养殖对虾、灌溉草原以及人畜的饮水等方面发挥积极作用。河西走廊利用风力提水灌溉草原,收到了很好的经济和环境效益。

(2) 风帆助航

风能在航行历史上起过很大作用。5 000年前埃及和中国就有风帆船的记载,大型帆船曾在17世纪时称霸世界海洋,后由于蒸汽机的出现而使风帆在海洋上绝迹。对现代风帆推进收益的研究表明,每平方米帆面积可获得的功率约为221~294 W。篷帆借助风能作为动力推进船舶航行,不必消耗太多燃油。据统计,风帆在运输时间上要增加20%,但燃料却可节约50%。现代风帆用金属制作,通过电脑控制,以便使风帆的转动角度尽量保持利用风力的最佳状态。风帆的转动要依靠燃油的马达,风帆货船也仍然要用马达作为辅助推动力,风帆与燃油马达相辅而用。

20世纪70年代末以来,日、美、中、英、荷、德和印度等国相继开始了现代风帆研究。我国在载重450 t的简易货船上做了加装风帆的试验;在机帆船上作了测试,风速4~6级时,动力相当于58 839.9W。日本在1980年11月建成世界上第一艘在沿海海域航行的现代商用风帆船"新爱德丸",载重1 600 t,排水量2 400 t,安装有两面卷折式纤维增强型塑料巨帆,帆面积194 m^2,时速13海里(1海里=1 852 m),同时装有一台带动大直径螺旋桨1 176 798 W低速柴油机,它比载重相同的普通机动船可节省50%的燃料。芬兰建造了世界上第一艘500客位的"美洲之歌"号豪华风帆船。国外正在建造万吨级的风帆船,如英国提出在12 000 t载重量的船上装6 700 m^2的风帆,苏联计划改装5万t载重量的"卓亚—共青团"号货船,装帆14 000 m^2。据计算,如果全世界货船的20%加装风帆,一年节约的燃料价值可达30亿美元。我国现有5 000只各种吨位的货船,若有20%利用风能,节约的燃料也很可观。

(3) 利用风能加热

风能直接转换为热能是新的能量利用方式,是一项很有前景的研究。如通过使用固体材料摩擦或搅动水和流体,或应用离心泵来产生热量。日本、美国和西欧一些国家都开展了这方面的研制工作,有的已进入了实用阶段。日本最早利用风能热转换,从1981年开始已在北海道用于养殖鳗鱼,在京都、岛根用于温室供热;丹麦、荷兰风力致热器用于家庭采暖;

美国、新西兰用于家庭和温室的供热；我国也已开始风力致热的研究，准备用于温室培养、水产养殖等方面。

(4) 风力发电

现有的大多数风能装置可能都是发电机，相当数量的发电机又和公共电网系统连接在一起，连接在同一网络系统上的燃料发电机则在风力发电机电力不足时起补偿和替代作用。长期以来，尤其是20世纪90年代以后，由于常规能源资源的有限性和全球环境压力的增加，风电作为一种无污染的可再生能源受到世界各国的青睐，发展速度非常快。

80年代以来，在美国和欧洲相继建成了大型风力发电系统，其中一部分已和原有的电力系统并网运行。美国能源部(DOE)与美国国家航空和宇宙航行管理局(NASA)利用螺旋桨式大型风机的大型风力发电实验研究工作正在稳步而顺利进行。大型风力发电机，有美国1979年建成的Mocl1(2 000 kW)装置，1980年以后陆续建成的3台Mocl2(2 500 kW)装置，1985年又建成叶桨直径122 m的世界上最大风力发电机Mocl-5A(7 300 kW)；联邦德国分别于1980年和1982年研制成3 000 kW和5 000 kW的风力发电机；瑞典在1980年和1982年建成3 000 kW和2 000 kW风力发电机；加拿大1983年建成3 800 kW风力发电机；英国1981年建成3 700 kW风力发电机；荷兰、丹麦等国也建成3 000 kW以上的风力发电机。

在澳大利亚、丹麦和美国等国，为分散的农场和住户提供电力的中小型风力发电机迅速发展。独立运行的中小型风力发电机的优点是在弱风下就可启动，额定风速较低，能在比较宽的风速范围之间发电。这种风力机虽然年能量小一些，但在一年中运行时数多。

另一些风力发电机是自成系统的，风力充足时用蓄电池之类装置蓄电，风力不足时则由蓄电池放电。

据统计，2000—2005年，风电发展不断超越其预期发展速度，并一直保持世界能源增长最快的地位。2005年以来，全球风电累计装机容量年平均增长率为27.3%，新增装机容量年平均增长率为36.1%。根据丹麦BTM咨询公司报告，2009年，全球新增装机3 810.3万kW，且并入电网，营业总额达到500亿欧元。截至2009年底，全世界风电累计装机总容量约为1.6亿kW，同比增长31%。目前，风电的年发电量约3 400亿kW·h，已经占世界发电总量2%以上。

在累计装机容量方面，欧洲仍然是风力发电市场的领导者，截至2009年底，其累积装机总容量为7 655.3万kW，占全世界风电总装机的47.9%。但在2009年新增装机容量方面，欧洲只占28.2%，北美洲达到39.3%，亚洲达到30%，欧洲已经失去了其领先多年的地位，中国和美国成了推动全球风电产业的火车头(见表8.15)。目前，德国、西班牙和意大利三国的风电机组的装机容量约占到欧洲总量的65%。近年来，在欧洲大力发展风电产业的国家还有法国、英国、葡萄牙、丹麦、荷兰、奥地利、瑞典和爱尔兰。欧洲之外，发展风电的主要国家有美国、中国、印度、加拿大和日本。迄今为止，世界上已有82个国家在积极开发和应用风能资源。风电在未来20年内将是世界上发展最快的能源。

表 8.15　2008 年和 2009 年全球装机容量分布

地　区	2008 年装机容量（MW）	2008 年累积装机容量（MW）	2009 年新增装机容量（MW）	2009 年累积装机容量（MW）	占 2009 年全球新装机容量比例（%）
美洲	9 527	28 918	11 433	40 351	30.0
欧洲	9 179	65 971	10 738	76 553	28.2
东南亚	8 201	22 174	14 991	37 147	39.3
太平洋经济合作发展组织	1 065	4 272	622	4 890	1.6
非洲	228	696	318	1 014	0.8
其他地区	0	127	1.7	129	0.0
合计	28 190	122 158	38 103	160 084	

资料来源：根据 BTM 咨询公司 2010 年 3 月统计资料整理。

2009 年，我国风电场装机容量增长速度更加迅猛，新增机组（台湾地区未计入）10 129 台，新增装机容量 1 380.32 万 kW，与 2008 年新增装机容量 624.6 万 kW 相比，增长率为 124%。平均单机容量为 1.36 MW，最大单机容量为 3 MW。2009 年，风力发电机外资生产企业新增装机容量比例下降到 13%，内资企业新增装机容量上升到 87%。内资风电企业兆瓦级产品实现了大批量生产和安装，明显降低了风力发电的成本，为风电产业今后的大规模发展奠定了坚实的基础。在国家《可再生能源法》等政策的支持下，各地发展风电的积极性空前高涨。2009 年底，风力资源丰富的内蒙古自治区累计风电装机容量 900 万 kW，建成了辉腾锡勒、辉腾梁、巴音郭勒和赤峰等多处大型风力发电场，成为风电装机容量最大的省份。与此同时，国电龙源集团风电场 2009 年新增装机容量突破 260 万 kW。

到 2009 年底，我国（台湾地区未计入）累计安装并网型风电机组 21 581 台，装机容量约 2 580.53 万 kW。与 2008 年累计装机 1 215.3 万 kW 相比，当年累计装机增长率为 114%。风电累计装机超过 100 万 kW 的省份超过 9 个，其中超过 200 万 kW 的省份 4 个，分别为内蒙古（919.62 万 kW）、河北（278.81 万 kW）、辽宁（242.53 万 kW）、吉林（206.39 万 kW）；内蒙古 2009 年新增装机 554.52 万 kW，累计装机 919.62 万 kW，实现 150% 的大幅度增长。

随着风电技术的进步和产业规模的扩大，风机造价迅速下降。20 世纪 90 年代中期，风机造价一般在 1 500 美元/kW 左右，到目前下降到 500～600 美元/kW 以下。风机的成本还有进一步下降的空间，相应的风电成本也大幅下降，每千瓦时电已从 0.1 美元降到 0.04 美元。

(5) 风力发电并网系统

风能是一种不稳定的能源，所以风力发电输出的电能也不稳定。为了不间歇供电，必须有兆瓦级以上风力发电机或相当数目的中型风力发电机和电网并联运行，作为电网的补充能源，这样就在 1979 年出现了风力田。风力田兴起的主要原因是大型风力发电机的费用太高，一般认为 50 kW 左右的风力机具有最佳的经济效益；又由于巨型风力机叶轮直径很长，如美国 Mocl5B 为 128 m，瑞典 WTS 为 78.2 m，设计、制造、检测都有一些困难，用较多的小型风力机组来取代大型机的单机运行是一个既方便又经济的办法。所谓风力田，就是在一个场地上，安装几十台到几百台中型风力发电机群，联合向电网供电的系统。美国在加利福尼亚州建有几十个风力田,计划全州电力的10%由风力提供;英国在北海沿岸建立了20个风力田,共装有50 kW风力机512台,计划增至2 200台,还计划再建40个风力田;荷兰、意大利、联邦德国都建了风力田。我国在平潭建成安装了4台200 kW风力机的风力田,在山东荣城建成安装丹麦产4台55 kW风力机的风力田,浙江嵊泗建成安装联邦德国产10～15台30 kW风力机的风力田。

7) 海洋能的利用

海洋能的利用在20世纪70年代取得了重大进展,其主要标志有二:一项是1978年美国在夏威夷海面进行的"小型海洋能转换装置"试验成功,利用海水表层和深层温差发出50 kW电力;另一项是1978—1980年间,日本在近海进行"海明"号波力发电船试验,发电功率达1 000 kW,并成功地进行了向岸上输电试验。从发展趋势看,80年代有几个大型潮汐发电站投入建设,海洋热能、波浪能发电将继续进入更大规模的试验研究。

我国海洋能的研究始于20世纪50年代,主要从事潮汐发电研究,目前国内已建成小型潮汐发电站近10座,如浙江小沙山(200 kW)、海山(150 kW)、象山(150 kW)、江厦(3 000 kW),山东乳山(960 kW)、金港(165 kW)等潮汐电站,合计装机容量5 930 kW。其中最大的是浙江乐清湾的江厦潮汐发电站,设计总容量为6×500 kW,是一座双向电站,不论涨潮还是落潮均能发电,第一台发电机组(500 kW)于1979年投产,1986年该电站全部建成发电。波浪发电研究从70年代开始取得了一定的进展,1978年1月在海上试验成功1 m波高条件下平均发电20～30 W;以同样原理设计的"浪动力潜艇"模型为我国波能利用研究开辟了新的途径。我国对其他海洋能(热能、浓度差能)尚未进行研究。

为了开发利用海洋能资源,首先必须进行海洋能源资源的调查和评价,为进行科学规划和制定详细的开发计划提供科学依据;海洋能的开发利用研究是综合性的科学领域,涉及面广、技术复杂、难度大,要开展多学科的技术协作和攻关进行海洋能源的综合开发利用研究,以充分利用其资源。

8) 地热能的开发利用

地热资源的大规模开发始于19世纪20年代,20世纪初地热能开始在大规模空间采暖、工业、发电等方面应用,开拓地热能的规模不断扩大。中低温地热的直接利用范围十分广泛,已在技术可靠性、经济性及环境可容性等方面得到世界论证。30年代,冰岛利用地下热水建立世界上最早、最大、最先进的地热供暖及生活用水系统。目前,冰岛全国消耗热量的80%～85%来自地热,其中首都雷克雅未克市以及胡萨维克等不少城市、地方的生活用热水和取暖完全取自人工开凿的热水井和相应的地热管道系统;全国90%以上的建筑群为地热供暖,世界上最长的一条63 km热水输送管道也在冰岛。冰岛冬季气候严寒,可蔬菜和水果的供应却相当充裕,它们都来自地热温室;冰岛还在北极圈附近利用地热培育和生产热带、亚热带作物香蕉、咖啡和橡胶。苏联有2 600万 m^2 地热温室和35万 m^3 的工业地热采暖工房。2000年世界各国地热直接利用按用途分类的比例为:洗浴、游泳、治疗42%,空间采暖35%(其中12%为地源热泵),温室9%,养殖6%,工业利用6%,其他2%。地热直接利用的迅速发展不仅能改善环境,而且有利于人民生活质量的提高。

地热发电是地热利用的另一重要方面。意大利是世界上最早利用地热发电的国家,1904年首先研制成功地热发电机,1913年250 kW的地热发电机开始发电,目前,意大利地热发电厂总功率已超过40万 kW。美国地热电站装机容量达90多万 kW,新西兰为20多万 kW，墨西哥、日本各装机 16 多万 kW。当时，世界上已有十多个国家建成地热电站，总容量 200 万 kW 左右。70 年代初全球出现石油危机后，兴起了世界性地热发电热潮，全球的地热装机从 1970 年的 68 百万 W 增至 1980 年的 2 480 百万 W、1990 年的 5 867 百万 W、1998 年的 8 239 百万 W，到 2010 年底，全球地热发电装机容量已超过 11 GW。

地热发电分为两大类：一类是用热水，另一类是用干蒸汽。世界各国用热水的多，地下热水田比蒸汽田多；热水温度也各不相同，因而，需要研制更为完善的热水发电装置。近十年来，世界地热电力开发变缓，除了受常规能源价格影响之外，主要是地热开发仍面临着初期投资高、地质勘探风险高等因素的制约。此外，为了大规模地利用地热发电，有待研究出超深度热流体抽出技术和利用火山、高温岩体热能技术。

在经济性能方面，地热发电的成本不一，但一般在 5 美分/(kW·h) 左右（燃煤电站 6.5 美分/(kW·h)）；目前冰岛发电成本最低，仅 2 美分/(kW·h)，地热采暖仅 0.5 美分/(kW·h)。日本对地热发电、火力发电、水力发电、原子能发电的单位投资和发电成本，以及设备利用率进行了比较（见表 8.16）。由于地热发电不需要燃料费用，所以发电成本最低，因此，各国都在加速地热的开发。日本、美国在 2000 年地热发电装机容量分别达到 5 000 万 kW 和 1 亿 kW 以上。多数学者认为地热能将较快成为重要的辅助能源。地热能不像风能、太阳能那样断续多变，因此与其他常规能源相比，具有更大的商业竞争力。

表 8.16 各种发电方式的比较

发电方式	功率 （万 kW）	单位投资 （千日元/kW）	发电成本 （发电端）（日光度）	设备利用率 （%）
地热（自采蒸汽）	5	230	6.8	80
地热（外购蒸汽）	5	138.4	7.5	80
水力（水库）	6	583.3	15.0	60
水力（水道）	10	410.0	11.7	54
火力（煤）	35	157.0	11.6	70
火力（天然气）	60	114.5	11.6	70
火力（燃油）	50	122.0	9.2	70
原子能（A）	55	172.7	7.1	70
原子能（B）	89	125.2	6.8	70

目前，全球兴起了地源热泵的应用高潮，这种技术几乎可以利用一切低温地热源。过去一直认为埋深于 3 km 以上的地热热储才具有经济开发价值，然而随着热泵的应用，这一观点将被转变。这一技术的应用将使所有国家都可以利用遍布的低位热能进行供暖或制冷。因此地源热泵技术有可能取代发电而成为地热资源利用的热点。近年来，随着地源热泵技术的日趋完善，浅层地热能利用发展迅速。2005 年全球 33 个国家已安装了 130 万台地源热泵装置，总装机 15 723 MW，是 2000 年的 2.98 倍，是直接利用地热能总装机容量的 56.5%。

全世界 80 多个国家拥有地热资源，其中 58 个已进行地热资源的开发利用。菲律宾是世界各国地热利用发展最快的国家之一，目前地热装机容量已达 1 909 百万 W，仅次于美国，居世界第二位，该国的地热发电已占全国电力供应的 22%。

粗略调查显示，我国的地热资源也比较丰富，天然露头和人工开凿的地下热水井共 2 500 余处，遍及全国 30 个省、市、自治区。2006 年底前，全国经正式勘察并经国土资源储量行政主管部门审批的地热田有103处,发展潜力很大。根据地质情况和赋存条件,我国地热有三种类型:近期火山和岩浆活动型、褶皱山区断裂构造型和中、新生代沉积盆地型。有6个地热带:藏滇地带、台湾带、东南沿海带、郑城—庐江断裂带、川滇南北向地带、祁吕弧形带。藏滇地热带属于喜马拉雅—地中海地震带,地壳活动强烈,因而地热资源丰富,有近千处温泉和喷汽泉,高于当地沸点的热水活动区近百处,是地热开发的理想地区。据勘察,西藏所属70多个县中有60多个有温泉和地热显示点,共计375处,其中羊八井地热田最负盛名,井内温度172℃,压力46个大气压,井深200 m以下,可获得171℃湿蒸汽,发电潜力估计为8万kW,实地考察过西藏的国内外专家都认为"西藏是地热之乡",开发前景光明。云南腾冲热海地热田浅孔测量,10 m深处温度为135℃,12 m深处为145℃。藏滇和东南沿海地热带共有温泉600多处,约占全国地热点的三分之一,超过90℃的温泉有几十处,有的超过100℃。如福州一井,深505 m,水温107℃;漳州265 m深井底为120℃;汕头东山湖井下水温102℃。台湾属太平洋火山地震带,地壳活动剧烈,地面温泉、喷汽泉89处,遍布全岛,大屯火山群区已钻地热勘探井20余口,总进尺近1.4万m,井深在300~750 m和1 000~1 500 m之间,井底温度293℃,其中一口井每小时产汽量32 t。估计大屯火山区地热资源10万~15万kW,宜兰土场、清水区地热资源5万~30万kW,类似大屯、清水的地热区尚有乌来、知本、安通等12处。

天津市附近有三个地热异常区,总面积近700 km²,目前已有356眼500 m以下的热水井,水温30℃以上,最高水温达94℃,年开采热水5 000万t,已经利用的地热相当于30多万t标准煤的能量;天津宾馆利用一口42℃热水井采暖为整个宾馆供应热水,每年省煤3 000多t,两年收回打井全部投资。湖北英山县直接利用地热取得显著成效。该县建有地热温室五栋1 129 m²,养鱼池2 000 m²。1971年以来,温室里培育出不同类型的水稻新品种500多个,育出的良种已在全县推广,亩产达800斤;已利用地热水育秧,早稻催芽,红薯育苗,生产蘑菇、木耳,繁殖罗非鱼苗230多万尾,进行鱼种杂交和性反交试验;县烤胶厂锅炉使用地下热水,每年节煤1千多t;棉织厂用热水洗棉纱,年省柴20万kg;新建地热水缫丝厂,每年节煤4千多t。英山县正逐步建成以农、林、牧、副、渔良种繁殖基地为主的全面地热利用。福州市地热利用试验站以87℃的地下热水建成一个包括制冰车间、冷藏库和保鲜库在内的制冷系统,运行良好,该系统排出的热水还供附近农业温室和养鱼池使用,这一试验为我国南方利用地热制冷和空调跨出可喜的一步。我国第一座地热电站于1970年在广东省丰顺县的邓屋地热区落成,功率为100 kW;1971—1975年湖南省宁乡县灰汤地热区300 kW地热电站投产;1977年起,在距拉萨90多km的羊八井地热田建成1 000 kW地热电站,1981年又有两台功率各为3 000 kW的地热发电机组投产,共计7 000 kW;1977年10月,1 500 kW地热涡轮发电机组在台湾清水区建成投产。

利用地热,能够在节约能源、改善环境、发展生产、造福人民等许多方面获得很大的经济效益,但地热开发对环境有轻微影响,诸如热水直接排放会造成地表水热污染,含有害元素或盐分较高的地热水会污染水源和土壤,地热流体中有NO_2、CO_2、H_2S以及少量的NH_4、Hg、Rn、B等有害气体的排放,长期超采造成地面沉降等。世界各国针对上述问题已相继制订出地热资源开采法规,建立长期热田监测系统,采取尾水回灌、水质净化以及含盐地热水处理等措施予以解决,目前完全能适应商业性开发,可达到可持续发展要求。

8.3.2 能源的构成与分配

1) 能源的构成概况

能源的构成是指各种能源在一个国家和地区的能源生产或总消费中所占的比例。2002年全球能源消费总量为94.05亿t,在能源消费结构中,石油平均占37.45%,天然气平均占24.26%,煤炭平均占25.49%,核能平均占6.49%,水电平均占6.30%。2011年全世界商品能源的总消费量为12 274.6百万$t_{煤当量}$(见表8.17)。目前能源的最大消费国是美国,中国已经成为第二大能源消费国。

表8.17 2011年世界国别一次能源消费及结构(单位:百万$t_{煤当量}$)

国家	原油	天然气	原煤	核能	水力发电	再生能源	总计
美国	833.6	626.0	501.9	188.2	74.3	45.3	2 269.3
中国	461.8	117.6	1839.4	19.5	157.0	17.7	2 613.2
俄罗斯	136.0	382.1	90.9	39.2	37.3	0.1	685.6
日本	201.4	95.0	117.7	36.9	19.2	7.4	477.6
德国	111.5	65.3	77.6	24.4	4.4	23.2	306.4
印度	162.3	55.0	295.6	7.3	29.8	9.2	559.1
加拿大	103.1	94.3	21.8	21.4	85.2	4.4	330.3
法国	82.9	36.3	9.0	100.0	10.3	4.4	242.9
英国	71.6	72.2	30.8	15.6	1.3	6.6	198.2
韩国	106.0	41.9	79.4	34.0	1.2	0.6	263.0
OECD	2092.0	1386.1	1098.6	487.8	315.1	148.0	5 527.7
世界总计	4 059.1	2 905.6	3 724.3	599.3	791.5	194.8	12 274.6

资料来源:BP Statistical Review of World Energy,2012

石油、煤和天然气等矿物燃料约占全世界商品能源需求的80%,其中石油又是最重要的,在世界商品能源总消费量中占第一位,一般占40%左右,但比1973年所占比例(47.4%)要低,下降的原因主要是1973年以来石油提价引起的经济衰退,其次是在生产活动中改善了石油的使用效率以及用其他燃料(煤、水力和核能)代替石油。然而,目前工业发达国家的能源消费仍以石油为主。中国能源消费结构中,石油所占比例由2001年的27.6%下降到2011年的18.6%,天然气所占比例由2001年的2.96%上升到2011年的5.0%。

我国和第三世界国家的能源消费以煤、薪柴和木炭以及其他生物燃料(牲畜粪便和作物秸秆)为主。煤与油、气相比有许多缺点,但最大优点是储量大。世界煤炭储量约十多万亿t,按目前速度开采,估计全世界的煤储量可以维持上千年,而全世界石油储量则维持不了100年。以全球范围看,煤是通向未来世界以再生能源为基础的持久能源系统的桥梁,它将重新成为过渡时期的世界主要能源。对于能源以石油为主的国家来说,重新转向煤炭要付出巨大的经济和社会代价。然而煤炭的利用效率低,运输和利用较困难,尤其是烧煤造成的大气污染可能将成为其使用的一个重要的限制因素。

二次大战后的30年,世界能源消费量有过稳定而快速的增长,当时廉价而丰富的石油供应促进了社会经济的繁荣和发展。近20年这一趋势已有所变化,未来世界的能源构成将向什么方向发展已变得更为复杂和极难作出准确预测。技术经济学家主张大力开发核能;社会生态学家呼吁重新发挥再生生物资源的作用;一些未来学家则认为,充分利用生物资源是以农业为主的国家的传统,也是它们发展小工业的有利条件,重新开发生物资源不仅是未来发展的方向,也是第三世界国家避免再走工业化国家弯路的正确发展道路。

2)能源的分配

最重要的能源利用问题是如何合理分配能源。能源分配是指各个生产和民用部门使用的能源在一个国家或地区的能源消费体系中所占的比重。从世界各工业国来看,能源的40%用于工农业,20%用于家庭,15%用于商业(包括商店、医院、学校、政府、机关),25%用于运输。全世界约有四分之一的原生能源用于发电。我国能源分配中,工业占有很大比重。1980年我国能源消费结构中,工业占63%,农业占6.9%,民用和商业占22.1%,交通运输占8.0%。我国各部门能源终端消费分配中,工业中,煤和焦炭占67.0%,原油和油品占16.5%,天然气和焦炉气占5.5%,电力占7.5%,电厂供热占3.5%;民用和商业中,煤占91.5%,油品占1.9%,气体燃料占3.5%,电力占2.9%,电厂供热占0.4%;交通运输中,煤占43.9%,油品占55.6%,电力占1.1%。全国商品能源综合利用效率仅25.4%,远远低于美国的51%和日本的44%。

不同的能源具有不同的品质和不同的用途,不同的用途又产生不同的效果,应根据各种能源的特点进行合理分配,使其各得其所。例如,原生的天然气适用于城市,次生的沼气适用于农村,核燃料只能发电而不能发动内燃机,能源密度小的太阳能和转化品位低的地热能在目前技术经济条件下只适于供热。

3)能源的区域供需平衡

研究能源问题还应探索能源的区域供需平衡和能源需求的结构变化。

能源的区域供需平衡是指在一定空间范围内,通过能源的供需关系反映其生产和消费的关系,使时时趋于不平衡的供需关系于一定时间、一定空间中处于相对平衡状态。一个区域的能源供需平衡是一项既复杂细微又必不可少的工作。研究一个区域的能源开发、布局、运输、贸易和节能等问题时,如果缺少了供需平衡核算,那么生产会带有一定的盲目性,给国民经济带来巨大损失。

人类社会对能源的需求量总是随着经济和人口的增长而不断增加。20世纪60年代初,世界一次能源的消费总量约为33亿$t_{石油当量}$,到70年代初增至54亿$t_{石油当量}$左右,80年代初达69亿$t_{石油当量}$,1984年达72亿$t_{石油当量}$。同时,这些年来世界能源的总供应量与总消费量也基本平衡。这是由于在世界范围内,能源的供应与需求相互制约。一方面,能源的需要量形成一种要求,促使人们多方面去勘探和开发;另一方面,能源的开发利用又必然受当时当地技术经济的制约,只限于一定的数量,这样,它反过来约束了需要量。因此,从全世界来说,每年能源的生产量和消费量都是很接近的,基本上保持一种平衡状况。

如果从能源的区域供需和部门结构来看,其中盈缺的不平衡关系却很复杂。世界一些地区,如中东、加勒比海沿岸、北非等都大量生产能源,消费量却很小,形成国际上能源"供过于需"的地区,每年有大量的能源出口;另一些地区,如西欧、北美和日本等地,或者是能源消耗大大超过生产的国家,或者是能源高消费低生产的国家,都是"需过于供"的地区,每年都需进口大量能源。因此,无论对于能源出口国还是进口国,能源进出口的地理分布、运输、市场、价格以及数量和品种比例等问题都是重大的社会经济问题,各自都组织了各方面的力量予以重点研究与安排,以维护各自的利益。

近年来,我国能源供需矛盾越来越突出,2004年全国累计拉闸限电的省份多达24个,夏季高峰时段电力最大缺口超过3 000万kW,相当于装机总量的8%;原油进口1.22亿t,石油消费对外依存度从上年的36%上升到45%,国际能源任何一方面的发展变化都同我国的社会经济发展有着一定的关系,因此我国也必须对上述问题加以深入研究。同时,我国能源的生产量和消费量都很大,而且国内能源的生产和消费分布也都很不平衡。例如,山西和内蒙古都是能源"供过于需"的大产能区,它们的煤炭供应全国很多地区;而上海、江苏等地是全国经济发达地区,要消费大量能源,都是能源产量极小的"需过于供"的大缺能区,每年都得从产能区调入大量能源。因此,应制定我国能源经济区划,建立区域能源综合体,调整生产力布局,改进煤炭加工、燃料转化技术和产品分配,做好综合利用,综合优化煤炭的产、运、销,以解决我国能源供需平衡问题。

4) 能源结构的变化

能源结构按其性质可分为能源资源结构、生产结构、消费结构、供应结构、进口地区结构及出口地区结构等。能源资源的蕴藏和生产,各国各地区之间丰贫悬殊;能源的进出口,因时因地而有差别;能源的消费,凡有人类生产和生活的地方任何时候都在进行。以上这些都是世界范围内具有的普遍性问题。

能源消费结构与各种能源的特性有关,也与能源利用技术水平、经济发展规模和速度、各种能源的储量和分布有关,受自然、经济多种因素的综合影响。人类社会的能源消费结构经历了三次大的变化,目前正处于经历第三次大转变之中。

从以薪柴为主到以煤炭为主是第一次大转变。18世纪资本主义产业革命以后,煤炭在能源结构中的比例不断上升,至20世纪初,煤炭在世界一次能源消费结构中占60%。在这一大转变中,许多国家兴建了以煤炭为基地的工业区,如美国的东北部区,德国的鲁尔区,英国的英格兰区和中国的东北区等。大工业区的崛起推动了现代经济的发展,但生产规模扩大,工业布局集中,环境污染加重,产生了一些新的问题。

20世纪初,内燃机发明并推广使用,它必须使用液体或气体燃料作动力,从而扩大了石油的使用。石油的单位热值每公斤约4 187万~4 605万J,优于煤炭(2 930万J);运输方便;对环境造成的污染较煤炭少。因此,在世界能源消费结构中,石油逐渐取代了煤的地位。1965年,石油在世界能源消费结构中占首位,70年代逐渐上升为约占50%,被称为是世界能源的"石油时代",这是人类社会能源消费结构的第二次大转变。

70年代中期以来,国际上经历了多次石油冲击。1973—1974年和1979—1980年两次冲击期间都出现石油供应短缺、油价猛涨的情况,为此,许多国家在开源的同时,进行了节油措施,并致力于能源消费结构的变化。据统计,1994年世界能源消费总量折合石油为79.8亿t,其中石油占39.3%,煤炭占28.8%,天然气占21.6%,核能占7.3%,水力、地热等其他形式能源占3%。未来能源消费结构变化的一个显著特点是代替石油能源的需求量将显著增长,各国节油和石油替代的研究与利用工作继续进行。因此,80年代开始了人类社会第三次能源结构的变化,即由石油时代向以液化煤、汽化煤、核能和可再生新能源为主的时代过渡。

8.3.3 能源利用产生的环境问题

1) 酸雨

"酸雨"是对与大气沉降有关的复杂科学现象的通俗叫法。全球天然降水的基础 pH 约为 5.0,但由于大气的污染,雨水的 pH 可在 4.5 以下,受大气污染严重影响的地区,雨水的 pH 可达 3.0 甚至更低,我国重庆降水的 pH 在 4.0 以下。在适当条件下,大气中的二氧化硫和氮氧化合物被转变为硫酸和硝酸,大气中总酸度的三分之二由硫造成,三分之一由氮造成,有的地区两者比率可达 1:1,它们均可以传送到数百公里以外的地区。从全球来看,大约 50% 的硫来自自然界,但在工业发达地区,90% 以上的酸雨来自人为排放。大气中的酸性物质不仅以雨、雪、雾和露的形式沉降,而且以干颗粒形式下降。

在酸雨对生态环境的影响中,最为突出的是湖泊酸化。西北欧南部和北美东部的湖泊酸化日趋严重,湖水的 pH 大多在 5.5 以下,有的只有 4.5,水生生态环境受到严重破坏,鱼类数量大大减少,甚至导致湖泊中植物和鱼类绝迹。酸雨对森林的危害,除了使叶受损外,还通过土壤酸化影响树木生长,轻者使土壤中营养元素淋失,造成土壤贫瘠,使树木生长受害,产量降低;重者使土壤中铝渗漏而产生毒性,并导致其他重金属迁移,其中铝对树木和其他植物有致死作用。此外,酸雨对建筑物、纪念碑、古迹、雕像、文物和有历史意义的人造物质等均有破坏作用,这种破坏作用包括金属的生锈、油漆的腐蚀和褪色、建筑石料的变质等。酸雨已给一些国家的经济造成很大损失,到 1981 年底,美国因酸雨而遭受的损失达 50 亿美元,其中农作物 1.0 亿美元,林业 17.5 亿美元,建筑物 20 亿美元,工业 2.5 亿美元。

2) 全球气候变暖

化石燃料的使用和生物质燃烧增加了大气中二氧化碳的含量,在过去 100 年间,大气二氧化碳浓度已从 275×10^{-6} 增至 1984 年的 343×10^{-6},增加了 25%。目前每年通过化石燃料向大气排放的二氧化碳大约 50 亿 t。虽然由于森林破坏和土地利用变化引起的生物排放二氧化碳对二氧化碳浓度的增高起了作用,但很明显,未来生物源的排放量将远远小于化石燃料燃烧的排放量。由于能源和化石燃料的迅速增长,可能导致大约在 2040 年二氧化碳浓度增加 1 倍,达 600×10^{-6} 左右,而二氧化碳低排放方案的采用可以使二氧化碳增加 1 倍的时间延长至 2100 年以后。二氧化碳并不是唯一对全球温度具有重要作用的大气要素,大气中甲烷、含氯氟烃、一氧化氮、臭氧等气体浓度的增加,对全球变暖和对气候变化的复合作用已差不多同二氧化碳一样重要。

据研究,在过去 100 年中全球平均气温已增加了 0.3~0.7 ℃。大多数高层大气—陆地—海洋系统大气环流模式试验都表明,二氧化碳和其他温室气体增加到比大气二氧化碳浓度大 1 倍时,可能会使地球表面温度升高 1.5~4.5 ℃,并以不同方式影响世界不同地区。赤道附近温度可能增加为全球平均变暖量的 50%~100%,同时两极的温度可能上升为全球平均上升值的 2~3 倍,在中纬度的内陆会出现夏季干旱。

由于地球表面温度的增加,自 21 世纪以来,海面温度增加了 0.6 ℃±0.3 ℃,全球平均海平面每年增高 1~3 mm;如果地球大气继续变暖,随着陆地冰的融化和上层海水的热膨胀,全球海平面会继续上升。从现在到 2100 年各种因素对海平面影响的不确定性使海平面上升的预测值明显不同,一种估计 100 年以后海平面上升 70 cm,另一种估计到 2100 年全球海平面上升144～217 cm,近年又有人估计全球增暖1.5～4 ℃会导致海面上升20～140 cm。全球海平面上升将会大大影响海岸的各种活动。

3) 农村能源缺乏产生的生态环境问题

农村大量烧薪柴、秸秆以致毁林、毁草原,造成生态环境恶化。以林业为主的山区毁林垦荒引起水土流失加重。以种植业为主的平原地区,年复一年地把秸秆当柴烧,使土壤中的有机氮得不到及时补偿,导致土壤肥力显著下降;而土壤肥力减退,就要靠化肥维持产量,使土壤板结,减少最终导致作物产量降低,也降低了秸秆的产量,从而使燃料更加缺乏。如此周而复始,造成生态环境的恶性循环(见图 8.2)。

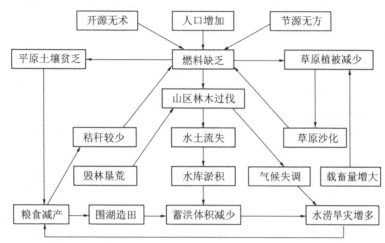

图 8.2　农村能源短缺造成的生态环境恶性循环

8.4　能源发展预测

8.4.1　世界能源预测

1973—1974年石油冲击时及随后一段时间里,能源需求预测主要是根据经济活动增加和燃料价格变化的某种估计,在以往变化趋势基础上进行外推,这种预测方案后成为惯用的方法。这种方法(有时称为"自上而下"的方法)是以笼统合计的方式处理能源需求问题,其中假定能源需求与其他变量(如燃料价格和国民生产总值)之间存在固定的关系,并且假定了当前财政因子(税收、津贴等)和制度因子(法典、建筑法规等)的连续性,而这些因子通常阻碍着能源效率的改进。近年来用这种方法作出的能源预测越来越靠不住,因为70年代出现的石油价格和其他能源价格的猛涨,是近几十年内没有过的,它们对于能源需求和经济活动之间关系的长期影响还未被弄清。此外,70年代晚期的许多预测趋向于对经济增长速度和某些特别部门的增长速度作出历史的假设,这种假设的速度已被证明是过高的。因此,这种预测的笼统合计性质无助于识别减少能源需求(通过更有效地使用能源)的潜力。

"自上而下"预测的两个重要例子是由国际应用系统分析研究所(IIASA)和世界能源会议提出来的。有两种预测,一种是高需求预测,一种是低需求预测,这取决于经济增长和燃料价格等的不同假设。影响能源需求的两个关键要素(人口和人均国内生产总值的增长)列于表 8.18,影响能源供求预测的也是这两个因素。国际应用系统分析研究所模拟产生了 2030 年的能源需求预测,对于高需求和低需求两种方案,2030 年的需求量分别为 1980 年消费水平的 3.5 倍和 2 倍;世界能源会议的预测与其十分相似,给出的是 2020 年的预测数字,按高、低两种增长情况,2020 年的能源需求量分别为 1980 年水平的 2.5 倍和 2 倍。

表 8.18 三种全球能源研究的比较

类 型	1980 年	国际应用系统分析研究所		世界能源会议		戈登堡等
		高	低	高	低	
预测年份		2030 年		2020 年		2020 年
人口(10 亿)	4.43	7.98		7.72		6.95
人均国内生产总值增长率(%)		2.10	1.01	2.00	1.1	
一次能源(万亿 kW)						
世 界	10.30	35.20	22.00	24.70	19.20	11.20
工业化国家	7.00	20.10	13.50	14.80	12.50	3.90
发展中国家	3.30	15.10	8.40	9.90	6.70	7.30
世界(kW/人)	2.33	4.41	2.76	3.20	2.49	1.61
工业化国家	6.30	12.90	8.64	9.67	8.15	3.15
发展中国家	1.00	2.35	1.32	1.59	1.08	1.28
能源供应(万亿 kW)						
石 油	4.18	6.83	5.02	5.31	4.26	3.23
天然气	1.74	5.97	3.47	4.59	3.24	3.23
煤 炭	2.44	12.00	6.45	7.74	6.06	1.95
水 电	0.19	0.52	0.52	0.70	0.52	0.46
核 电	0.22	8.09	5.17	3.21	2.31	0.75
其 他	1.49	1.81	1.33	2.65	2.65	1.58

以上预期能源消费的大量增加是以"自上而下"的计量经济方法为基础的能源预测结果的共同点,预测的能源需求水平将需要大大增加矿物燃料和核能的供应,因此,其中隐藏着由能源消费引起环境普遍变坏的因素。例如,即使按照国际应用系统分析研究所的低需求预测,矿物燃料的利用也会使 21 世纪后半期大气中二氧化碳浓度增加一倍,引起气候变化;高需求和低需求预测中估计的核技术应用意味着到 2030 年时约有 260~400 万 kg 钚将由失效的反应堆燃料中复原,且进入世界性商业运转。而钚是一种核爆炸物质,只要 5~10 kg 就可以制造核武器,供核能用的钚贸易将会促进核武器的扩散。

能源需求、燃料价格和经济活动之间变化着的关系,已经使得单靠"自上而下"方法作出的预测的实际应用增加了不可靠因素,因而近年来根据实际的终端能源消费提出的能源预测模式已经得到更多利用。这种"自下而上"的方法使用了一种高度非聚合的能源利用模式,它对能源消费如何随着时间而变化(比如,冷冻和炊事等大量的终端利用如何随时间而变化)作了明确假定。有一项根据此方法进行的研究预测 2020 年时世界能源需求量为 11.2 万亿 kW,比国际应用系统分析研究所和世界能源会议提出的预测低得多(见表 8.18),其他方案的预测值有很大变化幅度,从 19.2 万亿~35.2 万亿 kW。对范围广泛的能源供应预测进行混合考虑时,可得到与较低水平的需求预测相一致的结果。混合考虑的能源供应的重要特点是:矿物燃料消费不再高于1980年的水平,这可以部分缓解二氧化碳问题;钚作为核燃料进行利用是不必要的,这可能使核武器扩散的威胁减少到最低程度。能源预测的第二种方法反映了近年出现的一种认识,即未来能源利用的增加并非是经济增长注定的必然结果,在很大程度上受到社会选择的影响。

8.4.2 我国能源的发展战略与对策

研究我国的能源问题,既不能照搬发达国家的模式,也不能套用其他发展中国家的办法,须从我国国情出发,依据我国能源的特点,提出我国能源发展的战略与对策。

1) 我国能源开发利用的特点

(1) 能源工业发展迅速,自给率高

2003年我国生产原煤16.67亿t,石油1.69亿t,天然气341.28亿m^3,总发电量1.65万亿kW·h,分别为新中国成立初期(1950年)的10倍(煤)、260倍(石油)和48倍(发电量);一次能源总产折标准煤为8.43亿t,居世界第三位,相当于1949年的36.3倍,增长速度较快。我国能源的自给率高达94%以上,经济发展受世界能源市场变化的影响较小。

(2) 煤在能源结构中占主要地位

我国是世界上少数几个能源以煤为主的国家之一。在一次商品能源的消费结构中,煤占74%,石油占21.1%,天然气占3.1%,水电占4.0%。预计近期仍大致保持这一比例,难以改变这种局面。目前,我国75%的工业燃料和动力、65%的化工原料以及85%的城市民用燃料都由煤炭提供,这种情况也将会长期存在。我国恐怕不会出现能源以石油为主的时代。

(3) 工业耗能的比重大,人均能源消费水平低

我国能源消费结构中,工业特别是化工、冶金和建材等高耗能工业用能比重偏高,民用、商业、交通运输及农业等比重偏低。这从一个侧面反映出我国经济结构和工业结构不很协调,也反映出人民生活用能低,尤其是农村生活用能还未得到应有重视。我国人均耗能水平也低,1983年人均商品能消费量为650 kg标准煤,仅为世界平均值的1/4,为前苏联的1/11,为美国的1/200;城市居民生活人均年用电量只有12 kW·h,农村有电地区还不到3 kW·h。

一些发达国家的工业部门耗能所占的比重比我国低得多,而交通运输和商业民用的能源消耗占总能源的比重高,前者一般为15%~26%,后者占20%~46%,均较我国高得多。这一方面说明,西方国家在生活和商业上对能源的大量浪费,同时也反映了我国重生产轻生活,以及工业生产部门工艺设备落后、能源管理水平不高等问题。预计随着人民生活水平的提高,我国工业部门的能源消耗比重将会逐步下降。由于我国大部分人口生活在很少消耗商品能源的农村地区,以及中国人传统的价值观念和低耗能的生活方式,可以预计,我国人民达到比较富裕的现代文明生活标准所需的能源要比西方国家少得多。

(4) 农村生活用能仍以生物质能为主

我国有8亿人口生活在农村,近几年我国农村每年直接消费的生产和生活用能约3.2亿~3.4亿$t_{标准煤}$(包括生物质能),占全国总能耗的40%,其中用于生活的能源占80%左右。

生活用能以秸秆和薪柴为主,高达 2.2 亿 $t_{标准煤}$,占农村生活用能的 84.6%,占农村能源消费的 68.34%。生物质能的大量消耗导致农业生态遭到急剧破坏。然近期,国家不可能大量增加农村商品能源的供应。

(5) 能源利用效率很低,浪费严重

由于技术、经济、文化和管理等方面的原因,我国能源利用效率远低于发达国家。从单位国民生产总值的耗能水平看,耗能为日本的 3.8 倍,德国的 3.3 倍,英国的 1.8 倍,美国的 1 倍,排世界第 113 位。近几年能源的利用效率,日本已达 57% 左右,美国为 51% 左右,西欧一些主要国家在 40% 左右,而我国仅为 30% 左右,还有很大的节约潜力。

2) 我国能源发展的战略与政策

为实现我国经济持续稳定增长,必须坚持把能源作为经济发展的战略重点,为全面建设小康社会提供稳定、经济、清洁、可靠、安全的能源保障,以能源的可持续发展和有效利用支持我国经济社会的可持续发展。当务之急是制定有远见的能源发展战略及科学的能源政策和规划,把能源规划纳入经济社会发展总体规划,制定并实施能源中长期发展规划,提出明确的战略目标和切实可行的行动纲领,并采取果断措施逐步实施。

解决能源问题,必须坚持从国情出发,尊重自然规律和经济规律,借鉴国际经验,走中国特色的能源发展之路。为此,应切实抓好以下几个方面:① 坚持把节约能源放在首位,实行全面、严格的节约能源制度和措施,显著提高能源利用效率;② 大力调整和优化能源结构,坚持以煤炭为主体、电力为中心、油气和新能源全面发展的战略;③ 搞好能源发展的合理布局,兼顾东部地区和中西部地区、城市和农村经济社会发展的需要,并综合考虑能源生产、运输和消费合理配置,促进能源与交通协调发展;④ 充分利用国内外两种资源、两个市场,立足于国内能源的勘探、开发与建设,同时积极参与世界能源资源的合作与开发;⑤ 无论是能源开发还是能源节约,都必须重视科技理论创新,广泛采用先进技术,淘汰落后设备、技术和工艺,强化科学管理;⑥ 加强环境保护,充分考虑资源约束和环境的承载力,努力减轻能源生产和消费对环境的影响;⑦ 高度重视能源安全,搞好能源供应多元化,加快石油战略储备建设,健全能源安全预警应急体系;⑧ 制定能源发展保障措施,完善能源资源政策和能源开发政策,充分发挥市场机制作用,加大能源投入力度。

当前我国油气消费进入快速增长期,石油天然气是重要的战略资源,在我国能源战略中有极其重要的地位,关系经济发展、社会稳定、国家安全和全面建设小康社会目标的顺利实现。油气资源短缺已成为经济和社会发展的重要制约因素,应围绕我国油气资源可持续利用的重点和关键问题进行深入的调查研究和跨学科、跨部门、跨行业的论证工作,抓紧制定和实施可持续发展油气资源战略,搞好石油天然气资源的勘探、开发、生产和节约使用,保障国民经济长期稳定发展。实现我国油气资源的可持续发展,一要加强国内石油天然气勘探开发,保持国内原油持续稳产,加快天然气发展;二要充分利用国际国内两个市场、两种资源,积极发展多种形式的国际合作,建立经济、安全、稳定的油气供应渠道;三要加快科技进步,大力提高油气资源开发、加工和利用效率;四要坚持开发与节约并重、节约优先的方针,采取经济、法律和必要的行政手段,全面推进油气节约使用;五要积极发展新能源和可再生能源,大力开发石油替代产品,优化能源生产结构和消费结构;六要立足当前、放眼长远,建立石油储备制度,完善多方面、系统性的石油保障和风险规避体系,维护国家石油安全。

2003 年 6 月至 2004 年 7 月,科技部组织开展的科技发展规划把能源、资源和海洋作为一个研究专题,提出中国应实施以保障供应为主线,多元化发展、提高能效、环境友好的能源战略,远近结合、分阶段部署,争取用三个15年初步实现我国能源可持续发展的目标。

第一阶段:到2020年实现"能源翻一番,GDP翻两番"的目标。在此期间通过优化产业结构,强化节能和提高能效,建设节能型社会;依靠科技进步,走出一条具有中国特色的煤炭开发利用道路;采取综合措施,推进替代燃料技术发展和应用,保障油气安全。

第二阶段:到2035年达到"能源多元化发展初具规模"的目标。届时,核电在发电中的比重达到16%,为目前世界平均水平,我国将成为"核电大国";可再生能源实现规模化发展;氢能燃料电池汽车和分布式电站实现商业化应用。

第三阶段:到2050年初步实现"能源可持续发展"远景目标。那时,能源消费结构将发生重大改变,煤炭在一次能源中的比重将小于50%;2035年后,新增能源需求主要由可再生能源和核能提供,到2050年其比重达到30%以上;氢燃料动力汽车成为交通运输的重要组成部分;石油进口比例大量减少。

根据上述"三步走"的能源发展战略,2020年前按照三个层次部署八个优先主题。三个层次为:加强节能,提高能效,建立节能型社会;以煤为主,构建多元化能源结构;突破关键技术,力争使核能、可再生能源及氢能燃料电池技术实现跨越发展。八个优先主题为:加强发展节能和提高能效的技术;煤炭合理高效经济清洁开发利用技术;保障石油安全的技术支撑体系;先进的核能技术;大型水电工程技术;先进可靠的电力输配系统;可再生能源规模化利用技术;氢能与燃料电池技术。

温室气体排放是中国长期能源发展战略须考虑的另一重要因素,全球气候变化也是国际社会非常关注的环境领域的一个焦点问题。《京都议定书》为发达国家设立了定量化温室气体减排义务。为帮助发达国家以较低的经济成本实现减排义务,议定书设了三种灵活机制,即联合履行(JI)、清洁发展机制(CDM)和排放贸易(ET),允许发达国家之间以及发展中国家和发达国家之间进行温室气体减排合作。在这三种机制中,我国只能参加CDM的合作。

2001年,中国人均CO_2排放量2.43 t,为世界平均水平3.88 t的63%,但CO_2排放总量达到31亿t,仅次于美国,居世界第二位,这使得中国在相关国际谈判中面临巨大压力,但同时也意味着中国有与发达国家进行清洁发展机制合作的巨大潜力。2001年,中国的GDP能源消费强度是世界平均水平三倍,即使以购买力评价法计算,仍然比OECD国家高10%左右。2000年以来,中国的能源消费量增长强劲,尤其是发电装机容量快速增长。这些都为在以煤炭占主导地位的中国能源部门开展CDM项目提供了良好的基础。参与CDM可以为中国能源领域的可持续发展提供新的机遇和动力,包括:

① 为参与企业带来直接的经济收益,促进技术进步。

② 直接带来或者促进新的外资流入,促进其更新改造,增加竞争力。

③ 促进环境友好能源生产和利用技术向我国的转移,从而减小能源消费对环境的影响,并控制相应的温室气体排放的增长。

④ 通过向发展可再生清洁能源项目提供资金,提高其经济竞争力,改变能源生产、消费方式。

⑤ 促进能源利用效率的提高和节能。

⑥ 改善能源自给程度,减小对能源进口的依赖。

2010年,中国与能源相关的CDM项目的减排潜力可能高达2 500万~1.12亿t CO_2

当量。中国的CDM潜力分布在多个部门,其中发电部门占50%左右,钢铁、水泥和化工部门占25%,非CO_2温室气体的减排项目占10%,还有15%的潜力分布在其他一些部门。发电部门中,最主要的减排技术包括天然气—燃气—蒸汽联合循环发电、风力发电、甲烷回收发电以及水力发电等。

中国政府非常重视CDM带来的潜在发展机遇,制定和采取了一系列相关的政策和措施创建具有吸引力的项目实施环境,争取得到较多的CDM项目机会,具体措施包括:

(1) 积极参与了CDM国际规则的整个制定过程,对国际规则深入了解,有助于制定合理的国家政策。

(2) 进行了CDM方面的系统研究,包括CDM规则和方法学,CDM项目潜力及其在各个主要行业的分布,重点行业中的典型减排技术,典型CDM项目案例研究,几乎覆盖了所有重要的减排领域。这些研究一方面为CDM项目的投资者和开发者提供了重要的支持和背景信息,同时也提高了国内专家的能力。

(3) 进行了大量的能力建设活动,提高国内与CDM相关的政府部门、工业界、学术机构、咨询服务机构、专家、金融机构等CDM方面的能力,降低在我国开发和实施CDM项目的交易成本。

(4) 确定国家发展和改革委员会作为我国CDM国家主管机构,设立国家清洁发展机制项目审核理事会。2004年5月,国家发改委、科技部和外交部联合发布命令,公布了《清洁发展机制项目运行管理暂行办法》,该办法于2004年6月30日起施行。

中国政府非常重视实际CDM项目的开发,到目前为止,我国政府已经暂时性批准了4个具体的CDM项目活动,分别是内蒙古辉腾锡勒风力发电项目、甘肃小孤山水电站项目、山西晋城煤层气回收利用发电项目以及南京梅山钢铁厂转炉煤气回收利用项目。

中国政府已经确定了将提高能效、开发利用新能源和可再生能源、回收和利用垃圾填埋气和煤层气作为我国CDM项目合作的优先领域,可以看出,中国政府期望CDM合作为中国能源部门的技术进步带来新的动力。中国过去实施的多个气候变化联合履约项目(AJI),包括首都钢铁公司干熄焦项目、哈尔滨垃圾焚烧炉项目、辽阳铁合金技改项目和商丘热电联供项目,都取得了良好效果,也进一步提升了中国的这种期望。

依托西气东输工程,中国目前正在较大规模地发展天然气—燃气—蒸汽联合循环发电,同时大力推广高效燃煤发电技术,包括超临界、超超临界和整体煤气化联合循环发电技术等。正在制定《可再生能源开发和利用促进法》,希望以法律方式大力促进风电、小水电等可再生能源的发展。所有这些技术面临的一个共同问题是经济成本较高,缺乏市场竞争力。但这些项目都是较好的潜在CDM项目,积极参与CDM合作可以有效地促进此类项目的发展。

2007年6月,国务院通过了《可再生能源中长期发展规划》,指出要把发展可再生能源作为一项重大战略举措,加快水电、太阳能、风能、生物质发电、沼气的开发利用,提高可再生能源在能源结构中的比重。除此以外,还应采取有效措施,培育持续稳定的可再生能源市场,加大财政投入,实施税收优惠政策,重点支持可再生能源科学技术研究等。

综上所述,我国能源发展战略总目标是:努力增产,厉行节约,力争满足经济增长和提高人民生活水平对能源的需求;形成各种能源协调发展、布局较为合理、生产和利用效率较高的能源体系;初步解决大量燃烧煤造成的城市大气污染问题,扭转农村过度消耗薪柴和秸秆引起的生态恶性循环;依靠科学技术进步使能源工业技术装备和能耗设备普遍提高到发达国家水平;

努力形成适应全面建设小康社会和社会主义市场经济发展要求的能源管理体制和能源调控体系。

为此,必须选择正确的技术方向,制定科学的能源技术政策,使能源科技战略直接服务于中国能源发展战略,为能源发展战略的实施和保障整个社会的发展提供技术支撑。重点有:① 增加一次能源生产,改善一次能源结构;② 制定能源经济区划,建立区域能源综合体,调整生产力布局;③ 加速煤炭开发,加快电力发展速度;④ 石油工业应把资源普查勘探放在首位,提高石油开发的经济效益;⑤ 水能是可再生的一次能源,必须贯彻优先开发水能的方针;⑥ 在经济发达的缺能地区建设核电站;⑦ 把发展天然气放在与石油同等重要的地位;⑧ 积极开发利用新能源;⑨ 提高能源利用效率,厉行节能;⑩ 合理利用煤、石油和天然气资源,改进加工技术及产品分配,实行煤炭综合利用;⑪ 建立合理的农村能源结构,尽快扭转农村严重缺能局面;⑫ 改善城市人民用能结构,尽力满足居民生活用能的合理需要;⑬ 努力提高能源技术装备的质量和技术水平;⑭ 十分重视能源生产和利用的环境保护。

主 要 参 考 文 献

[1] 清华大学核能与新技术研究院《中国能源展望》编写组. 中国能源 2004 展望. 北京:清华大学出版社,2004
[2] 刘江. 中国资源利用战略研究. 北京:中国农业出版社,2002
[3] 赵凡. 中国能源面对巨大挑战——中国能源战略高层论坛能源供需话题综述. 中国国土资源报,2005(5)
[4] 赵凡. 全球地学聚集油气资源. 中国国土资源报,2004,10(27)
[5] 朱超,丁进田,徐会军. 世界煤炭工业发展现状与趋势. 中国煤炭,2002,28(3)
[6] 李世东,陈萍,刘一兵. 中国水力资源状况及开发前景. 水力发电,2001,(10)
[7] 曾晶,张卫兵. 我国农村能源问题研究. 贵州大学学报(社会科学版),2005,23(3)
[8] 吴敬琏,邱言文. 确保国内生产总值翻两番的 2001—2020 年电力工业发展研究. 电网技术,2003,27(4)
[9] 汪秀丽,董耀华. 世界水能资源与水电开发综述. 水利电力科技,2003,29(4)
[10] 夏义善. 论中国的能源安全战略. 中外能源,2006,11(2)
[11] 中国水利百科全书编委会. 中国水利百科全书. 北京:中国水利水电出版社,2004
[12] 包浩生,彭补拙. 自然资源学导论. 南京:江苏教育出版社,1999
[13] 彭补拙,濮励杰,黄贤金. 资源学导论. 南京:东南大学出版社,2007

9 旅游资源

9.1 旅游资源的概念与特点

旅游资源作为旅游活动的对象与客体,是旅游目的地吸引旅游者前来旅游的最重要因素。任何一个区域只有具备一定数量和类型的旅游资源,并经过适当的开发利用,使其成为具有吸引力的旅游景观,才能确保当地旅游业的发展。随着世界旅游业的迅速发展,旅游资源已成为自然资源学研究的重要对象和内容。

9.1.1 旅游资源的基本概念

西方国家学者多将旅游资源称为旅游吸引或旅游吸引物(Tourist Attraction),是指旅游目的地吸引旅游者的所有因素的总和。20 世纪 80 年代以来,随着我国旅游业的快速发展,旅游资源的研究受到了许多学者的重视。多年来不少学者就旅游资源的定义作了许多建设性的探讨,但至今尚未形成一个为学界所公认的旅游资源定义。

郭来喜认为:"凡能为旅游者提供游览、观赏、知识、乐趣、度假、疗养、娱乐、休息、探险猎奇、考察研究,以及友好往来的客体和劳务,均可称为旅游资源。"

谢彦君提出:"旅游资源是指客观地存在于一定地域空间并因其所具有的审美和愉悦价值而使旅游者为之向往的自然存在、历史文化遗产或社会现象。"

陈传康、刘振礼认为:"旅游资源是在现实条件下,能够吸引人们产生旅游动机并进行旅游活动的各种因素的总和,它是旅游业产生和发展的基础。"

保继刚、楚义芳认为:"旅游资源是指对旅游者具有吸引力的自然存在和历史文化遗产,以及直接用于旅游目的地的人工创造物。"

苏文才、孙文昌认为:"旅游资源是指在自然界或人类社会中凡能对旅游产生吸引向性、有可能被用来规划开发成旅游消费对象的各种事与物(因素)的总和。"

霍洛维(Holloway J. C.)认为,旅游吸引物是那些给旅游者以积极效益或特征的东西,它们可以是海滨或湖滨、山岳风景、狩猎公园、有趣的历史纪念物或文化活动,以及令人愉悦舒适的会议环境等。

根据《旅游资源分类、调查与评价》国家标准(GB/T 18972—2003)和《旅游规划通则》国家标准(GB/T 18971—2003)的定义,"旅游资源(Tourism Resource)是自然界和人类社会中凡能对旅游者产生吸引力,可以为旅游业开发利用,并可产生经济效益、社会效益和环境效益的各种事物和因素。"

《旅游资源分类、调查与评价》中还提出了旅游资源单体的概念:旅游资源单体(Object of Tourism Resource)是可作为独立观赏或利用的旅游资源基本类型的单独个体,包括"独立型旅游资源单体"和由同一类型的独立单体结合在一起的"集合型旅游资源单体"。

作者认为,旅游资源是自然界和人类社会中所有能对旅游者产生吸引力,在现实条件下能够为旅游业开发利用,并可产生经济效益、社会效益和环境效益的各种事物和因素。

9.1.2 旅游资源的特点

从上述旅游资源定义可以看出,旅游资源具有较为丰富的内涵和独特的属性。概括地说,旅游资源具有以下特点:

1) 旅游资源的综合性

旅游资源的综合性首先表现在旅游资源是由多种不同的旅游资源要素组成的综合体。如杭州西湖和桂林山水都是有山、水、植物、文学、传说等要素构成的综合体;自然旅游资源中的山岳型景观是由岩石、山体、林地、云雾等要素构成的,而人文旅游资源中的古村落景观则往往是由独特的古民居、地貌与水文条件、文化与艺术以及良好的生态环境等要素构成的。其次,同一地区的多种旅游资源往往会相互交错在一起,其各要素之间也处于相互联系、相互制约的环境中,很少存在孤立的、与周围其他景观要素互不联系的单一旅游景观现象。同时旅游资源的吸引力也往往是由多种旅游资源类型组合而成的综合性旅游资源所表现出来的。例如,具有丰富文化内涵和历史底蕴的名山大川,与特定地理环境相交融的民俗风情等旅游资源,往往能够吸引众多旅游者的前往观光游览。

2) 旅游资源的地域性

地域性是指旅游资源的分布具有一定的地域范围,存在地域差异,带有地方色彩。由于受纬度、地貌、海陆位置等地域分异因素的影响,使自然环境因素如气候、地貌、水文、动植物等出现地域分异,从而导致自然旅游资源的分布呈现出明显的地域性,如高山冰川、沙漠驼铃、椰林竹楼、水上人家、桂林山水、林海雪原等景观都具有各自的分布地域。而任何历史文化、建筑艺术、宗教、民俗等均在一定的地域空间产生并存在,必然也受到自然环境的制约,因而由其构成的人文旅游资源景观也必然带有显著的地域性特征,如北京的皇家建筑、以苏州为代表的江南园林、以蒙古包为特色的草原风情等景观也都具有各自的分布地域。

3) 旅游资源的不可移动性

其他资源经过开发,或以其自身,或以其产品,可以运输往各地以供利用。但是旅游资源一般在地域上是固定的,是不可移动的。自然旅游资源是大自然的杰作,它们都是在特定的自然地理环境下形成的,一般不可能发生空间位移。如长江三峡、黄河壶口瀑布、九寨沟、路南石林等旅游资源都无法用人工力量将其搬迁或异地再生。而人文旅游资源在人为割裂其环境联系时,会影响旅游资源所承载信息的完整性、原生性和真实性,其资源价值也会大大降低。如中国的万里长城、埃及的金字塔、美国的自由女神像等旅游资源,一旦脱离了其所处的特殊环境,也就必将丧失其原有的资源价值。

4) 旅游资源的可重复利用性

在大多数情况下,当人们消费产品时,其相应的资源往往也就随之被消耗掉了,这些的资源是不能被重复利用的。而人们在消费旅游产品时,相应的旅游资源则并不会被消耗掉,即旅游资源是可以长期地被重复利用的。因为旅游者通常不能带走旅游资源本身(一些旅游商品除外),所带走的只是利用旅游资源开发的旅游产品的相关意念和印象。此外,开发过的旅游资源在一定条件下可以被再次开发利用,如在原有的观光旅游地,原来用于观赏的悬崖,在配套一些相应的设施后,可以用于开展攀岩旅游活动;在一些观赏性河道,如果水深、地形条件许可的话,可以开展漂流旅游活动等。

5) 旅游资源可变化性

旅游资源是一个发展变化的概念,随着时代的变迁、科学技术的进步、经济的发展以及人们旅游需求的变化,旅游资源的范畴在不断扩大和变化。如随着航天科学技术的进步,人们遨游太空已不再是梦想了,因此对于今天以及今后的人类而言,太空也成了一项旅游资源。又如随着我国旅游业的不断发展,我们审视旅游资源的视野也变得越来越开阔了,高校校园、工厂的生产车间、农场的茶园和果园,甚至连药膳房、地下矿井等都相继成为重要的旅游资源。

6) 旅游资源的季节性

由于受地理位置和地形等因素的影响,各地的气候、物候等存在着随季节变化而变化的规律,从而使一些旅游资源也存在明显的季节性变化。有些自然风景只在特定的季节或时期出现,如夏季多雨季节的黄山云海和瀑布、夏季百花盛开的塞外草原,秋季的北京西山红叶、农历 8 月 16 日至 18 日的钱塘江涌潮,冬季东北的林海雪原和哈尔滨冰雕等;有的自然景观在不同的季节展现出不同的风姿,如四季变幻的九寨沟,冬季是银装素裹,春夏是碧水青山,秋天是五彩斑斓;一些人文景观或活动,如重大节庆、文化、体育、商贸和会议等也都在特定的季节或时间里举办;4 月 13 日至 4 月 15 日的傣族泼水节;巴西的"狂欢节"大都在每年的 2 月份;法国的戛纳电影节每年初夏举办等等。旅游资源的季节性变化影响着旅游活动和旅游流的季节性变化,从而使旅游业表现出明显的淡季和旺季差异。

9.2 旅游资源的分类

旅游资源的分类是一个复杂的问题,也是旅游资源研究中的一项重要内容。由于人们对旅游资源进行分类所采用的原则、依据和角度不同,其分类的方案多种多样。

9.2.1 旅游资源分类概述

旅游资源分类就是遵循一定的分类标准,按一定的目的将旅游资源进行系统的分门别类,通过比较、认识、归纳,识别出旅游资源之间的相似性和差异性大小,并据此划分出不同等级的旅游资源类型。

1) 分类的原则

尽管旅游资源分类的方法很多,但是它们都遵循一定的分类原则,以保证分类的科学性和实用性。旅游资源分类的原则主要有:

(1) 相似性与差异性原则。这是分类所依据的首要原则,它要求在分类体系中同一级同一类型的旅游资源必须具有共同的特征,而不同类型之间则要具有一定的差异性。

(2) 系统性原则。包含逻辑对应、逐级划分、相互独立三层含义。逻辑对应要求旅游资源分类体系种所划分出的次一级类型的内容必须完全对应于上一级类型的内容。逐级划分要求分类与分级相结合。相互独立要求分类体系种所划分出的同一级旅游资源类型是相互独立的,不能出现相互重叠的情况。

(3) 可操作性原则。旅游资源的分类是一项实践性很强的工作,分类的目的主要是为了更好地进行旅游资源的调查、评价与开发,因此,在分类过程中必须考虑旅游资源的定量评价与实际开发问题,由此来确定分类指标和体系。否则将会脱离实际,淡化旅游资源分类的目的和现实意义。

2) 分类的意义

旅游资源是旅游业发展的基础和前提条件,旅游资源的开发又必须建立在对旅游资源的科学认识和准确把握之上。因此,对旅游资源进行科学分类具有非常重要的意义。

旅游资源分类是人们正确认识和合理开发利用旅游资源的重要基础,具有重要的实践意义。分类是认识复杂对象的一种方法。旅游资源是由各种不同的旅游资源个体组成的复杂系统。通过比较、认识、归纳形成的旅游资源分类系统,为人们全面准确地认识现实世界中的旅游资源创造了良好的条件。区域性旅游资源分类系统的建立,又可以为区域旅游开发提供可靠的科学依据。

旅游资源的分类过程实际是一个研究过程,无论哪种分类,都是对旅游资源相似性与差异性进行大量分析研究的过程。通过分类过程,可以进一步加深人们对旅游资源特征、属性的认识,总结和发现旅游资源形成与发展变化的规律,从而促进相关理论水平的提高。因此,旅游资源的分类又具有重要的理论意义。

9.2.2 旅游资源分类方案

根据不同的目的和标准,旅游资源有不同的分类方案。主要有:

1) 以旅游资源的特性作为分类标准

按照资源特性,旅游资源可以分为自然旅游资源和人文旅游资源两大类。典型的如国家旅游局资源开发司和中国科学院地理研究所(1992)编制的《中国旅游资源普查规范》(试行稿)。这一方案将自然旅游资源和人文旅游资源进一步分为 6 类 74 个基本类型(见图 9.1)。

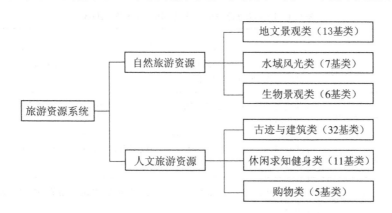

图 9.1　1992 版《中国旅游资源普查规范》(试行稿)旅游资源分类系统

但是,以郭来喜、吴必虎为代表的一些学者认为 1992 版的旅游资源分类系统在实际应用中逐渐暴露出一些缺点,如未包含一些新的旅游资源形式、有些基本类型包容太大等等。因此,在自然旅游资源和人文旅游资源的基础上,他们加进了服务类旅游资源,将旅资源分为自然景系、人文景系、服务景系 3 大景系,再细分为 10 个景类 95 个景型(见图 9.2)。

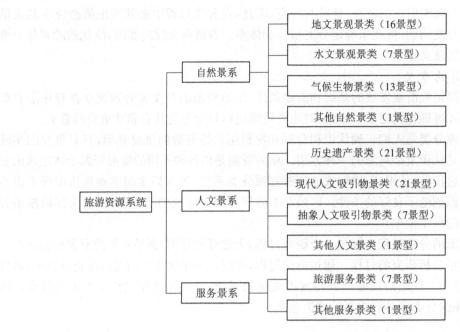

图 9.2　1997 年版《中国旅游资源普查规范》旅游资源分类系统

为了适应我国旅游事业快速发展的需要,国家质量监督检验检疫总局于 2003 年颁布了新的中华人民共和国国家标准《旅游资源分类、调查与评价》(GB/T 18972—2003),规定了旅游资源类型体系、旅游资源调查和等级评价的技术与方法,适用于各类型旅游区(点)的旅游资源开发与保护、旅游规划与项目建设、旅游行业管理与旅游法规建设、旅游资源信息管理与开发利用等方面。这个统一的分类体系主要是依据旅游资源的特性将我国的旅游资源分为 8 个主类、31 个亚类、155 个基本类型这 3 个层次(见表 9.1)。

表 9.1　国家标准旅游资源分类(GB/T 18972–2003)

主　类	亚　类	基　本　类　型
地文景观	综合自然旅游地	山丘型旅游地、谷地型旅游地、沙砾石地型旅游地、滩地型旅游地、奇异自然现象、自然标志地、垂直自然地带
	沉积与构造	断层景观、褶曲景观、节理景观、地层剖面、钙华与泉华、矿点矿脉与矿石积聚地、生物化石点
	地质地貌过程形迹	凸峰、独峰、峰丛、石(土)林、奇特与象形山石、岩壁与岩缝、峡谷段落、沟壑地、丹霞、雅丹、堆石洞、岩石圆与岩穴、沙丘地、岸滩
	自然变动遗迹	重力堆积体、泥石流堆积、地震遗迹、陷落地、火山与熔岩、冰川堆积体、冰川侵蚀遗迹
	岛礁	岛区、岩礁

(续表 9.1)

主 类	亚 类	基 本 类 型
水域风光	河段	观光游憩河段、暗河段、古河道段落
	天然湖泊与池沼	观光游憩湖区、沼泽与湿地、潭池
	瀑布	悬瀑、跌水
	泉	冷泉、地热与温泉
	河口与海面	观光游憩海域、涌潮现象、激浪现象
	冰雪地	冰川观光地、长年积雪地
生物景观	树木	林地、丛树、独树
	草原与草地	草地、疏林草地
	花卉地	草场花卉地、林间花卉地
	野生动物栖息地	水生动物栖息地、陆地动物栖息地、鸟类栖息地、蝶类栖息地
天象与气候景观	光现象	日月星辰观察地、光环现象观察地、海市蜃楼现象多发地
	天气与气候现象	云雾多发区、避暑气候地、避寒气候地、极端与特殊气候显示地、物候景观
遗址遗迹	史前人类活动场所	人类活动遗址、文化层、文物散落地、原始聚落
	社会经济文化活动遗址遗迹	历史事件发生地、军事遗址与古战场、废弃寺庙、废弃生产地交通遗迹、废城与聚落遗迹、长城遗迹、烽燧
建筑与设施	综合人文旅游地	教学科研实验场所、康体游乐休闲度假地、宗教与祭祀活动场所、园林游憩区域、文化活动场所、建设工程与生产地、社会与商贸活动场所、动物与植物展示地、军事观光地、边境口岸、景物观赏点
	单体活动场馆	聚会接待厅堂(室)、祭拜场馆、展示演示场馆、体育健身场馆、歌舞游乐场馆
	景观建筑与附属型建筑	佛塔、塔形建筑物、楼阁、石窟、长城段落、城(堡)、摩崖字画、碑碣(林)、广场、人工洞穴、建筑小品
	居住地与社区	传统与乡土建筑、特色街巷、特色社区、名人故居与历史纪念建筑、书院、会馆、特色店铺、特色市场
	归葬地	陵区陵园、墓(群)、悬棺
	交通建筑	桥、车站、港口渡口与码头、航空港、栈道
	水工建筑	水库观光游憩段、水井、运河与渠道段落、堤坝段落、灌区、提水设施
旅游商品	地方旅游商品	菜品饮食、农林畜产品与制品、水产品与制品、中草药材及制品、传统手工产品与工艺品、日用工业品、其他物品
人文活动	人事记录	人物、事件
	艺术	文艺团体、文学艺术作品
	民间习俗	地方风俗与民间礼仪、民间节庆、民间演艺、民间健身活动与赛事、宗教活动、庙会与民间集会、饮食习俗、特色服饰
	HD现代节庆	HDA旅游节、HDB文化节、HDC商贸农事节、HDD体育节

2) 以旅游资源的功能指向作为分类标准

根据旅游资源主要功能指向的不同,旅游资源可分为以下类型:

(1) 观光游览型旅游资源。以各种优美的自然风光、名胜古迹、城乡风貌、园林建筑等为主,供旅游者游览观赏,使旅游者陶冶性情,并从中获得各种美感享受。

(2) 休闲度假型旅游资源。主要包括温泉、森林、海滨沙滩,以及各种健身活动设施等,可供旅游者开展温泉浴、森林浴、沙疗、健身等休闲度假活动。

(3) 文化娱乐型旅游资源。包括富有文化科学内涵的各类博物馆、科技馆、艺术馆、文化教育设施,以及音乐厅、歌舞厅、电影院、主题公园等,可使旅游者获得一定的科学文化知识和艺术熏陶,使旅游者的身心得到娱乐。

(4) 购物型旅游资源。主要包括各种土特产、工艺品、艺术品、文物与仿制品等旅游商品和商业设施,主要供旅游者开展各种购物活动,以丰富旅游者的旅游经历和纪念意义。

3) 以旅游资源特性和游客体验性质作为分类标准

以资源特性(含资源的区位特性)和游客体验性质为分类标准的,有不少分类系统。其中,以1966年克劳森和尼奇(M. Clawson and J. L. Knetsch)提出的分类系统最具影响,该分类系统如下:

(1) 利用者导向型游憩资源。以利用者需求为导向,靠近利用者集中的人口中心(城镇),通常满足的主要是人们的日常休闲需求,如球场、动物园、一般性公园。一般面积在40~100 hm^2,通常由地方政府(市、县)或私人经营管理,海拔一般不超过1 000 m,距离城市在60 km的范围内。

(2) 资源基础型游憩资源。这类资源可以使游客获得近于自然的体验。资源相对于客源的距离不确定。主要在旅游者的中长期度假中得以利用,如风景、历史遗迹、远足、露营、垂钓用资源,一般面积在1 000 hm^{2}以上,主要是国家公园、国家森林公园、州立公园及某些私人领地。

(3) 中间型游憩资源。特性介于上述二者之间,主要为短期(1日游或周末休假)游憩活动所利用,游客在此的体验比利用者导向型地区更接近自然,但又比资源基础型地区要弱。

9.3 旅游资源的评价

旅游资源评价是从合理利用和保护旅游资源及取得最大社会经济效益的角度出发,以旅游资源调查为基础,采取一定的方法,对调查区内旅游资源的自身价值及其开发利用条件等进行综合评判。其评价结果可以为调查区旅游资源开发利用和管理提供科学依据。

9.3.1 旅游资源评价的目的和意义

旅游资源评价的根本目的在于合理地利用和保护好调查区的旅游资源,促进旅游业的持续健康发展,以实现最大的社会、经济和环境效益。具体而言,旅游资源评价的目的和意义在于:

(1) 通过对调查区旅游资源、旅游环境及其开发利用的综合评价,为合理利用旅游资源,确定旅游资源开发重点和步骤等旅游发展规划提供科学依据。

(2) 通过对调查区旅游资源的类型、数量、组合、特色、功能和结构的评价,确定调查区旅游资源的开发价值,明确旅游地性质和类型,为新旅游区的开发建设以及老旅游区的深度开发建设提供科学依据。

(3) 通过对调查区旅游资源特点及开发利用价值和条件的评价,确定不同类型旅游资源的开发程序和不同类型旅游地的建设顺序。

(4) 通过对调查区旅游资源的综合评价,可以为建立区域旅游资源信息库,为科学的进

9.3.2 旅游资源评价的内容

1) 旅游资源质量评价

旅游资源评价首先要对旅游资源的质量进行评价。旅游资源的质量应该从旅游资源的特色、价值、功能、密度、容量和地域组合等方面进行判断。

(1) 旅游资源的特色。是衡量一个地区对游客吸引力大小的重要因素,也是旅游资源开发可行性的决定条件之一。特别是其他地区没有或少见的旅游资源,往往构成本地区的独特性吸引源。

(2) 旅游资源的价值。是指旅游资源在旅游业中的作用。这个作用的大小是由旅游资源五个方面的价值决定的,即美学价值、艺术观赏价值、历史文化价值、科学考察价值和经济社会价值,它们是旅游资源质量和水平的反映。

(3) 旅游资源的功能。是指旅游资源能够满足开展旅游活动需求的各种作用,是旅游资源价值的具体体现。旅游资源的功能结构越复杂,可提供开展旅游活动的形式就越多,吸引的游客群也就越大。

(4) 旅游资源的密度。是指单位面积内旅游资源的数量,它反映了特定区域旅游资源的集中程度。

(5) 旅游资源的容量。是指在一定时间内旅游资源的特质和空间规模能够容纳的旅游活动量。

(6) 旅游资源的地域组合。是指旅游资源单体的多要素组合形式以及更大范围风景区旅游资源种类的配合状况。旅游资源密度较大,资源单体相距近,又有多种类型资源的协调配合,呈线型、环闭型或马蹄形旅游线排列,是一个风景区最佳的旅游资源组合态势。

2) 旅游资源环境评价

旅游资源环境评价包括旅游资源所在区域的自然环境、社会环境和经济环境等方面的分析评价。

(1) 旅游资源的自然环境。自然环境对旅游资源的质量、时间、节律和开发起着直接的决定作用。旅游资源的自然环境评价要求对自然环境及其各组成要素进行综合评价分析,并根据环境要素的作用机理和影响范围、深度、速度等,预测自然环境的演化状况和后果。

(2) 旅游资源的社会环境。社会环境是指旅游资源所在地的政治局势、社会治安、政策法令、医疗保健、风俗习惯以及当地居民对旅游业的支持态度等,直接影响着旅游资源开发利用的需求、速度、质量和总体规模,因而是分析评价的重要内容。

(3) 旅游资源的经济环境。经济环境是指能够满足游客开展旅游活动的一切外部经济条件,包括经济发展水平、人力资源、物资和产品供应、基础设施等条件。社会经济需要和地区经济实力直接决定和影响着旅游资源的开发。

3) 旅游资源开发利用条件评价

(1) 旅游资源的区位条件。旅游资源所在地区的地理位置、交通条件以及与周边旅游区旅游资源的关系往往影响到旅游资源的吸引力、开发规模、线路布置和利用的方向,决定了旅游资源的开发能否成功。大量事实表明,世界上许多旅游点(区)其经济价值大小并不与旅游资源价值成正比,在很大程度上是因其特殊的地理位置而增强了吸引力。

(2) 旅游资源的客源市场条件。客源市场决定着旅游资源的开发规模和开发价值。客源市场条件评价的内容包括客源地区位条件、区域人口出游水平以及与相邻旅游地的关系(是互补关系还是替代关系)。通过对旅游资源开发后所能吸引的客源范围、客源层次、客源特点的分析研究,确定和解释主要的客源市场,有针对性地进行规划开发,有利于促进区域旅游业的发展。

(3) 旅游资源的施工环境条件。旅游资源的开发还要考虑项目施工的难易程度和工程量的大小,包括工程建设的自然基础条件和供应条件等。

9.3.3 旅游资源评价的方法

旅游资源的评价方法很多,常用的一般分为定性评价法和定量评价法两种,二者可以结合使用,相互补充。下面选择两者中一些具有代表性的方法加以介绍。

1) 定性评价法

定性评价法是评价者(一般是旅游专家或旅游者)在考察旅游资源后根据自己的印象所做的主观评价,一般多采用定性描述的方法,也叫经验性评价法或体验性评价法。根据评价的深入程度及评价结果的形式,又可以分为一般体验性评价和美感质量评价等方法。

(1) 一般体验性评价法

一般体验性评价是由评价者根据自己的亲身体验对某一或一系列的旅游资源就其整体质量进行的定性评估。对于一系列旅游资源进行一般体验性评价,其结果可以形成一个评价序列。这种评价多由传播媒介或行政管理机构发起,且局限在已经接待游客的旅游地,评价的目的多着眼于推销和宣传,评价的结果可以使得某些旅游地提高知名度,客观上会对旅游需求流向产生诱导作用。如《中国旅游报》1985年主持的"中国十大名胜"评选,国家旅游局1991年主持的"中国旅游胜地四十佳"评选(见表9.2),以及西方一些畅销杂志每年向旅游者进行的"受欢迎的度假地"的调查,都属于这种评价类型。这种评价方法的显著特点是评价的项目很简单,甚至根本没有评价的细项,只要求就旅游地(旅游资源)进行整体质量评价,或在问卷上按序号(表示质量优劣的顺序)填上评价者认定的旅游地(旅游资源)即可。

表9.2 中国旅游胜地四十佳(1991年评选)

原有以自然景观为主的旅游胜地	原有以人文景观为主的旅游胜地
长江三峡风景区(四川、湖北)	八达岭长城(北京)
桂林漓江风景区(广西)	乐山大佛(四川)
黄山风景区(安徽)	苏州园林(江苏)
庐山风景区(江西)	故宫(北京)
杭州西湖风景区(浙江)	敦煌莫高窟(甘肃)
峨眉山风景区(四川)	曲阜三孔(山东)
黄果树瀑布风景区(贵州)	颐和园(北京)
泰山风景区(山东)	明十三陵(北京)
秦皇岛北戴河海滨(河北)	中山陵(江苏)
华山风景区(陕西)	避暑山庄、外八庙(河北)

(续表9.2)

新开发以自然景观为主的旅游胜地	新开发以人文景观为主的旅游胜地
九寨沟黄龙寺风景区(四川)	秦始皇陵及兵马俑博物馆(陕西)
桐庐瑶林仙境(浙江)	自贡恐龙博物馆(四川)
织金洞风景区(贵州)	黄鹤楼(湖北)
巫山小三峡(四川)	北京大观园(北京)
井冈山风景区(陕西)	山海关及老龙头长城(河北)
蜀南竹海风景区(四川)	成吉思汗陵(内蒙古)
大东海—亚龙湾风景区(海南)	珠海旅游城(广东)
武陵源风景区(湖南)	深圳锦绣中华(广东)
五大连池风景区(黑龙江)	夫子庙及秦淮河风光带(江苏)
黄河壶口瀑布风景区(山西)	葛洲坝(湖北)

(2) 美感质量评价法

美感质量评价一般是基于对旅游者或专家体验的深入分析,建立规范化的评价模型,评价的结果多具有可比性的定性尺度或数量值。其中,对于自然风景质量的视觉美评估技术已经比较成熟,目前较为公认的有专家学派、心理物理学派、认知学派和现象学派等四大学派。

专家学派:专家学派认为,凡是符合形式美原则的风景(皆指自然风景)都具有较高的风景质量。因而对风景的分析基于其线条、形体、色彩和质地四个元素,强调多样性、奇特性、协调统一性等形式美原则在风景质量分级中的主要作用。该学派的代表人物是林顿(R. B. H. Linton)。专家学派对于自然风景评价的研究,自20世纪60年代以来一直居于统治地位,他们制定的风景质量评估系统已为许多官方机构所采用。例如,美国林务局的风景管理系统(Visual Management System,1976;1979)和美国土地管理局的风景资源管理系统(Visual Resources Management,1984;1986)等。

心理物理学派:心理物理学派将风景与风景审美理解为一种刺激与反应的关系,把心理物理学中的信号检测方法引入到风景质量评价中来。具体做法是通过测量公众对风景的审美态度,获得一个反映风景质量的量表,然后在该量表与风景的各组成成分之间建立起一个确定的数学关系。心理物理学派的代表人物有丹尼尔(T. C. Daniel)和布雅夫(G. J. Buhyoff)等。自然风景质量评估中,心理物理学派的思想和方法在70年代中期开始得到越来越多地应用,从发展趋势上看,其应用前景并不亚于专家学派的方法。

认知学派:也称心理学派,侧重研究如何解释人对风景的审美过程。它把自然风景作为人的生存空间、认识空间来研究,强调风景对人的认识作用在情感上的影响,试图用人的进化过程及功能需要来解释人对风景的审美过程。该学派的代表人物有英国地理学家阿普尔顿(Appleton)、环境心理学家卡普兰(S. Kaplan)夫妇和金布利特(Gimblett)等。风景审美的认知学派理论已经比较成熟,但由于其研究侧重点在于对人类风景审美过程的理论解释,到目前为止,仍难以在大规模的、要求有量化结果的自然风景质量评价中实用。

现象学派:也称经验学派,其研究方法一般是考证文学艺术家们关于风景审美的文学、艺术作品,考察名人的日记等,藉此来分析人与风景的相互作用及某种审美评判所产生的背景。另外,也通过心理测量、调查、访问等形式,记叙现代人对具体风景的感受和评价。现象学派把人在风景审美评判中的主观作用提高到了绝对高度,它把人对风景的审美评判看做是人的个性及其文化历史背景、志向与情趣的表现,其代表人物是洛温撒尔(Lowenthal)。

2) 定量评价法

定量评价法是根据一定的评价标准和评价模型,以全面系统的方法,将有关旅游资源的各评价因子予以客观量化,其结果具有可比性,也叫技术性评价。较为常用的有以下几种:

(1) 技术性单因子评价法

技术性单因子评价,是评价者在评价区域旅游资源时,集中考虑某些典型而又关键的因素,并对这些起决定性作用的因素进行适宜性或优劣评价。这种评价方法一般限于对自然旅游资源评价,如地形的适宜性评价、气候适宜性评价等。

地形的适宜性评价:一般来说,地形因素对于运动型的旅游活动至关重要,是关键的旅游资源因子。地形对于风景观赏存在影响,崎岖、陡峭的地形,会给旅游者空间移动带来困难,但常能借助于缆车、索道等人工设施解决。而地形的这种特性本身又具有风景美感。各种参与性的旅游活动对地形的倾斜程度(坡度)都有较严格的要求。各种旅游活动特别是参与性旅游活动对于地形的要求,成为评估地形适宜性的重要衡量标准。地形对各种旅游活动的适宜性参见图 9.3。

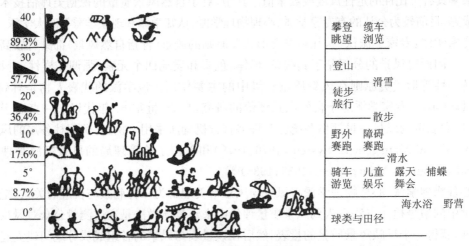

图 9.3 地形与活动项目

气候的适宜性评价:气候对所有的户外旅游活动都有影响,一方面对旅游者参与某一旅游活动的环境和活动质量产生影响,另一方面直接影响人的生理过程,影响人的体感舒适程度。各种气候要素对人体的生理影响是综合性的,不同气候要素的组合对人体产生不同的生理影响。奥利弗(J. E. Oliver,1989)曾提到用温度-湿度指数(THI)和风寒指数(K_0)来评价气候对人体的影响。

$$THI = T_d - 0.55(1 - R_H)(T_d - 58) \tag{9.1}$$

式中:THI 为温度-湿度指数值;T_d 为干球温度;R_H 为空气的相对湿度。

研究表明,温度-湿度指数在 60~65 时,大多数人感觉舒适;温度-湿度指数为 75 时,至少有一半人感觉不舒适;而指数值在 80 以上时,几乎所有人都感觉不舒适。

$$K_0 = (100v + 10.45 - v)(33 - T_a) \tag{9.2}$$

式中:K_0 为不考虑人体皮肤蒸发,完全遮阴情况下空气的总冷却率(J/m^2h);v 为风速(m/s);T_a 为气温(℃)。

风寒指数(K_0)是考虑到风会加速人类皮肤与周围空气的热交换而提出来的。在白昼,人体由于太阳的照射可获得辐射热补偿,从而减少人体的热损失。在日光照射下,人体平均每小时每平方米可得到 837 100 J 的辐射热。因此在计算白昼(阳光直射)的总冷却率(K_0)时,应扣除这一部分热量。

(2) 综合性多因子评价法

综合性多因子评价方法是在考察旅游资源所在地的特定区域空间的多因子基础上,运用一些数学方法,通过建模分析,对区域旅游资源及其环境和开发条件进行的综合评价。评价的结果为数量化的指标数值,便于对不同地区旅游资源的评价结果进行比较。现有的综合性多因子评价方法很多,例如层次分析法、指数表示法、模糊数学评价法、综合价值评价模型、美学评分法和观赏性旅游地评价模型等。

层次分析法最早是由美国运筹学家塞蒂(A. L. Saaty)提出来的。它将复杂问题中的各种因素通过划分出相互联系的有序层次,使之条理化,再根据对一定客观现实的判断,就每一层次指标的相对重要性给予定量表示,用数学方法确定其权值,并通过排列结果,分析和解决问题。用层次分析法进行旅游资源评价的主要步骤如下:将旅游资源的评价进行层次划分,划分出大类、类和层,构成旅游资源评价模型树(见图 9.4);给出评价因子的大类、

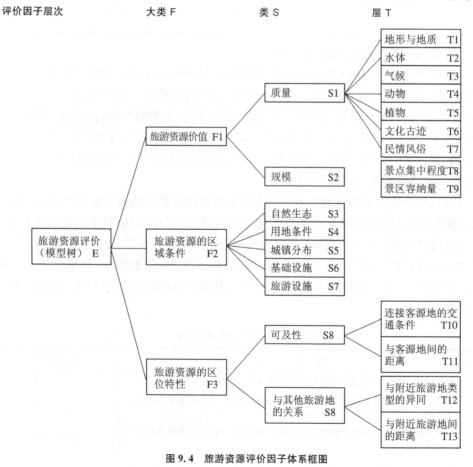

图 9.4 旅游资源评价因子体系框图

类、层的权重(见表 9.3)。对决策树中各层次分别建立反映其影响关系的判断矩阵,通常应用特尔菲法(Delphi),即专家咨询法,获得评价因子排序权重及位次;根据权重排序,以

10分为总分,按权重赋予各个因素分值,得到旅游资源定量评价参数表;根据各评价因子的权重,确定基本评价因子的指标分,亦可采用特尔菲法。

表9.3 第一、第二层评价因子权重

评价因子	代码	权重值
资源价值	F1	7.024(10.00)
质量	S1	5.762(8.202)
规模	S2	1.262(1.798)
区域条件	F2	1.431(10.00)
自然生态	S3	0.681(4.598)
用地条件	S4	0.159(1.073)
城镇分布	S5	0.164(1.105)
基础设施	S6	0.229(1.549)
旅游设施	S7	0.243(1.675)
区位特性	F3	1.495(10.00)
可及性	S8	1.273(8.514)
与其他旅游地的关系	S9	0.222(1.486)
总计		10.00

(3) 国家标准规定的综合打分评价法

综合打分评价法采用国家标准规定的旅游资源评价体系,即依据"旅游资源共有因子评价系统"赋分。评价系统设"评价项目"和"评价因子"两个档次。评价项目为"资源要素价值"、"资源影响力"、"附加值"。其中"资源要素价值"项目中含有"观赏游憩使用价值"、"历史文化科学艺术价值"、"珍稀或奇特程度"、"规模、丰度与几率"、"完整性"等5项评价因子;"资源影响力"项目中含"知名度和影响力"、"适游期或使用范围"等2项评价因子;"附加值"含"环境保护与环境安全"1项评价因子。

评价项目和评价因子用量值表示。资源要素价值和资源影响力分值为100分,其中"资源要素价值"为85分,分配如下:"观赏游憩使用价值"30分,"历史科学文化艺术价值"25分,"珍稀或奇特程度"15分,"规模、丰度与几率"10分,"完整性"5分;"资源影响力"为15分,其中"知名度和影响力"10分,"适游期或使用范围"5分;附加值中"环境保护与环境安全"分正分和负分。每一评价因子分为4个档次,其因子分值相应分为4档。旅游资源评价等级标准如表9.4。

表9.4 旅游资源评价等级标准

级别	级别特征	加权综合得分
五级	具有珍贵、独特、世界遗产价值和意义,有世界奇迹般的吸引力	≥90分
四级	名贵、罕见、国家重点保护价值和国家代表性作用,在国内外著名和有国际吸引力	≥75~89分
三级	具有重要、特殊、省级重点保护价值和地方代表性作用,在省内外著名和有省际吸引力	≥60~74分
二级	具有一般的价值和游线辅助作用,有市县级保护价值和相关地区的吸引力	≥45~59分
一级	具有一般价值和构景作用,有本风景区和当地的吸引力	≥30~44分
未获等级	具有一定的价值和构景作用,基本没有吸引力	≤29分

其中，五级旅游资源称为"特品级旅游资源"；五级、四级、三级旅游资源被通称为"优良级旅游资源"；二级、一级旅游资源被通称为"普通级旅游资源"。

9.3.4 案例分析——南京市旅游资源评价

南京简称宁，地处富饶的长江三角洲，是中国东部地区的综合性工业基地，重要的交通枢纽和通讯中心，全国科研和教育中心城市之一，地理位置十分优越。南京历史悠久，是中国著名的古都，也是享誉海内外的世界历史文化名城。公元229年，三国时期的东吴迁都南京（时名建业），为南京建都之始。历史上先后有十个朝代在南京建都，为南京留下了灿烂的历史文化和众多的文物古迹。

南京现为江苏省省会城市，下辖鼓楼、玄武、秦淮、建邺、雨花台、栖霞、江宁、浦口、六合、高淳、溧水等11区，市域总面积6 597 km²。截至2012年末，全市户籍总人口达638.48万人，全市常住人口816.1万人，城镇化率为80.23%。截止2009年，南京全市共有市级以上文物保护单位281处，其中省级以上文物保护单位137处（163个点）、全国重点文物保护单位14处（43个点）。

2002—2003年，南京市旅游局会同南京大学城市与资源学系，根据《旅游资源分类、调查与评价》国家标准征求意见稿（2002）对南京市旅游资源进行了一次全面的调查，在实地调查与资料搜集的基础上，对南京市旅游资源进行了系统评价，包括定性评价和定量评价两个方面。2006年，南京大学国土资源与旅游学系、南京市旅游局根据《旅游资源分类、调查与评价》国家标准（GB/T18972-2003），又联合开展了一次南京市旅游资源概查，重点调查评价了全市169个优良级旅游资源单体。

1) 南京市旅游资源定性评价

主要从旅游资源类型、特征、功能、品质、空间分布等方面对其进行评价。得出的总体评价为：

(1) 旅游资源类型丰富、种类齐全；
(2) 具有深厚历史文化底蕴的人文旅游资源占多数；
(3) 旅游资源质量品位高，在全国享有较好的美誉度；
(4) 自然与人文旅游资源互相融合、交相辉映；
(5) 以"古都名城"为主脉的自然化人文旅游资源具有全国乃至世界级的影响力；
(6) 旅游资源可以概括为：丰、密、名、文、珍，即具有丰度大、分布密、知名度高、文化特色浓郁和珍贵的特点。

2) 南京市旅游资源定量评价

在对南京旅游资源进行定量评价时所用的方法是2003年国家标准规定的综合打分评价法。在实地调查和资料收集相结合的基础上，给评价内容中的评价项目赋予权重值，再分为四档进行打分；在实际打分的过程中又采用特尔菲（Delphi）技术进行处理，最后计算出总分，并根据《旅游资源分类、调查与评价》国家标准（GB/T18972-2003）中规定的分级标准进行定级。表9.5是2006年得出的部分旅游资源单体评价结果。

表 9.5　南京市旅游资源单体定量评价表

编号	资源单体名称	所属类型	区位	评价等级
1	中山陵	FEA(陵区陵园)	玄武	五级
2	夫子庙	FAC(宗教与祭祀活动场所)	秦淮	五级
3	明孝陵	FEA(陵区陵园)	玄武	五级
4	明城墙	FCF(城(堡))		五级
5	南京博物院	FAE(文化活动场所)	玄武	五级
6	长江(南京段)	BAA(观光游憩河段)		五级
7	南京大学	FAA(教学科研试验场所)	鼓楼	四级
8	秦淮河	BAA(观光游憩河段)		四级
9	老山森林公园	FAY(森林公园)	浦口	四级
10	朝天宫	FAE(文化活动场所)	白下	四级
11	南唐二陵	FEA(陵区陵园)	江宁	四级
12	中华门城堡	FCF(城(堡))	秦淮	四级
13	紫金山国家森林公园	FAY(森林公园)	玄武	四级
14	南京长江大桥	FFA(桥)	下关	四级
15	南京中山植物园	FAH(动物与植物展示地)	玄武	四级
16	江南贡院	FDE(书院)	秦淮	四级
17	台城古城墙	FCF(城(堡))	玄武	四级
18	明故宫遗址	EBF(废城与聚落遗迹)	白下	四级
19	玄武湖	BBA(观光游憩湖区)	玄武	四级
20	奥体中心	FBD(体育健身馆场)	建邺	四级

9.4　旅游资源的开发与保护

旅游资源只有通过合理开发才能成为吸引游客的旅游产品,旅游产品只有通过营销才能形成面向市场的有效供给。在旅游业竞争日趋激烈的今天,如何发挥旅游资源的多种功能,开发出富有特色的旅游产品,以满足旅游者日趋多样的旅游需求,已成为区域旅游业在市场竞争中立于不败之地的关键。毫无疑问,一个国家或地区旅游业的可持续发展有赖于其不断深化的旅游资源开发。

9.4.1　旅游资源开发的内涵

1) 旅游资源开发的概念

概括地说,旅游资源开发是一项将旅游资源转化为旅游产品的综合技术。更加准确地说,旅游资源开发是指在旅游资源调查和评价的基础上,以发展旅游业为目的,以市场需求为导向,有组织有计划地对旅游资源加以利用,发挥、改善和提高旅游资源对旅游者吸引力的综合性技术经济工程。

由此可见,旅游资源开发概念包含四层含义:① 旅游资源开发必须以旅游资源调查和评价为基础;② 旅游资源开发的目的就是发展旅游业;③ 旅游资源开发要以市场需求为导向;④ 旅游资源开发是一项综合性技术经济工程。

2) 旅游资源开发的内容

根据2003年5月1日实施的中华人民共和国国家标准《旅游规划通则》(GB/T18971-2003)中有关旅游区总体规划的内容,可以将旅游资源开发的具体内容概括为如下几个方面:

(1) 景区、景点的开发建设

旅游景区、景点是旅游业最重要的产品之一,是旅游业的核心吸引物。因此,规划设计、开发建设旅游景区、景点是旅游资源开发最重要的内容,其成败决定着旅游目的地的吸引力大小。

(2) 旅游基础设施的建设与完善

旅游基础设施是旅游者在旅游地开展旅游活动期间必须依赖和利用的设施,主要包括宾馆、饭店、娱乐设施、商店、机场、车站、码头、医院、银行、通信、供水、供电等,涉及吃、住、行、购、游、娱等方面。修建和完善这些基础设施有助于提高旅游服务质量,也有助于增强旅游目的地的吸引力。

(3) 旅游交通规划与建设

通过旅游交通规划和建设,合理安排旅游者从居住地到旅游目的地的往返交通路线以及在旅游地内部的交通网络,也是旅游资源开发中的一项重要内容。便捷、安全、舒适是现代旅游者对旅游交通的基本要求,在进行旅游交通规划与建设时应充分考虑这些要求。

(4) 人力资源开发

稳定、高素质的旅游从业人员能够有效地提高旅游资源的吸引力和竞争力,有利于旅游业的发展。因此,旅游资源开发过程中要重视人力资源的开发。人力资源开发主要包括从业人员需求的确定,以及从业人员的招聘、选拔、安置和培训等方面的工作。

3) 旅游资源开发的方式

根据旅游资源的性质和开发目的,旅游资源的开发方式通常包括新建、利用、修复、改造和提高等五种方式:

(1) 新建

根据当地旅游资源的特点,创造性地建设新的旅游产品,如新的景区、景点或主题公园,建设一些必要的旅游服务基础设施,以增强区域旅游吸引力,满足旅游需求,促进地方旅游业的发展。这种开发方式重在创新,贵在特色。"常州恐龙园"就属于这类开发的典型。

1996年,原国家地质矿产部为保护珍贵的远古动物化石,拟建一新的博物馆,常州市政府很好地把握住了此次机遇,根据常州"龙城"的传说,将恐龙主体引入常州,营建出集博物、科普、娱乐、休闲及表演于一体的中华恐龙园。中华恐龙园于2000年9月建成开放后,仅在最初的两年,年均接待游客就达100多万人次,创收6 000多万元。随后,以中华恐龙园为核心,恐龙谷温泉、恐龙城大剧场、香树湾高尔夫会所、迪诺水镇等景点陆续建成,2010年4月,由上述景点组成的环球恐龙城喜获国家旅游局授牌,成为常州市首家5A级旅游景区,也是江苏首家跻身5A级的文化创意类主题景区。

(2) 利用

是指利用原有的未被认识到的旅游资源,通过整理、组织和再开发,使之成为旅游吸引物的一种开发方式。如近20年来发展起来的宝钢工业旅游和西昌卫星发射基地修学旅游就属于此种开发方式。

宝钢集团公司(简称"宝钢")位于上海市东北部,毗临长江,与著名的吴淞口炮台举目可眺,厂区占地25 km^2,是中国最大、最现代化的钢铁联合企业。宝钢以钢铁为主业,2011年产量为4 427万t,位列全球钢铁企业第四位。1997年,宝钢授权上海宝钢国际旅行社开发都市工业旅游,宝钢工业游正式向外推出,开发出包括原料码头、热轧车间、高炉、古银杏树狮子林、金手指雕塑广场、宝钢历史陈列馆等极具特色的工业旅游产品。2003年宝钢国旅共接待游客11万人次左右,2001年申报、2004年通过验收成为"全国工业旅游示范点"。2004年以来,宝钢进一步完善了三条主要旅游线路:一是科普线,该线路以"钢铁是怎样炼成的"为主题,让"外行游客"通过宝钢工业旅游了解炼钢的科普知识;二是生态线,根据可持续发展的思路,介绍绿色宝钢生态之路;三是工艺线,满足"内行游客"了解宝钢先进设备、工艺、管理的需求。

(3) 修复

是指对那些由于自然、历史或人为活动等原因而遭受破坏,但又具有很高艺术、历史文化或科研价值的旅游资源进行整修、恢复或重建,使之重新成为旅游景点的一种开发方式。如在2008年汶川地震中受损的都江堰旅游景区的修复重建以及在1996年地震中受损的丽江古城的修复与旅游开发。

2008年"5.12"汶川地震,严重威胁都江堰市的世界文化遗产及古文物的安全。此次地震中,都江堰市主要景区、景点道路、基础设施均受到不同程度的损害,其中,二王庙、青城山道观受损严重。对此,都江堰市首先对景区的基础设施进行修复,包括二王庙修复、虹口峡谷抢修,尤其对虹口漂流进行了重点修复,增加了漂流接待中心、码头和其他相关设施。同时,修建了青城山索道、都江堰游客中心南桥茶园、青城前山建福宫(原游客中心)等。其次,对城区旅游进行了重新规划。修复老城区,增强基础设施建设,保留都江堰的历史完整性;对赵公山进行旅游开发,挖掘赵公财神民俗文化,申报国家非物质文化遗产,建设4A级旅游景区,与都江堰、青城山景区相连,构建"大青城旅游格局";打造藏羌和川西风貌步行街,弘扬藏羌和川西文化。同时,在市中心建立休憩区,修建文庙公园和道教文化博物馆。

(4) 改造

是指通过对现有的但利用率不高的旅游景观、旅游设施或非旅游设施进行局部或全部改造,使其符合旅游市场需要,成为受旅游者欢迎的旅游吸引物的一种开发方式。如上海外滩的旅游开发。

20世纪80年代,随着上海城市旅游活动逐渐发展,外滩作为旅游资源的价值特性开始得到体现。1986年,有关部门对外滩地区的建筑外墙进行修复和清洗。1989年,黄浦区政府决定用灯光来辉映外滩建筑群优美绝伦的风姿,美化外滩夜景。2002年,作为"外滩延续"与"东西方文化交汇"的外滩风貌延伸段整治启动。现在的上海外滩,临江而立,与对岸的陆家嘴现代金融贸易中心遥遥相对,不仅是近代上海和谐完美的标志性城市新坐标,更是中外游客心目中无可替代的经典景观。

(5) 提高

是指对已被开发但不适应旅游业发展需要的旅游吸引物,通过深入挖掘,增加一些旅游设施或新的服务,提高整体的质量,使其再生出新的旅游吸引力的一种开发方式。如南京市2009年以来进行的玄武湖景区综合整治。

为了进一步彰显玄武湖景区"人文、生态、休闲、亲水"特色,实现景区生态环境、旅游景观的进一步"提档升级",南京市于2009年开始分三期实施玄武湖景区整治工程,整治加减法并用:加法方面,新增大量公共空间,大力提升玄武湖东部片区和明城墙风光带沿线等区域景观形象和环境品质,完善旅游交通、文化休闲、生活服务等配套功能。减法方面,对景区内一些经营性场所彻底拆除,拆除总面积近 5 000 m^2,从而提供更多公共空间给市民游客。经过近几年整治,目前,景区环境面貌、景观功能实现显著提升,免费开放惠及市民,更好地彰显了南京山水城林风貌和历史文化内涵。

在现实的旅游开发实践中,上述5种开发方式是很难截然分开的,通常需要根据具体的旅游资源特点和旅游发展需求,确定合适的开发方式或组合。

9.4.2 旅游资源开发的原则

要使旅游资源开发获得成功,从而取得最佳的经济、社会和环境效益,其相应的开发过程必须遵循以下基本原则。

1) 突出特色原则

特色是旅游之魂,是构成旅游吸引力的关键因素。特色原则要求在旅游资源开发过程中,不仅要保护好旅游资源的特色,而且还要充分揭示、挖掘和突出资源独有的特色,如应尽量保持自然和历史形成的原始风貌,突出民族特色和地方特色等。

2) 市场导向原则

这是市场经济体制下的一条基本原则。市场导向原则要求在旅游资源开发过程中,必须坚持以市场需要为导向,注重市场调查和预测,准确掌握市场需求和变化规律,针对不同客源层次的需求,在动态的变化中进行有目的的开发,减少盲目性。

3) 兼顾保护原则

由于许多旅游资源具有不可再生的特点,一旦受到破坏就难以复原,从而使其原有的利用价值逐渐丧失。因此,兼顾旅游资源保护在旅游资源开发过程中显得非常重要。主要包括两方面:一是要加强对旅游资源本身的保护,努力将人为损耗降到最低限度;二是要保护好旅游环境,既要控制污染、维护生态平衡,又要维系良好的社会环境。

4) 注重综合原则

旅游资源类型多样,自身具有综合性;而旅游资源的开发又涉及众多行业和部门。因此,从旅游资源自身角度看,不同类型的旅游资源只有通过综合开发,才能使吸引力各异的旅游资源结合成一个吸引群吸引旅游者,从而提高知名度。从旅游资源开发涉及的领域看,包括旅游、园林、文物、国土资源等相关部门和行业,以及地理学、建筑学、历史学、经济学、城市规划等多个学科的交叉应用,这些领域之间能否协调、相互合作,关系到旅游资源开发的成败。因此,只有处理好各要素之间的关系,充分考虑综合性原则,才能获得最佳的综合效益。

9.4.3 旅游资源开发的模式

从区域理论的角度来看，开发模式就是根据区域资源和生产的现状和发展潜力，确定今后协调发展的组织体系。旅游资源由于自身特性、价值、区位条件、组合、规模及区域经济发展程度、文化和自然背景、技术条件和社会制度等多方面因素的不同，资源开发的深度、广度不一，使得开发的模式也趋于多样化。依据不同的划分标准，可归纳为不同类别的旅游资源开发模式。

1) 按资源类型划分的旅游资源开发模式

（1）世界遗产旅游资源

世界遗产资源是指被联合国教科文组织和世界遗产委员会确认的、人类罕见的、目前无法替代的财富，是全人类公认的文物古迹及自然景观。狭义的世界遗产包括"世界文化遗产"、"世界自然遗产"、"世界文化与自然遗产"和"文化景观"四类。

轮休型开发模式："轮休型"开发，即每年或每个旅游旺季开放一部分景区（点），让景区（点）轮流休息，以缓解其保护压力，更好的保护遗产地。这一模式多被占地面积较小、景点相对独立，且生态或文化较脆弱的遗产地采用，如莫高窟、龙门石窟、云冈石窟等。

融合型开发模式：将物质遗产和非物质遗产融合到一起进行开发是吸引游客的一种独特开发模式。这一模式多适用于世界文化遗产类旅游资源，如苏州园林、颐和园、武当山等。既提高了世界遗产地旅游产品的底蕴和内涵，又弘扬了博大精深的中华文化。

分区开发模式："分区开发"是将世界遗产地划分成若干地区，界定每个地区的范围、界限和活动类型，在不同的地区进行不同方式和层次的开发、保护、利用和管理。如可以将遗产地分为核心保护区、核心环境区、缓冲区和边缘区。世界遗产地内保存完好的自然景观、最具价值的景点集中分布地和保存完好的珍贵文物古迹应列入核心保护区。边缘区位于景区的最外围，旅游设施可以相对集中，旅游项目也可以丰富多样，辅之以小型主题公园、度假、购物等。这种模式比较多被自然景观的遗产地所采用。如黄山、泰山、武夷山、武当山、九寨沟、黄龙等。

景区与社区联动开发模式：这是一种保护性开发模式，把世界遗产旅游与社区相结合，在社区开发出各具特色的街区和文化体验活动区，旅游者在遗产景区游览后，到社区的特色街区、特色文化体验区从事购物、娱乐、餐饮、参观等休闲活动或度假的旅游模式。如故宫、天坛、布达拉宫、十三陵、曲阜三孔等存在于城市中的世界遗产多采用该开发模式。

（2）历史街区旅游资源

"历史街区旅游资源"是指历史留传下来的，因社会、文化因素集结在一起的，有一定空间界限的城市（镇）地域，它以整个环境风貌体现着它的历史文化价值，展示着某个历史时期城市的典型风貌特色，反映了城市历史发展的脉络。

面表皮式保护开发模式：面表皮式保护开发模式是保留具有历史价值的建筑群落外观和外部环境，进行必要的维护、修缮，更新内部设施，以适应新的使用功能的一种开发模式。如上海"新天地"。

上海"新天地"位于上海卢湾区东北角的太平桥地区，紧靠淮海中路、西藏路等商业街，区位条件优越。区内有国家重点保护单位"中共一大会址"和许多建于 20 世纪初属于典型的上海石库门里弄建筑,在建设高度、建筑形式和保护方面都有一定的要求。对该地段改造采用了"存表去里"的方式,把原来的居住功能变成了经营功能,把整片居住区变成了商业、文化、娱乐、购物的场所。拆除一部分老房子,开辟绿地和水塘,美化环境。经过一番整治,这些老房子里面的设施都已经现代化了,外边的风貌却还保持着老样子,里弄的街巷情趣还在,传统的氛围也得以保持。"新天地"的成功开发吸引了许多人前来购物、休闲、过夜生活,把这里打造成了人群高密集和环境高品质地区。

整体保护开发模式:整体保护开发模式是对历史街区完全保留,类似文物保护方式,只进行局部的修补,社会网络和物质空间同时被保护下来。近年来比较成功的历史街区保护案例,如山西平遥南大街、安徽黄山市屯溪老街等保护采用的都是这种方法。

屯溪老街坐落在黄山市屯溪区中心地段,镶嵌在青山绿水之间。北依四季葱茏的华山,南伴终年如蓝的新安江,被誉为流动的"清明上河图",距今已有数百年历史,全长832 m,宽5~8 m,是目前中国保存最完整的,具有宋、明、清时代建筑风格的步行商业街,为全国重点文物保护单位。2009年6月10日,经文化部、国家文物局批准,屯溪老街和北京市国子监街、苏州平江路等共同当选为"中国历史文化名街"。

拼贴式保护开发模式:在历史城市中存在很多这样的街区:街巷格局未变,局部保留传统的风貌,但是基础设施匮乏,房屋简陋,人口密度大。对于这样的历史街区,应当在保护现有风貌较完整、房屋质量较高的传统建筑的条件下,对破败严重、风貌尽失的建筑采取更新的方法,完善历史街区风貌的完整性,使历史遗存和新建建筑共存于历史街区中,以达到保护历史街区空间形式,延续历史文脉的目的。如苏州十全街。

苏州十全街位于苏州名园沧浪亭北,全长1 800 m。至今依然保留着"水陆平行、河街相邻、两路一河"的传统格局和水乡情调,显现出极为丰富的历史文化底蕴。1992年,十全街作为古城保护重点工程实施全面改造,保留了14座古色古香的小桥和一批古树名木,延续了历史痕迹和漫长岁月的印记。对破损的房屋均拆除新建,在建筑风貌设计上强调"再现和延续"古城风貌特色。目前街区集丝绸绣品、古玩字画、文房四宝、民间工艺、风味小吃于一体,成为姑苏城内独具特色的休闲文化街。

(3) 民族村寨旅游资源

异地模拟型民族文化村模式:该模式以民族文化资源为主题,根据民族文化的特色,移植并利用民族文化,营造民族地区的生态环境和民俗氛围,通过村寨环境、民居建筑、民间艺术、民间活动等多角度,反映各民族的生产与生活文化。如深圳中国民俗文化村。

深圳中国民俗文化村占地20多万 m^2,是中国第一个荟萃民族民间艺术、民俗风情和民居建筑于一园的大型文化旅游景区,内含22个民族的25个村寨,村寨建筑均按1∶1的比例建成。该民俗文化村通过民族风情表演、民间手工艺展示、定期举办大型民间节庆活动等多种方式,多角度、多侧面地展示出我国少数民族原汁原味、丰富多彩的民族风情,让游客充分感受中华民族的灵魂和魅力。中国民俗文化村以"二十五个村寨,五十六族风情"的丰厚意蕴,赢得了"中国民俗博物馆"的美誉。

实地典型民族文化村模式:针对民族自然资源,只在少数民族聚居区,选择具有典型代表性的村寨加以保护,展现其民族的现实生活状况的民族文化村寨。如西双版纳傣族园。

西双版纳傣族园实行"公司+农户"的开发经营模式,公司投入资金,负责总体经营及管理;租用纳入开发规划的各村寨和村民的土地,建成景区大门、民族歌舞剧场以各项基础设施;对村民进行旅游接待培训,并进行策划宣传,提高傣族园的知名度以招徕更多的游客。村民提供自己在长期生活中留存的傣族文化和自然资源,在园内担任导游、保安、演员、园艺工等;还可以自己经营商品摊。

民族生态文化博物馆模式:民族生态博物馆就是把某一民族的自然、社会、文化进行整体保护、传承和研究的生态博物馆。具有原生态性、民众性、尊重性、原地保护、整体保护、动态发展的特点。从旅游开发的角度来看,民族生态博物馆旅游是一种高质量的旅游产品,旅游者不仅可以参观按照原状保存和保护的文化遗产,而且还可以切身实地体验其内涵,感受活态文化的魅力。如贵州梭嘎民族生态博物馆。

贵州梭嘎苗族生态博物馆地处六盘水市六枝特区境内,是乌蒙山腹地的一个苗族村寨。社区内生活着一个苗族的分支,共有4 000多人,至今仍过着男耕女织的农耕生活,延续着一种古老的、以长角头饰为象征的独特的苗族文化。这种文化非常古朴,有原始的平等、民主风尚,有丰富的婚恋、丧葬和祭祀礼仪,有别具风格的音乐舞蹈和十分精美的刺绣艺术。为保护和延续这支独特的苗族文化,中国和挪威政府在此共建了中国也是亚洲第一个生态博物馆。博物馆于1998年10月31日建成开馆。由资料信息中心和以长角为头饰的苗族(长角苗)社区两个重要部分组成。

(4) 红色旅游资源

狭义的红色旅游资源指的是中国共产党成立以后至新中国成立以前,包括红军长征时期,抗日战争时期、解放战争时期等重要的革命纪念地、纪念物及其所承载的革命精神;广义的红色旅游资源是指一切顺应历史潮流、发扬民族精神的革命遗迹和革命精神,包括了新中国成立后在革命建设中留下的革命精神和建筑遗迹。

红绿结合开发模式:即把红色旅游资源和绿色旅游资源结合开发的模式。作为革命纪念地,其红色旅游资源一般具有较高知名度、美誉度和社会影响力,然而单纯的红色景观对旅游者的吸引力毕竟有限,很难独立担当起当地旅游业发展的重任,需要以绿色生态旅游、乡村旅游辅助红色旅游,实现共同发展。如井冈山风景名胜区。

井冈山风景名胜区是我国首批全国重点风景名胜区,享有"革命摇篮"和"绿色宝库"之称,自然景观以雄险的山势、奇特的飞瀑、磅礴的云海、瑰丽的日出,烂漫的杜鹃花蜚声中外,人文景观有大量的革命遗址和革命纪念建筑物,是我国红绿结合模式开发红色旅游的成功范例。其红色旅游发展迅速,2009年上半年全市接待境内外游客130多万人次,实现旅游收入6.47亿元。

红古结合开发模式:即把红色旅游资源与传统民俗文化旅游资源结合开发的模式,对于经济发展水平相对落后的革命老区来说,红古结合正改变着农村传统的产业结构和发展态势。如红色故都瑞金。

瑞金作为中华苏维埃共和国的首都,素有"红色故都"的美称,这是瑞金发展红色旅游的极好着眼点和金字招牌。同时,作为纯客家县,瑞金具有深厚的客家文化氛围,多姿多彩的客家民俗文化吸引着大量的海内外游客。通过整合红色旅游资源和客家民俗文化旅游资源,瑞金旅游业得到了全面发展。

(5) 现代人工吸引物

现代人工吸引物是随着经济的发展及旅游需求的增加所出现的一种新兴旅游资源,主要分为观光型和游乐型两大类。现代人工吸引物一般具有愉悦身心、观光游览、参与娱乐等旅游功能。在旅游资源开发过程中应突出大众化、参与性和娱乐性的特点。

以杭州宋城为代表的综合性主题公园开发模式：杭州宋城景区是国家4A级景区、首批"国家文化产业示范基地"，其成功的关键在于实现了文化资源的商品化，用产业化的方式对文化资源进行开发，坚持以"建筑为形、文化为魂"为旅游开发项目的宗旨，实施"精品化"战略，既强调文化产品的物化形态，更重视产品的内在价值。在体现方式上，通过精心安排的各种表演和游艺项目，突出体验和互动的创意经济特点，让悠久的建筑文化、饮食文化、婚俗文化、军事文化、作坊文化、市井文化、服饰文化等变得时尚而鲜活，给游客以"给我一天，还你千年"的消费体验。

以无锡影视基地为代表的影视城开发模式：无锡影视基地是我国最早规划建设的影视拍摄基地，20多年来，已有250多部影视剧在该基地拍摄，2007年又荣获国家首批5A级景区称号，标志着我国首个5A级影视主题公园的诞生。横店影视城则是我国影视城中的后起之秀，从1996年开始，累计投资30亿元人民币，建有13个影视拍摄基地和2座超大型的现代化摄影棚，是目前亚洲规模最大的影视拍摄基地，1999年被美国《好莱坞报道》杂志称为"中国好莱坞"，2004年被国家广电总局批准为中国国家级影视产业实验基地。

2）按区域经济发达程度划分的旅游资源开发模式

（1）经济欠发达地区旅游资源开发模式

经济欠发达地区主要集中于我国的西部地区。我国西部地区由于经济发展水平低，可进入性差，尚处于旅游资源待开发期。然而这里有着多样、丰富的自然、人文、民俗风情旅游资源，其旅游资源开发潜力极大。因此，该类旅游资源开发的首要任务就是解决交通问题，加快基础设施、服务配套设施的建设。需要指出的是，我国西部大部分地区生态环境较为脆弱，许多珍贵的自然、人文资源，如开发不当造成破坏则很难恢复，因而在旅游资源开发过程中应制定严格的环境保护措施。

（2）经济发达地区旅游资源开发模式

经济发达地区主要集中在我国的东部地区，特别是沿海经济区。这里交通发达，市场范围广阔，且人才集中，旅游开发已具有一定的深度，在环渤海、长江三角洲和珠江三角洲已形成三个旅游发达区。这类地区的旅游资源开发，应着眼于旅游产品层次和旅游资源开发水平的提高，并围绕中心城市，向周边层次及等级较高的地区发展，以健全区域旅游资源结构。

（3）经济发展过渡地区旅游资源开发模式

我国的中部地区作为我国东、西部经济阶梯发展的过渡地带，其旅游开发应一方面应着眼于改善相对落后的基础设施建设，而另一方面应在面对东部旅游产品的强势竞争下，着眼于提高旅游服务质量，开发特色旅游产品，以吸引更广大游客。

3）按投资主体划分的旅游资源开发模式

依据投资主体的不同，可将旅游资源开发模式划分为以下4种：

（1）政府主导型资源开发模式

作为投资者的政府可以是中央政府，也可以是地方政府。该类模式的主要特点是国家在宏观层面上，通过政府计划、金融支持和国际合作等措施参与旅游资源的开发。中央政府的投资主要集中于规模大、回收期长、风险大、跨区域的大型公益性项目上。而地方政府的投资则主要集中于地方基础设施的建设。该模式主要适用于旅游资源待开发区及经济欠发达区的旅游资源开发，例如我国西部地区。

(2) 企业主导型旅游资源开发模式

这类模式中,政府通过出让辖区内的旅游资源开发经营权,来吸引投资商进行开发经营,政府则退居宏观层面,经由法律法规对投资开发商进行管理,不直接参与投资。企业主导型旅游资源开发模式主要针对具体景区景点的旅游资源开发项目,适用于所有不同类型的旅游资源开发区域。该类模式对促进国内企业实力的进一步壮大,国家政府职能的顺利转变,以及地方旅游业的发展都能起积极的作用,这将是我国未来旅游旅游资源开发的最主要模式。

(3) 民间投资型旅游资源开发模式

该模式的投资主体一般是民营企业或个人,投资规模不会很大,往往倾向于能获取短期效益的中、小型旅游资源开发项目,如在旅游区开办乡村旅社、农家乐等。这类民间资本的涌入为游客提供了更为便利的旅游消费条件。目前,我国民间投资旅游资源的积极性正在逐渐提高,民间资本的进入是当前旅游开发的新的活力,也是地方旅游资源开发不可或缺的部分。

(4) 外商投资型旅游资源开发模式

该模式的投资规模可能很大,在投资开发过程中所引进的先进管理理念和模式能对地方产生一定的示范作用。当前,我国旅游业的发展需进一步加强吸引外资的能力,将外商投资范围由旅行社、饭店、宾馆等服务类行业扩大到旅游基础设施及旅游资源开发的建设中去。在具体旅游资源地的开发建设可通过 BOT(Built Operate Transfer)方式进行。

需要指出的是,上述 4 种开发模式并不是完全孤立的,随着旅游资源开发管理体制的进一步完善,它们很可能会交叉使用,共同完成旅游资源开发的过程。

9.4.4 旅游资源的保护与可持续利用

旅游业发展在为旅游地带来了丰厚经济效益的同时,也可能导致旅游资源的破坏。因此,为了旅游资源的永续利用,实现旅游业可持续发展,必须合理利用和保护好旅游资源及其赖以生存的生态环境。

1) 旅游资源保护的内容

(1) 保护旅游资源本身

旅游资源按其基本成因可分为自然旅游资源和人文旅游资源。自然旅游资源是地理环境的重要组成部分,它们中有些是不可再生资源,一旦遭到破坏,则难以恢复,甚至会导致生态平衡的失衡;人文旅游资源是数千年的历史演变和文化演替遗留下来的珍贵历史文化遗产,都是不可再生资源,一旦被破坏,则永不再生。

特色是旅游之魂,是构成旅游吸引力的关键因素。旅游资源的特色是发展特色旅游的基础。因此,保护旅游资源的关键就是要保护好旅游资源的特色,特别要保护好那些稀缺的自然和人文旅游资源。旅游地本土文化就像一部记载了当地民俗风情、社会风俗、社会变迁及其历史发展轨迹的百科全书,是人文旅游资源中最鲜活、最具吸引力的组成部分,因此,保护当地文化是保护旅游资源的重要内容。

(2) 保护旅游环境

保护旅游环境也是保护旅游资源的重要内容,包括保护旅游自然生态环境和社会文化环境两方面。为保护好旅游区的自然生态环境,必须实行"开发者保护、利用者补偿、破坏者恢复、污染者付费"的政策,加强对旅游区及其周边地区的环境保护工作。同时,要加强对公民的环境保护宣传和教育,提高全民的环保意识,积极倡导旅游者进行环保型旅游。

在旅游过程中,旅游者不可避免的会将自身意识形态和生活方式带入旅游地社会,引起当地居民的思想变化,对地方传统文化造成消极的影响,进而影响旅游业的可持续发展。因此,需要加强对旅游地社会文化环境的保护。主要包括:第一,对地方居民加强民族自豪感的教育,以复兴传统文化;第二,引导当地居民正确对待外来文化,有选择的吸收其精华,而不是盲目崇拜;第三,在一些易受影响的原始文化保留区,应划定文化保护区,以保证地方居民的正常生活方式,避免遭受外来文化冲击。

2) 旅游资源的可持续利用

旅游资源的可持续利用是实现旅游业可持续发展的前提。它强调在满足旅游者享受高质量环境需求的同时,改善当地居民生活水平;在开发利用过程中保持生态环境的良性循环,维护社会和经济的和谐发展;以最小的环境影响及资源投入要素使用量来获取最大的旅游效益总量。

为实现旅游资源可持续利用,应做好以下几方面工作:一要通过宣传与教育,使人们了解旅游所产生的环境、社会文化影响,强化人们的生态保护意识,树立人与自然和谐发展的理念,倡导环保型旅游和生态旅游;二要发挥政府的主导作用,从总体上掌控旅游资源的开发,从旅游资源开发规划与建设、旅游管理与监督、旅游管理者培训等多方面入手,建立综合发展与保护的总体框架,以促进旅游资源的可持续利用;三要完善旅游资源开发评价体系,在旅游资源开发利用之初的调查、评价阶段,强调资源的经济、社会、环境三大效益的综合价值评价,而在资源开发过程则需规范旅游资源的生态持续性评价体系,提高其科学性。

9.4.5 我国旅游资源开发利用对策

我国旅游资源内容丰富、形式多样,作为旅游业发展的基础,充分合理的开发利用这些旅游资源成为关键所在。国家对旅游事业的发展提出了"扬长避短,发挥优势"的正确方针,而且取得了很大的成绩和进步,但也存在许多不足与问题。针对这些问题,我们认为目前我国旅游资源开发应该采取以下对策:

1) 加强旅游资源的调查与评价工作

我国旅游资源分布广泛,形成原因多种多样。一方面,已开发的旅游资源,随着时间的推移和开发手段的进步,其自身的构成因素以及在周边环境中的地位在不断发生着变化;另一方面,随着人类生产力水平的不断提高和认识能力的增强,旅游资源的深度和广度都得到拓展。因此,旅游资源的调查工作显得十分重要。要定期地、系统地开展调查工作,在全面掌握旅游资源的类型、数量、质量、特点、开发利用条件的基础上,进一步做好旅游资源的评价工作,为旅游资源开发和旅游发展规划提供第一手资料。

2) 加大旅游资源开发与旅游服务设施建设力度

我国地域辽阔,历史悠久,自然景观丰富多样,人文景观璀璨夺目,其独有的东方神韵一直强烈的吸引着中外游客。但是,我国旅游资源的总体开发力度不够、配套设施不完善,不能满足旅游业的迅速发展。由于我国旅游资源开发大多数是政府行为,旅游资源开发前期需要投入大量的资金,特别是配套基础设施,而政府的资金有限。因此,在有限的开发条件下,就要有目的、有层次的开发,选择基础好且有较大发展潜力的景区优先开发,切忌不分轻重,齐头并进。

旅游资源开发受外部客观环境的制约较多,在我国许多地方,相关产业发展还难以为旅游资源的开发利用创造良好的发展环境。如配套设施不完善,使旅游者在交通、住宿、饮食、娱乐、购物这几个方面不能满足其在旅游过程中的有效需求,留不住游客;特别是交通设施,目前我国有些旅游地交通设施条件还不理想。因此,必须加大建设力度完善旅游服务设施,以促进其他关联产业的发展,充分发挥旅游的综合效应。

3) 大力发展专项旅游,树立独特而鲜明的旅游形象

我国旅游业发展迅速,已成为世界重要的旅游目的地和客源地,发展前景看好,但从世界范围来看,旅游业竞争越来越激烈。从英美和周边旅游发达国家看,其之所以能保持良好的发展势头,是这些国家都十分注重专项旅游项目的开发。因此,我国也必须大力开发专项旅游项目,特别是对会议旅游、奖励旅游、游船旅游、汽车旅游、滑雪旅游、保健旅游、探险旅游等市场前景广阔的旅游产品继续加快开发工作,争取不断推出新产品。同时,与专项旅游相适应,要讲究宣传与营销策略,如加强对我国旅游资源的民族文化特色宣传,打造国际知名品牌,提高国际竞争力,树立良好的旅游形象;又如可以采用网络等现代化营销手段,积极开拓国内外旅游市场。

4) 注重深度开发,走内涵增容式发展道路

目前,我国许多旅游资源还处在低层次开发阶段,利用效率与取得的效益不高,一些极具魅力的资源特别是文化资源尚未被很好开发利用。而文化是旅游资源的灵魂,是旅游资源生命力的体现。因此,必须依托当地的旅游资源,深挖其内在的文化内涵,增强旅游资源的吸引力,延长旅游资源的生命周期,以增强我国旅游业的竞争优势。

目前我国旅游资源开发在很大程度上仍停留在"一次性投资、持续性消耗"的粗放模式上,对深层次开发缺乏长远认识,造成一些景点生命周期短,市场不断萎缩,进而对旅游产品结构和旅游资源有序利用产生负面影响。因此,应注重对我国旅游资源的深度开发,走内涵增容式发展道路。

5) 利用本地资源,发展旅游纪念品生产

购物是旅游活动的基本内容之一,因此,旅游纪念品的有效供给也是保证旅游活动圆满完成的一个基本条件。对旅游目的地来说,旅游纪念品销售,是增加旅游创汇的基本途径,也是变资源优势为经济优势的有效措施。相对而言,我国与旅游发达国家在旅游纪念品生产和销售方面的差距还比较大。如何利用好本地资源,设计开发有地方特色的旅游纪念品,是我国旅游资源开发与旅游业发展中需要得到更加重视的问题。需要强调的是,旅游纪念品是一种永志纪念的物品,它能使旅游者时时勾起记忆,因此,旅游纪念品的生产不仅要花色品种多样,更需要优良的质量保证。

6) 加强旅游资源的保护

大多数旅游资源都处于相对脆弱的生态环境中。由于我国旅游业发展起步较晚,对现有的和潜在的旅游资源保护不到位,使得一些重要的旅游资源开发和利用得不到很好的保证,如受到自然和人为的影响,许多旅游资源正遭受破坏。另外,法制不健全、旅游者环保意识差,造成了旅游生态环境恶化。在旅游资源商品化的今天,许多极富传统文化的旅游资源

逐渐被淡化、遗忘乃至最终消失。所以,我们应该禁止这种只顾眼前利益、局部利益、蚕食旅游资源的破坏行为;同时加强立法,使之有法可依,并加强对旅游者的环境保护意识教育。

主 要 参 考 文 献

[1] 马耀峰,宋保平,赵振斌.旅游资源开发.北京:科学出版社,2005
[2] 陈兴中,方海川,汪明林.游资源开发与规划.北京:科学出版社,2005
[3] 保继刚,楚义方.旅游地理学.修订版.北京:高等教育出版社,1999
[4] 张景群.旅游资源评价与开发.咸阳:西北农林科技大学出版社,2003
[5] 杨贵华.旅游资源学(修订版).昆明:云南大学出版社,2000
[6] 包浩生,等.自然资源学导论.南京:江苏教育出版社,1999
[7] 肖星,严江平.旅游资源与开发.北京:中国旅游出版社,2000
[8] 郭跃,张述林.旅游资源概论.重庆:重庆大学出版社,2000
[9] 吴必虎.区域旅游规划原理,北京:中国旅游出版社,2001
[10] 苏勤.旅游学概论.北京:高等教育出版社,2003
[11] 傅文伟.旅游资源评估与开发.杭州:杭州大学出版社,1994
[12] 郭来喜,吴必虎.中国旅游资源分类系统与类型评价.地理学报,2000,56(3):294—301
[13] 王兴中.中国旅游资源开发模式与旅游区域可持续发展理念.地理科学,1997,17(3):218—223
[14] 石正方,刘继生.经济欠发达地区旅游开发模式研究.旅游学刊,2000,15(6):19—23
[15] 陈实.旅游资源可持续利用模式设计.西北大学学报(哲学社会科学版),2000,30(2):85—89
[16] 周建明.旅游资源分类评价的规划学研究,国土与自然资源研究,1999,(3):67—70
[17] 黄亮,陆林,丁雨莲.少数民族村寨的旅游发展模式研究——以西双版纳傣族园为例,旅游学刊,2006,21(5):53—56
[18] 江晓云.少数民族村寨生态旅游开发研究——以临桂东宅江瑶寨为例,经济地理,2004,24(4):564—567
[19] 梁学成.对世界遗产的旅游价值分析与开发模式研究,旅游学刊,2006,21(6):16—22
[20] Choong-Ki Lee. Valuation of nature-based tourism resources using dichotomous choice contingent valuation method. Tourism Management,1997,18(8):587—591
[21] Morgan R. Some factors affecting coastal landscape aesthetic quality assessment. Landscape Research,1999,24(2):167—185
[22] Schroeder H. W. Visual impact of hillside development: comparison of measurements derived from aerial and ground-level photographs. Landscape and Urban planning, 1988. 15:119—126

10 社会资源

虽然在经济社会发展的过程中,人类社会往往会自觉或不自觉地低估或忽略了自然资源对于经济社会发展的支撑性,低估了未来人类发展的自然资源需求,但从人类社会发展历史来看,人类社会的发展过程,就是自然资源与社会资源的相互作用过程。两者的相互作用、合理配置促进了区域发展与社会进步。当前及未来随着自然资源日益短缺,一方面社会资源对于自然资源的替代能力不断增强,社会资源在区域资源优化配置中的作用持续增强,但一方面经济社会发展对于自然资源乃至自然资源系统的依赖性却不断加深。2012年中国政府从优化国土开发空间格局、全面促进资源节约、加大自然生态系统和环境保护力度、加强生态文明制度建设等四个方面提出了人与自然和谐的实现路径,从本质上这些都是自然资源与社会资源协调利用的具体体现。本章主要是介绍社会资源的内涵、特征、类型以及与自然资源的相互关系等内容,为自然资源优化配置与持续利用提供决策参考。

10.1 社会资源及其特征

与自然资源不同,社会资源是人类活动的产物,并以非物质形式作用于人类生产生活过程。对于社会资源的含义有不同的理解,按《中国资源科学百科全书》的定义,社会资源是指在一定时空条件下人类通过自身劳动在开发利用资源过程中所提供的物资和精神财富的统称。可以从狭义和广义两个方面来理解社会资源,狭义的社会资源仅指人类劳动所提供的以物质形态而存在的人力资源和资本资源;广义的社会资源不仅包括物质形态的资源,还包括科学技术、教育、信息、管理、文化等非物质形态的资源(《中国资源科学百科全书》编辑委员会,2000)。因此,有研究将社会资源定义为以社会关系为核心,通过社会形态而存在,涉及社会生产活动中发挥着"资产源泉"功能的各种要素(王子平,冯百侠,徐静珍,2001)。既然社会资源是资源的一种,因此,不妨将资源划分为自然资源和社会资源两大类,而自然资源之外的其他一切资源都可划归为社会资源。资源这个词语会出现在不同场合,但是在不同领域具有不同含义,同样的,社会资源这个词语在不同领域也有不同的含义。在社会学的研究中,经常使用社会资源这个词语,但是,社会学研究中的"社会资源"与这里定义的社会资源是两个不同的概念。在社会学的研究中,社会资源通常指人的社会网络[1],即"人类社会由于交往形成的、与物质收益高度相关的人文资源"[2],显然根据这个概念所定义的社会资源所包括的内容要少的多。

社会资源遵循社会发展规律,具有社会性的根本性特征,具体表现在:

---

[1] 邓建伟.论地位获得研究[J].宁夏党校学报,2001,3(6):57—60
[2] 罗斌.一个新的产权模型:基于社会资源研究的视角[J].全国商情:经济理论研究,2006(11):58—60

1) 性质及规模的易变性

自然资源系统及其要素构成具有相对稳定性,而社会资源系统始终处于变化与结构调整状况下,这一是由于社会资源系统构成要素的性质处于持续变化状态,如技术水平不断提升,人力资本价值不断提升等;二是由于人类社会发展的长期积累以及社会资源生产能力的不断增强,社会资源的规模持续增长。

2) 区域分布的差异性

社会资源的分布与发展既受制于自然资源的分布状况,更主要地受制于经济社会发展自身规律的影响与作用,乃至某个群体或个体的影响力,因此造成了不同区域社会资源结构、规模等分布的差异性。如在我国,一般自然资源丰富的地区呈现"富饶的贫困"状态。

3) 继承与发展性

社会资源所形成的物质性资源,如基础设施、物质遗产等以及技术、知识、文化等都具有继承性,同时,在继承中又赋予其新的内涵或价值,从而更加适应人类社会发展对其的新的要求。当然,也有一些社会资源,包括物质资源、非物质资源等在人类社会的发展过程中被忽视或扬弃。

4) 功能的替代性

自然资源的功能替代性受到其自身的限制,而社会资源之间以及社会资源对自然资源都具有强替代性,如随着自然资源利用技术经济水平的提高,其可以减少单位产品或产值的自然资源消耗,从而实现技术对于自然资源的替代;资本资源的替代性更强,只要存在市场,资本资源就可以获得所需要的自然资源或社会资源。

5) 地位的主导性

由于社会资源具有较强的流动性并可以借助其开发利用自然资源,因此,在资源配置中起到主导性作用。此外,人类社会是自然资源开发利用的主体,在人类社会与自然资源之间,人类社会更具有主观能动作用。当然,要实现人与自然的和谐发展,这种主观能动性必须建立在符合自然资源规律的基础上。

10.2 社会资源的分类

社会资源(不同于前文资源分类中的知识资源,这里指的是狭义的)可划分为人力资源、信息资源和智力资源等;而智力资源又可以细分为知识资源、科技资源和教育资源等。除了前述分类,还有研究把资本作为一种资源,称为资本资源,虽然从对资源的定义来说,把资本作为一种资源来看待并不合适,不过这里还是对资本资源加以介绍。

10.2.1 人力资源

人力资源是一个十分复杂的资源大类,它不仅具有人类作为一种生物的自然属性,更具有社会的属性[①]。人力资源是一切与资源活动相关的根本性因素,是构成社会活动的前提。人力资源造就了推动社会发展的物力、非物力因素,并运用物力因素,构成了完整的社会活

[①] 史忠良,肖四如. 中国经济资源配置的理论与实践[M]. 北京:中国财政经济出版社,1998:5—6

动。一切生产、社会活动对自然资源要求可多可少,但对人力资源的要求却必不可少,缺少了人力资源,一切活动无从谈起。人力资源以人口为自然基础,指人口中那些已经成年并且具有和保持着正常劳动力的人,它是由一定数量的具有劳动技能的劳动者构成的[①]。因此,可以说,社会生产过程中与物的要素相结合并支配物的要素的人即劳动者,作为需要人类自身进一步开发利用的对象,就是人力资源。人力资源的质和量的规定性包括两个方面:一是作为劳动者的人的数量;二是劳动者的素质。一定数量的人力资源是社会生产的必要的先决条件,但经济的发展主要靠人口素质的提高,人力资源的质量在经济发展中将起到越来越重要的作用。人口素质主要表现为人的体质、智力、知识和技能四部分,可被视为推动生产资料的各种具体能力。其中体质包括力量、速度、耐力、柔韧度、灵敏度等人体运动的功能状态以及对一定劳动负荷的承受能力和消除疲劳的能力;智力是人们认识事物、运用知识、改造客观世界的能力,包括思维、记忆、观察、想象和判断力等;知识是人们在学习和实践活动中所掌握的各种经验和理论;技能则是人们运用知识和经验并经过联系而习惯了的动作体系,或是人们合理化、规范化、系列化、熟练化的一种动作能力。这四种不同匹配组合,形成了内容丰富的人力资源。此外,人力资源价值的体现还与所处的外部环境密切相关。

  远古时代,生产工具简陋,劳动力是提高生产力的决定性因素。那时的劳动力又主要是指体力,劳动中智力所占比重较小,而以体力为基本内涵的劳动力又是天然的附着在劳动者身上的,不能将劳动力从劳动者身上剥离出来,谁要想拥有更多劳动力,就只有连同劳动者人身一起占有,于是战争俘虏和家生奴隶都成为争夺的对象。资本主义制度使劳动者获得了人身自由,建立在机械化大生产基础上的工业生产,需要大量具有知识、文化和技术即智力的现代工人,于是劳动力市场便形成了。劳动力提供到市场上去,便获得了同其他资源性商品相同的社会性质与功能:成为可以创造财富的源泉即资源,直接反映着买卖双方的经济利益关系。可见,劳动力成为现代意义上的资源所需的条件是,劳动力成为商品并且可以拿到市场上去出售。如果说劳动力资源和人力资源在基本含义上有区别的话,那就是人力资源更突出了劳动力中的智力因素,是一种高质量、能够适应工业化大生产的劳动力资源。

  人力资源同其他自然资源一样,既具有质、量、时、空等资源属性,也具有自然生理特征。同时,人力作为一种资源又具有不同于一般自然资源的特点,具有生物性和社会性、能动性和智力性、时效性和空间性、可再生性和高增值性以及生产与消费两重性等特点[②]。

  (1) 生物性和社会性。从自然属性来说,人本质上是生物的一种,然而,人与其他生物不同的是,人是具有思维的生物,因此,在自然属性的基础上还具有社会属性。人力资源是与人口具有密切联系的概念,但是,人力资源与人口不是等同的概念,只有具有正常劳动力的那部分人口才能称之为人力资源[③]。人力资源不仅具有数量的概念,还具有质量的概念。从数量上来说,人力资源的度量是以人为基本单位;从质量上来说,由于人与人之间是有差别,能够投入到生产活动中的人口具有素质方面的差别。人力资源质量差异与社会环境等有关,社会环境的不同往往导致人力资源素质差异。

  (2) 能动性和智力性。人力资源与其他资源有很大区别,其中最大的区别就是人具有

[①] 刘成武,杨志荣,方中权,等. 自然资源概论[M]. 北京:科学出版社,1999:36
[②] 封志明. 资源科学导论[M]. 北京:科学出版社,2004:288—289
[③] 史忠良,肖四如. 中国经济资源配置的理论与实践[M]. 北京:中国财政经济出版社,1998:421

思维能力,正因为如此,人力资源在生产中的作用和其他资源在生产中的作用有本质的区别。在各项生产活动中,人支配着其他各项资源,确定其他各项资源的投入,离开了人力资源,其他资源就无法发挥作用,因此,在生产投入的各项资源中,人力资源投入的作用是关键性的。

(3) 时效性和空间性。尽管人力资源和自然资源在生产中都作为投入的一种,但是,人力资源和自然资源在使用中具有显著的区别,自然资源因为使用而逐渐被损耗,而人力资源不会因为使用而损耗但会因为不使用消耗。这是由于时间不能储存,人的劳动也不能储存,在特定时间内不对人力资源加以使用,该资源就会被浪费掉。尽管人力资源可以流动,但是因为人力资源时效性特点的存在以及人力资源不能被储存,因此在特定时间范畴内,人力资源还会因为空间的不同而表现出显著的空间差异性,即人力资源具有空间性。

(4) 可再生性和高增值性。就生物资源而言,在合适的环境下,任何一种生物资源均可再生,但是,人力资源与其他生物资源不一样。由于人不仅具有自然属性,还具有社会属性,人力资源的形成关键在于人的智力的培育,因此,人力资源的再生不仅要受到生物学规律的限制,还要受到社会因素的制约。教育对于人力资源素质具有重要影响乃至具有关键作用,有不少研究证明了教育的重要作用,教育在改善劳动力素质方面具有不可替代的作用,通过教育改善人力资源素质之后,人力资源在生产中的贡献将大为改善。

(5) 生产与消费两重性。人力资源在生产中具有支配作用和能动作用,和其他资源一样可以被看作是投入的一种,但是,由于人力资源的基本构成单位是劳动力,是具有生物特征的个人,因此,人力资源不仅可以从事生产活动,而且还需要消费其他资源以保证人力资源的延续,也就是说,人力资源是生产要素又是消费群体,既是生产者又是消费者。

10.2.2 信息资源

信息是特定事物发出的信号和消息,本身是无形的,其意义和价值在于为人的行为提供依据和指示方向。信息资源是指可供利用并产生效益的一切信息的总称,是一种非实体性、无形的资源,普遍存在于自然界、人类社会和人类的思维领域之中。随着人类社会的发展,面对新的技术革命,社会将从工业化社会转入信息社会。信息作为一种重要的资源,对促进现代社会生产和科技发展以及人类的认识论过程有着及其重要的意义。现代工业社会正面临一场以扩展和延长人类信息功能为目标,以信息化、智能化、综合化为特征的信息革命,利用现代信息科学和信息技术对信息进行获取、传递、交换、存储、检索、更新、处理、分析、识别、判断、提取和应用,是信息资源开发、管理和利用的主要内容。信息资源可分为数量信息和质量信息、直接信息及间接信息。近年来,随着新的科技革命向纵深发展,信息产业的迅猛发展,信息网络和信息库的建设以及信息技术的广泛应用,使得信息成为社会经济发展的重要资源,发挥着越来越大的作用。

信息资源在运行过程中体现出不同方面的双重性,这些特征又是通过信息开发利用的全过程表现出来的,因而,在认识和开发利用信息资源时,必须全面的理解和看待它,才能充分发挥出其应有的效能。

1) 信息资源存在形态的流动性和相对稳定性

信息资源的存在形态既是不断运动、不断变化的,同时也体现出在特定的时间范围内相对稳定的特征。信息资源的这种双重性质首先取决于信息所反映的客观对象的动态性和相对稳定性。其次,信息资源发挥作用的社会环境既是在不断变化的,又具有相对稳定性。信息作为资源的价值是由当时的社会环境状况决定的。社会环境的变化既可能使得一些信息成为信息资源而发挥作用,也可能使原有的一些信息资源失去资源的价值。因而,信息资源作为一个整体,其内容是不断变化的。而在特定的社会环境下形成的信息资源,在社会环境暂时没有发生大的改变的情况下,其作为资源可以不断地被利用。如政策信息资源,在一定的历史阶段必须呈现出相对稳定的特点,否则社会将无所适从。

2) 信息资源效能发挥的瞬时性和长效性

这一特征是基于信息资源的流动性和相对稳定性而产生的。由于信息资源是处于不断的运动之中,其价值和效用也体现于此。对于那些流动性极强的信息资源来讲,如果不能在最恰当的时机加以开发利用,则机会稍纵即逝,此后再对该信息资源进行利用,不可能达到最好的效果,甚至可能完全失去意义。信息资源效能发挥的长效性是指对于部分信息来讲,由于信息资源自身和其发挥作用的社会条件等因素更主要的体现出稳定性的特征,因而,对于这些信息资源有可能在一个相对较长的时期内重复利用、反复开发。不过任何信息资源都有过时的问题,所谓长效性也只不过是一个相对的概念。尤其是对那些依法转让,具有明确的法律时效的信息资源的使用来讲,不仅应当考虑其自然时效,而且应当在法律许可的时间范围内对信息资源进行最有效的开发,以使其效能充分发挥出来。

3) 信息资源开发利用中的共享性和垄断性

信息资源的共享性是指信息资源可以为许多用户所共同时用的特征。作为基于客观信息和人的智力活动而产生的结果,同其他类型的智力产品的特征相一致,在信息资源的使用中,使用者彼此之间不存在直接的制约作用,同一信息资源可以同时被不同的使用者所利用。信息资源的这种共享性为信息资源在社会经济活动中更有效地发挥作用奠定了基础:信息资源开发出来以后,不同的信息资源获得者都可以根据自身的情况对信息资源进行开发与利用,使得信息作为资源在社会经济活动中充分地体现出其价值来。信息资源的垄断性体现在某种特定信息资源的最先开发者拥有对该信息资源的垄断权利。尽管从技术上或者从共享的可能性上存在着由无数的信息接收者进行使用的可能性,但是,由于信息资源可以为信息资源的拥有者和垄断者带来巨大的效益;而进行信息共享则意味着放弃部分市场份额和利益。在信息资源的拥有者选择独享信息资源,而不愿将其公之于众或者进行转让的情况下,则这种垄断性是任何其他企业所无法直接相竞争的,只有通过其他的渠道和途径进行信息资源的探索和开发。

4) 信息资源本体的直接性和功能实现的转化性

这一特征的含义是由信息资源的本体即信息本身直接地表现出来的,而其功能的发挥必须经过转化才能实现。同一信息,有的企业可以将其视为信息资源加以开发,并获得巨大的经济利益;而对于缺乏必要的智力条件和其他必要条件的企业来讲,则不可能对其加以有效利用。信息资源本体的直接性提示人们,信息资源就广泛存在于以各种形式体现出来的呈爆炸式增长态势的信息之中。要实现对信息资源有效的开发与利用,必须首先善于识别信息、筛选信息、整合信息、归纳信息,将信息与地方或企业的经济发展目标紧密结合起来,将信息资源与各种形式的人文资源有机地结合起来,发挥出信息资源的效能。信息资源功能实现的转化性主要体现在几个方面。首先,作为信息资源本体的信息在形成、传输、获取诸环节都存在着不同性质、类型的信号转化问题(如光、电、声、磁信号的转化等)。其次,信息资源发挥作用必须通过信息资源的多次转化才能实现:① 物质——精神的转化:即存于物质载体之上的各种形式的信息资源需要被信息资源的需求者所理解、掌握。② 精神——精神的转化:即基于信息资源的精神属性而产生的思想、观念、决策等,如做出规划、决策和进行更深层次的研究等。③ 精神——物质的转化:即通过利用特定的信息资源而直接地生产物质产品,或者通过信息资源的利用提高了劳动生产率,提高了物质产品的信息含量等。

5) 信息资源作为生产要素的依附性和相对独立性

信息资源的依附性是指信息资源必须借助于一定的物质形式而存在、传输和发挥作用。首先,信息资源必须借助于一定的物质形式才能体现、保存和传输。脱离了各种载体就不可能有作为生产要素的信息资源的存在。其次,信息资源的作用主要是通过对生产中的人以及其他各项生产要素的直接或间接作用,将自身的价值以各种有形或无形的产品的形式体现出来。只有借助于人和其他各种生产要素条件,信息资源才能发挥其作为资源的作用,实现其价值,否则,它只能是没有意义和价值的一些符号或信号而已。信息资源的相对独立性是指信息资源尽管是经由部分信息和信息资源的开发者的工作产生出来的,但信息资源产生之后,只要其生产者或控制者愿意,就可以以各种载体和传播方式进行相对独立于该信息资源控制者的信息资源的自运转,使得该信息资源被广泛的范围和领域的信息接收者所获得和使用。信息资源的这种相对独立性使得信息资源作为一种商品进行交易成为可能。其产生之后就成为独立于生产者并借助于特定的载体形式存在的相对独立物。

10.2.3 智力资源

智力资源主要是指以质量形式存在的资源,主要包括科技资源、知识资源和教育资源等三大类。

1) 科技资源

科技资源是指以科学技术为形态的资源,其在生产过程中的作用,综合了自然的物质和人的智慧的力量,是用于创造社会财富的各种现实科技和潜在科技。现代科学技术已经成为推动生产力发展的第一要素资源。科技作为资源被投入到生产过程之后,会使生产力以及生产结果发生根本性的变化。农业社会时期的生产中便已经有技术发生并发挥着作用,但是,现代科学技术是在工业社会时期才发生和发展起来的。科学技术成为资源需要一系列条件,主要有:科学技术本身已经获得长足进步,并形成一个相对独立的部门,有专门的机构和人员来从事科学技术的研究与创造,并把它转化为社会生产力;科学技术成果具有了独立的形态,可以从生产中剥离出来,并且成为一种独立的社会财富;科学技术成果能够作为商品提供到市场上进行交换,获得同其他资源形态一样的商品属性和功能。

2) 知识资源

知识成为资源是社会发展和科技进步的必然结果。在当代,知识不仅可以为经济活动提供智慧和能力,而且其本身也已成为加工成知识产品的对象。知识对经济的支撑作用是多方面的。知识资源的开发与利用是一个地区经济发达程度的重要标志,同时,它也构成了地区经济发展的基本环境要素之一,伴随知识经济时代的到来,知识资源的价值会更加突出地显现出来。

3) 教育资源

教育资源是指为教育提供的人力、物力、财力资源的总称。教育资源是为社会提供各类各级不同文化素质的人力资源的基础，可分为必备资源和理想资源。必备资源是不论提供可能性如何，只要办某一类某一级教育就必不可少、不可再低的资源提供。理想资源是随着一个国家、地区的经济、财力条件的变化而更好些、更理想些的资源提供。理想资源应该有个最佳界限，否则会造成资源浪费，不仅在经济上是损失，对后一代的培养、教育也是不利的。

10.2.4 资本资源

资本资源是"自然资源与人力资源相结合的产物，它是自然资源通过人类劳动、加工走向最终人类需求的手段和桥梁"[①]。就资本资源的功能而言，它克服了自然资源的物质性所造成的局限，而获得了换取任何生产要素的广泛功能。当商品市场获得大发展，大量包括自然资源在内的资源被投放到市场之后，以货币形态存在的资本即货币资本，便可以从市场上购买到生产所需要的一切生产要素，包括原材料、能源和劳动力，这时资本本身也成为资源形态之一了。各种自然资源以及资本、人才、科技等，都被吸纳到市场上来，都获得了共同的性质，即生产要素。资本资源的形成所要求的条件是：市场高度发达，资源被投放到市场上来，资本能够从市场上购买到生产所需要的生产要素。从市场交换角度看，资源出售者所拥有的资源，同资本拥有者的资本一样，都是资本，都是资本的具体形态，到市场上来都是为了购买生产所需要的生产要素。正是由于这一点上，各种具体的自然资源品类，连同人才、科技以及资本等，都获得了统一的资源形态，都属于资源范畴。尽管有不少研究使用了资本资源这个术语，但是，在不少情况下，在使用资本资源的研究中，都扩大了资源的含义，通常把资源看作可以使用的生产投入，而资本也是生产投入的一种，因此资本资源严格意义上来说是资本投入而非资源。

10.3 社会资源与自然资源的相互关系

无论是社会资源还是自然资源，都能在生产中发挥作用，任何一项生产都与资源分配有关，是各项资源组合在一起发挥作用的过程，即是资源组合应用的过程。尽管各项资源的功能不同，但各项资源之间相互作用和相互影响，并在一定程度上具有可替代性。

10.3.1 相互制约

对于人类社会而言，无论是社会资源还是自然资源，都是通过资源使用来满足人的需要的，但是，自然资源的开发利用要受到社会资源条件的限制，社会资源的培育与利用也会受到自然资源的制约。从自然资源的开发利用来看，对自然资源的认识是一个渐进的过程。在人类社会的发展历程中，有关自然资源的知识是不断积累起来的，自然资源的种类、作用

[①] 史忠良，肖四如. 中国经济资源配置的理论与实践[M]. 北京：中国财政经济出版社，1998：9

以及数量都是随着科学技术的发展逐步提高的。以石油为例,人类社会最初甚至不知道石油资源的存在,早期对于石油的利用仅限于燃料用途,随着知识的发展与积累,石油才成为许多化工产品的原料;石油作为一种资源,不仅对其有用性的认识受到科学技术的制约,对储量的判断也受到科学技术的制约。人力资源在社会活动中居于主体地位,能够推动自然资源开发,主动适应自然资源特征。人的自我调控机能使之在从事生产活动时,能根据外部的可能性及自身条件、愿望,有目的地进行,并根据这一方向具体的选择、运用自然资源。人力资源的数量和质量,决定了它开发利用自然资源的能力。另一方面,自然资源的数量和质量,特别是已形成社会能力的那部分自然资源,限制了人力资源的数量和结构。在农业生产落后的原始社会,有限的资源只能维系少数人口的生存,随着社会发展进步,自然资源不断被开发利用,人口也随之增加,人力资源素质不断提高。但一旦人力资源超过自然资源所能承受的范围,便会出现自然资源危机或引发各种自然灾害,直到人力资源数量减至一定范围内。所以,社会资源作用的发挥也不能离开自然资源,不能离开物质的、有形的资源形态。因此,人口与自然资源之间的矛盾,经济建设与资源环境之间的矛盾,归根结底,要依靠自然资源与社会资源的优化组合求得解决。

概括来说,社会资源对于自然资源利用的制约作用主要体现在这几个方面:一是对自然资源发现的制约,无论是发现自然界有用的资源,还是测量已经发现资源的数量,都要依赖社会资源的支持;二是对自然资源利用手段和方式的制约,对自然资源的利用手段和方式本质上是一种知识,而知识的生产则需要利用社会资源;三是对自然资源利用效率的制约,和对自然资源利用手段一样,不同的利用技术会导致利用效率的差异。

从社会资源来看,尽管社会资源本身具有其特殊的发展规律,但是,社会资源的培育和利用也要受到自然资源的制约,社会资源是与人联系在一起的资源,没有人就不存在社会资源;而人的生存与发展是离不开自然资源的,离开了自然资源,社会资源也就成了无源之本,没有自然资源就不存在社会资源,另外。自然资源状况还可能直接影响到社会资源的形成和发展,自然资源是社会资源的基础,也是社会资源的最终来源,一切社会资源都是在自然资源基础上形成的。

10.3.2 相互替代

尽管自然资源与社会资源之间存在相互制约的关系,但是,在一定程度上,自然资源与社会资源又可以相互替代。无论在单个生产层面上,还是在一个地区的生产和发展层面上来看,自然资源与社会资源之间在不同程度都可以相互替代。当然,在大多数情况下,自然资源和社会资源之间并不能完全替代。从单个生产的角度来看,土地、资本和劳动被看作是几个基本的要素,在生产中,土地、资本和劳动之间在一定程度上可以相互替代,即在一定的生产目标下,土地、资本和劳动三者之间可以有不同的组合。从生产企业的层次来看,自然资源与社会资源之间也具有一定程度的替代性,如果对世界500强作一番考察的话,就会发现这样的事实:排在前列或者发展势头最猛的一些大公司,有不少企业依靠知识创新力、品牌等新型的无形资源开拓出广阔的发展空间;最为典型的是美国微软公司,它的资产可谓"富可敌国",可它依赖的却是知识和高科技。从产业层次来看,自然资源与社会资源之间也存在替代关系。例如,在农业领域,水资源和土地资源是很稀缺的,而最明显的趋势是资本代替愈来愈稀缺的水资源。在中国北方,农业发展的最大制约因素是水资源稀缺。自20世纪60年代以来,中国加大资本投入,农田建设以兴修远距离的防渗渠道、安装地下水井灌溉系统和营造条田防护林为中心,大大促进了对水资源的有效配给和控制,并使单位面积耗水系数降低,提高了可用量。在土地资源利用方面,我国长期采用劳动替代和资本替代方式,密集的劳动投入和资本投入大大提高了单位面积产量,使生产同等的粮食耗费更少的土地,这是人力资源和资本投入替代土地资源的成功例子。就一个地区而言,一个地区的发展不仅需要自然资源,还需要社会资源,在不少情况下,社会资源能够弥补自然资源的缺口,并打破资源缺乏的限制。在这方面已经有不少的例子,如近20年来以深圳、珠海、厦门等地区为代表率先发展起来的特区和近10多年以迅猛态势向现代化国际大都市大步迈进的上海市,以及整个东南沿海地区,历来都被认为是自然资源,特别是那些可作为原材料的地下资源贫乏或相对贫乏的地方。根据国家统计局《"双三角洲"统计数据(2008)》(http://www.stats.gov.cn/tjsj/qtsj/ssjztjsj/2008/)的数据,约占全国土地面积0.55%的珠江三角洲,1978—2007年的30年间,区域内各地区国内生产总值迅猛增长,其中按照1978年可比价格计算的地区生产总值指数最大的是783倍、最小的是38倍;到2007年珠江三角洲GDP约占全国GDP总量的10%,人口约占全国总人口的3.4%。长江三角洲也有类似表现,按照1978年可比价格计算的地区生产总值指数最大的是67倍、最小的是17倍;到2007年长江三角洲GDP约占全国GDP总量的19%,人口约占全国总人口的7.4。就长江三角洲和珠江三角洲这两个地区而言,至少目前已经探明的矿藏一类的自然资源是相当缺乏的。而一些一直被认为是自然资源丰富的内陆地区,如那些传统的煤、铁、有色金属等矿藏丰富并在此基础上建立起资源开发和加工工业的地方和城市,虽然较自己的过去有相当进步,却大多不在20年来国内发展最快的地区之列。从世界范围来看,存在同样的现象。如日本自然资源比较缺乏,所需原材料和能源大多需要进口,在30种原料及能源中,绝大多数对外依赖程度都在70%以上,可是即使如此,日本却在战后实现了快速发展,成为世界经济大国。近年来获得高速发展,为世界所瞩目的美国高科技产业区硅谷,也没有丰厚的传统意义上的自然资源,而仅依靠着知识和科技便获得了急剧的发展。

可以看出,在经济发展过程中,社会资源,尤其是技术对自然资源具有很强的替代作用。社会资源对于自然资源的替代作用通过以下几个方面来实现:

(1) 社会资源有助于发现新的自然资源储量。发现新的储量无疑是缓解自然资源稀缺的重要途径。新储量的发现可以缓解自然资源对社会经济发展的制约,进而推动经济社会发展。社会资源对于发现新的资源储量的影响最合适不过的例子就是石油和煤炭了。1874年,美国费城的地质学家曾预言,美国的石油储量只能满足美国4年的煤油需求;1920年,美国地质调查报告指出石油的可开采量不超过70亿桶,并将在1934年最终耗竭;到了1934年,已证实的石油储量已增至120亿桶;而到了20世纪60年代中期,每年就生产35亿桶。世界的石油储量也从1947年的94.8亿t增加到1972年的913.8亿t,耗竭年限也从22年提高到35年[①]。实践证明,石油储量的增加,很大程度上是技术进步,尤其是石油勘探技术进步的结果。对所有再生和非再生资源来讲,技术进步大大提高了新储量发现的效率。

---

① 曲福田.资源经济学[M].北京:中国农业出版社.2001:33—37

(2) 社会资源的发展可以带动自然资源利用效率的提高。科技资源进步在缓解资源稀缺中最显著的作用是促进了低品位资源的利用、资源的重复（循环）利用和资源共生成分的综合利用，从而大大提高了资源的利用率。技术的进步对于自然资源利用的影响不仅在于探明新的储量，而且使得愈来愈多原先看来开采利用经济上不可行的低品位资源得到了开发利用，这使得在储量不变的前提下，自然资源有效利用比重也得到提高。而由于资源利用技术或生产工艺的改进使

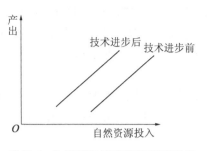

图10.1 技术资源对自然资源的替代效果

得单位产品产量或产值的资源消耗量降低，资源利用率提高，也意味着储量的相对扩大。如通过复杂技术及生物技术的改进，使农产品单位面积产量提高，也相对节约了土地，缓解了人地之间的矛盾。另外，资源的重复利用，尤其是废物的资源化利用技术的进步，使许多废物的商品，如废纸、金属制品、玻璃等能被回收重复利用，大大减轻了对生产这些商品所依赖的资源的需求，使这些资源稀缺的状况得以缓解。技术的变化导致资源产出率提高，因而同量的自然资源经生产过程后可以产出更多的社会产品和提供更多的服务，或者相同产出所需要的自然资源投入减少（见图10.1）。

(3) 社会资源的发展可以促进具有相近功能自然资源之间的替代使用。资源的多用性使得资源之间存在着相互替代的现象，知识积累和技术变革促使生产过程中不稀缺的资源替代较为稀缺的资源。例如，使用石油替代煤炭，使用钢铁代替木头等等。

(4) 社会资源可以推动自然资源利用和生产规模的扩大，实现资源利用的规模经济。所谓规模经济(Scale Economy)是技术变化所产生的一种非平衡态，部分地是由于要素价格变动诱导技术变化而表现出较大经营单位更为经济的效果，主要是由于技术进步改变了资源组合的比例，使产品平均成本下降。实现规模经济是一个渐进的过程，但人们总可以把握技术进步的阶段性特征去找到最合适的规模经营水平。平均成本的下降、规模经济的取得意味着同样规模的产品生产会消耗更少的资源，从而有助于缓解资源的稀缺状况。

(5) 除了技术之外，社会科学知识的发展能提高资源的利用效率，对于制度安排认识的进步以及其他社会科学的发展能够提高自然资源的利用效率，有效的制度安排和价格政策也能替代自然资源。任何资源配置活动都是在既定制度安排和经济政策下进行的，资源配置效率的高低无疑是制度和经济政策的结果。所以改革或调整有关的制度和制定有效的经济政策，是提高自然资源利用效率，缓解资源稀缺的又一重要途径。其中，资源的产权制度、企业的组织制度和资源的价格政策对资源的利用效率作用很大。模糊无效的产权关系使资源具有某种程度的共享性，使这种资源往往得不到有效开发而大量地被浪费，更使许多再生资源失去再生能力而灭绝；落后企业组织缺乏规模经济，制约着资源利用效率的提高，这些无疑都增加了资源稀缺的程度。这也表明我们可以通过制度上的安排，如建立有效的资源产权关系和现代企业组织制度来约束人们对资源的开发速度或利用强度以及努力实现资源利用的规模经济，从而缓解资源的耗竭和由此造成的进一步稀缺。有效的价格政策可以很好地发挥在资源配置方面的作用，促使资源的节约，以便更有效地对其加以利用。过高的资源价格当然会限制对其需求，最终制约经济的发展。相反，太低的资源价格就会形成虚假的"边拓经济"状态，出现资源替代劳动和资本的逆向变化；会造成不珍惜自然资源、浪费资

源的状况,加剧对资源的过高需求和由此加剧的资源稀缺。例如中国长期土地的无偿使用所造成的土地大量被占用和浪费,目前水资源无价或低价所造成的大面积缺水和越来越多城市的水荒都说明了这一点。因而,合理的价格政策是激励自然资源替代的又一重要途径。

为了说明社会资源与自然资源的替代原理,这里用一个简单的生产模型:有一个生产部门 M,有两种资源(社会资源与自然资源)作为生产投入品,用符号 S 和 P 表示。生产部门的产量与投入的资源数量相关,可以写成:

$$M = f(S, P)$$

这就是生产函数。式中 M 表示该生产部门的产量,S、P 是社会资源与自然资源的投入量。我们可以得出该不同生产技术条件下的等产量线图(见图10.2)。曲线上的每一点反映了资源投入的结构,同一曲线上不同点表示实现同一产出量的不同资源投入结构,因此曲线实际反映了由生产函数决定的资源替代关系。例如,以 M_3 为目标产出,为实现这一产出目标,可以使用 P_1 单位的自然资源和 S_1 单位的社会资源自然资源投入,也可以使用 P_2 单位的自然资源和 S_2 单位的社会资源自然资源投入,这两个组合的产出效果是一样的。

图10.2反映的是自然资源与社会资源之间相互替代的情况。然而,与自然资源投入不同的是,社会资源投入在不少情况下难以测量的,另外有些社会资源的作用具有时间滞后性,这就使得要度量社会资源的作用更为困难,因此,图10.2中自然资源与社会资源之间的替代情况是比较少见。因为要准确测量社会资源投入是很困难的,因此,要准确的表达自然资源和社会资源的替代程度就更为困难的。

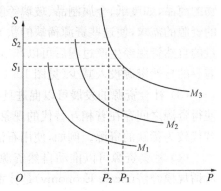

图10.2　自然资源与社会资源的替代关系

10.3.3　相互依存

除了前面提到的相互制约和在一定程度范围具有相互替代作用之外,自然资源与社会资源两者之间还是相互依存的。就社会资源而言,社会资源的形成离不开自然资源,如果把社会资源形成过程看作一个社会资源的生产过程的话,社会资源的生产函数中必然包括自然资源投入,自然资源是社会资源形成过程中不可缺少的投入之一。尽管有些社会资源的形成过程与自然资源没有之间的联系,但是,由于社会资源的形成离不开人的因素,因此,即使没有直接联系,自然资源对于社会资源的形成也具有间接作用。离开了自然资源,社会资源就不可能形成。

对于自然资源而言,社会资源对于自然资源的形成也是有影响,特别是对于可再生的自然资源而言,这类资源的再生过程经常受到人类活动的影响。有关自然资源再生过程的认识以及干扰手段对于可再生自然资源无疑具有重要影响。有不少可再生自然资源其再生过程受到环境的影响,合适的环境是可再生自然资源再生过程的重要保障,而这些环境条件的保证离不开社会资源的运用。因此,对于某些自然资源而言,其形成过程也是包含社会资源投入的一个过程,而不是与社会资源相互孤立的过程。

10.4 社会资源与自然资源的优化配置

在资源配置方面,经常会有资源瓶颈的问题。所谓资源瓶颈或瓶颈资源,是指一个国家或地区中数量相对较少或质量相对较低,已经制约着整个地区社会经济的整体发展,或对其他资源功能的发挥构成了一定约束的资源。因此,资源瓶颈有三种表现,一是因某种资源数量较少,不能从量上满足社会经济发展的需要;二是因某种资源虽数量较多,但质量较低而对社会经济的发展形成约束。三是某些资源数量和质量两个方面都离经济发展的要求很远,这时它对社会经济的制约作用表现就更加明显。现实中由于某些资源瓶颈的存在,会造成两种结果,一是由于缺乏某种资源使得某项产业不能得到发展。如果某个产业或产品的生产必须以某种资源为基本原料或生产条件,但由于本身不具备这种资源,同时从外界又不能获取这种资源,此时这种资源就必然成为该地区制约相关产业发展的瓶颈。人们熟知的水资源是农业发展的必要条件,但若某地区水资源短缺,必然会影响该地区农业发展。二是由于缺乏某种资源而使得其他资源形态的功能不能得到发挥。因为资源具有整体性,各种资源的功能一般是结合在一起共同使用时才能发挥出来,每一种资源功能都必须在其他资源为其创造的适宜条件下实现,若某些资源不足或质量低下,就会限制其他所有资源功能的实现。

经常可以观察到经济发展重心与自然资源赋存重心存在显著错位的现象。国际学术界已经长期关注自然资源优势地区往往经济落后的问题,代表性的观点如"资源诅咒论"、"富饶的贫困"等。"资源诅咒论"的经典模型是由 W. M. Corden 和 J. Peter Neary 在 1982 年给出的[①]。两位作者将一国的经济分为三个部门,即可贸易的制造业部门、可贸易的资源出口部门和不可贸易的部门(主要是一国内部的建筑业零售贸易和服务业部门)。假设该国经济起初处于充分就业状态,如果突然发现了某种自然资源或者自然资源的价格意外上涨将导致两方面的后果:一是劳动和资本转向资源出口部门,则可贸易的制造业部门现在不得不花费更大的代价来吸引劳动力,制造业劳动力成本上升首先打击制造业的竞争力。另一方面,由于出口自然资源带来外汇收入的增加使得本币升值,再次打击了制造业的出口竞争力,这被称为资源转移效应。在资源转移效应的影响下,制造业和服务业同时衰落下去。因此持"资源诅咒论"观点的人认为,那些从初级品出口或是自然资源的横财中发达的国家或地区,限制了工业化的过程。发生资源诅咒的原因是,相关国家或地区身价上升是得益于他们对石油、黄金、天然气、钻石或是一些其他的自然资源的发现,这使这些国家或地区的出口产品变得毫无竞争力,而且他们的进口产品变得很便宜。他们的居民拥有大量现金,并且疯狂进口产品,使得他们自己的国家的工业部门逐渐萎缩,从而限制了工业化进程。造成"富饶的贫困"的原因是多样的。如随着科学技术的迅猛发展,传统的自然资源作为一种硬要素,其在经济发展中的作用正在逐步下降,而资金、观念、人才、技术、管理和营销经验等软要素的作用则越来越显得十分重要。对经济优势较差的地区来说,他们所拥有的恰恰是一种硬要素,缺乏的却是一种软要素。这是导致"富饶的贫困"的最重要的原因。

---

① Corden W M, Neary J P. Booming Sector and De-Industrialisation in a Small Open Economy. The Economic Journal. 1982,92(368): 825—848

当人类社会已进入21世纪的今天,影响一个国家或地区社会经济发展的最主要的决定性因素,已经不再是传统意义上的自然资源,而主要是能够代表未来知识经济发展趋势的社会资源。因此,目前各个国家尤其是发展中国家所面临的最大障碍,并不是缺少某些自然资源,而是缺少人才、科技、知识等资源,这些国家只有消除人才、科技等社会资源的约束,才能真正在未来激烈的国际竞争中立于不败之地。以科技资源为例,目前发达国家以及世界经济的快速发展,主要就是因为科技因素的发展消除或弥补了一些自然资源、资本资源的不足。电子计算机的诞生和应用,航天技术的大发展与空间资源的开发,生物技术、新材料技术和核技术的重大突破和飞速发展,是从20世纪50年代初期开始的世界经济持续几十年增长的重要条件之一。而科技的大发展必然会带动未来经济的进一步跳跃式发展。

自然资源、社会资源构成了当今世界资源的全部形态。自然资源是一种有形的资源,是任何社会生产的物质基础,但随着社会经济实力的增强,社会资源逐渐发展起来,并在社会经济中的作用逐渐增大,使得两种资源的形态的发展关系也发生了根本性的变化。尽管自然资源在社会发展中还具有基础性作用,但是,社会资源在社会发展中的地位越来越突出,任何国家和地区要想获得快速、稳定发展,必须大力培育和发展社会资源,消除资源低度状态,提高社会资源在社会经济活动中的作用程度,以促进其社会经济的迅速发展。这主要需要人们制定一个有利于未来社会资源开发和利用的远景规划,制定相应的政策和法规,积极地创造条件,为社会资源的开发与利用提供一个有利的环境。

很显然,社会资源在社会发展中扮演的角色越来越重要,如何发挥社会资源的作用得到越来越多的关注,忽视社会资源在社会经济发展中的作用将面临系列问题。丰饶的自然资源固然是社会经济发展的优越条件,但是,仅仅依靠自然来实现社会经济的发展也是不现实的,需要将社会资源和自然资源综合考虑,综合自然资源和社会资源的作用,除了要合理利用自然资源之外,更要注重自然资源和社会资源的组合使用问题。

前面的分析说明,一个社会的发展与社会资源和自然资源的配置有很大关系,合理的资源配置是社会发展的重要保障。所谓的资源优化配置就是确定资源投入的最优组合问题。在不同层次,资源的优化配置具有不同含义。对于生产而言,资源利用的目的是为了实现产量最大化或者利润最大化,无论是为了实现产量最大化还是利润最大化,都可以使用一定的函数形式将生产过程加以表达,由于任何一项生产都需要多种资源的投入并且受到不同程度的约束,因此,通常可以将生产目标及其约束用线性规划或者非线性规划的形式表达。根据生产目标和约束条件可以确定实现目标的最优资源投入组合。在以利润最大化为目标的情况下,在实现最大利润时,各类资源投入边际报酬与边际成本之比相等并且各类资源投入的边际投入等于边际成本。对于一个地区而言,资源利用的目的是为了最大程度的满足人的需要,这同样也可以用线性规划、非线性规划或者多目标规划模型来表达,同样的,根据这些模型取最大值的条件,可以确定各类资源的最优投入量。

自然配置的优化问题就是确定资源投入的最优组合问题,即根据资源利用目标和资源利用的约束条件以及资源投入产出之间的相互关系,确定各类资源的最适投入量;另外,根据利润最大化、产出最大化或者效用最大的资源投入要求,判断资源投入是否为最优状态,如果不是,则需要调整资源投入。在模型中各类参数都确定的情况下,能够比较容易判断出资源配置是否属于最优状态,然而,现实情况并非完全如此。

需要进一步指出的是,自然资源与社会资源的优化配置,也需要考虑从自然资源的整体性加以考虑,过度地考虑单一资源往往会影响自然资源与社会资源的优化配置。如在当前中国沿海发展战略实施中,过度地看重了土地价值,而对湿地保护等的重视不够,可能对沿海地区生态系统平衡产生显性或隐性影响。同时,经济社会发展战略也需要考虑与自然资源可持续利用的"同步"或支撑性。例如,当前世界各国领导人在G20峰会上所追求的长期的、成指数的、由消费带动的经济增长的战略,预测世界经济到2030年在现有基础上能够增加一倍的规模,但这对经济、环境、社会和政治的不可持续性的影响,将引发环境崩溃、社会不稳定、两极分化、治安问题和社会冲突[①]。因此,自然资源与社会资源的优化配置,需要纳入更加长期的发展战略中加以考虑与平衡。

主 要 参 考 文 献

[1] Corden W M, Neary J P. Booming Sector and De-Industrialisation in a Small Open Economy[J]. The Economic Journal. 1982,92(368):825—848
[2] 包浩生,彭补拙.自然资源学导论[M].南京:江苏教育出版社,1999
[3] 邓建伟.论地位获得研究[J].宁夏党校学报,2001,3(6):57—60
[4] 封志明.资源科学导论[M].北京:科学出版社,2004
[5] 黄贤金.资源经济学[M].南京:南京大学出版社,2010
[6] 刘成武,黄利民,等.资源科学概论[M].北京:科学出版社,2004
[7] 刘成武,杨志荣,方中权,等.自然资源概论[M].北京:科学出版社,1999
[8] 曲福田.资源经济学[M].北京:中国农业出版社,2001
[9] 王子平,冯百侠,徐静珍.资源论[M].石家庄:河北科学技术出版社,2001
[10] 史忠良,肖四如.中国经济资源配置的理论与实践[M].北京:中国财政经济出版社,1998
[11] 《中国资源科学百科全书》编辑委员会.中国资源科学百科全书[M].北京:中国大百科全书出版社,2000
[12] 彭补拙,濮励杰,黄贤金,等.资源学导论[M].南京:东南大学出版社,2007 年

---

① Martin Lees. Changing the Trajectory of Growth in China and the World to meet the Challenges of the 21st Century. In Proceedings of Top International Thiink-tank Symposium for Jiangsu, 2013-12-30

11 循环经济及其发展模式

循环经济以"减量化(Reducing)、再使用(Reusing)、再循环(Recycling)"为基本准则,通过努力构建资源环境要素利用的闭环系统实现资源高效利用及污染减排,以减少经济社会发展的资源环境压力。2012年召开的十八大提出通过"绿色发展、循环发展、低碳发展"方式推进生态文明建设,更加突出了循环发展的重要现实意义。因此,循环经济发展方式是实现资源可持续利用的重要模式。本章将着重介绍循环经济的内涵、特征、发展及其模式类型。

11.1 循环经济及其特征

11.1.1 循环经济的内涵

循环经济是与传统线型经济相对的一种经济模式,资源的循环流动是循环经济区别于资源单向流动的传统线型经济模式的关键特征。为了形象区分线型经济和循环经济,人们分别用牧童经济和宇宙飞船经济来描述这两种经济模式。将现有的对自然界进行掠夺、破坏式的经济模式称为牧童经济,如同在草原放牧的牧童,只管放牧而不顾草原的破坏;而将通过完善的循环系统来满足人类的一切物质需要的经济模式称为宇宙飞船经济,如同浩森星空的宇宙飞船一样,只有通过能源利用系统的不断循环转化来维持飞船里的生命。线型经济模式与循环经济模式最大的区别在于资源流动形式不同。通过再利用设计和再循环设计,循环经济将线型经济模式中单向联接的过程联系起来,形成过程之间相互连接的闭路系统,两者在物质流动形式方面的差别可以用图 11.1 和图 11.2(Callan S J, Thomas J M, 2006)来表示。

在传统线型经济模式中,资源以单向和直线形式流动,即"资源→产品→废弃物"的物质能量运动方式。在循环经济模式中,通过资源回收、资源化以及再利用等,将传统线型经济模式中资源流动链条的首尾两端连接起来形成资源闭环流动系统,即在循环经济模式中,资源运动方式是"资源→产品→再生资源"的形式。线型经济模式由于采用单程方式利用资源,因此,资源利用后不可避免产生废弃物,而对于废弃物的处置方式采用"末端治理"的思维,循环经济学则突破"末端治理"惯性思维的限制,将线型经济模式中的废物和资源联系起来。对废弃物的概念给予新的理解和定义,认为在循环经济的世界里是没有废弃物,只有放错了地方的资源[①]。某一生产过程所产生的废料和废能对于别的生产过程而言可能是资源,要将所谓的废弃物(能)转变成资源,可以通过产业链的重新组合实现资源多次利用,进而实现变废为宝和低排放甚至零排放。与传统经济相比,循环经济通过增加经济系统的反

---

① 丁四保. 从可持续发展到循环经济[EB/OL]. http://www.sznews.com/szsb/20040419/ca892603.htm

馈机制,组成一个"资源——产品——再生资源"的反馈式流程和"低开采——高利用——低排放"的循环利用模式,使经济系统和谐地纳入自然生态系统的物质循环过程中,实现经济活动生态化①。与传统线型经济相比较,循环经济模式的物质能量流动方式以及指导理论有很大区别,两者的比较具体见表11.1(黄贤金,2004)。

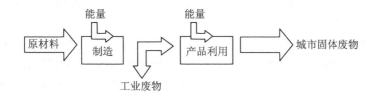

图 11.1 传统线型物质流系统

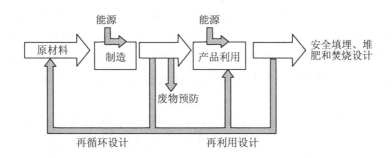

图 11.2 物质流封闭系统

表 11.1 循环经济与线型经济模式的比较

经济增长方式	特 征	物质流动	理论指导
循环经济	对资源的低开采、高利用、污染物的低排放	"资源—产品—再生资源"的物质反复循环流动	生态学规律
线型经济	对资源的高开采、低利用、污染物的高排放	"资源—产品—污染物"的单向流动	机械论规律

"减量化、再使用、再循环"是循环经济模式的三项准则,这三项准则相互联系形成循环经济模式的基本判断准则,每一项原则对于循环经济的成功实施都是必不可少的。减量化或减物质化原则所针对的是输入端,旨在减少进入生产和消费流程的物质和能量流量;再利用或反复利用原则属于过程性方法,目的是延长产品和服务的时间强度,尽可能多次或多种方式地使用物品,避免物品过早地成为垃圾;再循环、资源化或再生利用原则是输出端方式,是要求通过把废弃物再次变成资源以减少最终处理量。资源化有两种途径,一是原级资源化,即将消费者遗弃的废弃物资源化后形成与原来相同的新产品,例如用废纸生产再生纸,废玻璃生产玻璃,废钢生产钢铁等;二是次级资源化,即将废弃物生产成与原来不同类型的

---

① 刘学敏.循环经济挑战现代经济学[J/OE]. http://www.gjmy.com/list.asp? articleid=2078&classid=7

产品。一般原级资源化利用再生资源比例高,而次级资源化利用再生资源比例低[①]。

对于循环经济的含义有不同的理解,大多认为循环经济就是生态经济,其实循环经济不仅涉及按生态学的方式实现资源循环利用,还涉及按资源经济学的要求实现资源建良投入,以实现资源的投入的最有效规模,并涉及实现污染减排,以获得更大的环境容量。因此,其包容了资源经济学、生态经济学、环境经济学的理论与方法,是三者的融合与提升,这与当前资源环境生态问题的复杂性、综合性也是一脉相承的。

相关国家的循环经济发展实践也体现了这一点。例如,德国最初发展循环经济是由于采用传统的填埋方式处理废弃物时占地越来越多、费用越来越高,主要是为了减轻垃圾处理压力和节约资源而走上了针对废弃物的"循环经济"之路,后来才逐步从单纯废弃物处理发展到减少废弃物和处理并举的制度措施[②]。

另外,2009年开始实施的《循环经济促进法》也明确定义了循环经济、减量化、再利用和资源化等。《循环经济促进法》第二条规定"本法所称循环经济,是指在生产、流通和消费等过程中进行的减量化、再利用、资源化活动的总称。本法所称减量化,是指在生产、流通和消费等过程中减少资源消耗和废物产生。本法所称再利用,是指将废物直接作为产品或者经修复、翻新、再制造后继续作为产品使用,或者将废物的全部或者部分作为其他产品的部件予以使用。本法所称资源化,是指将废物直接作为原料进行利用或者对废物进行再生利用。"

综上所述,循环经济就是以资源最小化投入、污染最小化排放和资源循环使用为核心,围绕资源节约、生态友好、环境友好所进行的生产、流通和消费活动。据此,可以认为,低碳经济是循环经济的一种形态,是以碳减排为目标的循环经济,"3R"均是实现低碳排放的重要路径。因此,从理论上来看,循环发展与低碳发展不能相提并论,但为了强调低碳发展在这一阶段的特殊性和重要性,将两者并列,也无可厚非。

11.1.2 循环经济基本特征

在线型经济模式中,资源利用的特征可以以高投入、高消耗、高排放和低效率等几个方面来概括,即在线型经济模式中,资源在流动过程中先后经过开采、生产、消费和废弃几个环节,在经过这几个环节之后,物质就由资源变成了毫无用处的废物,并且由于物质流动形式为单向流动,为维持社会经济系统的运转,需要不断地向其投入资源,否则社会经济系统将无法维持运转。因此,线型经济模型中物质运动遵循大量生产、大量消费和大量废弃的资源利用特征,这样不但增加了资源压力还增加了环境压力。与传统的线型经济模式相比较,可以发现循环经济发展具有以下几个方面的基本特征:

1) 生态环境的弱胁迫性

传统的经济业发展方式对于环境生态的依赖性强,从而一定程度上导致快速的产业发展将加剧资源的消耗、生态的破坏和环境的污染。而循环经济发展方式,将会占用更少的资源及生态、环境要素,从而使得快速的经济发展对于资源、生态、环境要素的压力大大降低。

---

① 曲格平.发展循环经济是21世纪的大趋势[J].机电产品开发与创新,2001(6):10—13
② 王明远."循环经济"概念辨析[J].中国人口资源与环境.2005,15(6):13—18

2) 资源利用的高效率性

随着经济发展规模的不断放大,资源消耗不断加剧,也在一定程度上使得全球经济发展尤其是处于快速工业化时期的国家或地区经济发展开始从资金制约型转为资源制约型。而循环经济的建设与发展,实现了资源的减量化投入、重复性使用,从而大大提高了有限资源的利用效率。

3) 行业行为的高标准性

循环经济要求原料供应、生产流程、企业行为、消费行为等都要符合生态友好、环境友好的要求,从而对于行业行为从原来的单纯的经济标准,转变为经济标准、生态标准、环境标准并重,并通过有效的制度约束,确保行业行为高标准的实现。

4) 产业发展的强持续性

在资源环境生态要素占用成本不断提升的情况下,循环经济产业的发展将更具备竞争优势,同时由于循环经济企业或行业存在技术进步的内在要素,这样就会更有效地推进循环型产业的可持续发展。

5) 经济发展的强带动性

循环型产业的发展对于经济可持续发展具有带动作用,而且产业之间及内部的关联性也将增强,从而推进了产业协作与和谐发展。例如循环型三产的发展,也将对于循环型农业、循环型工业乃至循环型社会的建设与发展产生有效的带动作用,从而提升区域经济竞争力,并有效推进实现区域经济可持续发展战略的全面实现。

6) 产业增长的强集聚性

循环经济的发展,将在一定层次上带来区域产业结构的重组与优化,从而实现资源利用效率高、生态环境胁迫性弱的产业部门的集聚,这将更有效地推进循环经济以及循环型企业的快速、健康发展。

7) 物质能量的闭环流动

循环经济作为一种经济模式,区别于传统线型经济的最大特征是物质流动方式采用了闭环系统。就物质闭环流动而言,可以在单个企业、单个家庭实现,但是,就一定区域或者一个国家而言,整个区域在资源利用形成闭环系统才算得上实现了循环经济模式。当然区域层次物质闭环系统的形成也离不开家庭和企业这样的社会经济细胞对资源循环利用的行为和支持。

11.2 循环经济的提出与发展

人类社会发展需要利用自然资源,但是资源总量是有限的,尤其是可耗竭资源,大量开采导致面临枯竭的危险,这与人类社会可持续发展的愿望相矛盾,因此面对资源枯竭的威胁,必须放弃对地球资源的掠夺利用,实行资源的循环利用。对于资源利用而言,循环经济相当于通过资源循环增加了资源总量、延缓了资源枯竭的过程。

11.2.1 循环经济的提出

1) 传统经济增长方式的代价

自然资源是人类生存和社会发展的必要条件,而良好环境是人类生存质量的保证,但是,在线型经济模式中,大量投入、大量生产和大量排放的后果是自然资源快速枯竭以至资源短缺问题突出,生态环境退化问题严重威胁人类的生命健康。在线型经济模式中,经济增长成为社会经济追求的目标,而 GDP 成为经济增长考核的主要指标。但是,由于 GDP 核算时并没有对自然资源以及环境利用效率给予足够的重视,不断增长的经济并不代表人类社会的发展程度同步提高,以至生态环境破坏反过来威胁人类社会的发展,主要表现是:

(1) 自然资源快速枯竭的压力。由于传统线型经济模式中资源流动是单向的,人类社会与自然资源和环境系统成为两个相对独立的部分,人类社会从自然界获得资源进行产品制造,在产品消费后向自然界排出废弃物。资源进入人类社会经济系统后就意味着一次使用后即成为增加自然界负荷的无用物质。人类社会对于经济增长的衡量也只限于人类社会经济系统而不涉及自然界,因此,人类社会经济系统的发展,尤其是经济增长需要不断从自然界截取自然资源。在自然界,自然资源可以划分为可更新资源和可耗竭资源。对于可更新资源,如果能够将采伐量控制在资源更新速度之内,可更新资源可以源源不断地给人类社会经济系统原料;但是,对于可耗竭资源则是另外一种情况,尽管技术进步可以实现单位产品消耗更少自然资源,但是经济增长终归不能离开这类资源,仍需要不断地从自然界获得这些资源,而自然界中可耗竭资源总量是有限的,取一点少一点。在线型生产模式下,产出与资源投入之间存在正相关关系,经济的加速增长意味着自然界可耗竭资源的加速枯竭。《世界资源报告(1996—1997)》指出:1950—1997 年,全世界制造业与服务业的产值增长了近 5 倍,但与此同时,全球木材使用量增加了 8 倍,纸张消耗增加了 6 倍,化石燃料增加了 5.5 倍[①]。尽管随着科学技术的发展许多矿物探明储量的数字变化提供了些许乐观的依据,但是资源加速耗竭却是一个不争的事实,早在 20 世纪 70 年代就有研究对于线型经济模式所导致的资源问题提出了严厉的警告,例如著名的罗马俱乐部于 1972 年发表的《增长的极限》就明确指出自然界的资源供给与环境容量无法满足外延式经济增长模式。

(2) 环境不断恶化威胁生命健康。建立在线型经济模式基础上单纯追求经济增长的自然消费不仅导致自然资源的加速枯竭,还导致一系列的环境问题。建立在资源单向流动程式基础上的工业经济系统的经济增长不仅意味着人类社会经济系统需要向自然界攫取更多的自然资源,同时还意味着要向自然界排出更多的废物。这些经过生产和生活消费环节的不同种类废弃物以不同于自然资源的物质形态进入自然界,从而改变了自然界的组分并且影响了人类赖以生存的自然环境。由于自然资源经过生产和生活消费环节后其物理、化学性质发生了改变,在一定的限度内自然界对发生物理、化学性质改变后的物质具有"吸收消化"作用,但是,废弃物排放速度往往超过自然界的"吸收消化"能力并且还削弱了自然界的"吸收消化"能力。超过自然界自净能力的废弃物不可避免地改变了人类环境:一是,大量排放的污水使得水环境恶化、水质下降,导致部分原本水量丰富的地区出现"水质型缺水"现象,例如有资料表明我国太湖由于大量工农业和生活业污染的排入导致水质在 20 世纪 80 年代迅速由Ⅱ类水为主下降到全湖平均水质为劣Ⅴ类;20 世纪 80 年代初期至 90 年代初期,太湖平均水体水质由以Ⅱ类水为主下降到以Ⅲ类水为主,20 世纪 90 年代中期至 2006,全湖平均水质恶化为劣Ⅴ类[②];二是,向自然界排放的大量废气导致大气环境恶化,例如向

[①] 席俊杰,吴中,马淑萍. 从传统生产到绿色制造及循环经济[J]. 中国科技论坛,2005(5):95—99
[②] 江苏省人民政府《关于印发江苏省太湖流域水环境综合治理实施方案的通知》(苏政发〔2009〕36 号)[Z]. http://wxphp.com/wxd-924d311fa8114431b90dd842-1.html

空气中排入大量 SO_2 导致酸雨频率不断提高,向大气中排放的氯化物导致臭氧层破坏等等,另外,以化石能源消耗为主的现代能源消费体系不仅导致能源枯竭等问题,大量排放的二氧化碳也导致了大量的资源和环境问题,为应对二氧化碳大量排放导致的问题,联合国环境署和世界气象组织于 1988 年联合成立了 IPCC(The Intergovernmental Panel on Climate Change)这一专门机构;三是,向自然界排放的大量废弃物质改变了土壤性状,导致土壤重金属污染等问题。环境恶化给人类生产和生活带来了系列不良影响,损害了人类的生命健康,例如 20 世纪 60 年代到 70 年代发生在日本的"四大公害事件"都是因为污染导致环境恶化进而严重危害居民身体健康的,这四大公害事件既有大气污染所致、也有水污染所致(魏全平,童适平,2006)。

(3) 生态退化严重。人类社会经济系统从自然界攫取的资源主要可以划分为可再生资源和可耗竭资源。可耗竭资源主要是矿产资源,包括能源和金属矿物等,在开采这些资源的时候,不仅从自然界取走了这些对人类有用的资源,而且还留下了对人类而言暂时没有用处的物质,而这些物质通常为前者的数倍。遗留在自然界的这些物质成为生态包袱,对生态系统造成破坏。例如,有研究计算了一个 10 克重的金戒指需要投入的物质重量为 3.5 吨(陶在朴,2003)。在利用可更新资源,尤其是可再生资源时,由于资源产权界定的困难以及制度障碍等原因使得对可再生资源的利用往往超过其再生能力。对可再生资源的过度利用不仅威胁到资源本身,而且破坏了生态系统平衡,导致生态系统无法通过自我更新恢复到系统持续存在所需要的状态和水平。另外,人类社会的生产和生活产生大量废弃物,自然界则成了这些废弃的天然容器。这些废弃物进入自然界后,改变了自然界生物的生存环境,导致生物多样性丧失。生态退化对人类的食物来源造成了威胁,对生存环境造成了破坏。

总之,人类社会对自然资源的开采和攫取使得人类社会的物质存量不断增加,但是,人类社会也为此付出了沉重的代价,危害了人类社会可持续发展的物质基础,并且在一定程度上直接危害了人类本身,因此,建立在资源线型单程流动基础上经济体系并不能保证社会经济的可持续发展,甚至经济的持续增长也难以保证。

2) 循环经济理论的提出与形成

资源环境问题迫使人类社会重新审视建立在资源单向流动思维逻辑基础上的线型经济模式,反思按照线型经济模式要求组织的生产工艺和建立起来的消费习惯。如同前面分析的那样,线型经济模式使得人类社会不可避免要过早面对资源短缺乃至资源枯竭问题,同时还不可避免的要承担环境破坏所带来的恶果。

在人类社会发展史上,最初认为资源是没有限制的,技术的发展可以突破资源开采苦难导致的资源限制问题,但是人类很快认识到这一观念的错误性,观察到人口增长和资源供给之间的矛盾,对此,人口学家马尔萨斯就从人口与资源的关系角度指出线型经济系统所面临的资源危机。然而,技术的发展使得人类需求的满足可以由不同资源来实现,资源功用的可替代性在一定程度上分散了人类对于资源危机的担忧。工业革命使得人类技术进步加快,技术进步增强了人类控制自然的能力,加快了自然资源由自然界向人类社会系统的转移,但是人类社会在发展生产技术的同时并没有在资源循环利用以及污染预防技术方面投入努力,结果导致人类社会面临严重的环境问题。

人类对资源循环利用具有较长的历史,但是循环经济的提出则是近几十年的事情。无论从实践还是从理论来看,循环经济的发展都经过了几个不同的阶段。从循环经济的实践来看，尽管各个国家在循环经济的实践方面步调不同，但是，到目前为止，循环经济的发展基本上经历了以下几个阶段：

(1) 废弃物回收利用阶段

在这个阶段主要是由于生产生活产生大量的废弃物，随着废弃物，尤其是固体废弃物大量增加，导致废弃物处置问题越来越突出。废弃物急速增加一方面面临填埋场地不足的问题，另一方面面临着废弃物处理费用急增问题。这两方面的问题使得废弃物尤其是城市固体废弃物的处理变得越来越困难。因此，为了减轻废弃物处理的困难，城市政府开始尝试废弃物的回收利用。因此，有人将这一阶段的循环经济戏称为"垃圾经济"。当然，"垃圾经济"的发展不仅减轻了废弃物处置压力，而且催生了资源回收行业，促进了资源再生行业的发展。

(2) 废弃物/污染防治阶段

由于工业发展尤其是化工产业的发展，不仅带来了大量的固体废弃物，而且产生了大量污染气体和污水。这些污染物进入大气和水体严重危害了人的生存环境，威胁了人类生命健康。因此，为了减少污染排放，清洁生产的要求逐渐被社会确立。但是起初的清洁生产也只是从生产末端考虑污染减少问题，到后来才从生产环节内部角度考虑污染预防，通过工业过程的改进来减少污染，减少废弃物的产生。

(3) 生态工业阶段

随着实践的发展，人们越来越认识到按照生态学的原理来改造生产是有必要的。因此，工业生态学应运而生，在工业生态学的指导下，仿照生态系统组织生产的活动陆续开展，出现了仿生态系统的生产工厂和工业园区。在这个阶段，开展了单个企业按照工业生态要求组织生产提高资源效率的实践，也从工业园区的层次开展了可生态工业园的实践活动，尝试在企业之间建立资源的循环利用。

(4) 延伸生产者责任阶段

由于割裂生产和消费的污染预防措施并不能达到预期效果，而局限于生产领域的工业生态也只能提高生产领域的资源效率，因此，随着实践的展开，扩大生产者责任制度逐步确立，生产者的责任不再限于产品制造环节，而是延伸到消费环节，要求生产者不仅在产品设计阶段要考虑产品对环境的影响并尽可能减轻产品的环境冲击，在产品制造阶段要减轻产品制造的环境负荷，而且要求产品生产者对使用后的产品承担回收责任以提高资源效率。

(5) 循环型社会阶段

近年来，工业国家越来越认识到仅仅在产品制造方面实现资源的循环利用还是不够的，资源的回收利用不仅需要加强企业的责任，同时也要提高产品消费者的参与程度，因此，循环经济的实践不仅提倡和要求企业以及企业之间按照资源循环利用的要求进行生产，而且通过立法手段要求个人、家庭和社区参与到资源的循环利用活动。

从理论发展来看，循环经济也经历了不同的几个阶段。一般认为，20 世纪 60 年代美国经济学家鲍尔丁提出的"地球宇宙飞船理论"是循环经济思想的早期代表，也被认为是循环经济思想的萌芽，其大致内容是：地球就如同浩森星空的宇宙飞船，依靠不断消耗自身携带的有限资源生存，如果不能很好的开发利用地球的资源，资源枯竭就会使得地球像宇宙飞船那样毁灭。宇宙飞船理论的贡献在于提供了一种新的资源利用观，与传统的资源利用观的不同之处在于宇宙飞船理论提出了仿效宇宙飞船进行资源循环利用来避免地球的毁灭，而传统的资源利用观念则认为通过资源利用节制来延缓地球这艘飞船的毁灭。

然而,宇宙飞船理论还只是停留在资源利用理念上,而对于究竟如何实现资源的循环利用,通过循环利用来提高资源效率的研究则是在20世纪80年代才逐步展开的。到了20世纪80年代,提出了工业生态学的概念,到20世纪90年代出版了系列工业生态学的著作,标志着工业生态学理论体系的逐步形成,工业生态学要求工业系统不在被当作一个与周围体系孤立的系统,而是要求将工业系统和周围系统联系起来。工业生态学发展出材料循环的观点和理论,认为生态化的工业过程是一个从原料、元件、产品再到组合产品,直至最终处理的环境友好过程(Allenby Braden R,2005)。

工业生态学不仅从理论阐述了资源循环利用的可能性,而且由于工业生态学进行跨越生态学、工程学、经济学以及政策学等多学科的研究,因此,工业生态学在重视理论探索的同时,还重视理论的实践运用,尝试开发出具有实践运用价值的工业生态学方案。工业生态学的主要研究目的是探讨工业与经济体系以及它们与自然体系之间的联系(Allenby Braden R,2005),以便设计出有助于提高资源效率的生产管理以及物系管理手段。在工业生态学的发展中,随着研究的深入,逐步建立了环境设计理论、生命周期评价方法、能值分析方法。在工业生态学理论发展的同时,可持续发展越来越受到人们的重视,工业生态学手段在生产领域的应用被认为是实现可持续发展的一种重要手段。随着对可持续发展理论研究的深化,绿色GDP核算理论和方法、社会代谢理论与方法也得到了快速发展,以社会代谢理论为基础的物质流分析方法也逐步引入到循环经济的研究,与能值分析方法一起成为分析资源效率的两个重要理论方法。

此外工业生态的研究还注重适应生产和服务行业具有强应用性的理论和方法的研究,例如绿色建材、材料综合管理、环境友好服务等理论和方法。另外,用于衡量资源和生态占用的生态足迹理论与方法的发展,也为循环经济研究提供了有力的分析手段,运用生态足迹来考察经济活动资源效率的研究得到了发展。随着工业生态实践的发展,到20世纪90年代末期,循环经济的"3R"原则被研究人员提炼出来,循环经济"3R"准则的确立表明循环经济核心理念的确立。

在进入21世纪后,循环经济的理论研究成果逐渐丰富,循环经济的理论体系逐步建立和完善,越来越多的学者加入到循环经济的研究行列,从工程、技术、经济和法律等不同角度和不同领域开展循环经济的研究,逐步开展了循环经济评价、循环经济规划、循环经济模式设计等方面的理论探讨和实践活动。从不同学科视角出发对循环经济的研究既有融合又各有侧重,研究重点大致可以划分为三个主要方面:一是循环经济的基础理论研究,主要研究循环经济的理论基础、循环经济的基本分析手段和分析方法等;二是循环经济工程技术手段与方法研究,主要从生产组织、产品设计、生产流程设计等几个方面探讨资源循环利用的工程实现方式;三是循环经济政策手段研究和管理理论与方法的研究,即从政策角度,着重从微观经济主体行为分析探讨资源循环利用的政策手段,从宏观措施和微观规制以及经济刺激手段等方面开发循环经济的政策工具,包括循环经济规划理论和方法、循环经济发展政策设计等等,另外,以资源效率为目标的企业材料管理理论和方法甚至对服务行业的管理手段也展开了研究,在环境友好服务方面进行理论和方法的研究。到目前为止,学界和实践部门对循环经济研究投入越来越多的关注,并且在近10年得到广泛关注。通过CNKI文献数据库检索得知,从1988年首次在文献篇名中出现"循环经济"开始,而到2012年累计发表了

16 579篇题目中含有"循环经济"的期刊文献(1988—2000年总共只有21篇期刊文献)。从目前来看,循环经济的理论研究和实践活动在我国成为一个热门领域。在理论研究方面,吸引了大量的研究人员,近几年涌现出大量研究成果;在实践方面,既开展了以单个工厂为主体的资源循环利用实践,也不断尝试从区域层次推进资源的循环利用,而且还得到各级政府的高度重视;在2008年出台的《循环经济促进法》基础上,各级政府积极开展了规范和引导循环经济发展的法律制度和政策措施,在各个层面探讨循环经济的实践模式。

11.2.2 国内外循环经济的实践经验

从国外来看,欧洲国家、日本、美国等都进行了循环经济的实践,各个国家根据实际情况采取了各有特色的循环经济实践活动。经济发达国家在发展循环经济的初期其目的主要是减少社会经济活动的环境冲击,最初的目的在于提高资源消耗的环境效率,通过废物再利用来减少污染排放以及废弃物处置问题。随着实践的发展,循环经济的关注重点逐步从提高环境效率转变到提高资源、环境效率并举,并越来越重视通过经济效益提高的刺激来促进资源循环利用,提高资源效率。经济发达国家已从国家、区域、企业以及社区等层次上开展了循环经济实践,不仅逐步开发出资源循环利用的技术手段,还逐步建立起促进资源循环利用法律制度和政策体系,这些政策制度有效地引导和刺激了微观经济主体从资源的线型利用模式向资源循环利用模式的转变。

1) 国外循环经济发展的主要成效

工业化的发展,加之技术水平以及社会对于环境需求的不断增长,使得发达国家较早地开展了循环经济的实践,并且取得了积极的效应。具体表现在以下几个方面:

(1) 循环经济的制度体系基本形成

不同国家根据各自实际,先后建立了包括法律法规以及经济政策等在内的促进循环经济发展的制度体系。这些制度包含了多种政策工具,将规制、税收以及补贴等多种措施结合起来,形成较为完备的促进循环经济发展的法律法规等制度框架以及制度实施的保障体系。例如,OECD(经济合作发展组织)国家中有不少国家在《扩大生产者责任指南》大纲的基础上形成各具特色的扩大生产者责任制度。有些国家还根据资源利用特征,有针对性地制定了资源循环利用的系列法律。例如,日本制定了《容器包装循环利用法》、《废弃家电循环利用法》、《食品残留物循环利用法》、《建筑残留物循环利用法》、《报废汽车循环利用法》和《改正废弃物处理法》等极具针对性的专门法律,还有《资源有效利用促进法》和《推进循环型社会形成基本法》。为配合这些法律的实施,日本还通过规划和计划的手段,制定了《推进循环型社会形成基本计划》,从而将法律措施和行动目标结合起来[1]。尤其是《促进建立循环型社会基本法》,从法制上确定了日本21世纪经济和社会发展的方向,提出了建立循环型经济和社会的根本原则。在法律体系的推动下,日本致力于建立循环型社会,形成三大资源再生系统子系统,即废物回收系统、废物拆解、利用系统和无害化处理系统,通过这三大子系统实现了循环经济的"3R"原则[2]。同样,在德国、荷兰等国家,循环经济法律法规等制度建设也

---

[1] 王刚,孙延华,李尔彬. 国外循环经济的研究、实践及发展概述[J]. 中国林业经济,2009(5):21—24
[2] 李伟,白梅. 国外循环经济发展的典型模式及启示[J]. 经济纵横,2009(4):80—83

得到充分重视,形成了较为完善的循环经济制度体系。

(2) 资源循环利用系统建设逐步发展

自然资源进入人类社会经济系统后,要实现其循环利用、提高资源效率,需要资源循环利用系统的建设和发展来支撑。若没有资源循环利用系统,资源循环利用的目标最终只能落空。从国外循环经济发展较好的国家来看,这些国家都比较重视资源循环利用系统的建设,建立了较为完善的资源回收和再利用网络体系。目前,在循环经济发展较好国家,大多建立了包括家庭、社区、企业以及政府共同参与的资源回收和循环利用网络,从产品制造开始就要求产品便于回收利用,例如,德国规定如果厂商销售到德国的产品的包装所使用的材料为塑料产品,不论是否使用绿点标志,都必须在外箱上标示回收代码,方便回收分类(王冰冰,2005)。而包括产品使用后回收组织、废弃物资源化组织、资源再利用和再循环组织等在内的资源循环利用网络有效促进了资源的循环利用。资源回收利用网络体系的建设和运行有以政府为主体,也有以企业为主体,例如德国由DSD(双元回收体系)公司建立的绿点系统,专门负责产品包装的回收再利用[1],生产企业在向DSD公司交纳绿点费之后,一次性包装产品可印上绿点标志,DSD公司根据绿点标志对消费者消费后的废弃包装进行回收。此外,不少国家还注意到居民参与资源回收利用的重要性,积极引导居民参与到资源回收利用活动中,因此,为促进资源回收利用,由资源回收企业或者地方政府在社区设立垃圾分类回收系统,方便资源回收。另外,循环经济的发展也催生了资源回收再利用行业,资源回收利用企业得到了很大发展。在发达国家,有不少专门从事资源回收利用的企业,这些企业的建立和发展,成为整个资源回收利用网络系统中重要乃至关键部门,有力地促进了资源的回收和再利用。

(3) 公众资源循环利用意识不断提高

循环经济不仅包括经济和资源环境范畴,而且还包括社会范畴,资源效率的提高,需要企业和居民的广泛参与,而社会的公众参与是资源循环利用的重要推动力。有研究表明,法律法规等制度对于人类行为具有重要的影响,而个人观念和态度同样对于人的行为方式有不可忽视的作用。因此,公众对于资源循环利用态度、理念等对于资源循环利用行为具有重要影响,对于循环经济建设有重要作用。居民团体和组织的主动参与和宣传能够促进政府政策法规的实施,另外家居生活是建立循环型社会的基本细胞,因为家庭产生的垃圾以及消耗的资源占有相当比重(魏全平,童适平,2006)。例如,在循环经济发展较好的日本就非常重视教育对于循环经济的作用,经历了"公害教育"和"环境教育"几个阶段,从而有效地影响了日本国民的环境行为和资源利用行为,促进了循环经济发展。教育的作用在于可以改变公民意识。在德国,循环经济意识已经深入人心,德国企业把发展循环经济作为与自身休戚相关的一个部分,各个企业努力发展循环经济,以循环经济发展业绩作为提高企业声誉的一项重要手段。而德国居民的循环经济意识也很强,为配合资源的回收利用,居民对垃圾分类后再投入分类垃圾箱[2]。日本循环经济法体系中主体责任的区分十分明确。比如,日本规定国家政府主要承担制定环保和再生利用政策和措施的责任;企业在生产、销售全方面承担

---

[1] 赵莹,肖光进. 国外循环经济主要发展模式及启示分析[J]. 中国集体经济,2010(2):196—197

[2] 黄海峰,徐明,陈超,等. 德国发展循环经济的经验及其对我国的启示[J]. 北京工业大学学报(社会科学版),2005,5(2):38—42

责任;公民的责任是抑制废弃物的产生,尽量循环使用,并适当处置废弃物[1],这有助于调动全社会的力量推动循环经济的发展。目前英美等国家还实施了政府与企业之间的自愿性协议,吸引企业直接参与资源利用环境保护制度的制定,发挥企业在循环经济建设中的积极作用;英国环保团体还通过各种方式提高资源环境意识,促进资源环境信息的交流,倡导有利环境保护的资源消费方式[2]。可见,各国有目的的系统性的公民循环经济意识培养与公众参与使得资源循环利用的微观基础得以建立和巩固。

(4) 物质循环利用程度不断提高

主要表现在以下几个方面[3]:① 在国家层面上,美国、德国、日本、英国、荷兰、法国等国家的物质循环利用效率不断提高,这是通过运用物质流分析工具得到了物质流动的初步景象。但在一个国家尺度上,所有循环利用的物质量都没有超过原生物质的15%。以循环经济实践较为提出的日本为例,2000年总物质投入量约为21.3亿t,约1/3以废弃物和二氧化碳的形式排放到环境中,循环利用的只有2.2亿t,即物质循环率仅为10%左右。在其他发达国家,至少一半以上的资源在采掘后不到一年就回到自然界中;② 在物质回收层面上,物质回收率很高。在德国,纸张、玻璃、废轮胎和电池等都达到或接近了100%,但是收集率还有待提高,如德国纸张与纸板的收集率为87%,玻璃为78%,电池为35%,废轮胎为94%;③ 在元素层面上,以循环回用率最高的金属元素来看,元素层次的循环回用率也不够高。以美国为例,2001年金属回收的总体水平达到58%,其中铅的循环率最高,达到65%,铁为60%,最低的为锌和锡,分别为26.3%和27%;④ 在能源利用上,发达国家及地区的能源利用效率在不断提高。能耗的降低不仅有利于实现能源资源的可持续利用,而且对于减少能源利用过程中的外部性污染也具有积极意义。

2) 国外循环经济发展的主要经验

国外循环经济建设的发展离不开法规及相关政策制度的推进,具体表现在:

(1) 法律、规章的制约起着很大的作用。以法律、规定的形式把"减量化、再利用、再循环"的要求和一些具体措施硬性确定下来,使其具有强制性,这种措施的实际效果比较明显。如德国先后颁布了《垃圾处理法》、《避免废弃物产生及废物处理法》、《关于容器包装废弃物的政令》、《循环经济与废弃物管理法》等法律[4]。20世纪80年代的废物处理法就提出了避免废物,减少废物,实现废物利用的要求。德国的循环经济法还要求生产者必须生产出垃圾尽可能少的产品,即耐用、多用途、易修理或方便再利用的产品[5]。这实际上就是把"3R"原则提到了法律的高度,德国循环经济发展的高水平与这种措施是分不开的。1990年1月1日,丹麦强制实施《废弃物处理和回收法》,强制当地政府分类回收玻璃、报纸、餐饮业的有机废弃物,分开收集或作堆肥之用。法国于1993年1月1日实施了《包装法》,其目的在于减少包装废弃物及用填埋方法处理的包装废弃物。1991年10月,日本制定了《再生资源利用促进法》,修订了《废弃物管理法》,为资源回收规定了生产者、消费者、国家与地方公共团体

---

[1] 胡兰玲.国外循环经济立法状况及对我国的启示[J].商业时代,2009(21):64—65
[2] 王爱兰.一些发达国家发展循环经济的经验与启示[J].城市环境与城市生态,2005,18(3):44—46
[3] 石磊.从物质循环论发展循环经济的必要性[J].环境科学动态,2004(1):1—3
[4] 刘祥国.国外循环经济立法的现状、评价与启示[J].兰州学刊,2011(6):204—206
[5] 蔡林.垃圾分类回收是根治垃圾污染和发展循环经济的必由之路[A]//刘青松.循环经济资料新编[C].南京:江苏省环境保护宣传教育中心,2002:199—208

的责任;1993年实施《能源保护和促进回收法》,使97%的啤酒瓶和81%的米酒瓶回收利用;2000年5月日本国会正式通过了《推进循环型社会形成基本法》,该法规定日本政府每年必须就资源利用、废弃物排放及处理、资源的再利用情况,以及政府在推进循环型社会发展过程中所实施的政策、措施等情况向国会提交《白皮书》(王晓东,2010)。再如尼泊尔的生态旅游搞较成功,旅游部门规定:旅游者在进入风景区以前,随身所携带的可丢弃的食品包装必须进行重量核定,若旅游者带回的垃圾少了,就会遭到相应罚款。每个游客只允许携带一个瓶装水或可以再次装水的瓶子;在景点,瓶装水不准许出售,可提供灌水服务[1],以实现景区垃圾的最小化。

(2) 经济上的惩罚、激励和引导措施有很大意义。循环经济在于追求生态效益而不是单纯的企业经济收益,很可能发生企业在回收废物、循环使用方面的花费与经济收益之间的不平衡,事实上许多行业所需资源的开发成本要大大低于循环利用[2]。一般而言,经济上的措施基本上都是与法规相一致的,即对违反法规规定的行为采取一定的经济上的惩罚,以及为促进和保障法规的执行而采取的经济措施,主要包括收费(税)、押金、罚金等方式。循环经济观要求通过税收和行政等手段,限制以不可再生资源为原料的一次性产品生产与消费[3]。如德国结合法律、法规的制定,采用收费、押金等经济手段来促使包装废弃物的减量化。对一次性使用的包装,如对快餐店使用的纸质餐具和自动售货机的饮料容器等使用后扔掉的容器征收容器税;凡使用后不能再回收利用的包装,生产者必须缴给政府处理费用,此费用打入成本,由消费者承担,这样就削弱了商品的竞争能力,从而促使生产者主动改革包装,采用可回收利用的包装。

同时,各国政府纷纷先后制定政府奖励政策、资源回收奖励制度、政府预算支出、政府优先购买等政策以激励政府部门、企业、民众参与到循环经济实践中。比如,日本规定废塑料制品类再生处理设备在使用年度内,除了普通退税外,还按售价的14%进行特别退税。法国采取政府预算支出的方式,成立环境与能源控制署,每年拿出23亿欧元的预算资金,从行政管理、科技投入等方面采取措施,组织和协调政府、企业及公民的关系,促进循环经济建设。美国积极制定政府奖励政策,于1995年设立了"总统绿色化学挑战奖",专门用于支持那些具有基础性和创新性,对工业界有实用价值的化学工艺新方法,以达到减少资源消耗和预防污染的目的[4]。

为了保证消费者把可回收和循环利用包装退回给卖方,"押金-退款"制度被各地作为资源循环利用的激励措施之一[5],,即消费者购买物品的同时要交纳一定的押金,等物品包装退回时,押金再返还(李良园,2000)。丹麦很早就对包装、容器强制实行押金回收制度,并且对于塑料容器、纸杯、纸盘等一次性的饮料容器征税;对在"减量化、再利用、再循环"方面成绩突出的企业、从事废弃物回收及再利用的企业给予税收优惠和奖励等。日本的《推进循环型社会形成基本法》《资源有效利用促进法》《废弃物处理法》等法律对生产者责任延伸制度进行了明确的规定,使企业环保的重点从限制生产阶段的行为控制转向以降低产品整

---

[1] 绿色消费正视五大误区[N].人民日报,2002-9-3
[2] 胡兰玲.国外循环经济立法状况及对我国的启示[J].商业时代,2009(21):64—65
[3] 刘广龙.循环经济模式构建探讨[J].再生资源与循环经济,2012,5(1):19—23
[4] 国焕新,宋长生.国外循环经济实践及对我国的启示[J].学术交流,2009(1):62—65
[5] 毛新雅,燕乃玲.资源大国的可持续经营——加拿大循环经济发展对中国的借鉴[J].生态经济,2008(9):78—81

个生命周期的环境影响为中心上来,改变了传统的先污染后再治理的模式,强调从"末端治理"向"源头控制"转变。因此,日本循环经济相关法律也促进了循环型企业的成功建立(王晓东,2010)。但需要注意的是,在推动循环经济发展过程中,应当大力加强财税收入的扶植,实行有差别的财税政策。根据对环境的危害程度大小规定有差别的税率,以遏制污染排放,促进资源综合利用和循环利用,实现工业废弃物"零排放"[1]。

(3)"3R"原则是实现三产发展中资源最少消耗、环境与经济协调发展的统一的体系,但是在具体操作中又是有顺序的,在生产、经营和服务活动中的各个环节,应当按顺序实践"3R",即要先尽量使在生产物品和提供服务中利用的资源和物品最少,然后对于这部分最少的、必须利用的资源和物品以及生产出的物品,要尽可能多次的使用,经过多次使用后最终实在无法避免而产生的废弃物,应回收处理,尽可能转化为新的资源或物品。同时,在各个环节中都要强调最少的污染产生。此外,要实现资源利用的"减量化、再利用、再循环",必须以一定的政策、法规的制约和激励,以一定的技术支撑为条件。

(4)按循环经济理念与政策,引导产业区规划布局,推进生态关联产业或共生企业的簇群式发展。例如,丹麦的卡伦堡工业园的产业规划与设计中,注重建设面向共生企业的循环经济体系,以发电厂、炼油厂、制药厂和石膏指板厂为中心,通过贸易方式把其他企业废弃物或负产品变为本企业的生产原料,建立工业横生和代谢生态链关系,从而实现热能多级使用,废弃物的资源再利用和水资源的循环利用。日本在积极推进循环型社会建设的过程中,注重将循环经济的理念融入城市规划设计,以解决由于城市规划布局不当而带来的热岛效应[2],主要是通过城市土地利用布局的调整,达到节能效果。特别是东京等大城市,随着地价的不断上升,市中心逐渐被商业价值高的办公楼和商场等商业设施所占据,住宅被迫搬迁到偏远的郊区。这不仅加剧了城市的"热岛现象",而且造成了城市能源利用的不合理。位于市中心的办公楼和商场等商业设施,只在白天营业,晚上的能源消耗很少;而郊外的住宅能耗则集中在晚上,使城市整体的能源消耗不合理,大大降低了发电设备的发电效率。同时,人们从郊区的住宅到市中心的办公地点一般需要1个多小时,造成了交通能源的浪费。通过对住宅和商业设施的合理布局,保证早晚能耗维持平衡,不仅可以提高发电效率,而且可以降低发电设备的投资。目前,东京等大城市正在制定《大城市再生法》,通过改善城市中心的生活环境和降低地价,促进城市中心的住宅建设,实现居住和办公一体化(尾岛俊雄等,1998)。1997年,日本经济产业省与环境省设立了"生态城市制度"(王晓东,2010),目的在于建立和发展符合环保理念,实现自然和经济社会发展和谐相处的循环性城市,引导整个社会的低碳转型。这是循环经济发展的新的阶段和实践。

可以看出,发达国家多从本国国情出发,选择发展循环经济的切入点及发展目标,并由此形成各自的特色和优势产业。如德国从垃圾处理和废弃物回收利用入手,日本则从资源减量化入手。但不论是哪个国家,大都是在面临资源和环境的巨大压力情况下,逐步推行循环经济建设和发展,并且积累了丰富的案例和经验[3]。

3)中国循环经济的实践

在引入循环经济理论之前,我国在资源循环利用方面也有一定的实践活动。20世纪90

---

[1] 胡兰玲.国外循环经济立法状况及对我国的启示[J].商业时代,2009(21):64—65
[2] 李海峰,李江华.日本在循环社会和生态城市建设上的实践[J].自然资源学报,2003,18(2):252—25
[3] 赵丹丹,邵洪涛.国外典型循环经济发展模式借鉴及对辽宁发展循环经济的启示[J].发展研究,2012(11):27—29

年代末,循环经济思想引入中国。我国开始从循环型社会的层次考虑发展循环经济的问题,到目前,我国循环经济发展大致经历了几个阶段:

(1) 废旧物资回收阶段(1993年以前)

20世纪50年代,由于物资短缺,为有效利用有限的资源,我国比较重视废旧物资的回收、再利用工作,并建立了国营或集体所有制的供销社回收网点,废品由废旧物资回收公司的从业人员进行有价回收。市场经济体制改革以来,作为废品回收主渠道的国有废品回收企业,由于经济体制和组织管理等诸多方面的影响,回收网点不断缩减,回收物品急剧减少,以至国有企业回收系统的回收量逐年下降[①]。在国有企业逐步退出废旧物资回收行业的同时,个体形式的废品收购站大量出现,但是以经济利益为导向的废弃物资回收系统离循环经济建设的要求相距甚远,需要国家有关政策有力扶持和激励。

(2) 清洁生产阶段(1993年至今)

1993年10月国家环境保护局、国家经济贸易委员会在上海召开了第二次全国工业污染防治会议,主题是进一步贯彻"预防为主、防治结合"的方针,积极推行清洁生产。1999年《中华人民共和国清洁生产促进法》(草案)出台,更加推进了清洁生产工作的有效开展。2003年1月1日,《中华人民共和国清洁生产促进法》正式施行,这对于提高资源利用效率,减少和避免污染物的产生,保护和改善环境,保障人体健康,促进经济与社会可持续发展,将起到积极的作用。从清洁生产的实践来看,主要是在农业、工业,而有关第三产业的清洁生产技术路径还在探索与发展之中。

(3) 资源综合利用促进阶段(1996年至今)

1996年国务院下发了《国务院批转国家经贸委等部门关于进一步开展资源综合利用意见的通知》,强调要积极推动资源节约和综合利用工作,努力提高资源的综合利用水平。1998年国家经贸委和国家税务总局制定了《资源综合利用认定管理办法》,明确了资源综合利用优惠政策,加强了税收管理,明确了对资源综合利用认定的管理制度。此后陆续制定了《资源综合利用电厂(机组)认定管理办法》,另外,各地也根据国家有关政策制度以及地方实际制定地方法规与政策,这些管理制度的出台一定程度上推动了生产企业提高资源综合利用水平,但是,推进资源综合利用的工作还任重道远。

(4) 理念传播与试点阶段(2002年至今)

自2002年以来,循环型经济的理念已经开始为人们广泛接受。国家环境保护总局在有关地方开展了试点工作,部分地方,例如江苏省则开始从循环型农业、工业、服务业、社会等方面全方位开展循环经济建设规划与试点工作,从而有效地将循环经济理念贯彻到社会经济发展的实践之中。全国各地在不同层次上尝试循环经济建设,循环经济被认为是实现可持续发展、实现资源节约的重要手段。从中央到地方,循环经济都得到了高度重视,2005年7月国务院先后发布了《国务院关于加快发展循环经济的若干意见》、《国务院关于做好建设节约型社会近期重点工作的通知》,2006年出台的《国民经济和社会发展第十一个五年规划纲要》中又明确要发展循环经济,提出要坚持开发节约并重、节约优先,按照减量化、再利用、资源化的原则,在资源开采、生产消费、废物利用等环节,逐步建立全社会的资源循环利用体系,明确建立能循环、可持续的国民经济体系和资源节约型、环境友好型社会的循环经济建

---

① 谭灵芝,鲁明中.对废旧物资回收业的管理政策分析[J].再生资源研究.2005(4):9—11,15

设目标。

(5) 制度化发展阶段(2008年至今)

2008年8月29日,第十一届全国人民代表大会常务委员会第四次会议通过《中华人民共和国循环经济促进法》并于2009年开始实施,其中第二条明确"循环经济,是指在生产、流通和消费等过程中进行的减量化、再利用、资源化活动的总称。"《循环经济促进法》的出台表明我国循环经济发展已由试点阶段进入全面推进与实践阶段,明确要求各级政府循环经济发展规划等工作。2010年国家发改委办公厅下发了《关于印发＜循环经济发展规划编制指南＞的通知》[①],要求各地循环经济发展综合管理部门应会同同级环境保护等有关部门编制《循环经济发展规划》[②]。2013年国务院下发了《关于印发循环经济发展战略及近期行动计划的通知》(国发〔2013〕5号),认为在"十一五"期间循环经济理念逐步树立,循环经济试点取得明显成效,通过试点总结凝练出60个发展循环经济的模式案例,法规标准体系初步建立,公布实施了《废弃电器电子产品回收处理管理条例》、《再生资源回收管理办法》等法规规章,制定发布了200多项循环经济相关国家标准[③]。2012年12月12日,国务院总理温家宝主持召开国务院常务会议,研究部署发展循环经济。会议指出,发展循环经济是我国经济社会发展的重大战略任务,是推进生态文明建设、实现可持续发展的重要途径和基本方式。今后一个时期,要围绕提高资源产出率,健全激励约束机制,积极构建循环型产业体系,推动再生资源利用产业化,推行绿色消费,加快形成覆盖全社会的资源循环利用体系。会议讨论通过《"十二五"循环经济发展规划》,明确了发展循环经济的主要目标、重点任务和保障措施,并提出了构建循环型工业体系、农业体系和服务业体系的基本方针。这从制度层面上为循环经济的规范发展奠定了基础。不仅说明我国循环经济发展的制度建设取得了标志性成果,而且也说明我国循环经济的发展进入了一个全新的发展时期(黄贤金,2009)。

11.3 循环经济的主要模式

从发展循环经济的驱动力来看,循环经济的发展模式可以划分为技术推进型、形象塑造型、成本压迫型、产业发展型、市场引导型、制度规范型和规划促进型等几种类型。从循环型层次来看,可以将循环经济划分为微循环即循环型家庭生产模式、小循环即循环型企业、中循环即循环型园区、大循环即循环型社会模式等四种类型。微循环主要是城市家庭和农村家庭生产和生活层面的循环。小循环主要是单个企业内部按照清洁生产方式,根据不同生产环节之间的资源利用关系和资源利用特征建立资源循环利用系统;中循环是园区不同企业之间存在生态链接关系,并按照资源流动链条建成产业园区;而大循环会模式是在全社会范围内,通过产品的循环利用或者废弃物资源化方式,形成提高资源效率、减少污染排放的网络。这些层次是由小到大依次递进的,前者是后者的基础,后者是前者的平台(张扬,2005)。

[①] 国家发改委办公厅. http://www.sdpc.gov.cn/zcfb/zcfbtz/2010tz/t20110128_393101.htm
[②] 国家发改委办公厅. http://www.sdpc.gov.cn/zcfb/zcfbtz/2010tz/t20110128_393101.htm
[③] 国务院. 关于印发循环经济发展战略及近期行动计划的通知(国发〔2013〕5号). http://www.gov.cn/zwgk/2013-02/05/content_2327562.htm

11.3.1 循环型家庭生产模式

循环型家庭生产模式是指在居民家庭生产、消费等各类活动中实现资源低投入、污染低排放的经济活动或规律(黄贤金等,2009)。虽然在城市居民家庭通过太阳能、废弃物利用、家具或其他消费品回收及修复利用、"跳蚤"市场、社区交换市场、社区雨水收集等方式,也可以实现微循环,但由于农村家庭的经济单元特征更为显著,因此,农村区域微循环发展的潜力相对更大。该类型家庭循环经济以构建农村家庭内部种植—养殖—家庭生活循环链为主,目的是以资源化和减量化解决产生的固体废弃物、生活污水,从而减少种、养殖业投入,增加产出,提高资源、能源利用率,减少废弃物,提高经济效益,改善家庭环境卫生状况[①]。由于农村家庭是一个相对独立的经济单元或生产单位,因此,家庭型循环经济模式更适合于广大农村的千家万户。

农民在长期摸索中总结出来的各种生态农业是中国农村循环经济的主要形式,如"基塘"复合系统模式、"鸭稻共生"系统模式[②],北方地区以沼气为纽带的"四位一体"系统,南方的"猪—沼—果—猪"系统模式[③],中部地区生态果园—沼气系统以及农业与农产品加工业的循环生产[④]。下面以"基塘"系统模式和"猪—沼—果—猪"系统模式为例阐述家庭层面的循环经济的运行(黄贤金等,2009)。

种养结合、水陆交互作用显著的基塘系统,具备多种循环经济功能,是水网地区重要的农业模式和生态景观,是昔日珠江三角洲农业的一大特色,曾被联合国粮农组织肯定并向全世界推广。珠江三角洲主要有精养家鱼—草、鸽—家鱼—草、鸭—家鱼、猪—家鱼—草、猪—家鱼—特种鱼—作物、异地鸡—饲料鱼—特种鱼等典型基塘系统模式。基塘与畜禽联系最大的好处是充分利用有机废弃物,提高物质能量的利用率,促进基塘系统物质循环,直接降低作物种植和水产养殖的成本[⑤]。如基面养鸡产生或异地购进的鸡粪,其中混有部分被鸡泼撒的饲料和未消化的饲料,还由于鸡的消化道短,鸡粪中未消化饲料占鸡摄食量的35%,营养成分高,加上其中大量消化道新陈代谢产物及微生物,均可直接被鱼类利用,或间接地培养水生浮游生物后被鱼类利用。鱼塘养鸭,为鸭子提供了一个清洁的环境条件,从而减少了寄生虫和疾病。鸭群活动于水面上下,成为鱼池中"生物增氧机";鸭粪直接排入水体,"施肥"比较均匀,促进了渔塘生态系统的营养循环。基面养猪,猪粪养鱼,塘水清洁猪舍既减少了养猪对环境的污染,又节省了养鱼精饲料,减少养鱼成本。

由江西赣南农民于20世纪80年代首创的"猪—沼—果—猪"模式,是按照生态学和经济学原理,运用系统工程方法,以沼气为纽带,将养猪、种果、沼气3个不同的子系统组合成的一个物质循环利用的复合生态农业系统。整个系统模式包括林业工程建设、畜牧工程建设、沼气工程建设、水利配套工程建设及其综合管理[⑥]。

[①] 房忠华,叶国明,李孔浩,等."鸭稻共育"技术示范总结[J].中国农技推广,2005(11):29—30
[②] 章家恩,陆敬雄,黄兆祥,等.鸭稻共作生态系统的实践与理论问题探讨[J].生态科学,2005,24(1):49—51
[③] 赵建军,郭玲利."猪—沼—果"循环农业模式的技术经济分析[J].四川农业大学学报,2009,27(02):239—242
[④] 解振华.领导干部循环经济知识读本[M].北京:中国环境科学出版社,2005:101—103
[⑤] 郭荣朝.农业循环经济模式构建探析[J].安徽农业科学,2008,36(34):15236—15237
[⑥] 郑海金,左长清,等."猪、沼、果"水土保持治理模式效益分析[J].水土保持应用技术,2008,(1):46—48

分析农村家庭循环经济的运作模式,可总结具有以下特点:① 可通过系统的拓展,进行基面与塘面承包者之间的种养结合、分工协作、互利互惠,推动物质能量的多级利用和良性循环,特别是在由异地合作构成的区域大系统内,进行物质的良性循环利用是一种可行的途径。家庭基塘复合系统是一种生态合理且现实的模式,既符合生态学原理,又适应社会化分工,符合农业现代化的需要,因而具有广阔的发展前景。② 沼气系统的建设与多层次的综合利用,可以有效地将种植业、养殖业、加工业联系起来,实现物质、能量的良性循环。沼气系统的联结作用使得农业生态系统具有多元性、合理性、适宜性、持续性和高效性等特点。沼气利用是农村循环经济的重要模式之一。沼气的使用优化了农户的能源结构,减少了对传统生物质能的低效利用,从而有利于生态和人类自身健康。沼气的使用也使得农户节省了时间,减少了化肥和农药的投入,并为农户的经营活动创造了良好条件和就业机会,增加了农民收入。实践证明,作物秸秆直接燃烧的热能转换率只有10%,而沼气池的热能转换率可达60%以上。对肥料的使用,沼气池也显示出其很高的效率,不但氮、磷损失少,而且由于速效氮、磷的比例高,农作物容易吸收,使沼肥的氮、磷利用率比普通堆肥提高20%左右。③ 将农村能源建设、农业生态建设和农村环境卫生建设紧紧结合在一起。过去这三项工作分属农业和卫生等部门分管,彼此缺少沟通和配合。由于大量使用化肥,使土地肥力下降;由于人畜粪便及大量作物秸秆堆积于自然界中,不仅中断了物质循环,而且成为重要的污染源。在推广"猪—沼—果—猪"模式后,人畜粪便和农作物秸秆得到了及时和有效的处理,从而达到有机废弃物资源化,大大减少了对环境的污染。④ 与传统农业相比,"猪—沼—果—猪"这一生态农业模式具有横向耦合和纵向闭合的生态产业特征。这里的横向耦合是指通过不同的农艺技术,在不同的产业之间做到资源共享,变废弃物污染的负效应为资源利用的正效益;纵向闭合是指从源到汇再到源的全过程,集生产、消费、回收、环保为一体,使污染物在系统内回收和系统外零排放(黄贤金等,2009)。

11.3.2 循环型企业模式

从企业层次来看,它属于小循环的范畴,是以单个企业内部物质和能量的循环为主体的。与传统企业资源消耗高,环境污染严重,通过外延增长获得企业效益的模式不同,循环型企业是以清洁生产为导向的工业,用循环经济效益理念设计生产体系和生产过程,促进本企业内部原料和能源的循环利用(黄贤金等,2009)。企业层面循环经济模式主要是清洁生产,具体表现为两种形式:一种是通过组织企业内部各工艺之间的物料循环,延长生产链条,进而减少原料和能源的使用量,最大程度降低废弃物的排放,达到降低成本、提高利润率及提升企业社会形象的目标;另一种是通过开发和利用先进生产技术,或发掘利用可再生资源,进而实现污染减少、绿色生产,并以此扩大在同行业的竞争优势(王晓东,2010)。

循环型企业模式主要是企业根据循环经济"3R"原则,按照清洁生产方式,在通过生产工业的合理组织或者重新构建生产工艺或者延长生产链条,在企业内部形成资源循环利用系统,不同生产环节之间对于资源和废物有不同的定义,上游环节生产过程完成后对本环节而言无用的物质对下游生产环节而言是该生成环节的有用原料,即上游生产环节的排放端和下游生产环节的投入段对接,如此连接循环实现资源在企业内部多次使用发挥资源的最大效率。不同资源循环利用的难易程度不同,例如水资源相对容易循环使用,因此,有不少企业在水循环利用方面取得了一定的成效。但是,有些资源的循环利用的难度则要高些,要在企业内部实现对这些资源的循环利用往往需要企业延长生产链,通过产业链的延长将具有不同资源需要的生产环节组合在一起实现资源的循环利用。而延长产业链条通常意味着企业要扩大规模,对企业而言具有一定的风险,因此,循环型企业模式并非对所有的生产企业都适合。

美国杜邦公司被认为是这种模式的典范(王刚等,2009)。杜邦化学公司通过生产工艺的创新设计形成厂内各工艺之间的物料循环,并且发明回收本公司产品的新工艺,他们在废塑料如废弃的牛奶盒和一次性塑料容器中回收化学物质,开发出了耐用的乙烯材料等新产品,其方式是组织厂内各工艺之间的物料循环。在我国业已有企业实现了企业内部资源循环利用模式,例如贵糖集团在集团内部建成了包括制糖物流、造纸物流、发酵制品物流的三大主物流,轻质碳酸钙、水泥和甘蔗专用复合肥生产线是三条制糖副产品和产品次级资源化生态工业链,三条主物流和三条生态工业链在企业生产中形成网状结构,形成贵糖集团内部资源循环利用的生产网络[①]。

鞍钢集团公司资源再利用及节能减排是国内企业发展循环经济的典型案例。作为一个老企业,相对来讲,工艺比较落后,设备比较陈旧,在生产中存在着资源和能源的浪费问题,在生产的同时,也在向环境中排放二氧化硫、烟尘和废水等污染物,给环境带来了污染。近年来,鞍钢高度重视发展循环经济和搞好节能减排工作,通过采取有效措施加大发展循环经济与资源利用和加强节能、节水工作的力度,取得了较好的效果。鞍钢开展循环经济工作上要体现在以下几个方面:废弃物减量化、资源循环利用、工业废水"零"排放、技术改造淘汰落后工艺和装备[②③]。

一般来说,企业内部物料再循环包括下列三种情况:① 将流失的物料回收后作为原料返回原来的工序中;② 将生产过程中生成的废料适当处理后作为原料或原料替代物返回原生产流程中;③ 将生产过程中生成的废料适当处理后作为原料返用于厂内其他生产过程中(黄贤金等,2009)。除了在工业行业可以实行企业内部的资源循环利用,在农业企业甚至农产品生产企业内部也可以实现企业内部的资源循环利用。例如,按照生态经济原理进行生产的有机农业和生态农业,都是依据资源利用的链条关系将农业生产的不同类型和环节联结在一起,形成资源循环利用。例如生态农业将种植和养殖生产环节的有机结合形成资源利用链条,实现资源的循环利用;有机农业同样也是借助生态农业原理,协调种、养殖之间的关系建立的农业生产系统,有机农业生产系统并不需要依靠外界物质进行运转,而是依靠系统本身来实现生产目标。

通过在企业内部通过延长生产链的方式形成资源利用的上下游关系来实现资源在企业内部循环利用、减少污染排放,对于企业而言,在适当范围内,企业生产链条的延长,一方面可以充分利用企业生产中的生产资源,提高资源的利用效率并实现生产效益的提高,另一方面,由于企业生产链的延长使得原本没有利用价值的废弃物不再是需要付出成本的污染物,

---

① 刘勇,姚星."3R"原则指导下的农工一体化循环经济模式——对贵港国家生态工业(制糖)示范园建设的分析[J].生态经济,2005(10):56—60
② 惠兴伟,王丽慧,阎强.鞍钢循环经济与节能减排现状及改进建议[J].矿业工程,2008,6(1):50—51
③ 曹辉,王焱,孙树臣,等.鞍山钢铁工业循环经济发展模式选择[J].冶金能源,2006,25(5):3—6

而成为具有资源价值的原料,减少了废弃物处理费用支出。单个企业实现资源循环利用的关键是生产链的延长能够保证其产生的经济收益超过因其导致的额外成本的增加,若成本的增加超过了收益的增加,企业延长生产链得不偿失的话将失去追求在企业内部实施资源循环利用的动力。产业链延长意味着要生产新的产品,企业要在该新产品中实现赢利,必需达到一定的产出规模,而要实现一定的产出规模则需要相应规模的原料投入,因此,在资源循环利用的链条上,上游生产环节生产过程完成后提供给下游的废弃物料要有一定规模才能够保证下游生产环节能够满足生产赢利的规模要求。正因为存在资源规模的限制,企业内部实现资源循环利用作为一种模式,复制和推广困难较大,尤其是对于产品结构比较单一的中小企业,在单个企业内部实现资源循环利用要比大规模企业在企业内部实现资源循环利用面临的风险和困难要大的多。但是,这种模式尽管有缺陷,也有它的好处,各个企业可以根据自己的实际情况量力而行,进行循环经济建设,即使单个企业循环经济建设的失败对于整个社会的冲击程度也较小,不至于造成大范围的不良影响。

11.3.3 循环型园区模式

园区模式就是将生产不同产品的企业集中在园区内,不同企业之间通过市场交易建立资源循环利用链条。单个企业循环经济模式是在企业内部不同生产环节之间将排放端和投入端连接起来,而园区模式则是在更大范围内,即不同企业之间,通过市场交易关系,将不同企业之间的排放端和投入端对接,在园区范围内建立循环经济网络,实现资源的循环利用。园区模式最常见的形式就是生态工业园。在生态工业园内部,聚集了从事不同产品生产的企业,不同企业之间对于资源和废弃物的定义有所区别,对某个企业而言,生产过程完成后在本企业无法再利用的物质对别的企业而言是进行生产的原料之一。在国内有关循环经济的文献中经常被提到的丹麦卡伦堡工业园区就是属于这种模式。

丹麦卡伦堡工业园是世界上最早和目前运行最成功的生态工业园[①],其基本特征是按照工业生态学的原理,把互不隶属的不同工厂联结起来,形成共享资源和互换生产过程中产生的副产品的产业组合在一起,使得一家工厂的废气、废热、废水、废渣等成为另一家工厂的原料和能源,所有企业通过彼此利用"废物"而获益(赵莹等,2010)。在卡伦堡工业园,主体企业有电厂、炼油厂、制药厂和石膏板生产厂,燃煤电厂在这个经济生态系统中处于中心位置,向炼油厂、石膏板生产厂和附近居民提供蒸汽以及向石膏板厂提供工业石膏;炼油厂向燃煤电厂提供经过处理后的废水和脱硫气、通过管道向石膏板厂提供火焰气用于石膏板产生的干燥,还将通过酸气脱硫生产的稀硫酸供给附近的一家硫酸厂。总的看来,卡伦堡生态工业园借助循环经济,实现了废弃物的循环利用,减少了能源和资源的消耗,减少了废弃物排放,实现了土地的节约利用和综合利用效率的提高(赵莹等,2010)。

在国内,比较成功的典型例子就有广西贵港国家生态工业(制糖)示范园区[②](王发明,2007)。该园区通过副产品废弃物和能量的相互交换和衔接,形成了比较完整的闭合生态工业网络,"甘蔗—制糖—酒精—造纸—热电—水泥—复合肥"这样一个多行业、多环节复合型

[①] 孔慧芳. 国外生态工业园区发展模式的经验与借鉴[J]. 经济研究导刊,2013(4):202—203
[②] 王发明. 循环经济系统的结构和风险研究——以贵港生态工业园为例[J]. 财贸研究,2007,(5):14—18

的网络结构,使得行业之间的优势互补,能源互用,达到园区内资源的最佳配置、物质的循环流动和废弃物的有效利用,将环境污染降低到最低水平,为我国循环经济园区的发展提供了较好的参照(黄贤金等,2009)。2012年,中国最大的循环经济产业园在济宁市梁山县正式投产,产业园包括2000多亩的生态工业园和5万亩的生态农业园。产业园计划打造工农业大循环产业链条,将工业废料全部转化为有机肥料和生物饲料,促进生态工业和现代农业的良性互动[①]。

园区模式的循环经济通过将不同企业组织起来实现资源循环利用,不仅提高了资源效率,同时,还由于将不同企业之间的排放端和投入端连接在一起,因此,将原本废弃物的处理变成了原料生产,这减少了园区的废弃物排放量,从而减轻了园区生产的环境冲击。另外,从园区企业经营效益来看,由于将企业之间的排放环节和投入环节对接,原本需要投入成本进行终端处理的废弃物成为可以带来收益的交易品,这可能减少企业的成本投入并增加企业的经营收益。因此,园区模式的循环经济既提高了资源效率也提高了环境效率,同时还可能提高了园区内企业的生产效益,园区内企业有可能获得更好的经营效益。

但是,园区模式的循环经济也存在一定的风险和缺陷,在园区的企业通过产业共生关系连接在一起在分享产业共生带来的好处的同时,也承需要承担因此而带来的风险。在卡伦堡工业园中,不同企业之间是相互独立和平等的经济实体,不存在相互隶属关系,不同企业之间通过市场交易的方式利用其他企业生产过程中产生的废弃物或者副产品。这种建立在市场交易基础上循环经济模式,符合市场经济运行要求,园区内的企业可以根据价格信号来调整生产,但是园区内不同企业之间由副产品和废弃物交易建立起来的产业链条,其稳定性受到多方面的影响,因为废弃物和副产品价格的变化意味着使用该副产品和废弃物作为原料的企业成本发生变化,对于使用园区内其他企业产生的废弃物和副产品进行生产的企业而言,其原料来源可以是来自园区内其他企业的废弃物和副产品也可以在园区之外采购。由于园区企业使用园区内其他企业的副产品和废弃物和使用园区外的原料成本不同,而且园区内副产品和废弃物作为原料供应和园区外原料供应两者的边际成本函数不同,因此,当园区外原料的价格发生变化的时候,园区内副产品和废弃物作为原料供应的价格未必能够同步变化,园区内的原料供应关系可能就会受到冲击。另外,园区中相互联系的企业经营状况的改变可能影响到其他的原料供应,而且假如园区中某个企业因为经营不善而倒闭的话,园区中的经济生态系统就受到了破坏,之前建立起来的不同企业之间的以副产品和废弃物为标的的原料供应关系将因此而中断,这对于依赖其供应原料的企业而言,需要在园区之外寻找原料供应商,这会导致该企业成本利润的改变。

总结各国实践可以看出,在循环经济园区的建设时,首先在主导产业的选择上必须明确,主导产业的选择十分重要,主导产业的成功,将会对生态工业园的建设产生极大影响。其次,生态工业园的建设离不开政府相关政策的支持与引导。再次,要根据自身特色,建立符合自身实际情况的比较完备的物质循环系统。最后,工业园区内部要形成技术创新网络,促进产品、流程、设计等创新的不断出现[②]。园区模式不仅限于工业企业之间建立循环经济

[①] 中国网. 全国最大循环经济产业园在济宁梁山县投产[J/OE]. http://news.china.com.cn/live/2012-09/17/content_16232363.htm

[②] 张云凤,张丰采,陈胜开,等. 国外循环经济发展实践及对我国的启示[J]. 现代商贸工业,2013(17):8—9

体系,同样可以用于农业生产企业之间通过企业之间排放投入端的对接形成资源循环利用链条,还可以将工业企业和农业企业聚集起来建立循环经济园区。

11.3.4 循环型社会/区域模式

循环型社会的内涵是指通过抑制废弃物的产生、合理处置和利用废弃物、循环利用资源等措施,实现自然资源消费的减量化,建立最大限度减少环境负荷的社会(王晓东,2010)。循环型社会模式是在较大范围内乃至一个国家范围内,从资源开采、产品制造、生活消费等各个环节和各个领域综合考虑资源循环利用问题。这种模式不仅要求各个生产企业要求考虑到资源循环利用问题,而且还要求考虑到企业之间、生产环节与消费环节之间相互连接形成一个大的资源流动闭环系统。

在提到循环型社会这种模式时,日本经常被作为这种模式的一个例证。日本通过法律、经济、教育和科技等多个方面全面打造循环型社会。在法律制度建设上主要是明确废弃物排放者的责任,并且采取了扩大生产者责任制度,即要求生产者不仅要对其生产的产品质量负责,而且将产品生产者的责任延伸,要求产品生产者对产品使用废弃后该产品的合理回收和处置担负责任。为落实扩大生产者责任制度,日本以《推进循环型社会形成基本法》为基础,围绕资源综合利用及产品层次的循环经济发展制订了完整性的法律体系,如综合性层面的法规有《固体废弃物管理和公共清洁法》、《促进资源有效利用法》等;根据各产品性质制定的具体法律有《促进容器与包装分类回收法》、《家用电器回收法》、《建筑及材料回收法》、《食品回收法》、《绿色采购法》等。

日本的"生态城市制度"对于推动循环型社会建设起到较大的推动作用,目前,日本生态城市建设数量不断增加,以东京、川崎、九州、千叶、大阪市最为突出。川崎市是建设循环型社会的典范。川崎曾是日本重化工业中心,近年来,以"产业再生、环境再生、都市再生"三个基本理念为指导,政府、企业、社会三位一体形成合力,大力发展高新科技和环保产业,推进循环经济,成为了日本循环型社会宏观目标模式的缩影(王晓东,2010)。日本为建设循环型社会,各级政府在财政上给予大力支持,日本中央政府 2001 年和 2002 年在循环型社会建设方面的预算分别为 4 214 亿日元和 3 988 亿日元,此外还有地方政府的预算。日本还充分重视经济手段的作用,对生活垃圾以及废弃物回收等进行收费或者开征相关税收,押金—退款制度也得到一定程度的应用,政府还出台了《绿色购买法》,通过政府采购促进绿色产品消费。此外还通过教育提高公民的环境资源意识,引导公众积极参与循环型社会建设,积极推进有关环境和资源循环利用的科学技术的发展(魏全平,童适平,2006)。日本通过法律、税费、财政、政府采购以及环境教育等手段有效地提高了资源效率,在社会范围内建立了资源循环利用的网络体系,将日本社会的生产和消费连接在一起,形成资源利用的闭环系统。总体而言,日本在循环型社会的建设方面主要体现在三个不同的层次上:一是政府推动构筑多层次法律体系;二是要求企业开发高新科技,在设计产品时就要考虑资源再利用的问题;三是要求国民从根本上改变观念,不要鄙视垃圾而是将它们视为有用的资源(张云凤等,2013)。

欧洲国家也十分重视循环性社会建设,例如,20 世纪 90 年代以来,德国出台了许多环境政策和能源政策,以全面建设循环型社会。相关的法案有《环境计划法》、《关于避免和回收利用废弃物法案》、《德国废弃物法案》、《有毒废弃物以及残余废弃物的分类条例》、《包装以及包装废弃物管理条例》及《污水污泥管理条例》等。2003年,德国还修订了《再生能源法》,这些法案和条例为循环经济的发展提供了良好的法律环境(赵丹丹等,2012)。这些条例涉及到社会发展的各个领域,如环境、废弃物处理、污水处理及能源利用等。另外德国也特别公众的参与和循环经济意识的培养,这为构建循环性社会提供了重要保障。在国内,2011年,在河北省衡水市启动了循环经济产业示范村项目建设,旨在通过循环经济模式,促进全村经济、社会、生态三个效益的有机结合。这是在中国建设循环性农村社会的实践。

在我国当前的管理体系中,大致把循环经济的模式划分为企业、园区和区域模式[①],其中区域模式即为循环型社会模式。在国家发展改革委2011年编制的《循环经济典型模式案例(简本)》中总结辽宁阜新、安徽铜陵和湖南永兴等12个区域模式[②]。如辽宁阜新市构建了"煤炭—电力—化工/建材"、"种植—养殖—加工"和"农林废弃物—食用菌—有机肥/沼气"等产业链。通过循环区域建设,2010年与2005年相比较,工业固体废弃物综合利用率提高30%、二氧化硫和COD排放量均下降17.6%[③]。从国家发展改革委2011年编制的《循环经济典型模式案例(简本)》中总结的区域循环经济发展模式案例可以看出,在发展区域循环经济中,各地均根据地方资源利用特征构建符合地方资源实际的区域循环经济模式。

在循环型社会中还有逆向物流模式。该模式是在区域范围内甚至全国范围内,通过构建逆向物流系统,将使用后的废弃物品进行回收,并对回收后的废弃物品进行再利用、再循环处理后再次进入市场供利用,或者对回收后的废弃物品进行资源化处理,将回收后的废弃物品处理成可以利用的原料物资提供有关的生产企业使用。在逆向物流模式中,废旧物资回收系统、再利用再循环设计和处理系统以及资源化系统是其中关键组成部分,资源回收、资源化和再利用设计与处理这几个功能可以由不同的企业或者组织来承担。

逆向物流模式的建立也是在遵循市场经济交易规律基础上建立起来的,包装企业制造商、包装回收企业以及再生工厂之间就资源回收利用达成协议,分工负责资源回收过程中的不同环节。这种模式能够打破地域限制,能够在大范围内回收废弃资源实现废弃物回收和资源化处理的规模效益。与企业模式和园区模式相比较,逆向物流模式更具灵活性,企业模式和园区模式由于涉及到工艺流程重新构建等影响模式复制难度较大。逆向物流模式通过回收企业将消费或生产的排放端与生产的投入端连接起来,由于在各个环节都允许不同的企业加入,不同企业之间的竞争能够保证废弃物回收以及资源化处理过程降低成本并提高效益,同时,循环利用链条的个别环节中个别企业的进入退出不至影响整个系统运行,资源回收循环利用系统的稳定性较好。此外,在循环利用系统中,生产、回收和再制造分别由不同的公司负责,专门化和规模化的运作使得不同环节能够获得分工带来的好处。但是这种模式也存在一定的限制,例如,回收企业以及再生工厂和其他企业一样具有一定的规模限制,从事资源回收的企业其回收量必须达到一定规模之后才能够实现赢利。

除了类似DSD回收体系的逆向物流模式之外,押金—退款制度的实行也能促进旨在提高资源回收利用的逆向物流系统,押金—退款政策被定义为一种"要求为潜在的损害预先支付费用,并在相关产品得到恰当处置或者循环利用之后还款的市场手段"(汤姆·泰坦伯格,2003),押金—退款制度就是当购买某种产品时,购买者被要求支付一定的费用,该产品在使

[①][②][③]国家发展改革委.关于印发循环经济典型模式案例(简本)的通知(发改环资〔2011〕2232号)[Z]

用后按照要求返还使用物品或者证实得到恰当处置时,产品购买者可以得到当初支付费用全部或者部分。在押金—退款制度基础上建立资源循环利用模式与DSD模式区别之处在于前者是通过押金—退款这样一个政策工具将消费者和产品销售商联系起来,并将产品销售商和产品制造企业连接企业,在这个系统中,产品销售商承担了资源回收的责任,而不是由单独的资源回收企业来负责回收。

与前面几种模式不同,循环型社会模式涉及范围要比前面几种模式所涉及的范围大的多,不是就某一个工厂、某个企业或者某个园区进行资源循环利用设计,而是区域范围内对整个区域的资源循环利用进行设计。因此,循环型社会模式需要在社会范围内系统考虑生产过程的各个环节并将生产过程和消费过程等连接起来形成一个大的系统,这个大系统不仅覆盖的空间范围大而且涉及到数量众多的微观经济主体,需要全社会各个环节的微观经济主体的广泛参与,因此,循环型社会建设是一项系统工程。如果说前三种模式是属于企业主导类型的话,循环型社会模式是则循环政府的有效介入,当然政府在循环型社会建设中角色并非替代企业直接从事资源循环利用活动,而是承担制度供给以及实施监督角色,即由政府负责制定相应的法律法规和政策措施并监督这些法律法规和政策措施的实施,对企业和消费者资源利用行为进行监管,保证资源利用者能够按照法律法规要求利用资源尤其是循环利用资源,以达到提高资源循环利用的目的。生产企业或者组织可以根据自身条件和目标采取循环型企业模式、园区模式、逆向物流系统模式来实现资源循环利用或者参与到循环型社会的建设。

除了循环型家庭模式、企业模式、园区模式、逆向物流系统模式以及循环型社会模式等几种模式之外,有些国家或者地区还开始探讨循环社区模式。例如,英国伯丁顿社区由伦敦最大的商住集团皮保德、环境专家及生态区域发展工作组联合开发建立零能源发展系统,建筑物所需的电力和热力供应都不再使用传统的能源,建筑物也不再向大气排放二氧化碳,采用的所有建筑材料均可循环使用,依托过滤技术建立水循环利用系统,污水被一种称作"生活机器"的生物污水处理装置就地进行净化处理,处理后的水再输入储水箱供冲洗厕所之用,从而降低了小区居民对自来水的需求,对生活垃圾进行分类,社区内的加热和发电装置使用废弃物作燃料为办公室和家庭供暖[①]。该社区通过零能源发展系统实现资源的循环利用,最大限度地减少了生活消费对环境的冲击。事实上英国伯丁顿社区为减少资源消耗,在设计时还考虑了小区居民交通对资源的节约等。循环社区模式主要是针对居民生活建立资源循环利用系统,由于人类活动有相当部分在居住区内,因此,循环社区模式对于资源循环利用具有重要意义。

在循环型家庭生产模式、企业模式、园区模式、循环型社会模式、循环社区模式中,循环型企业模式、园区模式主要是生产领域的循环经济模式,循环性家庭模式主要涉及到家庭生活和农村生产层面,循环型社会模式如逆向物流系统模式则涉及服务行业和生产领域,循环社区模式则主要是消费领域的循环经济模式。

---

① 刘学敏.英国伯丁顿社区发展循环经济的主要做法[J].理论参考.2005(8):65—66

主 要 参 考 文 献

[1] Allenby Braden R. 工业生态学[M]. 北京:清华大学出版社,2005
[2] Callan S J, Thomas J M. 环境经济学与环境管理:理论、政策和应用[M]. 第三版. 北京:清华大学出版社. 2006
[3] 黄贤金. 循环经济:产业模式与政策体系[M]. 南京:南京大学出版社,2004
[4] 李良园. 上海发展循环经济研究[M]. 上海:上海交通大学出版社,2000
[5] 汤姆·泰坦伯格. 环境与自然资源经济学[M]. 第5版. 北京:经济科学出版社,2003
[6] 陶在朴. 生态包袱与生态足迹——可持续发展的重量及面积观念[M]. 北京:经济科学出版社,2003
[7] 王冰冰,于传利,宫国靖. 循环经济:企业运行与管理[M]. 北京:企业管理出版社. 2005
[8] 魏全平,童适平. 日本的循环经济[M]. 上海:上海人民出版社. 2006
[9] 黄贤金. 循环经济学[M]. 南京:东南大学出版社,2009
[10] 王晓东. 国外循环经济发展经验——一种制度经济学的分析[D]. 吉林大学博士学位论文,2010
[11] 张扬. 循环经济概论[M]. 长沙:湖南人民出版社,2005
[12] 彭补拙,濮励杰,黄贤金,等. 资源学导论[M]. 南京:东南大学出版社,2007
[13] 高珊,黄贤金,赵荣钦,等. 江苏低碳发展模式及政策研究[M]. 南京:南京大学出版社,2013

12 资源节约型社会与生态文明建设

资源节约型社会建设是我国统筹人与自然和谐发展，实现自然资源持续利用，建设生态文明，保障经济社会可持续发展的重要战略。我国政府高度重视资源节约型社会建设，将资源节约型社会建设的重点明确为节能、节水、节地、节材、资源综合利用和发展循环经济，并在国民经济及社会发展第十二个五年计划中提出了单位 GDP 能耗、水耗、碳减排以及污染排放等控制性指标。资源节约型社会建设体现了人在协调人与自然关系中的自觉性、能动性，是生态文明建设的关键和根本所在。为此，本章将着重论述资源节约型社会的内涵、评价指标体系以及国内外经验与模式等方面内容的基础上，阐述生态文明建设的思路与机制。

12.1 资源节约型社会的内涵

12.1.1 节约的内涵

《辞海》对"节约"的定义是节省、节俭，减少不必要的消耗。其中就单个字而言，"节"既有节省的意思，又有分阶段的意思；而"约"除了节省外，也有计划、约定的意思，联系起来解释，就是"分阶段有步骤地利用、节省"的意思。从经济学角度来看，在英文中"节约"和"经济"是同一个英语单词 economy。许涤新主编的《政治经济学词典》(1980)对于"经济"这一概念的一种解释就是节约。换而言之，在一定程度上，节约就是经济。因此，所谓节约就是以最小的消耗实现最大化的产出。

12.1.2 资源节约型社会的内涵

资源节约型社会是指在社会生产、流通、消费等各个环节，农业、工业、服务业等各个产业部门，通过行政、法律、技术、经济等综合性措施，节约和集约使用土地、水、能源、原材料建材，促进资源综合利用和循环经济发展，从而达到减少资源占用、提高资源利用效率的经济社会发展方式。虽然我国政府仅仅提出了重点建立节约型生产模式、节约型消费模式和节约型城市建设模式，但是，事实上资源节约型社会建设贯穿于生产、建设、流通、消费等各个环节，包括：

1) 资源节约型社会的生产结构

就是用最小的投入获得最大的产出，提高生产的效率和质量，减少单位产出对自然资源的耗费或浪费，主要体现在：产业结构有利于资源持续利用和环境保护；生产的产品应当是物质消耗低、附加值高的资源综合利用产品以及功能替代型和可循环利用产品；推行清洁生产，淘汰落后工艺、设备和技术，以节约资源和减少污染的方式制造绿色产品。

2) 资源节约型社会的流通结构

着重体现在通过再生能源的回收,能够节约资源,促进资源合理配置,实现经济增长方式转变,推动经济可持续发展;通过发展再生资源市场,可协调由城乡居民收入水平、消费水平不均衡所引起消费差异,满足消费多样性的需求。实践证明,再生资源的流通在节约资源,促进生产等方面具有极大的作用。

3) 资源节约型社会的消费结构

主要是倡导绿色消费:一是倡导消费未被污染或者有助于公众健康的绿色产品;二是在消费过程中注重对垃圾资源化、无害化,减少环境污染;三是政府需要开展绿色采购,引导绿色消费。

4) 资源节约型社会的制度结构

经济学上的节约主要表现为生产成本的节约和交易成本的节约两种形态,这需要严格的制度规范约束人类行为,包括资源节约型社会经济制度、行政制度、法规制度以及道德伦理等规范,以使得经济主体按照生产成本节约、交易成本节约的要求进行生产组织与生活消费。

12.2 生态文明与人类发展

环境污染和生态灾难频发是全人类20世纪与21世纪面临的最大政治问题之一,生态文明应运而生,其英文表达为"ecological civilization",这一看似由矛盾修饰法组成的词组,蕴含了"有利于可持续发展的"、"系统性、整体性的"含义,逐渐被各界接受[1]。国内外学者对生态文明进行了多方面研究,但总体看来,还处于摸索阶段。本节试图在阐述生态文明理念形成过程及主要内涵的基础上,深入探讨生态文明的本质涵义与未来建设路径。

12.2.1 生态文明的缘起:从自然权利到生态文明

自然权利的产生可以追溯到1215年英国《大宪章》中提出的"天赋权利"[2]。1867年,约翰·缪尔提出这样的道德判断:"我们这个自私、自负的物种的同情心是多么的狭隘!我们对于其他创造物的权利是多么的盲目无知!"从而把"权利"与"自然"联系起来加以论述。1971年,大卫·R·布劳尔呼吁:"与人的权利相比,我更崇尚自然存在物的权利",意味着作为整体的自然的权利优于人的权利。这一道德范围的扩展过程突出表现在:首先是英国的仁慈主义把道德关怀的范围扩展到动物,赋予动物与人相同的天赋权利;与此同时,生物中心主义把道德扩展到所有生物;而生态平等主义则把道德赋予整个生态系统,继而提出自然的权利。

自然权利源于人类对经济社会发展方式的反思。20世纪下半叶,西方文明在掠夺大自然的过程中,把自然仅视为具有严格功利价值的原材料,造成了环境危机。当时,马尔库塞首次使用"大自然的解放"一词,并主张把大自然纳入道德关怀的范围。1971年,斯通在《南

---

[1] [美]小约翰·柯布.文明与生态文明[J].李义天译.马克思主义与现实,2007(6):18—22
[2] [美]纳什.大自然的权利:环境伦理学史[M].杨通进译.青岛:青岛出版社,1999:209

加利福尼亚法律评论》上提出这一前无古人的论点:我们的社会应当"把法律赋予森林、海洋、河流以及环境中的其他所谓'自然物体'——即作为整体的自然环境。"1974年,"绿色和平"组织宣称:"人类不是地球上的生命中心。生态学告诉我们,整个地球都是我们'身体'的一部分,我们必须学会尊重它,就像尊重我们自己那样。"从而把天赋权利的主体扩展到整个地球。至此,西方国家爆发了一场全新的社会运动——生态运动,迅速引起了国际关注。从1972年罗马俱乐部发表《增长的极限》,提出"均衡发展"的概念,到1987年联合国环境与发展委员会发布《我们共同的未来》,确立可持续发展的思想,再到1992年的《里约宣言》,使可持续发展在全球范围内得到最广泛和最高级别的承诺,全球拉开了以可持续发展为指导的生态文明实践的序幕。

改革开放以来,我国经济持续快速增长,令全球瞩目。然而,这种增长是以生态环境恶化为沉重代价的。据权威部门统计,每年因环境污染造成的经济损失约占GDP的10%左右。可以说,构建生态文明的和谐社会迫在眉睫。我国的生态环保事业起步于20世纪70年代末。1979年,第一部《中华人民共和国环境保护法》制定并实施,确立了环境保护在国家治理中的基础性地位。1994年,在《里约会议》精神的鼓舞下,我国颁布了《中国21世纪日程》,它是世界上第一个国家级的"21世纪行动计划"。2003年,中共十六届三中全会提出"全面、协调、可持续"的科学发展观,随后又提出"构建和谐社会"、"建设资源节约型社会和环境友好型社会"的战略主张。2007年,中共十七大报告首次提出"要建设生态文明,基本形成节约能源、资源和保护生态环境的产业结构、增长方式、消费模式。"2012年中共十八大报告中有这一充满激情和期待的号召。

12.2.2 生态文明内涵的不同释义

我国对生态文明的关注发端于20世纪90年代,经过近20年的探讨与争鸣,从生态伦理学、生态政治学、生态经济学、生态文学、生态美学等等角度对其内涵的探讨形成不同的观点和表述。

1) 基本立场——自然本位还是人本位

"生态文明"的提出,标志着我国经济社会发展进入全新时期,也是生态伦理理论在我国治国方略中的具体体现。生态文明既是动态概念,也是时代概念。对生态文明内涵的科学理解,决定着对其本质、意义乃至建设路径的正确认识。当前主要有自然本位和人本位两种基本立场[1]:

一种基于自然本位,将自然赋予生命,强调在保护自然生态的前提下,实现人(社会)与自然的和谐。马克思曾经说过:"自然界是人为不至死亡而必须与之不断交往的、人的身体。"有学者也指出,只有对自然注入生命的关注,才能谨慎地利用自然、改造自然,这是生态文明的应有之义[2]。

另一种基于人本位,提倡自然为人所用,强调在促进人(社会)全面发展的前提下,实现人(社会)与自然的和谐。国家环保总局局长周生贤明确指出,生态文明强调人的自觉与自

---

[1] 赵成. 生态文明的内涵释义及其研究价值[J]. 思想理论教育,2008(5):46—51
[2] 徐春. 生态文明蕴涵的价值融合[N]. 光明日报,2004-03-02

律,强调发挥人的主观能动性,破坏自然就是损害人类自己,保护自然就是呵护人类自己,改善自然就是发展人类自己①[5]。

2) 生态文明与人类文明的关系——"脱胎"还是"延续"

人类文明史,是生产力不断进化的历史,也是人与自然的生态伦理观逐渐升华的历史。正视生态文明与原始文明、农业文明和工业文明的相互关联,为生态文明的产生追根求源,有助于从宏观层面把握生态文明的内涵特征。

一种观点认为,生态文明完全诞生于现代工业文明,与原始文明和农业文明没有必然联系,着重比较工业文明与生态文明的差异。这是一种主流观点。俞可平指出,生态文明作为一种后现代的"后工业文明",是人类迄今最高的文明形态,它是人类文明在全球化和信息化条件下的转型和升华②。申曙光曾将生态文明从哲学、科学与能源、生产与消费模式等基本范畴与工业文明进行系统对比,并得出生态文明将在工业文明和现代科学技术的基础上发展与完善,脱胎于工业文明③。

另一种观点认为,生态文明涵盖历史的整个阶段,具有人类从古至今生存繁衍、行为实践的一个绵延不绝的大背景④。原始文明时期,基于"万物有灵"和对自然的恐惧与崇拜,人类与自然界是一种原始的、和谐的生态关系;农业文明时期,人类从被动适应自然转变到主动适应自然,出现"天人合一"的生态思想;工业文明时期,生产力极大发展,生态环境却急剧恶化,对"人类中心主义"的批判和反思,使生态文明思想渐行显化。

3) 生态文明与物质文明、精神文明、政治文明的关系——"独立"亦或"附属"

从我国实际出发,生态文明是继物质文明、精神文明、政治文明之后,所倡导的"第四种"社会文明形态。中共十二大确立物质文明与精神文明"两手一起抓,两手都要硬"的方针,十六大提出建设社会主义政治文明,十七大提出建设生态文明,这一过程反映了中共对中国社会文明发展阶段及其规律性的认识和总结历程。

不少学者倾向,生态文明与精神文明、物质文明相比,具有依赖性或依附性,还不能独立发展。陈少英等指出,生态文明是具有自身特殊性的文明,它将物质文明和精神文明有机渗透、糅合在一起,已经成为衡量物质文明与精神文明状况的一个不可缺少的重要参数和变量,生态文明建设是精神文明建设的题中应有之义⑤。邱耕田等认为,生态文明长期处于萌芽性的状态,只能以物质文明、精神文明、制度文明的建设为"载体"⑥。

还有学者倾向,生态文明不能完全被物质文明和精神文明所包括,有其独立的地位和价值。有学者指出,人类在改造客观世界的同时,还应该主动保护客观世界,积极改善和优化人与自然的关系,这方面的成果既不属于物质文明,也不属于精神文明,而应独立称之为生态文明⑦。也有人立足唯物史观,论证生态结构和生态需要是社会结构中一种独立的层次

---

①周生贤.生态文明建设:环境保护工作的基础和灵魂[J].求是,2008(4):17—19
②俞可平.科学发展观与生态文明[J].马克思主义与现实,2005(4):4—5
③申曙光.生态文明构想[J].科学学与科学技术管理,1994(7):5—8
④焦金雷.生态文明:现代文明的基本样式[J].江苏社会科学,2006(1):74—78
⑤陈少英,苏世康.论生态文明与绿色精神文明[J].江海学刊,2002(5):44—48
⑥邱耕田,张荣洁.利益调控:生态文明建设的实践基础[J].社会科学,2002(2):33—37
⑦朱孔来.社会文明体系中应包含生态文明[J].理论学刊,2004(10):53—54

和需求,因而生态文明不能被物质文明、精神文明和政治文明简单替代与涵盖①。

4) 生态文明是现代人类社会的意识主流

由于生态环境已经成为制约人类社会持续发展的瓶颈,人们较为普遍地认识到,进入生态文明的现代社会,首先要建立起生态文明的道德体系,牢固树立生态伦理观、科学自然观和适度消费观。

中国生态道德促进会会长陈寿朋把生态意识文明作为生态文明三大内涵之一②。他倡导人们形成正确对待生态问题的观念形态,包括进步的生态意识、进步的生态心理、进步的生态道德以及体现人与自然平等、和谐的价值取向。主张人类抛弃"人是自然的主宰"和"自然就是为人服务"这一简单认定,以一种平等的态度对待自然。

中国工程院院士、生态学专家李文华提出,生态文明要树立符合自然生态法则的文化价值需求,把对自然的爱护提升为一种不同于人类中心主义的宇宙情怀和内在精神信念,同时要建立既满足自身需要又不损害自然的消费观③。这种公平和共享的道德,成为人与自然、人与人之间和谐发展的规范。

5) 生态文明是现代社会发展的行为主导

把生态文明的意识形态落实到实践中,促进社会生产力的极大发展,引导人们健康的生活方式,需要依靠先进的科学技术和高效的制度保障,这也是生态文明的重要内涵。

以生态技术实现社会物质生产的生态化,奠定生态文明的物质基础。潘岳指出,生态文明的生产方式应该是资源节约和循环利用,从源头上减轻现代文明对环境资源的压力④。很多学者对建立循环经济体系,实施科技创新,试点生态工业园等进行了论述⑤⑥⑦。

生态文明下的生活模式以实用满足为原则,崇尚精神和文化的享受。杜受祜倡导文明、节约、适度、合理、循环型的生存方式和消费模式⑧。还有人对如何引导消费方式的转变、追求高尚的"绿色生活"等进行了分析⑨。

加强环境立法,从中央到地方建成完善的生态环境保护制度势在必行。参照国际经验,学者们对开征生态税、建立区域生态补偿机制、构建生态城市等等经济、行政、法治的手段进行了探讨⑩⑪⑫。

12.2.3 生态文明的内涵辨析

生态文明的研究已经从简单的经验释义向体系化、规范化演进,从人与自然的生态学层

---

① 张云飞. 试论生态文明在文明系统中的地位和作用[J]. 教学与研究,2006(5):25—30
② 陈寿朋,杨立新. 生态文明建设的结构形态与路径选择[J]. 职大学报,2006(4):1—9
③ 孙钰. 生态文明建设与可持续发展—访中国工程院院士李文华[J]. 环境保护,2007(11):32—34
④ 潘岳. 生态文明的前夜[J]. 瞭望新闻周刊,2007(43):38—39
⑤ 黄贤金. 循环经济:产业模式与政策体系[M]. 南京:社会科学文献出版社,2006:50
⑥ 蔡小军,程会强,李双杰. 生态工业园竞争力研究综述[J]. 生态经济,2006(8):116—118
⑦ 宋林飞. 发展再生资源产业的世界潮流与对策建议[J]. 现代经济探讨,2008(2):5—9
⑧ 杜受祜. 生态文明建设四题[J]. 开放导报,2007(6):76—77
⑨ 俞任国,王小广. 构建生态文明、社会和谐、永续发展的消费模式[J]. 宏观经济管理,2008(2):36—38
⑩ 赖力,黄贤金,刘伟良. 生态补偿理论、方法研究进展[J]. 生态学报,2008,28(6):2870—2877
⑪ 姬振海. 大力推进生态文明建设[J]. 环境保护,2007(11):61—63
⑫ 曾珠. 中国生态文明建设的现状与未来[J]. 现代经济探讨,2008(5):81—84

面向人与人、人与社会的社会学、经济学、政治学等多层面扩展。基于上述总结,这里就生态文明的相关问题进一步分析与研讨。

1) 生态文明的内涵及特征

我国尚处于生态文明建设的初期阶段,没有规律和范式可循。笔者认为,现阶段,对生态文明内涵的界定出现了扩大化和泛化的趋势。为了方便今后生态文明实践的落实和目标的制定,可以将生态文明理解为:生态伦理理念在人类行动中的具体体现,或者人类社会开展各种决策或行动的生态伦理规则。结合我国生态文明实践,生态文明就是人类通过法律、经济、行政、技术等手段以及自然本位的风俗习惯,以生态伦理理论和方法指导人类各项活动,实现人(社会)与自然协调、和谐、可持续发展的意识及行为特征。其中人与自然关系的协调、和谐是核心,经济社会发展方式转变,构建资源节约型、生态和环境友好型社会,实现又好又快发展是基本路径。

生态文明具有以下内涵特征:第一,全球性。地球是人类唯一生存的家园。世界各国的自然生态系统是相互联系、相互影响、不可分割的共同体。任何一个国家都不可能单独解决人类所面临的环境问题,联手对抗是唯一出路[①]。第二,战略性。生态文明的理念必须上升到国家战略的高度,在广大民众中普及科学的生态伦理观,建立起循环经济为主体的生态产业体系和法治行政健全的生态制度体系,举全国之力推进,才能尽快步入生态文明的时代。第三,阶段性。随着生产力的提高和科学技术的进步,不同时间、不同国家构建生态文明的重点不同,不能盲目照搬。要立足实际,客观分析。我国地域广阔,地区经济社会水平差别显著,生态文明建设与发展进程也会有差异。

2) 生态文明是协调人与自然关系的伦理基础

"生态文明"就是在日趋严重的生态环境问题面前,人类认真反思和重新定位人与自然的关系,为摆脱生存和发展困境做出的理性选择与科学回答。生态文明视人为自然界的一部分,坚持人与自然相统一的原则,要求人类的发展以保护和尊重自然为前提,只有人与自然和谐共进,才能保证经济社会的可持续发展。

"整体好转,局部恶化"成了描述我国生态环境的惯用术语,就是这个"局部",仍存在大问题。近年来,水体污染严重、土地面积持续减少和农村污染加剧的种种情况亟待解决。必须改变"先污染,后治理"、"边污染,边治理"的老路,致力于贯彻生态文明指导下的长远大计。因此,生态文明是科学发展观的内在要求,也是人类社会文明体系的重要部分,更是构建和谐社会不可或缺的环节。

3) 生态文明是人类文明的重要组成部分

人(社会)与自然的关系是贯穿于人类社会发展始终的基本关系,但在不同的文明时期,各有特点。笔者认为,以倡导人与自然和谐相处为主线的生态文明形态贯穿于原始文明、农业文明、工业文明的各个阶段,与不同阶段的生态伦理观密切相关,并取决于当时的生产力需求与科学技术水平,其体现方式存在很大差异性,如原始社会及传统农业时期是基于低生产力水平的膜拜自然;而现代社会更加强调尊重自然,并通过人与自然互动实现人与自然和谐发展。

中国传统文化中固有的生态和谐观,为生态文明提供了坚实的哲学基础与思想源泉。

---

① 李景源,杨通进,余涌. 论生态文明[N]. 光明日报,2004-5-9

从"天人合一"、"道法自然"到历朝历代的生态保护法律,说明生态伦理思想本来就是中国传统文化的主要内涵之一。中国生态学会理事长王如松则提出,我国现代生态文明必须在吸取传统农业文明的自力更生和工业文明的开拓竞生的基础上建设高效和谐的共生社会①。

4) 生态文明必将成为社会文明的独立部分

就目前看,我国生态文明还不成熟,处于孕育和发展阶段。笔者认为,根据生态文明建设的长期性和艰巨性,当前乃至今后的很长一段时期内,我国会出现生态文明的部分因素,交织于物质文明、精神文明、政治文明之中,随着生产力的高度发展和整个社会的全面进步,生态文明的各种要素必将不断积累和完善,最终走向独立。

生态文明与物质文明、精神文明、政治文明密不可分、相辅相成。生态文明需要扎实的物质积淀、坚定的精神动力和有力的政治决策支撑;而没有和谐的生态环境,人类既不可能达到高度的物质文明、精神文明和政治文明,甚至连现有成果也可能全部失去。生态文明因具有不同上述三种文明"生态化"的独特性质而有着独立的发展路径。如物质文明强调改造自然,而生态文明则强调保护自然。生态文明对其在物质、精神和政治领域的成果都贴上了"生态"的标签,如生态产业、生态伦理、生态经济、绿色政治等等。

我国对生态文明的现有研究多侧重从理论角度,对术语、概念等解析和比较,但是对不同地区、不同产业如何建设,其具体方法尚不明确,理论对实践的指导还远远不够。也就是说,重点回答了"是什么,做什么"的问题,而对于"怎么做"还没有系统的回答。现实要求我们对生态文明的研究不能停留在理念、理论层面,应尽快上升到解决实际问题的可操作层面。今后应优先加强衡量生态文明程度的定量化研究,增加对具体地方和具体领域实现路径与目标的关注,如不同省份、不同行业的方式方法,从宏观进一步落实到中观和微观的层面,让理念进一步转化为行动力和生产力。但无论如何,资源节约是生态文明建设的重要内容和基础。因此,无论是政府经济社会发展规划,还是生态文明建设规划,都十分鲜明地突出了这一点。

12.3 资源节约促进生态文明建设的国际经验

资源节约型社会建设是全人类的责任,更是当前应对气候变化、增强全球可持续发展能力的重要手段,因此,各国都根据自身的经济社会发展阶段特征,提出相应的要求,主要体现在以下几个方面:

12.3.1 推动政府优先节约

政府的率先垂范与导向有巨大的推动作用。政府机构节约资源不仅是控制或降低资源消费增长幅度,减少公共财政支出,推动新技术、新设备、新材料推广应用的重要措施,而且也是向全社会做好示范表率,引导和推进全社会节约资源,建设节约型社会的有效途径(田恒国,2005)。例如,加拿大、荷兰等国家要求所有政府机构都参与节能项目的实施;美国专门制定了白宫短期及长期节能行动计划,并在法律中对政府节能等相关问题进行了规定;日本的政府部

---

① 鄂平玲. 奏响中国建设生态文明的新乐章——专访中国生态学会理事长、中科院研究员王如松[J]. 环境保护,2007(11):37—39

门中有专门负责节能的机构和健全的节能中介机构;澳大利亚非常重视政府机构能耗的降低,联邦政府规定所有机构每年都要向工业、旅游和资源部报告其年度能耗状况,报告同时提交国会,接受议会和公众监督,以提高政府机构节能工作的透明度(刘毅军,2005)。

12.3.2 制定节能法律法规

努力提高资源利用率,以尽可能少的资源投入获得最佳经济效益,已成为各国增强产品竞争力,保证资源安全,降低环境损害,减少温室气体排放的重要手段和各国能源战略的重要组成部分,很多国家都以立法形式制定了国家级和地方级的节能法律法规(田恒国,2005)。如美国先后出台了《资源节约与恢复法》(1976)、《国家节能政策法》(1978)、《公共汽车预算协调法》(1985)、《联邦能源管理改进法》(1988)等法律,此外还对各部门制定了节能具体规定,如交通运输部门向燃料消耗高的汽车征税等;日本在1979年颁布实施了《关于合理使用能源的法令》(即《节能法》),又分别于1998年和2002年进行了修改。与此同时,一些发达国家还将能效标准和标识作为一种重要的节能法规形式,如德国2002年生效的《能源节约法》制定了德国建筑保温节能技术新规范,从控制建筑外墙、外窗和屋顶的最低保温隔热指标改为控制建筑物的实际能耗。

12.3.3 创立政策激励机制

发达国家在节约资源政策上建立激励机制,以鼓励高效节能产品的研发和应用。例如,日本对企业购置政府规定节能设备并在一年内使用的,实行节能专项补贴、减免税政策,即按设备购置费的7%从应交所得税中扣除;英国实行节能基金和低息贷款政策,其碳排放信托基金主要用于促进新的或已有的能效技术的商业化,其中约50%的基金用于高效节能低碳新技术的开发和商业化,其余基金用于支持节能改造项目融资和中介结构开展节能活动,此外,英国政府还设立了"能源效率基金"鼓励企业节约能源;芬兰通过收取资源环境税使资源价格反映环境等外部成本内部化,确保价格反映维持资源供应的长期成本,从而通过市场信号影响资源需求,促进消费者节约资源和资源结构调整;德国政府推出二氧化碳减排等项目,并为节能项目提供低息贷款,以调动企业和个人投资节能的积极性。

12.3.4 发展循环经济

各国都十分重视不同领域的循环经济发展,有的还制订了较为完善的法律制度,如德国通过《垃圾清除法》、《关于避免废弃物和废弃物处置法》、《循环经济法》等法律促进循环经济建设;日本在20世纪80年代末90年代初就开始生态型循环经济发展模式,提出了"环境立国"以及"循环经济"和"循环型社会"的发展战略,2000年日本参众两院表决通过《循环型社会推进基本法》;韩国推行"废弃物再利用责任制",实行了产品的全生命周期管理制度,规定了家用电器、轮胎等一批废旧产品须由生产单位负责回收和循环利用;法国通过"绿色包装"集团,80%多的生活垃圾得到可循环处理,其中63%的废弃包装类垃圾经再处理后被制成了纸板、金属、玻璃瓶和塑料等初级材料,17%的垃圾被转化成了石油、热力等能源(刘毅军,2005)。

12.3.5 实行产品能耗认证

美国环保局从20世纪90年代推出"能源之星"商品节能标识体系,将符合节能标准的商品贴上带有绿色五角星的标签,并进入政府的商品目录得到推广;德国根据欧盟《能源消耗标示法规》制定了产品能耗标签制度,对多种市场销售产品按照其能耗情况粘贴不同等级的能耗标签,而消费者在购买或租赁房屋时,建筑开发商也必须出具一份"能耗证明",告诉消费者这个住宅每年的能耗,主要包括供暖、通风和热水供应;澳大利亚和新西兰实行住宅节能等级评定制度,住宅节能等级被分为6档,从零星级到五星级,分别代表了住宅在取暖和制冷方面的能源效率利用情况;低级别意味着或者就是高能耗住宅,室内舒适度较差,四星、五星等高级别的住宅性能好,耗费的取暖费用和制冷费用却不多,因此对购房者和开发商均具有吸引力(童悦仲,刘美霞,2005)。

12.3.6 采用新型节能技术

技术是实现资源节约型社会建设目标的根本性措施,各国都十分重视在节能、节水、节地、节材等方面的技术创新与推广(赵阳,刘向,何德功,2005)。例如,为降低室内能源消耗,芬兰新的建筑物均采用新型绝热墙体材料,并在企业推广全新的高能效生产工艺;美国能源部大力推广"零能耗住宅"新技术,旨在通过最佳整体设计、利用最先进的建筑材料以及已上市的节能设备,达到房屋所需能源或电力100%自产的目标;日本注重通过市场机制引导企业节能,节能产品是日本市场的最佳选择,若无法在节能技术上不断创新,产品最终将失去市场;韩国政府和民间积极普及太阳能高效造氧技术,以替代化石能源。

12.3.7 加大节约宣传力度

增强资源节约型社会的意识是关键,通过宣传教育将有效提高公众意识,更有利于资源节约型社会政策措施的落实。例如,德国联邦消费者中心联合会提供有关节电的信息和咨询服务,德国能源局开设有关节电的免费电话服务;日本开展全民节能运动的同时,经常举办"节约生活"大型展览会;澳大利亚和新西兰两国政府积极推广和实施住宅节能等级评定制度。

12.3 资源节约促进生态文明建设的政策选择

随着经济社会发展所造成的资源环境压力不断加大,我国政府日益重视资源节约型社会建设,但是在资源节约方面仍然有进一步提升的空间,需要通过政策创新建议实现。

12.3.1 资源节约型社会建设面临的问题

(1) 资源节约利用的意识与习惯还不够强,乃至有的企业或居民认为市场经济条件下节约不节约是个体行为,而没有充分认识到资源节约的外部性成本或问题。尤其是为了发

展经济,还处在一些鼓励消费的政策与措施,这在很大程度上进一步加剧了经济社会发展的资源环境压力与矛盾;

(2) 资源利用的技术经济水平有待进一步提高,尤其是节地技术、节能技术、节水技术、资源综合利用技术等需要有进一步的提升,新能源开发利用技术进展缓慢。同时,另一方面,一些技术由于出发成熟考虑,尤其是对于资源环境的风险考虑不够,也带来了一些问题,如页岩气开发等;

(3) 资源节约利用的激励机制还没有完全建立起来,尤其是资源环境产权及价格制度还不尽完善,造成资源环境占用价格未能充分反映其自身价值,从而导致资源环境过度占用。一些电力企业甚至仍然对用电大户实施电价优惠政策。在我国的土地政策尤其是工业用地政策中也是如此,越是大项目,占地面积大,其单位土地价格往往也越低,从而也变相导致一些资本雄厚的企业变投资为土地投机,过度圈地;

(4) 主体规划区规划对于区域发展的引导和制约不够强,诸侯经济发展格局模式仍然十分突出,区域间的产业分工不明确,以及区域城镇及产业规划与基础设施布局不尽合理,造成城镇通勤增加,能源消耗需求过快增长;产业和基础设施存在重复建设或布局不尽合理,造成资源过度占用与浪费;

(5) 自然资源综合管理及用途管制机制尚未建立,自然资源分散管理,多头管理,分类方式各自为阵,不仅没有准确地了解各类自然资源的分布及特征等基本国情,而且在区域自然资源开发利用中,往往不考虑自然资源之间的关联性。如城市规划、土地利用总体规划等编制与实施对于水资源、水环境等的承载能力关注不够,更没有充分考虑到"山水田林湖"这一生命共同体的存在。

12.3.2 资源节约促进生态文明的政策建议

提出从优化国土空间开发格局、全面促进资源节约、加大自然生态系统和环境保护力度及加强生态文明制度建设四个方面,大力推进生态文明建设,旨在着力推进绿色发展、循环发展、低碳发展,为人民创造良好生产生活环境。这说明,我国将从统筹人与自然关系出发,尊重自然、顺应自然、保护自然,"还权利于自然",形成以国土空间格局为支撑,以资源节约为优先,以生态环境保护为路径,以制度创新为保障的生态文明建设体系,通过生产方式和生活方式的根本性变革,实现经济、社会、生态环境全面协调可持续发展。

1) 发挥"政府第一资源"的统筹功能,实施规划倒逼

"规划科学,是最大的节约;规划不合理,是最大的浪费"。为了将又好又快的战略要求落实到空间,进一步增强区域发展之间的合作与协调,建议编制体现环境容量、资源供应约束的国土规划,实现不同区域、城镇基础设施建设的共享性规划与布局,减少和控制低水平重复建设;编制建设资源节约型社会规划,增强对节能、节水、节地、节材、资源综合利用和循环经济建设的统领性,并制订有关资源节约型社会的评价指标体系,形成约束性和引导性指标内容,切实推进资源节约型社会建设;以健康城市化为重点,坚持先规划后建设、先征地后配套、先储备后开发、先做环境后出让的原则,科学谋划城市布局与建设工作,注重城市土地的适当混合使用以及城市集中供热体系的建设,积极促进公交优先战略的实施,减少城市建设与运行中的资源环境过度占用问题,促进城市人居环境的持续改善。

2）发挥经济杠杆的调节功能，实施价格倒逼

在健全节约资源的法律法规和标准体系的基础上，进一步改革资源环境价格的形成机制和价格结构，将资源的稀缺性及环境占用的外部性成本纳入资源环境价格体系，更好地反映资源环境的稀缺程度和供求关系。如通过进一步适度提高污染收费标准、促进排污权交易、发展水权市场、实施工业用地最低出让价格制度、政府绿色采购等资源环境市场机制，切实提高全省资源节约利用效率。

3）发挥产业政策的引导功能，实施产业倒逼

通过修订资源利用、环境排放以及生态占用的标准，不断提高高能耗、高水耗、占地多、污染重行业部门的运行成本，促进传统产业的技术升级或区域转移；同时，通过政府财政支持和科技政策的支持，积极促进资源节约型技术及产品的研发，不仅可以为全省乃至国内外资源节约利用水平的提高提供技术或产品服务，而且也使得江苏省形成一个资源节约型技术及产品研发的新兴产业群。

4）发挥资源配置的政府功能，实施供应倒逼

通过积极有效地发挥政府在水、土地、能源等重要资源配置方面的主导性作用，形成有利于经济又好又快发展的资源供应机制。例如，为了保障工业用地的有效供应，增强政府对于工业用地市场的调控力度，建议建立工业用地储备制度。主要是：收购储备工业用地，控制低价出让工业用地行为；收购储备闲置工业用地，为经济社会提供发展空间；根据规划，进行工业用地或工业园区整理与建设；调控工业用地市场，平抑工业地价，平衡工业用地供求矛盾。此外，通过供应倒逼机制，还有利于增强重点能源企业或企业集团的能源储备能力，通过促进海外合作（如在澳大利亚等地购买矿山等）、政府财政补贴等方式，不断增强重要能源企业或企业集团的能源储备能力。

5）重视土地资源综合承载力评估

在城镇布局、土地利用中不仅需要关注粮食安全及保障，还需要充分考虑土地利用尤其是城镇、开发区土地占用对于水资源、能源资源、环境容量、碳容量等的压力与影响。否则，即便保护了耕地面积，保证了粮食安全，但由于过度的人口、产业以及基础设施集聚，导致水资源与水环境问题、能源过度消耗问题、生态环境成为奢侈品等，也将破坏"山水田林湖"系统的平衡，更值得重视的是，由于这一状况对人类健康的损害加剧，公众对于发展的信心丧失，乃至导致社会危机与风险。

主 要 参 考 文 献

[1]　包浩生，彭补拙. 自然资源学[M]. 南京：江苏教育出版社，1988
[2]　黄贤金. 资源经济学读本[M]. 南京：江苏人民出版社，2005
[3]　倪绍祥. 我国国土资源的利用与保护[M]. 南京：江苏教育出版社，2000
[4]　彭补拙，濮励杰，黄贤金. 资源学导论[M]. 南京：东南大学出版社，2007
[5]　黄贤金. 资源经济学[M]. 南京：南京大学出版社，2010
[6]　高珊、黄贤金、赵荣钦. 江苏低碳发展模式及政策研究[M]. 南京：南京大学出版社，2013
[7]　彭补拙，黄贤金，濮励杰. 资源科学[M]. 北京：科学出版社，2009

13 世界自然资源开发与利用

自然资源既是一个国家、一个地区的自然财富,也是全球的共同财富。随着经济全球化的发展,全球资本参与自然资源开发,带动区域发展的能力得到提升。因此,自然资源开发与利用也要有全球视野。为此,本章注重介绍世界自然资源分布及特征,重点介绍非洲、亚洲及南美洲自然资源开发与利用,并介绍中国参与自然资源贸易等有关内容及政策。

13.1 世界自然资源分布及特征

13.3.1 世界自然地理及自然资源分布概述

地球的总面积约为 51 000 万 km²,其中海洋的总面积为 36 100 万 km²,陆地的总面积为 14 900 万 km²(包括 1 000 万 km² 的岛屿),水陆面积之比大体是 7∶3①。亚洲、非洲、欧洲、北美洲、南美洲、大洋洲、南极洲七大洲各具特色的地形、气候特征,构成了世界复杂多样的自然地理环境:亚洲地形起伏高差大,高原、山地分布广;地势中部高,四周低,平原多分布在河流的中下游;季风气候显著,大陆性气候广布。非洲高原地形占优,其面积冠于各洲;断裂地形广泛发育,东非裂谷带纵贯东部,山脉较少;气候暖热干燥。欧洲地势低平,平原面积广大,是世界上地势最低的大洲之一,冰川地形广布;温带气候占绝对优势,海洋性显著。北美洲地势东西高,中部低,山地南北延伸;气候类型多样,大陆性气候占优势。南美洲西部为安第斯山脉;东部为平原、高原相间分布;气候温暖湿润,以热带气候为主。大洋洲地势低平,西部为高原,东部为山地,中部为平原;气候普遍暖热,干旱区面积大。南极洲冰川广布,是烈风、暴雪和酷寒的极地气候②。

复杂多变的自然地理环境造就了世界各地分布广泛、类型多样、空间差异大的自然资源,主要包括水资源、土地资源、生物资源、海洋资源、矿产资源、气候资源等,分布如表 13.1 所示:

表 13.1 世界主要自然资源分布情况

资源类型	分布情况
水资源	江河年径流量居世界前六位的国家:巴西、俄罗斯、加拿大、美国、印度尼西亚、中国。世界水能蕴藏量最丰富的国家和河流分别是:中国和刚果河
耕地资源	分布很不平衡,世界约50%的耕地集中在美国、印度、中国、俄罗斯、巴西、加拿大、澳大利亚等几个国家。从人均占有耕地来看,各国的情况更加不均衡,澳大利亚人均耕地近 40 亩,加拿大 25 亩,美国 11 亩,巴西 8 亩,而中国仅 1.2 亩,日本则更少为 0.6 亩。

---

①刘德生.世界自然地理.北京:人民教育出版社,1984:5
②根据刘德生.世界自然地理.北京:人民教育出版社,1984:48,138,150,192,246,300,308,341,345,372 整理所得

(续表 13.1)

资源类型		分布情况
生物资源	森林资源	现存的森林主要有热带雨林(主要分布在南美亚马孙河流域、非洲刚果河流域和几内亚湾沿岸、东南亚马来群岛)和亚寒带针叶林(主要分布在亚欧大陆北部和北美大陆北部,其中俄罗斯的面积最大)
	草场资源	热带草原主要分布在非洲、南美洲和澳大利亚大陆;温带草原主要在亚欧大陆和南、北美洲的温带大陆性气候区 世界草场资源丰富的国家主要有:中国、阿根廷、美国、澳大利亚、新西兰、俄罗斯、蒙古等
海洋资源	生物资源	主要分布在世界四大渔场,即北海道渔场、北海渔场、纽芬兰渔场和秘鲁渔场
	矿产资源	主要为丰富的油气资源,分布在美国、巴西、西非、澳大利亚、东南亚、挪威、埃及、中国、印度等国家和地区
矿产资源	铁矿	主要分布在俄罗斯、中国、巴西、澳大利亚、加拿大、印度等国 欧洲有库尔斯克铁矿(俄罗斯)、洛林铁矿(法国)、基律纳铁矿(瑞典)等;美国铁矿主要分布在五大湖西部;印度铁矿主要集中在德干高原的东北部
	煤	主要分布在:① 亚欧大陆中部;② 美国和加拿大;③ 澳大利亚和南非
	石油天然气	主要分布在中东波斯湾(世界最大石油储藏区、生产区、出口区),拉丁美洲(墨西哥、委内瑞拉等),非洲(北非撒哈拉沙漠和几内亚湾沿岸),俄罗斯,亚洲(东南亚、中国),北美(美国、加拿大),西欧(北海地区的英国和挪威)
	其他矿产	南非黄金的产量和出口量均居世界第一,刚果民主共和国的金刚石产量世界第一,几内亚、圭亚那盛产铝土,智利、秘鲁、赞比亚盛产铜

资料来源:根据 2008 版《人教版普通高中地理课程标准实验教科书》整理所得

13.3.2 矿产资源及其分布

由于不同地理空间的地质构造、成矿条件以及探矿能力的差异,使得世界各地矿产储量分布不均衡,大多探明储量集中在少数国家和地区(见图 13.1)。其中,矿产资源最丰富的国家有:美国、中国、俄罗斯、加拿大、澳大利亚、南非等;较丰富的国家有:巴西、印度、墨西哥、秘鲁、智利、赞比亚、扎伊尔、摩洛哥等。

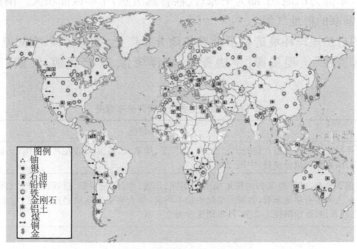

图 13.1 世界矿产资源分布图

据《2008 中国境外矿产资源开发研究报告》整理、修改而得

1) 铁矿资源

根据《2011世界矿产资源概览》，2010年全球铁矿石金属量达870亿t，原矿的储量为1 800亿t。全球铁矿石总量丰富，分布较集中，前6大铁矿石资源国为乌克兰、俄罗斯、中国、澳大利亚、巴西、哈萨克斯坦，占全球总储量（含铁量计算）的77.5%。全球优质铁矿石主要集中在澳大利亚、巴西、印度、南非等为数不多的国家，这些国家也是全球主要铁矿石的出口国。根据美国地质调查局（USGS）日前公布的最新估算数据，2011年全球铁矿石产量达到28.0亿t，同比增长8%[1]。此外，美国地质调查局还在其发布的报告中称，2011年全球大部分主要铁矿石生产国产量均保持增长。在前五大铁矿石生产国中，中国、澳大利亚、巴西和印度均实现增长，仅有俄罗斯出现不到1%的下滑，降至1.0亿t。

2) 煤矿资源

据《BP能源统计2012》，截至2011年底，世界煤炭探明储量为8 609.38亿t，其中烟煤和无烟煤为4 047.62亿t，亚烟煤和褐煤为4 561.76亿t[2]。全球煤炭资源分布不均：欧洲及欧亚大陆的煤炭储量居世界第一位，占35.4%；亚太地区居第二位，占30.9%；北美洲居第三位，占28.5%；中东国家及非洲居第四位，占3.8%，中南美洲居第五位，占1.5%。从各国情况看，世界煤炭储量排在前8位的国家分别是美国、俄罗斯、中国、澳大利亚、印度、德国、乌克兰、哈萨克斯坦。

3) 油气资源

根据《BP能源统计2012》，2011年世界石油剩余探明储量为1 652.6亿桶，比2010年增加30.5亿桶，增长1.88%。其中，中东国家石油储量居世界第一，占世界石油总储量的48.1%；中南美洲居世界第二，占世界总量的19.7%；北美洲居世界第三，占世界总量的19.7%；欧洲及欧亚大陆居世界第四，占世界总量的8.5%；非洲居世界第五，占世界总量的8.0%；亚太地区居世界第六；仅占世界总量的2.5%。2011年世界石油储量排名前10的国家分别是委内瑞拉、沙特阿拉伯、加拿大、伊朗、伊拉克、科威特、阿联酋、俄罗斯、利比亚、尼日利亚。

2011年世界天然气剩余探明储量为208.4万亿m^3，比2010年增加12.3万亿m^3，增长6.27%。其中，中东国家天然气储量居世界第一，占世界天然气总储量的38.4%；欧洲及欧亚大陆居世界第二，占世界总量的37.8%；亚太地区居世界第三，占世界总量的8.0%；非洲居世界第四，占世界总量的7.0%；北美洲居世界第五，占世界总量的5.2%；中南美洲居世界第六，占世界总量的3.6%。2011年世界天然气储量排名前10的国家分别是俄罗斯、伊朗、卡塔尔、土库曼斯坦、美国、沙特阿拉伯、阿联酋、委内瑞拉、尼日利亚以及阿尔及利亚。

根据有关分析[3]，世界石油产量的空间分布以沙特阿拉伯、俄罗斯和美国"三足鼎立"为基本格局，中心大略位于世界地图中部，以东经10°、北纬30°为中心呈"Z"字形小幅摆动。总体来看，世界石油产量分布主轴，从波斯湾油区和里海—欧亚大陆油区之间穿过，在两大油区之间形成平衡。

4) 有色金属矿产资源

铜矿资源，现世界储量为6.41亿t（金属含量），其中70%分布在四个不同的地质的地

---

[1] 数据来源：USGS. Mineral Commodity Summaries. Reston：Virginia, 2011：20—62
[2] 数据来源：http://www.bp.com/statisticalreview
[3] 郝丽莎. 世界石油地理格局之变. 南京：南京师范大学出版社, 2012：105

理区:即智利和秘鲁、美国西部、赞比亚北部与扎伊尔毗邻处,以及俄罗斯与哈萨克。

铝矿资源,世界铝土矿总储量250多亿t。主要分布在几内亚、澳大利亚、巴西、牙买加、印度等国,五国总储量占全球总储量的60%。

铅锌矿资源,已探明铅储量1.5亿t,锌1.15亿t。主要分布在美国、加拿大、澳大利亚、中国和哈萨克等国。

锡矿资源,世界探明储量1.014亿t,主要分布在东南亚和东亚两大锡矿带。

锰矿资源,现世界已探明储量120亿t,集中分布在南非、乌克兰、澳大利亚、巴西、印度和中国等国。

金矿资源,属贵金属,世界总储量4.1多万t,主要分布在南非、俄罗斯、美国和加拿大等国。

13.3.3 水资源及其分布

地球上有138.6×10^8亿m^3的水,其中96.53%为海洋水,而淡水储量为3.5×10^8亿m^3,占总储量的2.53%。水资源总量丰富,但由于开发技术及成本的限制,目前海水、深层地下水、冰雪固态淡水等还很少被直接利用,大部分的淡水资源以冰川、永久积雪和多年冻土的形式储存,其中冰川储水量约24×10^8亿m^3,约占世界淡水总量的69%。易开发利用,且与人类活动最为密切的湖泊、河流和浅层地下淡水资源,只占淡水总储量的0.34%,约为104.6万亿m^3,不及全球水总储量的万分之一。目前人类大量利用的淡水资源约占淡水资源的9%[1]。可见,在现有经济技术条件下,可利用的水资源仍然是稀缺资源。

从年降水量、年净流量来看,亚洲、南美洲占比最高,两者合计占到世界水资源的50%以上(见表13.2),欧洲、大洋洲、南极洲最少,两者合计分别占到世界水资源的14%、11%、7%。

表13.2 世界各大洲水资源分布状况[2]

洲 名	年降水量		年径流量	
	数量(km³)	占世界总降水量百分比(%)	数量(km³)	占世界总径流量百分比(%)
亚洲	32 240	27	14 410	31
欧洲	8 290	7	3 210	7
非洲	22 350	19	4 570	10
大洋洲	7 080	6	2 390	5
北美洲	18 300	15	8 200	17
南美洲	28 400	24	11 760	25
南极洲	2 310	2	2 310	5
全部陆地	118 970	100	46 850	100

---

[1] 数据来源:世界银行WDI数据库,2007。
[2] 刘德生,等.亚洲自然地理.北京:商务印书馆,1995:9—10

全球水资源分布受制于纬度、海拔高度、气候、距离海洋的距离等要素影响,国别之间时空差异性大,且人口资源和水资源的分布也极不均衡。巴西、俄罗斯、加拿大、中国、美国、印度尼西亚、印度、哥伦比亚和刚果9国,拥有世界50%的人口,但拥有世界60%的淡水资源。淡水资源的国域、地域差异主要是由于降水量的空间分布不均:降水量越大,水循环越活跃,水资源相对丰富;反之,水资源则相对贫乏。据此,世界银行将地球陆

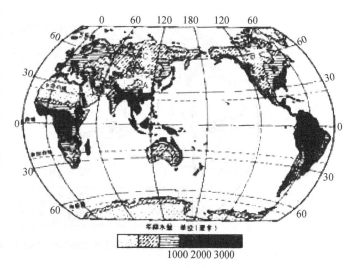

图13.2 世界水资源分布情况(世界银行,2007年)

地分为淡水资源缺乏地区、淡水资源缺欠地区、淡水资源基本满足地区和淡水资源丰富地区。从图13.2中可以看出,世界上水资源最为丰富的地区是南美洲,其中以赤道地区水资源最为丰富,水资源较为贫乏的地区是中亚南部、阿富汗、阿拉伯和撒哈拉。西伯利亚和加拿大北部因人口稀少,人均水资源量很高。就各大洲水资源相比较而言,欧洲稳定的淡水量占其全部水量的43%,非洲占45%,北美洲占40%,南美洲占48%,澳大利亚和大洋洲占25%。同时,约占40%世界人口的80个国家和地区淡水不足,其中分布在北美洲南部、中亚、非洲南部和北部,大洋洲地区的26个国家约3亿人极度缺水[①]。

13.3.4 森林资源及其分布

根据纬度和海陆地带性分异规律,世界森林分为亚寒带针叶林、温带混交林和温带落叶阔叶林、亚热带常绿阔叶林和亚热带常绿硬叶林以及热带雨林四种类型。由于水热条件的差异热带雨林主要分布在非洲和南美洲,亚寒带针叶林主要分布在北美洲和俄罗斯,这些国家和地区也是森林资源最为丰富的地方,而欧亚大陆中部、非洲大部则鲜有林木覆盖,森林资源匮乏(见图13.3)。

历史上,地球陆地的三分之二曾生长着茂密的森林,后因自然和人为活动,森林面积不断减少。在1990—2000年,每年森林面积净减少830万hm^2,这一数值在2000—2010年有所下降,估计每年净减少520万hm^2。截至2010年,世界森林总面积约40亿hm^2,占陆地总面积的31%,人均森林面积为0.6 hm^2。5个森林资源最丰富的国家(俄罗斯联邦、巴西、加拿大、美国和中国)的森林面积占森林总面积的一半以上。目前已有卡塔尔、瑙鲁、托克劳等10个国家或地区已经完全没有森林,另外主要分布于亚洲和太平洋区域、近东的(包括北非、西亚和中亚)54个国家的森林面积不及其国土总面积的10%[②]。

---

① 资料来源:世界银行WDI数据库,2007。
② 数据来源:FAO. 2011年世界森林状况. 罗马,2011:2—8

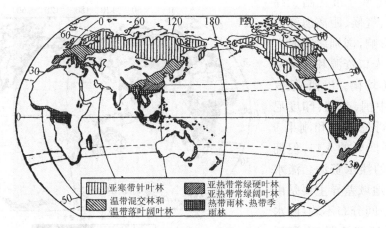

图 13.3　世界森林资源分布图(FAO《2011 世界森林状况》)

13.3.5　土地资源及其分布

土地资源分类方法多种多样,按地形可以分为山地、平原、丘陵、高原、盆地,其中山地是林、牧适宜区,耕地资源主要分布于平原、丘陵地区,占土地面积不大的冲积土地供给世界人口 25% 的粮食、棉花和其他产品。FAO 按照土地利用现状,将土地资源分为农用地、建设用地、未利用地,其中耕地是主要的农用地资源;按土壤性质划分有黏土、壤土、沙土等。

耕地资源是重要的粮食生产资源。世界耕地资源总面积 13.7 亿 hm^2,约占陆地总面积的 10.78%,主要分布在温暖湿润的平原地带,美国、印度、俄罗斯和中国的是世界上占有耕地资源面积最大的四个国家,其中耕地面积占土地资源总面积比例最高的国家是印度,约为 53.2%[1]。但由于农业结构调整、砍伐森林、过度放牧以及基础设施建设、城镇化等土地不当利用行为,世界耕地资源的数量正在减少,耕地质量也受到严重退化的威胁。世界每年有 600 万 hm^2 土地变成沙漠,另有 2 100 万 hm^2 土地丧失经济价值,土地沙漠化威胁世界 100 多个国家和 8 亿多人口[2]。

草地资源是畜牧业发展的重要基础。世界草地总面积约为 67 亿 hm^2,占土地面积的一半左右,主要由永久牧场、疏林地等组成,分布于热带和温带半干旱地区,其中永久牧场主要分布在亚洲和非洲地区。草地资源在各大洲分布不均衡,非洲、亚洲、拉丁美洲和大洋洲占比比较大,欧洲最小。非洲有大面积的热带稀树草原,约占非洲总面积的 40%,是世界上最大的热带稀树草原分布区,当地叫萨旺那。亚洲草原面积为 7.59 亿 hm^2,主要分布在哈萨克斯坦、蒙古和中国的西北、内蒙古、东北大平原北部。北美草原典型的类型是普列利草原(prairie),该地以东经 100°为界,以东为高草区,以西为短草区,此线左右为混合普列利草原,高草和短草兼有之。南美洲的天然草地称潘帕斯草原(Pampas),草类中占优势的是硬叶禾本科草。大洋洲的草地主要分布在澳大利亚和新西兰。欧洲草原面积约 8 300 万 hm^2,主要分布在东欧平原的南部。澳大利亚、中国、美国的草场面居于世界前三位;南非的

---

[1] 资料来源:世界银行. WDI 数据库,2007
[2] 资料来源:UNEP 网站。

草场面积占土地总面积比例最大[①]。

13.3.6 海洋资源及其分布

海洋是人类存在和发展的资源宝库和最后空间[②]。地球上海洋的面积约占地球表面积的71%。世界海洋的平均深度为3 795 m,体积约为$1.37×10^9$ km³,海水总质量约为$1.37×10^{18}$ t,海水占地球总储水量的97%[③]。海洋由洋、海以及海湾、海峡等几部分组成,主要部分为洋。全世界的大洋可分为太平洋、大西洋、印度洋和北冰洋4个部分,它们的总面积约占海洋总面积的89%。

1) 海洋生物资源

海洋是生物资源的宝库。地球上的80%以上的生物资源存在于海洋中。据统计,海洋中的生物多达69纲、20多万种,其中动物18万种,已知鱼类约1.9万种,甲壳类约2万种。据生物学家估算,全球海洋每年浮游植物产量$5.0×10^{15}$ t,折合成可供人类食用的鱼、虾、贝、藻的重量为6.0万 t[④]。

渔业一直是人类对于海洋生物资源的开发利用的重点领域,围绕太平洋、印度洋、大西洋三大海洋,形成了包含世界著名的秘鲁渔场、千岛渔场、北太平洋西部渔场以及中国舟山渔场的太平洋渔场,包含印度洋西部、塞舌尔群岛拖网渔场的印度洋渔场以及包含大西洋东部渔场、纽芬兰渔场、西北非洲和西南非洲渔场等的大西洋渔场(见图13.4)。

图13.4　世界渔场分布图(图片来源:百度图片,2010年)

2) 海洋矿产资源

作为工业发展的血液,石油资源历来是全世界关注的焦点,而海洋中贮存的石油资源量约占全球石油资源总量的34%,探明率为30%左右。目前,全球陆上石油探明储量为1 757亿 t,天然气探明储量$1.73×10^{14}$ m³。全球海洋石油资源量约$1.350×10^{11}$ t;海洋天然气资源约$1.40×10^{14}$ m³,其中,世界主要深海区石油及天然气储量均占1/3左右(见

[①]资料来源:世界银行. WDI数据库,2007
[②]朱晓东,李杨帆,吴小根,等. 海洋资源概论. 北京:高等教育出版社,2005;5
[③]辛仁臣,刘豪. 海洋资源. 北京:中国石化出版社,2008;1—3
[④]数据来源:FAO. 2012年世界渔业和水产养殖状况. 罗马,2012;75—78

表 13.3)。

表 13.3 世界主要深海区油气资源量[①]

国　家	海　域	油气储量 (亿 t 当量)	石油 (亿 t)	天然气 (亿 m³)
美国	墨西哥湾北部	21.0	15.0	6 000
巴西	东南部海域	27.3	23.2	4 100
西非	三角洲、下刚果	28.6	24.5	4 100
澳大利亚	西北陆架	13.6	0.5	13 100
东南亚	婆罗洲	5.3	2.0	3 300
挪威	挪威海	5.1	1.1	4 000
埃及	尼罗三角洲	4.8	—	4 800
中国	南海北部	1.0	—	1 000
印度	东部海域	1.6	—	1 600
合计		108.3	66.3	42 000

13.2　非洲自然资源开发与利用

13.2.1　非洲自然资源开发利用现状

世界第二大洲非洲位于东半球最西部,四面环海,东濒印度洋,西临大西洋,南隔厄加勒斯海遥望南极洲,北隔地中海与欧洲相望,东北以红海和苏伊士运河为界与亚洲相邻。南北横跨 73 个纬度,最大长度 8 100 km,东西横跨 69 个经度,最大宽度 7500 km,有 54 个国家和地区。非洲是唯一赤道从中穿过的大洲,赤道将非洲分为南北两部分,东非大裂谷贯穿南北,赤道南北的自然景观和气候类型呈规律性对称分布。非洲大部分面积位于南北回归线之间,热带、亚热带地区占 95% 以上,3/4 的土地受到太阳的垂直照射,1/2 以上的地区终年炎热,是名副其实的"热带大陆"。此外,非洲高原面积十分广大,有"高原大陆"之称[②]。特殊的地理位置决定了非洲自然资源的特征,非洲自然资源尤其是水资源、农业资源、森林、矿产资源丰富。

1) 水资源丰富但分布不均

非洲气候特征是高温、少雨、干燥,气候带分布呈南北对称状,降雨量从赤道向南北两侧减少,降水分布极不平衡,1/3 地区平均降雨量不足 200 mm,东南部、几内亚湾沿岸及山地的向风坡降水较多,个别地方年降水多达 10 000 mm,因此,非洲拥有 5.4×10^{12} m³ 水量,但由于水利设施不够完善,仅 4% 的水资源得到开发和利用[③]。

非洲拥有尼罗河、刚果河、尼日尔河、赞比西河等大型河流,其河流径流占世界河流径流总量的 12%,仅次于亚洲和南美洲;拥有维多利亚湖、坦噶尼喀湖、马拉维湖等巨大天然湖

---

①江怀友,潘继平.世界海洋油气资源勘探现状.中国石油企业,2008,(3):76—77
②苏世荣,等.非洲自然地理.北京:商务印书馆,1983:4
③,②姜忠尽.非洲农业图志.南京:南京大学出版社,2012:64—66

泊和沃尔特水库、纳赛尔水库、卡里吧水库等大型人工湖；热带非洲拥有几百处经常性沼泽，还有许多季节性沼泽。由于非洲大陆地势东高西低、南高北低，从东南向西北倾斜，火山、湖泊众多，高原边缘地带多悬崖峭壁，形成单面山的地形。许多河流发源于高原山地，在入海前流经许多阶地、陡崖，并形成瀑布和激流，如刚果河上有43处较大的瀑布，赞比亚河有72处，大量的激流和瀑布蕴藏着丰富的水力资源，非洲的所蕴藏的水能资源约占世界的30%[③]。

非洲水资源的分布是极不平衡的，非洲赤道地带终年高温多雨，水源丰富；而向南向北，降水急剧减少，到南北两大沙漠带甚至出现无雨区；再向高纬北至地中海沿岸、南至南非南部，又有所增加。赤道地带水系发达，形成了以刚果河为代表的河流网。刚果河流域面积和流量均仅次于亚马孙河，居世界第二位，蕴藏的水能资源1.32亿kW，约占世界的1/6。在其主要水利工程英加大型水电枢纽上25 km河段中，水位落差达100 m。英加水电站设计装机容量为3 900万kW，全部建成后将成为世界最大水电站。尼罗河是世界流程最长的河流之一，其下游也是人类文明的发祥地之一，也是目前非洲人口最为密集、经济最为发达的地区，其水资源的开发利用也有悠久的历史。著名的阿斯旺水坝位于埃及境内的尼罗河干流上，在首都开罗以南约800 km的阿斯旺城附近，将尼罗河拦腰截断，从而使河水向上回流，形成面积5 120 m²、蓄水量达1 640亿m³的世界第7大水库——纳赛尔湖。

水坝的修建为非洲水资源的综合开发与利用创造了条件，为流域的农业灌溉提供了便利，阻止了河流在雨季的泛滥，有效降低了下游人民遭受洪灾的风险，并通过水力发电为地区经济都做出了很大的贡献。但同时也使下游的水文特征发生了变化，大坝的修建使得沿河流域的耕地肥力下降、土壤盐碱化，使得水库下游的水质恶化，河床受到严重侵蚀，也使得去尼罗河入海口产卵的沙丁鱼绝迹[④]。

2）土地资源总量丰富，人均占有量不高，耕地资源相对紧缺

根据联合国粮农组织统计数据，非洲土地资源总量在世界各大洲（南极洲除外）中排第二，而农用地比例居世界末位，说明非洲的土地资源开发利用程度不高。由于非洲人口数量众多，人均占有土地资源数量不高。

非洲独特的地理位置和水热条件决定了其土地资源结构的差异。从表13.4可以看出

表13.4　2010年非洲各地区土地资源数量

地 类	中 非	北 非	东 非	西 非	南 非
农业土地（×10⁸ hm²）	1.64	2.42	3.08	2.88	1.65
耕地	0.24	0.42	0.62	0.85	0.14
草地牧场	1.37	1.95	2.39	1.90	1.51
森林	3.13	0.79	1.81	0.73	0.28
非农土地	1.74	5.18	1.26	2.45	0.72
合计	6.50	8.38	6.06	6.06	2.65
人均量（hm²）	5.45	4.30	1.65	2.32	4.37

资料来源：FAO(2010)数据库非洲统计数据

[③]中国科学院自然资源综合考察委员会.中国与非洲资源互补与合作前景.中国软科学，1998,(7):16—20
[④]资料来源：百度百科

农业土地和耕地主要分布在南非和西非,西非是非洲耕地资源最丰富的地区,受西南季风影响,尼日利亚、加纳、多哥、贝宁等国所在的环几内亚湾地区水热条件较好,耕地资源相对集中,草地在尼日利亚、尼日尔、毛里塔尼亚等国家较为丰富,森林在尼日利亚、马里、科特迪瓦分布较多。

北非耕地数量仅次于西非耕地,主要分布在尼罗河沿岸和地中海沿岸的苏丹、埃及、摩洛哥、阿尔及利亚等国。中非耕地面积最少,且耕地主要分布在喀麦隆、刚果民主共和国、乍得等国,草场以刚果共和国、刚果民主共和国、乍得等国较为丰富,森林以刚果民主共和国最多,这里有世界重要的热带森林区。东非土地资源在其耕地主要分布于埃塞俄比亚、坦桑尼亚、乌干达等国,草场面积在结构中略占优势,以埃塞俄比亚、索马里、肯尼亚、坦桑尼亚等国为多,坦桑尼亚、埃塞俄比亚等国森林较多。南非地区草场资源丰富,森林面积仅次于中非而高于其他非洲地区,其耕地主要分布在南非东南部气候相对湿润地区的国家,如南非共和国、赞比亚、莫桑比克等国草地在南非共和国、安哥拉、莫桑比克等国家分布较广;森林以安哥拉、赞比亚等国家较丰富。

虽然非洲土地资源总量丰富,但是人均占有量相对较少,利用率不够高,尤其是农业土地利用的基础设施条件较差,非洲粮食短缺问题十分严峻。总体来看,耕地主要集中在环几内亚湾地区和尼罗河流域,热带草原气候区分布着大面积的草场,中非刚果河流域以森林资源为主,北非、西非、南非中西部受热带沙漠气候的影响,森林分布较少,种植业和林业受到很大限制。此外,中非地区长期干旱,沙漠化扩展也使该区域荒漠化土地面积有增无减。

虽然近10年来非洲经济得到复苏,但非洲土地利用覆被变化大,有关研究利用欧洲联合研究中心空间研究所的全球变化数据 GLC2000 和欧洲航天局联合其他国际机构组织共同建立的全球分辨率的地表覆盖分类数据 GLOBCOVER2009,分析得出:2000、2009 年非洲土地利用主要类型均为林地和其他土地,草地、农用地次之,水域、建设用地面积最小,其中 2000 年农用地占全洲总面积的 13.62%、林地 32.39%、其他土地 33.41%、草地 19.58%、水域 0.90%、建设用地 0.10%,而 2009 年农用地占全洲总面积的 16.35%、林地 34.51%、其他土地 33.98%、草地 14.26%、水域 0.92%、建设用地 0.10%①。

3) 矿产资源丰富,开发潜力巨大

非洲矿产资源十分丰富,且种类多,储量大。全球 47 种主要矿藏中,非洲有近 20 种占特殊地位或首位。其中包括金属矿产中铁、铬、黄金、铜、铀、铝土、锰、锂、铍、钽、铌、钴、钒、钛、铂、铅、锌、锑、锡,非金属矿产中的金刚石、磷酸盐、石棉、萤石、石墨,以及能源矿产中的石油、天然气。其中,黄金、金刚石、铂族金属、铝土矿、钴、铀等重要矿产资源居世界首位,铂、锰、银等矿产储量占世界的 80% 以上,磷酸盐、钯、黄金、钻石、钴等储量占世界的 50%,铂族金属占世界的 90%。非洲还是世界八大产油区之一,至 2011 年底,探明的石油储量占世界的 8%,产量占世界总量的 10.4%,储产比 41.2%,而销量仅占世界的 3.9%,说明非洲石油资源的开发潜力巨大,进行资源贸易可以拉动地区经济的增长。非洲已探明的天然气储量为 14.5 万亿 m³,占世界的 7.0%,储产比为 71.7%,消费量占世界的 3.4%。含有油气希望的沉积盆地面积约为 1 302.8 km²,占非洲总面积的 43%,约占世界的 17.6%。因此,矿产业成为许多非洲国家的支柱性产业。

---

①李丽,黄贤金. 2000—2009 年非洲土地利用变化及其时空特征的初步分析. 资源科学,2013,(5)

就金属和非金属矿产而言,南非和加蓬的锰资源十分丰富,分别为世界上第二和第三大锰金属生产国;博茨瓦纳金刚石(天然初级)产量占全球总产量的22%,高达2 619万克拉;南非和津巴布韦的铬铁矿石产量分别居世界第一位(550.2万 t)和第四位(78万 t);南非是非洲最大的矿产国,也是世界最大产金大国和铂族金属生产国;赞比亚和刚果的钴矿石产量(0.8万 t和0.47万 t)也分别列居世界第一位和第三位;赞比亚的铜矿资源十分丰富;津巴布韦蕴藏着丰富的高品质的贵橄榄石;莫桑比克的稀有和战略性金属十分丰富;塞内加尔的磷酸钙和铝矿丰富。此外,非洲的锑、铝矾土、金红石、磷酸盐、钒、重晶石的产量也名列世界前列。

就能源资源而言,非洲在世界能源市场的地位与日俱增。非洲油气资源十分丰富,主要分布在地台内部的负向地区和滨海地带的沉积盆地内,在非洲已知的66个沉积盆地中,大约21个已见油气,已进行大规模开采的主要是8个位于北非和西非的沉积盆地,已探明的石油储量约占世界总储量的12%,已成为仅次于中东、中亚的世界第三大储油区。西非的几内亚湾和尼日尔河三角洲的油气资源丰富,有"第二个海湾地区"之称。深海勘探技术的发展和几内亚地区新油田的发现,几内亚湾一带地区的已探明石油储量已达世界海上石油储量的14%,并成为非洲乃至世界石油勘探开采的热点地区。此外,最新的勘探结果显示,东非地区也蕴藏着巨大的石油资源,甚至其储量可能超过几内亚湾地区。非洲的石油资源丰富而分布相对集中,尼日利亚、利比亚、阿尔及利亚、安哥拉和埃及5个国家的石油产量占了非洲20个产油国总产量的82.9%。其中尼日利亚是非洲第一大石油生产国,也是世界第6大原油生产国[①]。

尽管自然资源丰富,但技术相对缺乏,部分国家或地区政局不够稳定,非洲经济社会发展处于后发时期。据世界银行统计数据,2010年非洲的GDP为17 024.68亿美元,仅占世界的2.7%,世界的31个低收入国中,非洲国家就占了25个[②]。当前,非洲难以独立开发富饶的矿产资源,殖民地的历史又使其对西方发达国家过于依赖,所以非洲与许多发达国家建立了贸易伙伴关系,非洲出口的矿产资源主要流向欧洲、美国等地,近年来以中国、日本为首的亚太地区的市场也迅速发展。

13.3 亚洲自然资源开发与利用

亚洲位于东半球的东北部和亚欧大陆东部,东濒太平洋,南临印度洋,西滨大西洋的属海地中海和黑海,北达北冰洋。大陆东至杰日尼奥夫角(西经169°40′,北纬60°5′),南至皮艾角(东经103°30′,北纬1°17′),西至巴巴角(东经26°3′,北纬39°27′),北至切柳斯金角(东经104°18′,北纬77°43′)。南北跨越的纬度大于92°,在各大洲中跨纬度最广,这使得亚洲具有从赤道带到北极带几乎所有的气候带和自然带。东西跨越的经度约为165°,这也使得亚洲东西的时差达11小时[③]。

亚洲是世界上面积最大的洲,大陆总面积约为4 400万 km²(包括岛屿),约占亚欧大陆总面积的80%,世界陆地总面积的29.4%,地球表面积的8.7%。巨大的地理空间使得亚洲的自

[①]数据来源:BP世界能源统计年鉴2012
[②]数据来源:国家统计局网站2010世界数据
[③]刘德生.亚洲自然地理.北京:商务印书馆,1995:9—10

然地理环境较其他大洲更为复杂,相应的,可供开发和利用的自然资源也更加丰富和多样。

13.3.1 亚洲自然资源开发利用现状

1) 兴修水库,跨域调水,调节水资源时空分布

亚洲山高河长,湖沼广布,冰川众多,水资源十分丰富,据统计,亚洲年降水总量为 32 240 km²,占世界总降水量的 27%,径流总量为 14 410 km³,占世界河川径流总量的 31%,均居各大洲之首。同时,亚洲各国可开发的水力资源估计年发电量可达 26 000 亿 kW·h,占世界可开发水力资源量的 27%。

虽然亚洲水资源非常丰富,但在时间和空间上的分布却很不平衡。一些地区存在明显的干湿季,旱季降水量极低,容易造成旱灾;雨季,大量雨水积蓄又容易造成洪涝灾害。而在空间上,有些地区很湿润,甚至水分过剩,如西西伯利亚平原,仅沼泽化面积就达 80 万 km²,而且沼泽化面积还在以每年约 100 km² 的速度扩大。但在中亚地区,水资源却严重不足,为争夺水资源,国家之间还常常爆发激烈冲突甚至战争。

针对水资源年际和年内分配不均衡的状况,亚洲各国采取了不同的方法来改善和控制区域水循环系统。其中最为常见、有效的工程措施就是兴修水库,通过水库削减洪峰,产生稳定径流,从而增加河川水资源的利用率(见表 13.5)。此外,根据地表水和地下水之间的水力联系,亚洲各国的拦蓄工程也从地上向地下发展,采用河槽法(又名沟渠法)、坑塘围堰法、取水井法等,旱季利用地下水,腾出库容,以便雨季洪水下渗,从而实现了水资源的时间调节。

为了改善水资源空间分布不均衡的状况,近年来,亚洲各国都致力于跨流域、跨地区引水工程的建设,将多水区的水引向少水区,调节水资源的空间分布,以满足地区资源开发和经济发展的需求。据不完全统计,亚洲除中国、印度和中亚各国之外,还有巴基斯坦、日本等 8 个国家建设了相应的调水工程(见表 13.6)。而作为亚洲建设调水工程最多的国家之一,巴基斯坦现有输水干渠总长 4 398.8 km,总引水能力达 6 900 m³/s,其西水东调工程更是世界特大型调水工程之一。

表 13.5 亚洲大型水库(不包括中国)

水库名称	所在国家	所在河流	总库容($\times 10^9$ m³)	坝高(m)
布拉茨克	俄罗斯	安加拉河	1 694	125
克拉斯诺亚尔斯克	俄罗斯	叶尼塞河	733	124
古比雪夫	俄罗斯	伏尔加河	580	80
伊尔库茨克	俄罗斯	安加拉河	477	44
维柳伊	俄罗斯	维柳伊河	359	75
凯班	土耳其	幼发拉底河	310	207
塔比拉	巴基斯坦	印度河	137	148
新西伯利亚	俄罗斯	鄂毕河	88	33
希腊库德	印度	默哈纳迪河	81.4	62
曼加拉	巴基斯坦	杰卢姆河	63.5	116

根据刘德生.亚洲自然地理.北京:商务印书馆,1995 相应内容,有所增删

表 13.6 亚洲大型调水工程(不包括中国)

国 家	工程名称	水源地(河流)	调水量(m^3/s)	线路长度	主要用途
巴基斯坦	西水东调工程	印度河、杰卢姆河、齐纳布河	148×10^9	1 105 km	灌溉、发电
以色列	国家输水工程	太巴列湖	4×10^9	200 km	供水、灌溉
伊朗	戈尔甘调水工程	戈尔甘河	4.44×10^9	100 km	
伊拉克	塔尔塔尔—幼发拉底干渠	幼发拉底河	1 100	37.6 km	防洪、灌溉
泰国	南水北调工程	湄公河	110×10^9	56 km	灌溉
沙特	朱贝勒—利雅德供水工程	朱贝勒	2.99×10^9	468 km	城市供水
马来西亚	马六甲—麻坡流域调水工程	—	22×10^9		
日本	利根川调水工程	利根川	137	—	灌溉、供水

根据王光谦.世界调水工程.北京:科学出版社,2009 相应内容,有所增删

2) 海洋渔业资源丰富,面临高度开发利用

亚洲大陆海岸线绵长而曲折,海岸线总长约 7 万 km,是世界上海岸线最长的一个洲。亚洲多半是沿海国家或者岛国,亚洲大陆的半岛面积约有 800 万 km^2,是半岛面积最大的洲。此外,亚洲的岛屿面积约为 270 万 km^2,其中马来群岛包括大小岛屿 12 000 多个,是世界上最大的群岛。

亚洲的半岛和岛屿主要分布在太平沿海,渔场面积约占世界沿海渔场总面积的 40%。著名的渔场主要分布在大陆东部沿海,有中国舟山群岛、台湾岛和西沙群岛渔场;日本的北海道、九州渔场以及鄂霍次克海渔场等。中国的沿海渔场面积占世界沿海渔场总面积的近 25%。亚洲各大渔场盛产鲑、鳟、鳕、鲣、鲭、小黄鱼、大黄鱼、带鱼、乌贼、沙丁鱼、金枪鱼、马鲛鱼以及鲸等水产。

亚洲不仅是重要的水产品出产区,也是主要的水产品消费区,2009 年 1.26 亿 t 供人类食用的水产品中,亚洲消费量为 8 540 万 t(人均 20.7 kg),约占世界总消费量的 67%,其中 4 280 万 t 在中国以外地区消费(人均 15.4 kg)。2010 年渔船数量的统计中,世界渔船总数估计约为 436 万条,其中 323 万条(74%)在海域作业。与其他各洲相比,亚洲的渔船最多,约为 318 万条,占世界总数 73%。数量巨大的水产品消耗,数目繁多的捕鱼船只,也说明了亚洲对于渔业资源的高度开发和利用[1]。

受黑潮暖流等的影响,日本渔场成为世界三大渔场之一,鱼类资源丰富。鱼也成为所有日本人饮食生活不可缺少的食物,占日本人均动物性蛋白质摄取量的 40% 以上。海洋捕捞历来是日本渔业的主导产业,尽管连年减产,但八成以上的产量仍是由海洋捕捞所得。以产量排序,渔获主要产品依次为金枪鱼、鲣鱼、鲑鳟鱼、沙丁鱼、竹荚鱼、鲭鱼、秋刀鱼、鳕鱼等[2]。随着常年对于海洋渔业资源的高度开发,日本的渔业产量也呈现出连年减产的趋势,为此,日本也出台了一系列法律法规,如《水产基本法》等,通过设置可捕量、渔船数目、可捕尺寸等实现渔业资源的保护与增殖。

---

[1] FAO.2010 世界渔业和水产养殖状况.罗马,2011:32—33
[2] 商玉坤.日本渔业现状的探讨.中国渔业经济,2008,(1):83—86

与日本不同,泰国的渔业生产在 20 世纪 90 年代就已达到从其管辖水域内可以捕捞的限度。水深 50 米以内浅水域的底层鱼类、西海岸近海的扁鲹类、泰国湾中部及曼谷湾的蓝圆鲹类、湾内及浅海水域的鳀鱼类,以及大型虾类等都已达到或超过其捕捞限度,但是泰国尚未采取积极有效的措施保护渔业资源的可持续发展。而在亚洲,像这样"竭泽而渔"的行为还有不少。

3) 加强输送管道建设,跨区出口油气资源

亚洲地质构造复杂,矿产资源种类多,储量大。主要矿藏有石油、煤、铁、锰、锡、钨、锑、铜、铅、锌、铝、金、银、钾盐、硫、磷、云母、宝石等。其中,石油、煤、铁、锡等储量均居各洲首位。波斯湾地区的沙特阿拉伯、伊朗、科威特、伊拉克等国均为世界主要储油国,该区的石油储量占世界石油总储量的 60% 左右,而沙特阿拉伯一国就拥有约占世界总量 25% 的石油储量。

虽然亚洲拥有丰富的油气资源,但是其资源的分布却是十分的不均衡。油气资源主要集中在西亚、中亚等地区(见表 13.7),而亚洲油气资源的消费主要集中在东亚、东北亚和南亚地区,尤其是日本、中国和印度等国。这也使得亚洲油气资源在开发和利用中,更加注重跨区输送管道的建设与发展。如中国的西气东输、印度的东气西输以及巴库—第比利斯—杰伊汉石油管道等。其中巴库—第比利斯—杰伊汉管道工程是首条直接连接世界第三大油气资源富集区里海与地中海之间的输油管道。它的起点位于阿塞拜疆的巴库,终点是土耳其的杰伊汉,横贯阿塞拜疆、格鲁吉亚和土耳其,管道干线总长 1 768 km。

表 13.7 2011 年底亚洲主要国家石油和天然气剩余探明储量

地区	国家	石油($\times 10^9$ t)	天然气($\times 10^{12}$ m³)
东亚	中国	2.0	3.1
东南亚	越南	0.6	0.6
	印度尼西亚	0.6	3.0
	马来西亚	0.8	2.4
中亚	哈萨克斯坦	3.9	1.9
西亚	伊朗	20.8	33.1
	伊拉克	19.3	3.6
	科威特	14.0	1.8
	阿曼	0.7	0.9
	卡塔尔	3.2	25.0
	沙特阿拉伯	36.5	8.2
	阿联酋	13.0	6.1
南亚	印度	0.8	1.2

数据来源:根据《BP 世界能源统计年鉴 2012》整理所得。

2000 年以后,亚洲的跨国管道建设飞速发展,已建和在建的管道包括中亚天然气管道、里海输气管道、哈中原油管道、缅甸—印度输油管道、缅中输油输气管道、俄罗斯远东原油管道等。根据全球油气管道行业预测报告,截至 2008 年,亚洲油气管道总里程约为 22 万 km,其中 2001—2008 年短短 7 年间,中国就兴建了超过 4 万 km 的油气管道,而印度兴建的油气管道里程也近 1 万 km[①]。

---

① 范华军,王中红. 亚洲油气管道建设的特点及发展趋势. 石油工程建设,2010,(5):6—9

13.3.2 亚洲自然资源开发和利用存在的问题与隐患

亚洲幅员辽阔,自然资源丰富,自然馈赠给人类丰富的水资源、生物资源、矿产资源等。亚洲通过对这些资源进行开发和利用,不断谋求发展与进步。但由于人口众多,经济发展起步较晚,亚洲在自然资源的开发和利用方面还存在着一系列的问题与隐患。

1) 水资源短缺,水污染严重

过去的 300 年中,由于社会的进步,生产的发展,人类的用水量增加了 35 倍之多,近十年还在以每年 4%～8%的速度递增[①]。由于工业化国家的用水状况趋于稳定,增幅最大的主要集中在发展中国家。亚洲虽然水资源丰富,但是大陆上主要是发展中国家,其经济社会的发展对于水资源的需求愈加旺盛,加之亚洲水资源时空分布的不均衡性,导致了水量的严重短缺,供需矛盾十分尖锐。有关部门预测,2025 年,全世界将有有三分之二的人口面临严重缺水的局面,其中亚洲就占到了 60%。为此,亚洲不得不采取措施,通过加大开采力度,兴修水利工程等缓解水资源的短缺,但是大量和过度的开发水源又带来许多问题,比如给水库及人工渠道带来危险、地下水耗竭以及湖泊和湿地的消失等生态环境效应问题。此外,随着经济、技术和城市化的发展,亚洲各国排放到环境中的污水量日益增多。自身工业化的发展,以及发达国家污染的转嫁都加剧了亚洲水污染的加剧,水质性缺水的情况日益突出。

2) 过度捕捞,竭泽而渔,破坏海洋生态系统

种种统计数据表明,过度捕捞已使亚洲渔业资源呈现日益衰退的趋势。过度的捕鱼和开发自然资源以及采用炸鱼和毒鱼等破坏性的技术进行捕鱼,加重了珊瑚礁的退化以及红树林、海草床的破坏。而珊瑚礁、红树林和海草都是非常重要的海洋生境,具有很高的生物多样性,同时又为鱼、虾、蟹、贝等提供了生长和觅食的场所,据统计约有 90%的海洋鱼类是以沿海湿地、红树林沼泽或附近的河流作为产卵地的[②]。因此这些重要生境的退化,会造成海洋生物栖息地大量丧失,加速相关渔业资源的枯竭。

另外,竭泽而渔的后果不仅仅是渔业资源的枯竭,它还会造成海洋中目标种类的生物量迅速减少,使得群体遗传多样性降低,威胁到物种的生产能力和对环境的适应能力,造成生态系统内群落结构的改变,强烈影响到生态系统的能量流,并最终导致生态系统结构和功能的改变,从而使得海洋生态系统内的生物多样性降低,物种的灭绝速度加快,最严重的还会导致海洋荒漠化的产生。

3) 不可再生油气资源的高强度开发,不利于经济生态社会可持续发展

西亚、北亚地区,油气资源极为丰富,但生态环境较为脆弱,生态系统稳定性较差。在油气资源开发和管道建筑施工的过程中,容易造成地表水和土壤的污染。如钻井过程中产生的废液、废水,含有各种有机聚合物、可溶性金属元素及燃料油、润滑油等污染物质,排入水体会对地表水及周边环境造成极为严重的破坏,进而危及人类健康。此外,常年输出地下的石油、天然气等资源,也易造成地质条件的改变,产生不可逆的破坏。在管线运行期间,由于输送物质的影响,会改变地表温度、水文、径流模式等,进而影响到周边生物的生长和繁殖。

---

① 李新文,陈强强. 国内外虚拟水研究的发展动向评述. 开发研究,2005,(2):110—114
② 兰竹虹,廖岩,陈桂珠. 南中国海及泰国湾渔业资源过度利用现状及保护对策. 热带地理,2006,(4):229—235

油气资源是不可再生的化石能源,总有一天会面临枯竭,储油大国不能够仅仅倚仗着自身的资源优势,不断靠出口有限的资源获取资本,而应该致力于经济的多样化发展,注重环境的保护,为后代人营造一个可持续发展的社会经济生态环境。

13.4 南美洲自然资源开发与利用

南美洲位于西半球的南部,东濒大西洋,南隔德雷克海峡与南极洲相望,西临太平洋,北接加勒比海。东至布朗库角(西经 34°46′,南纬 7°9′),南至弗罗厄德角(西经 71°18′,南纬 53°54′),西至帕里尼亚斯角(西经 81°20′,南纬 4°41′),北至加伊纳斯角(西经 71°40′,北纬 12°28′)。南美洲是美洲大陆南面的一部分,西面有海拔数千米世界上最长的安第斯山脉,东向则主要是平原,包括亚马孙河森林。一般以巴拿马运河为界同北美洲相分,包括哥伦比亚、委内瑞拉、圭亚那、苏里南、厄瓜多尔、秘鲁、巴西、玻利维亚、智利、巴拉圭、乌拉圭、阿根廷、法属圭亚那等 13 个国家和地区。

南美洲面积达 1 784 万 km²,约占地球表面积的 3.5%,世界陆地总面积的 12%,在七大洲中排名第四。海岸线长约为 28 700 km,较为平直,多为与山脉走向一致的侵蚀海岸,岛屿和海湾较少。曲折起伏的地形、温暖湿润的气候,使得南美洲的矿产资源种类繁多且蕴藏量大,森林、草原面积广大,亚马孙盆地更是拥有世界最大的热带雨林,此外渔业资源和水力资源也十分丰富。

13.4.1 南美洲自然资源开发利用现状

1) 水力资源丰富,开发力度欠缺

南美洲气候温暖湿润,大部分地区属热带雨林气候和热带草原气候。全洲降水充沛,以夏季降雨为主的地区占大陆总面积的 75%,年降水量在 1 000 mm 以上的地区占全洲总面积的 70%以上,而沙漠面积也是各洲中较小的。南美洲的水系以科迪勒拉山系的安第斯山为分水岭,东西分属于大西洋水系和太平洋水系。太平洋水系源短流急,且多独流入海。大西洋水系的河流大多源远流长、支流众多、水量丰富、流域面积广。其中世界第二长河亚马孙河就是世界上流域面积最广、流量最大的河流之一,其支流超过 1 000 km 的就有 20 多条。

据统计,南美洲年降水总量为 28 400 km³,占世界总降水量的 24%,仅次于亚洲,年径流总量为 11 760 km³,占世界河川径流总量的 25%,也是除亚洲外河川径流量最大的洲。丰富的降水、众多的河流湖泊,加之起伏的地形,使得南美洲蕴藏了丰富的水力资源,其水力蕴藏量估计为 46 700 万 kW,约占世界水力蕴藏量的 16.9%,已开发的水力资源约为 560 万 kW,约占世界水力资源总开发量的 3.6%。

南美洲的水力资源主要分布在巴西高原的河流上,高原上的许多峡谷,落差大,水流急,水力资源极其丰富。作为南美洲工农业最发达的国家,巴西的发展也得益于其充沛的水力资源,据统计,巴西的大型坝共有 561 座,在建和已规划的主要水电工程中大多数与大型坝有关。水电是巴西电力的主要来源,水电站的发电量占到占巴西全国发电总量的 75%以上。为充分利用水力资源,近年来巴西兴建了许多水电站,包括贝卢蒙蒂、圣安东尼奥、马拉巴等,其中最著名的就是在巴拉那河上与巴拉圭合建的、仅次于中国三峡电站的世界第二大

水电站——伊泰普水电站。

表 13.8 南美洲各国水电资源蕴藏及开发情况

国家	水电资源理论蕴藏总量	技术可开发量	技术可开发量的开发百分比	经济可开发量
阿根廷	354 (TW·h)/年	130 (TW·h)/年	24.6%	—
玻利维亚	178 000 (GW·h)/年	126 000 (GW·h)/年	<2%	50 000 (GW·h)/年
巴西	260 276 MW	93 694 MW	—	—
智利	227 245 (GW·h)/年	162 232 (GW·h)/年	15%	—
哥伦比亚	1 000 (TW·h)/年	200 (TW·h)/年	8%	140 (TW·h)/年
厄瓜多尔	166 808 (GW·h)/年	133 507 (GW·h)/年	5.7%	105 654 (GW·h)/年
法属圭亚那	—	—	—	—
圭亚那	—	—	<1%	7 000~7 600 MW
巴拉圭	111 (TW·h)/年	85 (TW·h)/年	—	68 (TW·h)/年
秘鲁	395 118 (GW·h)/年	—	4.6%	—
苏里南	—	—	7.3%	—
乌拉圭	32 000 (GW·h)/年	10 000 (GW·h)/年	—	—
委内瑞拉	345 000 (GW·h)/年	260 720 (GW·h)/年	22%	100 000 (GW·h)/年

根据《国外水电纵览：南美洲篇》整理得到

虽然巴西、阿根廷、委内瑞拉等国建立了许多水电站，希望充分利用南美洲丰富的水力资源，但是统计数据显示，由于经济技术等多方面的限制，南美洲水电资源的利用率仍然比较低，洲内相对发达的国家，对于水电资源技术可开发量的开发百分比最高不超过25%，平均保持在10%左右。这充分说明南美洲各国对于自身资源禀赋的挖掘、利用还有待加强，寻求国际合作与技术支持将是今后争取发展的有效路径。

2）农业土地利用率低，城市土地无序扩张

南美洲总面为1 784万km²，在七大洲中排名第四，人口4.01亿，人均土地面积44.5 m²。南美洲平原面积比例较大，其海拔300 m以下的平原约占全洲面积的60%。自北向南有奥里诺科平原、亚马孙平原和拉普拉塔平原。其中亚马孙平原的面积约为560万km²，是世界上面积最大的冲积平原，地形平坦开阔，是南美洲耕地资源的主要分布区域。

表 13.9 南美洲主要国家的耕地利用情况

国家	国土面积（万km²）	可耕地面积（万km²）	实际耕作面积（万km²）	实际耕作面积占可耕地面积比例(%)
阿根廷	27 800	9 057.1	2 720.0	30.0
玻利维亚	10 930	6 191.7	238.0	3.8
巴西	85 630	54 938.9	5 071.3	9.2
智利	7 590	332.7	425.0	127.7
哥伦比亚	11 390	6 553.6	546.0	8.3
厄瓜多尔	2 550	1 286.4	303.6	23.6
法属圭亚那	810	662.7	1.2	0.2

(续表 13.9)

国　家	国土面积 （万 km²）	可耕地面积 （万 km²）	实际耕作面积 （万 km²）	实际耕作面积占可耕 地面积比例（%）
巴拉圭	4 000	2 158.9	227.0	10.5
秘鲁	12 950	4 336.3	414.0	9.5
苏里南	1 450	927.3	6.8	0.7
乌拉圭	1 790	1 424.5	130.4	9.2
委内瑞拉	9 290	5 509.2	391.5	7.1

资料来源：FAO、AQUASTAT 数据库

据联合国粮农组织 AQUASTAT 数据库的相关报告，截至 2003 年底，全世界土地面积为 134.32 亿 km²，其中可耕地面积 14.02 亿 km²，占陆地面积的 10.44%。而中南美洲的可耕地面积为 102 847.3 万 km²，实际耕作面积为 14 335.2 万 km²，实际耕作面积占可耕总面积比例分为 13.9%，远远低于亚太地区的 61.4% 和欧洲的 55.6%。且除智利外，南美洲近 90% 的可耕地处都于休耕、轮作或弃耕状态，农业土地的利用率较低，资源开发潜力有待进一步挖掘[①]。

在城市土地使用方面，南美洲呈现出城市无序扩张，农地大量被挤占的特点。由于气候、地形等因素，南美洲的人口分布很不平衡，如亚马孙平原地区就是全世界人口密度最小的地区之一。出于最佳生存环境的考虑，南美洲大多数人口都集中居住在少数大城市中，这使得南美洲城市人口的增长速度居世界首位。至今，巴西城市化率已经超过 80%，阿根廷甚至达到了近 90%。城市化加快的一个重要因素是无地农民不断增加并大量涌入城市，城市贫民窟范围愈来愈大，造成城市规模不断外延扩张，农地大量转化为建设用地，形成了失地农民不断增加与城市不断扩展互为因果的恶性循环。

3）森林资源遭遇大量采伐，热带雨林数量锐减

南美洲是一个温暖湿润、以热带气候为主的大陆，热带气候区约占整个大陆气候区的三分之二以上。由于充沛的雨水，适宜的温度，使得南美洲森林资源极其丰富，是植被覆盖面积较大的大陆。南美洲的森林面积约为 92 000 万 hm²，占全洲总面积的 50% 以上，约占世界森林总面积的 23%。南美洲木材资源极为丰富，有着许多有经济价值的林木，例如红木、柚木、巴西木、香青木、花梨木、檀香木、桃花心木、蛇桑木、内桂、金鸡纳树和各种椰树、棕榈树等。

南美洲还拥有现今世界面积最大，保存最完整的热带雨林，总面积约为 550 万 km²，其中有 60% 在巴西境内，约 330 万 km²，其余 40% 分布在法属圭亚那、苏里南、圭亚那、委内瑞拉、哥伦比亚、厄瓜多尔、秘鲁和玻利维亚境内。南美洲大面积的热带雨林中也蕴藏了极为丰富的动植物资源，据统计，亚马孙热带雨林中仅植物品种就多达 8.6 万～9 万种，其动植物品种之多更是世界上独一无二的。

得天独厚的资源优势，使得南美洲成为世界主要木材产地，出产的木材及木制品除满足本地区基本需要外，还远销北美、欧洲、亚洲各国。这些木材，一部分来自人工种植，另一部分则来自对于天然热带林木。而部分地区有农业生产技术落后，刀耕火种造成的毁林情况也比较多。除此之外，为了眼前利益，农民砍伐和焚烧森林垦荒种地的情况也时有发生。长期的乱砍滥伐、毁林开荒，使得南美洲的森林资源急剧衰退，在过去的不到 50 年的时间里，亚马孙

[①] 李秀峰,徐晓刚,刘利亚. 南美洲和非洲的农业资源及其开发. 中国农业科技导报,2008,(2):56—66

雨林已经有 20% 被夷为平地,这比此前欧洲殖民时代开始后 450 年间砍伐的数量还要多[①]。根据巴西国家地理统计局公布的数据资料,亚马孙热带雨林的面积正以每年 23 000 km²,即每分钟 4 hm² 的速度在减少。国际统计年鉴的统计数据,也显示了南美洲主要国家的森林面积呈现出不断下降的趋势,巴西在 1990—2000 年间森林的平均消失率为 0.51%,阿根廷为 0.88%,委内瑞拉为 0.57%。2000 年时,巴西、阿根廷、委内瑞拉三国的森林覆盖率分别为 64.5%、11.6% 和 55.7%,到了 2010 年则分别减少到了 61.4%、10.7% 和 52.5%。

森林的大量毁坏也带来了严重后果,占世界淡水资源蕴藏量 12% 且水流一向平稳的亚马孙河流域在 2005 年竟然出现缺水的情形,旱季水位下降了 12 m 之多。更为严重的是由于亚马孙热带雨林遭到破坏,大大降低了其热吸附能力,对全球气候变化产生了一定消极作用。

4) 矿产资源储量大,满足自身需要的基础上有效供给世界市场

南美洲的矿产资源非常丰富,种类繁多,且蕴藏量大,拥有现代工业所需的最基本的 20 多种矿物资源的绝大部分。主要矿种有铁矿石、铜、铅、锌、汞、锑、钨、金、钼、砷、铟、镉等,其中锂、铼、钽、碘的储量超过世界储量的一半,铜、锡、银、硒的储量超过世界储量的三分之一,铁、锌、金等矿产的储量也位居世界前列。南美洲的天然气主要分布在委内瑞拉和阿根廷;煤主要分布在哥伦比亚和巴西;铝土矿主要分布在苏里南;铜矿则主要分布在智利、秘鲁等国。

表 13.10 2012 年南美主要矿产储量及分布一览表

矿种	单位	储量	全球占比(%)	在南美各国主要分布情况
钽	万 t	290	96.7	巴西(96.7%)
锂	百万 t	8.41	64.6	智利(57.6%),巴西(0.49%),阿根廷(6.5%)
碘	百万 t	9	60	智利(60%)
铼	t	1 345	53.8	智利(52%),秘鲁(1.8%)
铜	百万 t	280	40.5	智利(27.5%),秘鲁(13%)
银	万 t	21.2	39.9	玻利维亚(4.1%),智利(13.2%),秘鲁(22.6%)
硒	万 t	3.3	35.4	智利(21.5%),秘鲁(13.9%)
锡	百万 t	1.3	27	秘鲁(6.4%),巴西(12.3%),玻利维亚(8.3%)
铁	百万 t	18400	23	巴西(20%),委内瑞拉(3%)
硼	百万 t	39	18.6	智利(16.7%),秘鲁(1.9%)
锰	百万 t	110	17.4	巴西(17.4%)
铝	百万 t	5030	17.3	巴西(12.4%),圭亚那(2.9%),苏里南(2%)
锑	百万 t	0.31	17.2	玻利维亚(17.2%)
金	t	7800	15.3	智利(6.7%),秘鲁(3.9%),巴西(4.7%)
锌	百万 t	24	9.6	玻利维亚(2%),秘鲁(7.6%)

数据来源:根据美国地质调查局.2012 世界矿产资源概览(Mineral Commodity Summary 2012)整理

以铜矿为例,2010 年智力、秘鲁的铜储量分别为 1 500 万 t 和 900 万 t,分列世界第一位和第三位,较 2000 年分别增加了 620 万 t 和 710 万 t。而 2010 年全球铜矿山的产量为 1 680.4 万 t,较 2000 年净增 361.9 万 t,10 年间美洲净增加 164.9 万 t,而其中南美洲无疑是全球矿山的铜产量增加的重要地区。2010—2013 年南美洲又有新建和扩产大型铜矿山 10 座,可新增产能达 143.2 万 t。

除金属矿产外,南美洲也是世界上主要的油气产区之一,2011 年底,剩余石油探明储量约

[①] 吴季松.看世界 80 国:美洲和大洋洲的自然资源管理.北京:中国发展出版社,2007:80—85

为505亿t,占全球剩余石油探明储量的19.7%,剩余天然气探明储量为7.6×10^{12} m³,占全球剩余天然气探明储量的3.6%。2011年南美洲的石油产量为3 799 090万亿t,占全球石油产量的9.5%,消费量为2.891亿t,占全球石油消费量的7.1%。主要产油国有委内瑞拉、巴西、阿根廷、哥伦比亚和厄瓜多尔,南美洲的石油产量能够完全自给,是原油和油产品的净出口地区。2011年南美洲的天然气产量为167.7×10^9 m³,占全球产量的3.0%,天然气消费量为154.5×10^9 m³,占全球消费量的2.9%,主要产气国有阿根廷、特立尼达和多巴哥、委内瑞拉以及巴西,南美洲的天然气产量亦能完全自给,富余的部分也成为世界天然气市场的有效供给。

13.4.2 南美洲自然资源开发和利用存在的问题及解决思路

1) 经济技术发展水平相对落后,限制了资源的开发利用

南美洲水能资源丰富,理论蕴藏量为46 700万kW,约占世界水力蕴藏总量的16.9%。其中巴西的水能资源蕴藏量更是世界上最高的地区之一。然而由于经济技术等原因,南美洲丰富的水力资源并没有得到充分的挖掘和利用,已开发的水力资源总量仅为560万千瓦,仅占到蕴藏量的1%左右。

虽然近年来南美洲国家发展水电的态度积极,纷纷投入建设大、中、小型水电工程,一定程度上提高了水电的开发程度。但相较于欧美等发达国家,其水电开发的潜力仍然较大。巴西是目前南美地区水电开发最积极的国家,水电经济开发程度也不足50%,阿根廷、玻利维亚、智利、哥斯达黎加等国家水电开发程度更是不超过40%。

南美水力资源的利用程度低,主要是缺乏雄厚资金和成熟技术的支持。因此,为改善这一情况,一方面南美洲自身可以采取多种措施加强行业能力建设,如采用简化发电系统等方面的水电新技术,以降低建造水电工程的费用;简化、评估现有水电标准,采取财政补贴、低息贷款等手段促进水电资源有序开发。另一方面,可以通过寻求国际支持,如争取世界银行的相关贷款,引进美国、日本的先进技术手段,从而充分实现对水力资源的开发和利用。

2) 持续耗竭性开发利用自然资源,加剧资源环境恶化

南美洲的自然资源遭遇耗竭性开发利用的历史由来已久,早在殖民主义统治时期,其矿产资源就遭到了西方工业国家的大肆破坏和掠夺,即便在19世纪南美各国独立后,其矿业部门仍被外资所控制。直到20世纪60年代中期,外资仍通过提供矿业生产的机械设备及资金、技术来牵制南美地区的资源流向。

工业化时期,由于南美各国一味追求经济增长,忽视了对资源环境的有效保护,导致了无计划的矿藏开采、无节制的开垦耕地和道路建设以及病态的城市化发展,这使得南美地区的自然资源急剧消耗,森林面积大幅下降,环境污染加剧,大大超出了生态环境的承受力。20世纪80年代中期,高速发展的工业化时期基本结束,但由于全球化以及南美地区缺乏对自然资源的有效管理,其资源环境问题仍在不断恶化。

在这种情况下,南美洲应尽快制定地区性可持续发展战略规划,出台必要的资源环境法规,加强对自然资源的有效管理。主要可以从制度、技术、文化教育等层面出发,通过出台资源环境保护法以及签订一些有利于整个地区可持续发展的多边合作协定促进南美地区自然资源的可持续发展。同时,引入利于自然环境可持续发展的新技术,将其应用在农业、采油、采矿等对自然资源环境威胁最大的部门。此外,还应加强资源环境可持续发展理念的宣传

与教育,通过教育和培训,使人们了解环境和发展与生活质量之间的相互关系,从而逐渐改变人们传统的自然资源利用方式。

主 要 参 考 文 献

[1] 白国平,秦养珍. 南美洲含油气盆地和油气分布综述. 现代地质,2010,(6):1102—1111
[2] 曹晓昌,等. 东北亚地区森林资源贸易与流动研究. 资源科学,2009,(10):1670—1676
[3] 丁沪闽. 南美洲五国的森林资源及木材出口概况. 中国科技博览,2010,(9):74—75
[4] 范华军,王中红. 亚洲油气管道建设的特点及发展趋势. 石油工程建设,2010,(5):6—9
[5] 樊瑛,樊慧. 自然资源贸易:全球治理难题. 国际贸易,2010,(3):41—46
[6] 封志明. 资源科学导论[M]. 北京:科学出版社,2004
[7] 高爱芳. 世界林产品贸易的地理分布特征. 市场周刊(理论研究),2010,(5):86—87
[8] 黄威. 南美洲国家土地问题分析与启示. 中国国土资源经济,2010,(9):40—42
[9] 黄贤金. 资源经济学读本[M]. 江苏:江苏人民出版社,2006
[10] 贾国锋. 世界铁矿资源分布及我国投资方向分析. 中国矿业,2011,(1):10—11
[11] 江怀友,潘继平. 世界海洋油气资源勘探现状. 中国石油企业,2008,(3):76—77
[12] 兰竹虹,廖岩,陈桂珠. 南中国海及泰国湾渔业资源过度利用现状及保护对策. 热带地理,2006,(4):229—235
[13] 刘德生,等. 亚洲自然地理. 北京:商务印书馆,1995
[14] 李广贺. 水资源利用与保护. 北京:中国建筑工业出版社,2002
[15] 李海英,冯顺新,廖文根. 全球气候变化背景下国际水电发展态势. 中国水能及电气化,2010,(10):29—37
[16] 李秀峰,徐晓刚,刘利亚. 南美洲和非洲的农业资源及其开发. 中国农业科技导报,2008,(2):56—66
[17] 李颖,等. 南美矿业投资刍议. 中国矿业,2012,(9):12—16
[18] 刘德生. 世界自然地理. 北京:人民教育出版社,1984
[19] 曲福田. 资源经济学. 北京:中国农业出版社,2001
[20] 商玉坤. 日本渔业现状的探讨. 中国渔业经济,2008,(1):83—86
[21] 水利水电快报. 国外水电纵览:南美洲篇. 水利水电快报,2006,(8):28—33
[22] 田刚,董博文. 东北亚区域木材进出口贸易现状和趋势分析//建设东北亚和谐国际经贸关系学术讨论会论文集,2008,(11):212—218
[23] 田明华,赵景培,刘丹丹. 影响世界林产品贸易的几个重要问题. 中国林业技术经济理论与实践,2008,(7):71—81
[24] 王光谦,欧阳琪,张远东. 世界调水工程. 北京:科学出版社,2009
[25] 王松霈. 自然资源利用与生态经济系统. 北京:中国环境科学出版社,1992
[26] 吴季松. 看世界80国:美洲和大洋洲的自然资源管理. 北京:中国发展出版社,2007
[27] 吴绍增. 国际石油勘探开发合作模式比较与分析. 中国石油大学,2007
[28] 辛仁臣,刘豪. 海洋资源. 北京:中国石化出版社,2008
[29] 杨光斌. 政治学原理. 北京:中国人民大学出版社,1998
[30] 杨丽华,尹少华. 新形势下中国林产品贸易的困境与对策探讨. 林业经济问题,2011,(4):294—297
[31] 张连芝,崔彬,王雯婧. 亚洲油气资源分布特征与供需形势分析. 资源与产业,2011,(13):37—40
[32] 赵丽红. 拉美和加勒比地区的资源环境问题与可持续发展. 拉丁美洲研究,2005,(6):22—31
[33] BP. Statistical Review of World Energy June 2012(2012-06). http://www.bp.com/statisticalreview

14 资源信息管理

资源信息管理内容包括资源信息的收集、整理、更新和检索等，以及各种资源信息系统的研制及应用。通过对资源信息的科学管理，可以为国民经济各部门及有关决策机构及时、准确、有效地提供资源动态监测、资源评价等方面的有关信息及各种可供选择的开发规划方案，从而在国民经济建设中发挥重要作用。

资源信息管理是资源管理的主要内容之一，它为资源的科学计划管理、资源的行政管理和立法管理提供了基础。20世纪60年代以来，随着资源危机的出现和资源研究的深入，资源信息管理越来越受到各国政府机构的重视，特别是在现代遥感技术、地理信息系统技术、计算机技术、通信技术等的支持下迅速发展起来的各种资源环境信息系统，正将资源信息管理带入一个全新的科学管理阶段。

14.1 资源信息与资源信息管理

14.1.1 资源信息及其特征

1) 信息的概念

信息是近代科学的一个专门术语，已广泛地应用于社会各个领域。狭义信息论将信息定义为"两次不定性之差"，即指人们获得信息前后对事物认识的差别；广义信息论认为，信息是指主体（人、生物或机器）与外部客体（环境、其他人、生物或机器）之间相互联系的一种形式，是主体和客体之间的一切有用的消息或知识，是表征事物特征的一种普遍形式。

信息具有物质性，但不是物质本身，它的存在决不能离开作为载体的物质。信息又是表现事物特征的一种普遍形式。把事物发出的消息、情报、指令、数据和信号中所包含的内容抽象出来就组成了信息。信息是人类认识和改造客观世界过程中与客观世界交换的内容名称，人们借助于信息才能获得知识。在自然资源研究中，往往把信息视为再生资源和非再生资源之外的维持人类社会活动、经济活动、生产活动的第三资源。

信息与数据是两个既有联系又有区别的概念。数据是指某一目标定性、定量描述的原始资料，包括数字、文字、符号、图形、图像以及它们能转换成的数据等形式。数据是用以载荷信息的物理符号，数据本身并没有意义，数据的格式往往与计算机系统有关，并随载荷它的物理设备的形式而改变。信息由与物理介质有关的数据表达，数据中所包含的意义就是信息。数据是记录下来的某种可以识别的符号，具有多种多样的形式，也可以由一种数据形式转换为其他数据形式，但其中包含的信息的内容不会改变。数据是信息的载体，但并不就是信息。只有理解了数据的含义，对数据做出解释，才能提取数据中所包含的信息。对数据进行处理（运算、排序、编码、分类、增强等）就是为了得到数据中包含的信息。

2) 信息的特征

信息具有以下四个方面的特点：

① 客观性。信息是客观存在的，任何信息都是与客观事物紧密联系的，但同一信息对不同的部门来说会有完全不同的重要性。

② 适用性。信息对决策是十分重要的，它可作为生产、管理、经营、分析和决策的依据，因而它具有广泛适用性。

③ 传输性。信息可以在信息发送者和接收者之间传输，既包括系统把有用信息送至终端设备（包括远程终端）和以一定形式提供给有关用户，也包括信息在系统内各子系统之间的传输和交换。信息在传输、使用、交换时其原始意义不被改变。

④ 共享性。现代信息社会中，信息共享是最基本的特点，共享使信息被多用户使用。随着科学的进步和社会的发展，信息已经与能源、材料一样重要。各个领域对于信息应用的要求越来越高，信息就是金钱，信息就是成功和胜利的保证，谁掌握了信息的脉搏，谁就是未来竞争的胜利者。

除了以上主要特征外，信息还有复合性、滞后性、不完整性等特点。

3) 资源信息的概念、特征及其内容

(1) 资源信息的概念

资源信息是指用来表征各种资源的数量、质量、赋存状态及分布等特征的数字、文字、符号、图形、图像、声音以及其他相关信息。不同的资源具有不同的信息，如土地资源信息由土地类型、面积、地貌类型、坡度、岩性、母质、土壤类型、土层厚度、有机质含量、坡向坡位、土壤质地、灌溉条件、抗蚀能力等；矿产资源信息有储量、品位、矿产类型、开采利用条件、区域组合状况等；水资源信息有降水、蒸发、径流、水质、供需平衡状况等。因此研究目的不同，所选取的信息也有所不同。

(2) 资源信息的特征

资源信息除了具有信息的一般特点外，还具有以下有别于其他信息的特征：

资源信息属于空间信息，其位置的识别是与数据联系在一起的，这是资源信息区别于其他类型信息最显著的标志。空间位置数据描述有关资源的所在位置，这种位置既可以根据大地参照系定义，如大地经纬度坐标，也可以定义为地物间的相对位置关系，如空间上的距离、邻接、重叠、包含等。

资源信息具有明显的时序特征，即资源信息随着资源本身随时间不断变化。可以按时间尺度将资源信息划分为超短期的(如台风、地震)、短期的(如作物长势、江河洪水)、中期的(如土地利用、作物估产)、长期的(如水土流失)、超长期的(如地壳变动、气候变化)等。因此要求我们一方面获取信息要及时，传递迅速，定期更新，另一方面要重视历史过程信息积累和对未来的预测。

资源信息还具有层次性和多维结构的特征。资源信息的层次性是指对于不同的层次(国家、区域、县市)来说，其内容和范围均是不同的。多维结构指的是在二维空间的基础上实现多专题的第三维结构，而各个专题型、实体型之间的联系是通过属性码进行的，这就为资源各子系统之间的综合研究提供了可能。了解了资源信息的这些特点，对于资源信息管理是十分有用的。

(3) 资源信息的内容、范围

资源信息的内容与范围可以根据李文华等提出来的，从资源固有特征来进行分类。

从资源信息的科学管理角度出发,资源信息的内容、范围可分为以下几类:

资源本身的指标信息,包括资源的数量、质量、分布现状指标信息,开发利用指标信息,治理指标信息等。

有关的指导信息,如资源法规和经济法规、地区开发方针和发展战略。

参考性信息,包括开发利用资源的生产能力、技术装备、生产的各项技术经济指标;资源供求现状;国内外反映资源现状、开发利用水平、承载潜力方面的可比指标。

基础信息,包括基础设施信息、社会经济信息、劳动力资源信息等。

很显然,从资源信息管理出发,除了资源信息本身外,还包括了其他资源信息(劳动力资源信息、社会经济资源信息等)和各种有关信息。

14.1.2 资源信息管理

资源信息管理是指对自然资源信息及有关其他信息进行人工或计算机辅助管理,以达到信息共享,从而为资源管理、决策提供基础。

1) 资源信息管理方式

自然资源信息管理方式大致可以分成两大类,一类是人工管理方式,另一类是采用现代技术的科学管理方式(见图 14.1)。

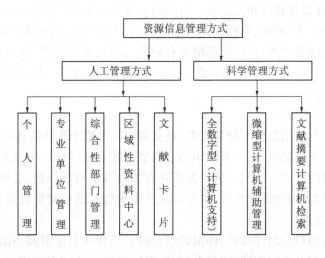

图 14.1 资源信息管理方式简图

人工管理方式即传统管理方式,对自然资源信息的文字报告、数据、图件、统计表格等采用人工方式进行保存和管理。各专业部门,如农业、林业、水利、气象、地质矿产等部门均采用人工方式保存了大量有关农业资源调查、土壤普查、林业调查、水利资源及水能资源调查、矿产资源调查、土地资源调查等方面的信息,并加以人工管理。一些流域机构、地区、省市县对自然资源信息,尤其是有关农业资源信息进行了人工方式的管理。国家的一些综合部门,如农业区划委员会、国家计委国土局、中国科学院自然资源综合考察委员会、统计局等也保存了大量自然资源信息并进行了管理。

采用现代技术对自然资源信息进行科学管理是近年来出现并迅速发展的一种管理方

式。其中,文献摘要计算机检索是以自然资源文献数据库为核心的检索系统,中国科学院自然综合考察委员会曾较早的开展这方面的工作。

缩微型计算机辅助检索有很多优点。采用无须数字化的缩微摄影、检索技术,其成本可以大大降低,而且十分直观。日本国土厅采用缩微胶片存储了78万张航片和7 000桶航摄底片。英国军事测量局采用缩微胶片存储了全英1∶2 500和1∶1 250两种比例尺的地图和历年航片。缩微技术的改进,超缩微片的研制,加上计算机辅助检索技术(CAR)的发展,给其应用带来了更广阔的前景。

科学管理方式中的全数字型信息管理是指在计算机支持下,将文字、图形、图像等转换为数字形式加以科学管理。由于计算机的运算高速度和大容量存储,加上输入、输出设备和存储介质的不断改进,使得信息管理显得十分方便,这也是大多数自然资源信息系统采用的方式。

2) 资源信息管理的类型与层次

(1) 资源信息管理类型

由于自然资源信息管理服务对象有各种不同的部门,既有专业主管部门,又有综合部门,它们对信息管理的内容要求也不同。因此可以将管理类型大致分成两大类型,即专业性自然资源信息管理和综合性资源信息管理(见图14.2)。

专业性资源信息管理主要为专业的主管部门和研究单位服务。其选取的信息主要以专业资源信息为主,辅以其他有关信息,以便对专业性自然资源信息进行有效管理,深入研究。例如可以为土地资源建立专业性的土地资源数据库,存储有关土地类型、数量、分布、质量、评价、规划等方面的专业信息,辅以有关的气候、水文、人口、社会经济方面的信息,主要为土地管理和规划部门服务。

综合性资源信息管理主要为综合性管理部门和规划部门服务(如国土整治规划部门),其选取的信息内容综合性强,类型多,层次也较高。

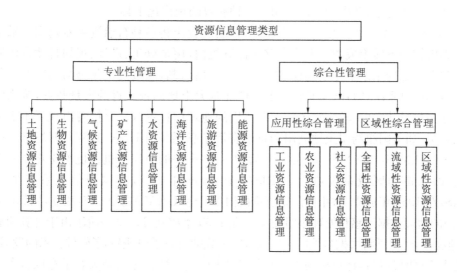

图14.2 资源信息管理类型图

(2) 资源信息管理层次

资源管理及规划部门有不同的层次,它们所涉及的区域范围不同,研究问题的角度和要求也不同，因此有必要进行不同层次的信息管理。国家级为第一层次；省、计划单列市、跨省市的区域与流域级为第二层次；县、省内区域及中心城市为第三层次（见图14.3）。

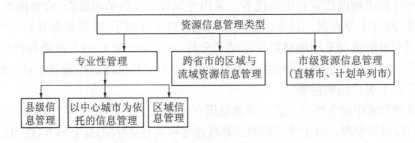

图 14.3 资源信息管理层次

14.2 资源信息系统

14.2.1 资源信息系统的概念

资源信息系统即采用科学管理方式的自然资源信息管理系统，它是在计算机软、硬件支持下，将有关的资源数据、文字、表格、图形、图像等存储在电子计算机存储器内，并实现资源信息的更新、修改、查询、检索、运算、显示、综合分析和应用的新型技术系统。它与通常所说的地理信息系统、资源环境信息系统、空间信息系统在本质上并无多大差别，只是各自强调的系统对象与内容有所不同而已。

资源信息系统是随着资源调查、区域规划、管理和决策工作不断深入，计算机应用水平不断提高而发展起来，并得到广泛应用的一种有效的现代化工具。

20世纪60年代，加拿大R. F. Tomlinson首先提出将各种自然资源专题图用数字化仪器在计算机辅助下转换成数字形式存储在计算机内，用来分析、设计、规划自然资源管理方案。加拿大土地局采纳了这个建议，于1963年开始研制，经过近十年努力，到1971年建成加拿大地理信息系统（CGIS），主要用于处理加拿大土地调查获得的大量数据，该系统被认为是国际上最早建立的、较为完善的大型实用的地理信息系统。紧接着出现了不少专业地理信息系统，如美国纽约州土地利用和自然资源信息系统（LUNR，1967）、明尼苏达州土地管理系统（MLMIS，1969）等。60年代中后期，一些有关的组织与机构也纷纷建立并开展工作，如美国城市和区域系统协会（URISA）在1966年成立，美国州信息系统全国协会（NASIS）在1969年成立，城市信息系统跨机构委员会（UAAC）在1968年成立，国际地理联合会（IGU）的地理数据遥感和处理小组委员会在1968年成立等。这一阶段由于计算机存储能力小、速度慢，还缺乏将大批量地图转换成数字形式的有效手段，限制了软件技术的发展。

进入70年代以后，计算机硬件和软件技术的飞速发展，尤其是大容量存取设备——硬盘的使用，为空间数据的录入、存储、检索和输出提供了强有力的手段。用户屏幕和图形、图像卡的发展增强了人机对话和高质量图形显示功能。一些发达国家先后建立了许多不同专题、不同规模、不同类型的各具特色的资源信息系统。如美国森林调查局发展了全国林业统一使用的资源信息显示系统；美国地质调查所发展了多个信息系统用于获取和处理地质、地理、地形和水资源信息,较典型的有 GIRAS;日本国土地理院从 1974 年开始建立数字国土信息系统,存储、处理和检索测量数据、航空相片信息、行政区划、土地利用、地形地质等信息,为国家和地区土地规划服务;瑞典在中央、区域和市三级上建立了许多信息系统,比较典型的如区域统计数据库、道路数据库、土地测量信息系统、斯德哥尔摩地理信息系统、城市规划信息系统等;法国建立了地理数据库 GITAN 系统和深部地球物理信息系统等。由于这一时期需求增加,许多团体、机构和公司开展了系统研制工作。据 IGU 地理数据遥测和处理小组委员会 1976 年的调查,处理空间数据的软件已有 600 多个,完整的 GIS 有 80 多个。这一时期地图数字化输入技术有了一定的进展,采用人机交互方式,易于编辑修改,提高了工作效率,扫描输入技术系统出现。这一时期软件最重要的进展是人机图形交互技术的发展。

80 年代是地理信息系统突飞猛进的发展阶段,除了计算机性能与价格方面改善以外,技术上也有很大的突破。在数据输入方面,由于栅格扫描技术的发展,大大提高了输入速度。尤其是数据库管理系统软件(DBMS)等在信息系统中得以广泛应用,一些新的更适合空间数据管理的数据管理系统开始出现。加上资源环境问题更加突出,对地理信息系统的需要继续增长,诸多因素促成了地理信息系统在这一阶段得以突破性发展。在这一阶段,仅北美到 1983 年就有 1 000 多个地理信息系统出现。除了北美、欧洲、日本工业化国家外,不少发展中国家,如中国、南美也积极发展了这种技术系统。系统的应用逐渐由低级阶段过渡到高级阶段(见表 14.1)。

表 14.1　20 世纪 60 年代以来 GIS 发展中重要的历史事件

1960	美国空军 CIA 首次成功地发射 CORONA
1963	Roger Tomlinson 开始了加拿大地理信息系统的开发
1963	Dr. Edgar Horwood 建立了城市与区域信息系统联合会(URISA)
1964	Howard Fisher 建立了计算机图形和空间分析的哈佛实验室
1966	SYMAP 系统在西北技术学院研制并在哈佛实验室完成
1967	DIME(双重独立制图编码)为美国人口普查局所研制
1969	Jack 和 Laura Dangermond 建立了环境系统研究所(ESRI)
1969	Jim Meadlock 建立了 Integraph 公司
1969	在英国诞生了激光扫描仪
1969	Ian McHarg 很有影响的《自然设计》(Design With Nature)一书出版
1971	加拿大地理信息(CGIS)建立
1972	IBM 的 GFIS 发布
1972	GISP(General Information System for Planning)开发
1972	Landsat 卫星首次发射成功
1973	USGS 研制了地理信息提取和分析系统
1973	马里兰自动地理信息(Maryland Automatic Geographic Information,MAGI)开发
1974	在伦敦的皇家艺术学院建立了试验制图单元(Experimental Cartography Unit,ECU)
1974	首次自动制图会议在 Reston(弗吉尼亚)召开
1976	明尼苏达研制了明尼苏达土地管理信息系统
1977	USGS 研制了数字化线图(DLG)空间数据模式
1978	ERDAS 成立
1978	地图叠加复合与统计系统开发
1979	哈佛图形实验室研制了 ODYSSEY GIS
1982	NASA 发射了 Landsat TM4
1983	ETAK 数字制图公司成立

(续表 14.1)

年份	事件
1981	ESRI ARC/INFO GIS 发布
1984	Marble, Calkins & Peuquet 出版了《地理信息系统的基本读物》(Basic Readings in Geographic Information Systems)
1984	第一届国际空间数据处理会议召开
1984	Landsat 商业化
1984	NASA 发射 Landsat TM5
1985	GPS 成为可运行系统
1985	美国军队建筑工程实验室开始研制 GRASS(Geographic Resources Analysis Support Systems,地理资源分析支持系统)
1986	MapInfo 建立
1986	Peter Burrough 出版了《土地资源评估的地理信息系统原理》(Principles of Geographic Information Systems for Land Resources Assessment)
1986	SPOT 卫星首次发射
1987	《地理信息系统的国际杂志》出版
1987	Tydac SPANS GIS 发布
1987	科拉克大学开始 Idrisi 项目
1988	美国人口调查局第一次公开发布 TIGER
1988	纽约州立大学开始研制 GIS-L Internet List-server
1988	GIS World 首次发行
1988	首次 GIS/LIS 会议举行
1988	英国的区域研究实验室成立
1988	Small World 公司成立
1989	在英国成立了地理信息系统联合会(AGI)
1989	Stan Arnoff 出版了《地理信息系统:一个管理透视》(Geographic Information Systems: a Management Perspective)
1989	Intergraph 发布 MGE
1991	Maguire, Goodchild 和 Rhind 出版了《地理信息系统:原理和应用》
1992	MAPS ALIVE 发行
1993	Digital Matrix Systems 发布了 InFoCAD for Windows NT 第一个版本,它是第一个基于 Win NT 的 GIS 软件
1994	OGC 形成(David Schell, Ken Gardells, Kurt Buehler,et al)
1995	MapInfo 专业版发布
1999	NASA 发射了 Landsat TM7

资源与环境信息系统的研制与应用在我国起步较晚,虽然历史较短,但发展势头迅猛。其发展可分为三个阶段。第一阶段从 1970—1980 年,为准备阶段,主要进行舆论准备,正式提出倡仪,开始组建队伍,培训人才,组织个别实验研究,为系统研制和应用作了技术上和理论上的准备。第二阶段从 1981—1985 年,为起步阶段,完成了技术引进,研究数据规范和标准,空间数据库建立,数据处理和分析算法及应用软件的开发等,对 GIS 进行理论探索和区域性实验研究。第三个阶段从 1986 年开始,为初步发展阶段,其研究和应用进入有组织、有计划、有攻关目标并逐步同国民经济建设需要相结合的发展阶段。工作主要集中在以下几个方面:资源与环境信息系统的国家及区域的规范与标准研究,藉以协调不同类型与不同层次的信息系统的

发展,确保信息共享与系统兼容;通过黄土高原、三北防护林区、黄河下游洪水泛滥地区等重大遥感工程与区域治理项目信息系统的建立与应用,促进全国范围的高层次和综合性资源与环境信息系统的建立,并验证所制定的规范与标准的科学性与可行性;研制出一批重要的关键性软件,如空间数据库管理系统、遥感图像处理系统与信息系统的接口软件、各种评价预测模型与专家系统,提高了信息系统在管理、规划和决策方面的应用水平。这一阶段我国先后建成了1∶1 000 000国土基础信息系统和全国土地信息系统,1∶4 000 000全国资源和环境信息系统,1∶2 500 000水土保持信息系统和若干省、市、县级信息系统。

14.2.2 资源信息系统的目标与功能

1) 目标

(1) 实现资源信息的科学管理。这是系统的基本目标。通过建立统一的分类指标体系、专业数据分类和数据项目,使分散、杂乱的数据标准化、系统化,从而达到信息共享,实现信息的科学管理,提高信息的使用效率,为社会提供信息服务。

(2) 实现资源综合评价和分析研究。

(3) 提供资源科学管理、综合开发和决策规划方面的信息服务。

2) 功能

根据系统的目标,资源信息系统一般应具备以下功能:

(1) 具有处理多种形式的自然资源信息的功能。包括处理野外观测资料、固定台站观测资料、遥感遥测资料、各类专题图、统计资料等。可实现各种数字量和模拟量的输入和输出,进行各类信息的预处理、数据格式转换等。

(2) 能不断实现信息更新,为社会提供多种目的、多种形式的信息服务。包括提供多种原始数据或加工处理后的数据,提供专题分析和综合分析的结果,并可用图形、表格、图像、屏幕显示等方式输出。

(3) 具有对多种信息综合分析处理的能力,可以对多学科的各种信息进行信息复合和信息叠加。

(4) 运用适当的数学方法和模型,实现对资源的定性或定量分析,建立各种分析、评价、预测、决策数学模型乃至不同类型的知识库和专家系统供用户使用。用户可以通过人机对话形式得到诸如方案比较、决策咨询之类的解答。

14.2.3 资源信息系统的级别与等级

信息的需要完全取决于管理的层次,设计一个系统要满足组织中所有层次人员的信息需要,这种系统是很复杂的,因为组织中使用的信息在数量、状态和类型上都是易变和不可预知的。为了解决系统复杂性这一问题,大多数组织建立不同类型的系统来满足他们的需要,这些类型一般包括四个层次。

事务处理系统(Transaction Process System,TPS):主要用以支持操作层人员的日常活动。它主要负责处理日常事务。

管理信息系统(Management Information System,MIS):需要包含组织中的事务处理系统,并提供了内部综合形式的数据,以及外部组织的一般范围和大范围的数据。

决策支持系统(Decision Support System, DSS)：能从管理信息系统中获得信息，帮助管理者制定好的决策。该系统是一组处理数据和进行推测的分析程序，用以支持管理者制定决策。它是基于计算机的交互式的信息系统，由分析决策模型、管理信息系统中的信息、决策者的推测三者相组合达到好的决策效果。

人工智能(Artificial Intelligence, AI)和专家系统(Expert System, ES)：是能模仿人工决策处理过程的基于计算机的信息系统。专家系统由五个部分组成：知识库、推理机、解释系统、用户接口和知识获得系统。

从信息系统的功能看，事务处理系统一般只具有资源信息的存储、更新、统计、检索等最基本的功能；管理信息系统除了上述基本功能外，还具有对信息的加工、分析和综合处理的功能；决策支持系统和专家系统则具有辅助决策、模仿人工决策处理等功能。

根据资源信息管理的层次，相应资源信息系统可分成三个等级，即国家级、省级(包括计划单列市级)、大区域级(包括跨省区、市的区域及大流域)；县级、小区域级(省内跨市县的区域及流域)。信息系统的类型见图14.4所示。

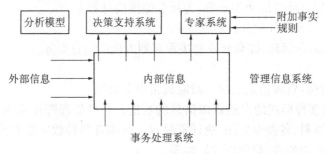

图14.4 信息系统的类型

14.2.4 资源信息系统的总体结构模型

经过对系统用户的分析研究后，根据系统的目标、功能以及当前的技术水平可以得出资源信息系统的总体结构模型(见图14.5)和系统组成框图(见图14.6)。

系统包括四个子系统：数据库系统，它是系统的核心；计算机辅助制图系统，用来向用户提供各种类型的图件；两个辅助决策子系统。模型子系统可以在模型库、方法库中查找，选择、匹配、连接、生成新的面向用户特定问题的模型；专家子系统，运用计算机存储的专家经验和权威性知识，以及事实数据库，通过推理判断和自学，可给用户以高水平的回答。

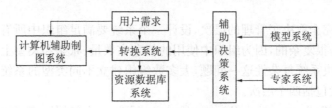

图14.5 自然资源信息系统总体结构模型

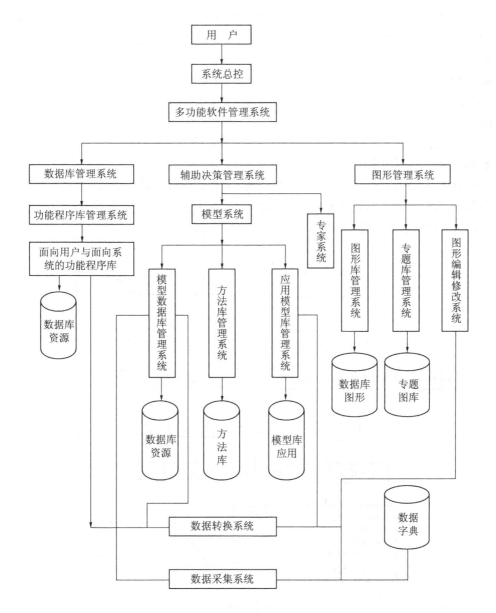

图 14.6　自然资源信息系统组成框图

14.2.5　建立资源信息系统的步骤

1) 需求分析

这是建立系统的前期工作,是在对现行系统调查基础上进行的,是系统开发和建设的第一步,由系统分析员承担完成。主要任务是通过用户调查发现系统存在的问题,完成可行性研究工作,确定系统的建立是否合理、是否可行。可采用访问、座谈、参观、填表、抽样、查阅资料、深入现场、与用户一起工作等各种调查研究方法,获得现行的状况和有用资料。在调查之前,可向用户做专题报告。通过报告,可让用户了解信息系统的基本知识、各种功能及其优点,使他们对资源信息系统有一个清楚的了解。这一阶段应完成以下工作:

- 用户情况
- 明确系统的目的和任务

  需做如下调查:确定系统的服务对象和系统的目的,用户研究领域状况调查。

- 系统可行性研究

  包括:理论和技术上的可行性研究以及经济和社会效益的分析。

- 提交需求分析报告

报告中的主要内容有:系统的目的和任务;机构运作的逻辑数据流程图;硬件资源表和软件资源表;所需的专业人员清单;数据来源清单及数据与功能对照表;建设系统的经济和社会效益分析。

图 14.7 详细表示了建立资源信息系统的一般步骤。

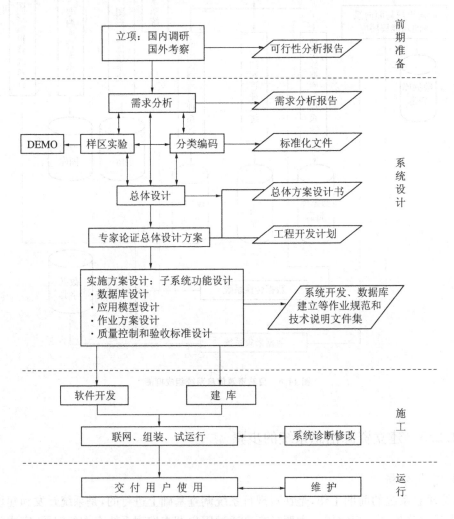

图 14.7 资源信息系统的建立步骤

2) 系统设计

系统设计是在需求分析规定的"干什么"的基础上,解决系统如何干的问题。按照规模的大小,可将设计任务分三个部分完成。

第一是总体设计,用来确定系统的总体结构。主要任务是划分各系统的功能模块,确定模块之间的联系及其描述;根据系统的目标,配置适当规模的硬软件及计算机的运行环境;系统开发各阶段的文档,即技术手册、用户手册、培训材料应包括的基本要点的制定;系统的质量、性能、安全性估计或规定。

第二是数据库概念设计,从抽象的角度来设计数据库。内容包括:决定数据库的数据内容,选择适当的数据模型,各数据内容如何在库中组织以及考虑整个数据库的冗余度、一致性和完整性。

第三是详细设计,在总体设计的基础上将各组成部分进一步细化,给出各子系统或模块足够详细的过程性描述。主要内容有:模块设计、数据库详细设计、方法库和模型库设计、输出设计、文档设计、数据获取方案及质量控制。

3) 系统开发与实施

开发与实施是资源信息系统建设付诸实现的实践阶段,即对系统设计阶段完成的物理模型进行建立,把系统设计方案加以具体实施。在这一过程中,需要投入大量的人力物力,占用较长的时间,因此必须根据系统设计说明书的要求组织工作,安排计划,培训人员。开发与实施的内容主要包括:

(1) 程序编制与调试。主要任务是将详细设计产生的每一模块用某种程序语言予以实现,并检验程序的正确性。

(2) 数据采集与数据库建立。

(3) 人员的技术培训。

(4) 系统测试。

4) 系统维护与评价

系统测试完毕即可进入正式运行阶段,供用户使用。在这一阶段,系统工作人员要对投入运行后的系统进行必要的调整和修改。系统维护是指在系统整个运行过程中,为适应环境和其他因素的各种变化,保证系统正常工作而采取的一切活动,包括系统功能的改进以及解决在系统运行期间发生的一切问题和错误。自然资源信息系统规模大,功能复杂,对其进行维护是一个非常重要的内容,也是一项耗时、花费成本高的工作,要在技术、人力安排和投资上给予足够的重视。

系统维护的内容主要包括纠错、数据更新、完善与适应性维护、硬件设备的维护四个方面。

系统评价是指对系统的性能进行估计、检查、测试、分析和评审。包括用实际指标与计划指标进行比较,以及评价系统目标实现的程度。这在系统运行一段时间后进行。系统评价的指标应包括经济指标、性能指标和管理指标等各个方面,最后应就评价结果形成系统评价报告。

14.2.6 资源信息的标准化和规范化

不同部门和地区在建立自己的资源信息系统时,不仅要用到本部门的数据,而且需要大量来自其他部门的数据;在综合分析与应用研究过程中,也需要对来自各方面的数据进行统一处理。面对这种情况,很有必要制定统一的资源信息分类及指标体系和编码,以利于资源信息逐步做到规范化,从而达到信息共享和信息资源综合利用的目的。从这个意义上讲,可以说制定规范和统一标准是建立信息系统的基础。

早在20世纪80年代初,在GIS技术从国外引进的同时我国就开始了对资源环境信息的国家标准和规范等的研究。其中在统一地理坐标系统、统一信息分类体系、统一编码体系和统一数据格式等方面作了广泛的基础研究。为了满足各地区、各部门在建立资源数据库和信息系统方面的迫切需要,"资源与环境信息系统国家规范研究组"曾提出了该系统的专业数据分类和项目总表,将数据分为社会环境、自然环境和能源与资源等3个门类、14个大类、62个小类(见图14.8、表14.2)。

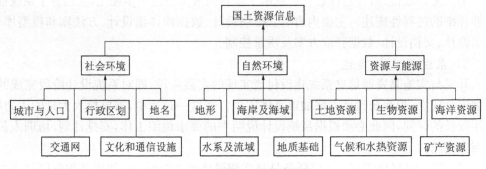

图 14.8 国土资源信息分类框架图

表 14.2 国土资源专业数据分类和数据项目建议总表

项 目	内 容	基本数据来源
(Ⅰ)社会环境		
(1)城市与人口	① 城镇人口,分县人口总数	人口普查办公室
	② 自然村密度(大小、数据按第Ⅳ级格网)	1:10 000~1:100 000 地形图
	③ 人口分布(按第Ⅲ级格网)	人口普查办公室
(2)交通网	① 铁路(双轨、单轨、车站、专用线、长度、运输能力,与省界、公路等的交叉点)	铁道部
	② 公路(省级、县级、乡镇简易公路、桥梁载重限制,与省界、公路和主要河流的交叉点)	交通部
	③ 航运(港口、泊位、船舶吨位、通航路线、水深、季节变化)	交通部
	④ 航空(航线、航班、航空港、运输能力)	民航总局
(3)行政区划	① 国界、省、市、县级界限与面积(多边形)	外交部、民政部、国家测绘局等
	② 省、市、县级管辖区(按Ⅴ级网格点)	民政部门
	③ 城市规划区(按Ⅴ级网格点)	城建环保部门等
	④ 自然保护区管辖范围	林业部等
	⑤ 工矿区(油田、禁区、饲养场、旅游点、名胜文物保护区)	城建环保部、林业部等

(续表 14.2)

项　目	内　容	基本数据来源
(4) 地名	① 城市名称及中心坐标 ② 各县名称及县城中心坐标 ③ 主要河流、湖泊、山峰、港湾名称及坐标 ④ 自然地理单元及其区域坐标(山脉、河流、盆地、高原)	地名委员会 地名委员会 地名委员会 地名委员会
(5) 文化和通信设施	① 学校、医院等 ② 科学实验站网点(气象、水文、地震、……、台站) ③ 邮电通信网点	文化部、教育部 卫生部等 邮电部
(Ⅱ) 自然环境		
(6) 地形	① 海拔高程(按Ⅴ级网格点) ② 山峰高程、水库、湖面高程 ③ 湖泊、水库水深、大陆架以及海深 ④ 地形图与遥感资料检索	国家测绘局 国家测绘局 国家测绘局 国家测绘局
(7) 海岸及海域	① 分县海岸线长度、线段坐标 ② 分县岛屿岸线、面积、长度、坐标 ③ 基本海况：滩涂面积、潮汐台风、常年风向、底质、温度、盐、海浪等	海洋局 海洋局 海洋局
(8) 水系及流域	① 流域划分界线及面积(1 000 km² 以上与省界交点、控制站点、水库坝址及坐标、分段节点) ② 流域辖区(按第Ⅲ级格网) ③ 水系交汇点(坐标、面积)及干、支流等级、长度(交叉点坐标)	水利部 水利部 水利部
(9) 地质基础	① 地表岩类或沉积层及其年代 ② 断层性质(特别是活动性质) ③ 地球物理观测点(重力、地磁、地震等) ④ 人工地震(浅层、中层和深部，包括海上) ⑤ 地球化学观测点及其特性 ⑥ 环境地质(地盘沉降、土壤承载力、滑坡、泥石流、崩塌等)	地矿部 地矿部、地震局 地矿部、能源部、地震局、中科院 地矿部、能源部、地震局、中科院等 地矿部、中科院 地矿部、中科院
(Ⅲ) 资源与能源		
(10) 土地资源	① 地貌类型(包括海岸和浅海) ② 土壤类型(包括土壤肥力等) ③ 土地利用类型 ④ 灾害(风沙、盐碱、台风、雪害、水土流失、旱涝、霜冻、寒潮)	中科院 农业部、中科院 国家测绘局、农业部、林业部等 气象局、水利部、农业部、中科院等
(11) 气候和水热资源	① 辐射量、日照量和云量(按第Ⅲ级格网) ② 热量资源(年最高温、最低温、年均温、月均温、积温等) ③ 降水(年最高，年最低，年、月平均，积雪等) ④ 风能	国家气象局 国家气象局 国家气象局 国家气象局

(续表 14.2)

项　目	内　容	基本数据来源
	⑤ 陆地水文（最高、最低流量，年、月平均流量，含沙量、洪峰、污染等）	水利部
	⑥ 冰川、雪坡、冻土	中科院
	⑦ 湖泊、水库、港湾	交通部、水利部、中科院
	⑧ 地下水	水利部
（12）生物资源	① 主要农作物，分年的耕作面积、亩产、灌溉面积等	农业部
	② 森林类型、面积、树种、蓄积量、采伐、更新面积	林业部
	③ 草场类型、面积、产草量、载畜量	农业部
	④ 淡水养殖与渔业（种类、面积、产量）	农业部
	⑤ 病虫害、减产频率和程度	农业部
	⑥ 野生植物、野生动物资源	林业部
（13）矿产资源	① 煤炭、泥炭（类型、储量、矿区矿点、生产能力）	能源部、地矿部
	② 石油、天然气、油页岩（类型、储量、油田、生产能力）	能源部、地矿部
	③ 黑色金属（分类、储量、矿山、生产能力）	冶金部、地矿部
	④ 有色金属（分类、储量、矿山、生产能力）	有色金属总公司、地矿部
	⑤ 稀土金属（分类、储量、矿山、生产能力）	地矿部
（14）海洋资源	① 海洋能源	国家海洋局等
	② 海洋养殖与水产	国家海洋局等
	③ 海底矿产资源	国家海洋局等
	④ 海涂资源	国家海洋局等

在资源信息标准化和规范化研究中,针对国土资源的研究相对较深入。国土资源部(原国家计委国土司)信息化工作从20世纪80年代后期开始,从各领域局部需求出发,由项目驱动,以科研的形式立项进行探索性试验建库。信息标准化工作也仅从局部需求出发制定工作标准或行业标准。国土资源部于1987年提出"国土资源信息分类及指标体系",对国土资源信息内容进行分类,共分12个Ⅰ类、58个Ⅱ类、248个Ⅲ类以及基本指标项,表14.3列出了其中的Ⅰ类和Ⅱ类。到了90年代,自国土资源部成立后,主管部门从统一管理技术标准出发,专门立项研究和制定了《国土资源标准体系表》,并提出亟须制定的标准目录。《国土资源标准体系表》的研究制定,是国土资源信息化标准体系框架的雏形,为我国国土资源信息化标准建设提供了宏观指导。结合国土资源大调查和数字国土工程项目,国土资源部也启动了一批信息化标准,通过数字国土工程的实施,国土资源信息化标准建设取得了重大进展,已基本形成国土资源信息化标准体系框架。标准化建设涵盖了从信息采集、存储、处理、成果表达、信息服务等方面,具体包括通用基础标准、数据分类代码标准、数据库标准、信息化技术规范以及信息化相关标准等。其中,已经完成一批通用基础标准、数据库标准和数据库建设工作指南,以及有关国土资源信息化建设所涉及的技术规范等。

根据对国土资源数字信息已有、正在制定、计划制定、列入到标准体系表的标准状况进行调查统计,1995年之前国土资源数字信息已有标准占调查总计的13%,1995—2000年国土资源数字信息已有和正在制定的标准占调查总计的24%,2000年以后国土资源数字信息计划制定和列入到标准体系表中的标准占调查总计的63%。由此看出,随着国土资源信息系统建设步伐的加快,国土资源信息标准化建设也在加快,标准的数量在不断增加。因此,现阶段是国土资源信息标准化建设最有利的时期。

表 14.3 国土资源信息分类体系

序号	Ⅰ级	Ⅱ级
1	国土基础	1.1 国土格网 1.2 国土控制点 1.3 数字地形模型 1.4 地名
2	土地资源	2.1 地貌基本形态 2.2 海拔高度 2.3 土壤类型 2.4 土地利用现状
3	气候资源	3.1 光照 3.2 热量 3.3 降水
4	水资源	4.1 水体 4.2 主要江河 4.3 水资源量 4.4 水能资源 4.5 水质 4.6 水资源利用
5	生物资源	5.1 森林资源 5.2 草地资源 5.3 野生植物资源 5.4 野生动物资源
6	矿产资源	6.1 能源 6.2 黑色金属 6.3 有色金属及贵金属 6.4 稀有、稀土分散矿产 6.5 冶金辅助材料 6.6 化工原料 6.7 特种非金属 6.8 建材及其他非金属 6.9 地热
7	海洋资源	7.1 海域与岛屿 7.2 海水化学资源 7.3 海洋生物资源 7.4 海底矿产资源 7.5 海洋能资源 7.6 海洋空间资源 7.7 海洋渔业
8	旅游资源	8.1 自然旅游资源 8.2 人文旅游资源
9	劳动力资源	9.1 人口 9.2 劳动力 9.3 文化素质
10	基础设施	10.1 城市 10.2 乡镇 10.3 交通线路 10.4 邮电通讯 10.5 动力 10.6 科、教、文、卫
11	经济条件	11.1 综合经济 11.2 农业 11.3 工业 11.4 交通运输邮电业 11.5 建筑业 11.6 商业
12	灾害与治理	12.1 自然灾害 12.2 生态环境恶化 12.3 环境污染 12.4 环境治理 12.5 环境保护 12.6 三废利用

已有和正在制定的国土资源信息标准包括：

(1) 国土资源信息通用标准。包括：国土资源信息核心元数据标准；国土资源信息标准参考模型；国土资源数据模型；国土资源高层信息分类编码及文件命名规则；国土资源信息系统设计规范。

(2) 国土资源信息数据分类代码标准。包括：数据元分类代码（如地质矿产术语分类代码）；属性数据分类代码（如土地利用信息分类代码、地质矿产术语分类代码、海洋生物分类代码等）；矢量数据分类代码（如国土基础信息数据分类与代码）。

(3) 国土资源信息数据库标准。包括：属性数据库标准（如矿产储量数据库、同位素地质年龄数据库、地质钻孔数据库等）；空间数据库标准（1∶200 000 地质图数据库标准、1∶250 000 地理图数据库标准、县市级土地利用现状数据库标准、矿产开采登记数据库标准等）。

(4) 国土资源信息化技术标准（规范）。包括：数据库建设技术标准或规范（如 1∶10 000 基础地理信息建库原则）；各种调查、勘测规范（如海洋工程地形测量规范、摄影测量数字测图记录格式）；制图规范（如地图符号库建立基本规定）；产品规范（如数字地图产品模式、基础地理信息数字产品）；接口技术规范（如地形数据库与地名数据库接口技术规程）；系统建设规范（如海洋信息系统软件设计规范）。

(5) 国土资源信息服务标准。包括：数据交换格式（如地球空间数据交换格式）。

(6) 国土资源信息管理标准。包括：数据质量标准（如地理信息数据质量控制）；元数据标准（如基础地理信息数字产品元数据）。

在已有和正在制定的信息标准类型中，85%的标准是产品标准，15%的标准是国土资源信息通用或领域通用的标准。

由于资源信息系统既可以是国土资源信息系统的子系统,又可以是资源与环境信息系统乃至其他信息系统的一部分,因此目前尚没有其单独的分类指标体系,但从信息的科学管理目标出发,可提出以下的分类原则:

(1) 必须遵守《国家经济信息系统与应用规范》所提出的科学性、系统性、可扩展性、兼容性、综合实用的总原则。

(2) 在建立具体的信息分类体系时,既要考虑科学性,尽量做到与国家的分类体系相衔接,同时又要照顾现行各行业、部门的体系和编码原则的方便。还必须围绕信息系统的不同目标,考虑所涉及地区的不同地理特点。在低一级类别上,可以作适当的增减和调整,做到通用性与实用性的有机结合。

(3) 采用边分类边应用的原则,在应用中不断修改、补充、完善,逐步向统一标准靠拢。

(4) 在分类编码时,尽量采用现行国家标准。

14.3 资源数据库系统

自然资源数据库系统是自然资源信息系统的核心部分。它采用数据库技术,组织自然资源的各类信息,在电子计算机的支持下,实现资源信息的科学存储、快速检索、社会共享和及时更新。资源信息系统对数据的分析、处理、综合乃至决策咨询都是以自然资源数据库系统为基础来完成的。

14.3.1 数据库与数据库系统

1) 数据库的概念

数据库,顾名思义,是存放数据的仓库。只不过这个仓库是在计算机存储设备上,而且数据是按一定的格式存放的。

人们收集并抽取出一个应用所需要的大量数据之后,应将其保存起来以供进一步加工处理,进一步抽取有用信息。在科学技术飞速发展的今天,人们的视野越来越广,数据量急剧增加。过去人们把数据存放在文件柜里,现在人们借助计算机和数据库技术科学地保存和管理大量的复杂的数据,以便能方便而充分地利用这些宝贵的信息资源。

所谓数据库是长期储存在计算机内、有组织、可共享的数据集合。数据库中的数据按一定的数据模型组织、描述和储存,具有较小的冗余度、较高的数据独立性和易扩展性,并可为各种用户共享。

2) 数据库系统

数据库技术是应数据管理任务的需要而产生的。

数据的处理是指对各种数据进行收集、存储、加工和传播的一系列活动的总和。数据管理则是指对数据进行分类、组织、编码、存储、检索和维护,它是数据处理的中心问题。人们借助计算机进行数据处理是近三十年的事。研制计算机的初衷是利用它进行复杂的科学计算。随着计算机技术的发展,其应用远远超出了这个范围。在应用需求的推动下,在计算机硬件、软件发展的基础上,数据管理技术经历了人工管理、文件系统、数据库系统三个阶段。这三个阶段的特点及其比较见表14.4所示。

表 14.4 不同发展阶段数据管理技术比较

		人工管理阶段	文件系统阶段	数据库系统阶段	
背景	应用背景	科学计算	科学计算、管理	大规模管理	
	硬件背景	无直接存取存储设备	磁盘、磁鼓	大容量磁盘	
	软件背景	没有操作系统	有文件系统	有数据库管理系统	
	处理方式	批处理	联机实时处理、批处理	联机实时处理、分布处理、批处理	
特点	数据的管理者	用户(程序员)	文件系统	数据库管理系统	
	数据面向的对象	某一应用程序	某一应用	现实世界	
	数据的共享程度	无共享,冗余度极大	共享性差,冗余度大	共享性好,冗余度小	
	数据的独立性	不独立,完全依赖于程序	独立性差	具有高度的物理独立性和一定的逻辑独立性	
	数据的结构化	无结构	记录内有结构,整体无结构	整体结构化,用数据模型描述	
	数据控制能力	应用程序自己控制	应用程序自己控制	由数据库管理系统提供数据安全性、完整性、并发控制和恢复能力	

数据库系统是指在计算机系统中引入数据库后的系统,一般由数据库、数据库管理系统(及其开发工具)、应用系统、数据库管理员和用户构成。应当指出的是,数据库的建立、使用和维护等工作只靠一个 DBMS 远远不够,还要有专门的人员来完成,这些人被称为数据库管理员(DataBase Administrator,DBA)。

在一般不引起混淆的情况下常常把数据库系统简称为数据库。

数据库系统可以用图 14.9 表示。数据库系统在整个计算机系统中的地位如图 14.10 所示。

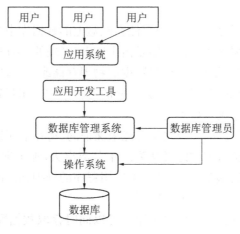

图 14.9 数据库系统

3) 数据库系统的主要特征
(1) 数据结构化

数据结构化是数据库与文件系统的根本区别。在文件系统中,尽管其记录内部已有了某些结构,但记录之间没有联系。而数据库系统实现整体数据的结构化,是数据库的主要特征之一也是数据库系统与文件系统的本质区别。在数据库系统中,数据不再针对某一应用,而是面向全组织,具有整体的结构化。不仅数据是结构化的,而且存取数据的方式也很灵活,可以存取数据库中的某一个数据项、一组数据项、一个记录或一组记录。而在文件系统中,数据的最小存取单位是记录,粒度不能细到数据项。

(2) 数据的共享性高,冗余度低,易扩充

数据库系统从整体角度看待和描述数据,数据不再面向某个应用而是面向整个系统,因此数据可以被多个用户、多个应用共享。数据共享可以大大减少数据冗余,节约存储空间。数据共享还能够避免数据之间的不相容性与不一致性(见图 14.10)。

图 14.10 数据库在计算机系统中的地位

所谓数据的不一致性是指同一数据不同拷贝的值不一样。采用人工管理或文件系统管理时,由于数据被重复存储,因此当不同的应用使用和修改不同的拷贝时就很容易造成数据的不一致。在数据库中数据共享,减少了由于数据冗余造成的不一致现象。

由于数据面向整个系统,是有结构的数据,不仅可以被多个应用共享使用,而且容易增加新的应用,这就使得数据库系统弹性大,易于扩充,可以适应各种用户的要求。可以取整体数据的各种子集用于不同的应用系统,当应用需求改变或增加时,只要重新选取不同的子集或加上一部分数据便可以满足新的需求。

(3) 数据独立性高

数据独立性是数据库领域中一个常用术语,包括数据的物理独立性和数据的逻辑独立性。

物理独立性是指用户的应用程序与存储在磁盘上的数据库中数据是相互独立的。也就是说,数据在磁盘上的数据库中怎样存储是由 DBMS 管理的,用户程序不需要了解,应用程序要处理的只是数据的逻辑结构,这样当数据的物理存储改变了,应用程序不用改变。

逻辑独立性是指用户的应用程序与数据库的逻辑结构是相互独立的,也就是说,数据的逻辑结构改变了,用户程序也可以不变。

数据独立性是由 DBMS 的二级映象功能来保证的,将在下面讨论。

数据与程序的独立,把数据的定义从程序中分离出去,加上数据的存取又由 DBMS 负责,从而简化了应用程序的编制,大大减少了应用程序的维护和修改。

(4) 数据由 DBMS 统一管理和控制

数据库的共享是并发的共享,即多个用户可以同时存取数据库中的数据甚至可以同时存取数据库中同一个数据。DBMS 为此提供以下几方面的数据控制功能:数据的安全性(Security)保护、数据的完整性(Integrity)检查、并发(Concurrency)控制、数据库恢复(Recovery)。

DBMS 在数据库建立、运用和维护时对数据库进行统一控制,以保证数据的完整性、安全性,并在多用户同时使用数据库时进行并发控制,在发生故障后对系统进行恢复。

4) 数据库系统的体系结构

考察数据库系统的结构可以有多种不同的层次或不同的角度,从数据库管理系统角度看,数据库系统通常采用三种模式结构,由外模式、模式和内模式三级构成,如图 14.11 所示。

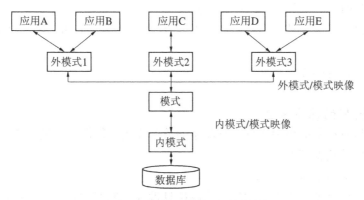

图 14.11　数据库系统的三级模式结构

(1) 模式(Schema)

模式也称逻辑模式,是数据库中全体数据的逻辑结构和特征的描述,是所有用户的公共数据视图。它是数据库系统模式结构的中间层,既不涉及数据的物理存储细节和硬件环境,也与具体的应用程序、所使用的应用开发工具及高级程序设计语言(如 C, COBOL, FORTRAN)无关。

模式实际上是数据库数据在逻辑级上的视图。一个数据库只有一个模式。数据库模式以某一种数据模型为基础,统一综合地考虑了所有用户的需求,并将这些需求有机地结合成一个逻辑整体。定义模式时不仅要定义数据的逻辑结构,例如数据记录由哪些数据项构成,数据项的名字、类型、取值范围等,而且要定义数据之间的联系,定义与数据有关的安全性、完整性要求。

DBMS 提供模式描述语言(模式 DDL)来严格地定义模式。

(2) 外模式(External Schema)

外模式也称子模式(Subschema)或用户模式,它是数据库用户(包括应用程序员和最终用户)能够看见和使用的局部数据的逻辑结构和特征的描述,是数据库用户的数据视图,是与某一应用有关的数据的逻辑表示。

外模式通常是模式的子集。一个数据库可以有多个外模式。由于它是各个用户的数据视图,如果不同的用户在应用需求、看待数据的方式、对数据保密的要求等方面存在差异,则其外模式描述就是不同的。即使对模式中同一数据,在外模式中的结构、类型、长度、保密级别等都可以不同。另一方面,同一外模式也可以为某一用户的多个应用系统所使用,但一个应用程序只能使用一个外模式。

外模式是保证数据库安全性的一个有力措施。每个用户只能看见和访问所对应的外模式中的数据,数据库中的其余数据是不可见的。

DBMS 提供子模式描述语言(子模式 DDL)来严格地定义子模式。

(3) 内模式（Internal Schema）

内模式也称存储模式（Storage Schema），一个数据库只有一个内模式。它是数据物理结构和存储方式的描述，是数据在数据库内部的表示方式。例如，记录的存储方式是顺序存储、按照 B 树结构存储还是按 Hash 方法存储；索引按照什么方式组织；数据是否压缩存储，是否加密；数据的存储记录结构有何规定等。

DBMS 提供内模式描述语言（内模式 DDL，或者存储模式 DDL）来严格地定义内模式。

14.3.2 数据模型

1) 数据模型的基本概念

数据模型是对现实世界中事物及其联系的数据描述。数据库的设计核心问题之一就是设计出一个最佳的数据模型。

(1) 现实世界、信息世界和数据世界

数据处理工作首先要把现实世界转换成信息世界（观念世界），然后把信息世界转换成数据世界（计算机世界）。

现实世界是存在于人们头脑之外的客观世界，任何事物及其联系就处于这个世界之中。

信息世界是现实世界在人们头脑中的反映。在信息世界中，用实体来描述事物。实体可以是人也可以是物，可以是实际的东西也可以是抽象概念。实体可以分为"对象"与"属性"两大类。例如某区域是对象，而用来表示其某一方面特性的，诸如行政编码、总人口、土地总面积之类称之为属性。实体又可以分成个体与总体两级，总体泛指某一类个体组成的集合。同类实体的集合叫实体集。在信息世界中，用实体模型来反映事物联系，其中对象与属性的联系是实体内部联系，个体与总体的联系是实体外部联系。

数据世界是信息世界信息的数据化。在数据世界中，描述实体对象的数据称之为记录；描述实体属性的数据称为字段或数据项；用来描述实体集、总体的称之为文件；而逻辑相关的文件集合就是数据库。在数据世界是用数据模型来描述事物及其联系的。

三个世界之间的关系可用图 14.12 表示。

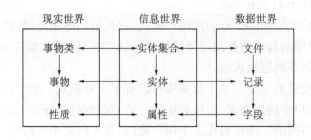

图 14.12　三个世界之间的转换关系

(2) 数据组织

数据库的数据组织可以分为四级：数据项、记录、文件和数据库（见图 14.13）。

① 数据项：定义数据的最小单位，也称元素、基本项、字段等。它与实体属性相对应，

有一定的取值范围,称为域。域以外的任何值对该数据项都是无意义的。数据项的值可以是数值、字母数字、汉字等形式。多个基本数据项可以组合为组合数据项(简称组项)。

② 记录：由若干个相关联的数据项组成,用来描述实体对象。记录包括记录性与记录值两个方面。记录类型只是一个框架,只有给这个框架的每个数据项取值后才得到记录。由此可见,记录类型是数据项的集合,记录值是数据项值的集合。

③ 文件：它是一个给定类型的记录的全部具体值的集合,是用来描述实体集的。每个文件均用文件名称标示。根据记录的组织方式和存取方式,文件可分为顺序文件、索引文件、直接文件和倒排文件等。

④ 数据库：是数据组织层次中目前已达到的最高级别,是逻辑相关文件的集合。

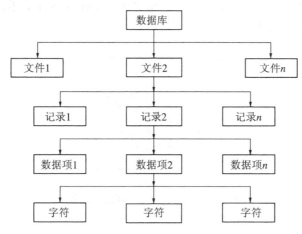

图 14.13　数据组织的层次结构

(3) 数据模型

实体模型和数据模型是对客观事物及其联系的两级抽象描述。数据模型是对客观事物及其联系的数据描述,即实体模型的数据化,是表示实体及实体之间联系的模型。在数据模型中反映实体内部联系是记录内部的联系表示,实体与实体之间的联系是记录间的联系,数据模型就是反映记录与记录之间的联系。

记录与记录之间的联系主要有三种：一对一的联系,如地理名称与对应的空间位置之间的关系;一对多的联系,如行政区划就具有一对多的联系(一个省对应有多个市,一个市对应有多个县等);多对多的联系,如土壤类型与农作物之间有多对多的联系,同一种土壤类型可以种不同作物,同一种作物又可以种植在不同的土壤上等。

数据模型把数据逻辑地组成为数据库,使用户能够有效地存取和处理数据。因此,可以说数据模型是数据库系统的核心。数据模型一般具有两种描述功能,即数据内容的描述功能和数据间关系的描述功能。

2) 常用的数据模型

数据模型是描述数据内容和数据之间联系的工具,它是衡量数据库能力强弱的主要标志之一。数据库设计的核心问题之一就是设计一个好的数据模型。目前在数据库领域,常用的数据模型有层次模型、网状模型、关系模型以及最近兴起的面向对象模型。

(1) 层次模型

层次数据库模型是用树形结构来表示实体间联系的模型。它将数据组织成一对多(或双亲与子女)关系的结构,其特点为:① 有且仅有一个结点无双亲,这个结点即树的根;② 其他结点有且仅有一个双亲。对于如图 14.14 所示多边形地图可以构造出如图 14.15 所示的层次模型。

层次数据库结构特别适用于文献目录、土壤分类、部门机构等分级数据的组织。例如全国—省—县—乡是一棵十分标准的有向树,其中"全国"是根节点,省以下的行政区划单元都是子节点。这种数据模型的优点是层次和关系清楚,检索路线明确。

层次模型不能表示多对多的联系,这是令人遗憾的缺陷。在资源信息系统中,若采用这种层次模型将难以顾及公共点、线数据共享和实体元素间的拓扑关系,导致数据冗余度增加,而且给拓扑查询带来困难。

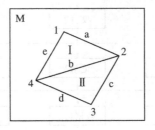

图 14.14 地图 M 及其空间实体 Ⅰ、Ⅱ

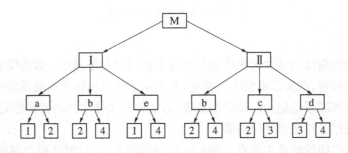

图 14.15 层次模型

(2) 网状模型

用丛结构(或网结构)来表示实体及其联系的模型就是网状模型。在该模型中,各记录类型间可具有任意个连接关系。一个子结点可有多个父结点;可有一个以上的结点无父结点;父结点与某个子结点记录之间可以有多种联系(一对多、多对一、多对多)。图 14.16 是图 14.14 的网状模型。

网状数据库结构特别适用于数据间相互关系非常复杂的情况,不同企业部门之间的生产、消耗联系也可以很方便地用网状结构来表示。

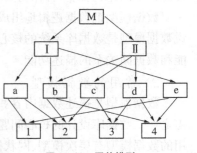

图 14.16 网状模型

网状数据库结构的缺点是：由于数据间联系要通过指针表示，指针数据项的存在使数据量大大增加，当数据间关系复杂时指针部分会占用大量数据库存储空间。另外，修改数据库中的数据，指针也必须随着变化。因此，网状数据库中指针的建立和维护可能成为相当大的额外负担。

(3) 关系模型

关系模型的基本思想是用二维表形式表示实体及其联系。二维表中的每一列对应实体的一个属性，其中给出相应的属性值，每一行形成一个由多种属性组成的多元组，或称元组（Tupple）与一特定实体相对应。实体间联系和各二维表间联系采用关系描述或通过关系直接运算建立。元组（或记录）是由一个或多个属性（数据项）来标识，这一个或一组属性称为关键字，一个关系表的关键字称为主关键字，各关键字中的属性称为元属性。关系模型可由多张二维表形式组成，每张二维表的"表头"称为关系框架，故关系模型即是若干关系框架组成的集合。表 14.5 给出了一个关系表实例。

表 14.5 关系表实例（行政区划关系、面积关系）

行政区划关系				
代 码	名 称	人 口（人）	面 积（km²）	地 形
101	A县	600 000	12 000	平原
102	B县	45 000	9 000	丘陵
……	……	……	……	……
110	J县	2 000	6 000	山地
面积关系				
代 码	耕 地（km²）	林 地（km²）	荒 地（km²）	其 他（km²）
101	11 000	500	10	490
102	3 000	5 500	150	350
……	……	……	……	……
110	500	4 900	240	360

关系数据库结构的最大优点是它的结构特别灵活，可满足所有用布尔逻辑运算和数学运算规则形成的询问要求；关系数据库还能搜索、组合和比较不同类型的数据，加入和删除数据都非常方便。关系模型用于设计地理属性数据的模型较为适宜。因为在目前，地理要素之间的相互联系是难以描述的，只能独立地建立多个关系表。例如：地形关系，包含的属性有高度、坡度、坡向，其基本存储单元可以是栅格方式或地形表面的三角面；人口关系，包含的属性有人的数量、男女人口数、劳动力、抚养人口数等。基本存储单元通常是对应于某一级的行政区划单元。

关系数据库的缺点是许多操作都要求在文件中顺序查找满足特定关系的数据，如果数据库很大的话，这一查找过程要花很多时间。搜索速度是关系数据库的主要技术标准，也是建立关系数据库花费高的主要原因。

(4) 面向对象模型

面向对象的定义是指无论怎样复杂的事例都可以准确地由一个对象表示。每个对象都是包含了数据集和操作集的实体，也就是说，面向对象的模型具有封装性的特点。面向对象的系统中，每个概念实体都可以模型化为对象。对于多边形地图上的一个结点、一条弧段、一条河流、一个区域或一个省都可看成对象。一个对象是由描述该对象状态的一组数据和表达其行为的一组操作(方法)组成的。例如，河流的坐标数据描述了它的位置和形状，而河流的变迁则表达了它的行为。由此可见，对象是数据和行为的统一体。

关系数据模型和关系数据库管理系统基本上适应于 GIS 中属性数据的表达与管理。若采用面向对象数据模型，语义将更加丰富，层次关系也更明了。可以说，面向对象数据模型是在包含关系数据库管理系统的功能基础上，增加了面向对象数据模型的封装、继承、信息传播等功能。下面是以土地利用管理信息系统为例的面向对象的属性数据模型，如图 14.17 所示。

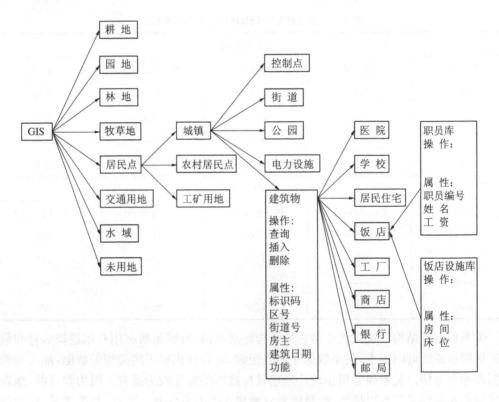

图 14.17　面向对象的属性模型

14.3.3　数据库管理系统

了解了数据和数据库的概念，下一个问题就是如何科学地组织和存储数据，如何高效地获取和维护数据。完成这个任务的是一个系统软件——数据库管理系统(DataBase Management System, DBMS)。

数据库管理系统是位于用户与操作系统之间的数据管理软件。它的主要功能包括以下几个方面：

1) 数据定义功能

DBMS 提供数据定义语言（Data Definition Languag, DDL），用户通过它可以方便地定义对数据库中的数据对象进行定义。

2) 数据操纵功能

DBMS 还提供数据操纵语言（Data Manipulation Language, DML），用户可以使用 DML 操纵数据实现对数据库的基本操作，如查询、插入、删除和修改等。

3) 数据库的运行管理

数据库在建立、运用和维护时由数据库管理系统统一管理、统一控制，以保证数据的安全性、完整性、多用户对数据的并发使用及发生故障后的系统恢复。

4) 数据库的建立和维护功能

它包括数据库初始数据的输入、转换功能，数据库的转储、恢复功能，数据库的重组织功能和性能监视、分析功能等。这些功能通常是由一些实用程序完成的。

数据库管理系统是数据库系统的一个重要组成部分。

14.3.4 资源数据库系统

资源数据库系统是整个自然资源信息系统的核心，它与常用的数据库系统相比，有以下特点：

1) 资源数据库具有"空间数据库"的特点

进入资源数据库的数据从类型上看，不仅有资源实体及其诸要素的属性数据（与一般数据库相似），而且还有大量的空间数据，即描述资源及其诸要素空间分布（位置及几何形状等）的数据，这两种数据之间有着不可分割的联系。从数据源的角度来看，资源数据库除了一般数据库的统计数据、表格数据、文字报告资料外，各种图形数据（例如分布图、类型图、评价图、分区图等）和图像数据也是一个主要数据源。

2) 资源数据库的数据应用面相当广泛

自然资源数据库的数据应用面包括资源研究、资源估算与评价、资源规划、各种资源数据检索等。从理论上来讲，资源数据库是整个自然资源信息系统的信息源，它应能满足用户对数据存取、修改、查询、统计等的需要，同时也应满足各种规划模型、决策模型和图形输出的需要。但实践证明采用一个资源数据库来胜任如此繁重的任务是十分困难的，也是不必要的。解决这个问题的办法是，一方面在信息系统各子系统间建立数据转换系统，从而可以将资源数据库数据通过转换系统生成外部文件，供辅助决策系统和图形库管理系统使用；另一方面除了自然资源数据库系统，在信息系统的各子系统分别建立各自的数据库（如模型数据库、图形数据库等）以满足它们自身的需要。

3) 资源数据库系统很难采用通用的数据库管理系统

通用的数据库管理系统只适用于资源实体的属性数据的管理，包括资源实体的标量属性（如高程值、降雨量、储藏量等）和名称属性（如北京、小麦、河流等地名与物质名称）。对于反映资源实体之间位置关系的几何属性数据（如几何形状等）的管理则难以胜任。资料表明,国内外成百个资源空间信息系统很少有采用通用的数据库管理系统的。

4) 大量的空间数据必须采用特殊的数据结构和编码来进行组织

在资源数据库系统中,往往把空间数据与非空间(属性数据)分开来存储,因为它们的数据结构是不同的。空间数据结构基本上可分为两大类:矢量结构和栅格结构(也可以称为矢量模型和栅格模型)(见图14.18)。两类结构都可用来描述地理实体的点、线、面三种基本类型。

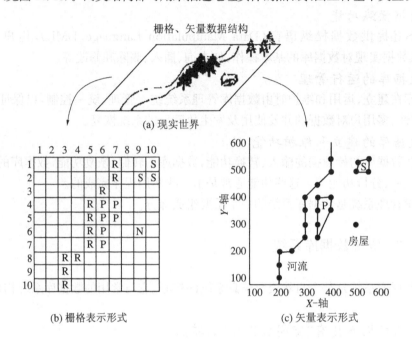

图 14.18 矢量结构和栅格结构

(1) 矢量结构

对于点实体,矢量结构中只记录其在特定坐标系下的坐标和属性代码;对于线实体,在数字化时即进行量化,就是用一系列足够短的直线首尾相接表示一条曲线,当曲线被分割成多而短的线段后,这些小线段可以近似地看成直线段,而这条曲线也可以足够精确地由这些小直线段序列表示,矢量结构中只记录这些小线段的端点坐标,将曲线表示为一个坐标序列,坐标之间认为是以直线段相连,在一定精度范围内可以逼真地表示各种形状的线状地物;"多边形"在地理信息系统中是指一个任意形状、边界完全闭合的空间区域。其边界将整个空间划分为两个部分:包含无穷远点的部分称为外部,另一部分称为内部。把这样的闭合区域称为多边形是由于区域的边界线同前面介绍的线实体一样,可以被看作是由一系列多而短的直线段组成,每个小线段作为这个区域的一条边,因此这种区域就可以看作是由这些边组成的多边形了。

跟踪式数字化仪对地图数字化产生矢量结构的数字地图,适合于矢量绘图仪绘出。矢量结构允许最复杂的数据以最小的数据冗余进行存储,相对于栅格结构来说,数据精度高,所占空间小,是高效的空间数据结构。

矢量结构的特点是:定位明显、属性隐含,其定位是根据坐标直接存储的,而属性则一般存于文件头或数据结构中某些特定的位置上,这种特点使得其图形运算的算法总体上比栅格数据结构复杂得多,有些甚至难以实现。当然有些地方也有其便利和独到之处,在计算长度、面积、形状和图形编辑、几何变换操作中,矢量结构有很高的效率和精度,而在叠加运算、邻域搜索等操作时则比较困难。

(2) 栅格结构

栅格结构是最简单、最直接的空间数据结构,是指将地表划分为大小均匀紧密相邻的网格阵列,每个网格作为一个象元或象素由行、列定义,并包含一个代码表示该象素的属性类型或量值,或仅仅包括指向其属性记录的指针。因此,栅格结构是以规则的阵列来表示空间地物或现象分布的数据组织,组织中的每个数据表示地物或现象的非几何属性特征。如图 14.19 所示,在栅格结构中,点用一个栅格单元表示;线状地物沿线走向的一组相邻栅格单元表示,每个栅格单元最多只有两个相邻单元在线上;面或区域用记有区域属性的相邻栅格单元的集合表示,每个栅格单元可有多于两个的相邻单元同属一个区域。遥感影像属于典型的栅格结构,每个象元的数字表示影像的灰度等级。

```
0 0 0 0 0 0 0 0      0 0 0 0 0 0 0 0      0 4 4 7 7 7 7 7
0 0 0 0 0 0 0 0      0 0 0 6 0 0 0 0      4 4 4 4 4 7 7 7
0 0 0 0 0 2 0 0      0 6 6 0 6 0 0 0      4 4 4 4 8 8 7 7
0 0 0 0 0 0 0 0      0 0 0 0 0 6 0 0      0 0 4 8 8 8 7 7
0 0 0 0 0 0 0 0      0 0 0 0 0 6 0 0      0 0 0 8 8 8 7 8
0 0 0 0 0 0 0 0      0 0 0 0 0 6 0 0      0 0 0 8 8 8 8 8
0 0 0 0 0 0 0 0      0 0 0 0 0 0 6 0      0 0 0 0 8 8 8 8
0 0 0 0 0 0 0 0      0 0 0 0 0 0 0 0      0 0 0 0 0 0 8 8
      (a) 点                (b) 线                (c) 面
```

图 14.19 点、线、区域的格网

栅格结构的显著特点是:属性明显,定位隐含,即数据直接记录属性的指针或属性本身,而所在位置则根据行列号转换为相应的坐标,也就是说定位是根据数据在数据集中的位置得到的。

由于栅格行列阵列容易为计算机存储、操作和显示,因此这种结构容易实现,算法简单,且易于扩充、修改,也很直观,特别是易于同遥感影像的结合处理,给地理空间数据处理带来了极大的方便。

许多实践证明,栅格结构和矢量结构在表示空间数据上可以是同样有效的,对于一个资源信息系统,较为理想的方案是采用两种数据结构,即栅格结构与矢量结构并存,对于提高系统的空间分辨率、数据压缩率和增强系统分析、输入输出的灵活性十分重要。两种格式的比较见表 14.6。

表 14.6 矢量格式与栅格格式的比较

项 目	优 点	缺 点
矢量数据	① 数据结构紧凑、冗余度低 ② 有利于网络和检索分析 ③ 图形显示质量好、精度高	① 数据结构复杂 ② 多边形叠加分析比较困难
栅格数据	① 数据结构简单 ② 便于空间分析和地表模拟 ③ 现势性较强	① 数据量大 ② 投影转换比较复杂

14.3.5 数据库设计

数据库设计是建立数据库及其应用系统的技术,是信息系统开发和建设中的核心技术,具体来说,数据库设计是指对于一个给定的应用环境,构造最优的数据库模式,建立数据库及其应用系统,使之能够有效地存储数据,满足各种用户的应用要求(信息要求和处理要求)。这个问题是数据库在应用领域的主要研究课题。

大型数据库的设计和开发是一项庞大的工程,是涉及多学科的综合性技术。其开发周期长、耗资多,失败的风险也大,必须把软件工程的原理和方法应用到数据库建设中来。对于从事数据库设计的专业人员来讲,应该具备多方面的技术和知识。主要有:
① 数据库的基本知识和数据库设计技术。
② 计算机科学的基础知识和程序设计的方法和技巧。
③ 软件工程的原理和方法。
④ 应用领域的知识。

1) 数据库设计方法

由于信息结构复杂,应用环境多样,在相当长的一段时期内数据库设计主要采用手工试凑法。使用这种方法与设计人员的经验和水平有直接关系,数据库设计成为一种技艺而不是工程技术,缺乏科学理论和工程方法的支持,工程质量难以保证,常常是数据库运行一段时间后又不同程度地发现各种问题,增加了系统维护的代价。十余年来,人们努力探索,提出了各种数据库设计方法,这些方法运用软件工程的思想和方法,提出了各种设计准则和规程,都属于规范设计法。

规范设计法中比较著名的有新奥尔良(New Orleans)方法。它将数据库设计分为四个阶段:需求分析(分析用户要求)、概念设计(信息分析和定义)、逻辑设计(设计实现)和物理设计(物理数据库设计)。其后,S. B. Yao 等又将数据库设计分为五个步骤。I. R. Palmer 等主张把数据库设计当成一步接一步的过程,并采用一些辅助手段实现每一过程。

基于 E-R 模型的数据库设计方法,基于 3NF(第三范式)的设计方法,基于抽象语法规范的设计方法等,是在数据库设计的不同阶段上支持实现的具体技术和方法。

规范设计法从本质上看仍然是手工设计方法,其基本思想是过程迭代和逐步求精。

数据库工作者和数据库厂商一直在研究和开发数据库设计工具。经过十多年的努力,数据库设计工具已经实用化和产品化。例如 Design 2000 和 Power-Designer 分别是 ORACLE 公司和 SYBASE 公司推出的数据库设计工具软件。这些工具软件可以自动地或辅助设计人员完成数据库设计过程中的很多任务,人们已经越来越认识到自动数据库设计工具的重要性,特别是大型数据库的设计需要自动设计工具的支持。人们也日益认识到数据库设计和应用设计应该同时进行,目前许多计算机辅助软件工程(Computer Aided Software Engineering,CASE)工具已经开始强调这两个方面。

2) 数据库设计步骤

按照规范设计的方法,考虑数据库及其应用系统开发全过程,将数据库设计分为以下六个阶段(见图 14.20):① 需求分析;② 概念结构设计;③ 逻辑结构设计;④ 物理结构设计;

⑤ 数据库实施;⑥ 数据库运行和维护。

数据库设计开始之前,首先必须选定参加设计的人员,包括系统分析人员、数据库设计人员和程序员、用户和数据库管理员。系统分析和数据库设计人员是数据库设计的核心人员,他们将自始至终参与数据库设计,他们的水平决定了数据库系统的质量。用户和数据库管理员在数据库设计中也是举足轻重的,他们主要参加需求分析和数据库的运行维护,他们的积极参与不但能加速数据库设计,而且也是决定数据库设计质量的重要因素。程序员则在系统实施阶段参与进来,分别负责编制程序和准备软硬件环境。

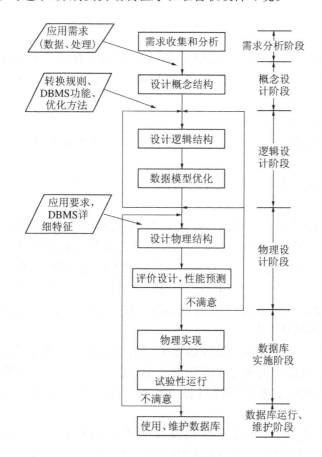

图 14.20　数据库设计步骤

如果所设计的数据库应用系统比较复杂,还应该考虑是否需要使用数据库设计工具和 CASE 工具以提高数据库设计质量并减少设计工作量,以及选用何种工具。

(1) 需求分析阶段

进行数据库设计首先必须准确了解与分析用户需求(包括数据与处理)。需求分析是整个设计过程的基础,是最困难、最耗费时间的一步。作为地基的需求分析是否做得充分与准确,决定了在其上构建数据库大厦的速度与质量。需求分析做得不好,甚至会导致整个数据库设计返工重做。

（2）概念结构设计阶段

概念结构设计是整个数据库设计的关键，它通过对用户需求进行综合、归纳与抽象，形成一个独立于具体 DBMS 的概念模型。

（3）逻辑结构设计阶段

逻辑结构设计是将概念结构转换为某个 DBMS 所支持的数据模型，并对其进行优化。

（4）数据库物理设计阶段

数据库物理设计是为逻辑数据模型选取一个最适合应用环境的物理结构（包括存储结构和存取方法）。

（5）数据库实施阶段

在数据库实施阶段，设计人员运用 DBMS 提供的数据语言及其宿主语言，根据逻辑设计和物理设计的结果建立数据库，编制与调试应用程序，组织数据入库，并进行试运行。

（6）数据库运行和维护阶段

数据库应用系统经过试运行后即可投入正式运行。在数据库系统运行过程中必须不断地对其进行评价、调整与修改。

设计一个完善的数据库应用系统是不可能一蹴而就的，它往往是上述六个阶段的不断反复。

需要指出的是，这个设计步骤既是数据库设计的过程，也包括了数据库应用系统的设计过程。在设计过程中把数据库的设计和对数据库中数据处理的设计紧密结合起来，将这两个方面的需求分析、抽象、设计、实现在各个阶段同时进行，相互参照，相互补充，以完善两方面的设计。事实上，如果不了解应用环境对数据的处理要求，或没有考虑如何去实现这些处理要求，是不可能设计一个良好的数据库结构的。按照这个原则，设计过程各个阶段的设计描述可用图 14.21 概括地给出。

图 14.21 的有关处理特性的设计描述中，其设计原理、采用的设计方法、工具等在软件工程和信息系统设计的课程中有详细介绍，这里不再讨论。这里主要讨论关于数据特性的描述以及如何在整个设计过程中参照处理特性的设计来完善数据模型设计等问题。

按照这样的设计过程，数据库结构设计的不同阶段形成数据库的各级模式，如图 14.22 所示。需求分析阶段，综合各个用户的应用需求。在概念设计阶段形成独立于机器特点，独立于各个 DBMS 产品的概念模式，在本篇中就是 E-R 图；在逻辑设计阶段将 E-R 图转换成具体的数据库产品支持的数据模型，如关系模型，形成数据库逻辑模式，然后根据用户处理的要求、安全性的考虑，在基本表的基础上再建立必要的视图（View），形成数据的外模式；在物理设计阶段，根据 DBMS 特点和处理的需要，进行物理存储安排，建立索引，形成数据库内模式。

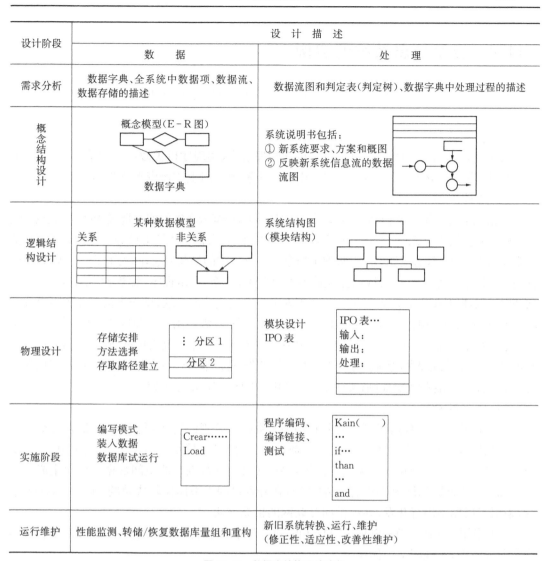

图 14.21 数据库结构设计阶段

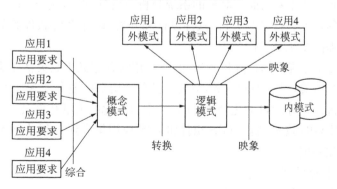

图 14.22 数据库的各级模式

14.4 资源信息系统的实例

14.4.1 实例1：云南省国土资源厅国土矿产资源管理信息系统

1）系统目标

为全面提升云南省国土资源厅机关科学管理水平，实现厅机关政务管理信息化，业务审批网络化，省国土资源厅组织开发了"云南省国土资源厅国土矿产资源管理信息系统"。

2）设计思路

本系统是在云南省国土资源厅需求分析的基础上，根据云南省的实际情况和政府国土资源、信息服务社会化的需求而设计的。在设计中，参照国土资源部"国土资源政务管理信息系统和信息服务系统建设总体方案"的要求，吸取了当今GIS理论中的最新概念，融入了ESRI/ArcInfo软件的最新技术。其基本设计思路是：明确各项国土资源业务、办事程序，系统分析信息化需求；打破部门界限，根据业务需求设置功能，再根据业务类型集成功能模块；操作人员按业务需求选择功能模块，按用户级别、权限操作功能模块办理各项业务；既满足国土资源自动化办公的需求，又保证系统数据管理的一致性、完整性和准确性；建立数据库建库规范与标准，确保数据的规范与质量；开发应用管理程序，保证国土资源信息系统的先进性、兼容性、可靠性、实用性、稳定性和动态可扩充性；遵循保护投资原则；实现办公自动化与GIS应用系统一致化。

3）技术路线

（1）采用Oracle数据库可以充分利用关系数据库管理的功能，利用SQL语言对空间与非空间数据进行操作，同时可以利用关系数据库的海量数据管理、事务处理、记录锁定、并发控制、数据仓库及与Internet无缝连接等功能，实现空间数据与非空间数据一体化集成。

（2）本系统是MIS和GIS结合的系统，在开发过程中采用比较成熟的Client/Server结构，采用三层模型进行开发，并提供向互联网的扩充方法。

（3）采用ArcInfo、ArcSDE和MapObjects进行系统开发，MO地图控件可直接插入到许多业务流中，实现图文一体化。

（4）系统分析与设计采用面向对象的系统分析与设计方法，系统开发过程中将应用计算机辅助软件工程技术进行系统分析、软件设计和开发，确保系统软件和数据库规范化、可移植性、可靠性，提高系统开发的效率。

（5）为了解决业务流程的计算机管理问题，采用流程定义工具灵活定义业务流程、文档格式及操作人员身份等，对于不同业务，只要按照国土资源的业务要求加以定义后便可以利用管理信息系统进行业务的自动化处理，实现网上自动化的无纸化办公。

（6）采用组件GIS技术，通过GIS组件将GIS应用集成到MIS与流程化管理中，实现真正的图文一致化集成。

4）系统设计的软件造型

（1）操作系统——Windows NT

Window NT具有高级操作系统的性能，同时具有高度的可行性。Windows NT的安全保护可以防止未经授权的使用者访问数据和软件等。

另外，Windows NT还具有很强的联网功能，允许系统开发者自主选择符合国土资源业务要求的方案。由于其支持多种通信协议，所以能解决跨城市、跨区域的问题，而云南省国土资源厅所开发的国土资源信息系统正是一个多用户、多任务的网络系统。

（2）数据库平台——Oracle

针对国土资源数据种类繁多、信息量大的特点，选用当前最流行的大型数据库管理系统——Oracle 作为系统的数据库平台。因为它是一种对象—关系型数据库，用它来管理业务处理中的数据显得十分简单。其主要特点阐述如下：

① 稳定性高；② 有较强的数据录入、处理能力；③ 采用通用结构化查询语言；④ 可管理的数据量大；⑤ Oracle 数据库工具强大；⑥ 提供与 Internet 的接口。

由于所开发的系统需管理国土资源信息中的数字、文字、表格、图形、多媒体等多种数据，而 Oracle 数据库具有强大的处理、管理各种数据的功能，因此基于数据库在整个系统中的重要地位，采用 Oracle 数据库有利于最大限度地发挥系统功能。

（3）GIS 平台——ArcInfo、MapObjects、ArcSDE

地理信息系统（GIS）是集地球科学、信息科学与计算机科学技术于一体的高新技术，它已成为社会可持续发展的有效的辅助决策支持工具。

① ArcInfo。a. ArcInfo 由 ESRI 公司推出，当前在众多地理信息系统软件中影响最广，功能最强，市场占有率最高。b. ArcInfo 通过三个功能模块给用户提供了图件、数据和工具进行交互的基本方法和界面。c. ArcMap 是一个用于编辑、显示、查询、分析、打印地图数据的应用模块。它包含一个复杂的专业制图和编辑系统，可以将 ArcMap 看成能够完成制图和编辑任务的 ArcEdit 和 ArcPlot 的合并。d. ArcCatalog 是用于定位、浏览和管理空间数据的应用模块。利用 ArcCatalog 可以创建和管理图形数据库。ArcCatalog 是用户规划数据库表，指定和利用元数据的环境。e. ArcTool Box 是用于完成 ArcInfo 所提供的诸如数据转换、叠加处理、缓冲区生成、投影转换等空间数据处理模块。

② MapObjects。a. MapObjects 由 ESRI 公司推出，可以运行在多种噪声系统之上。b. MapObjects 建立在微软的对象链接和嵌入基础之上。它是一个提供制图和 GIS 功能的 Active X 控件，MapObjects 地图控件可以直接插入到许多标准开发环境的工具集中。可以通过在 Visual Basic、Delphi 等开发环境中建立的属性页操纵地图。c. MapObjects 为应用开发人员提供了有力的制图与 GIS 功能支持。其主要功能阐述如下：ⅰ 显示有多个地图层的地图；ⅱ 放大、缩小、漫游地图；ⅲ 显示图形特征；ⅳ 显示坐标字符；ⅴ 识别选择特征；ⅵ 用 SQL 语句查询特征；ⅶ 查询、更新、选择特征的属性数据。

③ ArcSDE。a. ArcSDE 空间数据管理———开放式 API，多种客户选择，卓越的性能。b. ESRI 提供 ArcSDE 作为高级空间数据库管理系统，满足了大型企业 GIS 数据管理的需要。ArcSDE 基于客户/服务器的结构提供 GIS 功能，它是专门为管理大容量、多用户、网络化的数据而设计的。ArcSDE 把空间数据管理从过去的"以 GIS 为中心"变为"以信息为中心"。c. ArcSDE 产品的目标是通过一种工业标准的应用编程界面（API）提供一种开放的 GIS，并且提供一个优秀的应用开发环境，用以支持由 ESRI、用户以及开发商开发的客户端应用。但最重要的目标是提供对于大型的多用户数据库高速访问的性能。d. ArcInfo 与 MapObjects、ArcSDE 都是由 ESRI 公司推出的地理信息平台，但 ArcInfo 是大型地理信息平台，功能多，多用于后台；而 MapObjects 是桌面地理信息平台，多用于前台；ArcSDE 是海量数据引擎。ArcInfo、ArcSDE 和 MapObjects 的组合，可以把空间数据直

接存入数据库,这样对空间数据操作就像对属性数据操作一样。

5) 系统功能

系统功能介绍见表 14.7。系统总体结构见图 14.23。

表 14.7 系统功能

功能模块	功能简述
地籍管理子系统	管理地籍调查和土地资源调查成果,支持土地登记,纠纷调处,动态监测工作
耕地保护子系统	实施耕地特殊保护、农地用途管制、征地管理、农地开发、土地整理;依据土地利用总体规划及专项规划,组织和推动基本农田保护、土地开发、土地整理、土地复垦监督
规划管理子系统	管理规划成果,支持日常规划管理工作,进行土地利用上的动态分析、统计,提供辅助决策的信息系统
土地利用管理子系统	管理现状调查成果,支持变更调查、农村日常地籍管理的信息系统
行政办公自动化管理子系统	全局行政办公类公文数据输入、登记、编辑、修改、审阅、签发、统计、查询、输出;机关办公综合事务管理
窗口办公子系统	国土资源业务的受理、录入、登记、查询、控制、自动分配、业务成果输出,协调各业务子系统之间的正常运行
信息发布子系统	提供国土资源信息的对外发布
矿政管理子系统	采矿权、探矿权、矿山企业立项、矿产资源储量等矿政业务管理
地质环境管理子系统	制订地质环境保护、地质灾害防治、地质遗迹保护、地热及矿泉水开发保护的管理办法;对矿泉水进行鉴定和年检;编制矿山地质环境保护规划和计划草案
综合维护子系统	数据入库、更新、系统管理及维护,设定及变更文档资料格式、工作人员身份、级别、权限

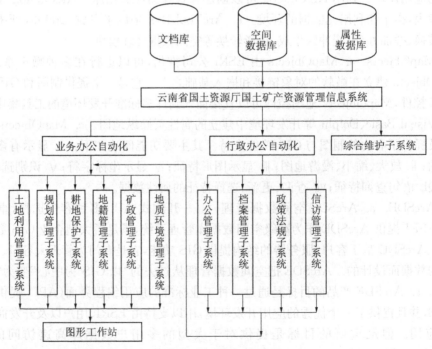

图 14.23 系统总体结构

14.4.2 实例2：基于WebGIS技术的吉林省国土资源信息系统

1) 系统目标

为进一步深化国土资源遥感大调查的成果，实现吉林省国土资源信息的共建共享、科学管理、合理开发和有效利用，为吉林省国土资源管理和各使用部门以及个人提供全面、方便、快捷的国土资源远程空间信息服务。

2) 吉林省国土资源信息系统的设计

系统设计主要由八个子系统构成，包括数字矿产、数字旅游、数字气象、数字生态、数字土地、数字水资源、数字植被和地壳稳定性子系统。各子系统又包括多个下一级子系统，如数字矿产子系统包括金属矿产、非金属矿产、能源矿产和预测矿产子系统。地壳稳定性子系统包括地震灾害和地质灾害子系统，见图14.24。

图 14.24 吉林省国土资源网络信息系统构成图

(1) 系统总体框架

系统基于Internet构建，遵循TCP/IP和HTTP协议，可通过防火墙与国内Internet连接。

系统部署方案采用目前比较流行的三层结构模型，总体框架见图14.25。三层结构分别为客户端浏览器、服务器和后台数据库。客户端浏览器支持各类数据和信息的显示并可与服务器进行通讯。服务器由Web服务器和Web GIS服务器两部分构成，前者负责基本的网络通讯与协调，后者主要支持网络地理信息系统功能的实现。数据库由图形库、属性库和元数据库组成。按照国标进行数据分类，数据库设计采用常用关系型结构，图形数据和属性数据通过标识进行连接。

(2) 系统功能设计

① 图层管理功能，支持地图工程分层管理，如显隐、上下移、可选、可编控制、显示比例控制等。② 地图操作功能，如地图放大、缩小、漫游、选择等。③ 空间/属性数据双向查询功能，如指定条件查询图形的空间信息，选定图元查询其属性特征。④ 专题图显示功能，如

对空间信息依据属性信息所作的分类、分级、注记、统计图显示、图例显示。

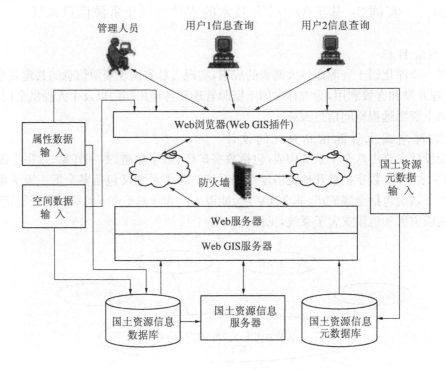

图 14.25　吉林省国土资源网络地理信息系统结构图

(3) 应用系统

应用功能上，如图 14.26 所示的子系统又包括各个功能子系统。

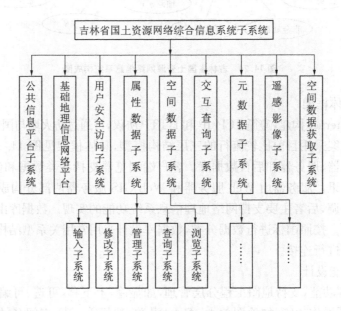

图 14.26　吉林省国土资源网络综合信息系统功能结构图

① 公共信息平台子系统。② 基础地理信息网络平台。③ 用户安全访问子系统。④ 属性数据子系统,包括属性数据的输入、修改、维护、管理、查询和浏览等(服务器端和客户端都可实现)。⑤ 空间数据子系统,包括空间数据的输入、修改、维护、管理(限于服务器端)、查询和浏览等。⑥ 交互查询子系统。⑦ 元数据子系统,包括元数据的输入、修改、维护、管理、查询和浏览等(服务器端和客户端都可实现)。⑧ 遥感影像子系统。⑨ 数据获取子系统。

3) 系统实现方案

系统实现时可依据上述三层结构逐层建立,并通过接口相互衔接。

(1) 三层结构的建立

① 客户端。客户端主要为常用的商业浏览器,用于接收和解释普通 HTML 文件。对于空间数据的处理,可通过在浏览器中插入并运行 Applet 实现。Applet 可插入 HTML 文件中,在网络浏览器下载该 HTML 文件时,Java 程序的执行代码也同时被下载到用户端的机器上,在客户机上完成 GIS 数据解释和 GIS 分析功能,并可实现与服务器端的通讯。Applet 提供内部接口,可使用 Java Script 或 VB Script 实现对它的控制。

② 服务器端。服务器端使用 Java Bean、Java Servlet 和 JSP 实现。其开发与管理采用"模型—视图—控制器"(Model-View-Controller)结构。Java Bean 负责实现数据模型定义,与数据库中数据表相对应;由控制器调用,由视图显示给用户。Servlet 充当控制器,负责监控客户端请求,依据客户请求进行相应的分析、运算和数据库访问工作,并将结果返回客户端。视图由 JSP 编写,将 HTML 动态返回给用户。

③ 数据库。系统数据库采用 SQL Server 2000 数据库。有空间信息数据库、属性信息数据库、元数据库。各类数据由 SQL Server 2000 进行管理和维护。数据的加工制作可在"吉林省网络信息系统"中的图形数据管理子系统和数据管理子系统中完成。

(2) 接口实现

客户端与服务器端的通讯和连接使用 TCP/IP 和 HTTP 通过 Internet/Intranet 实现。服务器端应用程序与后台数据库的通讯通过 JDBC 技术实现。

(3) 安全策略

由于该系统将与国际互联网 Internet 实现互联,所以系统安全问题极为重要。为提高网络安全性,防止外界非法用户入侵,对该系统拟采取合法用户与防火墙相结合的方式限制网络用户对系统的访问。用户的权限,如高级用户权限、数据管理者权限、数据输入者权限等。该系统网络引入防火墙(Fire-wall),它能决定外界能访问哪些 Internet 服务,哪些外部用户能访问哪些 Internet 服务,内部人员能访问哪些 Internet 服务,同时,防火墙只允许授权数据通过。Firewall 提供了网络安全性和数据安全性两种主要功能。

网络安全性方面,防火墙提供一个复杂的可根据需要进行定制的 Internet 安全解决方案,提供对 IP 源地址、IP 目的地址、ICP、UDP、ICMP、FTP、HTTP、DNS 等各种协议的安全检查,防止非法用户进入。防火墙使用先进的包过滤方式来防止非法访问,它检视每个包的源 IP 地址,决定是否给予其访问的权利。整个内部网络与 Internet 必须只有一个接口,以保证防火墙能捕捉每一个进出的包。通过这些安全技术可以禁止不期望的网络通信,并可以利用其强大的监听和报警机制记录任何有疑问的通信。在数据安全性方面,防火墙提供了 SHTTP 和 SSL 安全协议。SHTTP 是 HTTP 的超集,可以采用多种方式封装信息。

它的封装包括加密、签名和基于 MAC 的认证。

通过以上安全措施,合法的网络用户和应用可以得到全面而透明的连接保障,正确的系统操作随时可得到确认,而非法的网络用户和操作完全禁止。

4) 应用

(1) 成果展示

提供对"吉林省国土资源遥感调查"研究成果的展示。通过网络,展示本省的土地资源、矿产资源、水资源、植被资源、旅游资源以及在资源开发与利用中存在的环境问题,如气象灾害、地质灾害、水环境问题等。

(2) 空间信息的远程管理

系统提供远程管理功能。通过 Web 技术,各县市可通过密码登录中心服务器,上传最新国土资源数据,实现数据库的实时更新。

(3) 为国土资源开发提供宏观管理

吉林省国土资源网络信息系统是管理开发土地、植被、矿产、水资源、旅游、生态、地质灾害等的综合信息系统,为各级政府及从事国土资源与生态环境研究的相关单位提供相关资源环境信息并享受最终成果。

系统建立可实现网络浏览、查询,帮助管理分析吉林省国土资源现状和近阶段存在的环境问题,为资源开发与可持续发展战略提供利用和决策支持手段。

主要参考文献

[1] 邬伦,刘瑜,张晶,等. 地理信息系统——原理、方法和应用[M]. 北京:科学出版社,2001
[2] 吴信才. 地理信息系统原理与方法[M]. 北京:电子工业出版社,2002
[3] 姚艳敏,姜作勤,赵精满. 国土资源信息标准现状和对策[J]. 遥感信息,2003(4):51—23
[4] 车学文. 云南省国土资源厅国土矿产资源管理信息系统设计概述[J]. 地矿测绘,2003,19(2):21—23
[5] 赵文吉,宫辉力,李小娟,等. 基于 WebGIS 技术的吉林省国土资源信息系统[J]. 地理信息世界,2003(6):40—46
[6] 孙九林,等. 国土资源信息系统的研究与建立[M]. 北京:能源出版社,1986
[7] 黄杏元. 地理信息系统概论[M]. 北京:高等教育出版社,1989
[8] 孙九林,熊利亚,等. 国土资源信息科学管理概论[M]. 1986 国家计委国土局全国国土资源信息分类与指标体系,1987
[9] Mineral Resoures Assessment by Computer[J]. United Nations Educatioal Scientific and Cultural Organization, Mineral Resources Assessment Training Course, Beijing, 1981